Janire Mimentza Martin

Die sozialrechtliche Stellung von Ausländern mit fehlendem Aufenthaltsrecht

Deutschland und Spanien im Rechtsvergleich

Herbert Utz Verlag · München

Neue Juristische Beiträge

herausgegeben von
Prof. Dr. Klaus-Dieter Drüen (Heinrich-Heine-Universität Düsseldorf)
Prof. Dr. Thomas Küffner (Fachhochschule Landshut)
Prof. Dr. Georg Steinberg (Universität zu Köln)
Prof. Dr. Fabian Wittreck (Westfälische Wilhelms-Universität Münster)

Band 83

Zugl.: Diss., München, Univ., 2011

Bibliografische Information der Deutschen
Nationalbibliothek: Die Deutsche
Nationalbibliothek verzeichnet diese Publikation
in der Deutschen Nationalbibliografie; detaillierte
bibliografische Daten sind im Internet über
http://dnb.d-nb.de abrufbar.

ISBN 978-3-8316-4160-4

Printed in EC
Herbert Utz Verlag GmbH, München
089-277791-00 · www.utzverlag.de

Vorwort

Die vorliegende Arbeit wurde im Wintersemester 2010/2011 von der Juristischen Fakultät der Ludwig-Maximilians-Universität München als Dissertation angenommen. Literatur und Rechtsprechung konnten bis November 2011 berücksichtigt werden.

Mein Dank gilt an erster Stelle meinem Doktorvater, Herrn Prof. Dr. Ulrich Becker, LL.M. (EHI), für die Betreuung der Arbeit, die zahlreichen wertvollen Hinweise sowie ein Doktorandenstipendium am Max-Planck-Institut für Sozialrecht und Sozialpolitik. Mein Dank gilt weiterhin Herrn Prof. Dr. Rudolf Streinz für die Erstellung des Zweitgutachtens.

Des Weiteren danke ich dem Leiter der Bibliothek am Max-Planck-Institut für Sozialrecht und Sozialpolitik, Herrn Henning Frankenberger, für seine Hilfsbereitschaft bei der Literaturrecherche. Außerdem möchte ich Prof. Dr. Hans-Joachim Reinhard für seine Diskussionsbereitschaft danken und dafür, dass er mir als Länderreferent für Spanien am MPISOC stets mit einem offenen Ohr begegnete.

Schließlich möchte ich meinen Eltern, meiner Schwester Oihana, Adelheid und Andrés meinen lieben Dank aussprechen, die mich über die Jahre stets unterstützt haben.

München, im Juni 2012   Janire Mimentza Martin

„Der Status der Ungesetzlichkeit rechtfertigt keine
Abstriche bei der Würde des Migranten [...].“
Papst Johannes Paul II,
Botschaft zum 83. Welttag der Migranten, 1996

Inhaltsüberblick

6

Abkürzungsverzeichnis

a.A	anderer Ansicht
a.a.O.	am angegebenen Ort
a.f.	alte Fassung
AAV	Verordnung über Aufenthaltsgenehmigungen zur Ausübung einer unselbständigen Erwerbstätigkeit
Abk.	Abkommen
ABl.	Amtsblatt der EU
Abs.	Absatz
AE	Aufenthaltserlaubnis
AEMR	Allgemeine Erklärung der Menschenrechte
AEUV	Vertrag über die Arbeitsweise der Europäischen Union
AES	Ayudas de Emergencia Social
AG	Amtsgericht
AGE	Administración General del Estado
AGG	Allgemeines Gleichbehandlungsgesetz
AIIMBI	Allgemeines Ministerialblatt
AMMAP	Anuario multidisciplinar para la modernización de las Administraciones Públicas
APQ	American Philosophical Quarterly
APuZ	Aus Politik und Zeitgeschichte
Art.	Artikel
AsylbLG	Asylbewerberleistungsgesetz
AsylR	Asylrecht
AsylVfG	Asylverfahrensgesetz
AU	Afrikanische Union
AufenthG	Aufenthaltsgesetz
AufenthV	Aufenthaltsverordnung
Aufl.	Auflage
AuslG	Ausländergesetz
AuslRNG	Gesetz zur Neuregelung des Ausländerrechts
Az.	Aktenzeichen
BA	Bundesarchiv
BAföG	Bundesausbildungsförderungsgesetz
BAG	Bundesarbeitsgericht
BAGFW	Bundesarbeitsgemeinschaft der Freien Wohlfahrtspflege e.V.

BAMF	Bundesamt für Migration und Flüchtlinge
BMAS	Bundesministerium für Arbeit und Soziales
BASS	Büro für Arbeits- und Sozialpolitische Studien
BayEUG	Bayerisches Gesetz über Erziehungs- und Unterrichtwesen
BayLT	Bayerischer Landtag
BayObLG	Bayerisches Oberstes Landesgericht
BayObLGZ	Entscheidungen des Bayerischen Obersten Landesgerichtes in Zivilsachen
BayVBl	Bayrische Verwaltungsblätter
BayVGH	Bayerischer Verwaltungsgerichtshof
Bd.	Band
BDSG	Bundesdatenschutzgesetz
BEEG	Bundeselterngeld- und Elternzeitgesetz
Bek.	Bekanntmachung
BErzGG	Bundeserziehungsgeldgesetz
Beschl.	Beschluss
BeschV	Beschäftigungsverordnung
BeschVerfV	Beschäftigungsverfahrensverordnung
BFH	Bundesfinanzhof
BG	Berufsgenossenschaft
BGB	Bürgerliches Gesetzbuch
BGBl.	Bundesgesetzblatt
BGH	Bundesgerichtshof
BGHZ	Entscheidungen des Bundesgerichtshofes in Zivilsachen
BIP	Bruttoinlandsprodukt
BKGG	Bundeskindergeldgesetz
BMA	Bundesministerium für Arbeit und Sozialordnung
BMF	Bundesamt für Migration und Flüchtlinge (vormals: Bundesamt für die Anerkennung ausländischer Flüchtlinge BAMF)
BMI	Bundesinnenministerium
BOE	Boletín Oficial del Estado (spanisches Bundesgesetzblatt)
BOPV	Boletín Oficial del Pais Vasco (Gesetzblatt des Baskenlandes)
BR	Bundesrat
BRD	Bundesrepublik Deutschland
BR-Drucks.	Bundesrat Drucksache
BSG	Bundessozialgericht
BSGE	Entscheidungen des Bundessozialgerichts

BSHG	Bundessozialhilfegesetz
BT	Bundestag
BT-Drucks.	Bundestag Drucksache
Buchst.	Buchstabe
BVerfG	Bundesverfassungsgericht
BVerfGE	Entscheidungen des Bundesverfassungsgerichts
BVerwG	Bundesverwaltungsgericht
BVG	Bundesversorgungsgesetzt
bzgl.	bezüglich
bzw.	beziehungsweise
ca.	Circa
CARL	Consejo Andaluz de relaciones laborales
CC.	Código Civil
CCAA.	Comunidad Autónoma (Autonome Gemeinschaft)
CE.	Constitución española
CEDH	Convención Europea de Derechos Humanos
CGPJ	Consejo General del Poder Judicial
CIE	Centros de internamiento para extranjeros
CSIC	Consejo Superior de investigaciones científicas
d. h.	das heißt
ders.	derselbe
DGUV	Deutsche Gesetzliche Unfallversicherung
dies.	dieselbe (n)
DM	Deutsche Mark
DÖV	Die öffentliche Verwaltung
Drs.	Drucksache
DÜ	Dubliner Übereinkommen
DVBl.	Deutsches Verwaltungsblatt
E	Entscheidung
EA	Europa-Abkommen
ECJ	European Court of Justice
EEAA	Estatutos de Autonomía
EG	Europäische Gemeinschaft
EGMR	Europäischer Gerichtshof für Menschenrechte
EGV	Vertrag zur Gründung der Europäischen Gemeinschaft
Ehem.	Ehemalige

EJML	European Journal of Migration and Law
EJSS	European Journal of Social Security
EKMR	Europäische Kommission für Menschenrechte
EMRK	Europäische Menschenrechtskonvention
ERO	Europäische Beobachtungsstelle für Risiken
ESC	Europäische Sozialcharta
EStG	Einkommensteuergesetz
ET	Estatuto de los Trabajadores
EU	Europäische Union
EuGH	Europäischer Gerichtshof
EuGRZ	Europäische Grundrechte-Zeitschrift
EuR	Zeitschrift: Europarecht
EUV	Vertrag über die Europäische Union
evtl.	eventuell
EWG	Europäische Wirtschaftsgemeinschaft
EWR	Europäischer Wirtschaftsraum
EZAR	Entscheidungssammlung zum Ausländer- und Asylrecht
f.	folgende
ff.	fortfolgende
FG	Finanzgericht
FIPROS	Fomento de Investigación de la Protección Social
Fn.	Fußnote
FreizügG/EU	Gesetz über die allgemeine Freizügigkeit von Unionsbürgern (Freizügigkeitsgesetz)
FRG	Fremdrentengesetz
FRONTEX	Europäische Agentur für die operative Zusammenarbeit an den Außengrenzen
FS	Festschrift
FSS	Foro de Seguridad Social
FürsAbk.	Europäisches Fürsorgeabkommen
GBl.	Gesetzblatt
gem.	Gemäß
GFK	Genfer Flüchtlingskonvention
GG	Grundgesetz für die BRD
ggf.	gegebenenfalls
GK-AuslG	Gemeinschaftskommentar zum Ausländergesetz
GYIL	German Yearbook of International Law

HAEE	Herri Arduralaritzaren Euskal Erakundea
h.L	herrschende Lehre
h.M.	herrschende Meinung
Hrsg.	Herausgeber/herausgegeben
hs	Halbsatz
I.C.J.	International Court of Justice
I.C.J. Reports	International Court of Justice, Reports of judgements, Advisory Opinions and Orders
i.d.F.	in der Fassung
i.d.R.	in der Regel
i.e.S.	im engeren Sinne
i. V. m.	in Verbindung mit
i.w.S.	im weiteren Sinne
IAO	Internationale Arbeitsorganisation
ICE	Revista de Información Comercial Española
Ifo	Institut für Wirtschaftsforschung an der Universität München
IfSG	Infektionsschutzgesetz
IGH	Internationaler Gerichtshof
ILM	International Legal Materials
ILO	International Labour Organisation
IMI	International Migration Institute
IMR	International Migration Review
INE	Instituto Nacional de Estadística
InfAuslR	Informationsbrief Ausländerrecht
insbes.	insbesondere
INSS	Instituto Nacional de la Seguridad Social
IOM	International Organization for Migration
IPbpR	Internationale Pakt über bürgerliche und politische Rechte
IPwskR	Internationaler Pakt über wirtschaftliche, soziale und kulturelle Rechte
ITPF	International Tax and Public Finance
JLE	Journal of Labour Economics
JSS	Journal of the Statistical Society
JuS	Juristische Schulung
JZ	Juristenzeitung
Kap.	Kapitel

Kgl.	Königliche
KJHG	Kinder- und Jugendhilfegesetz
KK	Kasseler Kommentar
KOM	Dokument der Kommission der Europäischen Gemeinschaften
LET	Ley del Estatuto del Trabajador
LEX	Ley Orgánica de Extranjería 2/2009 v. 11.12.2009
Lfg.	Lieferung
LGIIS	Ley 18/2008 para la garantía de Ingresos y para la Inclusión Social
LGSA	Ley General de Sanidad 14/1986, v. 29.4.1986
LSG	Landessozialgericht
LMMSS	Ley 40/2007 de medidas en materia de Seguridad Social, v. 4.12.2007
LRBRL	Ley Reguladora de las Bases del Régimen Local (Gemeindeverfassungsgesetz)
LT-Drucks.	Landtag Drucksache
m.N.	mit Nachweisen
m.w.N	mit weiteren Nachweisen
MIRE	Mission Recherche Florence Conference
MMM	Malteser Migranten Medizin
MMRG	Melderechtsrahmengesetz
MPEPIL	Max Planck Encyclopedia of Public International Law
Mrd.	Milliarde
MSA	Haager Minderjährigenschutzabkommen
MTAS	Ministerio de Trabajo y Asuntos Sociales
MTIN	Ministerio de Trabajo e Inmigración
n.F.	neue Fassung
NDV	Nachrichtendienst des Deutschen Vereins für öffentliche und private Fürsorge
NGO	Non-governmental Organization
NJW	Neue Juristische Wochenschrift
Nr.	Nummer
NRO	Nichtregierungsorganisation
NRW	Nordrhein-Westfalen
NVwZ	Neue Zeitschrift für Verwaltungsrecht

20

NVwZ-RR	Neue Zeitschrift für Verwaltungsrecht - Rechtsprechungsreport
OAU	Organization of African Unity
o.g.	Oben genannte
OECD	Organization for Economic Cooperation and Development
OEG	Opferentschädigungsgesetz
OLG	Oberlandesgericht
OLGZ	Entscheidungen der Oberlandesgerichte in Zivilsachen
OSCE	Organization for Security and Co-operation in Europe
OSHA	Europäischen Agentur für Sicherheit und Gesundheitsschutz am Arbeitsplatz
OVG	Oberverwaltungsgericht
PVS	Politische Vierteljahresschrift
RAE	Revista Asturiana de Economia
RCDP	Revista catalana de dret Públic
RdA	Recht der Arbeit
RdJB	Recht der Jugend und des Bildungswesens
REDC	Revista Española de Derecho Constitucional
REDMEX	Revista de Derecho Migratorio y Extranjería
Revista ICADE	Revista cuatrimestral de las Facultades de Derecho y Ciencias Económicas y Empresariales
Res.	Resolution
RESSA	Revista de estudios Sociales y de Sociología aplicada
RG	Reichsgericht
RGA	Reglamento General sobre inscripción de empresas, afiliación, altas, bajas o variaciones de datos de trabajadores de la Seguridad Social
RGBl.	Reichsgesetzblatt
RGI	Renta de Garantía de ingresos
RGr.	Reichsgrundsätze
RJD	Reports of Judgements and Decisions; Entscheidungssammlung des EGMR (seit 1996)
RL	Richtlinie
RLEX	Königliche Verordnung 2393/2004 mit der Durchführungsverordnung zum LEX v. 7.1.2005 (Reglamento de extranjería)
RMI	Rentas Mínimas de Inserción

RMTAS	Revista del Ministerio de Trabajo y Asuntos Sociales
Rn.	Randnummer
ROW	Recht in Ost und West
RSCJ	Religiosa Sanctissimi Cordis Jesu
RVO	Reichsversicherungsordnung
S.	Satz, Seite
s.o.	siehe oben
SAAD	Sistema para la Autonomía y Atención a la Dependencia
SchulG NW	Schulgesetz Nordrhein-Westfalen
SchwarzArbG	Schwarzarbeitsbekämpfungsgesetz
SDÜ	Schengener Durchführungsübereinkommen v. 19.6.1990
SG	Sozialgericht
SGB AT	Sozialgesetzbuch Allgemeiner Teil
SGB I	Sozialgesetzbuch Erstes Buch - Allgemeiner Teil
SGB II	Sozialgesetzbuch Zweites Buch - Grundsicherung für Arbeitssuchende
SGB III	Sozialgesetzbuch Drittes Buch - Arbeitsförderung
SGB IV	Sozialgesetzbuch Viertes Buch - Gemeinsame Vorschriften für die Sozialversicherung
SGB IX	Sozialgesetzbuch Neuntes Buch - Rehabilitation und Teilhabe behinderter Menschen
SGB V	Sozialgesetzbuch Fünftes Buch - Gesetzliche Krankenversicherung
SGB VI	Sozialgesetzbuch Sechstes Buch - Gesetzliche Rentenversicherung
SGB VII	Sozialgesetzbuch Siebtes Buch - Gesetzliche Unfallversicherung
SGB VIII	Sozialgesetzbuch Achtes Buch - Kinder- und Jugendhilfe
SGB X	Sozialgesetzbuch Zehntes Buch - Sozialverwaltungsverfahren und Sozialdatenschutz
SGB XI	Sozialgesetzbuch Elftes Buch - Soziale Pflegeversicherung
SGB XII	Sozialgesetzbuch Zwölftes Buch - Sozialhilfe
SGb	Die Sozialgerichtsbarkeit
SGG	Sozialgerichtsgesetz
SIS	Schengener Informationssystem
SMI	Salario Mínimo Interprofesional
sog.	sogenannt
SOI	Gewerkschaft für Arbeitsmigranten

SorZ	Sozialrecht, Rechtsprechung, bearbeitet von Richtern des Bundessozialgerichts
SozSich	Soziale Sicherheit. Zeitschrift für Arbeit und Soziales
SPEE	Servicio Público de Empleo Estatal
StAG	Staatsangehörigkeitsgesetz
stRspr	Ständige Rechtsprechung
STC	Urteil des spanischen Verfassungsgerichts (Sentencia del Tribunal Constitucional)
StGB	Strafgesetzbuch
STSJ	Urteil des Obersten Gerichtshofes (Sentencia del Tribunal Supremo)
TC	Tribunal Constitucional
u.	und
u.Ä.	und Ähnliche
u.a.	und andere/unter anderem
UhVorschG	Unterhaltsvorschussgesetz
UN doc	United Nations document
UN	United Nations, Vereinte Nationen
UNAMR	UN-Ausschuss für Menschenrechte
UNHCR	United Nations High Commissioner for Refugees
UNO	United Nations Organization
UNTS	United Nations Treaty Series
Urt.	Urteil
UVG	Unterhaltsvorschussgesetz
VA	Verwaltungsakt
VGH	Verwaltungsgerichtshof
Vgl.	vergleiche
VN	Vereinte Nationen
VO	Verordnung
VPO	Vivienda de protección oficial
VVDStRL	Veröffentlichungen der Vereinigung der Deutschen Staatsrechtslehrer
VVG	Versicherungsvertragsgesetz
VwV	Verwaltungsvorschriften zum Aufenthaltsgesetz
WoGG	Wohngeldgesetz

WoGVwV	Allgemeine Verwaltungsvorschrift zur Durchführung des Wohngeldgesetzes
WÜV	Wiener Übereinkommen über das Recht der Verträge
z. B.	zum Beispiel
z.T.	zum Teil
ZaöRV	Zeitschrift für ausländisches öffentliches Recht und Völkerrecht
ZAR	Zeitschrift für Ausländerrecht und Ausländerpolitik
ZDWF	Zentrale Dokumentationsstelle der Freien Wohlfahrtspflege für Flüchtlinge e.V.
ZESAR	Zeitschrift für europäisches Sozial- und Arbeitsrecht
ZFHS/SGB	Zeitschrift für Sozialhilfe und Sozialgesetzbuch
ZfJ	Zentralblatt für Jugendrecht
ZfVR	Zeitschrift für Völkerrecht
ZFSH	Zeitschrift für die Sozialrechtliche Praxis
ZIAS	Zeitschrift für internationales Arbeits- und Sozialrecht
Ziff.	Ziffer
ZJS	Zeitschrift für das Juristische Studium
ZP	Zusatzprotokoll zur Europäischen Menschenrechtskonvention
ZRP	Zeitschrift für Rechtspolitik
Zuwg	Zuwanderungsgesetz
ZVN	Zeitschrift für die Vereinte Nationen und ihre Sonderorganisationen

Einleitung

A. Fragestellung und Untersuchungsgegenstand

Die zunehmende Globalisierung ist vom Abbau der Handelsgrenzen sowie dem grenzüberschreitenden Kapitalverkehr und der vermehrten Wanderung von Menschen gekennzeichnet.[1] Als Folge hat in den letzten Jahrzehnten auch die weltweite Migration stark zugenommen.[2] Insbesondere im Gebiet der Europäischen Union ermöglicht die Schaffung eines einheitlichen Wirtschaftsraumes sowie der Wegfall der Personenkontrollen an den Binnengrenzen einen freien Waren- und Personenverkehr, von dem auch Drittstaatsangehörige profitieren können.[3] In diesem Zusammenhang werden Arbeitsstellen des geschützten nationalen Arbeitsmarktes[4] mit günstigeren Arbeitskräften aus dem Ausland besetzt.[5] Dabei werden Migranten lediglich als Arbeitskräfte betrachtet.[6] Dieser rein wirtschaftsorientierte Standpunkt erscheint jedoch im Hinblick auf den sozialen Schutz und die Menschenwürde der Zuwanderer bedenklich.[7]

So machte der bekannte Schweizer Schriftsteller *Max Frisch* in Bezug auf die „Gastarbeiter" bereits im Jahr 1965 mit dem Zitat „[...] man hat Arbeitskräfte gerufen, und es sind Menschen gekommen"[8] auf den Umstand aufmerksam, dass nicht nur Arbeitskräfte, sondern eben Menschen mit ihrem ganz persönlichen Hintergrund auswandern.[9] Dabei handelt es sich häufig um Menschen, die bereits aus prekären Verhältnissen zuwandern und dann auch in ihren Gastländern am Rande des Existenzminimums leben.[10] Sie bleiben auch in ihrem

---

1 *Becker*, in: Council of Europe, The State and the new social responsibilities in a global world, 2003, S. 87.

2 *Nuscheler*, in: *Butterwegge/Hentges*, Zuwanderung im Zeichen der Globalisierung, 2009, S. 25-26.

3 Vgl. *Geiger*, Grundgesetz und Völkerrecht mit Europarecht, 2010, S. 262.

4 *Maestro Buelga*, RCDP 2010, S. 68; *Alarcón Caracuel*, in: *González Ortega*, La protección social de los extranjeros en España, 2010, S. 124.

5 *Bommes*, APuZ 2008, S. 22.

6 *Quintero Lima*, in: *González Ortega*, La protección social de los extranjeros en España, 2010, S. 201; *López López*, in: *dies.*, Derechos Laborales y de la Seguridad Social de los inmigrantes, 2006, S. 29; vgl. *Höller*, Soziale Rechte Drittstaatsangehöriger nach europäischem Gemeinschaftsrecht, 2005, S. 28.

7 *López López*, in: *dies.*, Derechos Laborales y de la Seguridad Social de los inmigrantes, 2006, S. 23; vgl. *Sassen*, Guests and Aliens, 1999, S. 15.

8 *Frisch*, in: *Seiler*, Siamo Italiani-Gespräche mit italienischen Arbeitern in der Schweiz, 1965, S.7.

9 *López López*, in: *dies.*, Derechos Laborales y de la Seguridad Social de los inmigrantes, 2006, S. 29-33.

10 *Rodríguez Manzano*, in: *Soroeta Liceras*, Problemas actuales de la inmigración, 2006, S. 195.

Aufnahmeland weiterhin materiell bedürftig, vor allem wenn sie aufgrund des fehlenden Aufenthaltsrechts einem Arbeitsverbot unterliegen und infolgedessen ihren Lebensunterhalt nicht durch ein geregeltes Beschäftigungsverhältnis selbst sichern können.

Der Vorgang der transnationalen Migration lässt sich unter verschiedenen Blickwinkeln betrachten; davon berührt werden insbesondere wirtschaftliche, politische, religiöse, soziologische, finanzielle und demographische Fragen.[11] Diese Arbeit konzentriert sich auf den sozialen Schutz der Ausländer ohne rechtmäßigen Aufenthaltsstatus in Deutschland und Spanien. Ob Ausländer einen Anspruch auf Sozialleistungen gegenüber dem Staat geltend machen können, hängt von zwei Prinzipien ab: dem Territorialitäts- und dem Personalitätsprinzip.[12] Eine soziale Verantwortung des Staates[13] kann demzufolge entweder an persönlichen Merkmalen, wie zum Beispiel der Staatsangehörigkeit, oder an territorialen Gegebenheiten, wie dem tatsächlichen Aufenthalt oder der Verwurzelung,[14] anknüpfen. Der moderne Sozialstaat knüpft Leistungsansprüche nicht mehr an die Staatsangehörigkeit, sondern vielmehr an den Aufenthalt.[15] Dementsprechend kann die unrechtmäßige Migration eine Herausforderung für die Sozialstaatssysteme der EU darstellen, da nach dem Territorialitätsprinzip potentiell alle Menschen innerhalb eines Landes unabhängig davon, ob sie zur Finanzierung des Sozialleistungssystems beigetragen haben oder nicht, leistungsberechtigt sein können.[16] Regionale Rechts- oder Verwaltungspraxis kann dabei unmittelbare Folgen auf die Integration und den sozialen Schutz von diesen Menschen in den Aufnahmeländern haben.[17] Die Folgen der Zuwanderung im Sozialleistungssystem betrifft jedoch nicht allein die innerstaatlichen Regelungen in ihrer nationalen und regionalen Ausgestaltung; hinzu kommt die völkerrechtliche und unionsrechtliche Dimension.

Diese rechtsvergleichende Arbeit erschöpft sich nicht nur in der Beschreibung der Sozialleistungen in Spanien bzw. in der Bundesrepublik; dargestellt werden vielmehr auch die Zusammenhänge und Wechselwirkungen zwischen Sozial-

---

11 Zum Beispiel werden Themen wie „*brain drain*" versus „*brain gain*" nicht Gegenstand diese Untersuchung sein. Näher dazu in Bendel, APuZ 2008, S. 18.

12 *Zacher*, in: *v. Maydell/Eichenhofer*, Abhandlungen zum Sozialrecht, 1993, S. 445.

13 *Becker*, in: *Benvenisti/Nolte*, The Welfare State, 2004, S. 16; *Becker*, in: *ders./Hablitzel/Kressel*, Beschäftigung und Soziale Sicherheit, S. 57.

14 *López López*, in: *dies.*, Derechos Laborales y de la Seguridad Social de los inmigrantes, 2006, S. 28.

15 *Kingreen*, Soziale Rechte und Migration, 2010, S. 16.

16 Vgl. *Zuleeg*, in: *Barwig/Lörcher/Schumacher*, Soziale Sicherung und Aufenthaltsrecht, 1986, S. 92-93; *Zuleeg*, DVBL 1983, S. 486.

17 *Blasco Rasero*, in: *González Ortega*, La protección social de los extranjeros en España, 2010, S. 381.

und Ausländerrecht in den jeweiligen Rechtsordnungen, sowie die Schutz-
mechanismen, die gegen die missbräuchliche Inanspruchnahme von Sozialleistungen entwickelt wurden.

I. Die Entwicklung der transnationalen Migration im Allgemeinen

Der Begriff Migration kommt von dem lateinischen Wort *migratio* (Wan-
derung) oder *migrare* (wandern, wegziehen).[18] Diese Bezeichnung sucht den
Anschluss an die internationale Diskussion und hat sich jenseits der deutschen
Sprachgrenzen bereits seit einigen Jahren durchgesetzt.[19] Erwähnenswert ist in
diesem Zusammenhang die fehlende internationale Entsprechung des deutschen
Begriffes „Zuwanderung". Dieser wird im Englischen gemeinhin mit *„immigration"* übersetzt, jedoch findet sich keine ganz genaue Entsprechung.[20]
Möglicherweise werden in der Wissenschaft auf absehbare Zeit verschiedene
Begrifflichkeiten koexistieren, ohne dass dabei inhaltliche Unterschiede
entstehen.[21] Migration ist „die bewusste räumliche Bewegung über eine bedeut-
same Entfernung von einzelnen Individuen, Personenverbänden oder Kollektiven mit der Folge der Veränderung des Lebensmittelpunktes"[22] über national-
staatliches Territorium hinweg.[23] Sie stellt kein neues Phänomen dar:[24] Flucht
und Migration waren stets ein Teil der Menschheitsgeschichte.[25] Sie zeigt sich
nun in neuen Dimensionen und hat in den letzten dreißig Jahren wesentlich zugenommen.[26] 1975 wurde die Zahl der Migranten weltweit noch auf 86
Millionen geschätzt, im Jahr 2000 schon auf 176 Millionen. Nach aktuellen
Zahlen liegt die Migration heute bei ca. 214 Millionen weltweit (Wirtschafts-

---

18 *Duden*, Das große Wörterbuch der deutschen Sprache, 1999, S. 2583.
19 *Thym*, Migrationsverwaltungsrecht, 2010, S. 12. Einige Beispiele dazu *Castles/Miller*, The Age
   of Migration. International Population Movements in the Modern World, 2009; *Brettel/Hollifield*,
   Migration Theory, 2007; *Bommes/Morawska*, International Migration Research, 2005.
20 *Thym*, Migrationsverwaltungsrecht, 2010, S.14.
21 *Thym*, Migrationsverwaltungsrecht, 2010, S. 10.
22 *Lederer*, Indikatoren der Migration, 2004, S. 20.
23 *Farahat/Fisch/Löhr/Truchseß*, ZAR 2008, S. 59; *Rodríguez Manzano*, in: *Soroeta Liceras*,
   Problemas actuales de la inmigración, 2006, S. 194; *Birsl*, Migrationspolitik, 2005, S. 18.
24 *Cachón Rodríguez*, in: *Checa/Checa/Arjona*, Inmigración y Derechos Humanos, 2004, S. 109;
   Rittstieg/Rowe, Einwanderung als gesellschaftliche Herausforderung, 1992, S. 2-3.
25 *Thym*, Migrationsverwaltungsrecht, 2010, S. 8; *Bade*, Integration und Illegalität, 2001, S. 75.
26 *Zapata-Barrero*, El turno de los Inmigrantes, 2002, S. 65; *Rittstieg/Rowe*, Einwanderung als
   gesellschaftliche Herausforderung, 1992, S. 2-3.

migranten, Asylbewerber, Flüchtlinge und dauerhafte Migranten).[27] Möglicherweise ist mit einer Verdopplung der Zahl der Migranten in den nächsten 25 Jahren auf über 380 Millionen zu rechnen.[28] Die Vielzahl der Fälle, in denen Menschen beschließen auszuwandern, lässt die Migration zu einem kollektiven Phänomen werden. Noch nie in der Geschichte verließen so viele Menschen als Migranten ihr Heimatland wie seit Beginn des 21. Jahrhunderts.

Beachtlich ist dabei, dass weniger das Phänomen der Migration an sich, als vielmehr dessen Kontext sich verändert hat.[29] Beispielsweise ergeben sich für die Mitgliedstaaten der EU besondere Probleme aus der Grundfreiheit der allgemeinen Freizügigkeit (Art. 21 Abs. 1 AEUV). Die Einführung des Schengenraums hat eine Dynamik ausgelöst, die zu einem Teilangleichungsprozess der nationalen Migrationspolitiken geführt hat.[30] In dem Maße, wie Ende der 1980er Jahre die politischen Umbrüche in den Staaten Ost- und Südeuropas zu einer Öffnung der Grenzen geführt haben und die Grenzkontrollen zwischen den EU-Mitgliedsstaaten sukzessive abgebaut wurden, sind auch die nationalen Grenzen innerhalb Europas offener geworden.[31] Derjenige, dem die Einreise in ein Schengenland gelungen ist, kann sich in der EU praktisch frei bewegen.[32]

II. Aktuelle Ursachen der Migration

Die Migrationsursachen und -prozesse sind vielfältig.[33] Hauptursache für die globale Mobilität der Personen ist das Nord-Süd-Gefälle.[34] Die beiden Zonen

---

27 United Nations, Department of Economic and Social Affairs, Population Division (2009). *Trends in International Migrant Stock:* The 2008 Revision (United Nations Database, POP/DB/MIG/Stock/Rev.2008).

28 *Taran,* in: *Bogusz/Cholewinski/Cygan/Szyszczak,* Irregular Migration, 2004, S. 273.

29 *Sieveking,* in: *Barwig/Lörcher/Schumacher,* Soziale Sicherung und Aufenthaltsrecht, 1986, S. 29.

30 Schengener Durchführungsübereinkommen v. 19.6.1990; Übereinkommen zur Durchführung des Übereinkommens von Schengen v. 14.6.1985 zwischen den Regierungen der Staaten der Benelux-Wirtschaftsunion, der Bundesrepublik Deutschland und der Französischen Republik betreffend den schrittweisen Abbau der Kontrollen an den gemeinsamen Grenzen; BGBl. 1993 II S. 1010. *Achermann,* in: *ders./Epiney/Kälin/Son Nguyen,* Jahrbuch für Migrationsrecht 2004/2005, 2005, S. 90.

31 *Stobbe,* Undokumentierte Migration in Deutschland und den Vereinigten Staaten, 2004, S. 2.

32 Vgl. *Geiger,* Grundgesetz und Völkerrecht mit Europarecht, 2010, S. 262; *Bommes,* APuZ 2008, S. 22; Grünbuch über ein EU-Konzept zur Verwaltung der Wirtschaftsmigration, KOM (2004) 811 endg. v. 11.1.2005.

33 *Steinmann,* ZAR 2007, S. 222-224; *Becker,* in: *Benvenisti/Nolte,* The Welfare State, 2004, S. 3; *Blanco Fernandez de Valderrama,* Las migraciones contemporaneas, 2000, S. 63.

34 *Ramos Quintana,* RMTAS 2006, S. 15; *Naïr,* Le Deplacement du Monde, 1999; Siehe auch *Stalker,* Workers without Frontiers: the impact of globalization on international migration, 2000, S. 93.

des Planeten zeigen große Unterschiede hinsichtlich der Voraussetzungen zum Führen eines menschenwürdigen Lebens, der Arbeitsmöglichkeiten, der Gewährung von Menschenrechten, der Sicherheit, sowie im allgemeinen Lebensniveau.[35]

Hinzu kommt, dass der Ausbau der Infrastruktur und die aktuellen Entwicklungen der Kommunikationstechnik zu einer erhöhten Mobilität führen[36] und den Ausländern der Kontakt zu ihren Heimatländern ermöglicht wird.[37] Es ist überdies hervorzuheben, dass dank moderner Kommunikationsmittel reales Wissen über das Geschehen an jedem Ort der Welt existiert. Dadurch wird möglicherweise überhaupt erst das Interesse geweckt, sich an Orte zu begeben, an denen die Lebens- und Arbeitsbedingungen attraktiver erscheinen.

Allgemein ist in der Ursachenforschung insbesondere die Theorie der Push- und Pull-Faktoren zu erwähnen,[38] nach der die Migrationsgründe in „Abstoßfaktoren", und „Anziehungsfaktoren" unterteilt werden.

1. Push- bzw. Abstoßfaktoren der Heimatländer

Abstoßfaktoren können zum Beispiel politische Repression, Kriegszustände, soziale Not, Perspektivlosigkeit, oder Naturkatastrophen sein.[39] Heute sind auch Klimaflüchtlinge längst zur Realität geworden. Im Jahr 2008 waren 20 Millionen Menschen aufgrund von Klima und Umweltveränderungen auf der Flucht. So sind beispielsweise die Malediven als flachstes Land der Welt vom Klimawandel und dem steigenden Meeresspiegel betroffen.[40] Indonesien ist bereit, einige der unbewohnten Inseln des Archipels für Klimaflüchtlinge aus dem Südpazifik bereitzustellen.[41] In Zukunft wird hinzukommen, dass wir in einem Zeitalter der globalen Erwärmung leben, die die Kontinente der Südhalbkugel vor wesentlich höhere Probleme stellen wird. Die Vereinten Nationen sind der Meinung, dass die beginnende Erderwärmung in einigen Jahrzehnten Millionen von Menschen, vor allem in Afrika und Asien, dazu zwingen wird, ihre Heimat zu

---

35 *Ramos Quintana*, RMTAS 2006, S. 15.

36 *Nuscheler*, in: *Butterwegge/Hentges*, Zuwanderung im Zeichen der Globalisierung, 2009, S. 26; *Stobbe*, Undokumentierte Migration in Deutschland und den Vereinigten Staaten, 2004, S. 9; *Dicke*, in: *ders./Hummer/Girsberger/Engel*, Völkerrecht und Internationales Privatrecht, 2000, S. 15.

37 *Vögel*, in: *Eichenhofer*, Migration und Illegalität, 1999, S. 64.

38 *Ravenstein*, JSS 1885, S. 167 ff.

39 Vgl. *Alarcón Caracuel*, in: *González Ortega*, La protección social de los extranjeros en España, 2010, S. 124.

40 http://www.taz.de/1/zukunft/umwelt/artikel/1/malediven-kaempfen-gegen-untergang/ (Stand: 13.6.2010).

41 http://www.tagesschau.de/ausland/indonesien180.html (Stand: 13.6.2010).

verlassen bzw. auszuwandern.[42] Eine Prognose zukünftiger Migrationsbewegungen ist aufgrund der Unvorhersehbarkeit von Bevölkerungswachstum, dem Ausmaß künftiger Emissionen sowie deren Folgen schwierig. Manchen Schätzungen zufolge „müssen gut 200 Millionen Menschen um das Jahr 2050 wegen der Erderwärmung ihre Heimat aufgeben und werden damit zu Klimaflüchtlingen".[43] Nach Schätzungen der *„International Organization for Migration"* (IOM) könnten bis 2050 zwischen 200 Millionen und einer Milliarde Menschen umwelt- und klimabedingt fliehen.[44] Insofern könnte der Klimawandel die größte Flüchtlingskrise der Menschheit auslösen.[45] Völkerwanderungen sowie Klimawandel gab es immer, aber nicht in diesem Ausmaß. Die Vereinten Nationen schlagen sogar vor, ein neues, speziell auf die Bedürfnisse von Umweltflüchtlingen zugeschnittenes Flüchtlingsprotokoll zu entwickeln.[46]

2. *Pull- bzw. Anziehungsfaktoren in den Aufnahmeländern*

Anziehungsfaktoren sind zum Beispiel gute Arbeitsmarktchancen und Sicherheit in den Aufnahmeländern.[47] Insbesondere die europäischen Staaten üben aufgrund ihres hohen Lebensniveaus und der Nachfrage nach billigen Arbeitskräften[48] eine hohe Anziehungskraft auf Migranten aus.

Ferner ist durch den von der Globalisierung ausgehenden Druck,[49] das Bedürfnis, Kosten zu sparen, heute größer als je zuvor.[50] Deshalb wird zum Teil versucht, den Kostendruck mit Migranten aus armen Herkunftsländern, die zu sehr niedrigen Konditionen beschäftigt werden, zu lösen.[51] Auch Ausländer mit fehlendem Aufenthaltsrecht werden nicht zuletzt in den Industriestaaten wie

---

42 *Biermann/Boas*, ZVN 2008, S. 10.

43 Vgl. für eine ausführliche Darstellung des Sachstands: *Biermann* und *Boas*, a.a.O. http://www.glogov.org (Stand: 13.6.2010). Die Schätzung von 200 Millionen Menschen geht zurück auf eine Berechnung von *Myers*, Environmental Refugees, 2001, S. 609.

44 http://www.iom.int/jahia/Jahia/complex-nexus#estimates (Stand: 26.3.2010).

45 Vgl. http://www.unccd.int/publicinfo/factsheets/showFS.php?number=10 (Stand: 26.3.2010).

46 *Biermann/Boas*, ZVN, 2008, S. 15; *Wöhlcke/Höhn/Schmid*, Demographische Entwicklung in und um Europa, 2004, S. 184.

47 *Alarcón Caracuel*, in: *González Ortega*, La protección social de los extranjeros en España, 2010, S. 124.

48 *Bommes*, APuZ 2008, S. 22; *Sinn*, ITPF 2005, S. 375-376; *Vogel*, in: *Eichenhofer*, Migration und Illegalität, 1999, S. 86.

49 Vgl. *Zacher*, in: *Bauer/Czybulka/Kahl/Vosskuhle*, Wirtschaft im offenen Verfassungsstaat, FS f. Schmidt, 2006, S. 326.

50 *Bommes*, APuZ 2008, S. 23; *Taran*, in: *Bogusz/Cholewinski/Cygan/Szyszczak*, Irregular Migration, 2004, S. 274.

51 Vgl. *Bommes*, APuZ 2008, S. 22.

Deutschland und Spanien beschäftigt, in denen aufgrund eines hohen Steuer- und Abgabenaufkommens zumeist ein mehr oder weniger großer illegaler Arbeitsmarkt besteht. Zudem könnte nach der „*Welfare Magnet Thesis*"[52] bereits in der Existenz eines Sozialsystems ein Anreiz für Migranten liegen, sich in die jeweiligen Staaten zu begeben, welche ihre Bewohner mit Sozialleistungen unterstützen.[53] Es ist umstritten, ob und ggfs. in welchem Umfang Sozialleistungen tatsächlich Einfluss auf Zuwanderungsentscheidungen haben.[54] In der migrationssoziologischen Forschung sind Sozialleistungen – ebenso wie soziale Netzwerke, Aussicht auf Erwerbstätigkeit und erzielbare Einkommen, Zuwanderungspolitik im Aufnahmeland, persönliche Umstände (Alter, Beruf, Familienstand) – als einer von mehreren Anziehungsfaktorenangesehen, die Zuwanderung in einem bestimmten Aufnahmeland fördern könnten.[55]

III. Folgen der allgemeinen und der unrechtmäßigen Migration für die Aufnahmegesellschaft

Um die möglichen Folgen der Migration für die Gesellschaft darzustellen, soll zwischen der Migration im Allgemeinen und der unrechtmäßigen Migration im Speziellen unterschieden werden.

1. Auswirkungen der Migration im Allgemeinen

Die Migration kann erhebliche Auswirkungen auf eine Gesellschaft haben, welche sowohl als Vor- als auch als Nachteile qualifiziert werden können: zum einen erfreut sich das Gastland über junge Arbeitskräfte für die Wirtschaft; zum anderen werden aber auch Integrationsschwierigkeiten, sowie eine sprachliche und kulturelle Überfremdung der Gesellschaft befürchtet.[56] Umstritten ist insbesondere, inwieweit die Migration helfen kann, das für Europa große Demo-

---

52 *Graser,* Dezentrale Wohlfahrtsstaatlichkeit im föderalen Binnenmarkt?, 2001, S. 27-28; *Borjas,* JLE, 1999, S. 607 ff.; *Peterson/Rom,* Welfare Magnets, 1990, S. 26.
53 Diese These beruht hauptsächlich auf der Prämisse, dass „Staaten mit vergleichsweise hohen Sozialleistungen Bedürftige aus anderen Staaten an ziehen." Vgl. *Kingreen,* Soziale Rechte und Migration, 2010, S. 55.
54 *Janda/Wilksch,* SGb 2010, S. 572; *Kingreen,* Soziale Rechte und Migration, 2010, S. 55; *Schönberger,* ZAR 2006, S. 231; *Graser,* Dezentrale Wohlfahrtsstaatlichkeit im föderalen Binnenmarkt?, 2001, S. 29 ff.
55 *Oswald,* Migrationssoziologie, 2007, S. 69 ff.
56 Näher dazu *Bommes,* APuZ 2008, S. 20 ff.

graphieproblem im Hinblick auf die Alterung der Bevölkerung zu lösen.[57] Im Jahr 2000 gab die Bevölkerungsabteilung der UN einen Bericht heraus, in dem die demographisch-wirtschaftliche Situation der Europäischen Union analysiert wurde. Gemäß diesem UN-Bericht würde die EU in ihrer Gesamtheit ungefähr 1,6 Millionen Migranten pro Jahr benötigen, um die wirtschaftlich aktive Bevölkerung zwischen der Gegenwart und dem Jahr 2050 konstant zu halten.[58] Dies würde wiederum ein Risiko für die Stabilität des Sozialstaates bedeuten.[59]

Die EU warnt vor der demographischen Herausforderung und den negativen Konsequenzen, die der Prozess der Reduzierung der Zahl von Arbeitskräften mit sich bringt.[60] In diesem Kontext wird daher eine unterstützende Zuwanderung gefordert, um die Bedürfnisse des EU-Arbeitsmarktes zu befriedigen und Europas Wohlstand zu sichern.[61] Schließlich sind Migranten in der Regel jüngere Menschen,[62] die die Alterung der Gesellschaft hinauszögern.[63] Insbesondere unattraktive Arbeitsplätze im Niedriglohnsektor werden hauptsächlich von Migranten besetzt.[64] Dabei ist die Arbeit, die Migranten leisten, nicht selten von sozialer Art, zum Beispiel im Bereich der Pflegedienste.[65]

---

57 *Villota Gil-Escoin/Vázquez*, in: *Schubert/Hegelich/Bazant*, Europäische Wohlfahrtssysteme, 2008, S. 183; *Becker*, in: *Benvenisti/Nolte*, The Welfare State, 2004, S. 14; *Siebert*, RAE 2004, S. 37; *Renner*, ZAR 2004, S. 266; http://epp.eurostat.ec.europa.eu/cache/ITY_OFFPUB/KS-SF-07-028/DE/KS-SF-07-028-DE.PDF (Stand: 10.9.2010).

58 „Europe's immigrants. A continent on the move". *The Economist*, v. 4.5.2000. Der Bericht führte zur Anpassung von Positionen seitens der europäischen Forscher und schließlich dazu, die gegen Immigration gerichtete Haltung zu korrigieren, die in den vergangenen Jahren von den stärksten Ländern der EU vertreten wurde. http://www.economist.com/node/305497 (Stand: 25.3.2007).

59 Vgl. *Weber*, ZAR, 2008, S. 55; *Wöhlcke/Höhn/Schmid*, Demographische Entwicklung in und um Europa, 2004, S. 10-11.

60 KOM (2005) 330 endg. v. 20.7.2005. Gemeinsame Maßnahmen für Wachstum und Beschäftigung: Das Lissabon-Programm der Gemeinschaft.

61 KOM (2005) 33 endg. Die demographische Entwicklung Europas kann gravierende Folgen für den Arbeitsmarkt und den sozialen Schutz haben, deshalb muss die EU Maßnahmen ergreifen; KOM (2000) 757 endg. v. 22.11.2000; KOM (2004) 811 endg. v. 11.1.2005. Grünbuch über ein EU-Konzept zur Verwaltung der Wirtschaftsmigration. KOM (2003) 336 endg. v. 3.6.2003. Näher dazu, *Weber* ZAR 2008, S. 55; *Martin*, ZAR 2007, S. 392 ff; *Hägel/Deubner*, ZAR 2001, S. 156; *Mehrländer*, Europäische Einwanderungs- und Flüchtlingspolitik, 2001, S. 22.

62 *Düvell*, Illegal Immigration in Europe, 2006, S. 43; *Wöhlcke/Höhn/Schmid*, Demographische Entwicklung in und um Europa, 2004, S. 47.

63 Mit der neuen Einwanderung in Spanien wachsen die Bevölkerung und die Geburtenrate, die in den letzen 23 Jahren ständig gesunken sind. Während in 1975 2,80 Kinder pro Frau registriert wurden, sank diese Zahl in 1998 auf 1,15 und stieg in 2006 wieder auf 1,37. 16,46% dieser Mütter sind Ausländerinnen, in: http://www.ine.es (Stand: 10.9.2010).

64 Diese Arbeitsplätze sind als „3-D-jobs" (= *dirty, difficult and dangerous*) bekannt *Schulte*, EJML 2002, S. 480. Vgl. *Grande Gascón/Pérez Pérez*, in: *Molina Navarrete/Peréz Sola/Esteban de la Rosa*, Inmigración e Integración de los Extranjeros en España, 2009, S. 302; *Bommes*, APuZ 2008, S. 22; *Moya Escudero/Rueda Valdivia*, in: *Esplugues Mota*, Comentarios a la LEX, 2006, S. 903; *González Rabanal*, RMTAS 2004, S. 110.

65 *Bommes*, APuZ 2008, S. 22.

Auf der anderen Seite bringt die Migration auch erhebliche Probleme für das Gastland mit sich. Die Integration von Ausländern aus zum Teil völlig fremden Kulturkreisen gestaltet sich schwierig, insbesondere weil dabei die Gefahr besteht, dass es zu Parallelgesellschaften mit weiteren Folgeproblemen wie Arbeitslosigkeit u.Ä. kommen kann. Der Sozialstaat des Gastlandes sieht sich oftmals zunächst mit neuen sozialen Problemen konfrontiert, weil die Migranten auch eigene soziale Bedürfnisse, insbesondere während der Integrationsphase, haben. Außerdem hat die mangelnde Integration von Migranten in der Bundesrepublik unmittelbare Folgen für die Staatskassen. Es ist wissenschaftlich belegt, dass die ungenügende Integration von Ausländern für den Staat und Steuerzahler in Deutschland teuer ist: pro Jahr fehlen 16 Milliarden Euro an Einkommensteuern und Beiträgen für Renten- bzw. Sozialversicherung.[66] Diese Kosten der mangelnden Integration fallen bei unterschiedlichen Finanzträgern an, wie den Kommunen, den Ländern, dem Bund, sowie den Sozialversicherungen.[67] Hingegen unterscheiden sich die Arbeitslosenzahlen von integrierten Ausländern nur wenig von denen der Gesamtbevölkerung.[68]

Ein gewisser Nebeneffekt der Zuwanderung, der zwar den Heimatländern zugutekommt aber von Aufnahmestaat nicht gewünscht ist, ergibt sich aus der Tatsache, dass Migranten häufig ihre zurückgebliebenen Familien finanziell unterstützen. Die Zahlungen stellen eine Art Entwicklungshilfe (*„Codevelopment"*) für ihre Heimatländer dar.[69] Den Zahlen einer Studie der Internationalen Arbeitsorganisation (IAO) zufolge schicken Migranten jährlich Devisen in Höhe

---

66 Näher dazu *Fritschi/Jann*, Gesellschaftliche Kosten unzureichender Integration von Zuwanderinnen und Zuwanderern in Deutschland, 2008.
http://www.bertelsmann-stiftung.de/cps/rde/xbcr/SID-CB40DED3-1E4F78BD/bst/xcms_bst_dms_28756_28757_2.pdf (Stand: 4.11.2010).

67 Bund (Mittelwert 3,6 Mrd. Euro), Land (3,6 Mrd. Euro), Kommunen Mittelwert 1,3 Mrd. Euro, Sozialversicherung (Mittelwert 7,8 Mrd. Euro). *Fritschi/Stutz/Schmugge*, Gesellschaftliche Kosten der Nichtintegration von Zuwanderinnen und Zuwanderern in Kommunen, 2007, S. 44. http://www.bertelsmann-stiftung.de/bst/de/media/xcms_bst_dms_21610_21611_2.pdf (Stand: 4.11.2010).

68 *Fritschi/Jann*, Gesellschaftliche Kosten unzureichender Integration von Zuwanderinnen und Zuwanderern in Deutschland, 2008, S. 29. http://www.bertelsmann-stiftung.de/cps/rde/xbcr/SID-CB40DED3-1E4F78BD/bst/xcms_bst_dms_28756_28757_2.pdf (Stand: 4.11.2010).

69 Näher dazu *De Hass*, IMI 2008 sowie Bericht über *Codevelopment* v. 1997 v. *Naïr*. Er hat das Konzept „*codevelopment*" als Vorschlag definiert, um Immigration und Entwicklung (*development*) in einer Weise zu integrieren, sodass Migrationsflüsse sowohl dem Ursprungsland als auch dem Zielland zugute kommen. Das bedeutet, dass die Konsensbeziehung zwischen zwei Ländern erlauben wird, die Migration zu einem Zielland nicht mit einem entsprechenden Verlust im Heimatland gleichzusetzen. http://www.hegoa.ehu.es/dossierra/migracion/Sami_Nai.pdf (Stand: 10.9.2010). Näher dazu *Fisch*, Menschen in aufenthaltsrechtlicher Illegalität, 2007, S. 25; *Schäuble*, ZAR 2006, S. 223; *Escrivá/Ribas*, Migración y Desarrollo, 2004, S. 44.

von 73 Milliarden Dollar in ihre Herkunftsländer.[70] Die Finanzmittel, welche Ausländer mit fehlendem Aufenthaltsrecht an ihre Familien in ihre Heimatländer überweisen sind größer als die offizielle deutsche Entwicklungshilfe.[71] Für viele dieser Länder bzw. Familien ist dies die Haupteinnahmequelle für Devisen und Rimessen.[72]

2. Auswirkungen der unrechtmäßigen Migration

Der Begriff der unrechtmäßigen Migration ist eine eher moderne Wortschöpfung[73] und beschreibt ein Konzept des 20. Jahrhunderts, das erst in den 1970er Jahren – als eine Begleiterscheinung der modernen und globalen Wanderungsbewegung – stärkere Verbreitung fand.[74] Insbesondere Organisationen wie die Vereinigten Nationen (UNO), die Internationale Arbeitsorganisation (IAO), „The International Organization for Migration" (IOM) und die „Organization for Security and Cooperation in Europe" (OSCE) gebrauchen den Begriff der unrechtmäßigen Migration.[75] Der Begriff bezieht sich aber lediglich auf den Vorgang der Migration, nicht auf die Menschen selbst.

Wenn reguläre Migrationswege blockiert werden, die Migrationsursachen aber fortbestehen, ist illegale Migration unausweichlich.[76] Es wird geschätzt, dass es heutzutage weltweit 20 bis 30 Millionen Migranten ohne rechtmäßigen Aufenthaltsstatus gibt, dies bedeutet ca. 10-15 Prozent der Gesamtmigranten.[77] Nach Schätzungen halten sich sieben bis acht Millionen Migranten ohne rechtmäßigen Aufenthaltsstatus in der EU auf.[78] Trotz der Grenzkontrollen, die durchgeführt werden, wird es mit Sicherheit weiterhin eine unrechtmäßige Einwanderung in die EU geben.[79]

---

70 http://www.ilo.org/wcmsp5/groups/public/dcomm/documents/publication/   wcms_067570.pdf (Stand: 28.12.2008).

71 Internationaler Versöhnungsbund, Rundbrief, 2/2010, S. 8. http://www.versoehnungsbund.de/ (Stand: 10.9.2010).

72 *Steinmann*, ZAR 2007, S. 222-224.

73 *Düvell*, Illegal Immigration in Europe, 2006, S. 21.

74 *Düvell*, Illegal Immigration in Europe, 2006, S. 29.

75 *Cholewinski*, Irregular migrants, 2005, S. 9.

76 *Solanes Corella*, REDMEX 2003, S. 127.

77 International Labour Organization's Towards a Fair Deal for Migrant Workers in the Global Economy. http://www.ilo.org/global/Themes/Labour_migration/lang--en/docName--KD00096/index.htm (Stand: 28.12.2008).

78 *Bendel*, APuZ 2008, S. 14. http://www.migrationinformation.org/Feature/display.cfm?id=336 (Stand: 10.9.2010).

79 *Naïr*, Las migraciones en tiempos hostiles, 2006, S. 232. Siehe auch *Bade*, Integration und Illegalität, 2001, S. 70; *Hildebrant*, Sozialer Schutz für Migranten in irregulären Situationen unter

Da Ausländer mit unrechtmäßigem Aufenthaltsstatus in der Regel einem Arbeitsverbot unterliegen, können sie ihren Lebensunterhalt nicht selbst finanzieren. Daraus folgt, dass die Migranten mangels (legaler) Einkommensquellen und ohne integrative Maßnahmen seitens der Gesellschaft häufig in die Schwarzarbeit – insbesondere in Privathaushalten[80] – fliehen.[81] Nach Schätzungen der EU arbeiten in den neun größten Volkswirtschaften der ehemaligen EU-15 ca. fünf Millionen Migranten schwarz.[82] Die Schwarzarbeit im Allgemeinen gefährdet den legalen Arbeitsmarkt, da dem Staat dadurch Steuern und Sozialbeiträge entgehen.[83]

Hinzu kommt, dass sich ausländische Schwarzarbeiter im Gegensatz zu den heimischen Schwarzarbeitern, zum Beispiel im Handwerks- und Dienstleistungsbereich, von ihren jeweiligen Arbeitgebern leichter ausnutzen lassen[84] und so Errungenschaften des Arbeitnehmerschutzes des Gastlandes in Frage gestellt werden. In dem Bericht der Europäischen Agentur für Sicherheit und Gesundheitsschutz am Arbeitsplatz (EU-OSHA) weist die Europäische Beobachtungsstelle für Risiken (ERO) auf schlechte Sicherheits- und Gesundheitsschutzbedingungen für Wirtschaftsmigranten in Europa hin.[85]

Die unrechtmäßige Einwanderung der Ausländer und ihr Aufenthalt erfolgen aber keineswegs immer unbemerkt. Häufig führen rechtliche oder tatsächliche Gründe dazu, dass keine Ausweisung durch die Behörden erfolgt.[86] Bei einer solchen Untätigkeit sind die betroffenen Ausländer den Ämtern tatsächlich be-

---

Berücksichtigung internationaler Rechtsinstrumente, 1998, S. 31; *Renner*, in: *Barwig/Röseler/u.a*, Sozialer Schutz von Ausländern, 1997, S. 258-259; KOM (2000) 757 endg. V. 22.11.2000. Mitteilung der Kommission an den Rat und das Europäische Parlament über eine Migrationspolitik der Gemeinschaft.

80 Vgl. *Cyrus*, ZAR 2010, S. 319.

81 Vgl. *Ter Steeg*, Das Einwanderungskonzept der EU, 2006, S. 422.

82 http://osha.europa.eu/news/oshmail/oshmail75/Main/news_article.2008-01-09_MigrantWorkers/view?searchterm=migrant (Stand: 28.12.2008).

83 *Marschall*, Bekämpfung illegaler Beschäftigung, 2003, S. 3.

84 *Moya Escudero/Rueda Valdivia*, in: *Esplugues Mota*, Comentarios a la LEX, 2006, S. 903; *Nußberger*, Sozialstandards im Völkerrecht, 2005, S. 113; *Taran*, in: *Bogusz/Cholewinski/Cygan/Szyszczak*, Irregular Migration, 2004, S. 274.

85 In dem Bericht der Europäischen Agentur für Sicherheit und Gesundheitsschutz am Arbeitsplatz (EU-OSHA) gibt die Europäische Beobachtungsstelle für Risiken (ERO) einen Überblick über die wichtigsten Aspekte im Zusammenhang mit Sicherheit und Gesundheitsschutz bei der Arbeit von Wirtschaftsmigranten." http://osha.europa.eu/news/oshmail/oshmail75/Main/news_article.2008-01-09_MigrantWorkers/view?searchterm=migrant (Stand: 11.2.2008).

86 Vgl. *Cyrus*, ZAR 2010, S. 318.

kannt und könnten ggf. Sozialleistungen in Anspruch nehmen.[87] Das Aufnahmeland muss dann ein Existenzminimum gewährleisten.[88]

B. Länderauswahl

Ziel dieser Arbeit ist es, das Verhältnis zwischen dem Aufenthaltsrecht und dem Sozialleistungsrecht am Beispiel der beiden Vergleichsländer Deutschland und Spanien darzustellen und unterschiedliche Lösungsmöglichkeiten von typischen Problemen und Widersprüchen zu analysieren. Der Rechtsvergleich stellt ein geeignetes Mittel dar, um zu einer besseren Kenntnis der Lösungen zu gelangen.[89] Die dabei gewonnenen Erkenntnisse können für gesetzgeberische Zwecke nützlich sein.[90]

Welche Rechtsordnungen für den Vergleich herangezogen werden, bestimmt sich vor allem nach dem konkret verfolgten Ziel. Einerseits erkennen Deutschland und Spanien als Mitgliedsländer der EU dieselben Rechtsgrundsätze an, wie insbesondere das Sozialstaatsprinzip und das Recht auf Achtung der Menschenwürde. Andererseits pflegen beide einen unterschiedlichen Umgang mit der Zuwanderung und deren Herausforderungen, vor allem was die unrechtmäßige Migration anbelangt. Insbesondere der Zugang zu Sozialleistungen gestaltet sich für Ausländer mit fehlendem Aufenthaltsrecht in Deutschland und Spanien unterschiedlich und soll mit dieser Arbeit näher untersucht werden.

Anfang 2005 traten in Spanien und in Deutschland neue Gesetze im Bereich des Ausländerrechts in Kraft. Während in Spanien die königliche Verordnung 2393/2004 zum Ausländergesetz über die Rechte und Grundfreiheiten von Ausländern in Spanien und ihre soziale Integration (LEX) verabschiedet wurde,[91] trat in Deutschland das Gesetz zur Steuerung und Begrenzung der Zuwanderung

---

87 Vgl. *Kreienbrink*, in: *Bernecker*, Spanien heute, 2008, S. 263.
88 Vgl. *Bielefeld*, in: *Alt/Bommes*, Illegalität. Grenzen und Möglichkeiten der Migrationspolitik, 2006, S. 81.
89 *Sacco*, Einführung in die Rechtsvergleichung, 2001, S. 22-23.
90 *Nußberger*, ROW 1998, S. 86.
91 Organgesetz 4/2000, v. 11.1.2000 über die Rechte und Grundfreiheiten von Ausländern in Spanien und ihre soziale Integration, BOE Nr. 10 v. 12.1.2000. (Organgesetz 4/2000, v. 11.1.2000, über die Rechte und Grundfreiheiten von Ausländern in Spanien und ihre soziale Integration), reformiert durch das Organgesetz 8/2000, v. 22.12.2000 (BOE Nr. 307 v. 23.12.2000), durch Organgesetz 11/2003, v. 29.9.2003 (BOE Nr. 234 v. 30.9.2003), durch Organgesetz 14/2003, v. 20.11.2003 (BOE Nr. 279 v. 21.11.2003, Organgesetz 2/2009, v. 11.12.2009 (BOE Nr. 299 v. 12.12.2009).

und zur Regelung des Aufenthalts und der Integration von Unionsbürgern und Ausländern (AufenthG) in Kraft.[92]

Obwohl die beiden Ausländergesetze das Wort „Integration" enthalten, hat dieses in der Praxis beider Länder eine andere Bedeutung. Während in Spanien die Integration der Zuwanderer durch eine umfassende Politik, die sich an alle Bürger wendet, gewährleistet ist (Art. 2 bis Abs. 1 lit c. LEX), wird in Deutschland lediglich versucht, diejenigen zu integrieren, die sich legal aufhalten. „Es liegt im deutschen Interesse, dass Menschen, die sich integriert haben, ihr Leben in Deutschland weiter gestalten können."[93] Dies macht die unterschiedlichen migrationspolitischen Ansätze der beiden Länder deutlich. So wurde beispielsweise in Spanien in Zusammenhang mit der königlichen Verordnung über die Rechte und Grundfreiheiten von Ausländern und ihre Integration[94] im Februar 2005 eine Massenlegalisierung für Ausländer mit fehlendem Aufenthaltsrecht erlassen.[95] Hiervon waren 700.000 Migranten ohne legalen Aufenthaltsstatus in Spanien betroffen, welche nun legal am Arbeitsmarkt und am Sozialversicherungssystem teilnehmen dürfen. Eine ähnliche Amnestie wäre in Deutschland kaum durchsetzbar.[96] Solche Maßnahmen werden mit dem Argument abgelehnt, dass rechtswidriges Verhalten nicht belohnt werden darf.[97]

In der Bundesrepublik wurde eine Gesetzesnovelle zur Steuerung und Begrenzung der Zuwanderung und zur Regelung des Aufenthalts und der Integration von Unionsbürgern und Ausländern erlassen, welche bereits vom Titel her eine „Begrenzung" der Migration zum Ziel hat. Die Zuwanderung wird in Deutschland offenbar als Gefahr begriffen, insbesondere für den Sozialstaat. In Spanien wird dagegen weniger der Bestand des Sozialstaats als problematisch angesehen, sondern der bis dahin irreguläre und rechtlose Zustand der vielen im

---

92 Zuwanderungsgesetz, Gesetz zur Steuerung und Begrenzung der Zuwanderung und zur Regelung des Aufenthalts und der Integration von Unionsbürgern und Ausländern, BGBl. I Nr. 16 vom 17.3.2005. Zuletzt geändert durch das Gesetz über den Aufenthalt, die Erwerbstätigkeit und die Integration von Ausländern im Bundesgebiet (AufenthG), BGBl. I S. 2437 v. 30.7.2009.

93 BT-Drucks. 16/218, S. 3.

94 Vgl. Verordnung 2393/2004, mit der die Durchführungsverordnung zum Organgesetz 4/2000 v. 11.1.2000, über die Rechte und Grundfreiheiten von Ausländern in Spanien und ihre soziale Integration, verabschiedet wird (RLEX) BOE Nr. 6, v. 6.7.2005.

95 Erwähnenswert ist, dass Spanien in den Verhandlungen zu einem EU-Pakt zur Einwanderung und Asyl am 7. Juli 2008 ein Verbot von Legalisierungen auf EU-Ebene verhindert hat. Die Legalisierungsprogramme dieser Art werden verwendet, um die Zahl der illegalen Migration im Inland einzuschätzen. Spanien hatte hier bis heute am meisten Legalisierungen in Europa zu verzeichnen. Vgl. *Kreienbrink*, in: *Bernecker*, Spanien heute, 2008, S. 253; *Kreienbrink*, Einwanderungsland Spanien, 2004, S. 248; *De Bruycker*, Regularisations of Illegal Immigrants, 2000, S. 16-17.

96 *Anderson*, „Dass Sie uns nicht vergessen" - Menschen in der Illegalität in München, 2003, S. 103.

97 *Cyrus*, ZAR 2010, S. 320.

Land lebenden Migranten ohne Aufenthaltsrecht. Der Grund für die unterschiedlichen Sichtweisen liegt sowohl in der zahlenmäßig unterschiedlich starken Betroffenheit der beiden Länder, als auch in den unterschiedlichen Sozialsystemen.

I. Migrationszahlen in den Vergleichsländern

Die „Einwanderungsländer" Deutschland und Spanien sind nach Schätzungen der UNO mit jeweils ca. vier Millionen Migranten zusammen mit den USA diejenigen Industrieländer, in denen im Zeitraum von 1990-2005 der größte Zuwachs an Migranten festzustellen ist.[98] Jedoch lassen sich bei der Erhöhung des jeweiligen Ausländeranteils erhebliche Unterschiede erkennen. Die hier ausgewählten Vergleichsländer stehen für zwei unterschiedliche Typen von Einwanderungsländern in der EU:[99] Deutschland als Anwerbeland von ausländischen Arbeitskräften („Gastarbeiter") in den fünfziger und sechziger Jahren[100] sowie Spanien als Auswanderungsland in den fünfziger bis siebziger Jahren[101] und als neues südeuropäisches Einwanderungsland.[102]

Im Jahr 1973 erreichte die Ausländerbeschäftigung in Deutschland mit 2.595.000 Beschäftigten ihren Höhepunkt[103] – es wurde ein „Anwerbestopp"

---

98 Die USA haben 15 Millionen Migranten aufgenommen, Deutschland und Spanien hingegen jeweils 4 Millionen.
   http://www.un.org/esa/population/hldmigration/Text/Migration_factsheet.pdf (Stand: 11.2.2007).
99 *Freeman*, IMR 1995, S. 887-889. „There are tree main approaches to immigration selection. The first is the English-speaking settler societies of Australia, Canada and the United States. Explicit immigration policies built these nations. The second main approach is the Continental European states such as Germany, France and Switzerland that have experienced immigration since World-War Two. While immigration has also been important for nation-building in these countries, it was not until recently that immigration became explicit government policy and in many states, it remains a politically volatile policy area. Third, the „former emigration countries" of Spain, Portugal, Italy and Greece who have changed over the last twenty years from sending to receiving immigration states. To this could potentially also add a fourth category of „new immigration" states, such us Norway, Finland and Latvia who were until recently firly closed to immigration but who in recent years [...] have become immigration states and form an important fourth approach."
100 *Kreienbrink*, Einwanderungsland Spanien, 2004, S. 50.
101 *Prados de Reyes/Olarte Encabo*, in: *Sempere Navarro*, El Modelo Social en la Constitución Española de 1978, 2003, S. 1400.
102 *Kreienbrink*, in: *Bernecker*, Spanien heute, 2008, S. 250; *Kreienbrink*, Einwanderungsland Spanien, 2004, S. 45; *Ruiz Vieytez*, in: *Turton/González*, Immigration in Europe: Issues, Policies and Case Studies, 2003, S. 173.
103 Quelle: Statistisches Bundesamt (Bevölkerungsfortschreibung), sowie BAMF (Ausländerzahlen 2008, S. 4-5).

ausgesprochen.[104] Die Ausländerzahl im Jahr 1973 belief sich insgesamt auf 3.991.352 (6,4%). Erwähnenswert ist, dass obwohl sich die Prozentzahl an Zuwanderung innerhalb eines Jahrzehnts (1969-1979) von 3,9% (61.069.000) auf 6,9% (61.439.342) verdoppelt hatte, sich die Gesamtbevölkerungszahl in Deutschland kaum veränderte. Nach Schätzungen des Bundesamts für Migration und Flüchtlinge (BAMF) ist der Anteil der ausländischen Bevölkerung in Deutschland seit 1980 fast gleich geblieben (1980 war er 7,4%, heutzutage liegt er bei 8,8%).[105] Den höchsten Anteil an Ausländern weisen die Bundesländer Baden-Württemberg, Hessen, Nordrhein-Westfalen und Bayern auf.[106] Allerdings ist die Bezeichnung Deutschlands als „Einwanderungsland" nicht ganz unproblematisch. Die politische Diskussion des Begriffes „Einwanderungsland" stammt aus „dem Spannungsverhältnis zwischen tatsächlicher Einwanderungssituation und den offiziellen Verlautbarungen – etwa der Bundesregierung – Deutschland sei kein Einwanderungsland."[107]

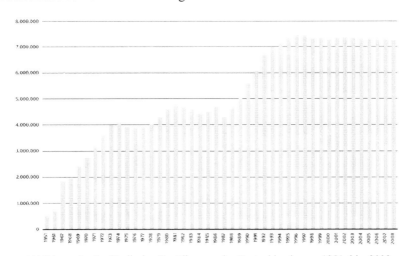

Abbildung 1: Ausländische Bevölkerung in Deutschland von 1951 bis 2008. Quelle: Statistisches Bundesamt (Bevölkerungsfortschreibung), sowie BAMF (Ausländerzahlen 2008, S. 3).

---

104 Bulletin der Bundesregierung v. 27.11.1973, S. 1506.

105 Insgesamt leben heute knapp 20% Migranten in der Bundesrepublik, zu den 8,8% Ausländern kommen ca. 10% Deutsche mit Migrationshintergrunde (z.B. Eingebürgerte und Spätaussiedler). Quelle: Statistisches Bundesamt: Statistisches Jahrbuch 2007, S. 2007, S. 37.

106 Bundesamt für Migration und Flüchtlinge; http://www.bamf.de/nn_442496/SharedDocs/Anlagen/DE/DasBAMF/Downloads/Statistik/ statistik-anlage-teil-2-auslaendezahlen-auflage14.html (Stand: 20.1.2010).

107 *Wollenschläger*, RdA 1994, S. 194.

Deutschland – im Gegensatz zu Spanien und den anderen europäischen Küstenstaaten (wie Griechenland, Malta und Italien), die aufgrund ihrer geographischen Lage in besonderem Maß von der Migration betroffen sind[108] – ist insbesondere wegen seiner fehlenden Außenkontrollen von der Zuwanderung betroffen. Das Grenzpersonal widmet sich weitgehend der Kontrolle des internen Arbeitsmarktes bzw. Schwarzarbeitsmarktes,[109] der häufig Ausländern mit fehlendem Aufenthaltsrecht eine Arbeitsmöglichkeit bietet. Als Folge geraten Ausländer, die sich unrechtmäßig in Deutschland aufhalten, verstärkt unter den Druck der Behörden. Obwohl sich in Deutschland ein rückläufiger Trend beobachten lässt,[110] halten sich Schätzungen des Bundesamtes für Migration und Flüchtlinge (BAMF) zufolge in Deutschland ca. 1 Million Menschen unrechtmäßig auf.[111]

Laut dem spanischen Statistikamt („*Instituto Nacional de Estadística*", INE) stieg die Ausländerquote in Spanien zwischen 1999 und 2009 von 1,9% auf 11,6% der Gesamtbevölkerung.[112] Damit hat Spanien (abgesehen von Luxemburg) die höchste relative Ausländerquote der EU erreicht.[113] Die stark zunehmende Einwanderung in Spanien hat zu einem Bevölkerungsanstieg von über fünf Millionen Einwohnern geführt. Spanien verzeichnet damit mittlerweile den größten Zustrom unter den alten 15 EU-Mitgliedern und ist danach das Haupteinwanderungsland für Migranten in Europa geworden,[114] wobei zu

108 *Kreienbrink*, in: *Bernecker*, Spanien heute, 2008, S. 245; Vgl. *Kreienbrink*, Einwanderungsland Spanien, 2004, S.103.

109 *Reinhard*, in: *Sánchez-Rodas Navarro*, Aspectos jurídicos de la inmigración irregular en la Unión Europea, 2009, S. 178.

110 http://www.emhosting.de/kunden/fluechtlingsrat-nrw.de/system/upload/download_1232.pdf. (Stand: 12.12.2007). Näher dazu *Cyrus*, ZAR 2010, S. 317.

111 Migrationsbericht 2006 des BAMF behandelt das Thema illegale Migration: http://www.bamf.de/nn_976570/SharedDocs/Pressemitteilungen/DE/DasBAMF/2007/071219__pressemitteilung-bmi.html (Stand: 5.7.2007).
Näher dazu auch *Fisch*, Menschen in aufenthaltsrechtlicher Illegalität, 2007, S. 16; *Eichenhofer*, in: *ders.* Migration und Illegalität, 1999, S. 13; *Lederer*, in: *Eichenhofer*, Migration und Illegalität, 1999, S. 62.

112 http://www.ine.es/prensa/np503.pdf (Stand: 10.9.2010). Dabei ist zwischen den in Einwohnermeldeamt gemeldeten Ausländern, unter denen sich auch illegale Migranten befinden können, und sich legal aufhaltenden Ausländern zu unterscheiden. In Spanien lag nach Daten der UNO aus dem Jahr 2005 die Wachstumsrate des Migrantenanteils zwischen 1990-1995 bei 5,5%, während diese Zahl zwischen 2000-2005 auf 21,6% stieg. Die Wachstumsrate des Migrantenanteils zwischen 2000-2005 in anderen europäischen Ländern, die auch von der Migration betroffen sind: Deutschland 0,7%, Italien 8,7% und Griechenland 5,7%. http://esa.un.org/migration/index.asp?panel=2 (Stand: 12.7.2008).

113 *Kreienbrink*, in: *Bernecker*, Spanien heute, 2008, S. 244.

114 Vgl. *Kreienbrink*, in: *Bernecker*, Spanien heute, 2008, S. 243. http://osha.europa.eu/publications/literature_reviews/migrant_workers (Stand: 10.9.2010); http://www.ine.es/prodyser/pubweb/espue25/espue25_pob.pdf (Stand: 10.9.2010).

beachten ist, dass die meisten Zuwanderer illegal einreisen.[115] In Spanien leben Schätzungen zufolge über eine Million Menschen unrechtmäßig.[116]

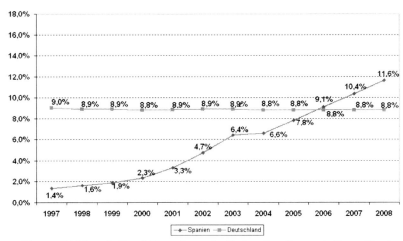

Eigene Abbildung 2: Entwicklung der ausländischen Bevölkerung in Deutschland und Spanien (1997-2008). Quelle: Eurostat (DS-071769 Bevölkerung) und statistisches Bundesamt (Bevölkerungsfortschreibung), sowie BAMF (Ausländerzahlen 2008, S. 4-5).

Das Phänomen der Migration im Allgemeinen hat in Spanien eine solche Bedeutung gewonnen, dass das „Ministerium für Arbeit und Soziales" (MTAS) seinen Namen durch „Ministerium für Arbeit und Zuwanderung" (MTIN) ersetzt hat.[117]

Dies liegt vor allem an der engen historischen und wirtschaftlichen Bindung zu Lateinamerika,[118] sowie an der geographischen Nähe zu Afrika.[119] Die Migration hat Spanien später als die anderen EU-Länder erreicht,[120] doch hat sich

115 In 2004 höchster Migrationsanteil in der EU: Zypern (+21,3%), Spanien (+14,3%), Irland (+11,4%). Eurostat, The Social situation in the EU 2005-2006, S. 61.

116 Das nationale Statistiksamt (INE) v. 11.6.2007. http://www.ine.es. Nimmt man die kommunalen Melderegister als Datenquelle („padrón municipal"), ergeben sich deutlich höhere Zahlen für die ausländische Wohnbevölkerung. Man muss zwischen im Einwohnermeldeamt gemeldeten Ausländern (3.691.547) und sich legal aufhaltenden Ausländern (2.054.453) unterscheiden. Die Differenz (ca. 1.600.000) sind die Ausländer mit unrechtmäßigen Aufenthaltsstatus. Die gemeldeten Ausländer können sich in Spanien legal oder auch illegal aufhalten.

117 http://www.mtin.es/index.htm (Stand: 10.9.2010).

118 http://www.bundestag.de/wissen/analysen/2008/migration_aus_lateinamerika.pdf (Stand: 12.1.2009).

119 Vgl. *Kreienbrink*, Einwanderungsland Spanien, 2004, S. 103.

120 *Bommes*, APuZ 2008, S. 22.

der Prozess hier viel schneller und intensiver fortgesetzt.[121] Erwähnenswert ist, dass die Migranten nach Spanien nicht nur zum vorübergehenden Aufenthalt kommen; sieben von zehn Immigranten lassen sich in Spanien dauerhaft nieder.[122] Entsprechend ist die Migration eine der zentralen sozialen Fragen der letzten Jahre und heute.[123]

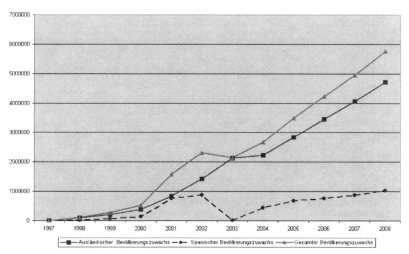

Eigene Abbildung 3: Vergleich des ausländischen und spanischen Bevölkerungs-zuwachses in Spanien (1997-2008). Quelle: Eurostat (DS-071769 Bevölkerung).

II. Das Wohlfahrtsstaatsmodell in den Vergleichsländern

Beide Vergleichsländer bezeichnen sich als Sozialstaat: Deutschland ist gemäß Art. 20 Abs. 1 GG i. V. m. Art. 28 Abs. 1 GG ein sozialer Rechtsstaat,[124] und in Spanien ist das Sozialstaatsprinzip in Art. 1 Abs. 1 der Verfassung (CE) vom 29. Dezember 1978 verankert.[125] Das deutsche Grundgesetz selbst enthält,

---

121 *Villana/Gómez*, RMTAS, 2006, S. 16.
122 http://www.Ikuspegi.org. (Stand: 19.10.2007).
123 Vgl. *Kreienbrink*, in: *Bernecker*, Spanien heute, 2008, S. 243.
124 Vgl. *Becker*, Staat und autonome Träger, 1996, S. 42.
125 Art. 1 Abs. 1 CE: Spanien konstituiert sich als demokratischer und sozialer Rechtsstaat und bekennt sich zu Freiheit, Gerechtigkeit, Gleichheit und politischem Pluralismus als den obersten Werten seiner Rechtsordnung.

anders als andere Verfassungen, wie beispielsweise die spanische,[126] keinen Katalog sozialer Rechte.[127]

Beide Staaten haben ein komplexes Sozialsystem aufgebaut, um den verschiedensten sozialen Bedürfnissen der jeweiligen Leistungsberechtigten gerecht zu werden. Obwohl die Bundesrepublik, wie auch Spanien, sich als Sozialstaat begreifen, zeigten jedoch beide Länder 2007 große Ungleichheiten in ihren Sozialausgaben.[128] In Deutschland nehmen Sozialausgaben etwa 29,5% und in Spanien etwa 20% des jeweiligen Bruttoinlandsproduktes (BIP) ein.[129] Wichtiger ist aber, dass beide Länder derzeit unterschiedliche Wohlfahrtsstaatsmodelle haben.

Der deutsche Sozialstaat zeichnet sich durch beitragsfinanzierte Sozialversicherungssysteme, die nicht die gesamte Bevölkerung einbeziehen, aus. Spanien hat sich hingegen durch das Gesetz 26/1990 von solchen Systemen abgewandt und sich für steuerfinanzierte universelle Systeme entschieden.[130] Während Deutschland als korporatistischer Sozialstaat bezeichnet wird,[131] zeigt Spanien charakteristische Merkmale des sogenannten „lateinischen Wohlfahrtregimes" des Südens Europas.[132] Die Sozialpolitik Spaniens stellt wie in anderen südeuropäischen Ländern ein gemischtes System dar.[133] Es handelt sich dabei um ein rudimentäres sozialpolitisches Regime[134] mit einem universellen staatlichen Gesundheitsdienst nach britischem Grundversorgungsmodell.[135] Das führt dazu, dass Migranten in Spanien, anders als in Deutschland, schnell Zu-

126 Art. 39-52 Spanische Verfassung, BOE Nr. 331 v. 29.12.1978.

127 *Romanski*, Sozialstaatlichkeit und soziale Grundrechte, 2000, S. 33; *Rüfner*, Einführung in das Sozialrecht, 1991, S. 26; *Reinhard*, ZIAS 1988, S. 183.

128 *Villota Gil-Escoin/Vázquez*, in: *Schubert/Hegelich/Bazant*, Europäische Wohlfahrtssysteme, 2008, S. 172.

129 http://epp.eurostat.ec.europa.eu/cache/ITY_OFFPUB/KS-SF-07-099/DE/KS-SF-07-099-DE.PDF. (Stand: 28.12.2007).

130 Gesetz 26/1990, wodurch sich im Sozialleistungssystem nicht-beitragsbezogene Leistungen etablieren, BOE v. 22.10.1990. Vgl. *Blasco Lahoz/López Gandía/Momparler Carrasco*, Curso de Seguridad Social, 2006, S. 35.

131 *Esping-Andersen*, The Three Worlds of Welfare Capitalism, 1990, S. 26-28. Die drei Modelle nach Esping-Andersen sind der korporatistische Sozialstaat (z.B. Österreich, Deutschland, Frankreich), der liberale Sozialstaat (z.B. Vereinigte Königreich, Kanada und die Vereinigen Staaten von Amerika) und der sozialdemokratische Sozialstaat (z.B. skandinavische Länder).

132 *Villota Gil-Escoin/Vázquez*, in: *Schubert/Hegelich/Bazant*, Europäische Wohlfahrtssysteme, 2008, S. 171; *Schmid*, Wohlfahrtsstaaten im Vergleich, 2002, S. 228; *Adolph*, Regionale sozialstaatliche Entwicklung am Beispiel der autonomen Gemeinschaft des Baskenlandes, 1997, S. 24; *Lessenich*, PVS 1994, S. 231; *Leibfried*, Sozialstaat Europa?, 1990, S. 301.

133 *Schmid*, Wohlfahrtsstaaten im Vergleich, 2002, S. 229.

134 *Schmid*, Wohlfahrtsstaaten im Vergleich, 2002, S. 223; *Adolph*, Regionale sozialstaatliche Entwicklung am Beispiel der autonomen Gemeinschaft des Baskenlandes, 1997, S. 21; *Lessenich*, Wohlfahrtsstaat, Arbeitsmarkt und Sozialpolitik in Spanien, 1995, S. 37.

135 *Schmid*, Wohlfahrtsstaaten im Vergleich, 2002, S. 227.

gang zu bestimmten steuerfinanzierten Sozialleistungen haben, wie zum Beispiel zur universellen medizinischen Versorgung.

Ein Unterschied zwischen den beiden Vergleichsländern ergibt sich auch bei der Kompetenzverteilung im Bereich des Sozialrechts zwischen dem Nationalstaat und den Föderalstaaten. Sowohl Deutschland als auch Spanien sind Föderalstaaten.[136] Während in Deutschland jedoch das Sozialrecht ganz überwiegend Bundesrecht (Art. 74 GG) ist[137] und den Bundesländern fast nur die Ausführung obliegt, haben in Spanien die 17 autonomen Gemeinschaften die ausschließliche Kompetenz im Bereich der sozialen Fürsorge (Art. 148 Abs. 1 Nr. 20 CE). Soweit es für die Arbeit notwendig ist, regionale oder länderspezifische Regelungen darzustellen, wird für Deutschland die Rechtslage im Bundesland Bayern und für Spanien die der autonomen Gemeinschaft des Baskenlandes, aufgrund ihrer Pionierrolle im spanischen Sozialleistungssystem,[138] untersucht. Außerdem sind nach der Statistik des Ministeriums für Gesundheit und Sozialpolitik die Sozialleistungen der autonomen Gemeinschaft des Baskenlandes im Hinblick auf den Leistungsbetrag, Umfang der Leistungsberechtigten, sowie Leistungsbezugsdauer mit Abstand am höchsten in ganz Spanien.[139]

III. Sozialleistungen während des Aufenthaltes auf Grundlage des Territorialitätsprinzips und ihre Systematisierung

Das Sozialstaatsprinzip berechtigt und verpflichtet den Gesetzgeber zur Herstellung sozialer Gerechtigkeit und zur umfassenden rechtlichen Gestaltung der Gesellschaft.[140] Allgemein definiert sich der Sozialstaat als Staat, der den Geboten sozialer Gerechtigkeit und sozialer Sicherheit gegenüber den „Wechselfällen des Lebens"[141] nachzukommen versucht, wobei es vornehmlich um den Ausgleich gesellschaftlicher Ungleichheit, sowie um Hilfe gegen Not und Armut[142]

---

136 Die Bundesrepublik Deutschland besteht aus 16 Bundesstaaten, welche nach Art. 70 ff. GG weitgehende Gesetzgebungbefugnisse besitzen; Das Königreich Spanien gliedert sich in 17 Autonomen Gemeinschaften, deren Gesetzgebungsbefugnisse sich aus Art. 148 ff. CE ergeben.

137 *Kokemoor*, Sozialrecht, 2010, S. 19; *Eichenhofer*, Sozialrecht, 2010, S. 65; *Bley/Kreikebohm/Marschner*, Sozialrecht, 2007, S. 23; *Gitter/Schmitt*, Sozialrecht, 2001, S. 18.

138 *Pisarello*, in: Defensor del Pueblo, La actualida de los derechos sociales, 2008, S. 66; *Ibarra Robles/López de la Riva Carrasco/Garrido Bengoechea*, Ciudadanía y Derechos fundamentales: Extranjería, 2004, S. 99; *Aparicio/Tornos, in Heckmann/Schnapper*, The Integration of Immigrants in European Societies, 2003, S. 250.

139 Näher dazu 3. Kapitel B Sozialhilfe.

140 Vgl. *Menzel*, VVDStRL 1954, S. 201-204.

141 Zur sozialen Sicherung als typische Aufgabe des Sozialstaats s. BVerfGE 21, 362 (375).

142 BVerfGE 1, 97 (105).

durch Sozialleistungen geht.[143] Ziel des Sozialstaates ist es, der ganzen Bevölkerung einen angemessenen Lebensstandard zu sichern[144] und größere soziale Unterschiede innerhalb der Gesellschaft auszugleichen.[145]

In den Sozialstaaten Europas stehen den Menschen zur Befriedigung ihrer Bedürfnisse hauptsächlich drei Einkommensquellen zur Verfügung:[146] a) der Unterhalt durch Arbeit, b) Vermögen und c) Unterhaltsverbände, wie die Familie. Falls diese nicht ausreichen, werden die entstehenden Defizite subsidiär durch soziale Leistungen ausgeglichen,[147] da der Staat den im Land Lebenden Menschen mindestens ein menschenwürdiges Existenzminimum gewährleisten muss.[148] Vor allem dienen die Hilfssysteme aufgrund ihrer finalen Ausrichtung als ein soziales Auffangnetz für alle Bevölkerungsteile in Notsituationen.[149]

Besonders schutzwürdig sind Ausländer mit unrechtmäßigem Aufenthaltsstatus, da sie aufgrund ihres prekären Aufenthaltsstatus einem erheblichen Armutsrisiko unterliegen.[150] Wenn diese als Folge eines Arbeitsverbots sozial bedürftig werden, kann ihre Existenz durch Hilfeleistungen gewährleistet werden. Die Sozialhilfeleistungen sind für Ausländer mit fehlendem Aufenthaltsrecht besonders relevant, weil sie den sozialen Grundbedarf des Betroffenen, der anderweitig nicht gedeckt werden kann, sichern.[151] Die Hilfeleistungen werden aus Steuermitteln finanziert. Das Territorialitätsprinzip gilt dabei als ein wichtiger Anknüpfungspunkt in Bezug auf die Inanspruchnahme von steuerfinanzierten Hilfeleistungen aus dem Sozialleistungssystem.[152] Entsprechend ist der Zugang zu allen Sozialleistungen in erster Linie vom Wohnsitz und vom gewöhnlichen Aufenthalt,[153] bzw. vom Beschäftigungsort abhängig.[154] Im Wege der Anknüpfung an den tatsächlichen Aufenthalt im Aufnahmeland ist das Territoria-

143 *Eichenhofer,* Sozialrecht, 2010, S. 3-6; *Zacher,* in: *Bauer/Czybulka/Kahl/Vosskuhle,* Wirtschaft im offenen Verfassungsstaat, FS f. Schmidt, 2006, S. 306; *Zacher,* in: *v. Maydell/Eichenhofer,* Abhandlungen zum Sozialrecht, 1993, S. 18; *Rüfner,* Einführung in das Sozialrecht, 1991, S. 27.

144 Vgl. *Becker,* in: *Benvenisti/Nolte,* The Welfare State, 2004, S. 4.

145 *Zacher,* in: *v. Maydell/Eichenhofer,* Abhandlungen zum Sozialrecht, 1993, S. 30.

146 *Zöllner,* Soziale Sicherung, 1997, S. 1.

147 *Zacher,* in: *Bauer/Czybulka/Kahl/Vosskuhle,* Wirtschaft im offenen Verfassungsstaat, FS f. Schmidt, 2006, S. 309.

148 *Starck,* in: *v. Mangoldt/Klein/ders.,* GG I, Art. 1 Abs. 1 GG, Rn. 41; *Kokemoor,* Sozialrecht, 2010, S. 175; *Jimena Quesada,* La Europa social y democrática de Derecho, 1997, S. 277; *Carmona Cuenca,* Nuevas Políticas Públicas, 2006, S. 184.

149 Vgl. *Becker,* JuS 1998, S. 94.

150 *Zarauz,* Padrón municipal y las personas extranjeras en situación irregular, 2007, S. 183.

151 *Becker,* JuS 1998, S. 92.

152 *Steinmeyer,* in: *v. Maydell/Ruland,* Sozialrechtshandbuch, 2003, S. 1591-1592.

153 *Scheiwe,* in: *Fuchsloch/ders.,* Leitfaden Elterngeld, 2007, S. 32; *Kokott,* in: *Hailbronner,* Die allgemeinen Regeln des völkerrechtlichen Fremdenrechts, 2000, S. 29; *Sieveking,* in: *Barwig/Röseler/u.a.,* Sozialer Schutz von Ausländern, 1997, S. 28.

154 Vgl. *Becker,* in: *Benvenisti/Nolte,* The Welfare State, 2004, S. 11.

litätsprinzip das wesentliche Kriterium um Zugang zu Sozialleistungen zu erlangen, weil die Menschen nach diesem Prinzip von dem Solidarverband aufgenommen werden. In den Vergleichsländern findet sich das Territorialitätsprinzip in folgenden Regelungen: in Deutschland in § 30 Abs. 1 SGB I und in Spanien in Art. 7 des Gesetzes zur sozialen Sicherheit[155] („*Ley General de la Seguridad Social*", LGSS). Das Territorialitätsprinzip dieser Vorschriften ist nur allgemeiner Natur und hat daher eher subsidiären Charakter.[156] Speziellere Bestimmungen, welche hiervon abweichen können, finden sich sowohl auf innerstaatlicher, wie auch auf völkerrechtlicher bzw. zwischenstaatlicher Ebene.[157] So können sich nach § 30 Abs. 2 SGB I und Art. 10 Abs. 2 CE in Deutschland und Spanien auch aus dem Völker- und Unionsrecht Abweichungen vom Territorialitätsprinzip ergeben.[158] In den jeweiligen Staaten können ferner im Bereich der Sozialversicherung Beschäftigungsmerkmale (z. B. § 7 SGB IV) entscheidend sein, bzw. aufenthaltsrechtliche, also personenrechtliche Einschränkung eingeführt werden.[159]

Ausländer unterliegen ebenfalls allein aufgrund ihres Aufenthalts der „umfassenden territorialen Verantwortlichkeit" des Staates.[160] Der Nachweis des Aufenthaltes im Land und damit der Anknüpfungspunkt für das Sozialrecht kommt mit der Meldung bei den öffentlichen Stellen zustande.

Die Voraussetzungen für einzelne Leistungsarten sind an den Zweck der Sozialleistung und den Aufenthalts gebunden.[161] Im nationalen Sozialrecht gibt es nicht nur einen territorialen Anknüpfungspunkt,[162] sondern auch einen perso-

---

155 „Ley General de la Seguridad Social", BOE Nr. 154, v. 29.6.1994.

156 *Hauck*, in: *ders./Noftz*, SGB I, § 30 SGB I, Rn. 3.

157 *Hauck*, in: *ders./Noftz*, SGB I, § 30 SGB I, Rn. 24.

158 Näher dazu 1. Kapitel Grundlagen des Völkerrechts und Unionsrechts.

159 *Kokott*, in: *Hailbronner*, Die allgemeinen Regeln des völkerrechtlichen Fremdenrechts, 2000, S. 29.

160 Vgl. *Becker*, in: *ders./Hablitzel/Kressel*, Beschäftigung und Soziale Sicherheit, 2007, S. 57; *Becker*, in: *Benvenisti/Nolte*, The Welfare State, 2004, S. 11-12; *Becker*, ZESAR 2002, S. 12.

161 *Renner*, in: *Barwig/Röseler/u.a*, Sozialer Schutz von Ausländern, 1997, S. 270.

162 *Zacher*, in: v. *Maydell/Eichenhofer*, Abhandlungen zum Sozialrecht, 1993, S. 448: „Wenn man die Geschichte beobachtet, Heimat bedeutete Bürgerschaft und Fürsorge zugleich. Fremdheit bedeutete ebenso keine Bürgerschaft wie keine Fürsorge. Alle Entwicklung des zwischenstaatlichen Fürsorgerechts lief darauf hinaus, diese Geschlossenheit aufzubrechen. Die Hilfe in der Not musste vom Personalstatut des Bürgers gelöst werden. Die Sozialversicherung lies, indem sie das Territorialprinzip ganz selbstverständlich voraussetzte, diesen alten Ansatz der Armenpflege a priori hinter sich. Sie war ja durch die Wanderungen des industriellen Zeitalters und durch die Unfähigkeit der Armenpflege, den Problemen dieser Wanderung gerecht zu werden, miterzeugt worden. Mit diesem territorialen Ansatz hatte sich aber auch eine selbstverständliche Arbeitsteilung ergeben: der Zugang zum Territorium wurde Sache des Aufenthaltsrechts, des Staatsbürgerrechts usw. Das Sozialrecht nahm hin, was dort vorgegeben wurde, bemühte sich aber, gegenüber dem Zugang zum Territorium neutral zu bleiben. Diese Arbeitsteilung ist eine Grundregel bis heute".

nellen Anknüpfungspunkt.[163] Obwohl das Personalitätsprinzip in der Regel für Ausländer eine große Rolle spielt um ein Recht auf Aufenthalt zu erlangen und den Umfang des sozialen Schutzes zu bestimmen, tritt dieses Prinzip bei Ausländern mit unrechtmäßigem Aufenthaltsstatus hinter dem Territorialitätsprinzip zurück.[164]

Die vorliegende Untersuchung folgt einer Systematisierung nach Leistungsgrund, welcher den mit der Leistung verfolgten Zweck bezeichnet.[165] Dabei lassen sich die Leistungen anhand ihrer typischen Merkmale voneinander unterscheiden und systematisieren.[166] Die Hilfesysteme, die der Sicherung des Existenzminimums der Ausländer mit fehlendem Aufenthaltsrecht dienen, können bei einer Systematisierung nach materiellen Inhalten am anschaulichsten erklärt werden. Obwohl für das spanische System der sozialen Sicherheit möglicherweise andere Arten von Systematisierungen (wie nach Finanzierung oder nach der Kompetenzverteilung zwischen Zentralstaat und den dezentralen Institutionen)[167] geeigneter wären, soll die Systematisierung nach ihren typischen Merkmalen auch der Darstellung des spanischen südeuropäischen Sozialleistungssystems zugrunde gelegt werden. Entsprechend wird in der vorliegenden Untersuchung eine Einteilung in folgende vier Kategorien vorgenommen:[168] a) Sozialhilfe, b) Vorsorge bzw. Sozialversicherung, c) soziale Förderung und d) soziale Entschädigung. Im Gegensatz zu den beitragsbezogenen Leistungen, wie die Vorsorgeleistungen, die sich nach dem Gegenseitigkeitsprinzip richten,[169] sind die nichtbeitragsbezogenen Leistungen mit Steuern finanziert.[170] Die Förderungssysteme dienen der Wohlstandsteilhabe, der gesellschaftlichen Chancengleichheit[171] und der Verbesserung der sozialen Position.[172] Dabei ist es fraglich, ob im Hinblick auf Ausländer mit nur vorübergehendem Aufenthaltsrecht die Chancengleichheit sowie die Verbesserung der

---

163 *Becker,* in: *ders./Hablitzel/Kressel,* Beschäftigung und Soziale Sicherheit, 2007, S. 55-57; *Zacher,* in: v. *Maydell/Eichenhofer,* Abhandlungen zum Sozialrecht, 1993, S. 445; Zum klassischen Territorialitätsprinzips, etwa *Wickenhagen,* Zwischenstaatliches Sozialversicherungsrecht, 1957, S. 20 ff.

164 Vgl. *Becker,* in: *Benvenisti/Nolte,* The Welfare State, 2004, S. 11.

165 *Eichenhofer,* Sozialrecht, 2010, S. 9.

166 *Zacher,* in: *Fürst/Herzog/Umbach,* FS f. Zeidler, 1987, S. 582 ff.

167 Vgl. *Kingreen,* Soziale Rechte und Migration, 2010, S. 11; *Stadler,* Das interregionale Recht in Spanien, 2008, S. 17.

168 *Becker,* JuS 1998, S. 91.

169 *Bley/Kreikebohm/Marschner,* Sozialrecht, 2007, S. 94; *Rüfner,* Einführung in das Sozialrecht, S. 138; *Witterstätter,* Soziale Sicherung: Eine Darstellung mit Schwerpunkt Grundsicherung, 2006, S. 42.

170 *Stolleis,* in: *BMAS und BA,* Grundlagen der Sozialpolitik, 2001, S. 458.

171 *Zacher,* in: *Fürst/Herzog/Umbach,* FS f. Zeidler, 1987, S. 588.

172 *Zacher,* in: *Fürst/Herzog/Umbach,* FS f. Zeidler, 1987, S. 587.

sozialen Position zu fördern sind. Die Kategorie der sozialen Entschädigung stellt einen Schadensausgleich aus öffentlichen Mitteln dar, für die das Gemeinwesen Verantwortung trägt.[173]

C. Die rechtsvergleichende Methode und Gang der Untersuchung

I. Die rechtsvergleichende Methode

Diese Arbeit strebt einen Rechtsvergleich zwischen Deutschland und Spanien in Bezug auf das Aufenthalts- und Sozialrecht an.

Wie bei jeder rechtsvergleichenden Arbeit soll in der vorliegenden Untersuchung erst der Vergleichsgegenstand[174] (*tertium comparationis*) erkannt und festgelegt werden. Der Vergleichsgegenstand ist hier die sozialrechtliche Stellung von unrechtmäßig in Deutschland und Spanien lebenden Ausländern. Dabei ist für die Entstehung und den Bestand der sozialen Sicherheit die aufenthaltsrechtliche Vorfrage von entscheidender Bedeutung.[175] Zunächst wird daher die Vorfrage zu erläutern sein, welche Personen in die Kategorie der Ausländer mit fehlendem Aufenthaltsrecht fallen, und in einem zweiten Schritt der Umfang ihres sozialen Schutzanspruchs festzustellen sein.

Bei dieser rechtsvergleichenden Arbeit soll das zu untersuchende Problem frei von den Systembegriffen der eigenen Rechtsordnung formuliert werden,[176] um der Gefahr entgegenzuwirken,[177] eine fremde Rechtsordnung mit systemfremden Begriffen (verfälscht) wiederzugeben. Dazu muss das vergleichende Problem „exogen"[178] bzw. „vorrechtlich"[179] mit möglichst nichtjuristischen Begriffen umschrieben werden. In den jeweiligen Rechtsordnungen wird nach rechtlichen Regelungen gesucht, welche ihrer Funktion nach (Funktionalitäts-

---

173 *Igl/Welti/Schulin*, Sozialrecht, 2007, S. 7; *Zacher*, in: *Fürst/Herzog/Umbach*, FS f. Zeidler, 1987, S. 585.

174 *Brand*, JuS 2003, S. 1086; *Nußberger*, ROW 1998, S. 86.

175 *Renner*, in: *Barwig/Röseler/u.a*, Sozialer Schutz von Ausländern, 1997, S. 259.

176 *Zweigert/Kötz*, Einführung in die Rechtsvergleichung, 1996, S. 33; *Brand*, JuS 2003, S. 1086.

177 *Brand*, JuS 2003, S. 1090; *Pieters*, in: *v. Maydell/Ruland/Papier*, Verfassung, Theorie und Praxis des Sozialstaats, FS f. Zacher, 1998, S. 722.

178 *Pieters*, in: *v. Maydell/Ruland/Papier*, Verfassung, Theorie und Praxis des Sozialstaats, FS f. Zacher, 1998, S. 727.

179 *Zacher*, in: *v. Maydell/ Eichenhofer*, Abhandlungen zum Sozialrecht, 1993, S. 346.

prinzip) genau dieses Problem beschreiben.[180] Dafür wird das gleiche sozial-faktische Problem in beiden Rechtsordnungen untersucht und miteinander verglichen.[181] Die zu vergleichende Kategorie ist sowohl in Deutschland als auch in Spanien dieselbe: es handelt sich immer um Menschen, die sich im betreffenden Land unrechtmäßig aufhalten.[182] Hinzu kommt, dass die rechtliche Kategorisierung der Ausländer nach ihrem Aufenthaltsstatus in beiden Ländern weitgehend ähnlich ist. In der Regel zeigen die Kategorien die gleichen ausländerrechtlichen Konsequenzen, wie beispielsweise die Abschiebung.

Das hier zu untersuchende Problem kann nicht ohne Schwierigkeiten vorrechtlich formuliert werden, da der Vergleichsgegenstand nur mit einer rechtlichen Anknüpfung untersucht werden kann. Das Problem des unrechtmäßigen Aufenthalts von Ausländern existiert nur, weil diese Menschen sich entgegen den nationalen Aufenthaltsbestimmungen im jeweiligen Staatsgebiet aufhalten. Diese nationalen Aufenthaltsbestimmungen führen zu einer rechtlichen Kategorisierung der Ausländer, welche sich nicht nur sozial-faktisch beschreiben lässt. Eine nicht juristische Formulierung ist daher nicht möglich, weil man in beiden Vergleichsländern auf diese rechtlichen Kategorisierungen im Ausländerrecht zurückgreifen muss.

II. Gang der Untersuchung

Zunächst werden allgemeine Feststellungen im jeweiligen Ausländer- und Sozialleistungsrecht dargestellt und mögliche Bezugspunkte zueinander in Betracht gezogen. Danach folgt eine Untersuchung der sozialrechtlichen Stellung von Ausländern mit fehlendem Aufenthaltsrecht in der jeweiligen Rechtsordnung. Dabei sind auch die völker- und unionsrechtlichen Beziehungen herauszuarbeiten.[183] Zum Schluss werden rechtsvergleichende Feststellungen getroffen.

Die vorliegende Untersuchung ist deshalb in fünf Kapitel gegliedert. Im *ersten Kapitel* wird die sozialrechtliche Stellung von Ausländern mit fehlendem Aufenthaltsrecht im Völkerrecht und im Unionsrecht dargestellt.[184] Nach den Grundprinzipien des Völkerrechts kann jeder Staat aufgrund seines innerstaat-

---

180 *Zweigert/Kötz*, Einführung in die Rechtsvergleichung, 1996, S. 33; vgl. *Zweigert/Puttfarken*, in: dies., Rechtsvergleichung, 1978, S. 404. Näher dazu *Becker*, in: *ders.*, Rechtsdogmatik und Rechtsvergleich im Sozialrecht I, 2010, S. 19 ff.
181 *Zweigert/Puttfarken*, in: dies., Rechtsvergleichung, 1978, S. 404.
182 Näher dazu 1. Kapitel dieser Arbeit.
183 *Zacher*, in: *v. Maydell/Eichenhofer*, Abhandlungen zum Sozialrecht, 1993, S. 380.
184 Näher dazu *Zacher*, in: *v. Maydell/ Eichenhofer*, Abhandlungen zum Sozialrecht, 1993, S. 334.

lichen Rechts zwischen Staatsangehörigen und Ausländern im Staatsgebiet unterscheiden.[185] Staaten kontrollieren aufgrund ihrer Souveränität auch, wer legal einreisen darf und wer abgewiesen wird.[186] Dabei wird das Personalitätsprinzip zum Anknüpfungspunkt für das Aufenthaltsrecht erklärt und die verschiedenen Aufenthaltstitel in Deutschland und Spanien kategorisiert. Für diese Arbeit sind jedoch nicht alle Ausländer relevant, sondern nur die Ausländer mit unrechtmäßigem Aufenthaltsstatus. Dazu wird das Wesen des unrechtmäßigen Aufenthaltsstatus näher erläutert und die vorrechtliche Frage beantwortet,[187] wer diese Ausländer mit fehlendem Aufenthaltsrecht sind. Sodann werden die allgemeinen Grundlagen für den Zugang zu Sozialleistungen und deren Gestaltungselemente auf nationaler Ebene in den Blick genommen.

Von Bedeutung sind dabei völkerrechtliche Abkommen, die in die beiden Rechtsgebiete des Aufenthalts- und Sozialrechts hineinwirken. Der unionsrechtliche Teil befasst sich mit den neuen EU-Richtlinien über die Einführung von Mindestnormen im Bereich der Migration und untersucht den Zugang von dieser Personengruppe zu Sozialleistungen nach dem Amsterdamer Vertrag.[188]

Im *zweiten* und *dritten Kapitel* werden die Rechtsordnungen der Vergleichsländer beleuchtet. Die Kapitel befassen sich dabei mit den jeweiligen nationalen Systemen der sozialen Sicherheit i.w.S. und insbesondere mit den Sozialleistungen an Ausländer ohne rechtmäßigen Aufenthaltsstatus. Beide Länderberichte sind folgendermaßen aufgebaut: Zunächst wird das nationale Sozialleistungssystem und der Zugang für Ausländer zu diesem vorgestellt, sowie der besondere räumliche und persönliche Geltungsbereich für Ausländer erklärt. Danach wird auf die einzelnen Sozialleistungen und den jeweiligen ausländerrechtlichen Zugang eingegangen. Hier werden die einzelnen Sozialleistungen in dem entsprechenden Staat nach Leistungsgrund systematisiert und die Stellung von Ausländern mit fehlendem Aufenthaltsrecht in den verschiedenen Zweigen des Sozialleistungssystems untersucht.

Im *vierten Kapitel* wird sodann auf die Auswirkungen der Inanspruchnahme von Sozialleistungen auf den Aufenthaltsstatus des Ausländers näher eingegangen. Es werden die Aspekte näher ausgewertet, bei denen es um die Wechselwirkungen zwischen Aufenthaltsstatus von Ausländern mit unrechtmäßigem Aufenthaltsstatus und ihren Zugang zum Sozialleistungssystem geht. Hier werden aufenthaltsrechtlich relevante Zusammenhänge dargestellt. Das können besondere Ausweisungstatbestände oder besondere Ausweisungs-

---

185 Vgl. *Geiger*, Grundgesetz und Völkerrecht mit Europarecht, 2010, S. 248 ff.
186 *Bosniak*, in: *Bogusz/Cholewinski/Cygan/Szyszczak*, Irregular Migration, 2004, S. 320.
187 *Zacher*, in: *v. Maydell/ Eichenhofer*, Abhandlungen zum Sozialrecht, 1993, S. 346.
188 ABl. Nr. C 340 v. 10.11.1997, S. 173 (Konsolidierte Fassung); BGBl. 1998 II, S. 387.

hindernisse sein. Das Verhältnis zwischen dem jeweiligen nationalen Ausländerrecht und dem Sozialleistungsrecht ist nicht ganz unproblematisch, da für
die Leistungsberechtigung unterschiedliche Anknüpfungspunkte herangezogen
werden, wodurch es zu Überschneidungen beider Rechtsgebiete kommen
kann.[189] Diese unterschiedliche Anknüpfung folgt aus den verschiedenen Zielen
und Prinzipien der beiden Rechtsgebiete.[190] Während das Ausländerrecht als
Recht der Gefahrenabwehr kategorisiert wird,[191] gilt im Gegensatz dazu im
Sozialrecht überwiegend das Solidaritätsprinzip.[192] Die Gefahrenabwehr ist
hauptsächlich Aufgabe der Ordnungsbehörde, welche drohende Gefahren abzuwehren bzw. Störungen für die öffentliche Sicherheit und Ordnung zu beseitigen
hat. Dagegen hat sich das Sozialrecht von dieser Aufgabe in Deutschland[193] und
Spanien distanziert, und soll vielmehr der ganzen Bevölkerung einen angemessenen Lebensstandard sichern.[194]

Zum Schluss wird eine Zusammenfassung der gewonnenen Erkenntnisse vorgenommen und das Ergebnis dieser rechtsvergleichenden Arbeit dargestellt.

---

189 *Becker*, in: *ders./Hablitzel/Kressel*, Beschäftigung und Soziale Sicherheit, 2007, S. 58; *Gómez
Abelleira*, RMTAS 2006, S. 135.
190 *Zacher*, in: *v. Maydell/Eichenhofer*, Abhandlungen zum Sozialrecht, 1993, S. 445.
191 *Zuleeg*, ZAR 1984, S. 80; *Zuleeg*, ZAR 1982, S. 120.
192 *Eichenhofer*, Sozialrecht, 2010, S. 67; *Bley/Kreikebohm/Marschner*, Sozialrecht, 2007, S. 27;
Zuleeg, ZAR 1984, S. 80; *Zuleeg*, ZAR 1982, S. 120.
193 BVerwGE 1, 159-163. Näher dazu 2. Kapitel A I 1.
194 Vgl. *Becker*, in: *Benvenisti/Nolte*, The Welfare State, 2004, S. 4.

KAPITEL 1
Die Grundlagen der Rechtsstellung von Ausländern mit fehlendem Aufenthaltsrecht

Der Umfang des sozialen Schutzes, den die Aufnahmeländer für im Land lebende Ausländer gewährleisten sollen, hängt von Art und Zweck ihres Aufenthaltsrechtes ab.[1] Dieses Aufenthaltsrecht bestimmt sich jedoch nicht mehr allein nach nationalen Vorgaben,[2] sondern wird mittlerweile zum Teil auch vom Völker- und Unionsrecht erfasst.[3] Mit der Weiterentwicklung des Unions- und Völkerrechts wird die Rechtsstellung von Ausländern unabhängig vom Aufenthaltsstatus weiter gestärkt.[4] In diesem Zusammenhang ist für die Untersuchung des Verhältnisses zwischen dem innerstaatlichen Sozial- und Aufenthaltsrecht, die Darstellung des Unions- und Völkerrechts unentbehrlich.

A. Die Rechtsstellung von Drittstaatsangehörigen mit fehlendem Aufenthaltsrecht im Völkerrecht

Grundsätzlich regelt der Aufnahmestaat als Völkerrechtssubjekt aufgrund seiner Personalhoheit die Rechtsstellung der auf seinem Hoheitsgebiet lebenden Ausländer.[5] D. h. die Staaten haben nach anerkannten völkerrechtlichen Grundsätzen die Befugnis, über die Einreise, den Aufenthalt, und die Abschiebung von Ausländern zu entscheiden.[6] Mit der Einreise ins Aufnahmeland ist der Ausländer automatisch dessen Rechtsordnung unterworfen.[7] Allerdings knüpfen die

---

1 Vgl. *Frings*, in: *Falge/Fischer-Lescano/Sieveking*, Gesundheit in der Illegalität, 2009, S. 148; *Frings*, Sozialrecht für Zuwanderer, 2008, S. 5.

2 *Höller*, Soziale Rechte Drittstaatsangehöriger nach europäischem Gemeinschaftsrecht, 2005, S. 303; vgl. *Becker*, in: *v. Mangoldt/Klein/Starck*, GG I, Art. 16a Abs. 1 GG, Rn. 22-24; *Maestro Buelga*, REDMEX 2003, S. 37.

3 Vgl. *Epiney*, in: *Bauer/Cruz Villalón/Iliopoulos-Strangas*, Die neue Europäer - Migration und Integration in Europa, 2009, S. 118; *Añón Roig*, in: *ders./Abramovic/u.a*, La universalidad de los derechos sociales, 2004, S. 21; Vgl. *Schulte*, in: *Süssmuth*, Managing Integration: The European Union's Responsibilities towards immigrants, 2004, S. 137.

4 *Opeskin*, The Influence of International Law on the International Movement of Persons, 2009. http://mpra.ub.uni-muenchen.de/19200/1/MPRA_paper_19200.pdf (Stand: 30.02.2010).

5 Vgl. *Herdegen*, Völkerrecht, 2010, S. 189; *Stein v. Buttlar*, Völkerrecht, 2005, S. 214; *Ipsen*, Völkerrecht, 2004, S. 810.

6 *Sander*, Der Schutz des Aufenthalts durch Artikel 8 EMRK, 2008, S. 91.

7 *Stein/v. Buttlar*, Völkerrecht, 2005, S. 215.

nationalen Gesetze an das Völkerrecht an.[8] Dabei wird das innerstaatliche Aufenthaltsrecht von völkerrechtlichen Vorgaben bestimmt.[9] Fraglich ist, ob und inwieweit, sich aus den beiden wichtigsten Rechtsquellen des Völkerrechts, namentlich den völkerrechtlichen Verträgen, sowie dem Gewohnheitsrecht (Art. 38 Abs. 1 des Statuts des Internationalen Gerichtshofes), ein Aufenthaltsrecht für Ausländer mit fehlendem Aufenthaltsrecht ableiten lässt, mit der Folge, dass diesen Sozialleistungen zu gewähren ist.

Allerdings bereitet die vorhandene Vielfalt an aufenthaltsrechtlichen Grundlagen, Schwierigkeiten bei der systematischen Aufbereitung.[10] Entsprechend bedarf es zunächst einer vollständigen Darstellung über das Aufenthaltsrecht.

I. Rechtliche Vorgaben zur Bestimmung des unrechtmäßigen Aufenthalts

Im völkerrechtlichen Sinne bezeichnet man Personen, die nicht die Staatsangehörigkeit des Aufenthaltsstaates besitzen, als Fremde,[11] und das sie betreffende Rechtsgebiet als Fremdenrecht.[12] Der Begriff des Fremden wird hier mit dem Begriff des Ausländers synonym verwendet. Ein Ausländer ist eine Person, die nicht die Staatsangehörigkeit des Aufenthaltslandes besitzt und folglich als Nicht-Staatsbürger bzw. Ausländer gilt.[13] Wer Ausländer ist, wird im Aufenthaltsgesetz der beiden Vergleichsländer negativ definiert. So ist in Deutschland nach § 2 Abs. 1 des Aufenthaltsgesetzes[14] jeder Ausländer, der nicht Deutscher im Sinne des Art. 116 Abs. 1 des Grundgesetzes ist. In Spanien ist nach Art. 1 Abs. 1 Ausländergesetz[15] (LEX) Ausländer, wer keine spanische Staatsangehörigkeit besitzt.

---

8 *Zacher*, in: *v. Maydell/Eichenhofer*, Abhandlungen zum Sozialrecht, 1999, S. 332.

9 *Epiney*, in: *Bauer/Cruz Villalón/Iliopoulos-Strangas*, Die neue Europäer - Migration und Integration in Europa, 2009, S. 118; *Herdegen*, in: *Hailbronner*, Die allgemeinen Regeln des völkerrechtlichen Fremdenrechts, 2000, S. 14.

10 *Renner*, in: *Barwig/Röseler/u.a*, Sozialer Schutz von Ausländern, 1997, S. 259.

11 *Geiger*, Grundgesetz und Völkerrecht mit Europarecht, 2010, S. 261; *Stein/v. Buttlar*, Völkerrecht, 2005, S. 214; *Herdegen*, in: *Hailbronner*, Die allgemeinen Regeln des völkerrechtlichen Fremdenrechts, 2000, S. 14.

12 Näher dazu *Herdegen*, in: *Hailbronner/Doehring* (Hrsg.), Die allgemeinen Regeln des völkerrechtlichen Fremdenrechts, 2000, S. 14 ff.

13 *Geiger*, Grundgesetz und Völkerrecht mit Europarecht, 2010, S. 261.

14 Gesetz über den Aufenthalt, die Erwerbstätigkeit und die Integration von Ausländern im Bundesgebiet. BGBl. I S. 1950 v. 30.7.2004. Näher zur Ausländereigenschaft s. *Becker*, Das bayerische Asylrecht, 1989.

15 Verkündet als Organgesetz 4/2000, v. 11.1.2000 über die Rechte und Grundfreiheiten von Ausländern in Spanien und ihre soziale Integration. BOE Nr. 10 v. 12.1.2000.

Die vorliegende Untersuchung konzentriert sich schwerpunktmäßig auf Ausländer mit unrechtmäßigem Aufenthaltsstatus. In diesem Abschnitt werden die verschiedenen Ausländergruppen dargestellt und sodann anhand ihres Aufenthaltsstatus verglichen. Diese Statusdifferenzierung ist notwendig, da sie im Hinblick auf die Gewährung bzw. den Inhalt von Sozialleistungen ausschlaggebend ist.[16]

Viele Rechtsordnungen unterscheiden die Ausländer ferner nach Herkunft, Migrationsgründen und anderen Eigenschaften und knüpfen daran weitere Rechtsfolgen. So differenziert man in Deutschland und in Spanien zwischen Ausländern aus EU-und Nicht-EU-Staaten, Ausländern mit touristischem Visum, mit Arbeitserlaubnis, mit Asylrecht, sowie Ausländern mit familiären Bindungen zum Aufnahmeland oder auch zwischen befristetem oder unbefristetem Aufenthalt.[17] Im Folgenden wird eine Darstellung zwischen den verschiedenen Personengruppen vorgenommen.[18]

1. Staatsangehörigkeit

Staatsangehörigkeit bedeutet die Zugehörigkeit einer Person zum Staatsvolk. Aus der Staatsangehörigkeit folgen bestimmte Rechte und Pflichten des Einzelnen, welche ihn von einem Ausländer unterscheiden. Die Staatsangehörigkeit dient demnach als Differenzierungskriterium zur Beurteilung der Reichweite und Schutzintensität einzelner Leistungen.[19] Einige Rechte und Pflichten sind das Wahlrecht und die Militärdienstpflicht;[20] insbesondere aber haben Staatsangehörige ein originäres Aufenthaltsrecht und können in der Regel nicht aus ihren jeweiligen Staaten ausgewiesen werden.

Die Staatsangehörigkeit ist in Deutschland in § 4 Abs. 1 S. 1 Staatsangehörigkeitsgesetz[21] (StAG), in Spanien in Art. 17-28 Bürgerliches Gesetzbuch[22]

---

16 *Renner,* in: *Barwig/Röseler/u.a,* Sozialer Schutz von Ausländern, 1997, S. 257; *Sieveking,* in: *Barwig/Lörcher/Schumacher,* Soziale Sicherung und Aufenthaltsrecht, 1986, S. 27-31.

17 *Moya Escudero,* in: *Esplugues Mota,* Comentarios a la LEX, 2006, S. 61.

18 Vgl. *Nußberger,* in: *Benvenisti/Nolte.,* The Welfare State, 2004, S. 34.

19 *Grabenwarter/Marauhn,* in: *Grote/Marauhn,* EMRK/GG, 2006, S. 372.

20 *Geiger,* Grundgesetz und Völkerrecht mit Europarecht, 2010, S. 248; *Isay,* Völkerrecht, 1924, S. 49.

21 BGBl. I S. 1070 v. 19.8.2007.

22 Art. 17 CC: (1) Spanier kraft Herkunft sind: a) die Kinder eines spanischen Vaters oder einer spanischen Mutter, b) die in Spanien geborenen Kinder ausländischer Eltern, wenn wenigstens einer von diesen ebenfalls in Spanien geboren ist. Ausgenommen sind die Kinder eines diplomatischen oder konsularischen Amtsträgers, der in Spanien akkreditiert ist, c) die in Spanien geborenen Kinder ausländischer Eltern, wenn beide keine Staatsangehörigkeit besitzen oder sie kann im Verhältnis zu jedem Elternteil auch nach dem Recht des Staates bestimmt werden, dem dieser

(CC) geregelt. Beide Staaten knüpfen die Staatsbürgerschaft an das völker-rechtlich anerkannte Abstammungsprinzip (*ius sanguinis*).[23]

2. Unionsbürgerschaft

Innerhalb der EU ist von Bedeutung, dass sich ein Aufenthaltsrecht der EU-Bürger aus dem Freizügigkeitsrecht[24] gemäß Art. 21 Abs. 1 AEUV in den anderen Mitgliedstaaten ergibt. Daher können Ausländer innerhalb der EU in zweierlei Hinsicht unterschieden werden: Unionsbürger und Drittstaatsangehörige. Die Unionsbürgerschaft nach Art. 20 Abs. 1 AEUV knüpft an die Staatsangehörigkeit eines Mitgliedstaats an.[25] Demnach haben nur Personen, die die Staatsbürgerschaft eines Mitgliedstaates der EU haben, auch eine Unionsbürgerschaft. Alle anderen Personen fallen unter die Kategorie der Drittstaatsangehörigen.

Obwohl Unionsbürger außerhalb ihres Heimatstaates auch als Ausländer verstanden werden, benötigen sie seit 2004 keinen Aufenthaltstitel mehr.[26] Nach § 5 Abs. 3 Satz 2 FreizügG/EU[27] brauchen Unionsbürger sich nicht mehr bei der Ausländerbehörde zu melden, um einen Aufenthaltstitel zu bekommen. Sie werden wegen dem aus dem europäischen Freizügigkeitsrecht abgeleiteten Aufenthaltsrecht nicht von den einzelnen nationalen Regelungen zum Aufenthalts-

---

Elternteil angehört. d) die in Spanien geborenen Kinder, deren Abstammung nicht bestimmt werden kann. In diesem Sinne werden als auf spanischem Gebiet geborenen diejenigen Minderjährigen angesehen, deren erster bekannter Aufenthaltsort spanisches Gebiet ist.
(2) Eine Abstammung oder Geburt in Spanien, deren Feststellung erst nach dem achtzehnten Lebensjahr erfolgt, ist für sich kein Erwerbsgrund für die spanische Staatsangehörigkeit. Der Betreffende hat in diesem Fall ein Recht, innerhalb einer Frist von zwei Jahren, gerechnet von jener Feststellung an, für die spanische Staatsangehörigkeit kraft Herkunft zu optieren. Zur Annäherung der deutschen Übersetzung des spanischen Zivilgesetzbuches. *Peuster.* Das spanische Zivilgesetzbuch, 2002.

23 *Jennings/Watts*, Oppenheim's International Law, 1992, S. 378 ff. Hingegen bezeichnet das Prinzip *ius soli* das „Recht des Bodens", nach dem ein Staat seine Staatsbürgerschaft an alle Kinder verleiht, die auf seinem Staatsgebiet geboren werden. *Becker*, in: *v. Mangoldt/Klein/Starck*, GG I, Art. 16 Abs. 1 GG, Rn. 54; *Stein/v. Buttlar*, Völkerrecht, 2005, S. 91.

24 Vertrag über die Arbeitsweise der Europäische Union. Fassung aufgrund des am 1.12.2009 in Kraft getretenen Vertrages von Lissabon, Konsolidierte Fassung bekanntgemacht im ABl. Nr. C 115/47 v. 9.5.2008.

25 Vgl. *Becker*, ZESAR 2002, S. 12.

26 Näher dazu Richtlinie 2004/38/EG über das Recht der Unionsbürger und ihrer Familienangehörigen, sich im Hoheitsgebiet der Mitgliedstaaten frei zu bewegen und aufzuhalten, ABl. Nr. L 158/77, v. 30.4.2004.

27 Gesetz über die allgemeine Freizügigkeit von Unionsbürgern (Freizügigkeitsgesetz/EU - FreizügG/EU) v. 30. Juli 2004, BGBl. I S. 1950, 1986.

recht erfasst. In Deutschland sind sie gem. § 1 Abs. 2 S. 1 AufenthG, in Spanien gem. Art. 1 Abs. 3 LEX von deren Anwendungsbereich ausgenommen.

3. Drittstaatsangehörige

Als Drittstaatsangehörige werden alle Personen bezeichnet, die nicht Unionsbürger im Sinne von Art. 20 Abs. 1 AEUV sind und für die das Unionsrecht in Bezug auf den freien Personenverkehr nach Art. 2 Abs. 5 des Schengener Grenzkodex[28] anwendbar ist. Diese können sich anders als Unionsbürger grundsätzlich nicht auf das Freizügigkeitsrecht nach Art. 21 Abs. 1 AEUV berufen bzw. haben kein Recht, sich in einem Mitgliedstaat der EU aufzuhalten.[29] Sie benötigen daher einen besonderen Aufenthaltstitel, um ein Aufenthaltsrecht zu erlangen. Dieses Aufenthaltsrecht definiert den Status.

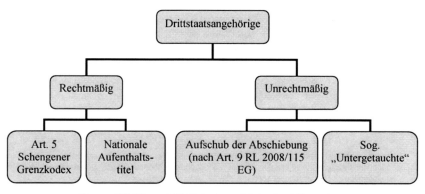

Eigene Abbildung 4: Drittstaatsangehörige im Allgemeinen

a) Drittstaatsangehörige mit rechtmäßigem Aufenthaltsrecht

Die nationalen Ausländergesetze unterscheiden rechtmäßigen und unrechtmäßigen Aufenthalt nach den unterschiedlichen aufenthaltsrechtlichen Zwecken des Ausländers. Je nach Zweck ist ein bestimmter Aufenthaltstitel erforderlich. Ein Aufenthaltstitel ist eine formale Erlaubnis für den rechtmäßigen Aufenthalt

---

28 Liste von Aufenthaltstiteln gemäß Artikel 2 Absatz 15 der Verordnung (EG) Nr. 562/2006 des Europäischen Parlaments und des Rates vom 15. März 2006 über einen Gemeinschaftskodex für das Überschreiten der Grenzen durch Personen (Schengener Grenzkodex). ABl. C 247/1 v. 13.10.2006.

29 *Langenfeld*, in: *v. Hoffmann*, Common European Policy, 2003, S. 246.

im jeweiligen Gastland. Die Aufenthaltstitel werden als Visum (§ 6 AufenthG, Art. 27 LEX), Aufenthaltserlaubnis (§ 7 AufenthG, Art. 31 LEX), oder Niederlassungserlaubnis (§ 9 AufenthG, Art. 32 LEX) erteilt. Neben den nationalen Aufenthaltstiteln gibt es aber auch Aufenthaltstitel aus europäischen Abkommen, wie das Schengener Durchführungsübereinkommen (SDÜ),[30] oder nach den EU-Verordnungen.[31] Im Folgenden werden die verschiedenen Aufenthaltstitel kurz dargestellt.

aa) Nationale Aufenthalts- und Niederlassungserlaubnis

Ausländer bedürfen nach § 4 Abs. 1 AufenthG „für die Einreise und den Aufenthalt im Bundesgebiet eines Aufenthaltstitels, sofern nicht durch das Recht der Europäischen Union oder durch Rechtsverordnung etwas anderes bestimmt ist oder auf Grund des Abkommens zur Gründung einer Assoziation zwischen der Europäischen Wirtschaftsgemeinschaft und der Türkei (Assoziationsabkommen[32] EWG/Türkei, v. 12.9.1963) ein Aufenthaltsrecht besteht." In Deutschland wird dieser Aufenthaltstitel gemäß § 7 Abs. 1 Satz 1 AufenthG nach bestimmten Aufenthaltszwecken erteilt.[33] Diese Aufenthaltszwecke sind: Studium (§ 16 Abs. 1 S. 1 AufenthG), Sprachkurse (§ 16 Abs. 5 AufenthG), betriebliche Aus- und Weiterbildung (§ 17 AufenthG), Erwerbstätigkeit (§§ 18 bis 21 AufenthG), völkerrechtliche, humanitäre, oder politische Gründe (§§ 22 bis 26 AufenthG) und Familienzusammenführung (§§ 27 bis 36 AufenthG). Die Niederlassungserlaubnis für unbefristete Aufenthalte ist in Deutschland in

---

30 Schengener Durchführungsübereinkommen v. 19.6.1990; Übereinkommen zur Durchführung des Übereinkommens von Schengen v. 14.6.1985 zwischen den Regierungen der Staaten der Benelux-Wirtschaftsunion, der Bundesrepublik Deutschland und der Französischen Republik betreffend den schrittweisen Abbau der Kontrollen an den gemeinsamen Grenzen. ABl. L 239, v. 22.9.2000. BGBl. 1993 II S. 1010.

31 Alle Aufenthaltstitel für Drittstaatsangehörige i.e.S. wurden in der EG-Verordnung 343/2003 einheitlich gestaltet. EG-Verordnung 343/2003 v. 25.2.2003 zur Feststellung der Kriterien und Verfahren zur Bestimmung des Mitgliedstaats, der für die Prüfung eines von einem Drittstaatsangehörigen in einem Mitgliedstaat gestellten Asylantrags zuständig ist, ABl. L 50, S. 1. Art. 2j EG-Verordnung 343/2003: [Ein Aufenthaltstitel ist] „jede von den Behörden eines Mitgliedstaats erteilte Erlaubnis, mit der Aufenthalt eines Drittstaatsangehörigen im Hoheitsgebiet dieses Mitgliedstaats gestattet wird, einschließlich der Dokumente, mit denen die Genehmigung des Aufenthalts im Hoheitsgebiet im Rahmen einer Regelung des vorübergehenden Schutzes (neue EU-Richtlinien) oder bis zu dem Zeitpunkt, zu dem die eine Ausweisung verhindernden Umstände nicht mehr gegeben sind, nachgewiesen werden kann; ausgenommen sind Visa und Aufenthaltstitel, die während der zur Bestimmung des zuständigen Mitgliedstaats entsprechend dieser Verordnung erforderlichen Frist bzw. während der Prüfung eines Asylantrags oder eines Antrags auf Gewährung eines Aufenthaltstitels erteilt wurden".

32 BGBl. II 1964 S. 509.

33 *Marx*, in: *ders.*, Aufenthalts-, Asyl- und Flüchtlingsrecht, § 7 AufenthG, Rn. 11.

§ 9 AufenthG bestimmt. Sie setzt eine Aufenthaltserlaubnis von fünf Jahren voraus (Voraufenthaltszeiten).[34] Zudem berechtigt sie zur Ausübung einer Erwerbstätigkeit und ist an bestimmte Integrationserfordernisse geknüpft, wie zum Beispiel Deutschkenntnisse und Sicherung des Lebensunterhalts.[35]

In Spanien wird in Art. 30bis Abs. 2 LEX zwischen befristetem und unbefristetem Aufenthalt unterschieden. Die befristete Aufenthaltserlaubnis ist in Art. 31 LEX geregelt („*residencia temporal*"). Sie kann für kürzere oder längere Aufenthalte gelten. Der befristete Aufenthalt sieht vor, dass sich der Drittstaatsangehörige zwischen 90 Tagen und 5 Jahren in Spanien aufhält.[36] Der kurzfristige Aufenthalt, der weniger als 90 Tage dauert, wird als „*estancia*" bezeichnet und ist in Art. 30 LEX und 31 RLEX geregelt.[37] Voraussetzung dafür ist ein Visum nach Art. 25 LEX, welches auf Grundlage von Art. 30 LEX verlängert werden kann. Drittstaatsangehörigen ist es jedoch untersagt, auf Grundlage des Visums ein Beschäftigungsverhältnis aufzunehmen.[38] Art. 32 Abs. 1 LEX gestattet einen unbefristeten Aufenthalt („*residencia de larga duración*") in Spanien und eine Beschäftigung unter den gleichen Bedingungen wie Spaniern.

bb) Andere Aufenthaltsberechtigungen

In der vorliegenden Arbeit werden als Ausländer mit rechtmäßigem Aufenthaltsstatus diejenigen bezeichnet, die einen Aufenthaltstitel haben.[39] Nicht als Aufenthaltstitel gelten solche Aufenthaltsberechtigungen, die vorläufig erteilt werden, um den Betroffenen während der Prüfung eines Antrags auf Aufenthaltserlaubnis den Aufenthalt bis zum Abschluss der Verwaltungsentscheidung zu gestatten. Die vorläufige Aufenthaltsberechtigung ist ein Titel, der für die Dauer der Prüfung eines Antrags auf Erteilung eines Aufenthaltstitels ausgestellt worden ist (§ 81 AufenthG).

In Deutschland bekommen Asylbewerber in aller Regel eine Aufenthaltsgestattung. Die Aufenthaltsgestattung gewährt den Aufenthalt für die Dauer ihres Asylverfahrens (§ 55 AsylVfG). Die Asylbewerber werden also solange nicht abgeschoben, bis der Asylantrag auf der Grundlage des Art. 33 GFK

---

34 *Marx*, in: *ders.*, Aufenthalts-, Asyl- und Flüchtlingsrecht, § 9 AufenthG, Rn. 14.

35 *Will*, Ausländer ohne Aufenthaltsrecht, 2008, S. 25.

36 *Sánchez Rivas/Franco Pantoja*, Guía para orientación legal en inmigración, 2005, S. 37.

37 Vgl. Verordnung 2393/2004, mit der die Durchführungsverordnung zum Organgesetz 4/2000 v. 11.1.2000, über die Rechte und Grundfreiheiten von Ausländern in Spanien und ihre soziale Integration, verabschiedet wird. BOE Nr. 6 v.7.1.2005.

38 *De Lorenzo Segrelles*, in: *Esplugues Mota*, Comentarios a la LEX, 2006, S. 773.

39 Siehe Art. 1 Abs. 2a EG-Verordnung Nr. 1030/2002 und Art. 2j EG-Verordnung EG-Verordnung 343/2003 vom 25.2.2005.

rechtlich geklärt ist. Insbesondere Asylbewerber[40] machen häufig von der vorläufigen Aufenthaltsberechtigung Gebrauch. Sofern ein Asylbewerber abgelehnt wurde oder seine Antragstellung aus einem anderen Grund erfolglos war, zählt dieser ehemalige Asylbewerber als Ausländer mit fehlendem Aufenthaltsrecht und ist damit ebenfalls Teil dieser Betrachtung.

In Spanien bekommen die Asylbewerber eine vergleichbare Erlaubnis (*„autorización de permanencia"*): Während der Bearbeitung ihres Antrags nach Art. 13 Abs. 2 RLEX wird dem Antragsteller in Spanien der Aufenthalt genehmigt. Deshalb kann er während dieser Zeit, bis der Antrag vollständig nach Art. 33 GFK bearbeitet wurde, nicht abgeschoben werden. Falls innerhalb eines Zeitraums von sechs Monaten der Antrag nicht bearbeitet werden konnte, hat der Antragsteller sogar das Recht zu arbeiten.

b)   Drittstaatsangehörige mit fehlendem Aufenthaltsrecht

Der Aufenthalt eines Ausländers, der keinen Aufenthaltstitel besitzt, ist unrechtmäßig.[41] Das Aufenthaltsrecht definiert den Status. Hinter der Bezeichnung Drittstaatsangehöriger bzw. Ausländer mit unrechtmäßigem Aufenthaltsstatus verbirgt sich eine Vielfalt an Ursachen[42] und Erscheinungsformen. Bevor jedoch eine Differenzierung vorgenommen werden kann, muss zunächst der Begriff definiert werden.[43]

aa)   Definition und die Vielfalt von Begrifflichkeiten

Art. 3 Abs. 2 der neuen EU-Rückführungsrichtlinie[44] definiert den illegalen Aufenthalt als „Anwesenheit eines Drittstaatsangehörigen, der nicht oder nicht

---

40 *Renner*, in: *Barwig/Röseler/u.a.*, Sozialer Schutz von Ausländern, 1997, S. 258-259. „Heutzutage hat die asylrechtliche Aufenthaltsregelung ihre Bedeutung fast verloren. Da den über sichere Drittstaaten einreisenden Flüchtlingen kraft Verfassung kein Asylrecht mehr zusteht, ist ihnen auch der Zugang zum und erst recht der Aufenthalt im Bundesgebiet verwehrt."

41 Vgl. *Will*, Ausländer ohne Aufenthaltsrecht, 2008, S. 78.

42 *Bührle*, Migration, RSCJ 1997, S. 8. Der Begriff des Drittstaatsangehörigen bezieht sich jedoch nicht auf Staatenlose und Unionsbürger mit fehlendem Aufenthaltsrecht (z.B. wenn sie gegen die Staatsordnung verstoßen). Deshalb ist der Begriff 'Ausländer' für diese Arbeit geeigneter, da er allgemeiner ist.

43 *Bade*, Integration und Illegalität, 2001, S. 73; *Bade*, Integration und Illegalität, 2001, S. 73; *Kokott*, in: *Hailbronner*, Die allgemeinen Regeln des völkerrechtlichen Fremdenrechts, 2000, S. 29; *Bührle*, Migration, RSCJ 1997, S. 8.

44 Richtlinie 2008/115/EG des europäischen Parlaments und des Rates über gemeinsame Normen und Verfahren in den Mitgliedstaaten zur Rückführung illegal aufhältiger Drittstaatsangehöriger; ABl. L 348/98 v. 24.12.2008.

mehr die Einreisevoraussetzungen nach Art. 5 des Schengener Grenzkodex (Einreisevoraussetzungen für Drittstaatsangehörige) oder andere Voraussetzungen für die Einreise in einen Mitgliedstaat, oder den dortigen Aufenthalt, nicht oder nicht mehr erfüllt, im Hoheitsgebiet dieses Mitgliedstaats". Das nationale Aufenthaltsrecht bestimmt die gesetzlichen Voraussetzungen für eine rechtmäßige Einreise und Aufenthalt. Im Umkehrschluss[45] daraus ist der Aufenthaltsstatus unrechtmäßig, wenn die Voraussetzungen für die Einreise oder den Aufenthalt nicht erfüllt sind.[46]

Die unrechtmäßige Migration ist vom lateinischen Wortursprung her gleichbedeutend mit „gesetzeswidriger" Migration.[47] In der Folge gibt es zahlreiche Begriffe und Bezeichnungen,[48] wie zum Beispiel „irregular migrant" oder „unwanted immigrants", „overstayers" bzw. „visa overstayers", „undesired aliens", „undocumented migrants" bzw. „sans papiers",[49] „De-facto-Flüchtlinge",[50] „Ausländer ohne Aufenthaltsstatus", „Drittstaatsangehörige ohne rechtmäßigen Aufenthalt"[51], Ausländer ohne Aufenthaltsrecht, sowie „illegale und unrechtmäßige Ausländer".[52] Allen gemeinsam ist, dass es sich um Ausländer handelt, die zur Ausreise verpflichtet und von einer Abschiebung bedroht sind.[53]

In der vorliegenden Arbeit werden die Begriffe Ausländer mit fehlendem Aufenthaltsrecht, Ausländer ohne Aufenthaltsrecht,[54] Ausländer ohne rechtmäßigen Aufenthalt,[55] sowie mit unrechtmäßigem Aufenthaltsstatus[56] synonym verwendet.

45 Näher dazu *Larenz*, Methodenlehre der Rechtswissenschaft, 1991, S. 374.
46 *Ruiz Vieytez/Ruiz López*, Las políticas de inmigración, 2001, S. 39-43.
47 *Duden*, Das Fremdwörterbuch, 1990, S. 333.
48 *Fisch*, Menschen in aufenthaltsrechtlicher Illegalität, 2007, S. 11; *Ter Steeg*, Das Einwanderungskonzept der EU, 2006. S. 421; vgl. *Gómez Abelleira*, RMTAS, 2006, S. 104. Dieser Begriff variiert im internationalen Sprachvergleich. Hier kommen unterschiedliche Akzente der jeweiligen Rechtskultur und Rechtsordnung zum Tragen. Die Sprache bringt unterschiedliche Sicht- und Beurteilungsweisen des Gastlandes plastisch zum Ausdruck, um das jeweilige Defizit zu benennen, http://www.forum-illegalitaet.de/DBK_2001.pdf (Stand: 10.9.2010).
49 *Düvell*, Illegal Immigration in Europe, 2006, S. 22-24.
50 Näher dazu *Hailbronner*, Die Rechtsstellung der De-facto-Flüchtlinge in den EG-Staaten, 1993; *Hailbronner*, ZAR 1993, S. 3 ff.
51 Art. 2 Abs. b der Richtlinie 2009/52/EG des Rates vom 18. Juni 2009 über Mindeststandards für Sanktionen und Maßnahmen gegen Arbeitgeber, die Drittstaatsangehörige ohne rechtmäßigen Aufenthalt beschäftigen. ABl. Nr. L 348 v. 30.06.2009.
52 *Ter Steeg*, Das Einwanderungskonzept der EU, 2006. S. 421; *Eichenhofer*, in: *ders.*, Migration und Illegalität, 1999, S. 12.
53 *Bührle*, Migration, RSCJ 1997, S. 8.
54 *Will*, Ausländer ohne Aufenthaltsrecht, 2008.
55 Art. 2 Abs. b der Richtlinie 2009/52/EG des Rates vom 18. Juni 2009 über Mindeststandards für Sanktionen und Maßnahmen gegen Arbeitgeber, die Drittstaatsangehörige ohne rechtmäßigen Aufenthalt beschäftigen. ABl. Nr. L 348 v. 30.06.2009.

bb) Das Phänomen der unrechtmäßigen Migration

Das Phänomen der unrechtmäßigen Migration gibt es seit dem ersten Versuch der Einreise Fremder in das eigene Staatsgebiet Grenzen zu setzen.[57] Vor allem werden gesetzliche und administrative Kontrollen zur Regelung der Einreise und des Aufenthalts aufgebaut, insbesondere in den westlichen Rechtsordnungen zum Schutz der Beschäftigung, aber auch zum Schutz der öffentlichen und sozialen Ordnung.[58] Umgeht ein Ausländer diese Kontrollen, führt dies zur Unrechtmäßigkeit seines Aufenthalts. Unrechtmäßige Migration entsteht, wenn Aufnahmeländer Migration zwar einschränken, diese Einschränkung jedoch nicht vollständig durchsetzen können oder wollen.[59]

Der Aufenthalt eines Ausländers mit unrechtmäßigem Aufenthaltsstatus ist rechtswidrig.[60] Es handelt sich hierbei um Ausländer, die häufig illegal und unentdeckt eingereist sind, bzw. Ausländer, die zwar legal eingereist sind, deren Aufenthaltsgenehmigung aber abgelaufen ist, sowie Menschen, deren Asylantrag abgelehnt wurde und anschließend untergetaucht sind. Sie sind weder Flüchtlinge im Sinne der Genfer Flüchtlingskonvention (GFK), noch Asylsuchende oder Asylberechtigte. Allerdings ist erwähnenswert, dass der Status eines Migranten kein statischer Zustand ist, sondern dass er sich mit der Zeit stufenweise verändern kann.[61] Diese einzelnen Stufen des aufenthaltsrechtlichen Statuswandels sind von dem Gesetzgeber im Rahmen der verfassungs-, unions- und völkerrechtlichen Vorgaben bestimmt.[62] Der Statuswandel des Individuums kann folglich von der Legalität in die Illegalität und von der Illegalität in die Legalität wechseln.[63] So kann es vorkommen, dass eine Person zwar legal einreist (zum Beispiel mit Visum als Tourist oder Student), dessen Aufenthaltserlaubnis aber abläuft, und dieser trotzdem im Land verbleibt[64] („*overstayer*") und damit einen illegalen Status erlangt.

Wie schon erwähnt, leben nach Schätzungen zwischen sieben und acht Millionen unrechtmäßige Migranten in Europa.[65] Sie lassen sich in zwei Aus-

---

56 *Claude-Valentin*, Preventing Illegal Immigration, 2004, S. 13.
57 *Renner*, in: *Eichenhofer*, Migration und Illegalität, 1999, S. 41.
58 *Gómez Abelleira*, RMTAS 2006, S. 102.
59 *Cyrus*, ZAR 2010, S. 318.
60 Vgl. *Will*, Ausländer ohne Aufenthaltsrecht, 2008. S. 78.
61 *Thym*, Migrationsverwaltungsrecht, 2010, S. 18.
62 *Thym*, Migrationsverwaltungsrecht, 2010, S. 19.
63 KOM (2004) 412 endg. v. 29.4.2004. Mitteilung der Kommission an den Rat, das Europäische Parlament, den Europäischen Wirtschafts- und Sozialausschuss und den Ausschuss der Regionen: Studie über die Zusammenhänge zwischen legaler und illegaler Migration.
64 *Ter Steeg*. Das Einwanderungskonzept der EU, 2006, S. 421.
65 http://www.migrationinformation.org/Feature/display.cfm?id=336 (Stand: 10.9.2010).

ländergruppen unterteilen: a) ausreisepflichtige Ausländer, die den Behörden zwar bekannt und abschiebbar sind, aber trotzdem nicht abgeschoben werden, da aufgrund tatsächlicher oder rechtlicher Gründe ein Aufschub der Abschiebung stattfindet;[66] b) ausreisepflichtige Ausländer, die untergetaucht sind und somit den Behörden nicht bekannt sind, sich aber trotzdem im Aufnahmeland aufhalten.[67] Es handelt sich bei der letzteren Gruppe um Ausländer, die illegal und unentdeckt eingereist sind.[68]

In der vorliegenden Arbeit beruht die Unterscheidung zwischen diesen beiden Ausländergruppen auf dem Kriterium, ob der Ausländer bei den Behörden gemeldet bzw. bekannt ist oder nicht. Ab dem Zeitpunkt der Registrierung bei einer staatlichen Behörde, sei es in Deutschland durch das Ausländer- oder Sozialamt, bzw. in Spanien durch das Einwohnermeldeamt, erlangt der Betroffene den Status des registrierten Ausländers mit unrechtmäßigem Aufenthaltsstatus. Die dadurch erlangte Erkenntnis, dass diese Person im Aufnahmeland wohnt, bringt aber nicht nur ausländerrechtliche Konsequenzen mit sich, sondern daraus folgt auch, dass der Sozialstaat eventuell zu einem positiven Handeln verpflichtet wird.[69]

cc) Ausreisehindernisse und der Aufschub der Abschiebung

Eine Abschiebung ist die zwangsweise Durchsetzung der Ausreisepflicht.[70] Die Gründe, die einer Abschiebung von Ausländern entgegenstehen, sind viel-

---

Bendel, APuZ 2008, S. 15.

66 Näher zu „Aufschub der Abschiebung" Art. 9 der Richtlinie 2008/115/EG des europäischen Parlaments und des Rates über gemeinsame Normen und Verfahren in den Mitgliedstaaten zur Rückführung illegal aufhältiger Drittstaatsangehöriger; ABl. L 348/98 v. 24.12.2008. Sowie auch Art. 3 Abs. 3 der sog. Sanktionsrichtlinie Richtlinie 2009/52/EG des Rates vom 18. Juni 2009 über Mindeststandards für Sanktionen und Maßnahmen gegen Arbeitgeber, die Drittstaatsangehörige ohne rechtmäßigen Aufenthalt beschäftigen. ABl. Nr. L 348 v. 30.06.2009.

67 *Hartmann*, Spannungsverhältnis zwischen Illegalität und Menschenrechten, 1999, S. 12.

68 Art. 14 AufenthG: Unerlaubte Einreise, (1) Die Einreise eines Ausländers in das Bundesgebiet ist unerlaubt, wenn er: 1. einen erforderlichen Pass oder Passersatz gemäß § 3 Abs. 1 nicht besitzt, 2. den nach § 4 erforderlichen Aufenthaltstitel nicht besitzt oder 3. nach § 11 Abs. 1 nicht einreisen darf, es sei denn, er besitzt eine Betretenserlaubnis nach § 11 Abs. 2. (2) Die mit der polizeilichen Kontrolle des grenzüberschreitenden Verkehrs beauftragten Behörden können Ausnahme-Visa und Passersatzpapiere ausstellen.

69 Vgl. *González Ortega*, in: *ders.*, La protección social de los extranjeros en España, 2010, S. 241; *Hartmann*, Spannungsverhältnis zwischen Illegalität und Menschenrechten, 1999, S. 12.

70 *Dienelt*, in: *Renner*, AuslR, § 58 AufenthG, Rn. 2.

fältig: Sie können rechtlicher oder tatsächlicher Natur sein,[71] bzw. in inlands-
oder ziellandsbezogenen Abschiebungshindernissen bestehen.[72]

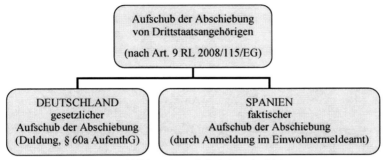

Eigene Abbildung 5: Aufschub der Abschiebung

Die Abgrenzung zwischen rechtlichen und tatsächlichen Ausreisehindernissen
kann im Einzelfall schwierig sein.[73] Rechtliche Gründe entstehen, wenn aus
verfassungsrechtlichen oder völkerrechtlichen Gründen die Ausreise ausgeschlossen ist, wie zum Beispiel Minderjährigkeit, Schwangerschaft, Pass-
losigkeit, oder im Hinblick auf den Schutz gegen Eingriffe in die physische und
psychische Integrität des Menschen nach Art. 3 EMRK. Tatsächliche Ausreisehindernisse liegen dann vor, wenn zwar die Abschiebung rechtlich zulässig ist,
diese aber aus rein faktischen Gründen nicht möglich ist, da beispielsweise der
Ausreisepflichtige transportunfähig ist, oder ausreichende Verkehrsverbindun-
gen, Transportmöglichkeiten, Personal- oder Haushaltsmittel fehlen.[74] Im
Unionsrecht können die Mitgliedstaaten nach der sog. Rückführungsrichtlinie
die Abschiebung um einen angemessenen Zeitraum aufschieben.[75] Diese Möglichkeit wurde als „Aufschub der Abschiebung" in Art. 9 der Rückführungsrichtlinie geregelt. Die Mitgliedstaaten schieben die Abschiebung auf, wenn

---

71 *Hailbronner,* in: *ders.,* AuslR, § 25 AufenthG, Rn. 117; BVerwG v. 27.6.2006, BVerwGE 126,
192, 1976 unter Hinweis auf BT-Drs. 15/420, S. 80.

72 Bei ziellandbezogenen Abschiebungshindernissen liegen die Gründe, warum die Ausländer nicht
abgeschoben werden können, im Heimatland: Weil sich dieses zum Beispiel weigert, den eigenen
Staatsbürger wieder aufzunehmen bzw. weil es für die Rücknahme keine bilateralen Abkommen
zwischen Gastland und Heimatland gibt. Näher zu dem Refoulementverbot dieses Kapitels 1.
Hailbronner, in: *ders.,* AuslR, § 25 AufenthG, Rn. 119-120.

73 *Hailbronner,* in: *ders.,* AuslR, § 25 AufenthG, Rn. 118.

74 *Hailbronner,* in: *ders.,* AuslR, § 25 AufenthG, Rn. 118.

75 Richtlinie 2008/115/EG des europäischen Parlaments und des Rates über gemeinsame Normen
und Verfahren in den Mitgliedstaaten zur Rückführung illegal aufhältiger Drittstaatsangehöriger;
ABl. L 348/98 v. 24.12.2008. Näher dazu 1. Kapitel B die Rechtsstellung von Drittstaatsangehörigen mit fehlendem Aufenthaltsrecht im Unionsrecht.

diese gegen den Grundsatz der Nichtzurückweisung verstoßen würde (Art. 9 Abs. 1), oder unter Berücksichtigung der besonderen Umstände des Einzelfalls (Art. 9 Abs. 2) geboten erscheint. Dabei berücksichtigen die Mitgliedstaaten insbesondere folgende Ausreisehindernisse: a) die körperliche oder psychische Verfassung der betreffenden Drittstaatsangehörigen; b) technische Gründe, wie fehlende Beförderungskapazitäten, oder Scheitern der Abschiebung aufgrund von Unklarheit über die Identität.

(1)   Der gesetzliche Aufschub der Abschiebung in Deutschland

In Deutschland ist der Aufschub der Abschiebung als gesetzliche Duldung in § 60a AufenthG geregelt, die eine Art Gestattung ist, aber keine Aufenthaltsgenehmigung darstellt.[76] Voraussetzung für die Erteilung einer Duldung ist gemäß § 60a Abs. 4 AufenthG, dass keine Aufenthaltserlaubnis erteilt werden kann, die Abschiebung aus rechtlichen[77] oder tatsächlichen[78] Gründen aber nicht möglich ist. Sie ist gemäß § 60a Abs. 2 AufenthG ein Rechtsinstitut des deutschen Ausländerrechts, welches den Aufenthalt der Ausländer regelt, die keine Aufenthaltsgenehmigung gemäß § 4 AufenthG haben und daher in einem rechtlich nicht klar definierten Bereich, der sog. „Grauzone", leben. Mit der Gesetzesregelung wird dieser „Grauzone" dem Prinzip der Einheit der Rechtsordnung Rechnung getragen,[79] welches eine lückenlose Erfassung bzw. aufenthaltsrechtliche Zuordnung für die in Deutschland lebenden Ausländer erfordert.[80] Auch nach Ansicht des BVerwG darf es keinen Raum für einen ungeregelten Aufenthalt in Deutschland geben.[81]

Allerdings begründet die Duldung keinen rechtmäßigen Aufenthalt.[82] Der geduldete Aufenthalt ist nach wie vor als unrechtmäßig zu qualifizieren.[83] Die

---

76 *Marx*, in: *ders.*, Aufenthalts-, Asyl- und Flüchtlingsrecht, § 60a AufenthG, Rn. 16. Der Regierungsentwurf des Aufenthaltsgesetzes sah die Abschaffung der Duldung vor (BT-Drucks. 15/420, S. 75), es wurde aber nicht durchsetzen.

77 *Funke-Kaiser*, in: *Fritz/Vormeier*, GK-AufenthG, § 60a AufenthG, Rn. 117 ff.

78 *Funke-Kaiser*, in: *Fritz/Vormeier*, GK-AufenthG, § 60a AufenthG, Rn. 211 ff.

79 *Riecken*, Die Duldung als Verfassungsproblem, 2006, S. 40.

80 *Dienelt*, in: *Renner*, AuslR, § 58 AufenthG, Rn. 16; *Riecken*, Die Duldung als Verfassungsproblem, 2006, S. 201.

81 BVerwGE 105, 232 (236); BVerwGE 108, 21 (28).

82 *Funke-Kaiser*, in: *Fritz/Vormeier*, GK-AufenthG, § 60a AufenthG, Rn. 41; *van Eck*, De-Facto-Flüchtlinge, 1999, S. 222.

83 Für das AuslG 1990, vgl. die amtl. Begründung BT-Drucks 11/6321, S. 76, sowie S. 48 mit dem Hinweis, die Duldung setze die „Rechtswidrigkeit des Aufenthalts" voraus. Begründung des Gesetzesentwurfes zu § 56 Abs. 1 AuslG: „Die Duldung erschöpft sich in dem Verzicht auf die Abschiebung. Sie gewährt dem Ausländer kein Aufenthaltsrecht. Sein Aufenthalt bleibt unrecht-

Duldung soll lediglich die Abschiebung vorübergehend aussetzen.[84] Die Vollziehbarkeit der Ausreisepflicht selbst bleibt unberührt.[85] Die Erteilung der Duldung erfolgt schriftlich und stellt einen begünstigenden Verwaltungsakt dar,[86] da sie die Quasilegitimation eines an sich illegalen Aufenthalts bewirkt.[87] Der im Besitz einer Duldung befindliche Ausländer kann nicht wegen illegalen Aufenthalts nach § 95 Abs. 1 Nr. 2 AufenthG bestraft werden.[88] Jedoch sieht § 61 Abs. 1 S. 1 AufenthG vor, dass der Aufenthaltsbereich für Geduldete, genauso wie für sonstige vollziehbare ausreisepflichtige Ausländer (§ 1 Abs. 1 Nr. 5 AsylbLG), auf das jeweilige Bundesland beschränkt ist.

Zum Stichtag 28. Februar 2009 hielten sich nach Angaben des Ausländerzentralregisters 102.283 Duldungsinhaber in Deutschland auf, davon 63.218 Duldungsinhaber länger als sechs Jahre.[89] Die Praxis zeigt, dass die Maßnahmen zur Vermeidung sog. Kettenduldungen nicht die erwünschte Wirkung entfalteten. Beispielsweise sieht § 25 Abs. 5 AufenthG vor, dass geduldeten Ausländern nach 18 Monaten, in denen ihre Abschiebung nicht durchgesetzt werden konnte, eine Aufenthaltserlaubnis erteilt werden soll. In der Praxis wurde dies aber nicht immer praktiziert, da es sich nicht um eine Pflichtregelung (sog. „Muss-Vorschrift"), sondern nur um eine Ermessensregelung (sog. „Soll-Vorschrift") handelt.

Auf diesen Umstand hat der Gesetzgeber reagiert und für qualifizierte Geduldete mit § 18a AufenthG eine Rechtsgrundlage für einen Erwerbsaufenthalt geschaffen. Sie können entweder durch Rechtsverordnung (§ 4 Abs. 2 Satz 3 AufenthG) oder mit Zustimmung der Bundesagentur für Arbeit eine Arbeitserlaubnis erhalten.[90]

---

mäßig, seine Ausreisepflicht unberührt". Siehe auch *Riecken*, Die Duldung als Verfassungsproblem, 2006, S. 26 und 37.

84 *Funke-Kaiser*, in: *Fritz/Vormeier*, GK-AufenthG, § 60a AufenthG, Rn. 36. Vgl. Art. 9 Abs. 2 der Richtlinie 2008/115/EG des europäischen Parlaments und des Rates über gemeinsame Normen und Verfahren in den Mitgliedstaaten zur Rückführung illegal aufhältiger Drittstaatsangehöriger; ABl. L 348/98 v. 24.12.2008.

85 *Dienelt*, in: *Renner*, AuslR, § 58 AufenthG, Rn. 14.

86 *Funke-Kaiser*, in: *Fritz/Vormeier*, GK-AufenthG, § 60a AufenthG, Rn. 38.

87 *Riecken*, Die Duldung als Verfassungsproblem, 2006, S. 38-39.

88 Vgl. *Dienelt*, in: *Renner*, AuslR, § 58 AufenthG, Rn. 14; *Funke-Kaiser*, in: *Fritz/Vormeier*, GK-AufenthG, § 60a AufenthG, Rn. 40; *Marx*, in: *ders.*, Aufenthalts-, Asyl- und Flüchtlingsrecht, § 60a AufenthG, Rn. 16.

89 Darunter halten sich 6635 in Baden-Württemberg, 4728 in Bayern, 3603 in Berlin, 1627 in Bremen, 3241 in Hamburg, 3797 in Hessen, 9949 in Niedersachsen, 20365 in Nordrhein-Westfalen, 1822 in Rheinland-Pfalz, 781 im Saarland, 1149 in Schleswig-Holstein, 943 in Brandenburg, 732 in Mecklenburg-Vorpommern, 1630 in Sachsen, 1586 in Sachsen-Anhalt und 630 Personen in Thüringen auf. BT-Drucks. 16/12247, S. 7.

90 *Will*, Ausländer ohne Aufenthaltsrecht, 2008, S. 59; *van Eck*, De-Facto-Flüchtlinge, 1999, S. 222.

(2)   Der faktische Aufschub der Abschiebung in Spanien

Anders als in Deutschland gibt es in Spanien kein § 60a AufenthG ver-
gleichbares offizielles Rechtsinstitut für den gesetzlichen Aufschub der Abschiebung.[91] Vergleichbar ist aber, dass es ebenfalls Ausländer mit fehlendem
Aufenthaltsrecht gibt, die den Behörden bekannt sind und obwohl sie abgeschoben werden sollten, in der Praxis geduldet werden.

Nach Art. 15 Gemeindeverfassungsgesetz (*„Ley Reguladora de las Bases del
Régimen Local"*, LRBRL) existiert für alle Bewohner der Stadt eine Meldepflicht.[92] Als Bewohner zählen auch die Ausländer mit fehlendem Aufenthaltsrecht, die nach dem Gesetz im Einwohnermeldeamt (*„padrón municipal"*) ebenfalls der Meldepflicht unterliegen.[93] Die Verpflichtung zur Meldung in der Gemeinde des eigentlichen Wohnorts betrifft alle Ausländer, da nach dem Gemeindeverfassungsgesetz kein legaler Aufenthalt verlangt wird. Diese Anmeldung im
Einwohnermeldeamt entspricht jedoch nicht einem legalen Aufenthalt,[94] vielmehr handelt es sich ganz einfach um einen faktischen Aufschub der Abschiebung, da obwohl die Ausländer bei den Behörden registriert sind, sie in der Praxis geduldet werden. Diese Anmeldung wirkt als eine Art minimaler „Legalisierung" einer Person,[95] die bis zu diesem Zeitpunkt den Behörden unbekannt
und unregistriert war.[96] Einerseits ist der Ausländer im kommunalen Einwohnermeldeamt (auch als Melderegister bekannt) registriert;[97] andererseits ist das Einwohnermeldeamt die Behörde, die u.a. bestimmt, welche Sozialleistungen ge-

---

91 Art. 9 Abs. 2 der Richtlinie 2008/115/EG des europäischen Parlaments und des Rates über ge-
    meinsame Normen und Verfahren in den Mitgliedstaaten zur Rückführung illegal aufhältiger
    Drittstaatsangehöriger; ABl. L 348/98 v. 24.12.2008.
92 Die Verpflichtung zur Meldung in der Gemeinde des eigentlichen Wohnorts betrifft alle Aus-
    länder, da nach Art. 15 Gemeindeverfassungsgesetz („LRBRL") keinen legalen Aufenthalt ver-
    langt wird. Gesetz 7/1985, Gemeindeverfassungsgesetz, BOE Nr. 80 v. 3.4.1985; Teilweise ge-
    ändert durch das Gesetz 57/2003; zu Maßnahmen für die Modernisierung der lokalen Regierung,
    BOE Nr. 279 v. 21.11.2003.
93 *Solanes Corella/Cardona Rubert*, Protección de datos personales, 2005, S. 86.
94 *Grande Gascón/Pérez Pérez*, in: *Molina Navarrete/Peréz Sola/Esteban de la Rosa*, Inmigración e
    Integración de los Extranjeros en España, 2009, S. 327. *Gorelli Hernandez/Vílchez Porras*, in:
    Sánchez-Rodas Navarro, Extranjeros en España - Régimen Jurídico, 2001, S. 123.
95 *Solanes Corella/Cardona Rubert*, Protección de datos personales, 2005; S. 90; *Sagarra i Trías*,
    REDMEX 2002, S. 95. So könnte man von einem neuen „Status" sprechen. Das heißt, es handelt
    sich um einen Migrant mit unrechtmäßigem Aufenthaltsrecht, der gemeldet und wohnhaft ist,
    illegal arbeitet, und über dies einen Ausweisungsbefehl erhalten hat (*„Extranjero-inmigrante-
    irregular-empadronado-residente-trabajador (ilegal)-con orden de expulsión"*), der es dem Staat
    gestattet, über den Einschluss bzw. Ausschluss in das Staatsgebiet zu unterscheiden.
96 *Solanes Corella*, in: *ders./De Lucas/Pena*, Trabajadores Migrantes, 2001, S. 66.
97 *Kreienbrink*, in: *Bernecker*, Spanien heute, 2008, S. 252.

währt werden können.[98] Um diese Sozialleistungen in Anspruch nehmen zu können, müssen sich die Drittstaatsangehörigen (genauso wie die Inländer) zuvor anmelden. Im Gegensatz zu Deutschland sind die Behörden nicht verpflichtet, die betroffenen Ausländer bei der Ausländerbehörde zu melden (Art. 16 Abs. 3 LRBRL). Demnach greift die Ausländerbehörde normalerweise nicht ein.[99] Die hierfür notwendigen Informationen können nur auf konkrete Anfrage übermittelt werden.[100]

Der Ausländer befindet sich zwar in der Situation, dass er jederzeit abgeschoben werden kann;[101] die Abschiebung wird aber meist aufgrund der tatsächlichen Umstände, wie fehlender Beförderungskapazitäten[102], oder aus finanziellen Gründen[103] nicht durchgesetzt. Die Behörden sind aufgrund der fehlenden Informationsübermittlung oder der mangelnden Infrastruktur nicht in der Lage die Abschiebung durchzusetzen. Demnach werden in Spanien die Ausländer mit fehlendem Aufenthaltsrecht meist geduldet, selbst wenn sie entdeckt werden oder sich im Einwohnermeldeamt melden.[104]

II. Territoriale Verantwortung aus den völkergewohnheitsrechtlichen Mindeststandards

Das Recht frei über die Einreise- und Aufenthaltsbedingungen für Ausländer zu entscheiden, wird seit der zweiten Hälfte des. 20. Jahrhunderts durch die im Völkergewohnheitsrecht verankerten menschenrechtlichen Garantien eingeschränkt.[105]

---

98 *González Ortega*, in: *ders.*, La protección social de los extranjeros en España, 2010, S. 241; Das Einwohnermeldeamt wird häufig als „Schlüssel des Unterschieds" zur Berechtigung zu Sozialleistungen genannt. *Naïr*, Lettre a Charles Pasqua de la part de ceux qui ne sont pas bien nés, 1994, S. 30-35.

99 *Vilalta*, in: *Larios/Nadal*, L'estat de la immigració a Catalunya, 2006, S. 115-141.

100 Mehr dazu in 4. Kapitel B I 2.

101 *Sánchez Rivas/Franco Pantoja*, Guía para orientación legal en inmigración, 2005, S. 194.

102 *Ramos Quintana*, RMTAS 2006, S. 21; *Girón Reguera, in: Revenga Sánchez*, Problemas constitucionales de la inmigración, 2005, S. 511; *Kreienbrink*, Einwanderungsland Spanien, 2004, S. 220; *Roig Molés*, in: *Sempere Navarro*, El Modelo Social en la Constitución Española de 1978, 2003, S. 616.

103 *Kreienbrink*, Einwanderungsland Spanien, 2004, S. 235.

104 In Spanien gibt es auch Identitätspapiere, wie zum Beispiel die „*Cédula de inscripción*" (Art. 34 LEX und Art. 107-108 RLEX), ein Dokument, das Staatenlosen und Personen ohne Papiere ausgehändigt wird. Dieses Dokument stellt aber weder eine Aufenthalts- noch eine Arbeitsgenehmigung in Spanien dar, sondern ist lediglich ein Dokument zur Identifikation.

105 *Epiney*, in: *Bauer/Cruz Villalón/Iliopoulos-Strangas*, Die neue Europäer - Migration und Integration in Europa, 2009, S. 120.

Das Gewohnheitsrecht war bis zum Ende des Zweiten Weltkrieges die wichtigste Völkerrechtsquelle.[106] Nach Art. 38 Abs. 1 lit. b IGH-Statut weist der Begriff Gewohnheitsrecht zwei Merkmale auf: Zum einen die allgemeine, langandauernde, ununterbrochene und einheitliche Übung der Staaten, zum anderen die Rechtsüberzeugung aller Betroffenen.[107] Grundsätzlich das gilt Völkergewohnheitsrecht universell, also für die gesamte Staatengemeinschaft.[108]

1. Mindeststandards aus den Menschenrechten

Nach der Theorie des Mindeststandards – ein gewohnheitsrechtliches Grundprinzip des Fremdenrechts – sind alle Staaten untereinander verpflichtet, Fremden gewisse Mindeststandards an Rechten zu gewähren,[109] und ihre Menschenwürde zu achten.[110] Dabei werden ihnen ungeachtet vertraglicher Verpflichtungen, die folgenden Rechte als völkergewohnheitsrechtliche Mindeststandards zuerkannt, in die nur aufgrund eines Gesetzes eingegriffen werden kann: Das Recht auf Leben, das Recht auf körperliche Unversehrtheit und auf Sicherheit der Person, das Recht auf Rechtsfähigkeit, das Recht auf Zugang zu den Gerichten, die Gleichheit vor dem Gesetz, der Schutz vor willkürlicher Festnahme und Haft;[111] und die Beachtung der Menschenwürde bei Art und Weise eines Haftvollzugs.[112]

Diese völkerrechtlichen Mindeststandards ergeben sich im Wesentlichen aus den Menschenrechten und sollen den Ausländern ein menschenwürdiges Leben ermöglichen.[113] Der jeweilige Aufnahmestaat trägt gegenüber den Ausländern – einschließlich jenen ohne rechtmäßigen Aufenthaltsstatus[114] – eine „umfas-

---

106 *Ipsen*, Völkerrecht, 2004, S. 212.
107 *Geiger*, Grundgesetz und Völkerrecht mit Europarecht, 2010, S. 75; *Ipsen*, Völkerrecht, 2004, S. 213.
108 *Herdegen*, Völkerrecht, 2010, S. 145.
109 *Geiger*, Grundgesetz und Völkerrecht mit Europarecht, 2010, S. 261; *Herdegen*, Völkerrecht, 2010, S. 212; *Stein/v.Buttlar*, Völkerrecht, 2005, S. 216; *Ipsen*, Völkerrecht, 2004, S. 811; *Doehring*, Völkerrecht, 2004, S. 302.
110 *Verdross/Simma*, Universelles Völkerrecht, 1984, S. 586 f.
111 *Herdegen*, Völkerrecht, 2010, S. 213; *Geiger*, Grundgesetz und Völkerrecht mit Europarecht, 2010, S. 261; *Stein/v. Buttlar*, Völkerrecht, 2005, S. 216; *Ipsen*, Völkerrecht, 2004, S. 812; *Verdross/Simma*, Universelles Völkerrecht, 1984, S. 586 ff.; *Doehring*, Die allgemeinen Regeln des völkerrechtlichen Fremdenrechts, 1963, S. 54 ff.
112 *Geiger*, Grundgesetz und Völkerrecht mit Europarecht, 2010, S. 261.
113 *Geiger*, Grundgesetz und Völkerrecht mit Europarecht, 2010, S. 261.
114 *Van Eck*, De-Facto-Flüchtlinge, 1999, S. 250.

sende territoriale Verantwortung",[115] die ihn dazu verpflichtet, die Menschenrechte zu gewähren.[116]

2. Kategorisierung von Menschenrechten

Gewöhnlich werden die völkerrechtlich geschützten Menschenrechte[117] in
verschiedene Kategorien nach historischen Kriterien[118] in drei Generationen
unterteilt. Die erste Generation bezeichnet die klassischen Freiheitsrechte des
19. Jh., die die Bürger gegen staatliche Willkür und Handlungen schützen.[119]
Die zweite Generation bezeichnet die soziokulturellen Leistungsrechte,[120] die
den effektiven Eingriff der öffentlichen Macht durch öffentliche Dienstleistungen erfordern.[121] Dazu zählen u.a. das Recht auf Bildung, das Recht auf Arbeit,
und das Recht auf Sozialversicherung.[122] Die sogenannte dritte Generation setzt
sich aus einer heterogenen Gruppe von Rechten zusammen, wie beispielsweise
dem Recht auf Entwicklung, auf Demokratie und Mitbestimmung, auf eine gesunde Umwelt,[123] auf Frieden, sowie dem gemeinsamen Menschheitserbe.[124]
Diese Rechte gewähren dem Einzelnen aber keine subjektiven Rechte gegenüber
der Staatsmacht.[125] Die Differenzierung der Menschenrechte nach Generationen
darf allerdings weder im Sinne einer strikten Trennung noch einer Hierarchie
verstanden werden, sondern ist lediglich eine historische Charakterisierung, die

---

115 *Janda/Wilksch,* SGb 2010, S. 573; *Becker,* in: *Benvenisti/Nolte,* The Welfare State, 2004, S. 11-
12.
116 *Geiger,* Grundgesetz und Völkerrecht mit Europarecht, 2010, S. 261; vgl. *Doehring,* Völkerrecht,
2004, S. 114; *Eichenhofer,* in: *ders.,* Migration und Illegalität, 1999, S. 20. Diese Menschenrechte werden im Völkerrecht auch Grundrechte genannt. Um eine Verwechslung mit den nationalen Grundrechten zu vermeiden, wird in dieser Arbeit der Begriff Menschenrecht verwendet.
Pieroth/Schlink, Grundrechte, Staatsrecht II, 2010, S. 13 ff.; *Borowski,* in: *Sieckmann,* Die
Prinzipientheorie der Grundrechte, 2007, S. 84.
117 *Ipsen,* Völkerrecht, 2004, S. 788; *Van Boven,* in: *Vasak,* The International Dimensions of Human
Rights, 1982, S. 49.
118 *Dreier,* in: *ders.,* Grundgesetz - Kommentar, Art. 1 GG, Rn. 26; *Stein/v. Buttlar,* Völkerrecht,
2005, S. 390.
119 *Stein/v. Buttlar,* Völkerrecht, 2005, S. 390; *Ipsen,* Völkerrecht, 2004, S. 788; *Riedel,*
EuGRZ 1989, S. 9 ff. Dazu gehören das Recht auf Leben und körperliche Unversehrtheit, der
Schutz vor Folter, das Recht auf ein faires Verfahren, die Gleichheit vor dem Gesetz, das
Versammlungsrecht sowie die Meinungs- und Pressefreiheit.
120 *Stein/von Buttlar,* Völkerrecht, 2005, S. 390; *Ipsen,* Völkerrecht, 2004, S. 788.
121 *Carmona Cuenca,* Nuevas Políticas Públicas, 2006, S. 175.
122 *Stein/v. Buttlar,* Völkerrecht, 2005, S. 390.
123 *Stein/von Buttlar,* Völkerrecht, 2005, S. 391.
124 Hierzu ausführlich *Ipsen,* Völkerrecht, 2004, S. 815; *Riedel,* EuGRZ 1989, S. 11.
125 *Dreier,* in: *ders.,* Grundgesetz - Kommentar, Art. 1 GG, Rn. 26.

nicht unbedingt die jeweilige Funktion des einzelnen Menschenrechts definiert.[126]

Wichtiger als die historische Unterscheidung der Menschenrechte nach Generationen, ist die Unterscheidung nach ihren Strukturen[127] und Funktionen im Hinblick auf den Status des Einzelnen gegenüber dem Staat.[128] Die klassischen Funktionen der Grundrechte werden im Verhältnis zwischen dem Einzelnen und dem Staat auch mit den Begriffen des *status negativus, positivus,* und *activus* unterschieden.[129] „Der Status bezeichnet jeweils einen Zustand des Einzelnen gegenüber dem Staat, der in verschiedenen Grundrechten ausgeformt und gesichert ist."[130] Für die vorliegende Untersuchung sind nur die *status negativus* und *positivus* relevant. *Status negativus* beschreibt den „Zustand, in dem der Einzelne seine Freiheit vom Staat hat, seine individuellen Probleme ohne den Staat lösen, sein gesellschaftliches Zusammenleben ohne den Staat regeln und seine Geschäfte ohne den Staat abwickeln kann."[131] Um diesen Zustand zu garantieren, dienen insbesondere die Abwehrrechte als individuelle Freiheitsrechte vor staatlicher Intervention.[132] Diese stellen daher Rechte auf negative Handlungen des Staates dar (Unterlassungspflichten).[133] Unter *status positivus* versteht man den Zustand „in dem der Einzelne seine Freiheit nicht ohne den Staat haben kann, sondern für die Schaffung und Erhaltung seiner freien Existenz auf staatliche Vorkehrungen angewiesen ist." Dieser Zustand wird im Wesentlichen durch soziale Leistungsrechte gesichert,[134] welche somit Rechte auf eine positive Handlung des Staates darstellen (Handlungspflichten).[135] Diese positiven

---

126 *Stein/v. Buttlar,* Völkerrecht, 2005, S. 390.

127 Vgl. *Becker,* in: *Wolfrum,* The Max Planck Encyclopedia of Public International Law, 2012, S. 970.

128 *Pieroth/Schlink,* Grundrechte, Staatsrecht II, 2010, S. 21; vgl. *Jellinek,* System der subjektiven öffentlichen Rechte, 1919, S. 87.

129 *Jellinek,* System der subjektiven öffentlichen Rechte, 1919, S. 87. Die klassischen Funktionen der Grundrechte ähneln der dreigliedrigen Klassifikation des spanischen Verfassungsgerichts (TC) zum Zugang zu Grundrechten (Urteil STC 107/1984). Dies macht Sinn, da viele Kriterien und Grundsätze, die durch Völkerrecht (z.B. den EGMR) aufgestellt worden sind, zur Rechtsprechung des spanischen Verfassungsgerichts (TC) gehören.

130 *Pieroth/Schlink,* Grundrechte, Staatsrecht II, 2010, S. 22.

131 *Pieroth/Schlink,* Grundrechte, Staatsrecht II, 2010, S. 22.

132 *Alexy,* Theorie der Grundrechte, 1985, S. 174.

133 *Dreier,* in: *ders.,* Grundgesetz - Kommentar, Art. 1 GG, Rn. 83; *Dolzer,* in: *ders./Kahl/Waldhoff/Graßhof,* BK, § 1 Abs. 1 u. 2 GG, Rn. 22.

134 Vgl. *Pieroth/Schlink,* Grundrechte, Staatsrecht II, 2010, S. 22.

135 *Alexy,* in: *Sieckmann,* Die Prinzipientheorie der Grundrechte, 2007, S. 106; *Dolzer,* in: *ders./Kahl/Waldhoff/Graßhof,* BK, § 1 Abs. 1 u. 2 GG, Rn. 102.

Verpflichtungen werden in der deutschsprachigen Literatur als Leistungsrechte im weitere Sinne[136] oder Gewährleistungspflichten bezeichnet.[137]

3. Das „faktische" Aufenthaltsrecht und soziale Rechte aus den Refoulementverbot

In Zusammenhang mit vollziehbar ausreisepflichtigen Ausländern ist die Unterlassungspflicht, die aus dem menschenrechtlichen Grundsatz des Rückschiebungsschutzes – auch bekannt als Refoulementverbot – entsteht, besonders relevant.[138] Danach darf niemand in einen Staat abgeschoben werden, in dem ihm durch staatliche oder private Verfolgung unmittelbar Lebensgefahr droht.[139] In dieser Untersuchung ist es sinnvoll, einerseits den Rückschiebungsschutz, der aus völkerrechtlichen Vorgaben stammt, als Unterlassungspflicht zu verstehen und andererseits die Gestattung eines Aufenthaltsrechts sowie die als deren Folge zu gewährenden Sozialleistungen, die erst auf nationaler Ebene entstehen, als positive Handlungspflichten zu betrachten.[140]

Aus dieser menschenrechtlichen Garantie entsteht ein Abschiebeschutz[141] und als deren Folge ein „faktisches" Aufenthaltsrecht,[142] wonach das Aufnahmeland den Aufenthalt von Ausländern dulden muss bzw. Aufenthaltsrecht einräumen muss.[143]

Wenn die Zuwanderer nicht zurückgeführt werden können, ist das Aufnahmeland zum effektiven Schutz auch der Ausländer ohne Aufenthaltsrecht auf dem

---

136 *Alexy*, Theorie der Grundrechte, 1985, S. 395 ff.

137 *Dröge*, in: Beiträge zum ausländischen öffentlichen Recht und Völkerrecht, 2003, S. 5; *Holoubek*, Grundrechtliche Gewährleistungspflichten, 1997, S. 244.

138 *Becker*, in: *v. Mangoldt/Klein/ders.*, GG I, Art. 16a Abs. 1 GG, Rn. 21. Für gewohnheitsrechtlichen Charakter des Non-refoulement s. *Stein/v. Buttlar*, Völkerrecht, 2005, S. 222; *Wolfrum*, GYIL 1995, S.199; *Gornig*, Das Refoulement-Verbot im Völkerrecht, 1987, S. 72 f.; *Kälin*, Das Prinzip des Non-refoulement, 1982, S. 80.

139 *Herdegen*, Völkerrecht, 2010, S. 218.

140 *Epiney*, in: *Bauer/Cruz Villalón/Iliopoulos-Strangas*, Die neue Europäer - Migration und Integration in Europa, 2009, S. 122 ff; vgl. *Becker*, EuR 2007, S. 103. Obwohl grundsätzlich die Gestattung des Aufenthalts als positive Handlungspflicht und ein Abschiebeverbot als negative Unterlassungspflicht kategorisiert werden kann, sind diese schwer zu unterscheiden, da ein Abschiebeverbot einer Aufenthaltsgestattung gleichkommt und umgekehrt eine Aufenthaltsgestattung eine Abschiebung verbietet. *Szczekalla*, Die sogenannten grundrechtlichen Schutzpflichten im deutschen und europäischen Recht, 2002, S. 712.

141 *Thym*, Migrationsverwaltungsrecht, 2010, S. 73.

142 *Epiney*, in: *Bauer/Cruz Villalón/Iliopoulos-Strangas*, Die neue Europäer - Migration und Integration in Europa, 2009, S. 122.

143 *Epiney*, in: *Bauer/Cruz Villalón/Iliopoulos-Strangas*, Die neue Europäer - Migration und Integration in Europa, 2009, S. 138.

Territorium verpflichtet.[144] Insbesondere begründet ein Aufenthalt im Falle der Bedürftigkeit den Leistungsanspruch (sog. Recht im Aufenthalt).[145] Da das Aufenthalts- bzw. Territorialitätsprinzip der entscheidende Anknüpfungspunkt für die Erbringung sozialer Leistungen ist,[146] gilt dabei die Regel: das Sozialrecht knüpft an das Aufenthaltsrecht an.[147] Es ist fraglich, ob aus einem menschenrechtlichen zurückzuführenden Rückschiebungsschutz und einem daraus entstehenden „faktischen" Aufenthaltsrecht,[148] im Zusammenhang mit der territorialen Verantwortung, für Ausländer mit fehlendem Aufenthaltsrecht positive Rechte auf ein Existenzminimum entstehen können.[149]

III. Territoriale Verantwortung aus völkerrechtlichen Verträgen

Obwohl manchmal Mindestrechte im Völkerrecht als Leistungsrechte eingestuft werden können, gilt diese Rechtsbehauptung in der Regel nicht für Ausländer mit fehlendem Aufenthaltsrecht.[150] Selbst wenn auf internationaler Ebene sehr viele Verträge sozialen Schutz bieten, werden Ausländer mit unrechtmäßigem Aufenthaltsstatus dabei wenig berücksichtigt.[151] Das liegt daran, dass der rechtmäßige Aufenthaltsstatus meist eine Voraussetzung ist, um sozialen Schutz zu erlangen. Im Fall von Ausländern mit rechtmäßigem Aufenthaltsrecht knüpft das Sozialrecht herkömmlicherweise an das Aufenthaltsrecht an.[152]

Halten sich jedoch Ausländer im Aufnahmeland auf, wirft dies neben der Frage nach der sozialen Sicherung auch damit einhergehende aufenthaltsrechtliche Problemstellungen auf. Es ist fraglich, ob es umgekehrt auch den Fall gibt, in dem das Recht auf Aufenthalt dem Recht auf Sozialleistungen folgt. Das ergibt sich dann, wenn ein Völkerrechtsvertrag ein Abwehrrecht für die Kons-

144 Vgl. *Becker*, EuR 2007, S. 102; *Bielefeld*, in: *Alt/Bommes*, Illegalität. Grenzen und Möglichkeiten der Migrationspolitik, 2006, S. 81.

145 Vgl. *Kingreen*, Soziale Rechte und Migration, 2010, S. 21.

146 Vgl. *Kingreen*, Soziale Rechte und Migration, 2010, S. 16.

147 Vgl. *Becker*, EuR 2007, S. 104; Vgl. *Renner*, in: *Barwig/Röseler/u.a*, Sozialer Schutz von Ausländern, 1997, S. 258.

148 *Epiney*, in: *Bauer/Cruz Villalón/Iliopoulos-Strangas*, Die neue Europäer - Migration und Integration in Europa, 2009, S. 122.

149 *Janda/Wilksch*, SGb 2010, S. 53. Näher dazu BT-Drucks. 17/979, S. 2; vgl. *Carrero Domíguez*, in: *González Ortega*, La protección social de los extranjeros en España, 2010, S. 32; Vgl. *Becker*, EuR 2007, S. 103.

150 *Carrero Domíguez*, in: *González Ortega*, La protección social de los extranjeros en España, 2010, S. 34.

151 *Carrero Domíguez*, in: *González Ortega*, La protección social de los extranjeros en España, 2010, S. 34.

152 *Renner*, in: *Barwig/Röseler/u.a*, Sozialer Schutz von Ausländern, 1997, S. 258.

truktion eines Anspruchs auf eine Sozialleistung instrumentalisiert.[153] Diese Anknüpfungen zwischen Sozial- und Aufenthaltsrecht im Völkerrecht sowie deren Folgen in Zusammenhang mit dem Zugang zu Sozialleistungen werden zunächst genauer dargestellt.

1. Soziale Rechte aus dem Aufenthalt

Grundsätzlich steht es jedem Staat frei, Ausländern den Aufenthalt zu gewähren oder sie aus seinem Staatsgebiet auszuweisen.[154] Im Gegensatz zum Einreiserecht unterliegt das Aufenthalts- und Abschieberecht verschiedenen völkerrechtlichen Schranken.[155] So muss jeder Staat Ausländern in seinem Hoheitsgebiet einen Individualrechtsschutz gewährleisten, sonst würde die Abschiebung einen Eingriff in die Menschenrechte darstellen.[156]

Wie bereits erörtert entsteht aus einem Abschiebungsschutz ein „faktisches" Recht auf Aufenthalt,[157] wobei der Aufnahmestaat zur Gewährung eines Existenzminimums verpflichtet ist, um die Menschenwürde[158] zu gewährleisten (sog. Recht im Aufenthalt).[159] Dabei ermöglicht ein Abwehrrecht wie der Abschiebeschutz ein Recht auf („faktischen") Aufenthalt, und daraus folgt in Zusammenhang mit der territorialen Verantwortung ein Recht auf Sozialleistungen.[160] In der Regel werden, um mögliche Wanderungsanreize zu verhindern, die Sozialleistungen auf ein Minimum reduziert.[161]

---

153 Vgl. *Becker*, EuR 2007, S. 104.
154 *Alvarez Cortés*, La Seguridad Social de los trabajadores migrantes, 2001, S. 17; *Gornig*, Das Refoulement-Verbot im Völkerrecht, 1987, S. 2-3.
155 Vgl. *Hailbronner*, in: *ders.*, AuslR, § 25 AufenthG, Rn. 132.
156 Vgl. *Geiger*, Grundgesetz und Völkerrecht mit Europarecht, 2010, S. 266.
157 *Epiney*, in: *Bauer/Cruz Villalón/Iliopoulos-Strangas*, Die neue Europäer - Migration und Integration in Europa, 2009, S. 122.
158 Die Menschenwürde ist in den folgenden völkerrechtlichen Verträgen zu finden: a) Die Präambel der Charta der Vereinten Nationen, b) Art. 1, 22 und 23 III Allgemeine Erklärung der Menschenrechte (AEMR), c) Art. 1 und 10 des Internationalen Paktes über bürgerliche und politische Rechte v. 19.12. 1966 (IPbpR), d) Art. 13 des Internationalen Pakts über wirtschaftliche, soziale und kulturelle Rechte v. 19.12.1966 (IPwskR), e) Art. 3 lit. c, d der Genfer Konvention v. 12.8.1949, f) Art. 26 der Europäische Sozialcharta. Vom 3.5.1996, g) Art. 1 Charta der Grundrechte der Europäischen Union v. 7.12.2000, „die Würde des Menschen ist unantastbar und zu achten und zu schützen".
159 Vgl. *Epiney*, in: *Bauer/Cruz Villalón/Iliopoulos-Strangas*, Die neue Europäer - Migration und Integration in Europa, 2009, S. 138; Vgl. *Becker*, EuR, 2007, S. 103.
160 Vgl. *Janda/Wilksch*, SGb 2010, S. 573; *Nußberger*, in: *Benvenisti/Nolte*, The Welfare State, 2004, S. 40.
161 *Becker*, EuR 2007, S. 104.

Insbesondere das Refoulementverbot stellt als Abschiebungshindernis[162] einen sehr wichtigen Individualrechtsschutz der Menschenrechte für Ausländer dar. Das Refoulementverbot ist eine negative Verpflichtung,[163] welche die staatliche Befugnis beschränkt Ausländer aus dem jeweiligen Staatsgebiet abzuschieben, wenn sie durch diese Maßnahme in die Gefahr gebracht werden, in das Land ihrer Verfolgung zurückkehren zu müssen.[164] Das Refoulementverbot ist in zahlreichen völkerrechtlichen Verträgen enthalten, unter anderem in Art. 33 Genfer Flüchtlingskonvention (GFK), in Art. 3 des UN-Übereinkommens gegen Folter und andere grausame, unmenschliche oder erniedrigende Behandlung oder Strafe, in Art. 7 Internationaler Pakt über bürgerliche und politische Rechte[165] (IPbpR) und Art. 3 der Europäische Konvention zum Schutze der Menschenrechte und Grundfreiheiten (EMRK).[166]

Die völkerrechtlichen Verträge sind vor allem seit der Gründung der Vereinten Nationen die wichtigsten Rechtsquellen des Völkerrechts[167] und sind zwischen zwei oder mehreren Staaten bzw. anderen vertragsfähigen Völkerrechtssubjekten getroffene Vereinbarungen.[168] Für Ausländer und deren sozialen Rechte, die als Folge eines Aufenthaltsrechtes zu gewähren sind, sind grundsätzlich drei internationale Institutionen von herausragender Bedeutung: die Vereinten Nationen (UN), die Internationale Arbeitsorganisation (IAO), und der Europarat.[169] Es kann zwischen Verträgen zum universellen- und regionalen Menschenrechtsschutz unterschieden werden.

---

162 *Stein/v. Buttlar*, Völkerrecht, 2005, S. 222.

163 *Hartl*, Völkerrechtliche Refoulementverbot abseits der GFK, 1999, S. 37; *Cremer*, Der Schutz vor den Auslandsfolgen aufenthaltsbeendender Maßnahmen, 1994 S. 252-254.

164 *Olk*, Gestaltungsmöglichkeiten einer Migrationspolitik in der Europäischen Union, 2002, S. 78.

165 United Nations Treaty Series (Vertragssammlung der Vereinten Nationen) Bd. 999, S. 171. BGBl. 1973 II S. 1534.

166 *Epiney*, in: *Bauer/Cruz Villalón/Iliopoulos-Strangas*, Die neue Europäer - Migration und Integration in Europa, 2009, S. 123 ff. Dieses Verbot ist in einer Reihe weiterer Veträge enthalten. Vgl. etwa in Artikel 22 der Amerikanischen Menschenrechtkonvention vom 22.11.1969; in Artikel II der Flüchtlingskonvention der OAU von 1969; in Artikel 3 der Erklärung der Generalversammlung über territoriales Asyl (GA Res. 2312 (XXII) v. 14.12.1967). *Stein/v. Buttlar*, Völkerrecht, 2005, S. 222.

167 *Stein/v. Buttlar*, Völkerrecht, 2005, S. 11; *Ipsen*, Völkerrecht, 2004, S. 113; vgl. Art. 38 Abs. 1 a Statut des Internationalen Gerichtshofs (IGH).

168 *Ipsen*, Völkerrecht, 2004, S. 116.

169 *Eichenhofer*, Sozialrecht, 2010, S. 41.

a) Verträge zum universellen Menschenrechtsschutz

aa) Genfer Flüchtlingskonvention (GFK)

Die Genfer Konvention über die Rechtsstellung der Flüchtlinge (GFK) vom 28. Juli 1951 gilt als völkerrechtliche Grundlage für die Aufnahme von Personen aus humanitären Gründen.[170] Der Konvention, die am 22. April 1954 in Kraft trat, sind bisher 146 Staaten, darunter alle EU-Mitgliedstaaten, beigetreten.[171] Sie enthält eine allgemeine Definition des Flüchtlingsbegriffs und legt die rechtliche Stellung des Flüchtlings fest. Als Flüchtling bezeichnet man nach Art. 1 Abs. A Satz 2 GFK „einen Drittstaatsangehörigen, der aus der begründeten Furcht vor Verfolgung wegen seiner Rasse, Religion, Staatsangehörigkeit, politischen Überzeugung oder Zugehörigkeit zu einer bestimmten sozialen Gruppe sich außerhalb des Landes befindet, dessen Staatsangehörigkeit er besitzt, und den Schutz dieses Landes nicht in Anspruch nehmen kann oder wegen dieser Furcht nicht in Anspruch nehmen will, oder einen Staatenlosen, der sich aus denselben vorgenannten Gründen außerhalb des Landes seines vorherigen gewöhnlichen Aufenthalts befindet und nicht dorthin zurückkehren kann oder wegen dieser Furcht nicht dorthin zurückkehren will".[172]

Art. 23 der Genfer Flüchtlingskonvention über die Rechtsstellung der Flüchtlinge von 1951 (GFK) besagt, dass den Flüchtlingen „auf dem Gebiet der öffentlichen Fürsorge und sonstigen Hilfeleistungen die gleiche Behandlung wie ihren eigenen Staatsangehörigen zu gewähren ist."

Ursprünglich stammt das sogenannte Refoulementverbot aus der Genfer Flüchtlingskonvention über die Rechtsstellung der Flüchtlinge.[173] Gemäß Art. 33 GFK wird „keiner der vertragsschließenden Staaten einen Flüchtling auf irgendeine Weise über die Grenzen von Gebieten ausweisen, in denen sein Leben oder seine Freiheit wegen seiner Rasse, Religion, Staatsangehörigkeit, seiner Zugehörigkeit zu einer bestimmten sozialen Gruppe oder wegen seiner politischen Überzeugung bedroht sein würde". Wenn die Prüfung der Flücht-

---

170 Das Genfer Abkommen über die Rechtsstellung der Flüchtlinge, v. 28.7.1951, BGBl. II S. 559, v. 1.9.1953, in Kraft getreten am 22.4.1954 gemäß Bekanntmachung des Bundesministers des Auswärtigen BGBl. II S. 619, v. 25.4.1954. In Spanien trat die GFK am 14.8.1978 in Kraft, BOE. Nr. 252 v. 21.10.1978.

171 United Nations Treaty Series (Vertragssammlung der Vereinten Nationen), Nr. 2545, Bd. 189, S. 137. Die Konvention war auch Vorbild für regionale Ansätze wie die in Afrika gültige OAU-Flüchtlingskonvention von 1963 (seit 2002 Afrikanische Union (AU) genannt) und die latein-amerikanische Cartagena-Erklärung über Flüchtlinge von 1984.

172 BGBl. II S. 619, v. 25.4.1954.

173 *Stein*, in: *Hailbronner*, Die allgemeinen Regeln des völkerrechtlichen Fremdenrechts, 2000, S. 57.

lingseigenschaft positiv ausfällt, ist der Aufenthalt der jeweiligen Person zu dulden.[174] Allerdings handelt es sich dabei um die Gruppe der Konventionsflüchtlingen nach Art. 1 Abs. A Satz 2 GFK, welche einen rechtmäßigen Aufenthaltsstatus besitzt. Die hier zu untersuchende Gruppe von Ausländern kann nicht vom Konventionsschutz profitieren, weil sie die Voraussetzungen des Art. 1 Abs. A Satz 2 GFK nicht erfüllt und aus diesem Grund nicht als Flüchtlinge nach dem GFK anerkannt wird.

bb) Die Vereinten Nationen (UN)

Die Charta der Vereinten Nationen von 1945, die als Gründungsurkunde bzw. „Verfassung" der Vereinten Nationen gilt, hat die „Förderung der Achtung und Verwirklichung der Menschenrechte und Grundfreiheiten" zum Ziel.[175] Nach dieser sind alle Staaten der Welt in einer einheitlichen Völkerrechtsordnung erfasst.[176] Ab 1945 wurde der Menschenrechtsschutz nicht mehr als rein nationale Angelegenheit verstanden, sondern es wurde die Grundlage für internationale Umsetzungs- und Durchsetzungsinstrumentarien geschaffen. Am 20. Dezember 1948 wurde die Allgemeine Erklärung der Menschenrechte verfasst,[177] die aber als einfache UN-Resolution keine rechtliche Bindungswirkung entfaltet.

(1) UN-Menschenrechtspakte

Um trotzdem einen völkerrechtlichen Individualrechtsschutz zu garantieren,[178] wurden für die Umsetzung dieser Rechte 1966 zwei umfassende Menschenrechtspakte geschlossen: der Internationale Pakt über bürgerliche und politische Rechte[179] (IPbpR) und der Internationale Pakt über wirtschaftliche, soziale und kulturelle Rechte[180] (IPwskR). Beide sind im Jahre 1976 in Kraft ge-

---

174 *Epiney*, in: *Bauer/Cruz Villalón/Iliopoulos-Strangas*, Die neue Europäer - Migration und Integration in Europa, 2009, S. 122.

175 Art. 1 Nr. 3, Art. 55 lit. c Charta der Vereinten Nationen, verabschiedet am 26.6.1945.
http://www.un.org/en/documents/charter/index.shtml (Stand: 10.9.2010). BGBl. II (1973, S. 430), v. 6.6.1973. BOE 14.12.1955.

176 *Ipsen*, Völkerrecht, 2004, S. 42.

177 Resolution 217 (III) A: Universal Declaration of Human Rights, UN GAOR, third Sess. at 71, UN Doc. A/810 (1948).

178 *Ipsen*, Völkerrecht, 2004, S. 787.

179 United Nations Treaty Series (Vertragssammlung der Vereinten Nationen) Bd. 999, S. 171. BGBl. 1973 II S. 1534.

180 United Nations Treaty Series (Vertragssammlung der Vereinten Nationen) Bd. 993, S. 3. BGBl. 1973 II S. 1570.

treten, dem IPbpR gehören 152 Vertragsstaaten an, während der IPwskR von 160 Staaten ratifiziert wurde.[181]

Der „Internationale Pakt über bürgerliche und politische Rechte" (IPbpR) regelt die klassischen Freiheitsrechte der ersten Generation,[182] die Justizgrundrechte, und das Diskriminierungsverbot.[183] Gemäß Art. 7 IPbpR darf niemand der Folter oder grausamer, unmenschlicher oder erniedrigender Behandlung oder Strafe unterworfen werden. Als eine solche Unterwerfung gilt dabei auch eine Abschiebung in einen Staat, wo dem Abgeschobenen eine solche Strafe oder Behandlung droht.[184] Als Kontrollmechanismus, ob und inwieweit diese Rechte des IPbpR von den Mitgliedstaaten verwirklicht werden, müssen gemäß Art. 40 IPbpR Berichte vorgelegt werden.[185] Zusätzlich ist ein Individualbeschwerdeverfahren vor dem Menschenrechtsausschuss möglich.[186] Jedoch besitzen dessen Entscheidungen wie auch die oben genannten Berichtsprüfungen bloß ein politisches Gewicht und sind nicht rechtlich bindend oder durchsetzbar.[187]

Der Internationale Pakt über wirtschaftliche, soziale und kulturelle Rechte (IPwskR) enthält Rechte der zweiten Generation.[188] Diese sind im Vergleich zu den im IPbpR gewährten Rechten kollektivbezogener[189] und gewähren keine Individualrechte.[190] Zu den im Pakt enthaltenen sozialen und kulturellen Rechten zählen u.a. das Recht auf Arbeit (Art. 6 IPwskR), das Recht auf gerechte und gute Arbeitsbedingungen (Art. 7 IPwskR), die Koalitionsfreiheit (Art. 8 IPwskR), das Recht auf soziale Sicherheit (Art. 9 IPwskR), das Recht auf einen angemessenen Lebensstandard (Art. 11 IPwskR), das Recht auf Gesundheit (Art. 12 IPwskR), sowie die Kunst- und Wissenschaftsfreiheit (Art. 15

---

181 http://treaties.un.org/Pages/ViewDetails.aspx?src=TREATY&mtdsg_no=IV-3&chapter=4&lang=en. (Stand: 26.3.2010).
182 *Stein/v. Buttlar,* Völkerrecht, 2005, S. 393. Hierzu gehören u.a. das Recht auf Leben (Art. 6 IPbpR), den Schutz vor willkürlicher Haft (Art. 9 IPbpR), bestimmte Garantien im Prozess (Art. 14 IPbpR), das Recht auf Meinungsfreiheit (Art. 19 IPbpR) und das Verbot der Sklaverei (Art. 8 IPbpR) sowie der Folter (Art. 7 IPbpR). *Herdegen,* Völkerrecht, 2010, S. 378; *Ipsen,* Völkerrecht, 2004, S. 790.
183 *Marhaun,* Menschenwürde und Völkerrecht, 2001, S. 155.
184 *Stein/v. Buttlar,* Völkerrecht, 2005, S. 222; *Alleweldt,* Schutz vor Abschiebung, 1996, S. 99.
185 *Herdegen,* Völkerrecht, 2010, S. 379; *Stein/v. Buttlar,* Völkerrecht, 2005, S. 394.
186 *Aichele,* ZVN 2009, S. 72.
187 *Carrero Domíguez,* in: *González Ortega,* La proteción social de los extranjeros en España, 2010, S. 34; *Stein/v. Buttlar,* Völkerrecht, 2005, S. 394.
188 *Stein/v. Buttlar,* Völkerrecht, 2005, S. 394.
189 *Marhaun,* Menschenwürde und Völkerrecht, 2001, S. 155.
190 *Stein/v. Buttlar,* Völkerrecht, 2005, S. 395. Näher zu neue Entwicklungen siehe: *Aichele,* ZVN 2009, S. 72.

IPwskR).[191] Der IPwskR unterscheidet in der Regel nicht zwischen Personen im Hinblick auf ihre Staatsangehörigkeit oder ihren Aufenthaltsstatus.[192] Der UN-Ausschuss für Wirtschaftliche, Soziale und Kulturelle Rechte ist zuständig für die Überwachung der Einhaltung des Paktes.[193] Die Mitgliedstaaten des Paktes müssen dem Wirtschafts- und Sozialrat der Vereinten Nationen Berichte vorlegen (Art. 16 Abs. 2 IPwskR).[194] Im Jahr 2008 wurde ein Zusatzprotokoll für die Einrichtung einer Individualbeschwerdemöglichkeit verabschiedet. Bevor es jedoch in Kraft tritt, muss es durch eine ausreichende Anzahl von Staaten ratifizieren werden.[195]

(2)   UN-Kinderrechtskonvention

Während der IPwskR nur Staatspflichten und keine individuellen Rechtsansprüche begründet, können hingegen aus dem Übereinkommen über die Rechte des Kindes[196] individuelle Ansprüche im Zusammenhang mit dem Wohl des Kindes (Art. 3), wie beispielsweise ein Recht auf Gesundheitsvorsorge (Art. 24), Soziale Sicherheit (Art. 26), angemessene Lebensbedingungen, Unterhalt (Art. 27), sowie Bildung, Schule, und Berufsausbildung (Art. 28) auslösen. Das Übereinkommen über die Rechte des Kindes – auch bekannt als UN-Kinderrechtskonvention – wurde am 20. November 1989 in New York verabschiedet. Am 6. Dezember 1990 wurde die Konvention in Spanien[197] und zwei Jahre später am 6. März 1992 in Deutschland ratifiziert. Jedoch hatte die Bundesrepublik Deutschland die Gültigkeit des Dokuments mit einer Vorbehaltserklärung eingeschränkt,[198] wovon insbesondere die nach dem AsylbLG leistungsberechtigten Kinder und Jugendlichen betroffen sind.[199] Außerdem werden unbegleitete Minderjährige zwischen 16 und 18 Jahren asylverfahrensrechtlich

191 *Herdegen,* Völkerrecht, 2010, S. 381; *Stein/v. Buttlar,* Völkerrecht, 2005, S. 394-395; *Ipsen,* Völkerrecht, 2004, S. 791-792.
192 *Cholewinski,* Irregular migrants, 2005, S. 28. Ausnahme Art. 2 Abs. 3 IPwskR: „Developing countries, with due regard to human rights and their national economy, may determine to what extend they would guarantee the economic rights recognized in the present covenant to non-nationals".
193 http://www2.ohchr.org/english/bodies/cescr/index.htm (Stand: 26.3.2010).
194 *Herdegen,* Völkerrecht, 2010, S. 381; *Stein/v. Buttlar,* Völkerrecht, 2005, S. 394.
195 Näher dazu *Lorenzmeier,* Entscheidungsanmerkung zu BVerwG, ZJS 2009, S. 438 ff.
196 UN-Convention on the Rights of the Child v. 20.11.1989. (Bekanntmachung v. 10.7.1992, BGBl. II S. 990).
197 BOE Nr. 313 v. 31.12.1990, S. 38897-38904.
198 BT-Drucks. 17/2138.
199 Fachpapier des Caritasverbandes. Abteilung Soziales und Gesundheit. Handlungsbedarf nach der Rücknahme der ausländerrechtlichen Vorbehaltserklärung zur UN-Kinderrechtskonvention, S. 3.

als Volljährige behandelt. Dabei wurde eine Vorbehaltserklärung mit fünf Punkten zum Familien-, Jugendstraf- und Ausländerrecht von der Bundesregierung abgegeben.[200] Während vier Vorbehalte durch gesetzliche Änderungen in den folgenden Jahren gegenstandlos geworden waren, bestand der sogenannte ausländerrechtliche Vorbehalt weiter. Dieser Vorbehalt besagt: „Nichts in dem Übereinkommen kann dahin ausgelegt werden, dass die widerrechtliche Einreise eines Ausländers in das Gebiet der Bundesrepublik Deutschland oder dessen widerrechtlicher Aufenthalt dort erlaubt ist; auch kann keine Bestimmung dahin ausgelegt werden, dass sie das Recht der Bundesrepublik Deutschland beschränkt, Gesetze und Verordnungen über die Einreise von Ausländern und die Bedingungen ihres Aufenthaltes zu erlassen oder Unterschiede zwischen Inländern und Ausländern zu machen".[201]

Auf Antrag der Länder Rheinland-Pfalz, Berlin, Brandenburg, und Bremen, hat sich der Bundesrat am 26. März 2010 für die Rücknahme des ausländerrechtlichen Anwendungsvorbehalts entschlossen.[202] Als Folge wurde am 3. Mai 2010 die Entscheidung zur Rücknahme des Anwendungsvorbehalts gegen die UN-Kinderrechtskonvention durch einen Kabinettsbeschluss gefasst. Sowohl die Bundesregierung, als auch zahlreiche Wohltätigkeitsorganisationen begrüßten die Rücknahme sehr, da damit die Voraussetzungen geschaffen wurden, dass ausländische Kinder die gleichen soziale Rechte in Anspruch nehmen können wie deutsche Minderjährige.[203] Die Rücknahme trägt dabei u.a. Art. 3 der UN-Konvention Rechnung, bzw. der Verpflichtung zum Kinderwohl für alle in Deutschland lebenden Kinder.

Die Bundesregierung war bereits in der 16. Wahlperiode der Auffassung, dass die Rücknahme des Vorbehalts keine Änderungen im Bundes- oder Landesrecht erforderlich mache,[204] da sie nur einen kleinen Teilbereich der deutschen Rechtsordnung betreffe.[205] Auch die Bundesjustizministerin sieht in diesem Zusammenhang bisher keinen legislativen Handlungsbedarf im Aufenthaltsrecht auf Bundesebene, da die praktische Umsetzung der Gesetzgebung Ländersache

---

200 http://treaties.un.org/Pages/ViewDetails.aspx?src=TREATY&mtdsg_no=IV-11&chapter=4&lang=en (Stand: 16.8.2010).
201 http://www.tdh.de/content/themen/schwerpunkte/kinderrechte/vorbehaltserklaerung.htm (Stand: 16.8.2010).
202 BR-Drucks. 829/3/09.
203 Fachpapier des deutschen Caritasverbandes. Abteilung Soziales und Gesundheit. Handlungsbedarf nach der Rücknahme der ausländerrechtlichen Vorbehaltserklärung zur UN-Kinderrechtskonvention, S. 3.
http://www.skf-zentrale.de/Fachpapier_Kinderrechte_fur_alle__12_07_2010.pdf. (Stand: 30.11.2010).
204 BT-Drucks. 16/6076.
205 BT-Drucks. 16/6076.

sei:[206] „Das nationale Recht entspreche den Vorgaben in den Artikeln der Konvention".[207] Obwohl künftig einer Rücknahme der Vorlage nichts mehr im Wege steht, sind die Rechte der ausländischen Kinder in Deutschland bislang noch eingeschränkt.

(3)   UN-Konvention über den Schutz der Rechte aller Wanderarbeiter

Die internationale Gemeinschaft betrachtete die Wanderarbeitnehmer als besonders benachteiligte Gruppe. Deshalb stieß sie ein zusätzliches Übereinkommen an: die „Internationale Konvention über den Schutz der Rechte aller Wanderarbeiter und ihrer Familien", welche im Juli 2003 in Kraft trat. Diese Konvention nimmt explizit auf Migranten ohne Aufenthaltsrecht Bezug.[208] Ziel der Konvention ist es, weltweit allen Migranten die gleichen Rechte wie einheimischen Arbeitskräften zuzusichern. Sie garantiert neben dem Recht auf vereinbarten Lohn und gleiche Beschäftigungsbedingungen auch den Zugang zum Schulwesen (Art. 30), zur Sozialversicherung (Art. 27) sowie zur Justiz (Art. 18) und dringenden Gesundheitsversorgung (Art. 28). Diese UN-Konvention statuiert viele Rechte von Ausländern mit fehlendem Aufenthaltsrecht. Obwohl diese Garantie auf Anstrengungen der europäischen Staaten zurückgeht, hat bisher kein EU-Mitgliedstaat die Konvention unterzeichnet oder ratifiziert.[209] Die Konventionsstaaten sind ausnahmslos Staaten, die Wanderarbeitnehmer entsenden.[210] Deshalb gilt dieses Übereinkommen in den hier untersuchten Vergleichsstaaten nicht.

(4)   UN-Folterkonvention

Die UN-Folterkonvention vom 10. Dezember 1984 ist ein internationales Übereinkommen gegen Folter und andere grausame, unmenschliche oder

---

206 Vgl. Plenarprotokoll 17/39. Deutscher Bundestag. Stenographischer Bericht. 39. Sitzung, Berlin, den 5.5.2010. 3747C.
207 Vgl. Plenarprotokoll 17/39. Deutscher Bundestag. Stenographischer Bericht. 39. Sitzung, Berlin, den 5.5.2010. 3751A.
208 *Schoukens/Pieters*, EJSS 2004, S. 240. Art. 5 Abs. 5 der Konvention definiert wer Ausländer mit unrechtmäßigem Aufenthaltsrecht ist: „Ausländer werden als nicht-dokumentiert oder sich in einer irregulären Situation befindend angesehen, wenn sie nicht die Bedingungen im Subparagraphen (a) dieses Artikels erfüllen: a) werden als dokumentiert oder sich in einer regulären Situation befindend angesehen, wenn sie berechtigt sind einzureisen, sich aufzuhalten und eine Beschäftigung, entsprechend dem Gesetz des Staates und internationalen Abkommen, denen der Staat als Partei angehört."
209 *Müller*, Recht auf Gesundheit, 2004, S. 80.
210 *Müller*, Recht auf Gesundheit, 2004, S. 80.

erniedrigende Behandlung oder Strafe. Dieses Übereinkommen ergänzt die Allgemeine Erklärung der Menschenrechte von 1948 und die Genfer Flüchtlingskonvention von 1951, indem sie „Folter" genau definiert (Art. 1), und Maßnahmen zu ihrer Verhinderung und Bestrafung regelt.[211] Der UN-Anti-Folter-Ausschuss überwacht die Einhaltung des Vertragswerkes. In Spanien gilt der Vertrag seit dem 21. Oktober 1987, während er in Deutschland erst seit dem 31. Oktober 1990 gilt.

Das Refoulementverbot ist auch in diesem Übereinkommen geregelt.[212] Nach Art. 3 darf ein Vertragsstaat eine Person nicht in einen anderen Staat ausweisen, abschieben oder an diesen ausliefern wenn stichhaltige Gründe für die Annahme bestehen, dass sie dort Gefahr liefe gefoltert zu werden.

cc) Internationale Arbeitsorganisation (IAO)

Unter den internationalen Organisationen, die internationale Standards für soziale Sicherheit setzen, spielt die Internationale Arbeitsorganisation (IAO) eine wichtige Rolle.[213] Die IAO wurde nach dem Ersten Weltkrieg mit dem Ziel eingerichtet, sozialen Frieden zu schaffen und einen neuen Krieg zu verhindern.[214] Die internationalen Standards im Bereich der sozialen Sicherheit waren in der Rechtsprechung deutscher Gerichte von begrenzter Relevanz und haben nur in wenigen Fällen Entscheidungen beeinflusst.[215] Im Vergleich zu anderen europäischen Staaten ratifizierte Spanien eine vergleichsweise geringe Zahl IAO-Übereinkommen mit enormer Verzögerung.[216] In vielen Fällen haben

---

211 Art. 1: Im Sinne dieses Übereinkommens bezeichnet der Ausdruck „Folter" jede Handlung, durch die einer Person vorsätzlich große körperliche oder seelische Schmerzen oder Leiden zugefügt werden, zum Beispiel um von ihr oder einem Dritten eine Aussage oder ein Geständnis zu erlangen, um sie für eine tatsächlich oder mutmaßlich von ihr oder einem Dritten begangene Tat zu bestrafen oder um sie oder einen Dritten einzuschüchtern oder zu nötigen, oder aus einem anderen, auf irgendeiner Art von Diskriminierung beruhenden Grund, wenn diese Schmerzen oder Leiden von einem Angehörigen des öffentlichen Dienstes oder einer anderen in amtlicher Eigenschaft handelnden Person, auf deren Veranlassung oder mit deren ausdrücklichem oder stillschweigendem Einverständnis verursacht werden. Der Ausdruck umfasst nicht Schmerzen oder Leiden, die sich lediglich aus gesetzlich zulässigen Sanktionen ergeben, dazu gehören oder damit verbunden sind.

212 BGBl. 1990 II S. 246 v. 10.12.1984.

213 Vgl. *Nußberger*, Sozialstandards im Völkerrecht, 2005, S. 120-121; *Guinand*, Die Internationale Arbeitsorganisation (ILO) und die soziale Sicherheit in Europa (1942-1969), 2003, S. 3.

214 *Pennings/Schulte*, in: *Pennings*, Between Soft and Hard Law, 2006, S. 2.

215 *Schulte*, in: *Pennings*, Between Soft and Hard Law, 2006, S. 136; *Marauhn*, in: *Benvenisti/Nolte*, Welfare State, 2004, S. 296-303.

216 *Sánchez-Rodas Navarro/Rodríguez Benot*, in: *Pennings*, Between Soft and Hard Law, 2006, S. 84.

die Gerichte ihren direkten Einfluss anerkannt,[217] beispielsweise durch das IAO-Übereinkommen Nr. 19 über die Gleichbehandlung einheimischer und ausländischer Arbeitnehmer in der Entschädigung bei Betriebsunfällen (1925).[218] Andererseits beinhaltet das IAO-Übereinkommen Nr. 97 medizinische Betreuung für Wanderarbeiter und ihre Familienangehörigen und wurde von Deutschland und Spanien ratifiziert.[219] Art. 6 Abs. 1 des IAO-Übereinkommen Nr. 97 regelt das Gleichbehandlungsgebot, für sich rechtmäßig im Land aufhaltende Migranten, insbesondere im Bereich der sozialen Sicherheit und in Bezug auf Arbeitsbedingungen.[220] Ausländer mit fehlendem Aufenthaltsrecht sind jedoch wiederum ausgeschlossen,[221] so dass diese Konvention für die hier untersuchte Gruppe von Migranten nicht weiter relevant ist.

b) Verträge zum regionalen Menschenrechtsschutz

Das regionale Völkerrecht ist darauf ausgerichtet, territorial beschränkte Staatsverbindungen auszuformen, die u.a. aufgrund gemeinsamer politischer, geographischer, historischer, und ökonomischer Interessen die geeignete Basis für eine effektive zwischenstaatliche Zusammenarbeit bieten.[222]

Die Satzung des am 5. Mai 1949 gegründeten Europarates,[223] wurde von zehn Gründungsstaaten unterzeichnet: Frankreich, Belgien, Irland, Dänemark, Italien, Luxemburg, dem Vereinigten Königreich, Norwegen, Schweden und den Niederlanden. Heutzutage ist der Europarat eine gesamteuropäische Organisation mit 47 Mitgliedsstaaten. Der Europarat bezweckt für ganz Europa gemeinsame und demokratische Prinzipien zu entwickeln (Art. 1 a). Er soll als gemeinsame Macht zugunsten der Ziele Sicherheit, Frieden, Freiheit, sowie wirtschaftlichen Wohlstandes agieren (Art. 1 b). Außerdem soll er dem Zweck dienen gemein-

---

217 *Quintero Lima*, in: *González Ortega*, La protección social de los extranjeros en España, 2010, S. 219.

218 *Carrero Domíguez*, in: *González Ortega*, La protección social de los extranjeros en España, 2010, S. 37.

219 BGBl. I 1959, S. 87 v. 22.6.1960. Der Vorgänger des IAO-Übereinkommens Nr. 97 war das Übereinkommen über Wanderarbeitnehmer Nr. 66 von 1939, das später, 1975, mit dem IAO-Übereinkommen Nr. 143 (vor allem im Bereich der illegalen Migration) erweitert wurde. Das IAO-Übereinkommen Nr. 143 von 1975 handelte von Missbräuchen bei Wanderungen und die Förderung der Chancengleichheit und der Gleichheitsbehandlung der Wanderarbeitnehmer. Es war am 9.12.1978 in Kraft getreten, wurde aber weder von Deutschland noch von Spanien ratifiziert.

220 *Böhmert*, Das Recht der ILO, 2001, S. 142.

221 *Schoukens/Pieters*, EJSS 2004, S. 238.

222 *Ipsen*, Völkerrecht, 2004, S. 42.

223 http://conventions.coe.int/Treaty/en/Treaties/Html/001.htm. (Stand: 26.3.2010).

same Lösungen für die Herausforderungen der europäischen Gesellschaft zu finden (z. B. Fremdenfeindlichkeit oder Menschenhandel), und die demokratische Stabilität Europas durch die Unterstützung politischer, gesetzlicher, und verfassungsrechtlicher Reformen zu konsolidieren. Grundlage hierfür ist das Europäische Fürsorgeabkommen, die Europäische Sozialcharta, sowie die Europäische Konvention für Menschenrechte zum Schutz des Einzelnen.

aa) Das Europäische Fürsorgeabkommen (FürsAbk)

Das Europäische Fürsorgeabkommen[224] wurde von den Mitgliedsstaaten des Europarates unterzeichnet und trifft eine Regelung für den Bezug von Fürsorgeleistungen. Gemäß Art. 1 des Europäischen Fürsorgeabkommens (FürsAbk) sind die Mitgliedstaaten des Abkommens verpflichtet Angehörigen eines anderen Vertragsstaates soziale und gesundheitsfürsorgliche Leistungen zu gewähren. Die Betroffenen dürfen über keine eigenen ausreichenden Finanzmittel für ihren Lebensbedarf verfügen und müssen sich im Aufnahmeland rechtmäßig aufhalten. Die Fürsorge muss in gleicher Weise und unter den gleichen Bedingungen wie den eigenen Staatsangehörigen gewährt werden. Auch dieses Abkommen kennt den Gleichbehandlungsgrundsatz, jedoch nur für Staatsangehörige, die sich legal im Gebiet eines anderen Unterzeichnerstaates aufhalten.

Da das Fürsorgeabkommen für Leistungsberechtigte den rechtmäßigen Aufenthalt vorsieht (Art. 11 FürsAbk), ist die hier untersuchte Gruppe von Ausländern ausgeschlossen.

bb) Die Europäische Sozialcharta (ESC)

Im Rahmen des Menschenrechtsschutzsystems des Europarats sind die Rechte der zweiten Generation in der revidierten Fassung des Übereinkommens der Europäischen Sozialcharta,[225] die 1999 in Kraft trat, geregelt.[226] Sie umfasst neunzehn Grundrechte. Dazu gehören u.a. das Recht auf Arbeit (Art. 1 ESC), das Streikrecht, das Recht auf gerechte, sichere und gesunde Arbeitsbedingungen (Art. 2 und 3 ESC), das Vereinigungsrecht (Art. 5 ESC), der Schutz der Kinder, das Recht auf Fürsorge (Art. 13 ESC), das Recht auf soziale Sicher-

---

224 Abkommen v. 11.12.1953, UNTS Bd. 218, S. 255. BGBl. II 1956, S.563, v. 11.12.1953.
225 BGBl. II, 1964 II, 1261 und ihre redivierte Fassung von 1996;
   http://conventions.coe.int/Treaty/en/Treaties/Word/163.doc (Stand: 26.3.2010).
226 Vgl. *Becker*, in: *Wolfrum*, The Max Planck Encyclopedia of Public International Law, 2012, S. 971; *Krieger*, in: *Grote/Marauhn*, EMRK/GG, 2006, S. 314; *Grabenwarter*, in: *Becker/v. Maydell/Nußberger*, Die Implementierung internationaler Sozialstandards, 2006, S. 83.

heit (Art. 12 ESC), der Schutz der Gesundheit (Art. 11 ESC), das Recht auf Inanspruchnahme sozialer Dienste (Art. 14 ESC), das Recht auf Schutz gegen Armut und sozialer Ausgrenzung (Art. 30 ESC), sowie das Recht auf Wohnung
(Art. 31 ESC).

Die Charta dient gleichzeitig als sozialrechtliches Komplement zur EMRK[227]
und als europäisches Pendant zum IPwskR.[228] Obwohl mittlerweile dreißig
Mitgliedstaaten die revidierte Sozialcharta ratifiziert haben, haben die Bundesrepublik und Spanien die Sozialcharta von 1996 nur unterzeichnet, aber nicht
ratifiziert.[229] Außerdem hat die Sozialcharta bisher nur geringe Wirkung gezeigt,
weil der Bürger dieses Recht nicht unmittelbar geltend machen kann.[230] Defizite
liegen also in der unzureichenden Konstruktion des Sicherungsverfahrens, da
der Kontrollmechanismus sich auf ein Berichtsprüfungsverfahren beschränkt.[231]

Die europäische Tradition begreift die bürgerlichen und politischen Rechte
der ersten Generation oftmals als die einzig „wahren" Rechte.[232] Dabei wird
zwischen völkerrechtlichen Verträgen, die nur Rechte mit abwehrrechtlichen
Handlungspflichten enthalten, wie die EMRK, und anderen Verträgen mit Sozialleistungsrechten, wie die ESC, unterschieden.[233]

Die Vertragsstaaten verpflichten sich im Ergebnis zu rechtspolitischen Ziel-
und Rechtssetzungen innerhalb ihrer nationalen Rechtsordnungen.[234] Hin-

---

227 *Walter*, Familienzusammenführung in Europa, 2007, S. 9; *Stein/v. Buttlar*, Völkerrecht, 2005,
S. 411; *Ipsen*, Völkerrecht, 2004, S. 803; *Vasak*, in: *ders.*, The international dimensions of
Human Rights, 1982, S. 536.

228 *Stein/v. Buttlar*, Völkerrecht, 2005, S. 411.

229 http://conventions.coe.int (Stand: 15.6.2010). Die Sozialcharta wurde in Deutschland (29.6.2007)
und Spanien (23.10.2000) unterzeichnet.

230 *Walter*, Familienzusammenführung in Europa, 2007, S. 93; *Stein/v. Buttlar*, Völkerrecht, 2005,
S. 411; *Müller*, Recht auf Gesundheit, 2004, S. 84; *Schoukens/Pieters*, EJSS 2004, S. 231; Vgl.
Kokott, in: *Hailbronner*, Die allgemeinen Regeln des völkerrechtlichen Fremdenrechts, 2000,
S. 32.

231 Vgl. *Becker*, in: *Wolfrum*, The Max Planck Encyclopedia of Public International Law, 2012,
S. 976; *Ipsen*, Völkerrecht, 2004, S. 805. Das neue Berichtsystem, das am 31. Oktober 2007 in
Kraft trat (Committee of Ministers, 3 May 2006, COE Doc CM [2006] 53), basiert nicht auf
einem systematischem Ansatz, sondern auf pragmatischen Überlegungen. Es unterscheidet zwi-
schen vier Gruppen von Charta-Rechten: a) Beschäftigung und Chancengleichheit (Art. 5, 6
ESC); b) Gesundheit, soziale Sicherheit und Fürsorge (Art. 9, 11-15, 16-17 ESC); c) Arbeitsrecht
(Art. 1-4, 10 ESC); und d) Kinder, Familien, Migranten (Art. 19 ESC).

232 Wohingegen in Drittländern die wirtschaftlichen, sozialen und kulturellen Rechte mehr Aufmerksamkeit erfahren. *Aichele*, ZVN 2009, S. 72; *Krieger*, in: *Grote/Marauhn*, EMRK/GG, 2006,
S. 271.

233 Im Gegensatz dazu sind in anderen regionalen Verträgen die Rechte der ersten und zweiten Generation in demselben Vertrag enthalten. Zum Beispiel die Menschenrechtscharta der Organisation für Afrikanische Einheit. („Charter of the Organization of African Unity"- OAU, UNT Bd.
479, 39;dt. Übers.: EA 1963, D 314.). *Krieger*, in: *Grote/Marauhn*, EMRK/GG, 2006, S. 271.

234 *Stein/v. Buttlar*, Völkerrecht, 2005, S. 411; *Ipsen*, Völkerrecht, 2004, S. 803-804.

sichtlich des persönlichen Geltungsbereichs der Sozialcharta (Art. 13 Abs. 4 ESC) erstreckt sich die Fürsorge und soziale Sicherheit (Art. 12 Abs. 4 ESC) auf der Grundlage der Gleichbehandlung nur auf Ausländer, die ihren rechtmäßigen gewöhnlichen Aufenthalt im Hoheitsgebiet haben,[235] und zwar in Übereinstimmung mit den Verpflichtungen aus dem am 11. Dezember 1953 in Paris unterzeichneten Europäischen Fürsorgeabkommen. Ausländer mit fehlendem Aufenthaltsrecht sind wiederum ausgeschlossen.

cc) Die Europäische Konvention zum Schutze der Menschenrechte und Grundfreiheiten

Die Europäische Menschenrechtskonvention (EMRK) vom 4. November 1950 ist ein regionaler Vertrag, den alle Mitgliedstaaten des Europarates, also auch Deutschland und Spanien ratifiziert haben.[236] Zur Durchsetzung der in ihr erklärten Rechte wurde der Europäische Gerichtshof für Menschenrechte (EGMR) nach Art. 19 EMRK geschaffen, welcher der größte internationale Gerichtshof für Menschenrechte weltweit ist.[237] Die Konvention enthält grundsätzlich nur Freiheits- und Abwehrrechte.[238] Die in der EMRK fehlenden sozialen Rechte sind in der Europäischen Sozialcharta (ESC) von 1996 geregelt.[239]

Der EGMR ist von besonderer Bedeutung, da die Verletzung eines durch die EMRK gewährten Rechts durch einen Mitgliedstaat durch eine Individualbeschwerde nach Art. 34 EMRK geltend gemacht werden kann.[240]

Die meisten anderen völkerrechtlichen Verträge haben ein Durchsetzungsproblem,[241] weil sie im innerstaatlichen Recht in der Regel keine Geltung haben. Anders ist dies bei der EMRK. Die Signatarstaaten der EMRK verpflichten sich nach Art. 1 EMRK, den ihrer Hoheitsgewalt unterstehenden Personen die

---

235 *Becker,* in: *Wolfrum,* The Max Planck Encyclopedia of Public International Law, 2012, S. 975; *Schoukens/Pieters,* EJSS 2004, S. 233; *Kokott,* in: *Hailbronner,* Die allgemeinen Regeln des völkerrechtlichen Fremdenrechts, 2000, S. 33. Persönlicher Geltungsbereich der Sozialcharta: „Vorbehaltlich des Artikels 12 Abs. 4 und des Artikels 13 Abs. 4 schließt der durch die Artikel 1 bis 17 erfasste Personenkreis Ausländer nur insoweit ein, als sie Staatsangehörige anderer Vertragsparteien sind und ihren rechtmäßigen gewöhnlichen Aufenthalt im Hoheitsgebiet der betreffenden Vertragspartei haben".
236 Für die Bundesrepublik Deutschland gültig durch Gesetz v. 7.8.1952. BGBl. 1952 Teil II S. 685. In Spanien wurde die EMRK am 26.9.1979 ratifiziert, BOE Nr. 243 v. 10.11.1979.
237 *Schilling,* Internationaler Menschenrechtsschutz, 2004, S. 251.
238 *Geiger,* Grundgesetz und Völkerrecht mit Europarecht, 2010, S. 343.
239 *Walter,* Familienzusammenführung in Europa, 2007, S. 69; *Stein/v. Buttlar,* Völkerrecht, 2005, S. 411; *Ipsen,* Völkerrecht, 2004, S. 803.
240 *Grabenwarter,* Europäische Menschenrechtskonvention, 2009, S. 41.
241 Vgl. *Carrero Domínguez,* in: *González Ortega,* La protección social de los extranjeros en España, 2010, S. 35; *Riedel,* EuGRZ 1989, S. 12.

Rechte aus der EMRK zuzusichern. Dies bedeutet, dass die Signatarstaaten verpflichtet sind, die EMRK in nationales Recht umzusetzen. Nach erfolgter Ratifizierung können sich die Bürger des Mitgliedsstaats direkt auf die EMRK berufen und Konventionsverstöße zunächst vor innerstaatlichen Gerichten und nach Erschöpfung des innerstaatlichen Rechtswegs, Art. 35 Abs. 1 EMRK, vor dem EGMR geltend machen.[242] Zwar entscheidet der EGMR grundsätzlich nur in Form eines Feststellungsurteils, Art. 41 EMRK, seinen Urteilen kommt daher keine kassatorische Wirkung zu. Allerdings sind die Mitgliedsstaaten gemäß Art. 46 Abs. 1 EMRK verpflichtet, eine Verurteilung zu befolgen. Wie dies tatsächlich geschieht, bleibt dem Mitgliedsstaat selbst überlassen.[243]

Die EMRK bietet durch die Verleihung subjektiver Rechte[244] subsidiär zu den nationalen Verfassungen somit auch einen effektiven Menschenrechtsschutz.[245]

Nach Art. 1 EMRK gilt die Konvention auch für Ausländer mit fehlendem Aufenthaltsrecht,[246] die der Hoheitsgewalt eines Konventionsstaates unterstehen.[247] Art. 3 EMRK lässt keine Ausnahmen zu. Dies gilt auch für den Fall, dass die nationale Sicherheit in Gefahr wäre, weil der in Art. 3 EMRK vorgesehene Schutz absolut ist.[248] Der Schutz von Art. 3 EMRK geht demzufolge nach Ansicht des EGMR über den Schutz des Art. 33 Genfer Flüchtlingskonvention hinaus,[249] weil dieser gemäß Art. 1 Abs. A Satz 2 GFK nur für eine bestimmte Gruppe der Flüchtlinge vorgesehen ist.[250]

---

242 *Satzger*, in: *ders.*, Internationales und Europäisches Strafrecht, 2010, § 11, Rn. 20.

243 *Satzger*, in: *ders.*, Internationales und Europäisches Strafrecht, 2010, § 11, Rn. 101.

244 *Becker*, in: *v. Mangoldt/Klein/Starck*, GG I, Art. 16a Abs. 1 GG, Rn. 21.

245 *Krieger*, in: *Grote/Marauhn*, EMRK/GG, 2006, S. 330.

246 Nach Art. 1 EMRK sichern die Vertragsstaaten „allen ihrer Hoheitsgewalt unterstehenden Personen die [...] gleichen Rechte und Freiheiten zu". *Zimmermann*, in: *Grote/Marauhn*, EMRK/GG, 2006, S. 1504; *Schilling*, Internationaler Menschenrechtsschutz, 2004, S. 31; *Alleweldt*, Schutz vor Abschiebung, 1996, S. 56.

247 EGMR Rep. 2001-XII, 333 - *Bankovic*.

248 EGMR *Chahal v. Vereinigtes Königreich*, v. 15.11.1996, Beschwerde Nr. 22414/93, S. 16, Rn. 75-78; EGMR *Vilvarajah und andere v. Vereinigtes Königreich*, v. 30.10.1991, Beschwerde Nr. 13163/87; 13164/87; 13165/87; 13448/87, S. 34, Rn. 103.

249 *Hailbronner*, DÖV 1999, S. 622.

250 Als Flüchtling bezeichnet man nach Art. 1 Abs. A Satz 2 GFK „einen Drittstaatsangehörigen, der aus der begründeten Furcht vor Verfolgung wegen seiner Rasse, Religion, Staatsangehörigkeit, politischen Überzeugung oder Zugehörigkeit zu einer bestimmten sozialen Gruppe sich außerhalb des Landes befindet, dessen Staatsangehörigkeit er besitzt, und den Schutz dieses Landes nicht in Anspruch nehmen kann oder wegen dieser Furcht nicht in Anspruch nehmen will, oder einen Staatenlosen, der sich aus denselben vorgenannten Gründen außerhalb des Landes seines vorherigen gewöhnlichen Aufenthalts befindet und nicht dorthin zurückkehren kann oder wegen dieser Furcht nicht dorthin zurückkehren will". Das Genfer Abkommen über die Rechtsstellung der Flüchtlinge, v. 28.7.1951, BGBl. II S. 559, v. 1.9.1953, in Kraft getreten am 22.4.1954 gemäß Bekanntmachung des Bundesministers des Auswärtigen BGBl. II S. 619, v. 25.4.1954. *Zimmermann*, in: *Grote/Marauhn*, EMRK/GG, 2006, S. 1519.

Von besonderer Bedeutung ist Art. 3 der Europäischen Menschenrechts-konvention, weil die Verletzung eines Rechts durch einen der Mitgliedstaaten durch eine Individualbeschwerde geltend gemacht werden kann.[251] Beim Ab-schiebeschutz nach Art. 3 EMRK handelt es sich um ein Abwehrrecht,[252] das grundsätzlich die sogenannten klassischen bürgerlichen Freiheitsrechte regelt.[253] Eine Abschiebung ist insbesondere dann eine verbotene Handlung gemäß Art. 3 EMRK, wenn der Betroffene durch die Abschiebung einer Folter oder unmen-schlichen bzw. erniedrigenden Strafe oder Behandlung in dessen Heimatland ausgesetzt wird.[254] Die EMRK enthält zwar keine ausdrücklichen Vorgaben über das Recht auf Einreise und Aufenthalt von Ausländern.[255] Es kann aber ein Schutz vor Abschiebung hergeleitet werden,[256] wenn die aufenthaltsbeendenden Maßnahmen eine sehr schwere Verletzung des Verbots der Folter darstellen.[257] Die rechtliche Tragweite dieses Anspruchs erschöpft sich im Anspruch auf einen „Aufschub der Abschiebung" im Aufnahmestaat.[258] Aus dem Grundsatz der Nichtzurückweisung entsteht ein Abschiebeschutz, wonach das Aufnahmeland ein Recht auf Aufenthalt einräumen muss[259] und als dessen Folge Sozialleistun-gen zu gewähren sind.

2. (Kein) Aufenthaltsrecht aus sozialen Rechten

Soziale Rechte ergeben sich in der Regel aus den Menschenrechten der zwei-ten Generation und sind – wie bereits gesehen – in vielen internationalen völker-rechtlichen Verträgen enthalten.[260]

251 *Grabenwarter*, Europäische Menschenrechtskonvention, 2009, S. 41.
252 Vgl. *Epiney*, in: *Bauer/Cruz Villalón/Iliopoulos-Strangas*, Die neue Europäer - Migration und Integration in Europa, 2009, S. 124; *Cremer*. Der Schutz vor den Auslandsfolgen aufenthaltsbeendender Maßnahmen, 1994 S. 252-254.
253 *Grabenwarter*, in: *Becker/v. Maydell/Nußberger*, Die Implementierung internationaler Sozial-standards, 2006, S. 83; *Krieger*, in: *Grote/Marauhn*, EMRK/GG, 2006, S. 268.
254 Vgl. *Dolzer*, in: *ders./Kahl/Waldhoff/Graßhof*, BK, § 1 Abs. 1 u. 2 GG, Rn. 59.
255 *Chueca Sancho*, La expulsión de extranjeros en la CEDH, 1998, S. 21.
256 *Epiney*, in: *Bauer/Cruz Villalón/Iliopoulos-Strangas*, Die neue Europäer - Migration und Inte-gration in Europa, 2009, S. 124.
257 EGMR Cruz Varas und andere v. Schweden, v. 20.3.1991, Beschwerde Nr. 15576/89, S. 28, Rn. 69-70. EGMR, Urt. vom 8.4.2008, *Nnyanzi/Vereinigtes Königreich*, Beschwerde Nr. 21878/06.
258 Vgl. *Epiney*, in: *Bauer/Cruz Villalón/Iliopoulos-Strangas*, Die neue Europäer - Migration und In-tegration in Europa, 2009, S. 124.
259 *Epiney*, in: *Bauer/Cruz Villalón/Iliopoulos-Strangas*, Die neue Europäer - Migration und Inte-gration in Europa, 2009, S. 138.
260 So erkennt die Allgemeine Erklärung der Menschenrechte (Resolution 217 A (III) v. 10.12.1948) in Art. 22 bis 27 u.a. das Recht auf soziale Sicherung, Arbeit, Arbeitslosigkeit an. Außerdem existiert ein internationaler Vertrag, in dem ausdrücklich die sozialen Rechte zusammengefasst sind, der Internationale Pakt über wirtschaftliche, soziale und kulturelle Rechte von 1966. (BGBl.

Ursprünglich waren die völkerrechtlichen Menschenrechte nur als Abwehrrechte gegen staatliche Handlungen konzipiert,[261] jedoch ist die Entwicklung der Menschenrechte im Allgemeinen in der zweiten Hälfte des 20. Jahrhunderts durch eine Expansion der soziokulturellen Leistungsrechte gekennzeichnet.[262] Diese beschränken sich nun nicht mehr nur auf die klassische abwehrrechtliche Dimension, sondern wurden um eine positive Dimension erweitert.

In der EMRK sind zwar grundsätzlich keine originären Leistungsrechte der zweiten Generation vorgesehen;[263] allerdings lassen sich aus der EMRK nicht nur negative Unterlassungspflichten, sondern auch positive Leistungspflichten des Staates ableiten.[264] Wenn der EGMR aus dem Abwehrrecht des Art. 3 EMRK einen Anspruch auf Gesundheitsbehandlung herleitet, kann das Recht auf Aufenthalt einem Recht auf Sozialleistungen folgen. Dabei – in nur eng gefassten Ausnahmefällen – knüpft ein Aufenthaltsrecht an das Sozialrecht an.[265]

a) Aufenthalt aus dem Recht auf Schutz vor Folter oder unmenschlicher oder erniedrigender Behandlung

In einigen Ausnahmefällen haben sich aus der EMRK Ansprüche auf Leistungen des Staates für Ausländer mit fehlendem Aufenthaltsrecht ergeben, wenn eine Situation sozialer Benachteiligung zu einer Beeinträchtigung der Konventionsrechte führt.[266] Es kann Anhaltspunkte für bestimmte soziale Ansprüche aus dem Recht auf Schutz vor Folter oder unmenschlicher oder erniedrigender Behandlung (Art. 3 EMRK) geben.[267]

1973 II S. 1570, v. 19.12.1966). Was die europäische Ebene anbelangt, wurden die Europäische Sozialcharta (ESC) von 1961 (BGBl. 1964 II, 1261) und die Gemeinschaftscharta der sozialen Grundrechte der Arbeitnehmer v. 9.12.1989 geschaffen. Die Charta der Grundrechte der Europäischen Union (ABl. C 310/41 v. 16.12.2004), proklamiert in Nizza am 7.12.2000, enthält ebenfalls soziale Rechte.

261 *Ipsen,* Völkerrecht, 2004, S. 815; *Schmidt,* Europäische Menschenrechtskonvention und Sozialrecht, 2003, S. 65; *Krüger/Polakiewicz,* EuGRZ 2001, S. 93; *Nußberger,* ZIAS 2003, S. 367.

262 *Alexy,* in: *Sieckmann* Die Prinzipientheorie der Grundrechte, 2007, S. 105.

263 *Krieger,* in: *Grote/Marauhn,* EMRK/GG, 2006, S. 312.

264 *Grabenwarter,* Europäische Menschenrechtskonvention, 2009, S. 125; *Krieger,* in: *Grote/Marauhn,* EMRK/GG, 2006, S. 315; *Nußberger,* ZIAS 2003, S. 370; *Grabenwarter,* in: *Becker/v. Maydell/Nußberger,* Die Implementierung internationaler Sozialstandards, 2006, S. 84; *Stein/v. Buttlar,* Völkerrecht, 2005, S. 390.

265 Vgl. *Becker,* EuR 2007, S. 104-105.

266 *Dröge,* in: Beiträge zum ausländischen öffentlichen Recht und Völkerrecht, 2003, S. 100.

267 *Grabenwarter,* in: *Becker/v. Maydell/Nußberger,* Die Implementierung internationaler Sozialstandards, 2006, S. 85.

Eine Verweigerung der Gewährung von medizinischer Versorgung ist allerdings schon als unmenschliche Behandlung qualifiziert worden.[268] Dabei instrumentalisiert der Gerichtshof ein Menschenrecht erster Generation bzw. Abwehrrecht für die Konstruktion eines Anspruchs auf die Gesundheitsbehandlung.[269] Einen solchen Verstoß gegen Art. 3 EMRK hat der EGMR im *Fall D* festgestellt.[270] Der Antragsteller war ein angeblicher Drogenhändler aus St. Kitts (Karibik). Es wurde bei der Einreise nach England aufgegriffen und sollte aus dem Vereinigten Königreich abgeschoben werden. Weil er aber an Aids erkrankt war, konnte er medizinisch nur im Vereinigten Königreich behandelt werden. Der EGMR sah unter Berücksichtigung der Erkrankung in einer Abschiebung eine unmenschliche Behandlung im Sinne des Art. 3 EMRK, weil er in seinem Heimatstaat nicht behandelt werden konnte.[271] Die Abschiebung würde nicht nur den Tod, sondern darüber hinaus zugleich auch gegenwärtige Leiden verursachen. Hier hat der EGMR den Abschiebeschutz auch auf Fälle unzureichender medizinischer Versorgung im Zielstaat ausgedehnt.[272] In der *Entscheidung Bamba*,[273] die von der Abschiebung eines an Aids erkrankten kongolesischen Drogenhändlers handelt, hat der EGMR ebenfalls festgestellt, dass die Abschiebung des Ausländers wegen seiner Aids-Erkrankung gegen Art. 3 EMRK verstößt. Hingegen hat der Gerichtshof in der *Entscheidung Bensaid*[274] entschieden, einen algerischen Staatsangehörigen, der an Schizophrenie erkrankt war, aus dem Vereinigten Königreich nach Algerien abzuschieben, weil die Behandlung – trotz Schwierigkeiten – im Heimatland nicht ganz ausgeschlossen war.

In der *Entscheidung N*[275] konnte sich die Große Kammer des EGMR mehr als zehn Jahre den *Fall D* noch einmal mit der Frage befassen, ob Gesundheitsgefahren wie AIDS, ein Abschiebungsverbot nach Art. 3 EMRK begründen können. Der Gerichtshof hatte festgestellt, dass die AIDS-Behandlung in Uganda nur etwa der Hälfte der erkrankten Personen erteilt werden kann. Der Gerichtshof verneinte eine Verletzung von Art. 3 EMRK, da dieser Fall keine außerordentlichen Umstände wie im *Fall D* aufwies. So hat der EGMR in diesen

268 *Krieger*, in: *Grote/Marauhn*, EMRK/GG, 2006, S. 1518; *Nußberger*, ZIAS 2003, S. 377.
269 Vgl. *Becker*, EuR 2007, S. 104.
270 EGMR, *D v. Vereinigtes Königreich* v. 2.5.1997, Beschwerde Nr. 30240/96, S. 3, Rn. 7. *Sopp*, Drittstaatsangehörige und Sozialrecht, 2007, S. 220.
271 EGMR, *D v. Vereinigtes Königreich* v. 2.5.1997, Beschwerde Nr. 30240/96, S. 9, Rn. 40.
272 *Herdegen*, in: *Hailbronner*, Die allgemeinen Regeln des völkerrechtlichen Fremdenrechts, 2000, S. 15; *Zimmermann*, in: *Grote/Marauhn*, EMRK/GG, 2006, S. 1518.
273 EGMR, *Bamba v. Frankreich*, Beschwerde Nr. 30930/96, S. 6.
274 EGMR, *Bensaid v. Vereinigtes Königreich*, v. 6.2.2001 Beschwerde Nr. 44599/98.
275 EGMR, *N v. Vereinigtes Königreich* v. 27.5.2008, Beschwerde Nr. 26565/05.

Fällen nicht nur in der Abschiebung einen Verstoß gegen Art. 3 EMRK festgestellt, sondern hatte die betroffenen Konventionsstaaten aus den gleichen Gründen auch zu einer medizinischen Behandlung verpflichtet. Im Hinblick auf den Nachweis wurden hohe Anforderungen gestellt,[276] da ansonsten keine medizinische Versorgung hätte erfolgen können. Unzureichende medizinische Versorgung gilt nur in Ausnahmefällen als menschenunwürdig und damit konventionswidrig,[277] sodass Drittstaatsangehörige kein generelles Recht auf medizinische Behandlung geltend machen können.[278]

b) (Kein) Aufenthalt aus dem Recht auf Sicherung des Existenzminimums

Der Maßstab des völkerrechtlichen Existenzminimums wird im Allgemeinen extrem niedrig angesetzt. So hat der EGMR mehrfach eine Verletzung des Rechts auf den Schutz aus Art. 3 EMRK durch mangelnde staatliche Unterstützung abgelehnt, weil die Lebensbedingung der Betroffenen die notwendige Schwere nicht erreicht habe. Der EGMR hatte 1999 in der *Entscheidung Pančenko*[279] die Verletzung des Art. 3 EMRK wegen des Verlusts von Ansprüchen auf Sozialleistungen aufgrund des Wechsels der Staatsangehörigkeit bei Auflösung der Sowjetunion verneint. Jahrelang zwangen die Behörden die Antragstellerin, die russische Staatsangehörigkeit in Lettland zu behalten, die ihr viele sozioökonomische Nachteile bescherte. In diesem speziellen Fall hatten die Lebensbedingungen der Antragstellerin die notwendige Schwere nicht erreicht. Außerdem hatte das Gericht ausgeführt, dass die Konvention soziale und wirtschaftliche Rechte nicht gewährt. Hierzu gehört das Recht auf kostenlose Unterkunft, und auf finanzielle Unterstützung durch den Staat, um ein Existenzminimum zu gewährleisten.

Der *Fall Burkov*[280] handelte von einem russischen Rentner, der Beschwerde führte, nicht als Atomtest-Opfer anerkannt worden zu sein. Der Beschwerdeführer wohnte in Semipalatinsk bis 1969, wo zwischen 1949 und 1963 viele Atomtests durchgeführt wurden. Er konnte sich die 5400 russischen Rubel für ein Verfahren nicht leisten, um Sozialleistungen aufgrund eines die Entschädigung von Strahlenopfer regelnden Gesetzes zu beanspruchen.[281] Auch hier

---

276 *Nußberger*, ZIAS 2003, S. 373.
277 *Becker*, in: *ders./Hablitzel/Kressel*, Beschäftigung und Soziale Sicherheit, 2007, S. 64.
278 *Becker*, EuR 2007, S. 105; *Zimmermann*, in: *Grote/Maraubn*, EMRK/GG, 2006, S. 1518.
279 EGMR, *Pančenko v. Lettland* v. 20.10.1999, Beschwerde Nr. 40772/98, S. 4.
280 EGMR, *Burkov v. Russland* v. 30.1.2001, Beschwerde Nr. 46671/99.
281 EGMR, *Burkov v. Russland* v. 30.1.2001, Beschwerde Nr. 46671/99.

betraf die Beschwerde über die Unzulänglichkeit von Sozialleistungen den Anwendungsbereich des Art. 3 EMRK.

Ebenfalls im Jahr 2002 hatte der EGMR im *Fall Aleksandra Larioshina*[282] über die Zulässigkeit der Beschwerde einer Rentnerin aus der russischen Föderation zu entscheiden. Die russische Verfassung und das Gesetz über staatliche Renten gibt das Recht eine gesetzliche Altersrente zu beziehen. Darüber hinaus besteht für die russischen Teilnehmer des Zweiten Weltkrieges und ihre Witwen ein Recht auf eine zusätzliche monatliche Zahlung.[283] Die Beschwerdeführerin machte eine Verletzung der in der EMRK garantierten Rechte geltend und stützte ihre Argumentation darauf, dass die ihr vom Staat gewährten Sozialleistungen zu niedrig gewesen seien um ein Existenzminimum zu gewährleisten. Der Gerichtshof verneinte eine Verletzung von Art. 3 EMRK i. V. m. dem in Art. 1 des 1. Zusatzprotokolls geschützten Eigentumsrecht, da die Lebensbedingungen der Rentnerin das Mindestmaß an Schwere nicht erreichten.

Daraus kann man folgern, dass die EMRK bisher keinen Ansatzpunkt für das Existenzminimum des Überlebens geliefert hat.[284] Es könnte aber in Härtefällen doch ein Existenzminimum gewährt werden, wenn die Lebensbedingung der Betroffenen die notwendige Schwere erreicht haben.

3. Völkerrechtliche Verträge als Auslegungs- und Interpretationskriterium im innerstaatlichen Recht

Wie bereits erörtert, kann aus völkerrechtlichen Verträgen bzw. der EMRK kein Ansatzpunkt für das Existenzminimum des Überlebens für Ausländer ohne rechtmäßigen Aufenthaltsstatus ermittelt werden.[285] Jedoch können diese Verträge als Auslegungs- und Interpretationskriterium im innerstaatlichen Recht großen Einfluss nehmen.[286]

Die vorliegende Untersuchung zeigt, dass die sozialen Mindestrechte des Völkerrechts für die Ausländer mit fehlendem Aufenthaltsrecht erst als innerstaatliches Recht an Bedeutung gewinnen, da selbst wenn auf internationaler Ebene sehr viele Verträge sozialen Schutz bieten, Ausländer mit fehlendem Auf-

---

282 EGMR, *Aleksandra Larioshina v. Russische Federation*, v. 23.4.2002, Beschwerde Nr. 56869/00.

283 EGMR, *Aleksandra Larioshina v. Russische Federation*, v. 23.4.2002, Beschwerde Nr. 56869/00.

284 Vgl. *Sopp*, Drittstaatsangehörige und Sozialrecht, 2007, S. 206; *Nußberger*, ZIAS 2003, S. 377; *Herdegen*, in: *Hailbronner*, Die allgemeinen Regeln des völkerrechtlichen Fremdenrechts, 2000, S. 16; *Maaßen*, ZAR 1998, S. 111-113.

285 Näher dazu *Carrero Domínguez*, in: *González Ortega*, La protección social de los extranjeros en España, 2010, S. 34.

286 *Carrero Domínguez*, in: *González Ortega*, La protección social de los extranjeros en España, 2010, S. 34; vgl. *Starck*, in: *v. Mangoldt/Klein/ders.*, GG I, Art. 1 Abs. 3 GG, Rn. 215.

enthaltsrecht dabei wenig berücksichtigt wurden,[287] oder der Vertrag nicht ratifiziert wurde. Deutschland und Spanien beispielsweise, haben mit der Nichtratifizierung der „Internationalen Konvention über den Schutz der Rechte aller Wanderarbeiter und ihrer Familien" klar gezeigt, dass deren soziale Rechtsstellung noch auf nationaler Ebene geregelt bleiben soll.

a) Der Einfluss und die Umsetzung völkerrechtlicher Verträge ins nationale Recht

Die Umsetzung völkerrechtlicher Verträge in die nationalstaatlichen Rechtsordnungen ist Sache des jeweiligen innerstaatlichen Rechts.[288] Es gibt hierzu zwei Theorien, die das Verhältnis zwischen Völkerrecht und nationalem Recht beschreiben: die dualistische und die monistische Theorie.[289] Allerdings wird keine der beiden Theorien, Monismus oder Dualismus, in der Praxis stringent angewendet.[290] Die beiden Vergleichsstaaten, Deutschland und Spanien, gehen bei der Aufnahme von Völkerrecht in ihre jeweilige nationale Rechtsordnung verschieden vor, was auf einen unterschiedlichen Auslegungsauftrag in Bezug auf internationale Normen zurückzuführen ist.

In der spanischen Rechtsordnung herrscht die monistische Theorie vor.[291] Sie besagt, dass das Völkerrecht und das nationale Recht eine Einheit bilden.[292] In der spanischen Verfassung von 1978 existieren zwei Artikel (Art. 96 Abs. 1 CE und Art. 10 Abs. 2 CE), die das Völkerrecht und das innerstaatliche Recht miteinander verbinden.[293] Die Gerichte in Spanien haben bei der Interpretation der in der Verfassung garantierten Grundrechte insbesondere den Auslegungsauftrag des Art. 10 Abs. 2 CE zu beachten und sich am Wortlaut internationaler Menschenrechtsbestimmungen zu orientieren.[294] Neben der Allgemeinen Erklärung

---

287 *Carrero Domíguez*, in: *González Ortega*, La protección social de los extranjeros en España, 2010, S. 34.

288 *Schilling*, Internationaler Menschenrechtsschutz, 2004, S. 31; *Ipsen*, Völkerrecht, 2004, S. 797.

289 *Schweitzer*, Staatsrecht III, 2010, S. 10; *Jelitte*, Die Umsetzung völkerrechtlicher Verträge in nationales Recht in Deutschland und Spanien, 2007, S. 53-54; *Doehring*, Völkerrecht, 2004, S. 302.

290 *Schweitzer*, Staatsrecht III, 2010, S. 13.

291 *Jelitte*, Die Umsetzung völkerrechtlicher Verträge in nationales Recht in Deutschland und Spanien, 2007, S. 55; *Gutierrez Espada*, Derecho internacional público, 1995, S. 628.

292 *Schweitzer*, Staatsrecht III, 2010, S. 10.

293 *Fernandez Tomás/Sánchez Legido/Ortega Terol*, Derecho Internacional, 2004, S. 343.

294 *Jelitte*, Die Umsetzung völkerrechtlicher Verträge in nationales Recht in Deutschland und Spanien, 2007, S. 214. Art. 10 Abs. 2 CE: Die Normen, die sich auf die in der Verfassung anerkannten Grundrechte und Grundfreiheiten beziehen, sind in Übereinstimmung mit der Allgemeinen Erklärung der Menschenrechte (AEMR von 12.12.1948) und den von Spanien ratifizierten internationalen Verträgen und Abkommen über diese Materien auszulegen.

der Menschenrechte (AEMR) sind auch viele internationale Verträge mit men-
schenrechtlichem Bezug als Auslegungskriterium heranzuziehen.[295] Demnach
befassen sich die Gerichte etwa mit dem Internationalen Pakt über bürgerliche
und politische Rechte (IPbpR) vom 19. Dezember 1966, dem Internationalen
Pakt über wirtschaftliche, soziale und kulturelle Rechte (IPwskR) vom 19.
Dezember 1966, sowie der Konvention über die Rechte des Kindes.[296] So gibt
es in Spanien fast keine Rechtsgebiete, in denen die internationalen Verträge
keinen Einfluss haben.[297] Die Gerichte in Spanien beziehen sich in ihren
Entscheidungsgründen insgesamt etwa viermal öfter auf internationale Verträge
als die deutschen Gerichte.[298] Jedoch ist hiermit nicht gesagt, dass dies zu einem
effektiveren Menschenrechtsschutz führt.[299]

Deutschland folgt grundsätzlich der Theorie des gemäßigten Dualismus.[300]
Das bedeutet, dass eine grundsätzliche Trennung zwischen nationalem Recht
und Völkerrecht existiert.[301] Die Gerichte sind bei einer dualistischen Sichtweise
nicht unmittelbar aufgrund einer Verfassungsnorm zur Beachtung der internationalen Verträge verpflichtet.[302] Die völkerrechtlichen Vorgaben finden über
Art. 25 GG Eingang in die deutsche Rechtsordnung und gehen den einfachen
Gesetzen vor.[303] Bundesgesetze im Sinne von Art. 59 Abs. 2 S. 1 GG setzen die
völkerrechtliche Verträge in nationalen Recht um.[304]

Das Grundgesetz enthält keinen ausdrücklichen Auslegungsauftrag im Sinne
des spanischen Art. 10 Abs. 2 CE. Jedoch hat das Bundesverfassungsgericht

---

295 *Carrero Domíguez*, in: *González Ortega*, La protección social de los extranjeros en España,
    2010, S. 34.
296 *Jelitte*, Die Umsetzung völkerrechtlicher Verträge in nationales Recht in Deutschland und
    Spanien, 2007, S. 270.
297 *Jelitte*, Die Umsetzung völkerrechtlicher Verträge in nationales Recht in Deutschland und
    Spanien, 2007, S. 223.
298 *Jelitte*, Die Umsetzung völkerrechtlicher Verträge in nationales Recht in Deutschland und
    Spanien, 2007, S. 270.
299 „Dies zeigt sich an einem Vergleich der Verurteilungen, die gegenüber Deutschland und Spanien
    erfolgt sind. Die BRD steht seit 1952 unter Kontrolle des EGMR und ist in insgesamt 97
    Verfahren in 55 Fällen verurteilt worden. Spanien ist seit 1979 Konventionsmitglied und in 48
    Verfahren insgesamt 29 Mal verurteilt worden. Das Verhältnis ist etwa gleich, was bedeutet, dass
    eine Bestimmung wie Art. 10 Abs. 2 CE nicht unbedingt notwendig ist, um größtmöglichen
    Grundrechtschutz durch Übereinstimmung zwischen europäischem und nationalem Schutz zu ge-
    währleisten". *Jelitte*, Die Umsetzung völkerrechtlicher Verträge in nationales Recht in Deutsch-
    land und Spanien, 2007, S. 272.
300 *Schweitzer*, Staatsrecht III, 2010, S. 14.
301 *Schweitzer*, Staatsrecht III, 2010, S. 12.
302 *Jelitte*, Die Umsetzung völkerrechtlicher Verträge in nationales Recht in Deutschland und Spa-
    nien, 2007, S. 269.
303 *Geiger*, Grundgesetz und Völkerrecht mit Europarecht, 2010, S. 261.
304 BVerfGE 74, 358 (370); BVerfGE 82, 106 (120); BVerfGE 111, 307 (317).

einen Grundsatz aufgestellt, nach dem die Bestimmungen der EMRK bei der Auslegung von Grundrechten zu berücksichtigen sind.[305] Das BVerfG beschränkt sich in seinem Auslegungsauftrag bisher auf die EMRK, weil der EGMR den Wert anderer Verträge, insbesondere der Europäischen Sozialcharta, als Auslegungsmittel sehr gering geschätzt hat. Die deutschen Gerichte nehmen sehr viel weniger Bezug auf internationale Bestimmungen als die spanischen.[306] Es lässt sich schlussfolgern, dass die Reichweite der Regelung in Art. 10 Abs. 2 CE umfassender ist, als die Rechtsprechung des BVerfG.[307] Jedoch werden in relevanten Auslegungsfragen sowohl in der Bundesrepublik, als auch in Spanien die Normen der EMRK herangezogen.[308]

b) Der Einfluss und die Umsetzung völkerrechtlicher Verträge ins nationale Recht am Beispiel der EMRK

Die Europäische Menschenrechtskonvention gilt als das wirksamste Instrument zur Sicherung des Individualschutzes auf regionaler Menschenrechtsschutzebene[309] und bietet subsidiär zu den nationalen Verfassungen auch einen Grundrechtsschutz.[310]

Die EMRK ist in der Bundesrepublik Deutschland am 3. September 1953 in Kraft getreten.[311] Geltung erhielt die EMRK mangels völkerrechtlich verbindlicher Vorgaben zur Art ihrer Umsetzung durch das Zustimmungsgesetz gemäß Art. 59 Abs. 2 GG.[312] Der EMRK kommt nach dem Grundgesetz daher formell nur der Rang eines einfachen Bundesgesetzes zu.[313] Allerdings ist laut BVerfG in seiner Entscheidung im Fall „Görgülü"[314] aufgrund des Prinzips der völkerrechtsfreundlichen Auslegung das gesamte deutsche Recht im Lichte der EMRK

305 BVerfGE 88, 103, 118.
306 *Jelitte*, Die Umsetzung völkerrechtlicher Verträge in nationales Recht in Deutschland und Spanien, 2007, S. 223.
307 *Jelitte*, Die Umsetzung völkerrechtlicher Verträge in nationales Recht in Deutschland und Spanien, 2007, S. 219.
308 *Jelitte*, Die Umsetzung völkerrechtlicher Verträge in nationales Recht in Deutschland und Spanien, 2007, S. 270.
309 *Herdegen*, Völkerrecht, 2010, S. 382; *Jelitte*, Die Umsetzung völkerrechtlicher Verträge in nationales Recht in Deutschland und Spanien, 2007, S. 270; *Stein/v. Buttlar*, Völkerrecht, 2005, S. 391.
310 *Krieger*, in: *Grote/Marauhn*, EMRK/GG, 2006, S. 330.
311 Für die Bundesrepublik Deutschland gültig durch Gesetz v. 7.8.1952. BGBl. 1952 Teil II S. 685.
312 *Rubel*, Entscheidungsfreiräume in der Rechtsprechung des Europäischen Gerichtshofes für Menschenrechte, 2005, S. 13.
313 *Grabenwarter*, Europäische Menschenrechtskonvention, 2009, S. 17.
314 BVerfGE 111, 307 ff.; auch der lex-posterior-Grundsatz beansprucht gegenüber der EMRK keine Geltung.

auszulegen und im vorhanderner Auslegungs- und Abwägungsspielräume derjenigen Interpretation der Vorzug zu gewähren, die ein konventionskonformes Ergebnis bewirkt.[315] Für das BVerfG dient die EMRK also als Auslegungshilfe bei der Bestimmung von Grundrechten und rechtsstaatlichen Grundsätzen des Grundgesetzes,[316] insbesondere auch bei Abschiebungsfragen.[317] So hat der deutsche Gesetzgeber in § 60 Abs. 2, 5 und 7 AufenthG (Verbot der Abschiebung) i. V. m. § 25 Abs. 3 AufenthG (Aufenthalt aus humanitären Gründen) bestätigt, dass ein Ausländer nicht abgeschoben werden darf, wenn sich aus der Anwendung der EMRK ergibt, dass die Abschiebung unzulässig ist.[318]

Art. 93-96 der spanischen Verfassung (CE) i. V. m. Art. 10 Abs. 2 CE legen fest, wie sich völkerrechtliche Verträge auf das spanische Recht auswirken.[319] In Spanien wurde die EMRK am 26. September 1979 ratifiziert. Art. 3 EMRK[320] wird in der spanischen Rechtsordnung in Art. 62 bis Abs. b LEX umgesetzt. Die spanischen Gerichte orientieren sich an der Rechtsprechung des EGMR.[321] In Abschiebungsfällen gehen die spanischen Gerichte, viel häufiger als die deutschen, im Zweifel intensiv auf die Rechtsprechung des EGMR ein.[322] Viele Kriterien und Grundsätze, die durch den EGMR aufgestellt worden sind, gehören so zur Rechtsprechung des Verfassungsgerichts („*Tribunal Constitucional*").[323] Im Gegensatz dazu, folgen deutsche Gerichte vielmehr ihren eigenen Auslegungskriterien, mit denen schließlich die Konformität mit den Entscheidungen des EGMR überprüft wird.[324]

---

315 *Satzger*, in: *ders.*, Internationales und Europäisches Strafrecht, 2010, § 11, Rn. 13.
316 BVerfGE 111, 307, (317); BVerfGE 74, 358, (370); BVerfGE 82, 106, (120); BVerfGE 4, 1 (7); BVerfGE 58, 163, (167); BVerfGE 62, 189, (192); BVerfGE 70, 93, (97); BVerfG, Beschluss v. 10.5.2007 (Fn. 204), Rn. 41; BVerfG, Beschluss v. 10.8.2007, NVwZ 2007, (Fn. 212), S. 1300.
317 *Jelitte*, Die Umsetzung völkerrechtlicher Verträge in nationales Recht in Deutschland und Spanien, 2007, S. 241.
318 *Stein/v. Buttlar*, Völkerrecht, 2005, S. 222.
319 *Sánchez-Rodas Navarro/Rodríguez Benot*, in:, Between Soft and Hard Law, 2006, S. 69.
320 BOE. Nr. 243 v. 10.11.1979.
321 *Jelitte*, Die Umsetzung völkerrechtlicher Verträge in nationales Recht in Deutschland und Spanien, 2007, S. 209.
322 *Jelitte*, Die Umsetzung völkerrechtlicher Verträge in nationales Recht in Deutschland und Spanien, 2007, S. 271. Das Spanische Bundesverfassungsgericht (TC) hat mit dem Urteil STC 78/1982 ausdrücklich die internen Auswirkungen der Internationalen Erklärungen, und somit auch den Bezug zu internationalen Verträgen, insbesondere die EMRK, bei Auslegungsfragen bestätigt.
323 *Jelitte*, Die Umsetzung völkerrechtlicher Verträge in nationales Recht in Deutschland und Spanien, 2007, S. 215.
324 *Jelitte*, Die Umsetzung völkerrechtlicher Verträge in nationales Recht in Deutschland und Spanien, 2007, S. 271.

IV. Zwischenergebnis

In diesem Abschnitt wurde die Frage geklärt, ob und inwiefern im Völkerrecht Mindeststandards für Ausländer vorgesehen sind, insbesondere, ob für Ausländer mit fehlendem Aufenthaltsrecht auf völkerrechtlicher Ebene nur Abwehrrechte, wie der Abschiebeschutz, geregelt sind, oder ob sich auch Leistungsrechte ergeben können.

Im Ergebnis haben die internationalen Verträge für die Gruppe von Ausländern mit fehlendem Aufenthaltsrecht vor allem auf die abwehrrechtlichen Ansprüche (Unterlassungspflichten) gegenüber dem Staat Einfluss und weniger auf die soziale Leistungsrechte (positive Handlungspflichten). Dabei nimmt die EMRK eine besondere Stellung für die völkerrechtlichen Mindeststandards für Ausländer ohne Aufenthaltsrecht ein, wofür es zwei Hauptgründe gibt. Zum einen betrifft ihr Geltungsbereich die Vergleichsländer dieser Arbeit (Art. 1 EMRK), und zum anderen bietet die EMRK einen effektiven Individualrechtsschutz. Im Gegensatz dazu haben die meisten anderen völkerrechtlichen Verträge ein Durchsetzungsproblem,[325] weil sie im innerstaatlichen Recht in der Regel keine Geltung haben. Hinzukommt, dass im Gegensatz zu den vielen anderen völkerrechtlichen Verträgen die EMRK auch keinen rechtmäßigen Aufenthaltsstatus des Ausländers verlangt und damit auch für Ausländer mit unrechtmäßigem Aufenthaltsstatus gilt. Der Schutz des Art. 3 EMRK gegenüber Ausländern mit fehlendem Aufenthaltsrecht ist grundsätzlich als ein Abschiebeschutz gegen Folter, sowie unmenschlicher oder erniedrigender Behandlung zu betrachten. Obwohl die Mindestrechte im Völkerrecht als Leistungsrechte gelten können, gilt jedoch diese Rechtsbehauptung in der Regel nicht für Ausländer mit fehlendem Aufenthaltsrecht. Die Rechtsprechung des EGMR zeigt, dass der Staat nur in bestimmten Härtefällen gegenüber Ausländern ohne rechtmäßigen Aufenthaltsstatus Leistungspflichten haben kann.

Selbst wenn auf internationaler Ebene sehr viele Verträge sozialen Schutz bieten, werden Ausländer mit fehlendem Aufenthaltsrecht dabei wenig berücksichtigt.[326] Das liegt daran, dass der rechtmäßige Aufenthaltsstatus meist eine Voraussetzung ist, um sozialen Schutz zu erlangen. Nach den regionalen völkerrechtlichen Verträgen in Europa (anders als die völkerrechtlichen Verträge in Afrika, OAU) werden grundsätzlich immer noch die klassischen Freiheitsrechte bevorzugt. Das bedeutet, dass im Völkerrecht bzgl. des sozialen Schutzes der

---

325 Vgl. *Carrero Domínguez*, in: *González Ortega*, La protección social de los extranjeros en España, 2010, S. 35; *Riedel*, EuGRZ 1989, S. 12.

326 *Carrero Domínguez*, in: *González Ortega*, La protección social de los extranjeros en España, 2010, S. 34.

Ausländer mit fehlendem Aufenthaltsrecht – obwohl in den Härtefällen der Grundsatz „Aufenthaltsrecht knüpft an das Sozialrecht" gelten kann – in der Regel das Recht auf Sozialleistungen dem Recht auf Aufenthalt folgt. Die Fakten zeigen, dass die europäischen Staaten in der Regel keine völkerrechtlichen Verträge ratifizieren, die Sozialleistungen für Ausländer mit unrechtmäßigem Aufenthaltsstatus gewährleisten.[327] Das Beispiel der „Internationalen Konvention über den Schutz der Rechte aller Wanderarbeiter und ihrer Familien" macht deutlich, dass bei den europäischen Staaten der politische Wille fehlt, einen völkerrechtlichen Vertrag für den Schutz von Ausländern ohne Aufenthaltsrecht zu ratifizieren. Deutschland und Spanien haben mit der Nichtratifizierung dieser Konvention klar gezeigt, dass die soziale Rechtsstellung von Ausländern ohne Aufenthaltsrecht auf nationaler Ebene geregelt bleiben soll. Die völkerrechtlichen Verträge jedoch können als Auslegungs- und Interpretationskriterium im innerstaatlichen Recht großen Einfluss – vor allem wie im Länderbericht Spanien zu sehen ist – nehmen.[328]

Die beiden Vergleichsstaaten Deutschland und Spanien gehen bei der Umsetzung von völkerrechtlichen Verträgen in ihrer jeweiligen nationalen Rechtsordnung unterschiedlich vor. Die spanischen Gerichte, die der monistischen Sichtweisen folgen, haben bei der Interpretation der in der Verfassung garantierten Grundrechte insbesondere den Auslegungsauftrag des Art. 10 Abs. 2 CE zu beachten und sich am Wortlaut internationaler Menschenrechtsbestimmungen zu orientieren.[329] So gibt es in Spanien fast keine Rechtsgebiete, auf welche die internationalen Verträge keinen Einfluss haben.[330] Die Gerichte in Spanien beziehen sich in ihren Entscheidungsgründen viermal häufiger auf internationale Verträge als die deutschen Gerichte. Die Reichweite der Auslegung in Art. 10 Abs. 2 CE ist geht weiter als die Rechtsprechung des BVerfG. Die deutschen Gerichte, die der dualistischen Sichtweisen folgen, sind nicht unmittelbar

---

327 *Carrero Domíguez*, in: *González Ortega*, La protección social de los extranjeros en España, 2010, S. 33-34.

328 *Carrero Domíguez*, in: *González Ortega*, La protección social de los extranjeros en España, 2010, S. 34.

329 *Jelitte*, Die Umsetzung völkerrechtlicher Verträge in nationales Recht in Deutschland und Spanien, 2007, S. 214; Art. 10 Abs. 2 CE: Die Normen, die sich auf die in der Verfassung anerkannten Grundrechte und Grundfreiheiten beziehen, sind in Übereinstimmung mit der Allgemeinen Erklärung der Menschenrechte (AEMR von 12.12.1948) und den von Spanien ratifizierten internationalen Verträgen und Abkommen über diese Materie auszulegen.

330 *Jelitte*, Die Umsetzung völkerrechtlicher Verträge in nationales Recht in Deutschland und Spanien, 2007, S. 223.

aufgrund einer Verfassungsnorm zur Beachtung der internationalen Verträge verpflichtet.[331]

Einigkeit besteht dahingehend, dass der Aufnahmestaat Ausländern gegenüber eine territoriale Verantwortung hat,[332] einschließlich der Ausländer mit fehlendem Aufenthaltsrecht.[333] Demnach muss die innerstaatliche Rechtsordnung die völkerrechtlichen Mindeststandards gewährleisten.[334] Auch wenn Ausländer häufig von den Bürgerrechten ausgeschlossen werden,[335] gilt zwischen Staatsbürgern und Ausländern im Hinblick auf die Menschenrechte grundsätzlich das Gleichheitsprinzip.[336] Obwohl in Bezug auf soziale Rechte für Ausländer mit fehlendem Aufenthaltsrecht gerechtfertigte Ungleichbehandlungen zulässig sind,[337] muss ihnen die Menschenwürde als „Jedermannsrecht" immer gewährleistet sein.[338]

---

331 *Jelitte*, Die Umsetzung völkerrechtlicher Verträge in nationales Recht in Deutschland und Spanien, 2007, S. 269.

332 *Becker*, in: *Benvenisti/Nolte*, The Welfare State, 2004, S. 11-12; *Nußberger*, in: *Benvenisti/Nolte*, The Welfare State, 2004, S. 40.

333 *Janda/Wilksch*, SGb 2010, S. 573; *van Eck*, De-Facto-Flüchtlinge, 1999, S. 250.

334 *Ipsen*, Völkerrecht, 2004, S. 772.

335 *Sachs*, BayVBl 1990, S. 385.

336 Vgl. *Geiger*, Grundgesetz und Völkerrecht mit Europarecht, 2010, S. 263.

337 *Cholewinski*, Irregular migrants, 2005, S. 27; *Da Lomba*, in: *Bogusz/Cholewinski/Cygan/Szyszczak* Irregular Migration, 2004, S. 365.

338 Vgl. *Frings*, Sozialrecht für Zuwanderer, 2008, S. 321; *Borowski*, in: *Sieckmann* Die Prinzipientheorie der Grundrechte, 2007, S. 84. Näher bzgl. „Jedermannsrecht" s. *Starck*, in: *v. Mangoldt/Klein/ders.*, GG I, Art. 1 Abs. 3 GG, Rn. 205; *Pieroth/Schlink*, Grundrechte, Staatsrecht II, 2010, S. 33.

B. Die Rechtsstellung von Drittstaatsangehörigen mit fehlendem Aufenthaltsrecht im Unionsrecht

Im folgenden Teil soll geklärt werden, wie die neue europäische Migrationspolitik die aufenthalts- sowie sozialrechtliche Stellung von Drittstaatsangehörigen bestimmt, und ob auch Ausländer ohne Aufenthaltsrecht von ihr erfasst werden.

I. Europäische Migrationspolitik und primärrechtliche Grundlagen

1. Das EU-Ausländerrecht und dessen Harmonisierungsprozess

Das Ausländerrecht wird als Gegenstand der Rechtssetzungskompetenz der EU zunehmend europäisiert. Mit dem Maastrichter Vertrag[339] von 1992 wurde das sog. Drei-Säulen-Modell begründet und erstmals die Zusammenarbeit in den Bereichen Justiz und Inneres als dritte Säule in der EU festgelegt.[340] Zudem wurde eine Zusammenarbeit im Bereich Asyl- und Migrationspolitik und damit eine zwischenstaatliche Koordinierung ermöglicht.[341] Nichtsdestotrotz blieben Asyl- und Migrationspolitik in der EU bis zum Inkrafttreten des Amsterdamer Vertrages[342] national- bzw. völkerrechtlich, nicht aber unionsrechtlich, geregelt. Erst mit dem Amsterdamer Vertrag kam es zu einer Vergemeinschaftung im Bereich des Flüchtlings-, Asyl- und Einwanderungsrechts.[343] Der Vertrag zielte insbesondere darauf ab, den Asylmissbrauch bzw. das sogenannte „Asyl-Shopping" zu verhindern,[344] und eine gerechte Verteilung von Flüchtlingen zu erreichen.[345] 1999 hat der Europäische Rat die Notwendigkeit für eine gerechte Behandlung von sich rechtmäßig aufhaltenden Drittstaatsangehörigen erkannt.

---

339 Vertrag über die Europäische Union vom 7 Februar 1992, ABl. C 191 v. 29.7.1992, S. 1; BGBl. 1992 II, S. 1253, geändert durch den Beitrittsvertrag v. 24.6.1994, BGBl. II S. 1022 i.d. F. Beschlusses v. 1.1.1995 ABl. EG 1/1.

340 *Sopp*, Drittstaatsangehörige und Sozialrecht, 2007, S. 109; *Schily*, NVwZ 2000, S. 884.

341 *Naïr*, Las migraciones, 2006, S. 140; *Schily*, NVwZ 2000, S. 884.

342 ABl. Nr. C 340 v. 10.11.1997, S. 173 (Konsolidierte Fassung); BGBl. 1998 II, S. 387.

343 Vgl. *Becker/Landauer*, RdJB 2004, S. 91.

344 Oft wird der Staat um Asyl angesucht, der die meisten Sozialleistungen bietet. Damit soll einerseits die Anziehungskraft der Einwanderung durch einige Mitglieder vermieden werden, andererseits soll auch die exzessive Kürzung von Leistungen in anderen Aufnahmeländern verhindert werden. *Trujillo Herrera*, in: *Revenga Sánchez*, Problemas constitucionales de la inmigración, 2005, S. 652.

345 *Beckstein*, ZAR 1999, S. 154.

Die Rechte und Pflichten von sich rechtmäßig aufhaltenden Drittstaatsangehörigen sollten mit denen der Unionsbürger vergleichbar sein.[346] Die Rechtsgebiete Asyl und Aufenthalt wurden aus der zwischenstaatlichen Zusammenarbeit („III. Säule") in die Zuständigkeit der Gemeinschaft („I. Säule") über-
führt.[347]

Die Europäische Union ist sich schon seit langem der Problematik und Herausforderung der Migration, vor allem der unrechtmäßigen Migration bewusst.[348] Deshalb hat sie zahlreiche Maßnahmen und Regelungen zur Bekämpfung der illegalen Einwanderung unternommen.[349] Art. 79 Nr. 2 lit. c
AEUV definiert die einwanderungspolitischen Maßnahmen im Bereich der
illegalen Einwanderung und des illegalen Aufenthalts, sowie der Rückführung
solcher Personen, die sich illegal in einem Mitgliedstaat aufhalten. Der Europäische Rat hat im Februar 2002 einen Aktionsplan zur Bekämpfung der illegalen Migration und des Menschenhandels in der Europäischen Union beschlossen.[350] Danach werden folgende sechs Bereiche umfasst: Visapolitik, Zusammenarbeit und Koordinierung in Migrationsangelegenheiten, Informationsaustausch, Grenzschutz, polizeiliche Zusammenarbeit, Ausländer und Strafrecht,
sowie Rückkehr und Rückübernahmepolitik. Im Juni 2002 wurde schließlich ein
Aktionsplan für den Grenzschutz an den Außengrenzen der Mitgliedstaaten
verabschiedet.[351]

Seit 2004 befindet sich die EU in der zweiten Phase des Harmonisierungs-
prozesses, nämlich der des Haager Programms.[352] Dieses strebt eine engere Zu-

---

346 Schlussfolgerungen der Präsidentschaft des Europäischen Rates von Tampere am 15. und 16.
   Oktober 1999 (SN 200/99). Näher dazu dritte Erwägungsgrundlage der Richtlinie 2003/86/EG
   des Rates vom 22. September 2003 betreffend das Recht auf Familienzusammenführung. ABl.
   Nr. L 251 v. 3.10.2003.
347 *Schily*, NVwZ 2000, S. 885; *Beckstein*, ZAR 1999, S. 152.
348 *Weber*, in: *Becker/Hablitzel/Kressel*, Migration, Beschäftigung und Soziale Sicherheit, 2007,
   S. 41; Erwähnenswert ist die Studie über die Zusammenhänge zwischen legaler und illegaler
   Migration: KOM(2004) 412 endg. (Mitteilung der Kommission an den Rat, das Europäische Parlament, den Europäischen Wirtschafts- und Sozialausschuss und den Ausschuss der Regionen).
   Die Studie beschreibt zunächst die Maßnahmen, die zur Steuerung der legalen Migration vorhanden sind, und analysiert dann den Zusammenhang zwischen legalen und illegalen Migrations-
   strömen.
349 Beispielsweise die Richtlinie 2002/90/EG des Rates v. 28.11.2002 zur Definition der Beihilfe zur
   unerlaubten Ein- und Durchreise und zum unerlaubten Aufenthalt; ABl. L 328/17 v. 5.12.2002,
   S. 17.
350 KOM (2001) 672 eng., v. 15.11.2001. Mitteilung über eine Gemeinsame Politik auf dem Gebiet
   der illegalen Einwanderung.
351 KOM (2002), 233 endg. Mitteilung der Kommission v. 7.5.2002 „Auf dem Weg zu einem integrierten Grenzschutz an den Außengrenzen der EU-Mitgliedstaaten".
352 Aktionsplan des Rates und der Kommission zur Umsetzung des Haager Programms zur Stärkung
   von Freiheit, Sicherheit und Recht in der Europäischen Union. ABl. C 198 v. 12.8.2005, S.1.

sammenarbeit auf EU-Ebene im Bereich Justiz und Inneres an und ist auf fünf Jahre für den Zeitraum 2005-2010 angelegt. Seine wesentlichen Ziele sind eine verbesserte Steuerung und Kontrolle der Migrationsbewegungen, sowie die Bekämpfung der illegalen Migration.[353] Konkret wurde durch die Verordnung 2007/2004 eine europäische Agentur für die operative Zusammenarbeit an den Außengrenzen, FRONTEX, gegründet.[354]

Einen weiteren Verstoß brachte der EU-Gipfel am 16. Oktober 2008 in dessen Rahmen der „Europäische Pakt zu Einwanderung und Asyl"[355] verabschiedet wurde. Es handelt sich um einen neuen Pakt für die Steuerung der Migration gemäß dem Bedarf an Arbeitskräften in den aufnehmenden Mitgliedstaaten. Der Migrationspakt soll die Bemühungen einzelner Mitgliedsstaaten um ein gemeinsames Vorgehen in Bezug auf legale und illegale Migration zusammenführen und vereinheitlichen. Das Dokument enthält fünf Handlungsfelder: Steuerung legaler Einwanderung und Integration, Verstärkung der Grenzkontrollen, Asylpolitik, Beziehung zu Drittstaaten und Umgang mit illegaler Einwanderung. Die EU strebt bei Rückführungen künftig eine engere Zusammenarbeit mit den Herkunftsländern, sowie eine Intensivierung der Kontrollen an den EU-Außengrenzen an. Durch den neuen Migrationspakt erlaubt die EU nach wie vor die Legalisierung von Ausländern aus wirtschaftlichen oder humanitären Gründen. In dem Text heißt es nun: „Der Europäische Rat kommt überein, sich im Rahmen der nationalen Gesetze auf fallweise und nicht allgemeine Legalisierungen aus humanitären oder wirtschaftlichen Gründen zu beschränken". Mit dem neuen Migrationspakt zur Einwanderung und Asyl von 2008 wurde ein Versuch unternommen, die Politik der Mitgliedstaaten in Bezug auf legale und illegale Migration zu vereinheitlichen. So hat man „in diesem Migrationspakt das ‚Null-Einwanderung-Szenario' für Europa als unrealistisch und gefährlich" angesehen, weil der Bedarf an Zuwanderern für die Union mit ihrer alternden Bevölkerung hoch sei. Es ist aber fraglich, ob das Ziel des Paktes gelingen wird, da dieser Pakt nicht rechtlich bindend ist, und die Zuständigkeiten für die Migrationspolitik weiterhin in den einzelnen Nationalstaaten geregelt sind. Deshalb bleibt

---

353 *Schäuble*, ZAR 2006, S. 221.
354 Verordnung (EG) Nr. 2007/2004 des Rates v. 26.10.2004 zur Errichtung einer Europäischen Agentur für die operative Zusammenarbeit an den Außengrenzen der Mitgliedstaaten der Europäischen Union. ABl. L 349/1 v. 25.11.2004. Modifiziert durch die Verordnung (EG) Nr. 863/2007 des europäischen Parlaments und des Rates v. 11.7.2007 über einen Mechanismus zur Bildung von Soforteinsatzteams für Grenzsicherungszwecke und zur Änderung der Verordnung (EG) Nr. 2007/2004 des Rates hinsichtlich dieses Mechanismus und der Regelung der Aufgaben und Befugnisse von abgestellten Beamten; ABl. L 199/30 v. 11.7.2007.
355 Schlussfolgerungen des Vorsitzes zu der Tagung des Europäischen Rates in Brüssel (15./16. Oktober 2008): Europäischer Pakt zu Einwanderung und Asyl Ratsdok. 14368/08 (Nr. 19 und 20), 13440/08.

die Wirkung des Migrationspaktes in den nächsten Jahren erst noch abzusehen, aber einige Unstimmigkeiten können als Zeichen dafür dienen, dass der Harmonisierungsprozess im Migrationsbereich noch nicht vollendet ist. Die Widersprüche zwischen den einzelnen nationalen Rechtsordnungen in diesem Bereich sind noch die Regel, vor allem in der Sozialpolitik.

Obwohl mit dem Vertrag von Amsterdam grundsätzlich die Zuständigkeit der Europäischen Union in der Sozialpolitik (Art. 151-164 AEUV) durch die sog. I. Säule der EU übernommen wurde, besitzt sie im Sozialbereich – wegen der starken Unterschiede der einzelstaatlichen Sozialsysteme – noch sehr begrenzte Handlungsmöglichkeiten.[356] Es ist fraglich, inwieweit die Union im Primärrecht auch die Kompetenz besitzt, soziale Rechtsvorschriften mit Wirkungen im Hinblick auf die Rechtsstellung von Drittstaatsangehörigen zu erlassen. Der Art. 153 Abs. 1 lit. g AEUV regelt die Beschäftigungsbedingungen von Drittstaatsangehörigen. Hierbei handelt es sich um eine der wenigen Regelungen des AEUV, in der ausdrücklich konkrete Kompetenzen zur Regelung der Rechtsstellung von Drittstaatsangehörigen verliehen wurden.[357] Betroffene müssen sich rechtmäßig im Gebiet der Gemeinschaft aufhalten, so dass Ausländer mit fehlendem Aufenthaltsrecht ausgeschlossen sind. Hierbei handelt es sich also um eine Bestimmung, die nach wie vor durch das Ausländerrecht des Mitgliedstaats bestimmt wird.[358]

Andererseits sind Jahre nach der Einführung des Amsterdamer Vertrages und des Haager Programms, das Ende 2009 auslief, viele Ziele der Europäischen Union auf dem Gebiet der Migrationspolitik erfüllt worden. So sind u.a. viele Fortschritte in der innen- und justizpolitischen Zusammenarbeit der EU gemacht worden[359] und auch eine gerechte Verteilung von Asylbewerbern zwischen den verschiedenen Mitgliedstaaten ist gelungen.

---

356 *Höller*, Soziale Rechte Drittstaatsangehöriger nach europäischem Gemeinschaftsrecht, 2005, S. 91; vgl. *Becker*, in: *Schwarze*, Der Verfassungsentwurf des Europäischen Konvents, 2004, S. 201 ff.

357 *Höller*, Soziale Rechte Drittstaatsangehöriger nach europäischem Gemeinschaftsrecht, 2005, S. 85.

358 *Höller*, Soziale Rechte Drittstaatsangehöriger nach europäischem Gemeinschaftsrecht, 2005, S. 85.

359 *Schily*, NVwZ 2000, S. 889.

2. Rechtsgrundlagen der einwanderungspolitischen Maßnahmen im Bereich der illegalen Einwanderung

Nach dem in Kraft treten des Lissabon Vertrages[360] sind die rechtlichen Rahmenbedingungen, die die Gemeinschaft für die Bereiche Visa, Asyl, und Einwanderung vorgibt, in Titel V (Art. 67-80 AEUV) geregelt, von denen die Art. 77-79 AEUV das Kernstück bilden. Diese Vorschriften enthalten umfangreiche Kompetenzkataloge.

Art. 79 Nr. 2 lit. c AEUV enthält die Rechtsgrundlage für die einwanderungspolitischen Maßnahmen in den Bereichen der illegalen Einwanderung und des illegalen Aufenthaltes, einschließlich der Rückführung solcher Personen, die sich illegal in einem Mitgliedstaat aufhalten. Andererseits definiert Art. 78 Nr. 1 und Nr. 2 AEUV u.a. die Mindestnormen für die Aufnahme von Staatsangehörigen dritter Länder als Flüchtlinge.

Art. 77 AEUV regelt die Visamaßnahmen für einen kurzen Aufenthalt in einem Mitgliedstaat. Nach Art. 77 Nr. 2 AEUV sollen die Bedingungen festgelegt werden, unter denen Drittstaatsangehörige im Hoheitsgebiet der Mitgliedstaaten während eines Aufenthaltes von höchstens drei Monaten Reisefreiheit genießen. Mit Art. 77 AEUV ist somit kein Recht zur Arbeitsaufnahme verbunden. Da Art. 77 AEUV nicht den dauerhaften Aufenthalt regelt, handelt es sich um keine geeignete Rechtsgrundlage für integrative Maßnahmen, wie die Regelung der sozialrechtlichen Rechtsstellung für Drittstaatsangehörige.[361] Art. 77 AEUV wird auch als Rechtsgrundlage für das Übereinkommen von Schengen herangezogen.[362] Das Schengen-Visum dient vor allem dem Tourismus, dem Besuch von Familien und Freunden, oder aber geschäftlichen Interessen. Auch für die bloße Durchreise ist ein solches Visum erforderlich.[363] Der „Schengenraum" zielt darauf ab, einen Raum der Freiheit, der Sicherheit und des Rechts zu gewährleisten. Nach Art. 21 AEUV wurde zusätzlich ein Freizügigkeitsrecht ge-

---

360 Vertrag über die Arbeitsweise der Europäischen Union. Fassung aufgrund des am 1.12.2009 in Kraft getretenen Vertrages von Lissabon, Konsolidierte Fassung bekanntgemacht im ABl. Nr. C 115/47 v. 9.5.2008.

361 *Höller*, Soziale Rechte Drittstaatsangehöriger nach europäischem Gemeinschaftsrecht, 2005, S. 94.

362 Schengener Durchführungsübereinkommen v. 19.6.1990; Übereinkommen zur Durchführung des Übereinkommens von Schengen v. 14.6.1985 zwischen den Regierungen der Staaten der Benelux-Wirtschaftsunion, der Bundesrepublik Deutschland und der Französischen Republik betreffend den schrittweisen Abbau der Kontrollen an den gemeinsamen Grenzen; ABl. L 239, v. 22.9.2000. BGBl. 1993 II S. 1010. Am 13.10.2006 aufgehoben durch Art. 39 Verordnung (EG) Nr. 562/2006 v.15.3.2006. ABl. Nr. L 105/1 v. 13.4.2006, abgedruckt unter Nr. 290. Schengener-Grenzkodex.

363 *Renner*, in: *Barwig/Röseler/u.a*, Sozialer Schutz von Ausländern, 1997, S. 262.

schaffen, das zum Wegfall von Grenzkontrollen zwischen den Mitgliedsstaaten geführt hat. Danach genießen Ausländer unkontrollierte Freizügigkeit im Schengenraum, was Auswirkungen auf die anderen Mitgliedstaaten hat. Deshalb wurde eine engere Zusammenarbeit im Bereich der Migration für notwendig erachtet.[364]

Die Rechtsgrundlage für langfristige Aufenthaltsrechte von Drittstaatsangehörigen sowie integrative Maßnahmen ist im Unionsrecht in den Art. 78-79 AEUV festgelegt. Nach Art. 79 Nr. 2 lit. a AEUV erlassen das Europäische Parlament und der Rat gemäß dem ordentlichen Gesetzgebungsverfahren die Maßnahmen im Bereich Einreise- und Aufenthaltsvoraussetzungen, sowie Normen für die Verfahren zur Erteilung von Aufenthaltstiteln und Visa für einen langfristigen Aufenthalt. Die Art. 78-79 AEUV sind daher im Gegensatz zu Art. 77 AEUV eine geeignete Rechtsgrundlage für integrative Maßnahmen für Drittstaatsangehörige.

II. Aufenthalts- und soziale Rechte aus dem europäischen Sekundärrecht

Die Europäische Union hat auf das Phänomen der Migration nicht nur mit verschiedenen Migrationsprogrammen und-Abkommen reagiert, sondern hat zudem auch Mindestanforderungen in Richtlinien aufgestellt.

Da die einzelnen Mitgliedstaaten noch über sehr unterschiedliche Gesetze verfügen,[365] könnten diese Richtlinien, die auf Art. 78-79 AEUV gestützt sind, zur Harmonisierung der Migrationspolitik beitragen.[366] Die Richtlinien, die sich auf Art. 78 Nr. 2 AEUV und Art. 79 Nr. 2 lit. c AEUV stützen, gewähren einen Abschiebeschutz bzw. ein Aufenthaltsrecht für bestimmte Ausländern, auch wenn sie ursprünglich kein Aufenthaltsrecht hatten.[367] Gegenstand der Richtlinien sind gemeinsame Normen und Verfahren, die die Mitgliedstaaten bei Drittstaatsangehörigen in Einklang mit den Grundrechten, als allgemeine Prinzipien des Gemeinschafts- und Völkerrechts, einschließlich der Verpflichtung zum Schutz von Flüchtlingen und zur Achtung der Menschenrechte erlassen haben. Um die Achtung der Menschenrechte zu garantieren, muss ein menschen-

---

364 Vgl. *Geiger*, Grundgesetz und Völkerrecht mit Europarecht, 2010, S. 262; *Wöhlcke/Höhn/Schmid*, Demographische Entwicklung in und um Europa, 2004, S. 185.

365 *Moya Escudero*, in: *Esplugues Mota*, Comentarios a la LEX, 2006, S. 66.

366 *Gerber*, Die Asylrechtsharmonisierung in der Europäischen Union, 2004, S. 26.

367 *Epiney*, in: *Bauer/Cruz Villalón/Iliopoulos-Strangas*, Die neue Europäer - Migration und Integration in Europa, 2009, S. 122.

würdiges Leben ermöglicht werden, welches die Gewährung eines Mindestmaßes an sozialem Schutz umfasst.[368]

Die Richtlinien haben u.a. zum Ziel die Schaffung von einheitlichen Mindestnormen für diese Ausländer, um ihnen ein menschenwürdiges Dasein in den Mitgliedstaaten der EU zu ermöglichen. Deshalb kann die Harmonisierung des Ausländerrechts nicht isoliert, sondern nur im Zusammenhang mit den Sozialleistungen betrachtet werden, da sich die beiden Rechtsgebiete nicht vollständig voneinander trennen lassen.[369]

Es lässt sich festhalten – wie in den nächsten Richtlinien zu beobachten ist – dass im Unionsrecht das Migrationsrecht mit dem Sozialrecht verknüpft wird.[370] Obwohl die wesentliche Zuständigkeit für die Sozialpolitik nach wie vor bei den Mitgliedstaaten liegt,[371] regelt nun das Sekundärrecht bzw. die neuen Richtlinien, auch beschäftigungs- und bildungspolitische Bestimmungen für Drittstaatsangehörige.[372] Hier ist fraglich, inwieweit sich aus den Richtlinien ein Aufenthaltsrecht und als deren Folge soziale Rechte gegenüber Ausländern mit unrechtmäßigem Aufenthaltsstatus ergeben können.

1. Richtlinien zur Bekämpfung der illegalen Migration

Die Bekämpfung der illegalen Migration ist ein großes Ziel der europäischen Migrationspolitik. Daher hat die Europäische Union bislang die sozialen Rechte von Ausländern mit fehlendem Aufenthaltsrecht sehr zurückhaltend geregelt.[373] Im folgenden Abschnitt werden jene Richtlinien, die auf Art. 79 Nr. 2 lit. c AEUV gestützt sind und die unrechtsmäßige Einwanderung betreffen, dargestellt.

---

368 Vgl. *Becker*, EuR 2007, S. 103.

369 *Sopp*, Drittstaatsangehörige und Sozialrecht, 2007, S. 111.

370 *Sopp*, Drittstaatsangehörige und Sozialrecht, 2007, S. 111.

371 Darüber hinaus wird die europäische Einwanderungspolitik durch völkerrechtliche Verträge, wie zum Beispiel die GFK, und verschiedene Assoziierungsabkommen, wie mit der Türkei, beeinflusst und beschränkt, was aber hier nicht weiter vertieft werden soll. *Ter Steeg*, Das Einwanderungskonzept der EU, 2006, S. 97; Näher zu Assoziationsrecht *Höller*, Soziale Rechte Drittstaatsangehöriger nach europäischem Gemeinschaftsrecht, 2005, S. 159 ff.

372 *Becker*, in: *Schwarze*, Der Verfassungsentwurf des Europäischen Konvents, 2004, S. 201 ff.; *Becker/Landauer*, RdJB 2004, S. 102.

373 *Pelzer*, in: *Falge/Fischer-Lescano/Sieveking*, Gesundheit in der Illegalität, 2009, S. 195.

a) Rückführungsrichtlinie - RL 2008/115/EG

Die sog. Rückführungsrichtlinie[374] sieht die Abschiebung des Drittstaatsangehörigen mit unrechtmäßigem Aufenthaltsstatus vor.[375] Allerdings kann es bei der Durchführung der Abschiebung auch zu Verzögerungen kommen, sodass auch dieser rein faktische Aufenthalt einer gewissen Regelung bedarf.[376] Die EU-Mitgliedsländer müssen die Rückführungsrichtlinie spätestens am 24. Dezember 2010 ins nationale Recht umsetzen.

aa) Gegenstand und Anwendungsbereich der Richtlinie

Gegenstand der Richtlinie sind nach Art. 1 die gemeinsamen Normen und Verfahren, die die Mitgliedstaaten bei der Rückführung sich illegal aufhaltender Drittstaatsangehöriger in Einklang mit den Grundrechten als allgemeine Prinzipien des Gemeinschafts- und Völkerrechts, einschließlich der Verpflichtung zum Schutz von Flüchtlingen und zur Achtung der Menschenrechte erlassen haben. Ihre Anwendung soll gewährleistet sein. In Art. 2 der Richtlinie ist ihr Anwendungsbereich geregelt. So findet die Richtlinie Anwendung auf Drittstaatsangehörige, die sich illegal in dem Hoheitsgebiet eines Mitgliedstaats aufhalten.[377]

---

374 Richtlinie 2008/115/EG des europäischen Parlaments und des Rates über gemeinsame Normen und Verfahren in den Mitgliedstaaten zur Rückführung illegal aufhältiger Drittstaatsangehöriger; ABl. L 348/98 v. 24.12.2008.

375 Diese Richtlinie darf nicht mit der Richtlinie 2001/40/EG vom 28.5.2004 (ABl. L 149 v. 2.06.2001, S. 34) über die Rückführung von Drittstaatsangehörigen über die gegenseitige Anerkennung von Entscheidungen über die Rückführung von Drittstaatsangehörigen verwechselt werden. Ihr Ziel ist nach dem Erwägungsgrund Nr. 5 der Richtlinie eine Zusammenarbeit der Mitgliedsstaaten im Bereich der Rückführung von Drittstaatsangehörigen. Eine Anerkennung einer Rückführungsentscheidung wird nach Art. 1 dann ermöglicht, wenn diese von einer zuständigen Behörde eines Mitgliedstaats gegenüber einem Drittstaatsangehörigen erlassen wurde.

376 Vgl. *Epiney*, in: *Bauer/Cruz Villalón/Iliopoulos-Strangas*, Die neue Europäer - Migration und Integration in Europa, 2009, S. 122.

377 Bestimmte Drittstaatsangehörige werden aus der Richtlinie ausgeschlossen: Art. 2 Abs. 2 a) die einem Einreiseverbot nach Artikel 13 des Schengener Grenzkodex unterliegen oder die von den zuständigen Behörden in Verbindung mit dem illegalen Überschreiten der Außengrenze eines Mitgliedstaats auf dem Land-, See- oder Luftwege aufgegriffen bzw. abgefangen werden und die nicht anschließend die Genehmigung oder das Recht erhalten haben, sich in diesem Mitgliedstaat aufzuhalten; b) die nach einzelstaatlichem Recht aufgrund einer strafrechtlichen Sanktion oder infolge einer strafrechtlichen Sanktion rückkehrpflichtig sind oder gegen die ein Auslieferungsverfahren anhängig ist. (3) Diese Richtlinie findet keine Anwendung auf Personen, die das Unionsrecht auf freien Personenverkehr nach Artikel 2 Absatz 5 des Schengener Grenzkodex genießen.

Der Ausdruck „illegaler Aufenthalt" ist in Art. 3 Abs. 2 als die Anwesenheit von Drittstaatsangehörigen definiert, die nicht oder nicht mehr die Einreisevoraussetzungen nach Art. 5 des Schengener Grenzkodex oder anderer Voraussetzungen für die Einreise und den Aufenthalt in einem Mitgliedstaat oder dem Hoheitsgebiet eines Mitgliedstaats erfüllen. Nach dem zwölften Erwägungsgrund der Richtlinie sollten die betreffenden Personen eine schriftliche Bestätigung erhalten, um im Falle administrativer Kontrollen oder Überprüfungen ihre besondere Ausnahmesituation nachweisen zu können. Die Mitgliedstaaten sollten hinsichtlich der Gestaltung und des Formats der schriftlichen Bestätigung über einen breiten Ermessensspielraum verfügen.

bb) Aufschub der Abschiebung und zu gewährende Sozialleistungen als deren Folge

Art. 5 regelt einen Ausweisungsschutz, den sog. Grundsatz der Nichtzurückweisung. Dabei sollen die Mitgliedstaaten in gebührender Weise das Wohl des Kindes, die familiären Bindungen und den Gesundheitszustand des betreffenden Drittstaatsangehörigen berücksichtigen.

Im zweiten Kapitel (Art. 6-11) sind sechs verschiedene Maßnahmen zur Beendigung des illegalen Aufenthalts geregelt: die Rückkehrentscheidung, die freiwillige Ausreise, die Abschiebung, der Aufschub der Abschiebung, die Rückkehr und Abschiebung unbegleiteter Minderjähriger, sowie das Einreiseverbot.

Art. 9 regelt eine Ausnahmemöglichkeit bei der Abschiebung von geduldeten Ausländern. Entsprechend können die geduldeten Ausländer einen Abschiebeschutz bzw. Aufschub der Abschiebung bekommen.[378] Danach schieben die Mitgliedstaaten die Abschiebung auf, wenn diese gegen den Grundsatz der Nichtzurückweisung verstoßen würde, oder solange nach Artikel 13 Absatz 2 aufschiebende Wirkung besteht. Die Mitgliedstaaten berücksichtigen insbesondere: a) die körperliche oder psychische Verfassung der betreffenden Drittstaatsangehörigen, b) technische Gründe wie fehlende Beförderungskapazitäten oder Scheitern der Abschiebung aufgrund von Unklarheit über die Identität. Diese Richtlinie gewährleistet bestimmte Garantien bis zur Rückkehr (Art. 14 Abs. 1).

Danach schieben die Mitgliedstaaten die Abschiebung auf, wenn diese gegen den Grundsatz der Nichtzurückweisung verstoßen würde, oder solange nach Art. 13 Abs. 2 aufschiebende Wirkung besteht. Dem geduldeten Ausländer wird eine Duldung bzw. ein Aufenthaltsrecht erteilt.

---

378 *Voglrieder*, ZAR 2009, S. 171.

Auch für Drittstaatsangehörige, die sich unrechtmäßig in einem Mitgliedstaat aufhalten, aber noch nicht abgeschoben werden können, sollen nach dem Erwägungsgrund Nr. 12 minimale Sozialleistungen gewährt werden. Die Festlegungen hinsichtlich der Sicherung des Existenzminimums dieser Personen sollten nach Maßgabe der einzelstaatlichen Rechtsvorschriften getroffen werden. Darüber hinaus sollten nach dem Erwägungsgrund Nr. 11 bei Rückkehrentscheidungen eine Reihe gemeinsamer rechtlicher Mindestgarantien gelten. Demnach sollten Personen, die nicht über ausreichende Mittel verfügen, die notwendigen Unterstützungen für Prozesskosten erhalten.

Mit der Rückführungsrichtlinie sind erstmals Bestimmungen zur Gewährung medizinischer Notfallversorgung und unbedingt erforderlicher Behandlung von Krankheiten (Art. 14 Abs. 1 b) zu Gunsten von Ausländern mit unrechtmäßigem Aufenthaltsstatus geregelt worden.[379] Art. 14 Abs. 1 b folgt der Formulierung der Aufnahmerichtlinie.[380] Danach sind medizinische Notfallversorgung und unbedingt erforderliche Behandlung von Krankheiten zu gewährleisten. Nach Art. 14 Abs. 1 d müssen die spezifischen Bedürfnisse von „besonders schutzbedürftigen Personen" berücksichtigt werden. Anders als bei Art. 17 Abs. 1 der Aufnahmerichtlinie, bei dem dieser Personenkreis genau definiert ist, ist in Art. 14 der Rückführungsrichtlinie nicht ganz klar, was mit dem Begriff „schutzbedürftige Personen" gemeint ist.[381] Außerdem muss nach Art. 14 der Richtlinie die Gewährleistung des Zugangs zum Grundbildungssystem für Minderjährige je nach Länge ihres Aufenthalts gewährleistet werden.

cc) Aufenthalts- und sozialrechtliche Wechselwirkungen

Die Rückführungsrichtlinie ist besonders interessant für die Feststellung von aufenthalts- und sozialrechtlichen Wechselwirkungen im Unionsrecht. Die Richtlinie gewährleistet bestimmte Garantien und soziale Rechte bis zur Rückkehr (Art. 14 Abs. 1) für Ausländer ohne Aufenthaltsrecht. Diese Richtlinie betrifft alle Ausländer mit fehlendem Aufenthaltsrecht; diejenigen die einen Auf-

---

379 *Tohidipur*, in: *Falge/Fischer-Lescano/Sieveking*, Gesundheit in der Illegalität, 2009, S. 191; *Pelzer*, in: *Falge/Fischer-Lescano/Sieveking*, Gesundheit in der Illegalität, 2009, S. 196. Im Gegensatz wird bei der Opferschutzrichtlinie die „unbedingt erforderliche Behandlung von Krankheiten" nicht garantiert.

380 Richtlinie 2003/9/EG des Rates v. 27.1.2003 zur Feststellung von Mindestnormen für die Aufnahme von Asylbewerbern in den Mitgliedstaaten, ABl. L 31 vom 6.2.2003, S. 18.

381 Art. 17 Abs. 1 Aufnahmerichtlinie: „[...] besonders schutzbedürftige Personen sind z.B. Minderjährige, unbegleitete Minderjährige, Behinderte, ältere Menschen, Schwangere, Alleinerziehende mit minderjährigen Kindern und Personen, die Folter, Vergewaltigung oder sonstige schwere Formen psychischer, physischer oder sexueller Gewalt erlitten haben". *Pelzer*, in: *Falge/Fischer-Lescano/Sieveking*, Gesundheit in der Illegalität, 2009, S. 199.

schub der Abschiebung (Duldung) genießen, sowie diejenigen Ausländer die untergetaucht sind. Fraglich ist in diesem Zusammenhang, ob die allgemeine Regel, die für Ausländer mit einem Aufschub der Abschiebung (Duldung) gilt („das Sozialrecht knüpft an das Aufenthaltsrecht an"), auch für untergetauchte Ausländer gültig ist.

Sofern der Ausländer als untergetaucht gilt, kann das Aufenthaltsrecht nicht selbstverständlich als Anknüpfungspunkt für sozialrechtliche Belange herangezogen werden. Die Inanspruchnahme von Sozialleistungen knüpft jedoch an das Territorialitätsprinzip durch eine offizielle Meldung der Betroffenen bei den staatlichen Stellen an.[382] Entsprechend muss der Ausländer um leistungsberechtigt zu sein durch eine Anmeldung bei den öffentlichen Behörden seine Anwesenheit im Land nachweisen.

Um Zugang zu Sozialleistungen zu erhalten, muss der territoriale Anknüpfungspunkt des Antragstellers vorliegen.[383] Obwohl die Richtlinie überall die gleichen Ziele verfolgt, können die Wechselwirkungen zwischen Leistungsrecht und Ordnungsrecht mit der Umsetzung ins nationale Recht, verschieden sein. Dabei haben die verschiedenen Mitgliedsländer der EU nicht das gleiche Verständnis von der Verknüpfung zwischen Sozial- und Ausländerrecht.

Die spanische und deutsche Rechtsordnung haben diese Fragestellung in Bezug auf Ausländer ohne Aufenthaltsrecht unterschiedlich beantwortet.[384] In Deutschland beispielsweise bleiben Leistungsrecht und Ordnungsrecht unmittelbar miteinander verknüpft.[385] Diese Verknüpfung führt dazu, dass diese Menschen bestimmte Rechte nicht wahrnehmen können oder wollen, wodurch eine „faktische Rechtlosigkeit" entsteht. Als Folge haben Ausländer, die von staatlichen Behörden nicht erfasst sind, in der Praxis nach dieser Richtlinie u.a. keinen Anspruch auf medizinische Versorgung.[386] Den Ausländern mit fehlendem Aufenthaltsrecht wird im Ergebnis die Inanspruchnahme der Leistungen nach der Rückführungsrichtlinie erschwert. Da die öffentlichen Leistungen nur mit einem Abschiebungsrisiko verbunden sind, wird meist auf deren Inanspruch-

---

382 Vgl. *Tohidipur*, in: *Falge/Fischer-Lescano/Sieveking*, Gesundheit in der Illegalität, 2009, S. 191; *Pelzer*, in: *Falge/Fischer-Lescano/Sieveking*, Gesundheit in der Illegalität, 2009, S. 199.

383 *Becker*, in: *ders./Hablitzel/Kressel*, Beschäftigung und Soziale Sicherheit, 2007, S. 55-57; vgl. *Zacher*, in: v. *Maydell/Eichenhofer*, Abhandlungen zum Sozialrecht, 1993, S. 445. Zum klassischen Territorialitätsprinzip. etwa *Wickenhagen*, Zwischenstaatliches Sozialversicherungsrecht, 1957, S. 20 ff.

384 Siehe 4. Kapitel der Arbeit: „Aufenthalts- und sozialrechtliche Wechselwirkungen in den Vergleichsländern".

385 *Frings*, in: *Falge/Fischer-Lescano/Sieveking*, Gesundheit in der Illegalität, 2009, S. 153.

386 *Pelzer*, in: *Falge/Fischer-Lescano/Sieveking*, Gesundheit in der Illegalität, 2009, S. 199; *Tohidipur*, in: *Falge/Fischer-Lescano/Sieveking*, Gesundheit in der Illegalität, 2009, S. 91.

nahme verzichtet.[387] In der Praxis wird jeder Kontakt zu öffentlichen Stellen gemieden, da die Meldung an die Ausländerbehörden die Abschiebung verursachen könnte. Damit ist die Zahl von Menschen, die sich auf die Rechte nach Art. 14 berufen können ziemlich begrenzt.[388]

dd) Kritik an der Umsetzung der EU-Rückführungsrichtlinie

Der deutliche Unterschied bei der Umsetzung der EU-Rückführungsrichtlinie in den beiden Vergleichsländern Deutschland und Spanien zeigt, dass die Richtlinie lediglich Mindestnormen statuiert, von denen die Mitgliedstaaten in unterschiedlichem Maß abweichen. Während Deutschland sich tendenziell an die Vorgaben der Richtlinie hält, weicht Spanien in einigen Punkten erheblich von ihr ab. Die Rückführungsrichtlinie wurde von vielen Nichtregierungsorganisationen (NRO) und den sogenannten Dritte-Welt-Ländern wegen ihrer mangelnden Reflexion der Menschenrechte, seiner übertriebenen Inhaftierungsmöglichkeiten zum Zwecke der Abschiebung,[389] sowie der EU-weit wirkenden Wiedereinreisesperre für Abgeschobene kritisiert.[390]

Die Vizepräsidentin der spanischen Regierung, María Teresa Fernández de la Vega, versprach am 8. August 2008 bei ihrer Teilnahme an dem Kolloquium des Internationalen Instituts der Vereinten Nationen für die Förderung von Frauen (Instraw) in der Dominikanischen Republik, die Nicht-Umsetzung der EU-Rückführungsrichtlinie in Spanien. Nach Ansicht der Vizepräsidentin ist die Abschiebehaft, die laut Richtlinie in bestimmten Fällen bis zu 18 Monaten betragen kann[391] (Art. 15 Abs. 6) zu lange und zudem in Spanien gesetzeswidrig.

---

387 *Tohidipur*, in: *Falge/Fischer-Lescano/Sieveking*, Gesundheit in der Illegalität, 2009, S. 191; *Frings*, in: *Falge/Fischer-Lescano/Sieveking*, Gesundheit in der Illegalität, 2009, S. 153; *Pelzer*, in: *Falge/Fischer-Lescano/Sieveking*, Gesundheit in der Illegalität, 2009, S. 199.

388 Vgl. *Tohidipur*, in: *Falge/Fischer-Lescano/Sieveking*, Gesundheit in der Illegalität, 2009, S. 191; *Pelzer*, in: *Falge/Fischer-Lescano/Sieveking*, Gesundheit in der Illegalität, 2009, S. 199.

389 Nach Art. 15 der Rückführungsrichtlinie ist Abschiebungshaft nach deutschem Modell bis zu 18 Monate zulässig (vgl. § 62 AufenthG). In Spanien wurde die Inhaftierungszeit von 40 Tage zur 60 Tage erhört.

390 Näher zur Kontroverse vgl. *Hatzinger*, in: *Mülle-Heidelberg/Pelzer/*u.a., Grundrechte-report 2009, S. 206 ff.; *García San José*, in: *Sánchez-Rodas Navarro*, Derechos de los inmigrantes en situación irregular en la Unión Europea, 2008, S. 263 ff; *Villegas Delgado*, in: *Sánchez-Rodas Navarro*, Derechos de los inmigrantes en situación irregular en la Unión Europea, 2008, S. 297-298.

391 Art. 15 Abs. 6: Die Mitgliedstaaten dürfen den in Absatz 5 genannten Zeitraum nicht verlängern (6 Monate); lediglich in den Fällen, in denen die Abschiebungsmaßnahme trotz ihrer angemessenen Bemühungen aufgrund der nachstehend genannten Faktoren wahrscheinlich länger dauern wird, dürfen sie diesen Zeitraum im Einklang mit dem einzelstaatlichen Recht um höchstens zwölf Monate verlängern: a) mangelnde Kooperationsbereitschaft seitens der betroffenen

Ziel der spanischen Regierung ist vielmehr die freiwillige Rückkehr der Ausländer zu fördern (Art. 7).[392] Die Folgen der Rückführungsrichtlinie werden dramatisch, da Schätzungen zufolge in Spanien 1,5 Millionen Ausländer ohne rechtmäßigen Aufenthaltsstatus leben. Die Ausweisung nach Art. 6 würde ernste finanzielle Probleme verursachen, vor allem in Ekuador, Marokko und Bolivien, wo die Rimessen der Ausländer 10% des BIP im Jahr 2007 ausmachten. Die vorzeitige Rückkehr würde für diese Staaten eine finanzielle sowie soziale Katastrophe bedeuten, da viele Menschen gezwungen wären in Armut zu leben. Spanien müsste nach Art. 6 der Richtlinie 285.000 der insgesamt 350.000 Bolivianer abschieben.[393]

b)   Sanktionsrichtlinie - RL 2009/52/EG

Die sogenannte Sanktionsrichtlinie[394] vom 30. Juni 2009 wurde vom Rat förmlich erlassen um die rechtswidrige Einwanderung zu bekämpfen. Zu diesem Zweck sieht sie gemeinsame Mindeststandards für Sanktionen und Maßnahmen vor, die in den Mitgliedstaaten gegen Arbeitgeber zu verhängen bzw. zu treffen sind, wenn sie Drittstaatsangehörige ohne Aufenthaltsrecht beschäftigen (Art. 1). Die Sanktionsrichtlinie muss in den Mitgliedsländern bis spätestens 20. Juli 2011 ins nationale Recht umgesetzt werden.

Nach Art. 3 Abs. 1 der sog. Sanktionsrichtlinie müssen die Mitgliedstaaten die Beschäftigung von Drittstaatsangehörigen ohne rechtmäßigen Aufenthalt untersagen. Jedoch sieht Art. 3 Abs. 3 der Richtlinie eine Ausnahmemöglichkeit zum Verbot der illegalen Beschäftigung in der Sanktionsrichtlinie vor.[395] Danach kann ein Mitgliedstaat beschließen, das Beschäftigungsverbot gemäß Absatz 1 nicht auf Drittstaatsangehörige mit fehlendem Aufenthaltsrecht anzuwen-

---

Drittstaatsangehörigen oder Verzögerungen bei der Übermittlung der erforderlichen Unterlagen durch Drittstaaten.
Art. 15 Abs. 5: Die Haft wird so lange aufrechterhalten, wie die in Absatz 1 dargelegten Umstände gegeben sind und wie dies erforderlich ist, um den erfolgreichen Vollzug der Abschiebung zu gewährleisten. Jeder Mitgliedstaat legt eine Höchsthaftdauer fest, die sechs Monate nicht überschreiten darf.

392 http://www.elmundo.es/elmundo/2008/08/07/espana/1218144984.html (Stand: 8.8.2008).
393 http://www.eldeber.com.bo/2008/2008-06-13/vernotanacional.php?id=080613191821 (Stand: 13.6.2008).
394 Richtlinie 2009/52/EG des Rates vom 18. Juni 2009 über Mindeststandards für Sanktionen und Maßnahmen gegen Arbeitgeber, die Drittstaatsangehörige ohne rechtmäßigen Aufenthalt beschäftigen. ABl. Nr. L 348 v. 30.06.2009.
395 Vgl. *Voglrieder*, ZAR 2009, S. 171.

den, deren Rückführung aufgeschoben[396] wurde (z. B. in der Bundesrepublik durch Duldung nach § 60a AufenthG) und denen nach innerstaatlichem Recht die Ausübung einer Beschäftigung gestattet ist.

2. Richtlinien mit Abschiebeschutz für Ausländer mit vorübergehendem Aufenthalt

Die Richtlinien, die sich auf Art. 78 Nr. 2 AEUV und Art. 79 Nr. 2 lit. c AEUV stützen, gewähren einen Abschiebeschutz für bestimmte Ausländer mit vorübergehendem Schutz, auch wenn sie ursprünglich kein Aufenthaltsrecht hatten.

Die folgenden Richtlinien begründen eine Aufenthaltsgewährung aus humanitären Gründen, sowie zum vorübergehenden Schutz für bestimmte Flüchtlinge. Die folgenden Richtlinien wurden jedoch bereits in nationales Recht umgesetzt, sodass insoweit nun innerstaatliches Recht gilt. Den Drittstaatsangehörigen, die den anerkannten Flüchtlingsstatus erfüllen, wird ein Abschiebeschutz bzw. eine befristete Aufenthaltserlaubnis gewährt um vorübergehend Schutz zu erhalten. Der Flüchtlingsstatus ermöglicht einen vorübergehenden Aufenthalt in dem Mitgliedstaat. Die sonstigen Ausländer ohne Aufenthaltsrecht, die von diesem vorübergehenden Schutz nicht profitieren können, werden nur von den Richtlinien zur Bekämpfung der illegalen Migration erfasst.

a) Vorläufiger Schutz im Falle eines Massenzustroms - RL 2001/55/EG

Die sogenannte Richtlinie[397] für Vertriebene, die auf den Art. 78 Nr. 2 lit. c AEUV gestützt ist, verfolgt nach seinem Art. 1 das Ziel der Schaffung von Mindestnormen für die Gewährung vorübergehenden Schutzes im Falle eines Massenzustroms von Vertriebenen aus Drittländern, die nicht in ihr Heimatland zurückkehren können. Ein Aufenthaltstitel wird nach Art. 8 gegenüber Personen erteilt, die unter den Pflichten der Mitgliedstaaten vorübergehenden Schutz genießen.

---

396 Die Rückführungsrichtlinie 2008/115/EG regelt die Duldung in Art. 9 „Aufschub der Abschiebung". *Voglrieder*, ZAR, 2009, S. 172.

397 Richtlinie 2001/55/EG des Rates v. 20.7.2001 über Mindestnormen für die Gewährung vorübergehenden Schutzes im Falle eines Massenzustroms von Vertriebenen und Maßnahmen zur Förderung einer ausgewogenen Verteilung der Belastungen, die mit der Aufnahme dieser Personen und den Folgen dieser Aufnahme verbunden sind, auf die Mitgliedstaaten; ABl. L 212 v. 7.8.2001, S. 12.

Der Mitgliedstaat muss nach Art. 12 der Richtlinie die Ausübung einer Erwerbstätigkeit gewährleisten; und zwar für einen Zeitraum, der den vorübergehenden Schutz nicht übersteigt. Wenn die Betroffenen nicht über ausreichende Mittel verfügen, müssen die Mitgliedstaaten nach Art. 13 dafür Sorge tragen, dass die geschützten Personen angemessen untergebracht werden und die notwendigen Sozialleistungen zur Sicherung des Lebensunterhalts sowie medizinische Versorgung erhalten.

Art. 14 der Richtlinie verpflichtet die Mitgliedstaaten darüber hinaus vor allem Minderjährigen aus entsprechenden Familien, ebenso wie den eigenen Staatsangehörigen, einen Zugang zum Bildungssystem zu verschaffen, um eine leichtere Eingliederung nach ihrer Rückkehr ins Heimatland zu ermöglichen.[398] Diese Richtlinie wurde in Deutschland und Spanien (Art. 45 Abs. 3 Satz. 2 RLEX) bereits in nationales Recht umgesetzt. So wurde der unter § 24 AufenthG geregelte Personenkreis in den Anwendungsbereich des Asylbewerberleistungsgesetzes einbezogen. Nach § 1 Abs. 3 AsylbLG (Krieg in der Heimat)[399] i. V. m. § 4 AsylbLG haben diese Personen einen Anspruch auf Sozialleistungen bei Krankheit, Schwangerschaft, und Geburt.

Die Richtlinie bezweckt allerdings die Rückkehr dieser Flüchtlinge in ihr Heimatland. Deshalb sind für die Integration im Aufnahmeland keine Integrationsmaßnahmen und nur beschränkte Sozialleistungen vorgesehen.

b) Opferschutzrichtlinie - RL 2004/81/EG

Die Opferschutzrichtlinie[400] ist auf Art. 79 Nr. 2 lit. c AEUV gestützt. Sie hat nach Art. 1 der Richtlinie die Feststellung der Voraussetzungen für die Erteilung eines befristeten Aufenthaltstitels an bestimmte Ausländer zum Gegenstand, die bei der Bekämpfung des Menschenhandels und der Beihilfe zur illegalen Einwanderung kooperieren. Die Opferschutzrichtlinie sieht den Übergang von einem unrechtmäßigen hin zu einem rechtmäßigen Aufenthalt, bzw. eine Art Legalisierung des Aufenthalts vor.[401] Die Dauer des Aufenthaltsrechts ist an die Dauer des innerstaatlichen Verfahrens gekoppelt. Art. 13 Abs. 1 schreibt eine Nichtverlängerung der Aufenthaltserlaubnis zur Beendigung des Verfahrens, vor.

---

398 Die Begründung der Kommission zu Art. 12 Abs. 2 des Richtlinienvorschlags.
399 *Göbel-Zimmermann*, ZAR 2005, S. 281.
400 Richtlinie 2004/81/EG des Rates v. 29.4.2004 über die Erteilung von Aufenthaltstiteln für Drittstaatsangehörige, die Opfer des Menschenhandels sind oder denen Beihilfe zur illegalen Einwanderung geleistet wurde und die mit den zuständigen Behörden kooperieren; ABl. L 261 v. 6.8.2004, S. 19-23.
401 *Pelzer*, in: *Falge/Fischer-Lescano/Sieveking*, Gesundheit in der Illegalität, 2009, S. 202.

Art. 3 der Richtlinie bezieht sich auf alle Ausländer, die Opfer von Straftaten im Zusammenhang mit Menschenhandel sind oder waren, auch wenn sie illegal in einen Mitgliedstaat eingereist sind, oder ihnen Beihilfe zur illegalen Einwanderung zukam.[402] Während in Deutschland diese Richtlinie in § 25 Abs. 4 a AufenthG umgesetzt wurde, ist sie in Spanien in Art. 45 Abs. 5 RLEX geregelt.

Ausländer mit fehlendem Aufenthaltsrecht haben einen Anspruch auf Sozialleistungen, soweit sie gemäß Art. 1 der Richtlinie unter diese spezielle Gruppe von Ausländern fallen, die gemäß Art. 1 der Richtlinie kooperiert haben und nach Art. 3 der Richtlinie Opfer geworden sind. Die EU-Mitgliedstaaten haben gegenüber diesen Ausländern eine besondere Verantwortung in Form einer Art Entschädigung bzw. Belohnung.

Der Umfang der medizinischen Versorgung unterscheidet sich nach dieser Richtlinie danach, ob ein Aufenthaltstitel bereits erteilt wurde, oder ob sich das Opfer noch in der Bedenkzeit (Art. 6) befindet. Vor der Erteilung des Aufenthaltstitels sorgen die Mitgliedstaaten dafür, dass den betroffenen Drittstaatsangehörigen die Mittel zur Sicherstellung ihres Lebensunterhalts gewährt werden und sie Zugang zu medizinischer Notversorgung erhalten. Die besonders schutzbedürftige Personen bekommen psychologische Hilfe (Art. 7 Abs. 1 S. 2) und Dolmetscherdienste (Art. 7 Abs. 3), soweit diese angemessen und durch innerstaatliches Recht vorgesehen ist. Besonders schutzbedürftige Personen sind u.a. die Personen, die Folter, Vergewaltigung oder sonstige schwere Formen psychischer oder sexueller Gewalt erlitten haben.[403] Im Gegensatz zur Rückführungsrichtlinie wird hier nicht die „unbedingt erforderliche Behandlung von Krankheiten" gewährleistet.[404]

Ein Aufenthaltstitel wird dann erteilt (Art. 8), wenn das Opfer seine Bereitschaft der Zusammenarbeit bekundet hat. Damit werden die Leistungen der medizinischen Versorgung erhöht. Art. 9 der Richtlinie fordert die Mitgliedstaaten auf, die erforderliche medizinische oder sonstige Hilfe für Drittstaatsangehörige zur Verfügung zu stellen, die nicht über ausreichende Mittel verfügen und besondere Bedürfnisse haben, z. B. Schwangere, Behinderte, Opfer von sexueller Gewalt oder sonstigen Formen von Gewalt, und Minderjährige. Dennoch ist das Aufenthaltsrecht „wegen seiner Befristung für die Dauer des Strafprozesses so praxisuntauglich ausgestaltet, dass die günstigen Bestimmungen im Gesundheitsbereich nur selten tatsächlich in die Realität umgesetzt werden dür-

---

402 Siehe Richtlinie 2002/90/EG des Rates v. 28. 11.2002 zur Definition der Beihilfe zur unerlaubten Ein- und Durchreise und zum unerlaubten Aufenthalt; ABl. L 328/17 v. 5.12.2002.

403 Näher dazu § 17 Abs. 1 der Aufnahmerichtlinie 2003/9/EG.

404 Richtlinie 2008/115/EG des europäischen Parlaments und des Rates über gemeinsame Normen und Verfahren in den Mitgliedstaaten zur Rückführung illegal aufhältiger Drittstaatsangehöriger; ABl. L 348/98 v. 24.12.2008.

fen."[405] Nach Art. 11 haben Ausländer, soweit sie einen Aufenthaltstitel erteilt bekommen haben, Zugang zum Arbeitsmarkt sowie zur beruflichen und allgemeinen Bildung. In Art. 12 wird den betroffenen Drittstaatsangehörigen der Zugang zu bestehenden Programmen für die Rückkehr in ein normales soziales Leben, und – soweit erforderlich –, Lehrgängen zur Verbesserung der beruflichen Fähigkeiten, sowie gezielter Vorbereitungsmaßnahmen zur Rückkehr in ihr Herkunftsland gewährt. Dieses Angebot gilt jedoch nur in jenen Mitgliedstaaten, die eine entsprechende Vereinbarung mit den übrigen Mitgliedstaaten getroffen haben. Die Erteilung des Aufenthaltstitels oder die Verlängerung seiner Gültigkeit kann von der Teilnahme an besonderen Programmen oder Maßnahmen abhängig gemacht werden.

c) Qualifikationsrichtlinie - RL 2004/83/EG

Die sogenannte Qualifikations- oder Anerkennungsrichtlinie,[406] die auf Art. 78 Nr. 2 AEUV gestützt ist, wurde ebenfalls mittlerweile ins nationale Recht umgesetzt. Die Umsetzung dieser Richtlinie ist im deutschen Recht in § 25 Abs. 3 AufenthG i. V. m. § 60 Abs. 2-7 AufenthG geregelt[407] und in Spanien in Art. 31 Abs. 3 RD 203/1995[408] i. V. m. Art. 45 Abs. 3 RLEX.

aa) Gegenstand und Anwendungsbereich

Der Gegenstand und Anwendungsbereich ist in Art. 1 der Richtlinie festgelegt. Ziel der Richtlinie ist die Festlegung von Mindestnormen für die Anerkennung von Drittstaatsangehörigen oder Staatenlosen als Flüchtlinge, oder als Personen, die anderweitig internationalen Schutz benötigen. Zudem definiert sie den Inhalt des zu gewährenden Schutzes. Der subsidiäre Schutz knüpft an die Vorgaben des Rückschiebungsschutzes der völkerrechtlichen Verträge an.[409]

---

405 *Pelzer*, in: *Falge/Fischer-Lescano/Sieveking*, Gesundheit in der Illegalität, 2009, S. 201.

406 Richtlinie 2004/83/EG des Rates v. 29.4.2004 über Mindestnormen für die Anerkennung und den Status von Drittstaatsangehörigen oder Staatenlosen als Flüchtlinge oder als Personen, die anderweitig internationalen Schutz benötigen, und über den Inhalt des zu gewährenden Schutzes, ABl. L 304 v. 30.9.2004, S. 12.

407 *Marx*, in: *ders.*, Aufenthalts-, Asyl- und Flüchtlingsrecht, § 60 Abs. 2 AufenthG, Rn. 84; *Duchrow*, ZAR 2004, S. 344.

408 Durch die Königliche Gesetzesverordnung 203/1995 wurde die Verordnung zur Anwendung des Gesetzes 5/1984 beschlossen, welche das Recht auf Asyl und die Bedingungen für Flüchtlinge regelt.

409 *Epiney*, in: *Bauer/Cruz Villalón/Iliopoulos-Strangas*, Die neue Europäer - Migration und Integration in Europa, 2009, S. 138; In der Begründungserwägung Nr. 2 der Richtlinie 2004/83/EG „Grundsatz der Nichtzurückweisung" genannt.

Art. 9-12 regeln dann in Anlehnung an Art. 1 GFK die Voraussetzungen für die Anerkennung als Flüchtling. Jedoch bezweckt die Richtlinie im Bereich der Flüchtlingsanerkennung die GFK weder zu ersetzen noch zu ändern, sondern will nur die einheitliche Auslegung der Vorschriften der Konvention, so dass an die völkerrechtlichen Vorgaben angeknüpft werden kann.[410] Die Richtlinie zielt darauf ab, gemeinsame Kriterien für die Bestimmung von Schutzberechtigten festzulegen und zu gewährleisten, dass diesen Personen in allen Mitgliedstaaten ein Mindestmaß an Leistungen geboten wird.[411]

Der Flüchtling hat einen Anspruch auf subsidiären Schutz aus Art. 15 der Richtlinie, soweit ihm ein ernsthafter Schaden droht. Als ernsthafter Schaden gilt die Vollstreckung der Todesstrafe, Folter, und unmenschliche oder erniedrigende Behandlung im Herkunftsland, sowie die Bedrohung des Lebens infolge willkürlicher Gewalt. Für jene Ausländer, die die Auflagen der Qualifikationsrichtlinie ("die anderweitig internationalen Schutz benötigen") erfüllen, besteht nach Art. 21 Abs. 1 ein Ausweisungsschutz.[412] Art. 24 regelt außerdem, dass die Mitgliedstaaten jenen Personen, denen die Flüchtlingseigenschaften zuerkannt wurden, sobald wie möglich und unbeschadet des Art. 19 Abs. 3, einen Aufenthaltstitel von mindestens dreijähriger Gültigkeit zu verleihen haben.

bb) Sozialer Schutz

Nach Art. 26 und 27 der Richtlinie sorgen die Mitgliedsstaaten dafür, dass Flüchtlinge oder Personen mit subsidiärem Schutzstatus, Zugang zu einer Erwerbstätigkeit und dem Bildungssystem haben. Nach Art. 28 und 29 der Richtlinie muss der Mitgliedsstaat die Verantwortung für die notwendige Sozialhilfe und die medizinische Versorgung von Personen tragen, denen die Flüchtlingseigenschaft, oder der subsidiäre Schutzstatus zuerkannt wurde.[413] Diese Leistungen können auf Kernleistungen beschränkt werden. Außerdem gewährleisten die Mitgliedstaaten nach Art. 29 Abs. 3 eine angemessene medizinische Versorgung von Personen, denen die Flüchtlingseigenschaft oder der subsidiäre Schutzstatus zuerkannt wurde, und die besondere Bedürfnisse haben, wie schwangere Frauen, Menschen mit Behinderungen, Personen, die Folter, Verge-

---

410 Siehe Begründungserwägungen Nr. 2, 3,16 und 17 der Richtlinie 2004/83/EG.
411 Siehe Begründungserwägung Nr. 6 der Richtlinie 2004/83/EG.
412 *Trujillo Herrera*, in: *Revenga Sánchez*, Problemas constitucionales de la inmigración, 2005, S. 652.
413 Richtlinie 2004/83/EG des Rates vom 29.4.2004 über Mindestnormen für die Anerkennung und den Status von Drittstaatsangehörigen oder Staatenlosen als Flüchtlinge oder als Personen, die anderweitig internationalen Schutz benötigen, und über den Inhalt des zu gewährenden Schutzes; ABl. L 304 v. 30.9.2004, S. 21-22.

waltigung oder sonstige schwere Formen psychischer, physischer oder sexueller Gewalt erlitten haben, oder Minderjährige, die Opfer irgendeiner Form von Missbrauch, Vernachlässigung, Ausbeutung, Folter, grausamer, unmenschlicher, oder erniedrigender Behandlung geworden sind oder unter bewaffneten Konflikten gelitten haben. Art. 31 behandelt den Zugang zu Wohnraum und legt dabei fest, dass die Mitgliedstaaten dafür Sorge tragen müssen, ihnen gleichwertige Wohnbedingungen wie anderen Drittstaatsangehörigen mit rechtmäßigem Aufenthaltsstatus zur Verfügung zu stellen.

Erwähnenswert ist darüber hinaus, dass Art. 33 auch den Zugang zu Integrationsprogrammen vorsieht, um die Integration von Flüchtlingen zu fördern. Personen, denen lediglich ein subsidiärer Schutzstatus zuerkannt wurde, wird hingegen nur dann der Zugang zu den Integrationsprogrammen gewährt, wenn er von den Mitgliedstaaten als sinnvoll erachtet wird. Nicht anwendbar ist die Richtlinie auf Ausländer mit fehlendem Aufenthaltsrecht, weil der Rat der Europäischen Union nach Art. 1 der Richtlinie nur eine ganz bestimmte Gruppe von Flüchtlingen schützen wollte.

cc) Kritik an der Umsetzung der Qualifikationsrichtlinie

In einem Umsetzungsbericht zur Richtlinie stellt die Europäische Kommission Unzulänglichkeiten bei einzelnen Bestimmungen, sowie Fälle der unvollständigen Umsetzung der Richtlinie durch die EU-Mitgliedstaaten fest, da diese die Richtlinie sehr unterschiedlich interpretierten. Diese Unzulänglichkeiten haben dazu geführt, dass die Mindestnormen in Bezug auf die Gewährung des Schutzstatus, als auch hinsichtlich der Art des Schutzes große Unterschiede zwischen den Mitgliedstaaten aufweisen.[414]

Der Bericht erörtert auch, dass in den verschiedenen Mitgliedstaaten ein unterschiedliches Schutzniveau gegeben ist, was sich auf die Asylströme auswirkt. Als Folge legte die Kommission am 21. Oktober 2009 einen Vorschlag für eine Neufassung der Qualifikationsrichtlinie vor, welcher u.a. die Aufhebung der überholten Unterscheidung zwischen den Rechten von Flüchtlingen und den Rechten, die Personen mit subsidiärem Schutzstatus vorsieht. Diese Änderungen beziehen sich sowohl auf die Dauer der Aufenthaltstitel, als auch auf den Zugang zur Sozialhilfe, zur medizinischen Versorgung, und zum Arbeitsmarkt.[415]

---

414 http://www.migrationsrecht.net/nachrichten-auslaenderrecht-europa-und-eu/1590-eu-anerkennungsrichtlinie-qualifikationsrichtlinie-rl200483eg.html (Stand: 5.9.2010).

415 http://www.migrationsrecht.net/nachrichten-auslaenderrecht-europa-und-eu/1590-eu-anerkennungsrichtlinie-qualifikationsrichtlinie-rl200483eg.html (Stand: 5.9.2010).

3. Integrative Maßnahmen nur für Drittstaatsangehörige mit Aufenthaltsrecht

Die Richtlinien, die sich auf Art. 79 Nr. 2 lit. a AEUV stützen, gewähren nur bestimmten Ausländern mit rechtmäßigem Aufenthaltsstatus ein Aufenthaltsrecht.

Die Familienzusammenführungs- und Daueraufenthaltsrichtlinie sehen nach dem jeweils vierten Erwägungsgrund die Integration von Drittstaatsangehörigen als entscheidenden Beitrag zur Förderung des wirtschaftlichen und sozialen Zusammenhalts, der als eines der Hauptziele der Gemeinschaft im Vertrag angegeben ist, vor.[416] Im Folgenden wird dargestellt welche Richtlinien Ausländern einen langfristigen rechtmäßigen Aufenthaltsstatus gewähren. Diese beiden Richtlinien stellen im Ergebnis das Kernstück der Integrationspolitik dar.[417] Deshalb können sie als Integrationsrichtlinien bezeichnet werden.

Die Integrationsrichtlinien sind nicht für Ausländer mit fehlendem Aufenthaltsrecht relevant. Dennoch soll zu Vergleichs- und Verständniszwecken kurz auf diese Richtlinien eingegangen werden. Ein kompletter Überblick über die Unions- und Migrationspolitik kann nur durch die Darstellung der sog. Integrationsrichtlinien (Familienzusammenführung und Daueraufenthaltsrichtlinie) geschaffen werden. Die sog. Integrationsrichtlinien gelten als Pendant zu den oben erwähnten sonstigen Richtlinien für Ausländer mit vorübergehendem Aufenthaltsrecht.

a) Familienzusammenführung bei Drittstaatsangehörigen - RL 2003/86/EG

Die Richtlinie 2003/86/EG[418] über Familiennachzug bei Drittstaatsangehörigen ist auf der Grundlage des Art. 79 Nr. 2 lit. a. AEUV entstanden.

Diese Richtlinie wurde erlassen, um durch den Schutz der Familie, durch die Achtung des Familienlebens und die Familienzusammenführung, zur Schaffung soziokultureller Stabilität beizutragen, und dadurch die Eingliederung und den

---

416 Dieses Ziel wurde auf der Sondertagung in Tampere am 15. und 16 Oktober festgelegt, und wurde später vom europäischen Rat in Laeken am 14. und 15 Dezember 2001 noch einmal bestätigt. Vgl. Erwägungsgrund Nr. 3 der Richtlinie 2003/86/EG.

417 *Walter*, Familienzusammenführung in Europa, 2007, S. 159.

418 Richtlinie 2003/86/EG des Rates vom 22. September 2003 betreffend das Recht auf Familienzusammenführung; ABl. Nr. L 251 v. 3.10.2003 S. 12-18. Nicht zu verwechseln mit der Richtlinie 2004/38/EG über das Recht der Unionsbürger und ihrer Familienangehörigen, sich im Hoheitsgebiet der Mitgliedstaaten frei zu bewegen und aufzuhalten, ABl. Nr. L 158/77, v. 30.4.2004.

wirtschaftlichen und sozialen Zusammenhalt von Drittstaatsangehörigen zu fördern.[419]

Art. 1 legt das Ziel der Richtlinie fest. Einerseits definiert er dabei unter welchen Bedingungen das Recht auf Familienzusammenführung anzuwenden ist, andererseits begrenzt er den Anwendungsbereich auf Ausländer, die sich rechtmäßig auf dem Gebiet des Mitgliedstaates aufhalten. Da Familienangehörige nur ein abgeleitetes Aufenthaltsrecht genießen, hängt ihre Rechtsstellung im Mitgliedstaat von der Rechtsstellung des Zusammenführenden ab, solange ihnen nach Art. 15 kein eigenes Aufenthaltsrecht erteilt wird. Nach Art. 2 Nr. c muss sich der Zusammenführende rechtmäßig in einem Mitgliedstaat aufhalten. Nach Art. 3 der Richtlinie muss der Aufenthaltstitel des Drittstaatsangehörigen mindestens von einjähriger Gültigkeit sein und es muss die Aussicht auf ein dauerhaftes Aufenthaltsrecht bestehen. Zur Kernfamilie gemäß Art. 4 Abs. 1 gehören nur der Ehegatte und die unverheirateten minderjährigen Kinder. In Art. 9-12 ist insbesondere die Familienzusammenführung von Flüchtlingen geregelt. Gemäß Art. 15 Abs. 1 besitzen Familienangehörige spätestens nach einem fünfjährigen Aufenthalt das Recht auf einen eigenen Aufenthaltstitel, der unabhängig von jenem des Zusammenführenden ist, vorausgesetzt dem Familienangehörigen wurde kein Aufenthaltstitel aus anderen Gründen, als denen der Familienzusammenführung erteilt. In diesem Fall führt die Verwurzelung zu einem Aufenthaltsrecht.

Laut dem Europäischen Rat sollte die Europäische Union die gerechte Behandlung von Drittstaatsangehörigen, welche sich rechtmäßig im Hoheitsgebiet der Mitgliedstaaten aufhalten sicherstellen. Zudem, sollte die Integrationspolitik darauf ausgerichtet sein, Drittstaatsangehörigen die Rechte und Pflichten wie Unionsbürgern zuzuerkennen. Dabei trägt die Familienzusammenführung zur Schaffung soziokultureller Stabilität bei, die die Integration Drittstaatsangehöriger in dem Mitgliedstaat erleichtert.[420]

Gemäß Art. 1 und dem dritten Erwägungsgrund der Richtlinie muss der betroffene Drittstaatsangehörige einen rechtmäßigen Aufenthalt haben. Da die Ausländer mit fehlendem Aufenthaltsrecht diese Sozialleistungen nicht in Anspruch nehmen können, werden sie von den Integrationsmaßnahmen im Aufnahmeland ausgeschlossen. Nach Art. 7 Abs. 1 der Richtlinie können die Mitgliedstaaten bei Einreichung des Antrags auf Familienzusammenführung vom Zusammenführenden den Nachweis bestimmter materieller Voraussetzungen

---

419 Vgl. insbesondere Begründungserwägungen 2 und 4 der Richtlinie.
420 Vgl. Erwägungsgrund Nr. 4 der Richtlinie.

verlangen,[421] wie zum Beispiel genügend Wohnraum, Krankenversicherungsschutz und Einkünfte zur Sicherung des Lebensunterhaltes der Familie. Es soll damit eine Belastung des Sozialleistungssystems des Aufnahmelandes vermieden werden. Außerdem können die Mitgliedstaaten nach Art. 7 Abs. 2 von Drittstaatsangehörigen verlangen, entsprechenden Integrationsmaßnahmen nachzukommen.

Nach Art. 14 haben die Familienangehörigen des Zusammenführenden, in gleicher Weise wie dieser selbst, das Recht auf Zugang zu allgemeiner Bildung, Zugang zu einer unselbstständigen oder selbstständigen Erwerbstätigkeit, sowie Zugang zu beruflicher Beratung, Ausbildung, Fortbildung und Umschulung. Die Richtlinie enthält dagegen kaum konkrete Vorgaben für die Behandlung im Sozialleistungsbereich sowie zur Beschäftigung.[422] Es wird eher gemäß dem nationalen Recht beschlossen, unter welchen Bedingungen die Familienangehörigen eine unselbstständige oder selbstständige Erwerbstätigkeit ausüben können.

b) Daueraufenthaltsrichtlinie - RL 2003/109/EG

Die Richtlinie 2003/109/EG[423] vom 25. November 2003 über die Rechtsstellung der langfristig aufenthaltsberechtigten Drittstaatsangehörigen wurde auf der Grundlage des Art. 79 AEUV erlassen. Der Erwägungsgrund Nr. 4 der Richtlinie besagt, dass die Integration von Drittstaatsangehörigen, die in den Mitgliedstaaten langfristig ansässig sind, entscheidend zur Förderung des wirtschaftlichen und sozialen Zusammenhalts beiträgt, der als eines der Hauptziele der Gemeinschaft im Vertrag angegeben ist.

Art. 3 begrenzt den Anwendungsbereich der Richtlinie auf Drittstaatsangehörige, die sich rechtmäßig im Hoheitsgebiet eines Mitgliedstaats aufhalten. Diese Richtlinie bezweckt die Verfestigung der Rechtsstellung von Drittstaatsangehö-

---

421 Die Wichtigkeit der Erlangung dieser materiellen Sicherheiten zeigt auch die Richtlinie 2004/38/EG. Diese Richtlinie (Art. 7 Abs. 1 lit. b) verlangt sogar von einem Unionsbürger und seinen Familienangehörigen für das Recht auf Aufenthalt von über drei Monaten Dauer, über ausreichende Existenzmittel zu verfügen, so dass sie während ihres Aufenthalts keine Sozialhilfeleistungen des Aufnahmemitgliedstaats in Anspruch nehmen müssen und er und seine Familienangehörigen über einen umfassenden Krankenversicherungsschutz im Aufnahmemitgliedstaat verfügen. In diesem Fall könnte ein Bürger der EU, nur wegen Erhalts von Sozialleistungen aus einem anderen Mitgliedstaat, im Prinzip, aus Gründen der öffentlichen Ordnung, Sicherheit oder Gesundheit abgeschoben werden. *Welte*, ZAR, 2003, S. 278.

422 *Höller*, Soziale Rechte Drittstaatsangehöriger nach europäischem Gemeinschaftsrecht, 2005, S. 311.

423 Richtlinie 2003/109/EG des Rates vom 25. November 2003 betreffend die Rechtsstellung der langfristig aufenthaltsberechtigten Drittstaatsangehörigen; ABl. Nr. L 16 v. 23.1.2004, S. 44.

rigen, die sich nach Art. 4 für mindestens fünf Jahre rechtmäßig in einem Mitgliedstaat ununterbrochen aufgehalten haben. Nicht anwendbar ist die Richtlinie nach Art. 3 und 4 auf Ausländer ohne Aufenthaltsrecht, da diese keinen rechtmäßigen Aufenthaltsstatus im Aufnahmeland nachweisen können.

Die Daueraufenthaltsrichtlinie sieht einen hohen Ausweisungsschutz vor (Art. 12).[424] Bevor ein Mitgliedstaat gegen einen langfristig Aufenthaltsberechtigten eine Ausweisung verfügt, wird nach Art. 12 Abs. 3 geprüft, ob die Dauer des Aufenthalts in dem Hoheitsgebiet zu einer Bindung zum Aufenthaltsstaat oder zu einer fehlenden Bindung zum Herkunftsstaat geführt hat. Danach wird bei Ausweisungsentscheidungen nach diesem Artikel die Dauer des Aufenthalts nach Ermessen besonders geschützt. Der Erwägungsgrund Nr. 16 der Richtlinie bestimmt, dass langfristig Aufenthaltsberechtigte verstärkten Ausweisungsschutz genießen sollen. Dieser Schutz orientiert sich an den Kriterien, die der Europäische Gerichtshof für Menschenrechte in seiner Rechtsprechung entwickelt hat. Die Ausweisung darf nicht auf wirtschaftlichen Überlegungen beruhen (Art. 12 Abs. 2) und ist gegenüber integrationsrelevanten Aspekten wie der Dauer des Aufenthalts, dem Alter, den familiären Folgen, den Bindungen zum Aufenthaltsstaat, oder fehlenden Bindungen zum Herkunftsstaat abzuwägen (Art. 12 Abs. 3).

Der dritte Erwägungsgrund dieser Richtlinie besagt, dass die Integration von Drittstaatsangehörigen, die in den Mitgliedstaaten langfristig ansässig sind, entscheidend zur Förderung des wirtschaftlichen und sozialen Zusammenhalts beiträgt. Diese Forderung steht als eines der Hauptziele der Gemeinschaft im Vertrag. Ausländer mit fehlendem Aufenthaltsrecht sind gemäß Art. 3 und 4 der Richtlinie von diesen Sozialleistungsrechten ausdrücklich ausgeschlossen. Deshalb wird hier das Ziel ihrer Integration im Aufnahmeland durch Sozialleistungsrechte nicht gefördert. Eine Analogie würde dem Willen des Rates der Europäischen Union nach dem zweiten Erwägungsgrund der Richtlinie widersprechen.

Art. 5 Abs. 1 verlangt als Bedingung für die Zuerkennung der Rechtsstellung eines langfristig Aufenthaltsberechtigten von jedem Drittstaatsangehörigen den Nachweis ausreichender Einkünfte zur Sicherung des Lebensunterhaltes, sowie eines Krankenversicherungsschutzes für die gesamte Familie, um zu vermeiden, dass er für das Sozialsystem des Aufnahmelandes zu einer Last wird.[425] Nach

---

424 *Walter*, Familienzusammenführung in Europa, 2007, S. 164.

425 Artikel 5 der Richtlinie 2003/109/EG: Bedingungen für die Zuerkennung der Rechtsstellung eines langfristig Aufenthaltsberechtigten (1) Die Mitgliedstaaten verlangen von einem Drittstaatsangehörigen den Nachweis, dass er für sich und seine unterhaltsberechtigten Familienangehörigen über folgendes verfügt: a) feste und regelmäßige Einkünfte, die ohne Inanspruchnahme der Sozialhilfeleistungen des betreffenden Mitgliedstaats für seinen eigenen Lebensunter-

Art. 5 Abs. 2 können die Mitgliedstaaten von Drittstaatsangehörigen verlangen, diese Integrationsanforderungen gemäß dem nationalen Recht zu erfüllen. Art. 11 Abs. 1 legt aber darüber hinaus fest, dass langfristig Aufenthaltsberechtigte in bestimmten Bereichen genauso wie eigene Staatsangehörige zu behandeln sind.[426] Dieser Katalog umfasst den „Zugang zur Erwerbstätigkeit, gleiche Beschäftigungs- und Arbeitsbedingungen, die allgemeine und berufliche Bildung, die Anerkennung von Befähigungsnachweisen, die soziale Sicherheit, Sozialhilfe und Sozialschutz im Sinne des nationalen Rechts, steuerliche Vergünstigungen, den Zugang zu Waren und Dienstleistungen, und die Vereinigungsfreiheit". Obwohl in Art. 11 Abs. 1 in den Bereichen des Arbeits- und Sozialrechts, sowie der Bildung und der Erwerbstätigkeit eine völlige Gleichstellung mit den eigenen Staatsangehörigen vorgesehen ist, können die Mitgliedstaaten diese Gleichbehandlung in bestimmten Fällen wieder einschränken, nämlich beim Zugang zu Ausbildung oder dem Zugang zur Erwerbstätigkeit (Art. 11 Abs. 2 und 3). Die Gleichbehandlungsverpflichtung wird nach Art. 11 Abs. 4 auch bei der Sozialhilfe und dem Sozialschutz negiert und auf die Grundleistungen beschränkt (Mindesteinkommen, Unterstützung bei Krankheit, Schwangerschaft, Elternschaft und Langzeitpflege).

III. Zwischenergebnis

Die Europäische Union hat seit 2002 zahlreiche Maßnahmen und Regelungen zur Bekämpfung der illegalen Einwanderung und zur Bekämpfung des unrechtmäßigen Menschenhandels in der Europäischen Union unternommen.[427] Heute definiert Art. 79 Nr. 2 lit. c AEUV die einwanderungspolitischen Maßnahmen im Bereich der illegalen Einwanderung und des illegalen Aufenthalts sowie der Rückführung solcher Personen, die sich illegal in einem Mitgliedstaat aufhalten.

Allerdings kann es bei der Durchführung der Abschiebung zu Verzögerungen kommen, sodass ein rein faktischer Aufenthalt einer gewissen Regelung bedarf. Inwieweit diese Richtlinien lediglich die Gewährung von einem Mindestmaß an sozialen Rechten beinhalten oder ihre Integration im Aufnahmestaat fördern, bestimmt sich nach der Dauer und dem Zweck des Aufenthaltes. Daher ist für den Gesamtüberblick der Migrationspolitik der Union die Darstellung zahl-

---

halt und den seiner Familienangehörigen ausreichen, und eine Krankenversicherung; ABl. L 16 v. 23.1.2004, S. 47. Siehe auch Art. 15 Abs. 2 der Richtlinie über Bedingungen für den Aufenthalt in einem zweiten Mitgliedstaat.

426 Vgl. Erwägungsgrund Nr. 12 der Richtlinie.

427 Richtlinie 2002/90/EG des Rates v. 28.11.2002 zur Definition der Beihilfe zur unerlaubten Ein- und Durchreise und zum unerlaubten Aufenthalt; ABl. L 328/17 v. 5.12.2002, S. 17.

reicher sekundärrechtlicher Richtlinien nötig, nicht nur der Richtlinien zur Bekämpfung der illegalen Migration und zum vorübergehenden Schutz, sondern auch der sog. Integrationsrichtlinien (Familienzusammenführungs- und Daueraufenthaltsrichtlinie).

So wird sowohl nach der Familienzusammenführungs-,[428] wie auch nach der Daueraufenthaltsrichtlinie[429] die Integration von Ausländern durch soziale Rechte wie für Staatsbürger gewährt. Diese sogenannten Integrationsrichtlinien sehen die Eingliederung von Drittstaatsangehörigen, die sich rechtmäßig langfristig im Hoheitsgebiet der Mitgliedstaaten aufhalten, als entscheidenden Beitrag zur Förderung des wirtschaftlichen und sozialen Zusammenhalts. Ihre Integration gilt als eines der Hauptziele der Union.[430] Die Integrationsrichtlinien setzen voraus, dass ein Drittstaatsangehöriger, der eine Aufenthaltsgenehmigung beantragt, ausreichende Einkünfte und einen Krankenversicherungsschutz nachweisen kann, damit er keine Sozialhilfe beantragen muss und zu einer Last für den betreffenden Mitgliedstaat wird.

Sonstige Ausländer wie Flüchtlinge oder Ausländer ohne Aufenthaltsrecht hingegen können nach den für sie geltenden Richtlinien[431] nur die notwendigen Sozialleistungen in Anspruch nehmen, um ein menschenwürdiges Dasein zu sichern. Die EU-Richtlinien sehen die Integration von Flüchtlingen im Aufnahmeland nicht vor, weil sie sich nur vorübergehend im Land aufhalten. Auch wenn zum Beispiel minderjährige Ausländer danach Zugang zum Bildungssystem wie Staatsangehörige haben sollen, ist damit nicht an die Integration in das Aufnahmeland gedacht, sondern an die Rückführung ins Heimatland.

Für die Gruppe der Ausländer mit fehlendem Aufenthaltsrecht ist festzustellen, dass sie von den Richtlinien in diesem Harmonisierungsprozess nur zu einem geringeren Maß erfasst wurden. Sie bekommen ein Aufenthaltsrecht nur bis zur tatsächlichen Abschiebung. Als deren Folge können soziale Rechte sich allenfalls aus der Richtlinie über Beihilfe zur unerlaubten Ein- und Durchreise,[432] der Opferschutzrichtlinie[433] und im minimalen Umfang bis zur Abschiebung auch nach der Rückführungsrichtlinie[434] ergeben. Während Art. 9 der Rückführungsrichtlinie für den geduldeten Drittstaatsangehörigen ein Aufschub

---

428 Familienzusammenführung bei Drittstaatsangehörigen - RL 2003/86/EG.

429 Daueraufenthaltsrichtlinie - RL 2003/109/EG.

430 Vgl. jeweils vierter Erwägungsgrund der Richtlinie 2003/86/EG und Richtlinie 2003/109/EG.

431 Vorläufiger Schutz im Falle eines Massenzustroms - RL 2001/55/EG, Aufnahmerichtlinie für Asylbewerber - RL 2003/9/EG, Qualifikationsrichtlinie - RL 2004/83/EG, Asylbewerber - RL 2005/85/EG.

432 Beihilfe zur unerlaubten Ein- und Durchreise - RL 2002/90/EG.

433 Opferschutzrichtlinie - RL 2004/81/EG.

434 Rückführungsrichtlinie - RL 2008/115/EG.

der Abschiebung sowie die Ausübung einer Beschäftigung vorsieht, betrifft der Harmonisierungsprozess für Ausländer ohne Aufenthaltsrecht zumeist nur ihre Ausweisung aus der Schengenzone und Mindeststandards für Sanktionen und Maßnahmen, die in den Mitgliedstaaten gegen Arbeitgeber zu treffen sind, die gegen dieses Verbot verstoßen.

KAPITEL 2
Sozialleistungen an Ausländer mit fehlendem Aufenthaltsrecht in der Bundesrepublik Deutschland

In diesem Kapitel soll untersucht werden, ob und ggf. welche Ansprüche auf Sozialleistungen Ausländer mit fehlendem Aufenthaltsrecht in Deutschland haben. Dazu wird der Länderbericht für die Bundesrepublik in zwei Teile untergliedert: A. Die Ziele und der Geltungsbereich des deutschen Sozialleistungssystems und B. die einzelnen Sozialleistungen und ihre ausländerrechtlichen Zugangsvoraussetzungen bzw. aufenthaltsrechtlichen Auswirkungen.

A. Geltungsbereich des Sozialleistungssystems in Bezug auf Ausländer mit fehlendem Aufenthaltsrecht

Zunächst stellt sich die Frage, inwieweit Ausländer überhaupt Ansprüche im deutschen Sozialleistungssystem geltend machen können. Je nach Art der Sozialleistung sind im Sozialgesetzbuch unterschiedliche Regelungen und Prinzipien für die Berechtigung enthalten. Für den Leistungsbezug kommt es vor allem darauf an, ob die Ausländer mit fehlendem Aufenthaltsrecht in den Geltungsbereich des besonderen Teils des Sozialgesetzbuches mit einbezogen sind.[1] Für den Einbezug sind verschiedene Leistungsanknüpfungen relevant.

Zuvorderst wird zwischen den allgemeinen (§ 30 SGB I) und besonderen Leistungsanknüpfungen (§ 30 Abs. 1 SGB I oder § 37 SGB I) unterschieden.

I. Der Geltungsbereich nach der allgemeinen Leistungsanknüpfung (§ 30 SGB I)

§ 30 SGB I legt die Grenzen für den Geltungsbereich und die Reichweite der sozialstaatlichen Verantwortung für das gesamte Sozialgesetzbuch fest.[2] Nach § 30 Abs. 1 SGB I gelten die Vorschriften dieses Gesetzbuchs für alle Personen, die ihren Wohnsitz oder ihren gewöhnlichen Aufenthalt in dessen Geltungsbereich haben. Das bedeutet, dass prinzipiell alle Einwohner der Bundesrepublik

---

1 Vgl. *Will*, Ausländer ohne Aufenthaltsrecht, 2008, S. 188.
2 *Hauck*, in: *ders./Noftz*, SGB I, § 30 SGB I, Rn. 1.

Deutschland Ansprüche aus dem SGB geltend machen können. Das Sozialgesetzbuch orientiert sich demnach also am Territorialitätsprinzip (räumlicher Geltungsbereich),[3] und nicht am Personalitätsprinzip[4] bzw. an der Staatsangehörigkeit (persönlicher Geltungsbereich). Gemeinsam ist allen Sozialleistungen, dass sie ausschließlich Personen mit einem bestimmten Bezug zum deutschen Territorium zur Verfügung stehen.[5] Das SGB gilt für alle Ausländer, solange sie ihren Wohnsitz[6] oder ihren gewöhnlichen Aufenthalt im Bundesgebiet haben. Die Definitionen des Wohnsitzes und des gewöhnlichen Aufenthalts können § 30 Abs. 3 SGB I entnommen werden. Einen Wohnsitz besitzt jemand dort, wo er eine Wohnung unter Umständen innehat, die darauf schließen lassen, dass er die Wohnung beibehalten und benutzen wird (§ 30 Abs. 3 S. 1 SGB I). Den gewöhnlichen Aufenthalt hat jemand dort, wo er sich unter Umständen aufhält, die erkennen lassen, dass er an diesem Ort oder in diesem Gebiet nicht nur vorübergehend verweilt (§ 30 Abs. 3 S. 2 SGB I). Jedoch kann den Begriff des gewöhnlichen Aufenthaltes nicht für alle Sozialleistungsbereiche gleich definiert werden, er hängt vielmehr von der Art und Zielsetzung der jeweiligen Leistung ab.[7] In jeden Fall muss erkennbar sein, dass der Ausländer sich im Aufnahmeland nicht nur vorübergehend, sondern in der Regel länger als ein halbes Jahr ununterbrochen im Inland aufhält.[8]

Im Wege der Leistungsanknüpfung an den gewöhnlichen Aufenthalt können bestimmte Ausländer von Sozialleistungen ausgeschlossen werden.[9] Namentlich davon betroffen sind Ausländer mit nur vorübergehendem Aufenthalt in der Bundesrepublik, da diesen der gewöhnliche Aufenthalt als Anknüpfungskriterium fehlt.[10] Sie haben selbst dann keinen gewöhnlichen Aufenthalt, wenn sie eine Duldung besitzen.[11] Personen, deren Aufenthaltsstatus noch geprüft wird, bzw. die jederzeit zum Verlassen der Bundesrepublik aufgefordert werden können, haben weder einen Wohnsitz, noch einen gewöhnlichen Aufenthalt in Deutschland. Sie halten sich nur vorübergehend im Land auf. Das betrifft insbesondere die vollziehbar ausreisepflichtigen Ausländer (§ 1 Abs. 1 Nr. 5 AsylbLG i. V. m. § 58 Abs. 2 AufenthG), sowie z.T. Inhaber einer Duldung

---

3 Vgl. *Kingreen*, Soziale Rechte und Migration, 2010, S. 16; *Hauck*, in: *ders./Noftz*, SGB I, § 30 SGB I, Rn. 1-2.
4 Näher dazu Einleitung B III.
5 *Frings*, Sozialrecht für Zuwanderer, 2008, S. 24.
6 BSGE 86, 86, (90).
7 BSGE 60, S. 262; BSG v. 27.1.1994, InfAuslR 1994, S. 317.
8 *Kunkel*, NVwZ 1994, S. 354-355.
9 *Sieveking*, in: *Barwig/Röseler/u.a*, Sozialer Schutz von Ausländern, 1997, S. 28.
10 *Will*, Ausländer ohne Aufenthaltsrecht, 2008, S. 188.
11 *Will*, Ausländer ohne Aufenthaltsrecht, 2008, S. 188.

(§ 60a AufenthG). Anderenfalls wäre eine völlige Gleichbehandlung aller sich im Inland aufhaltenden Ausländer und Deutschen finanziell nicht tragbar.[12]

II. Abweichungen des Geltungsbereiches durch Völkerrecht (§ 30 Abs. 2 SGB I) oder innerstaatliches Recht (§ 37 SGB I)

Der Geltungsbereich der allgemeinen Leistungsanknüpfung des Wohnsitzes oder des gewöhnlichen Aufenthalts nach § 30 Abs. 1 SGB I gilt, solange es keine Regelung im über- und zwischenstaatlichen Recht gibt (§ 30 Abs. 2 SGB I), oder sich nach § 37 SGB I keine Abweichungen ergeben.[13] Obwohl das Territorialitätsprinzip innerhalb des Sozialgesetzbuchs das dominierende Prinzip ist, wird der Anwendungsbereich dieser allgemeinen Regelung nach § 30 Abs. 1 SGB I durch §§ 30 Abs. 2 SGB I und 37 SGB I eingeschränkt und kommt dadurch nur subsidiär zur Geltung.[14]

a) Zum einen weist § 30 Abs. 2 SGB I auf den Vorrang von über- und zwischenstaatlichen Regelungen hin. Bei den Regelungen des über- und zwischenstaatlichen Rechts handelt es sich um unions- und völkerrechtliche[15] Verträge, bei denen es z. B. um die Koordinierung der europäischen Sozialpolitik und der sich daraus ergebenden Ansprüche der Bürger geht, um die Freizügigkeit der Unionsbürger auch sozialrechtlich (z. B. Verordnung (EWG) 1408/1971) auszugestalten.[16]

b) Zum anderen sieht § 37 SGB I die Möglichkeit vor, in den übrigen Büchern des SGB abweichende Regelungen zu § 30 SGB I zu treffen, die als *lex specialis* vorgehen.[17] Eine der wichtigsten Abweichungen vom Territorialitätsprinzip (gemäß § 37 SGB I) findet sich im Bereich der Sozialversicherung; der persönliche Geltungsbereich der Beschäftigten gemäß § 3 Abs. 1 SGB IV. Danach gelten die Vorschriften über die Versicherungspflicht und die Versicherungsberechtigung für alle Personen, die im Geltungsbereich dieses Gesetzbuchs beschäftigt oder selbständig tätig sind. Ob ein Ausländer in der Sozialversiche-

---

12 *Horrer,* Das Asylbewerberleistungsgesetz. Die Verfassung und das Existenzminimum, 2001, S. 58.

13 *Hauck,* in: *ders./Noftz,* SGB I, § 30 SGB I, Rn. 3.

14 *Hauck,* in: *ders./Noftz,* SGB I, § 30 SGB I, Rn. 2-3.

15 Z.B. im Kinder- und Jugendhilfe (SGB VIII i. V. m. Haager Minderjährigenschutzabkommen). OVG NW, ZfJ 1998, S. 467, 472. Näher dazu 2. Kapitel B III.

16 Verordnung 1408/1971 vom 14.6.1971 über die Anwendung der Systeme der sozialen Sicherheit auf Arbeitnehmer und Selbständige sowie deren Familienangehörige, die innerhalb der Gemeinschaft zu- und abwandern. ABl. Nr. L 149 v. 5. 7. 1971 S. 2. Zuletzt geändert durch VO (EG) Nr. 647/2005 v. 13.4.2005, ABl. Nr. L 117 v. 4. 5. 2005, S. 1.

17 *Steinmeyer,* in: *v. Maydell/Ruland,* Sozialrechtshandbuch, 2003, S. 1593.

rung versichert sein kann, insbesondere wenn sein Aufenthalt nur vorübergehend oder gar unrechtmäßig ist, hängt von den Zugangsregelungen für die einzelnen Sozialversicherungszweige ab.

Die Staatsangehörigkeit spielt bei der deutschen Sozialversicherung keine unmittelbare Rolle.[18] Hierzu wird gemäß § 3 Nr. 1 SGB IV nicht mehr der Wohnsitz oder der gewöhnliche Aufenthalt als territoriales Merkmal herangezogen, sondern die Beschäftigung bzw. der Beschäftigungsort, also der Ort, an dem gemäß § 9 Abs. 1 SGB IV die Beschäftigung tatsächlich ausgeübt wird.

B. Zugangsvoraussetzungen zu einzelnen Sozialleistungen und deren Systematisierung

Im Folgenden sollen zum einen die einzelnen Sozialleistungen nach ihren typischen Merkmalen systematisiert werden,[19] und zum anderen die Stellung von Ausländern mit fehlendem Aufenthaltsrecht in den vier Kategorien des Sozialleistungssystems[20] (Sozialhilfe, Sozialversicherung, soziale Förderung und Entschädigung) untersucht werden.

I. Nachrangige Grundsicherung durch Sozialhilfe

Die Sozialhilfe bzw. „Sonder-Sozialhilfe" ist für Menschen ohne Aufenthaltsrecht besonders wichtig. Sie soll in verschiedenen Fällen von materieller Bedürftigkeit und Gefährdung des Grundbedarfs, der Sicherung des Existenzminimums umfassend alle Bevölkerungsteile in Notsituationen helfen.[21] Bevor aber die einzelnen Leistungen der Sozialhilfe dargestellt werden, sollen deren Grundsätze und Prinzipien erörtert werden.

---

18 Vgl. *Becker*, in: *Benvenisti/Nolte*, The Welfare State, 2004, S. 10; *Heinz*, in: *ders./Schuhmannt/ Busemann*, Ausländische Arbeitnehmer, 2002, S. 221; *Eichenhofer*, in: *Barwig/Röseler/u.a.*, Sozialer Schutz von Ausländern, 1997, S. 66.

19 *Zacher*, in: *Fürst/Herzog/Umbach*, FS f. Zeidler, 1987, S. 582 ff. Näher dazu Einleitung Teil B III.

20 *Becker*, JuS 1998, S. 91.

21 *Becker*, JuS 1998, S. 94.

1. Entwicklung und einzelne Bereiche der Sozialhilfe im Überblick

a) Entwicklung und Prinzipien des Sozialhilferechts

aa) Entwicklung des Sozialhilferechts bis 9. Februar 2010

Das Bundesverwaltungsgericht[22] vollzog einen entscheidenden Schritt, als es den Hilfebedürftigen eine gerichtlich durchsetzbare Mindestsicherung gewährte.[23] Das Gericht erkannte eine staatliche Pflicht jedem Einzelnen die Möglichkeit zu bieten, ein Leben zu führen, das der Würde des Menschen entspricht.[24] Vor dieser Entscheidung des Bundesverwaltungsgerichts standen lediglich armenpolizeiliche Maßnahmen bei Hilfsbedürftigkeit zur Verfügung. Der Arme war Objekt einer im öffentlichen Interesse erforderlichen Verpflichtung[25] und hatte keinen eigenen Anspruch auf Hilfeleistungen.[26] Das Leistungsrecht und Ordnungsrecht waren unmittelbar miteinander verknüpft. Der Gedanke, dass ärmere Bevölkerungsgruppen der Gesellschaft die öffentliche Sicherheit und Ordnung auf Grund von Hunger, Not, und Verwahrlosung gefährden könnten, stand dabei im Hintergrund.

Das BVerfG sprach erst 1975 von der Pflicht des Staates zur Sicherung der „Mindestvoraussetzungen eines menschenwürdigen Daseins" als zentrale Verpflichtung des Sozialstaats[27] gemäß Art. 1 Abs. 1 GG i. V. m. Art. 20 Abs. 1 GG.[28] Der Bruch mit der armenpolizeilichen Tradition entstand nicht allein aufgrund des Sozialstaatsprinzips, woraus sich in der Regel keine konkreten Handlungsanweisungen und subjektiven Rechte ableiten lassen,[29] sondern auf der Grundlage der Menschenwürde.[30] Die Menschenwürde[31] wird missachtet, wenn

---

22 BVerwGE 1, 159-163.

23 Vgl. *Henke*, Das subjektive öffentliche Recht, 1968, S. 119; *Cremer*, Freiheitsgrundrechte, 2003, S. 383.

24 BVerwGE 25, 23 (27).

25 G.P., Entgegnung, in: Blätter für administrative Praxis und Polizeirechtspflege, Bd. XXII (1872), S. 25.

26 Vgl. § 33 des Gesetzes über die Verpflichtung zur Armenpflege vom 31.12.1842 (Preußische gesetzsesssammlung 1843, S. 8). *Neumann*, NVwZ 1995, S. 427.

27 BVerfGE 40, 121 (133).

28 BVerfGE 45, 187 (228).

29 BVerfGE 65, 182 (193).

30 *Neumann*, Menschenwürde und Existenzminimum, 1994, S. 13; BVerfGE 78, 348 (360) lässt offen, „ob Art. 1 Abs. 1 GG ein Grundrecht des einzelnen auf gesetzliche Regelung von Ansprüchen auf angemessene Versorgung begründen könnte."

31 Dies ist trotz des Umstands geschehen, dass heute zwischen Menschenwürde und Existenzminimum ein konsistenter Begründungszusammenhang besteht. Das war bis vor kurzem ganz anders. Das Bundesverfassungsgericht hatte drei Jahre vor der Fürsorgerechts-Entscheidung die

der Bedürftige gezwungen ist, finanziell unter solchen Lebensbedingungen zu existieren, die ihn zum Objekt erniedrigen.[32] Heute prägt diese Objektformel[33] immer noch das Verständnis und die Auslegung des Prinzips der Menschenwürde. Zwar enthielt das Grundgesetz bis Februar 2010 nicht ausdrücklich ein Grundrecht auf Gewährung eines Existenzminimums.[34] Jedoch leitete das sog. „Regelleistungs-Urteil"[35] erstmals ausdrücklich aus Art. 1 Abs. 1 i. V. m. Art. 20 Abs. 1 GG ein „Grundrecht auf Gewährleistung eines menschenwürdigen Existenzminimums" ab.[36] Das Grundrecht auf Gewährleistung eines menschenwürdigen Existenzminimums sichert jedem Hilfebedürftigen diejenigen materiellen Voraussetzungen zu, die für seine physische Existenz und für ein Mindestmaß an Teilhabe am gesellschaftlichen, kulturellen und politischen Leben unerlässlich sind.[37]

bb) Das „Regelleistungsurteil" des BVerfG vom 9. Februar 2010

Der erste Senat des Bundesverfassungsgericht, hat in dem sog. „Regelleistungsurteil" oder „Hartz IV"-Urteil[38] auf Grundlage der Vorlagebeschlüsse des Hessischen Landessozialgerichts und des Bundessozialgerichts[39] die Vorschriften der Grundsicherung für Arbeitsuchende (SGB II) über die Regelleistungen für Erwachsene und Kinder für verfassungswidrig erklärt. Die Regelleistungen erfüllen nicht den verfassungsrechtlichen Anspruch auf Gewährleistung eines menschenwürdigen Existenzminimums. Unter dem menschenwürdigen Existenzminimum wird „sowohl die physische Existenz (Nahrung, Kleidung, Unter-

---

Menschenwürde und Existenzminimum als disparate Begriffe dargestellt und hat noch folgendermaßen argumentiert: „wenn die Menschenwürdenorm alle staatliche Gewalt zum Schutz der Würde verpflichtet, dann ist damit der Schutz vor Angriffen wie Erniedrigung, Brandmarkung, Ächtung und Verfolgung gemeint. Dagegen gehört die Gewähr eines Mindestmaßes an Nahrung, Kleidung und Wohnung zu den Aufgaben des Sozialstaates." Ein Individualanspruch wurde nur dann als möglich erachtet, wenn der Staat seinen Schutzverpflichtung willkürlich nicht oder völlig unzureichend nachkäme. BVerfGE 1, 97 (104).
32 BVerfGE 1, 159 (161).
33 Diese benutzt das BVerfG, vgl. BVerfGE 27, 1, 6; 45, 187, 228; 87, 209, 228; 109, 279, 312 f.; 115, 118, 153. Näher zu Objektformel *Starck*, in: *v. Mangoldt/Klein/ders.*, GG I, Art. 1 Abs. 1 GG, Rn. 17; *Dolzer*, in: *ders./Kahl/Waldhoff/Graßhof*, BK, § 1 Abs. 1 u. 2 GG, Rn. 63-67.
34 *Martínez Soria*, JZ, 2005, S. 644; *Horrer*, Das Asylbewerberleistungsgesetz. Die Verfassung und das Existenzminimum, 2001, S. 143.
35 BVerfGE 125, 175.
36 Näher dazu 2. Kapitel B 2 e (Verfassungsrechtliche Würdigung zum AsylbLG).
37 BVerfGE 125, 175 (133).
38 BVerfGE 125, 175.
39 Aussetzung- und Vorlagebeschluss des HessLSG v. 29.10.2008 – L 6 AS 336/07 –; Aussetzungs- und Vorlagebeschlüsse des BSG v. 27.1.2009 – B 14 AS 5/08 R und B 14/11b AS 9/07 R –.

kunft, Heizung, Hygiene, Gesundheit[40]), als auch die Sicherung der Möglichkeit zur Pflege zwischenmenschlicher Beziehungen, bzw. ein Mindestmaß an Teilhabe am gesellschaftlichen, kulturellen und politischen Leben" verstanden.[41] Der Umfang dieses Anspruchs kann jedoch nicht unmittelbar aus der Verfassung abgeleitet werden.[42] Dieser „hängt von den gesellschaftlichen Anschauungen über das für ein menschenwürdiges Dasein Erforderliche, der konkreten Lebenssituation des Hilfebedürftigen sowie den jeweiligen wirtschaftlichen und technischen Gegebenheiten ab und ist danach vom Gesetzgeber konkret zu bestimmen."[43] Hierzu verlangt das BVerfG, dass der Gesetzgeber „die zu erbringenden Leistungen an dem jeweiligen Entwicklungsstand des Gemeinwesens und den bestehenden Lebensbedingungen ausrichtet".[44] Allerdings ist der Gesetzgeber verpflichtet eine verfassungsrechtliche Kontrolle durchzuführen, und die zur Bestimmung des Existenzminimums im Gesetzgebungsverfahren eingesetzten Methoden und Berechnungsschritte nachvollziehbar offen zu legen.[45] Da der Gesetzgeber gegen unmittelbar aus Art. 1 Abs. 1 i. V. m. Art. 20 Abs. 1 GG folgende Verpflichtungen verstoßen hat, muss er bis spätestens zum 31. Dezember 2010 eine neue Regelung im SGB II schaffen oder zumindest die prozeduralen Anforderungen für die Berechnung der Grundsicherungsleistungen reformieren.[46]

Da das Grundgesetz selbst keine exakte Bezifferung des Anspruchs erlaubt, beschränkt sich – bezogen auf das Ergebnis – die materielle Kontrolle darauf, ob die Leistungen „evident unzureichend" sind.[47] Die geltenden gesetzlichen Regelleistungsbeträge zur Sicherung eines menschenwürdigen Existenzminimums sind im Allgemeinen nicht evident unzureichend.[48] Daher ist der Gesetzgeber nicht unmittelbar von Verfassungs wegen verpflichtet, höhere Leistungen festzusetzen.[49] Das BVerfG hat festgestellt, dass bei Kindern bis zur Vollendung des 14. Lebensjahres das Existenzminimum mit 207€ nicht gewahrt ist und sie Extra-Geld für Schule und Bildung brauchen.[50] Kinder können nicht wie „kleine Erwachsenen" behandelt werden, vielmehr muss ihr Existenzminimumsbedarf

40 BVerfGE 125, 175 (135), unter Bezugnahme auf BVerfGE 120, 125 (155 f.) = NJW 2008, 1868.
41 BVerfGE 125, 175 (135), unter Bezugnahme auf BVerfGE 80, 367 (374) = NJW 1990, 563; BVerfGE 109, 279 (319) = NJW 2004, 999; BVerwGE 87, 212 (214) = NJW 1991, 2304.
42 BVerfGE 125, 175 (138), unter Bezugnahme auf BVerfGE 91, 93 (111 f.) = NJW 1994, 2817.
43 BVerfGE 125, 175 (138), unter Bezugnahme auf BVerfGE 115, 118 (153) = NJW 2006, 751.
44 BVerfGE 125, 175 (135).
45 BVerfGE 125, 175 (144).
46 *Kingreen*, NVwZ 2010, S. 559.
47 BVerfGE 125, 175 (141), unter Bezugnahme auf BVerfGE 82, 60 (91 f.) = NJW 1990, 2869.
48 BVerfGE 125, 175 (151).
49 BVerfGE 125, 175 (151 ff.).
50 BVerfGE 125, 175 (190).

an kindlichen Entwicklungsphasen ausgerichtet werden.[51] „Der vorgenommene Abschlag von 40% gegenüber der Regelleistung für einen Alleinstehenden beruht auf einer freihändigen Setzung ohne empirische und methodische Fundierung."[52] Denn ohne Deckung dieser Kosten droht hilfebedürftigen Kindern der Ausschluss von Lebenschancen.[53]

Es ist nicht nur eine Konkretisierung[54] und ständige Aktualisierung, durch den Gesetzgeber erforderlich, sondern insbesondere die Kontrolle der Grundlagen und der Methode der Leistungsbemessung daraufhin, ob sie dem Ziel des Grundrechts gerecht werden. Der Gesetzgeber hat zur Ermittlung des Leistungsbetrages alle existenznotwendigen Aufwendungen in einem transparenten und sachgerechten Bemessungsverfahren realitätsgerecht sowie nachvollziehbar auf der Grundlage verlässlicher Zahlen und schlüssiger Berechnungsverfahren zu bemessen. Die Leistungen dürfen nicht auf „offensichtlich freihändig geschätzten Zahlen" beruhen.

Die Regelung ist verfassungswidrig, da der Gesetzgeber den Anspruchsumfang weder durch ein transparentes und sachgerechtes Berechnungsverfahren festgelegt hatte,[55] noch die Regelleistungssätze fortlaufend überprüft hat.[56]

cc)   Prinzipien des Sozialhilferechts

Die Sozialhilfe ist keine kausale Sozialleistung wie beispielsweise Unfallversicherungsleistungen, sondern vielmehr eine finale Sozialleistung.[57] Nach diesem Prinzip entsteht ein Anspruch auf Leistungen unabhängig von der Ursache der Hilfebedürftigkeit.[58] Es muss eine individuelle materielle Bedürftigkeit vorliegen,[59] um einen Anspruch auf Hilfeleistungen zu begründen. Das Bedürftigkeitsprinzip orientiert sich ausschließlich an dem, was zur Beseitigung des Nachteils erforderlich ist.[60] In § 9 SGB XII ist der Individualisierungsgrundsatz geregelt,[61] der verlangt, dass Art, Form, und Maß der Sozialhilfe an die indivi-

51 BVerfGE 125, 175 (191).
52 BVerfGE 125, 175 (191).
53 BVerfGE 125, 175 (192).
54 BT-Drucks. 16/7574.
55 BVerfGE 125, 175 (143).
56 Vgl. *Kingreen*, NVwZ 2010, S. 560.
57 *Waltermann*, Sozialrecht, 2010, S. 232.
58 *Igl/Welti/Schulin*, Sozialrecht, 2007, S. 282; *Gitter/Schmitt*, Sozialrecht, 2001, S. 315; *Becker*, JuS 1998, S. 94.
59 *Kokemoor*, Sozialrecht, 2010, S. 175.
60 *Bley/Kreikebohm/Marschner*, Sozialrecht, 2007, S. 50.
61 *Eichenhofer*, Sozialrecht, 2010, S. 294; *Waltermann*, Sozialrecht, 2010, S. 234; *Gitter/Schmitt*, Sozialrecht, 2001, S. 315.

duellen Bedürfnisse des Leistungsberechtigten angepasst werden müssen: „Die Leistungen richten sich nach der Besonderheit des Einzelfalles, insbesondere nach der Art des Bedarfs, den örtlichen Verhältnissen, den eigenen Kräften und Mitteln der Person oder des Haushalts bei der Hilfe zum Lebensunterhalt." Vor allem der Subsidiaritätsgrundsatz spielt in der Sozialhilfe eine große Rolle.[62] Nach § 2 Abs. 1 SGB XII i. V. m. § 9 SGB I greift die Sozialhilfe nur nachrangig,[63] wenn sich der Betroffene nicht selbst helfen und die erforderliche Hilfe nicht von woanders erhalten kann. Für Sozialhilfeempfänger gilt vorrangig das Geldleistungsprinzip und nicht das Sachleistungsprinzip.[64] Die Sozialhilfeleistungen sind anders als Versicherungsleistungen steuer- und nicht beitragsfinanziert.[65]

b) Die einzelnen Bereiche der Sozialhilfe im Überblick

Die Sozialhilfe gliedert sich in Deutschland in mehrere gruppenbezogene Bereiche: a) die Grundsicherung für Arbeitsuchende (SGB II), b) die allgemeine Sozialhilfe zur Sicherung eines soziokulturellen Existenzminimums, und c) das Asylbewerberleistungsgesetz für eine abgegrenzte Gruppe von Ausländern (§ 23 Abs. 2 SGB XII i. V. m. § 1 ff. AsylbLG).

aa) Grundsicherung für Arbeitsuchende (SGB II)

Ab dem 1. Januar 2005 wurden Sozialhilfe und Arbeitslosenhilfe in der Leistung „Grundsicherung für Arbeitsuchende" (Arbeitslosengeld II, im Volksmund auch „Hartz IV" genannt) zusammengefasst.[66] Gemäß § 7 Abs. 1 S. 4 SGB II sind Ausländer, die nicht ihren gewöhnlichen Aufenthalt im Inland haben und einem absolutem Arbeitsverbot unterliegen, von Leistungen nach dem SGB II ausgeschlossen. Daher haben Ausländer ohne gewöhnlichen Aufenthaltsstatus in Deutschland bzw. Ausländer mit fehlendem Aufenthaltsrecht keinen Anspruch aus dem SGB II.[67]

62 *Kokemoor*, Sozialrecht, 2010, S. 176; *Waltermann*, Sozialrecht, 2010, S. 233; *Eichenhofer*. Sozialrecht, 2010, S. 291; *Gitter/Schmitt*, Sozialrecht, 2001, S. 315.

63 *Gitter/Schmitt*, Sozialhilfe, 2001, S. 315.

64 *Herbst*, in: *Mergler/Zink*, § 2 AsylbLG, Rn. 43.

65 Näher dazu siehe 2. Kapitel B II über Vorsorge.

66 BGBl. 2003 I S. 2954. Siehe auch *Sieveking*, ZAR 2004, S. 283.

67 *Fasselt*, in: *Fichtner/Wenzel*, SBG XII mit AsylbLG, § 23 SGB XII, Rn. 3; *Classen*, Sozialleistungen für MigrantInnen und Flüchtlinge, 2008, S. 49; *Sieveking*, ZAR 2004, S. 285.

bb) Das Sozialhilferecht für Ausländer und Abweichungen davon (§ 23 SGB XII)

Anfang der 1980er Jahre setzte aufgrund der verschlechterten wirtschaftlichen Lage und des Anstiegs der Asylbewerber eine gesetzgeberische Tätigkeit ein, die von der schrittweisen Begrenzung der Sozialhilfeansprüche für Ausländer gekennzeichnet war.[68] Die Ausgliederung, die von Anfang an auf die Schaffung eines neuen Leistungssystems ausgerichtet war,[69] hat für Ausländer eine Einschränkung des im Sozialhilferecht geltenden Territorialitätsgrundsatzes mit sich gebracht. Damit war der tatsächliche Aufenthalt im Land nicht mehr die einzige Anspruchsgrundlage, sondern es wurde eine Differenzierung nach Aufenthaltsdauer eingefügt. Dabei spielt die Unterscheidung zwischen den Anknüpfungspunkten Wohnsitz, gewöhnlicher Aufenthalt und vorübergehender Aufenthalt eine zentrale Rolle.

Im Laufe der Zeit wurde zunehmend zwischen verschiedenen Ausländergruppen differenziert.[70] Im Jahr 1981 erhielt die Hilfeleistung für Ausländer[71] (§ 120 BSHG) durch das Zweite Haushaltsstrukturgesetz eine Sonderregelung in Absatz 2, die die Leistungen für Asylbewerber für Hilfe zum Lebensunterhalt kürzte, wobei diese nach Möglichkeit als Sachleistungen gewährt werden sollten.[72]

Die zweite Änderung des § 120 BSHG war gekennzeichnet von einer Erweiterung des Personenkreises. Danach wurden die einschränkenden Regelungen auch auf ausreisepflichtige Ausländer ausgedehnt. Damit sollte die Unterscheidung und Kürzung von Leistungen um bis zu 30% nicht nur auf Asylbewerber begrenzt werden, sondern auch auf Ausländer mit fehlendem Aufenthaltsrecht, sowie geduldete Ausländer angewendet werden.[73]

Am 1. Januar 2005 wurde das BSHG durch die SGB XII[74] und SGB II ersetzt; § 120 BSHG ist heute § 23 SGB XII. Nach § 23 Abs. 1 SGB XII ist Aus-

---

68 *Stolleis*, ZDWF 1985, S. 4. Näher dazu *Huber*, NDV 1988, S. 251.

69 *Bartos*, NDV 1981, S. 246.

70 *Herbst*, in: *Mergler/Zink*, SGB XII, Entstehungsgeschichte, Rn. 1.

71 Bundessozialhilfegesetz v. 30.6.1961 (BGBl. I S. 815) in der Neufassung v. 23.3.1994 (BGBl. I S. 646; Berichtigung BGBl. I S. 2975).

72 Zweites Haushaltsstrukturgesetz (2. HStruktG) v. 22.12.1981. BGBl. I S. 1523. BT-Drucks 9/1140 S. 4. *Hohm*, in: *ders.*, GK-AsylbLG, Entstehungsgeschichte, Rn. 13; *Stolleis*, ZDWF 1985, S. 4.

73 *Hohm*, in: *ders.*, GK-AsylbLG, Entstehungsgeschichte, Rn. 14. Die Einschränkung von Leistungen zur Ausreise verpflichtete Ausländer wurde durch Art. 26 Nr. 12 des 4. Haushaltbegleitgesetzes v. 22.12.1983, BGBl. I S. 1532 gemacht.

74 Gesetz zur Einordnung des Sozialhilferechts in das Sozialgesetzbuch. BGBl. I Nr. 67 3022 v. 27.12.2003.

ländern, die sich im Inland tatsächlich aufhalten, Hilfe zum Lebensunterhalt, Hilfe bei Krankheit, Hilfe bei Schwangerschaft und Mutterschaft, sowie Hilfe zur Pflege in gleichem Umfang wie Deutschen zu leisten. Allerdings wurde ein bestimmter Personenkreis aus diesen Leistungen ausdrücklich ausgeschlossen. Nach § 23 Abs. 2 SGB XII erhalten Leistungsberechtigte nach § 1 des Asylbewerberleistungsgesetzes keine Leistungen der Sozialhilfe. Ebenfalls haben die Ausländer, die eingereist sind um Sozialhilfe zu erhalten, keinen Anspruch auf Sozialhilfe (§ 23 Abs. 3 SGB XII). Damit wurde die hier untersuchte Ausländergruppe ohne Aufenthaltsrecht aus der SGB XII ausgeschlossen. Geduldete und Ausreisepflichtige erhalten keine regulären Sozialleistungen,[75] sondern nur Leistungen nach dem Asylbewerberleistungsgesetz.[76]

2. Die „Sonder-Sozialhilfe" für bestimmte Ausländer: Asylbewerberleistungsgesetz

a) Entstehung des Asylbewerberleistungsgesetzes und einbezogener Personenkreis

aa) Wesentliche Unterschiede zwischen Sozialhilfe und „Sonder-Sozialhilfe"

Das Asylbewerberleistungsgesetz (AsylbLG), das im 1. November 1993 in Kraft trat, ist ein eigenständiges Leistungsrecht außerhalb des SGB XII,[77] und wird daher rechtssystematisch als „Sonder-Sozialhilfe" bezeichnet. Es bestehen zwischen den Leistungen des Asylbewerberleistungsgesetzes und den verschiedenen Sozialleistungen einige Leistungsüberschneidungen.[78] Einerseits erhalten nach § 9 AsylbLG Leistungsberechtigte nach dem AsylbLG keine Leistungen nach dem Zwölften Buch Sozialgesetzbuch oder vergleichbaren Landesgesetzen. Andererseits schließen die Sozialgesetze ihrerseits Leistungsberechtigte nach dem AsylbLG ausdrücklich aus ihrem Anwendungsbereich aus,[79] wie beispielsweise bei der Sozialhilfe (§ 23 Abs. 2 SGB XII). Die im Vergleich zu der Sozialhilfe geringeren Leistungen nach dem AsylbLG werden mit dem hierbei fehlenden sozialen Integrationsbedürfnis gerechtfertigt.[80]

---

75 BT-Drucks. 16/7574.
76 BGBl. I, S. 1074. Neu gefasst duch Bekanntmachung v. 5.8.1997 (BGBl. I S. 2022), zuletz geändert durch Art. 2e des Gesetzes v. 24.9.2008 (BGBl. I S. 1856, 1875).
77 *Herbst*, in: *Mergler/Zink*, SGB XII, Einführung, Rn. 6; *Sieveking*, ZAR 2004, S. 283.
78 *Will*, Ausländer ohne Aufenthaltsrecht, 2008, S. 187.
79 *Janda/Wilksch*, SGb 2010, S. 565; *Will*, Ausländer ohne Aufenthaltsrecht, 2008, S. 187.
80 *Haedrich*, ZAR 2010, S. 229.

Das AsylbLG wurde nicht in § 68 SGB I aufgeführt und gehört damit nicht zu den besonderen Teilen des Sozialgesetzbuchs.[81] Deshalb kann im Rahmen des AsylbLG der gewöhnliche Aufenthalt nicht nach § 30 Abs. 3 S. 2 SGB I bestimmt werden.[82] Stattdessen wird der gewöhnliche Aufenthalt in § 10a Abs. 3 AsylbLG für den Geltungsbereich des AsylbLG eigenständig formuliert. Anders als die Sozialhilfe, die ein existentiell gesichertes und sozial integriertes Leben der Leistungsberechtigten zum Ziel hat, deckt das AsylbLG nur die Bedürfnisse eines, sich vorübergehend aufhaltenden ausländischen Bürgers. Damit wurde das Leistungsrecht dem Aufenthalts- und Asylrecht angepasst.[83] Im Kern handelt es sich bei diesem Gesetz um eine Regelung des Aufenthaltsrechts bzw. Ordnungsrechts.[84]

Da das AsylbLG nicht zur Sozialhilfe im engeren Sinne zählt, gelten hier andere Prinzipien als im Sozialhilferecht.[85] Anders als § 9 SGB XII der vom Individualisierungsgrundsatz geprägt ist, sieht das AsylbLG eine generalisierende Betrachtungsweise mit pauschal niedrigeren Leistungen vor.[86] Anders als für Sozialhilfeempfänger, für die grundsätzlich das Geldleistungsprinzip gilt, hat für Berechtigte des AsylbLG das Sachleistungsprinzip Vorrang.[87] Der Subsidiaritätsgrundsatz, wonach in der Sozialhilfe die Selbsthilfe Vorrang vor staatlicher Hilfe hat, spielt im AsylbLG genauso wie das Individualisierung- und Geldleistungsprinzip keine Rolle.[88]

bb) Schaffung des Asylbewerberleistungsgesetzes

Als Ergebnis der politischen Verhandlungen über Asyl und Zuwanderung entstand ein eigenes Leistungsgesetz für Asylbewerber,[89] nämlich das Asylbewerberleistungsgesetz[90] (AsylbLG), das am 1. November 1993 in Kraft trat. Dieses

---

81 *Herbst*, in: *Mergler/Zink*, SGB XII, Einführung, Rn. 12.
82 *Herbst*, in: *Mergler/Zink*, SGB XII, § 10a AsylbLG, Rn. 53. „Im Regelfall ist im Rahmen der Leistungsgewährung nach AsylbLG der tatsächliche Aufenthaltsort maßgeblich für die örtliche Zuständigkeit. Der gewöhnliche Aufenthalt ist dagegen der entscheidende Anknüpfungspunkt für die Bestimmung der örtlichen Zuständigkeit für Leistungen in Einrichtungen (§ 10a Abs. 2 AsylbLG) sowie für die Kostenerstattungspflicht gemäß § 10b Abs. 1-3 AsylbLG."
83 *Frings*, in: *Falge/Fischer-Lescano/Sieveking*, Gesundheit in der Illegalität, 2009, S. 153; *Herbst*, in: *Mergler/Zink*, SGB XII, Einführung, Rn. 6.
84 *Classen*, Sozialleistungen für MigrantInnen und Flüchtlinge, 2008, S. 13.
85 Näher zu Prinzipien des Sozialhilferechts 2. Kapitel B I 1. b.
86 BT-Drucks. 12/4451.
87 *Janda/Wilksch*, SGb 2010, S. 566; *Herbst*, in: *Mergler/Zink*, SGB XII, § 2 AsylbLG, Rn. 43.
88 Vgl. *Classen*, Menschenwürde mit Rabatt, 2000, S. 3 ff.
89 BT-Drucks. 12/4451.
90 BGBl. I S. 1074.

Sondersozialhilferecht[91] wurde im Hinblick auf die Bedürfnisse und Prioritäten der Migrationspolitik der damaligen Zeit entwickelt.[92] Die Zahl der Asylanträge ist von 57.379 im Jahr 1987 auf 438.191 Asylanträge im Jahr 1992 angestiegen.[93] Damit stieg auch die Zahl der Leistungsberechtigten. Aufgrund der großen Zahl der Asylbewerber und der Verschlechterung der Lage der öffentlichen Haushalte, musste der Staat in den 1990er Jahren Sparmaßnahmen im Bereich der Sozialhilfe vornehmen. Viele Kommunen mussten die Sozialhilfekürzungen durch ein fehlendes gesellschaftliches Integrationsinteresse rechtfertigen. Da für diese Ausländer nur ein vorübergehender Aufenthalt in der Bundesrepublik vorgesehen war, gab es keine Notwendigkeit, ihnen eine Teilnahme am kulturellen und gesellschaftlichen Leben zu ermöglichen.[94]

Der Gesetzgeber hat mit diesem Gesetz vor allem drei Ziele verfolgt: a) die Bekämpfung der missbräuchlichen Inanspruchnahme des Grundrechts auf Asyl[95] durch einer Abschreckungspolitik[96] bzw. Vermeidung der Schaffung von leistungsrechtlichen Anreizen für einen weiteren Verbleib in der Bundesrepublik,[97] b) fiskalpolitische Erwägungen und finanzielle Einsparungen durch Leistungsreduktionen[98] und c) die Bekämpfung der Schlepperkriminalität, indem eine Bezahlung von Schleppern unmöglich gemacht werden sollte.[99]

---

91 *Will,* Ausländer ohne Aufenthaltsrecht, 2008, S. 172; Vgl. *Becker,* in: *ders./Hablitzel/Kressel,* Beschäftigung und Soziale Sicherheit, 2007, S. 63.

92 Näher dazu *Janda/Wilksch,* SGb 2010, S. 565-566; *Huber,* NDV 1988, S. 251.

93 Mittlerweile ist die Anzahl der Asylantragsteller tatsächlich seit 1992 von 438.191 auf 22.085 im Jahre 2008 wieder gesunken. Bundesamt für Migration und Flüchtlinge: http://www.bamf.de/cln_101/nn_442496/SharedDocs/Anlagen/DE/DasBAMF/ Publikationen/broschuere-asyl-in-zahlen-2008.html (Stand: 20.7.2009).

94 *Herbst,* in: *Mergler/Zink,* SGB XII, Einführung, Rn. 3.

95 BT-Drucks. 15/420, S. 120; BT-Drucks. 12/5008, S. 13; *Huber,* NDV 1988, S. 251; *Wolken,* ZAR 1986, S. 63 f.

96 *Huber,* NDV 1988, S. 251.

97 „Die Absenkung des Leistungsniveaus ist nicht geeignet, den Zuzug von Asylbewerbern oder etwaigen Asylmissbrauch zu beschränken. Asylsuchende orientieren sich nicht an den Aufnahmebedingungen in den Herkunftsstaaten, stattdessen spielen Familienverbindungen eine Rolle sowie Erfolgschancen, in einem Mitgliedstaat als Flüchtling anerkannt zu werden." *v. Pollern,* ZAR 2009, S. 93 f.

98 BT-Drucks. 12/4451, Allgemeine Begründung und insbesondere BT-Drucks. 13/2746, Allgemeine Begründung.

99 BT-Drucks. 12/3686.

cc) Einbezogener Personenkreis

Die Bezeichnung „Asylbewerberleistungsgesetz"[100] (AsylbLG) ist nicht ganz zutreffend, weil der Titel des Gesetzes nur von Asylbewerbern spricht,[101] obwohl diese lediglich eine kleine Gruppe unter den berechtigten Ausländern darstellen. Für die Leistungsberechtigung nach dem AsylbLG kommt es nicht darauf an, ob zuvor ein Asylantrag gestellt wurde oder nicht. § 1 Abs. 1 AsylbLG[102] definiert den nach dem AsylbLG leistungsberechtigten Personenkreis. Leistungsberechtigt sind Asylbewerber, Ausreisepflichtige mit und ohne Duldung, Inhaber von zeitlich beschränkten Aufenthaltserlaubnissen (§ 1 Abs. 1 Nr. 3 AsylbLG),[103] sowie die Angehörigen der Leistungsberechtigten (§ 1 Abs. 1 Nr. 6 AsylbLG). Darunter fallen auch die hier untersuchten Ausländer mit fehlendem Aufenthaltsrecht, die Geduldeten (§ 1 Abs. 1 Nr. 4 AsylbLG) und vollziehbar ausreisepflichtige Ausländer (§ 1 Abs. 1 Nr. 5 AsylbLG).[104] Die Vollziehbarkeit ergibt sich nach der illegalen Einreise unmittelbar aus (§ 58 Abs. 2 Nr. 1 AufenthG).[105] Darunter fallen alle Ausländer ohne legalen Status.[106] Nach § 50 Abs. 1 AufenthG ist ein Ausländer, der sich im Bundesgebiet aufhält, ausreisepflichtig, wenn er keinen erforderlichen Aufenthaltstitel besitzt. Die Verpflichtung zur Ausreise erfolgt unmittelbar aus dem Gesetz und es be-

---

100 Asylbewerberleistungsgesetz in der Fassung der Bekanntmachung v. 5.8.1997 (BGBl. I S. 2022), zuletzt geändert durch Artikel 6 Abs. 2 des Gesetzes v. 19.8.2007 (BGBl. I S. 1970).

101 *Hohm*, in: *ders*, GK-AsylbLG, Entstehungsgeschichte, Rn. 1; vgl. *Classen*, Menschenwürde mit Rabatt, 2000, S. 42.

102 Leistungsberechtigt nach § 1 AsylbLG sind Ausländer, die sich tatsächlich im Bundesgebiet aufhalten und die: 1) eine Aufenthaltsgestattung nach dem Asylbewerberleistungsgesetz besitzen, 2) über einen Flughafen einreisen wollen und denen die Einreise nicht oder noch nicht gestattet ist, 3) eine Aufenthaltserlaubnis nach § 23 Abs. 1 oder § 24 wegen des Krieges in ihrem Heimatland oder nach Abs. 4 Satz 1 oder Abs. 5 des Aufenthaltsgesetzes besitzen, 4) eine Duldung nach § 60a des Aufenthaltsgesetzes besitzen, 5) vollziehbar ausreisepflichtig sind, auch wenn eine Abschiebungsandrohung noch nicht oder nicht mehr vollziehbar ist, 6) Ehegatten, Lebenspartner oder minderjährige Kinder der in den Nummern 1 bis 5 genannten Personen sind, ohne dass sie selbst die dort genannten Voraussetzungen erfüllen oder 7) einen Folgeantrag nach § 71 des Asylverfahrensgesetzes oder einen Zweitantrag nach § 71 a des Asylverfahrensgesetzes stellen.

103 Näher dazu BSG v. 13.11.2008, Az.B 14 AS 24/07 R9 (www.juris.de).

104 Nach § 1 Abs. 1 Nr. 2 AsylbLG fallen Inhaber einer Aufenthaltserlaubnis nach § 25 Abs. 5 Satz 1 AufenthG darunter. Sie sind jedoch nicht unmittelbarer Gegenstand dieser Untersuchung. § 25 Abs. 5 Satz 1 AufenthG: „Einem Ausländer, der vollziehbar ausreisepflichtig ist, kann abweichend von § 11 Abs. 1 eine Aufenthaltserlaubnis erteilt werden, wenn seine Ausreise aus rechtlichen oder tatsächlichen Gründen unmöglich ist und mit dem Wegfall der Ausreisehindernisse in absehbarer Zeit nicht zu rechnen ist. Die Aufenthaltserlaubnis soll erteilt werden, wenn die Abschiebung seit achtzehn Monaten ausgesetzt ist [...]".

105 *Dienelt*, in: *Renner*, AuslR, § 58 AufenthG, Rn. 12.

106 *Herbst*, in: *Mergler/Zink*, SGB XII, § 1 AsylbLG, Rn. 32; *Fasselt*, in: *Fichtner/Wenzel*, SBG XII mit AsylbLG, § 1 AsylbLG, Rn. 10.

darf keines behördlich gesetzten Verwaltungsakts, d. h. keiner besonderen Ausreiseaufforderung oder Abschiebungsandrohung (§ 58 a AufenthG). Entscheidend für die Leistungsberechtigung ist neben dem nicht berechtigten Aufenthaltsstatus der tatsächliche oder physische Aufenthalt in der Bundesrepublik.[107] Die Unterbringung, die Aufnahme, und die Versorgung dieser Menschen liegen nicht wie bei den Leistungsberechtigten des SGB II und SGB XII in der Verantwortung der Kommunen, sondern werden von Bund und Ländern finanziert.[108]

b) Grundleistungen (§ 3 AsylbLG)

Grundleistungen werden nach der Feststellung der Bedürftigkeit gewährt (§ 7 AsylbLG),[109] soweit der erforderliche Lebensunterhalt nicht auf Grund einer Verpflichtung eines Dritten nach § 68 Abs. 1 Satz 1 AufenthG gedeckt werden kann (§ 8 Abs. 1 Satz 1 AsylbLG).

aa) Leistungsumfang

§ 3 AsylbLG legt das Leistungsniveau des AsylbLG fest und regelt, anders als bei Sozialhilfeempfängern, den Vorrang der Sachleistungen vor Geldleistungen. Der Wert der Sachleistungen bleibt in Höhe eines Drittels hinter dem Regelsatz des SGB II und SGB XII zurück.[110] Das Ziel der Gewährung von Sachleistungen[111] nach § 3 AsylbLG liegt darin, den Anreiz für Ausländer ohne Einkommen und Vermögen zur Einreise nach Deutschland zu verringern.[112] Durch Art, Umfang und Form der Leistungsgewährung soll kein Anreiz geschaffen werden, aus wirtschaftlichen Gründen nach Deutschland zu kommen. Außerdem können mit der Ausgabe von Lebensmittelpaketen und Kleidung keine

---

107 *Hohm,* in: *ders.,* GK-AsylbLG, § 1 AsylbLG, Rn. 15.
108 Stellungnahme der Bundesvereinigung der Kommunalen Spitzenverbände Ausschussdrucksache 16(11)1356, BT-Drucks. 16/10837, S. 5.
109 BVerfG, v 11.7.2006, Az.1 BvR 293/05 (www.juris.de).
110 BT-Drucks. 16/10837, S. 6. *Classen,* Sozialleistungen für MigrantInnen und Flüchtlinge, 2008, S. 75; *Boumans/Ünal,* Die geteilte Menschenwürde, 1997, S. 54; *Streit/Hübschmann,* ZAR 1998, S. 270.
111 Bayern ist im bundesweiten Vergleich ein Vorreiter bei der Versorgung mit Sachleistungen wie Essens- und Hygienepakete für BewohnerInnen der Gemeinschaftsunterkünfte. Während Landkreise und kreisfreie Städte in anderen Bundesländern z.T. längst dazu übergegangen sind, Bargeld statt Sachleistungen zu gewähren, wurde in Bayern das strikte Sachleistungsprinzip selbst auf InhaberInnen einer Aufenthaltserlaubnis nach der bundesgesetzlichen Bleiberechtsregelung (§ 104a Aufenthaltsgesetz) ausgeweitet.
112 BT-Drucks. 12/3686.

Schlepperbanden mehr mit Bargeld finanziert werden.[113] Gleichzeitig können die entsprechenden Mittel eingespart werden.[114]

In § 3 AsylbLG wird der Anspruch des Leistungsberechtigten auf Deckung des Existenzminimums geregelt.[115] Was vom notwendigen Bedarf genau ist, besagt das Gesetz nicht,[116] sondern vielmehr wird es einen abstrakten Rahmen für die Grundleistungen festgelegt.[117]

Die Leistungsberechtigten erhalten in den ersten vier Jahren ihres Aufenthaltes[118] die notwendigen Bedarfsdeckungsleistungen an Ernährung, Heizung, Unterkunft, Kleidung, Hausrat und Hygieneartikel in der Regel als Sachleistungen (§ 3 Abs. 1 S. 1 AsylbLG). Die angelieferten Lebensmittel und Körperpflegeprodukte sind in Paketform für Männer, Frauen, und Kinder aufgeteilt. Der Wert dieser Leistungen unterscheidet sich einerseits nach der Stellung des Leistungsberechtigten in der Haushaltsgemeinschaft, und andererseits nach dem Alter der Haushaltsangehörigen.[119] Der monatliche Wert der Ersatzleistungen des Haushaltsvorstands beträgt 360 DM (184,07 €) und für Haushaltsangehörige 220 DM (112,48 €; bis zur Vollendung des 7. Lebensjahres) bzw. 310 DM (158,50 €; von Beginn des 8. Lebensjahres an) (§ 3 Abs. 2 S. 1 AsylbLG). Neben den Sachleistungen wird auch Taschengeld zur Verfügung gestellt – ein monatlicher Barbetrag von 40 DM (20,45 €) bis zur Vollendung des 14. Lebensjahres (§3 Abs. 1 S. 1 AsylbLG) und von 80 DM (40,90 €) ab dem 15. Lebensjahr (§ 3 Abs. 1 S. 2 AsylbLG). Obwohl die Verbraucherpreise von 1993 bis 2006 um 22,5% gestiegen sind, ist der Leistungsbetrag unverändert geblieben und es erfolgte bisher (entgegen des § 3 Abs. 3 AsylbLG) keine Angleichung an den tatsächlichen Lebenshaltungskosten.[120]

bb) Unterkunft und Versorgung in Gemeinschaftsunterkünften

Vor dem Hintergrund einer seit Jahren sinkenden Zahl an Asylbewerbern und Leistungsempfängern nach dem AsylbLG,[121] wird die Umsetzung und Voll-

---

113 BT-Drucks. 12/5008, S. 13 f.

114 BT-Drucks. 12/4451, S. 6 – man ging von einer Summe von jährlich 2 Mrd. DM aus.

115 *Herbst*, in: *Mergler/Zink*, SGB XII, § 3 AsylbLG, Rn. 2.

116 *Janda/Wilksch*, SGb 2010, S. 567.

117 Vgl. BVerwGE 92, 169.

118 Vgl. § 2 Abs. 1 AsylbLG.

119 *Hohm*, ZFSH/SGB 2010, S. 269.

120 Stellungnahme der Bevollmächtigte des Rates der Evangelischen Kirche in Deutschland, BT-Drucks. 16/10837, S. 3; Vgl. *Haedrich*, ZAR 2010, S. 231; *Hohm*, ZFSH/SGB 2010, S. 270; *Classen*, Sozialleistungen für MigrantInnen und Flüchtlinge; 2008, S. 76; vgl. *Horrer*, Das Asylbewerberleistungsgesetz. Die Verfassung und das Existenzminimum, 2001, S. 172.

121 BT-Drucks. 16/7574.

ziehung der Asylsozialpolitik im Bereich der sozialen Versorgung in Bayern intensiv hinterfragt. Im Zentrum der Diskussion steht dabei die Frage der Unterbringung von Leistungsempfängern nach dem AsylbLG. Fest steht, dass die Staatsregierung diesem Personenkreis, dem die Obdachlosigkeit droht, eine Unterkunft ermöglichen soll. Außerdem kann ein Ausländer ausgewiesen werden, wenn er längerfristig obdachlos ist (§ 55 Abs. 2 Nr. 5 AufenthG). Denn die Obdachlosigkeit begründet als Störung der öffentlichen Sicherheit und Ordnung eine Pflicht der Gemeinde zur Unterbringung, auch wenn es sich um Ausländer mit fehlendem Aufenthaltsrecht handelt.[122] Jede Gemeinde ist dafür zuständig, Gefahren auf ihrem Gebiet abzuwehren und Störungen der öffentlichen Sicherheit zu verhindern. Die Ordnungsbehörden bzw. die Polizei sind für die Unterbringung von ausländischen Obdachlosen zuständig.[123] Dieser Bedarf an Unterkunft wird im Wege der Unterbringung in Gemeinschaftsunterkünften gedeckt. In diesem Zusammenhang ist jedoch zu berücksichtigen, dass eine Einweisung von Obdachlosen in Obdachlosenheime in der Regel nur für kürzere Dauer erfolgen soll, während Leistungsberechtigte nach § 1 Abs. 1 AsylbLG meist mehrere Jahre[124] in Gemeinsachtsunterkünften untergebracht werden.[125]

(1)   Unterbringung in den bayerischen Gemeinschaftsunterkünften

Die Stellungnahme der Staatsregierung zum Thema „Umsetzung des Asylbewerberleistungsgesetzes in Bayern" bestätigte, dass das AsylbLG eine soziale Versorgung garantiert, die den nur vorübergehend aufenthaltsberechtigten Ausländern ein menschenwürdiges sowie selbstbestimmtes Leben in Deutschland ermöglicht.[126] Wie bereits erörtert, hat die Staatsregierung in Bayern mittlerweile die Umsetzung des Asylbewerberleistungsgesetzes geprüft und sich für eine zeitgemäße Ausrichtung der Asylsozialpolitik im Freistaat ausgesprochen.[127] Vor allem soll die bayerische Asyl- und Asylsozialpolitik zukunftsorientiert und familiengerecht weiterentwickelt werden.[128]

---

122 *Ruder*, Polizei- und ordnungsrechtliche Unterbringung von Obdachlosen, 1999, S. 39.
123 *Ruder*, Polizei- und ordnungsrechtliche Unterbringung von Obdachlosen, 1999, S. 40.
124 Verweildauer in Gemeinschaftsunterkünften sind im Durchschnitt drei Jahre. BT-Drucks. 16/9018, S. 40 f.
125 *Huber*, NDV 1988, S. 255.
126 Stellungnahme der Staatsregierung zum Thema „Umsetzung des Asylbewerberleistungsgesetzes in Bayern", Wortprotokoll. Bayerischer Landtag. 16.a Wahlperiode, S. 180.
127 Stellungnahme der Staatsregierung zum Thema „Umsetzung des Asylbewerberleistungsgesetz in Bayern", Wortprotokoll. Bayerischer Landtag. 16. Wahlperiode, S. 15.
128 BT-Drucks. 16/5539, S. 1; BT-Drucks. 16/5296, S. 1.

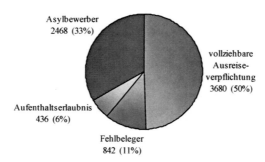

Asylbewerber
2468 (33%)

vollziehbare
Ausreise-
verpflichtung
3680 (50%)

Aufenthaltserlaubnis
436 (6%)

Fehlbeleger
842 (11%)

Abbildung 6: Bewohner bayerischer Gemeinschaftsunterkünfte (Mit freundlicher Genehmigung des Bayerischen Staatsministeriums für Arbeit und Sozialordnung, Familie und Frauen) Anhörung zum Thema „Umsetzung des AsylbLG in Bayern", Wortprotokoll v. 23.4.2009, Bayerischer Landtag, 16. Wahlperiode.

In Bayern ist die Unterbringung von Zuwanderern in der Asyldurchführungs- verordnung (DVAsyl) und im Aufnahmegesetz[129] (AufnG) geregelt. Einerseits soll nach § 7 Abs. 5 der Bayerischen Asyldurchführungsverordnung (DVAsyl) vom 4. Juni 2002 die Unterbringung von Ausländern in Gemeinschaftsunter- künften „die Bereitschaft zur Rückkehr in das Heimatland fördern". Anderer- seits besteht gemäß Art. 4 Abs. 1 des Bayerischen Landesaufnahmegesetzes (BayAufnG) für alle Leistungsberechtigten nach § 1 Abs. 1 AsylbLG die Pflicht, in einer Gemeinschaftsunterkunft zu wohnen. Nach Art. 4 Abs. 4 AufnG sind Ausnahmen zulässig, beispielsweise wenn Familienmitglieder über einen unter- schiedlichen aufenthaltsrechtlichen Status (sog. „Mischfälle") verfügen.[130] Seit 2002 läuft eine Kampagne, um die im Bayerischen Aufnahmegesetz[131] normierte Pflicht zur Wohnsitznahme in den staatlichen Gemeinschaftsunter- künften (Lagerpflicht) in Bayern abzuschaffen. Diese steht immer wieder in der Kritik von gemeinnützigen europäischen,[132] und internationalen Institutionen.[133]

129 Gesetz zur Aufnahme von ausländischen Flüchtlingen und zur Durchführung des Asylbewerber- leistungsgesetzes, v. 24. 5 2002 (GVBl. S. 192).
130 BayVGH U. v. 23.1.2009, Az. 21BV 08.30134 (www.juris.de). Der Bayerische Verwaltungs- gerichtshof hat die bisher geltende Mischfällepraxis für rechtswidrig erklärt, weil sie gegen die Vorgaben der Aufnahmerichtlinie 2003/9/EG verstoß. Danach wurden die Mischfälle in die Ge- meinschaftsunterkünfte eingewiesen, auch wenn sie als Familienmitglied an sich zum Auszug be- rechtigt waren.
131 Gesetz zur Aufnahme von ausländischen Flüchtlingen und zur Durchführung des Asylbewerber- leistungsgesetzes, v. 24. 5. 2002 (GVBl. S. 192).
132 *Thomas Hammarberg*, der Menschenrechtskommissar des Europarats, hat sich in seinem Bericht zur Lage der Menschenrechte in Deutschland auch mit dem Thema Asyl befasst. Herr Hammar- berg hat u.a. eine Münchner Unterkunft besucht und kritisiert:

Mittlerweile wurde die Unterbringungspolitik jedoch geändert. Als erster Schritt wurden zwei Metallcontainerunterkünfte in München geschlossen.[134] Zudem ist die Schließung sämtlicher Gemeinschaftsunterkünfte in Oberbayern geplant.[135] Eine Richtervorlage des Verwaltungsgerichts München an das BVerfG[136] vom 15. September 2005 zur verfassungsrechtlichen Überprüfung des Art. 4 Abs. 1 AufnG, wurde von diesem wegen fehlender ausreichender Begründung als unzulässig erachtet und abgelehnt. In Frage stand die Verfassungsmäßigkeit der Regelung des Art. 4 Abs. 1 BayAufnG, wonach Ausländer i. S. d. § 1 Abs. 1 Nr. 4 AsylbLG in der Regel in Gemeinschaftsunterkünften untergebracht werden sollen. Das Verwaltungsgericht hat den Art. 4 Abs. 1 BayAufnG als Regelung über die Verteilung und Unterbringung von Ausländern als der Materie des Ausländerrechts zugehörig betrachtet. Andererseits ist der Landesgesetzgeber davon ausgegangen, dass Art. 4 AufnG eine asylbewerberleistungsrechtliche und somit sozialhilferechtliche Materie ist, obgleich die Gesetzesmaterialien Motive rein ausländerrechtlicher Art zeigen.[137] Obwohl das Verwaltungsgericht den Gesetzesmaterialien ein ausländerrechtliches Motiv des Gesetzgebers für die Unterbringung in Gemeinschaftsunterkünften entnimmt, ist letzteres offen-

http://www.muenchner-fluechtlingsrat.de/cgi-bin/moin.cgi/Fl%C3%BCchtlinge?action=AttachFile&do=get&target=MR_Bericht_Asyl.pdf (Stand: 10.8.2007).

133 Das UN-Flüchtlingskommissariat (UNHCR) kritisiert die Praxis deutscher Behörden, anerkannten Flüchtlingen und Personen, die aus menschenrechtlichen Gründen vor Abschiebung geschützt werden (sog. subsidiär schutzberechtigte Personen), keine freie Wahl des Wohnsitzes zu ermöglichen, wenn sie öffentliche Sozialleistungen beziehen. Diese Maßnahme sei „unvereinbar mit dem Völker- und Europarecht." http://www.unhcr.de/index.php?id=43&tx_ttnews[tt_news]=793&tx_ttnews[backPid]=31&cHash=7159b4fcef&type=1&no_cache=1 (Stand:10.8.2007).

134 Am 3. Dezember hat der Bayerische Landtag auf Antrag der Grünen beschlossen, die beiden schlimmsten Containerlager in München – in der Waldmeister- und in der Rosenheimer Straße – zu schließen. Sozialministerin Haderthauer kündigte außerdem an, die restlichen Containerunterkünfte im Laufe des Jahres 2009 abzuschaffen. Näher dazu Pressemitteilung Nr. 070.09 Bayerisches Staatsministerium für Arbeit und Sozialordnung, Familie und Frauen v. 18.2.2009.

135 „Metallcontainerunterkünfte sind neben den Gemeinschaftsunterkünften München Dreilingsweg (Schließung zum 31.12.2010 geplant), München Prager Strasse (Schließung zum 30.9.2009 geplant) und München St.-Veit-Strasse (Schließung zum 31.12.2010 geplant) nur noch in Mittelfranken (Gemeinschaftsunterkunft Fürth Hafenstrasse wurde zum 31.12.2009 aufgegeben), Gemeinschaftsunterkunft Nürnberg Regensburger Strasse (vom Freistaat Bayern errichtete Containerwohnanlage) vorhanden. Die restlichen Gemeinschaftsunterkünfte (überwiegend in Massivbauweise und vereinzelt in Holzbauweise) sind auf eine dauerhafte Nutzung ausgerichtet." Stellungnahme der Staatsregierung zum Thema „Umsetzung des Asylbewerberleistungsgesetzes in Bayern", Wortprotokoll. Bayerischer Landtag. 16a. Wahlperiode, S. 181-182.

136 BVerfG, NVwZ 2006, S. 447.

137 Roeser, EuGRZ 2007, S. 415.

kundig unrichtig.[138] Der Gesetzgeber bezweckte mit dem Aufnahmegesetz alle nach dem AsylbLG leistungsberechtigten Personen zu erfassen.

(2) Grundsatz der Zwangsversorgung für Leistungsberechtigte

Die durch das AufnG geschaffene Konzentrierung der Aufgaben zur Unterbringung und sozialen Versorgung der Geduldeten und Ausreisepflichtigen beim Land sollte zu einer Entlastung der Landkreise und Kommunen führen.[139] Die ehemalige bayerische Sozialministerin Stewens betonte in der parlamentarischen Debatte zum Gesetzesentwurf, dass ein grundsätzlich einheitlicher Vollzug entsprechend den bundesgesetzlichen Vorgaben im AsylVfG und im AsylbLG für alle ausländischen Flüchtlinge erreicht werden sollte, wozu die einheitliche Versorgung nach dem Sachleistungsprinzip und die regelmäßige Unterbringung in Gemeinschaftsunterkünften zähle; das Gesetz sei ein Sozialgesetz, das keine Rechtsgrundlage für Ausreiseeinrichtungen schaffe; soweit die Staatsregierung solche plane, geschehe dies auf der Grundlage des Ausländergesetzes und des Zuwanderungsgesetzes der Bundesregierung.[140] Die Unterbringung in Gemeinschaftsunterkünften sei wesentlicher Teil des gesetzgeberischen Anliegens, den notwendigen Bedarf an Unterkunft im Sinne von § 3 AsylbLG durch Sachleistungen zu decken.[141] Aus den vom Verwaltungsgericht herangezogenen Passagen der Begründung des Gesetzesentwurfs ergibt sich keine davon abweichende (rein) ausländerrechtliche Zielsetzung.[142]

Mit dieser Bundesverfassungsgerichtsentscheidung[143] wurde geklärt, dass das AufnG die verfassungsrechtlichen Anforderungen erfüllt, da es aufgrund der Ausgestaltung der Behördenzuständigkeit und des Verwaltungsverfahrens nicht dem Ordnungsrecht, sondern dem Sozialrecht zuzuordnen ist.[144] Diese Zuordnung trennt die Vermengung von ordnungspolitischen Zwecken des Aufnahmegesetzes einerseits und Sozialrecht andererseits.[145] Falls das AufnG (rein) dem Ausländerrecht bzw. Ordnungsrecht zugeordnet wäre, würde man den Menschen

---

138 BVerfG, NVwZ, 2006, S. 448; vgl. *Roeser*, EuGRZ 2007, S. 415.
139 LT-Drucks. 14/9433.
140 Vgl. BayLT, Plenarprotokoll 14/89 vom 15. Mai 2002, S. 6366.
141 Vgl. LT-Drucks. 14/8632, S. 1, 5 f.; LT-Drucks. 14/8905 [zu Nr. 1]; Bay LT, Plenarprotokoll 14/89 v. 15.5.2002, S. 6365 f.; *Roeser*, EuGRZ 2007, S. 415.
142 BVerfG, NVwZ, 2006, S. 447.
143 BVerfG, NVwZ, 2006, S. 448.
144 Stellungnahme der Staatsregierung zum Thema „Umsetzung des Asylbewerberleistungsgesetzes in Bayern", Wortprotokoll. Bayerischer Landtag. 16a. Wahlperiode, S. 204.
145 Stellungnahme der Staatsregierung zum Thema „Umsetzung des Asylbewerberleistungsgesetz im Bayern", Wortprotokoll. Bayerischer Landtag. 5 Wahlperiode, S. 84.

ihre Eigeninitiative und das Recht zur Gestaltung des eigenen Lebens nehmen. Sie würden dann zu „Objekten"[146] staatlichen Handelns degradiert.[147] Im Gegensatz dazu, steht das Recht der freien Entfaltung der Persönlichkeit, die eine allgemeine Handlungsfreiheit garantiert (Art. 2 Abs. 1 GG). Demnach kann jeder tun und lassen, was er will.[148] Die Gestaltung des eigenen Lebens bedeutet, dass man sein Leben selbst in die Hand nehmen und dieses nach eigenem Ermessen gestalten kann.[149] Die Inanspruchnahme von Leistungen bringt nicht nur Rechte mit sich; vielmehr sind daran auch Pflichten, wie beispielsweise die Zwangsversorgung mit Sachleistungen, eine Residenzpflicht, sowie die im Bayerischen Aufnahmegesetz[150] normierte Pflicht zur Wohnsitznahme in den staatlichen Gemeinschaftsunterkünften geknüpft. Für diese Leistungsberechtigten gilt der Grundsatz der Zwangsversorgung:[151] wenn sie Leistungen in Anspruch nehmen, gestaltet sich ihr Leben nach den staatlichen Vorschriften. Damit wird der Betroffene erheblich in seinem Recht auf freie Lebensgestaltung eingeschränkt.[152]

Eine Residenzpflicht ist die räumliche Beschränkung der Bewegungsfreiheit. Vollziehbar ausreisepflichtige Ausländer dürfen das ihnen zugewiesene Bundesland (§ 61 Abs. 1 AufenthG) bzw. je nach Region, den Landkreis oder die Stadt, nicht ohne Genehmigung verlassen. Der Verstoß gegen diese ist strafbar. Diese räumliche Beschränkung ist zulässig, da gem. Art. 11 Abs. 2 GG die Freizügigkeit durch ein Gesetz eingeschränkt werden darf, wenn keine ausreichende Lebensgrundlage vorhanden ist, und der Allgemeinheit daraus besondere Lasten entstehen würden.

Im Zusammenhang mit den neuen Maßnahmen, die die Staatsregierung treffen muss, begrüßt der Landtag, dass sich geduldeten sowie sonstig vollziehbar ausreisepflichtigen Ausländer künftig grundsätzlich im gesamten Regie-

---

146 BVerfGE 1, 159 (161). Näher zur „Objektformel" Teil B I 1 a dieses Kapitels.

147 Stellungnahme der Staatsregierung zum Thema „Umsetzung des Asylbewerberleistungsgesetzes in Bayern", Wortprotokoll. Bayerischer Landtag. 5 Wahlperiode, S. 88.

148 BVerfGE 45, 187 (227).

149 Nach der Gegenmeinung gilt das Recht auf Gestaltung des eigenen Lebens allerdings nur solange, als man nicht gegen die verfassungsmäßige Ordnung verstößt (Art. 2 Abs. 1 S. 2 GG). Ausländer mit fehlendem Aufenthaltsrecht könnten gegen die verfassungsrechtliche Ordnung verstoßen, da sie sich als vollziehbar ausreisepflichtige Ausländer unrechtmäßig in der Bundesrepublik aufhalten. Stellungnahme der Staatsregierung zum Thema „Umsetzung des Asylbewerberleistungsgesetz im Bayern", Wortprotokoll. Bayerischer Landtag. 5 Wahlperiode, S. 84 ff.

150 Gesetz zur Aufnahme von ausländischen Flüchtlingen und zur Durchführung des Asylbewerberleistungsgesetzes, v. 24. 5 2002 (GVBl. S. 192).

151 Stellungnahme der Staatsregierung zum Thema „Umsetzung des Asylbewerberleistungsgesetzes in Bayern", Wortprotokoll. Bayerischer Landtag. 5 Wahlperiode, S. 91 oder Bayerischer Landtag, Wortprotokoll v. 23.4.2009, Anlage 5, S. 91.

152 *Janda/Wilksch*, SGb, 2010, S. 571; *Huber*, NDV 1988, S. 253.

rungsbezirk und in den angrenzenden Landkreisen benachbarter Regierungsbezirke frei bewegen dürfen.[153]

(3)   Letzte Besserungen im Zusammenhang mit der Verweildauer in Unterkünften

In der bayerischen Landtagsanhörung vom 23. April 2009 hatten Experten aus der Praxis in der Diskussion um die Unterbringung von Ausländern in Bayern bestätigt, dass das Leben in Gemeinschaftsunterkünften mit einer durchschnittlichen Verweildauer von drei Jahren[154] die Menschen auf Dauer körperlich und seelisch krank macht.[155] Die lange Verweildauer könnte gegen das Recht auf Leben und körperliche Unversehrtheit (Art. 2 Abs. 2 GG) verstoßen. Da aber in dieses Recht aufgrund eines Gesetzes eingegriffen werden kann (Art. 2 Abs. 2 S. 2 GG), könnte diese Frist zulässig sein. Daraufhin wurden Gesetzesentwürfe eingebracht, die eine Abschaffung bzw. Begrenzung der Lagerpflicht auf ein Jahr fordern. Die vorgeschlagene zeitliche Befristung entspricht den „Empfehlungen für das Obdachlosenwesen."[156] Obwohl die Forderung der Gemeinschaftsunterbringungspflicht auf maximal ein Jahr zu begrenzen im Plenum des Bayerischen Landtags nicht angenommen wurde, wird nun die Staatsregierung aufgefordert, diese Maßnahmen zu treffen: Für Familien sowie Alleinerziehende mit Kindern endet die Gemeinschaftsunterkunftspflichtigkeit nach Abschluss des behördlichen Erstverfahrens vor dem Bundesamt für Migration und Flüchtlinge (BMF), sobald ein rechtliches oder faktisches Abschiebungshindernis besteht. Außerdem sind am 1. April 2010 die „Leitlinien zur Art, Größe und Ausstattung von Gemeinschaftsunterkünften" in Kraft getreten, die getrennte Wohneinheiten für Familien, eine regelmäßige Mindestquadratmeterzahl von 7 qm pro Bewohner, sowie eine angemessene Ausstattung der Sanitär- und Kücheneinrichtungen vorsehen.[157] Die besonderen Belange schwangerer Frauen werden im Rahmen einer Einzelfallprüfung berücksichtigt.[158] In den sonstigen Fällen ist die

---

153 LT-Drucks. 16/5539, S. 2.

154 Siehe Abbildung 7 Verweildauer in Gemeinschaftsunterkünften. BT-Drucks. 16/9018, S. 40 f.

155 Diese Erkenntnis ist jedoch gar nicht neu, da bespielsweise bereits 1988 ein Richter am Verwaltungsgericht Frankfurt die schwerwiegenden psychischen und psychosomatischen Beeinträchtigungen konkret beschrieben hatte. *Huber,* NDV 1988, S. 256.

156 Veröffentlichung des Bayerischen Innenministeriums und Sozialministeriums, Allgemeines Ministerialblatt (AIIMBI), Nr. 16, 1997, S. 518.

157 Über die Umsetzung im oben Ausschuss für Soziales, Familie und Arbeit bis Ende 1. Quartal 2011 zu berichten. BT-Drucks. 16/5539.

158 LT-Drucks. 16/5539.

private Wohnsitznahme nach Ablauf von vier Jahren nach Abschluss des behördlichen Erstverfahrens vor dem BMF zu gestatten.[159]

Die vorstehenden Regelungen finden jedoch keine Anwendung auf Straftäter oder Personen, die über ihre Identität getäuscht haben, oder nicht hinreichend an deren Klärung mitgewirkt haben.[160] Diese Regelung wurde jedoch sehr kritisiert, weil einerseits Flüchtlinge durch besondere Straftatbestände des Ausländerrechts kriminalisiert werden, beispielsweise werden Verstöße gegen die Residenzpflicht mit bis zu einem Jahr Freiheitsstrafe geahndet. Andererseits werden sie häufig aufgrund Bagatelldelikten – wie Fahren ohne Fahrschein – zu Geldstrafen verurteilt, da sie lediglich über ein Taschengeld von 40,80€ pro Monat verfügen. In der Praxis bleiben in Bayern – aufgrund des hohen polizeilichen Verfolgungsdrucks – nach längerem Aufenthalt nur wenige Leistungsberechtigte i.S.v. § 3 AsylbLG straffrei.[161]

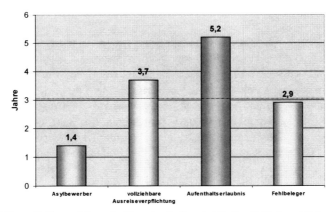

Abbildung 7: Verweildauer in Gemeinschaftsunterkünften (Mit freundlicher Genehmigung des Bayerischen Staatsministeriums für Arbeit und Sozialordnung, Familie und Frauen), Anhörung zum Thema „Umsetzung des AsylbLG in Bayern", Wortprotokoll v. 23.4.2009, Bayerischer Landtag, 16. Wahlperiode.

Als Konsequenz droht diesen „Straftätern" eine Verlängerung ihrer Höchstaufenthaltsdauer in den Gemeinschaftsunterkünften. Teilweise wird deshalb gefordert, die Definition des Straftäters möglichst weich zu fassen. Dies könnte durch einen Ausschlusses von Bagatelldelikten aus dem Straftatbestand erreicht

159 LT-Drucks. 16/5539.
160 LT-Drucks. 16/5539.
161 http://www.fluechtlingsrat-bayern.de/beitrag/items/neuregelung-der-lagerunterbringung-am-mittwoch-im-landtagsplenum.html (Stand: 14.7.2010).

werden, sodass im Ergebnis auch eine nennenswerte Zahl von Ausländern in den Genuss der Neuregelung kommt.[162] Die Entkriminalisierung des Aufenthaltsrechts würde zur Stärkung der Rechtsstellung von Migranten beitragen.[163]

c) Medizinische Versorgung (§§ 4 und 6 AsylbLG)

Die Leistungen der Krankenhilfe nach § 4 AsylbLG sind in engem Zusammenhang mit den sonstigen Leistungen nach § 6 AsylbLG zu betrachten. Obwohl die Abgrenzung oft schwer fällt, kann man zwischen einer Ermessensentscheidung der Behörde nach § 6 AsylbLG und einem gebundenen Anspruch nach § 4 AsylbLG unterscheiden.[164]

aa) Medizinische Versorgung bei Krankheit, Schwangerschaft und Geburt (§ 4 AsylbLG)

Ausländer mit fehlendem Aufenthaltsrecht haben Ansprüche auf Leistungen bei Krankheit, Schwangerschaft und Geburt nach § 4 AsylbLG. § 4 Abs. 1 AsylbLG schränkt die medizinische Versorgung jedoch auf die Behandlung von akuten Erkrankungen und Schmerzzuständen ein. Für eine kurze Aufenthaltszeit in der Bundesrepublik ist dieser eingeschränkte Leistungsanspruch ausreichend.[165] Diese Krankenleistungen berechtigen zur Behandlung akuter Erkrankungen und Schmerzzustände und den erforderlichen ärztlichen und zahnärztlichen Behandlungen einschließlich der Versorgung mit Arznei- und Verbandmitteln, sowie sonstiger zur Genesung, Besserung oder Linderung von Krankheiten oder Krankheitsfolgen erforderlichen Leistungen. Die medizinische Versorgung wird nach § 4 AsylbLG vom Sozialamt erbracht, die Krankenscheine werden vom Sachbearbeiter des Sozialamtes ausgestellt.

bb) Sonstige Leistungen bei der medizinischen Versorgung (§ 6 AsylbLG)

§ 6 AsylbLG kommt zusätzlich für den Fall hinzu, dass die nach den §§ 3 und 4 AsylbLG zu erbringenden Leistungen im Einzelfall das verfassungsrechtlich gebotene Existenzminimum nicht gewährleisten können.[166] Das Sozialstaats-

---

162 http://www.fluechtlingsrat-bayern.de/beitrag/items/neuregelung-der-lagerunterbringung-am-mittwoch-im-landtagsplenum.html (Stand: 14.7.2010).
163 Vgl. *Cyrus*, ZAR 2010, S. 320.
164 *Herbst*, in: *Mergler/Zink*, SGB XII, § 4 AsylbLG, Rn. 2.
165 *Herbst*, in: *Mergler/Zink*, SGB XII, § 4 AsylbLG, Rn. 5.
166 OVG Greifswald NVwZ 2004, 902 (903).

prinzip und die Garantie der Menschenwürde verlangen eine solche Korrektur des AsylbLG.[167] § 6 AsylbLG ist nur auf ausnahmsweise bestehende Bedarfe beschränkt.[168]

In § 6 Abs. 1 S. 1 AsylbLG sind drei verschiedene Fallgruppen aufgezählt: sonstige Leistungen zur Sicherung des Lebensunterhalts oder der Gesundheit, wie beispielsweise Hörgeräte und Rollstühle, Krankengymnastik, Psychotherapie, Sozialleistungen zur Deckung besonderer Bedürfnisse von Kindern, Befriedigung von Sonderbedarfen bei der Ernährung aus gesundheitlichen Gründen,[169] sowie erforderliche Leistungen zur Erfüllung einer verwaltungsrechtlichen Mitwirkungspflicht. Auch eine Behandlung chronischer Erkrankungen wird nach § 6 AsylbLG möglich.[170]

d) Absenkung und Ausweitung des Leistungsniveaus

aa) Absenkung des Leistungsniveaus (§ 1a AsylbLG)

Durch das zweite Änderungsgesetz vom Februar 1998 zum AsylbLG[171] wurden mit der Einführung der „Um-zu-Regelung"[172] § 1 a AsylbLG Leistungsansprüche von Ausländern eingeschränkt, die lediglich zu dem Zweck in die Bundesrepublik gereist sind, Leistungen missbräuchlich zu erhalten[173] (Nr. 1) oder bei denen aus von ihnen zu vertretenden Gründen[174] aufenthaltsbeendende Maßnahmen nicht vollzogen werden können (Nr. 2) (z. B. Vernichtung von Passpapieren, Untertauchen) Leistungsansprüche eingeschränkt. Sie erhalten nur dann Leistungen nach dem AsylbLG, wenn die Umstände im Einzelfall unabweisbar geboten sind.

Leistungsberechtigt nach dieser Regelung sind Ausländer, die sich tatsächlich im Bundesgebiet aufhalten, bei denen aus von ihnen zu vertretenden Gründen aufenthaltsbeendende Maßnahmen nicht vollzogen werden können, und die sowohl Duldungsinhaber nach § 60a AufenthG (§ 1 Abs. 1 Nr. 4 AsylbLG) oder vollziehbar ausreisepflichtig (§ 1 Abs. 1 Nr. 5 AsylbLG) sind[175] sowie deren Fa-

167 *Fasselt*, in: *Fichtner/Wenzel*, SBG XII mit AsylbLG, § 6 AsylbLG, Rn. 1.
168 *Janda/Wilksch*, SGb 2010, S. 568.
169 *Deibel*, ZAR 1998, S. 32.
170 *Classen*, Menschenwürde mit Rabatt, 2000, S. 142.
171 BGBl. 1998 I, S. 2505.
172 Die Um-zu-Regelung ist nach § 120 Abs. 3 BSHG nachgebildet.
173 BT-Drucks. 13/10155, S. 5 Allgemeine Begründung.
174 BT-Drucks. 13/10155, S. 5 Allgemeine Begründung.
175 § 1 Abs. 1 Nr. 5 AsylbLG: vollziehbar ausreisepflichtig sind, auch wenn eine Abschiebungsandrohung noch nicht oder nicht mehr vollziehbar ist.

milienangehörige (im Sinne des § 1 Abs. 1 Nr. 6 AsylbLG). Diese Regelung hat die Verhinderung einer rechtsmissbräuchlichen Inanspruchnahme von Leistungen[176] nach dem AsylbLG als Hauptziel.[177] Die Leistungsberechtigten sollten ihren Pflichten zur Mithilfe bei der eigenen Ausreise nachkommen, um die Rückkehr in das Heimatland zu ermöglichen. Fehlt diese Mitwirkung, können bestimmte Verhaltensweisen, wie beispielsweise das Vernichten von Ausweispapieren, sanktioniert werden.[178] Die Anspruchseinschränkung muss, solange der Einschränkungstatbestand erfüllt ist, vorgenommen werden.[179] Es ist keine Befristung für die Einschränkung vorgesehen.[180]

Liegen die Voraussetzungen für eine Leistungskürzung vor, können die entsprechenden Leistungen je nach Einzelfall auf das unabweisbar Gebotene reduziert werden. Für den Leistungsempfänger soll nur noch die bloße Sicherung der „nackten Existenz" gewährleistet werden. Diese Menschen werden zwar immer noch in Unterkünften untergebracht und erhalten ein Mindestmaß an Ernährung, Bekleidung und medizinische Versorgung, allerdings sinkt das Leistungsniveau unter die Regelleistungen nach §§ 3, 4, 6 AsylbLG. Die Leistungen nach § 3 AsylbLG werden ebenso wie die Leistungen im Krankheitsfall nach § 4 AsylbLG weiterhin als Sachleistungen gewährt. Hingegen ist bei den sonstigen Leistungen nach § 6 AsylbLG im Einzelfall eine Versagung denkbar. Dabei ist der niedrigere Leistungsanspruch bei der Auslegung der unbestimmten Rechtsbegriffe und bei der Ermessensentscheidung nach § 6 S. 1 AsylbLG zu berücksichtigen.[181]

Nach § 1 a AsylbLG kann auch die Übernahme von Mietkosten verweigert werden. Dann hätten die Betroffenen keine Wahl und müssten in einer Gemeinschaftsunterkunft untergebracht werden.[182] Außerdem kann es auch zu einer Streichung des in § 3 Abs. 1 S. 4 AsylbLG vorgesehenen Geldbetrages von 80 DM (40,90 €) kommen.[183] Dieser monatliche Geldbetrag kann unter den Voraussetzungen des § 1 a AsylbLG eingeschränkt oder gestrichen werden.[184] Während sämtliche sonstige Leistungen zur Sicherung des Existenzminimums

176 Näher dazu *Will*, Ausländer ohne Aufenthaltsrecht, 2008, S. 174-175.
177 BT-Drucks. 13/10155, S. 5 Begründung zum Gesetzentwurf des Bundesrates.
178 *Herbst*, in: *Mergler/Zink*, SGB XII, § 1a AsylbLG, Rn. 12.
179 *Herbst*, in: *Mergler/Zink*, SGB XII, § 1a AsylbLG, Rn. 28.
180 *Will*, Ausländer ohne Aufenthaltsrecht, 2008, S. 173.
181 *Deibel*, ZFSH/SGB 1998, S. 707.
182 Stellungnahme des Bevollmächtigten des Rates der Evangelischen Kirche in Deutschland. BT - Drucks 16/10837, S. 3.
183 Vgl. *Birk*, in: *ders./u.a.*, LKP-BSHG, § 1a AsylbLG, Rn. 6.
184 Vgl. Stellungnahme der Staatsregierung zum Thema „Umsetzung des Asylbewerberleistungsgesetzes in Bayern", Wortprotokoll. Bayerischer Landtag. 16a. Wahlperiode, S. 190.

unabdingbar sind, zählt das Taschengeld nicht dazu.[185] Bargeld gehört nur in Ausnahmefällen zu den unabweisbar gebotenen Leistungen.[186]

bb) Ausweitung des Leistungsniveaus (§ 2 AsylbLG)

Ausländer, deren Ausreise unverschuldet auf unabsehbare Zeit nicht möglich ist, sind dabei keineswegs dauerhaft auf den Leistungsanspruch nach dem AsylbLG festgelegt: stattdessen haben sie nach 48 Monaten (§ 2 AsylbLG) Anspruch auf erhöhte Leistungen entsprechend dem SGB XII. An die Stelle der §§ 3 und 7 AsylbLG treten die Regelungen des SGB XII.[187] Erhöhte Leistungen werden allerdings nur dann gewährt, wenn die Dauer des Aufenthalts nicht rechtsmissbräuchlich selbst beeinflusst wurde, beispielsweise durch die Angabe einer falschen Identität oder die Vernichtung des Passes.[188] Wenn die Voraussetzungen des § 2 AsylbLG vorliegen, erfolgt der Hilfebezug von Amts wegen. Daher ist ein Antrag des Leistungsberechtigten nicht erforderlich. Leistungsberechtigte, die außerhalb von Gemeinschaftsunterkünften untergebracht werden, haben in der Regel wie Hilfeempfänger nach SGB XII, Anspruch auf Geldleistungen.[189] Bei Leistungsberechtigten, die in Gemeinschaftsunterkünften untergebracht sind, entscheidet hingegen die zuständige Behörde je nach Situation vor Ort über die Form der Leistungen (§ 2 Abs. 2 AsylbLG).

Der Kreis der Leistungsberechtigten ist seit Einführung des AsylbLG sowohl in zeitlicher, als auch in personeller Hinsicht erweitert worden. Bei Einführung des AsylbLG lag die Bezugsdauer von Leistungen für Asylbewerber bei zwölf Monaten. Im Jahre 1997 wurden Duldungsinhaber mit einbezogen und die Bezugsdauer auf 36 Monate ausgedehnt. Seit Inkrafttreten des Gesetzes zur Einordnung des Sozialhilferechts in das Sozialgesetzbuch verweist[190] § 2 Abs. 1 AsylbLG nicht mehr auf das BSHG, sondern auf das SGB XII.

Mit Inkrafttreten des Zuwanderungsgesetzes[191] am 1. Januar 2005 wurde der Kreis der Leistungsberechtigten erneut auf bestimmte Ausländer mit Aufenthaltstitel aus humanitären Gründen (§§ 23 Abs. 1, 25 Abs. 4 und 25 Abs. 5

185 *Birk*, in: *ders./u.a.*, LKP-BSHG, § 1a AsylbLG, Rn. 6.
186 *Hohm*, NVwZ 1998, S. 1046.
187 *Kunkel*, NVwZ 1994, S. 353.
188 BT-Drucks. 15/420, S. 120.
189 SächaOVG, InfAuslR 2002, S. 491; VG Meiningen, InfAuslR 2003, S. 450.
190 BGBl. I S. 3022.
191 BGBl. I S. 1959.

AufenthG) erweitert.[192] Mit dem Gesetz zur Umsetzung aufenthalts- und asylrechtlicher EU-Richtlinien im Jahre 2007 wurde der Zeitraum von 36 Monaten
um weitere zwölf Monate erweitert, und die Dauer der eingeschränkten Leistung
damit auf 48 Monate ausgedehnt.[193] Erst wenn der Betroffene vier Jahre lang
Ansprüche nach § 3 AsylbLG geltend gemacht hat, hat er Anspruch auf erhöhte
Leistungen.

Damit besteht frühestens nach vier Jahren Vorbezugszeit nach § 3 AsylbLG
ein Integrationsbedarf.[194] Ziel dieser Regelung ist es, Personen, die sich schon
länger in Deutschland aufhalten, die Möglichkeit der sozialen Einbindung in die
Gesellschaft zu ermöglichen.[195] Die Entscheidung über den Beginn der sozialen
Integration und die Gewährung der höheren Sozialleistungen entsprechend dem
SGB XII, die für die Einbindung in Deutschland notwendig sind, „hängt von
dem Grad der zeitlichen Verfestigung des Aufenthaltes ab".[196]

Entscheidend für die Wartezeit ist nämlich nicht die Aufenthaltsdauer,
sondern die Dauer des Leistungsbezugs nach § 3 AsylbLG. Demnach knüpft § 2
AsylbLG nicht an der bereits erreichten Integration, sondern an der Dauer des
Leistungsbezugs nach § 3 AsylbLG an.[197] Mit dem Ersten Änderungsgesetz[198]
vom 26. Mai 1997 wurde die ursprüngliche Fassung der Erfüllung der Wartezeit
durch einen 12-monatigen Aufenthalt durch die Erfüllung einer bestimmten
Dauer des Leistungsbezuges ersetzt.[199] Die Frist, ab der „soziale Integrationsbedürfnisse" anzuerkennen sind, wurde von der Bezugsdauer von Leistungen
abhängig gemacht, statt von der tatsächlichen Aufenthaltsdauer.[200] Es wurde
eine Stufung nach vier Jahren eingeführt, die mit der Änderung des § 10 der Beschäftigungsverfahrensverordnung (BeschVerfV) im Zusammenhang stand, wonach Geduldete einen gleichrangigen Arbeitsmarktzugang erhalten,[201] wenn sie
sich seit vier Jahren im Bundesgebiet aufhalten.[202] Da nach 48-monatigem

---

192 Jedoch ist die erwähnte Ausländergruppe von Inhabern von Aufenthaltstitel aus humanitären
    Gründen (§§ 23 Abs. 1, 25 Abs. 4 und 25 Abs. 5 AufenthG) nicht Gegenstand dieser Unter-
    suchung.
193 BT-Drucks. 12/5008, S. 15, Begründung zu § 2 AsylbLG.
194 BT-Drucks. 12/5008, S. 15; BT-Drucks. 16/5065, Aus der amtlichen Begründung zum Entwurf
    eines Gesetzes zur Umsetzung aufenthalts- und asylrechtlicher Richtlinien der Europäischen
    Union. *Herbst*, in: *Mergler/Zink*, SGB XII, § 2 AsylbLG, Rn. 6.
195 Vgl. *Herbst*, in: *Mergler/Zink*, SGB XII, § 2 AsylbLG, Rn. 6.
196 *Hohm*, ZFSH/SGB 2010, S. 275.
197 *Herbst*, in: *Mergler/Zink*, SGB XII, § 2 AsylbLG, Rn. 12.
198 BGBl. I. S. 3022.
199 *Herbst*, in: *Mergler/Zink*, SGB XII, § 2 AsylbLG, Rn. 10.
200 BT-Drucks. 16/9018, S. 17.
201 Näher dazu 2. Kapitel B II.
202 BT-Drucks. 16/9018, S. 8.

Leistungsbezug ein Integrationsbedarf besteht, werden Leistungen in Höhe der „normalen" Sozialhilfe nach dem SGB XII gewährt. Allerdings haben Leistungsberechtigte gemäß § 9 Abs. 1 AsylbLG[203] und § 23 Abs. 3 SGB XII[204] keinen Anspruch auf Sozialhilfe,[205] da es sich bei dieser Hilfe nicht um Regelsätze nach SGB XII handelt.[206] Mit dieser wesentlichen Unterscheidung, wird die Leistungserhöhung als möglicher Pull-Faktor[207] für die unrechtmäßige Migration etwas reduziert. Gleichzeitig wird den Besonderheiten des Zusammenwirkens zwischen Leistungsrecht und Ausländerrecht Rechnung getragen.[208]

Erwähnenswert ist, dass bei einem Leistungsberechtigten nach § 2 AsylbLG, die §§ 4 und 6 AsylbLG keine Anwendung finden.[209] Sie gelten nicht für Leistungsberechtigte nach § 2 AsylbLG, weil diese über § 264 Abs. 2 SGB V Anspruch auf medizinische Versorgung haben.[210] Diese medizinische Versorgung wird im gleichen Umfang wie bei Deutschen gewährleistet.[211] Obwohl sie keine Mitglieder der gesetzlichen Krankenversicherung sind, erhalten sie wie diese eine Versichertenkarte. Mit der Karte kann jedoch kein Anspruch auf Pflegeversicherung geltend gemacht werden. Die Krankheitskosten werden durch den jeweiligen Träger der Sozialhilfe bzw. das Sozialamt erstattet (§ 264 Abs. 7 SGB V).

3. Verfassungsrechtliche Würdigung des Asylbewerberleistungsgesetzes

Das Urteil des Bundesverfassungsgerichts zur Verfassungsmäßigkeit der Regelsätze der Grundsicherung für Arbeitsuchende leitete aus der im Grundgesetz verankerten Garantie der Menschenwürde und dem Sozialstaatsprinzip,

---

203 § 9 Abs. 1 AsylbLG: Leistungsberechtigte erhalten keine Leistungen nach dem Zwölften Buch Sozialgesetzbuch oder vergleichbaren Landesgesetzen.

204 § 23 Abs. 3 SGB XII: Ausländer, die eingereist sind, um Sozialhilfe zu erlangen, haben keinen Anspruch auf Sozialhilfe.

205 Zu den anwendbaren Vorschriften des SGB XII im Einzelnen siehe *Herbst*, in: *Mergler/Zink*, SGB XII, § 2 AsylbLG, Rn. 42.

206 *Hohm*, in: *ders.*, GK-AsylbLG, § 2 AufenthG, Rn. 30.

207 Stellungnahme der Staatsregierung zum Thema „Umsetzung des Asylbewerberleistungsgesetzes in Bayern", Wortprotokoll. Bayerischer Landtag. 16a. Wahlperiode, S. 191.

208 *Herbst*, in: *Mergler/Zink*, SGB XII, § 2 AsylbLG, Rn. 7.

209 *Herbst*, in: *Mergler/Zink*, SGB XII, § 4 AsylbLG, Rn. 3; *Herbst*, in: *Mergler/Zink*, SGB XII, § 6 AsylbLG, Rn. 5.

210 *Classen*, Sozialleistungen für MigrantInnen und Flüchtlinge, 2008, S. 148.

211 *Classen*, Menschenwürde mit Rabatt, 2000, S. 143. „Aufgrund der verfassungsrechtlichen Grundsätze der Menschenwürde (Art. 1 Abs. 1 GG) und des Rechts auf Leben und körperliche Unversehrtheit (Art. 2 Abs. 2 GG), ist die medizinische Versorgung für Leistungsberechtigten nach dem AsylbLG in Deutschland auf gleicher Ebene wie für Deutsche gewährleistet. Unterschiede gibt es nur beim Zahnersatz."

ein Grundrecht auf Gewährleistung eines menschenwürdigen Existenzminimums ab.[212] Der Bundesregierung zufolge handelt es sich bei diesem Grundrecht um ein Menschenrecht, das unabhängig von aufenthaltsrechtlichen Statusfragen ist, und universelle Geltung besitzt.[213] Die vom BVerfG entwickelten Grundsätze, sind im Wesentlichen auf das Asylbewerberleistungsgesetz übertragbar.[214]

Das BVerfG fordert bedarfsdeckende Regelsätze, jedoch umfasst die Garantie der Menschenwürde nicht zwingend die gleichen Regelsätze für jedermann.[215] Da die Leistungen nach dem Asylbewerberleistungsgesetz seit dessen Inkrafttreten vor siebzehn Jahre im Wesentlichen unverändert geblieben sind, bietet das sog. „Regelleistungsurteil"[216] Anlass, die Leistungen nach dem AsylbLG einer Prüfung zu unterziehen.[217]

Inzwischen wurde dem BVerfG die Prüfung der Verfassungsmäßigkeit dieser Leistungen zur Entscheidung vorgelegt.[218] Auch nach Einschätzung der Bundesregierung verstößt das Asylbewerberleistungsgesetz gegen das Grundgesetz.[219]

a)   Übertragung des „Regelleistungsurteils" des BVerfG auf die Grundleistungen des AsylbLG

Zunächst stellt sich die Frage, ob das vom Bundesverfassungsgericht statuierte Grundrecht auf ein menschenwürdiges Existenzminimum (Art. 1 Abs. 1 GG i. V. m. Art. 20 Abs. 1 GG) auch für Leistungsberechtigte nach dem AsylbLG, unabhängig von ihrer Herkunft und ihrem Aufenthaltsstatus gilt. Dazu hat die Bundesregierung im Rahmen der Anfrage der amtierenden Bundesregierung über Auswirkungen des Bundesverfassungsgerichtsurteils vom 9. Februar 2010

---

212 BVerfGE 125, 175.

213 Auswirkungen des Bundesverfassungsgerichtsurteils vom 9. Februar 2010 auf das Asylbewerberleistungsgesetz BT-Drucks. 17/979 v. 10.3.2010. Antwort de Bundesregierung auf die Kleine Anfrage der Abgeordneten Ulla Jelpke, Klaus Ernst, Matthias W. Birkwald, weiterer Abgeordneter und der Fraktion DIE LINKE. BT-Drucks. 17/745.

214 Vgl. *Haedrich,* ZAR 2010, S. 231; *Kingreen,* NVwZ 2010, S. 558; *Hohm,* ZFSH/SGB 2010, S. 269; *Rothkegel,* ZFSH/SGB 2010, S. 135; *Janda/Wilksch,* SGb 2010, S. 565; *Broockmann,* SozSich 2010, S. 317.

215 *Janda/Wilksch,* SGb 2010, S. 570.

216 BVerfGE 125, 175.

217 Vgl. *Janda/Wilksch,* SGb 2010, S. 565.

218 LSG NRW, Beschluss v. 26.7.2010. Az. L 20 AY 13/09.

219 Näher zu den verfassungsrechtlichen Aspekten und der Anwendungspraxis des Asylbewerberleistungsgesetzes BT-Drucks. 17/3660 v. 10.11.2010. Antwort der Bundesregierung auf die Große Anfrage der Abgeordneten Ulla Jelpke, Jan Korte, Klaus Ernst, weiterer Abgeordneter und der Fraktion DIE LINKE (BT-Drucks. 17/2404).

auf das Asylbewerberleistungsgesetz positiv geantwortet.[220] Denn bei der Menschenwürde handelt es sich nicht um ein „Deutschengrundrecht",[221] sondern um ein Menschenrecht mit universeller Geltung[222] (sog. „Jedermannsrecht"[223]). Danach sind die Leistungsberechtigten nach § 1 Abs. 1 Abs. 1 AsylbLG auch Träger des Grundrechts auf Gewährleistung eines menschenwürdigen Existenzminimums.[224] Das Existenzminimum muss daher einheitlich aus gestaltet werden, unabhängig vom aufenthaltsrechtlichen Status.[225]

Als Folge werden nach dem „Hartz IV"-Urteil des BVerfG auch die Beträge nach dem Asylbewerberleistungsgesetz, die seit 1993 nicht an die Preisentwicklung angepasst wurden,[226] überprüft.[227] Die Grundleistungsbeträge nach § 3 AsylbLG, die im Gesetzestext noch immer in der längst nicht mehr gültigen Währungseinheit „Deutsche Mark" ausgewiesen sind,[228] sind seit 17 Jahren entgegen der Anpassungsverpflichtung (§ 3 Abs. 3 AsylbLG) unverändert geblieben.[229] Anders als beim „Regelleistungsurteil", wonach die geltenden Regelleistungsbeträge zur Sicherung eines menschenwürdigen Existenzminimums im Allgemeinen nicht „evident unzureichend" sind,[230] können die Leistungen nach dem Asylbewerberleistungsgesetz doch als „evident unzureichend" bezeichnet werden.[231]

Der Vertreter der Bundesregierung wies im Rahmen der kleinen Anfrage vom 10. März 2010 darauf hin, dass die Auswirkungen auf das AsylbLG, und ein sich im Einzelnen ergebender Handlungsbedarf eingehend geprüft werde, und geklärt werden soll, welche Bedeutung dem Hartz-IV Urteil im Hinblick auf die

220 Auswirkungen des Bundesverfassungsgerichtsurteils vom 9. Februar 2010 auf das Asylbewerberleistungsgesetz BT-Drucks. 17/979, S. 2 v. 10.3.2010. Antwort de Bundesregierung auf die Kleine Anfrage der Abgeordneten Ulla Jelpke, Klaus Ernst, Matthias W. Birkwald, weiterer Abgeordneter und der Fraktion DIE LINKE. BT-Drucksache 17/745.

221 *Hohm*, ZFSH/SGB 2010, S. 274; Näher dazu *Starck*, in: *v. Mangoldt/Klein/ders.*, GG I, Art. 1 Abs. 3 GG, Rn. 205-206.

222 LSG NRW, Beschluss v. 26.7.2010. Az. L 20 AY 13/09, S. 34; Auswirkungen des Bundesverfassungsgerichtsurteils vom 9. Februar 2010 auf das Asylbewerberleistungsgesetz BT-Drucks. 17/979 v. 10.3.2010. Antwort de Bundesregierung auf die Kleine Anfrage der Abgeordneten Ulla Jelpke, Klaus Ernst, Matthias W. Birkwald, weiterer Abgeordneter und der Fraktion DIE LINKE. BT-Drucksache 17/745.

223 *Pieroth/Schlink*, Grundrechte, Staatsrecht II, 2010, S. 33; *Geiger*, Grundgesetz und Völkerrecht mit Europarecht, 2010, S. 263.

224 *Hohm*, ZFSH/SGB 2010, S. 273; *Brockmann*, SozSich, 2010, S. 314; BT-Drücks. 17/745.

225 *Haedrich*, ZAR 2010, S. 229; *Janda/Wilksch*, SGb 2010, S. 565.

226 Näher dazu *Hohm*, ZFSH/SGB 2010, S. 270.

227 LSG NRW, Beschluss v. 26.7.2010. Az. L 20 AY 13/09.

228 *Hohm*, ZFSH/SGB 2010, S. 269.

229 *Haedrich*, ZAR 2010, S. 231.

230 BVerfGE 125, 175.

231 *Kingreen*, NVwZ 2010, S. 559; vgl. *Brockmann*, SozSich 2010, S. 314.

Leistungen nach dem AsylbLG zukommt.[232] Dies lässt die Schlussfolgerung zu, dass die Anhebung der Leistungssätze für Leistungsberechtigte nach dem AsylbLG keine Spekulation ist, sondern ernsthaft darüber nachgedacht wird.[233]

b) Umfang und Methode der Bedarfsermittlung zur Deckung des Existenzminimums

Das BVerfG leitet aus Art. 1 Abs. 1 GG i. V. m. Art. 20 Abs. 1 GG die Pflicht auf Gewährleistung eines menschenwürdigen Existenzminimums, sowie das Gebot einer prozeduralen Systemkonsistenz ab.[234]

Angesichts der weiten Unbestimmtheit des Sozialstaatsgrundsatzes lässt sich aus dem Sozialstaatsprinzip regelmäßig kein Gebot entnehmen, soziale Leistungen auch aus dem AsylbLG in einem bestimmten Umfang zu gewähren.[235] Nach dem Bundesverfassungsgericht steht es im Ermessen des Gesetzgebers, für Asylbewerber – was mit dem AsylbLG auch geschehen ist – ein eigenes Konzept zur Sicherung ihres Lebensbedarfes zu entwickeln.[236] Allerdings ist eine staatliche Sicherstellung der Mindestvoraussetzungen nötig, damit der Gesetzgeber und die Verwaltung nicht hinter das in Art. 1 Abs. 1 GG genannte Sozialstaatsprinzip, und die in Art. 20 Abs. 1 GG aufgeführten Mindestvoraussetzungen für ein menschenwürdiges Dasein zurückfallen.[237]

Obwohl der Leistungswert nach § 3 AsylbLG wegen Unterschreitung des Existenzminimums als ein Verfassungsverstoß gegen Art. 1 Abs. 1 und Art. 20 GG gesehen wurde, wurde dies später jedoch wieder verneint.[238] Daher wurde seitens der Regierung bisher die Ansicht vertreten, dass eine Versorgung von Flüchtlingen unterhalb des Existenzminimums durch das AsylbLG nicht gegeben sei:[239] der „notwendige Bedarf" sei gedeckt.[240]

Damit wird über das AsylbLG eine soziale Verantwortung garantiert, die den vorübergehend aufenthaltsberechtigten Ausländern ein menschenwürdiges und

---

232 Antwort der Bundesregierung auf die Kleine Anfrage der Abgeordneten Jelpke, Ernst, Birkenwald und weiterer Abgeordneter und der Fraktion DIE LINKE. BT- Drucks. 17/979, S. 2.

233 *Haedrich*, ZAR 2010, S. 230.

234 *Kingreen*, NVwZ 2010, S. 560.

235 *Brockmann*, SozSich 2010, S. 310.

236 BVerfGE 116, 229 (239) = NVwZ 2007, 436.

237 BVerfG, NJW 1990, S. 2869.

238 OVG Niedersachsen 12 L 5778/96, Urteil v. 27.6.1997; OVG Niedersachsen 12 L 5709/96, Urteil v. 27.6.1997, NVwZ. Beilage 1997, S. 95; GK AsylbIG vor § 1 OVG Nr. 2; VG Braunschweig 4 A 4304/94, B.v. 19.9.1996; VG Freiburg 4 K163/94, B.v.10.2.1994.

239 BT-Drucks. 16/7574.

240 BT-Drucks. 12/4451, Aussage v. 2.3.1993. Seitdem haben viele Gesetzesänderungen stattgefunden.

selbstbestimmtes Leben in der Bundesrepublik ermöglicht.[241] Eine Erhöhung des Unterbringungs- und Leistungsniveaus für diesen Personenkreis wäre kontraproduktiv und kommt nicht in Frage, da dies einen erheblichen Pullfaktor[242] darstellen könnte.[243] Daher ist festzustellen, dass die in der Bundesrepublik gewährten Sozialleistungen an Ausländer mit unrechtmäßigem Aufenthaltsstatus wegen der begrenzten Aufenthaltsperspektive und dem fehlenden Integrationsbedarf bisher eher eine Bedarfsdeckungsfunktion (wie in der Sozialhilfe) als eine Integrationsfunktion erfüllen.[244] Allerdings können nun die Grundsätze des „Hartz IV"-Urteil ansatzweise auf das AsylbLG übertragen werden.[245]

Nach den Maßstäben des „Hartz IV"-Urteils sind der Leistungsumfang von Leistungen nach § 3 AsylbLG und § 1a AsylbLG evident unzureichend, da die Regelsätze erheblich unter dem SGB II und SGB XII liegen.[246] Insbesondere könnte die weitere Reduzierung des Leistungsniveaus nach § 1a AsylbLG den Standard des Mindestunterhaltes unterlaufen.[247] Fraglich ist nun, was unter „unabweisbar gebotener Hilfe" zu verstehen ist, da die Auslegung des Begriffes noch umstritten und nicht definiert ist.[248] Art und Höhe der Leistungen werden durch die Sozialämter festgesetzt, die entscheiden, welche Leistungen in welcher Form im konkreten Einzelfall zu gewähren sind.[249] Bei dem Leistungsbetrag der Grundleistungen handelt es sich um eine nicht realitätsgerechte Schätzung „ins Blaue hinein" im Sinne des Regelleistungsurteils.[250] Obwohl hier eine grundsätzliche Überprüfung des AsylbLG durch das BVerfG noch fehlt,[251] spricht alles für eine klare Unangemessenheit.[252]

---

241 Vlg. Stellungnahme der Staatsrgierung zum Thema „Umsetzung des Asylbewerberleistungsgesetzes in Bayern", Wortprotokoll. Bayerischer Landtag 16. Wahlperiode, Anlage 16a, S. 180.

242 Näher dazu Einleitung A I 1 b.

243 Stellungnahme der Staatsregierung zum Thema „Umsetzung des Asylbewerberleistungsgesetzes in Bayern", Wortprotokoll. Bayerischer Landtag. 16. Wahlperiode, Anlage 16a, S. 191.

244 Vgl. *Hohm*, in: *ders.*, GK-AsylbLG, § 3 AsylbLG, Rn. 14; *Classen*, Sozialleistungen für MigrantInnen und Flüchtlinge, 2008, S. 144. Der Autor verwendet den Befriff „Ausgrenzungsprinzip" statt Bedarfsdeckungsfunktion.

245 Vgl. *Haedrich*, ZAR 2010, S. 231.

246 *Kingreen*, NVwZ 2010, S. 559; vgl. *Haedrich*, ZAR 2010, S. 231; Vgl. *Brockmann*, SozSich 2010, S. 310 ff.

247 BT-Drucks. 12/4551, S. 6; *Herbst*, in: *Mergler/Zink*, SGB XII, § 1a AsylbLG, Rn. 22.

248 *Deibel*, ZFSH/SGB 1998, 707, 714; *Streit/Hübschmann*, ZAR 1998, S. 270; *Birk*, in: *ders./u.a.*, LPK-BSHG, § 1a AsylbLG, Rn. 6; *Horrer*, Das Asylbewerberleistungsgesetz. Die Verfassung und das Existenzminimum, 2001, S. 28.

249 *Hohm*, in: *ders.*, GK-AsylbLG, § 1a AufenthG, Rn. 145.

250 *Kingreen*, NVwZ 2010, S. 560.

251 Näher dazu LSG NRW, Beschluss v. 26.7.2010. Az. L 20 AY 13/09.

252 *Kingreen*, NVwZ 2010, S. 559.

Weiterhin ist noch zu klären, nach welchen Kriterien und Maßstäben das menschenwürdige Existenzminimum von Leistungsberechtigten nach dem AsylbLG zu bestimmen ist.[253] Die Gesetzesbegründung zur ursprünglichen Fassung[254] des § 3 AsylbLG gibt keine Hinweise auf das vom Gesetzgeber gewählte Bemessungsverfahren.[255] Das Urteil des BVerfG lehrt, dass der Gesetzgeber gegen die Verpflichtung zu einer empirisch nachvollziehbaren Festsetzung der Höhe der Grundleistungen verstoßen hat.[256] Daher könnte hier nach den Maßstäben des „Hartz IV"-Urteils das AsylbLG auch aufgrund des Fehlens eines geregelten und empirisch nachvollziehbaren Bemessungsverfahrens sowie einer fehlenden Überprüfung der Regelleistungssätze verfassungswidrig sein.[257]

Außerdem ist der Gesetzgeber, obwohl er einen bestimmten Spielraum bei der Bestimmung des Bemessungsverfahrens hat, seiner Ermittlungs- und Beobachtungspflicht gegenüber den Regelleistungen nicht nachgekommen,[258] da er es vermeiden wollte weitere Zuwanderungsanreize zu schaffen.[259]

c) Vereinbarkeit des AsylbLG mit dem Prüfungsmaßstab des Gleichheitssatzes

Obwohl das „Regelleistungsurteil" zur Bemessung des Existenzminimums als Prüfungsmaßstab nur auf das Grundrecht nach Art. 1 Abs. 1 i. V. m. Art. 20 Abs. 1 GG zurückgreift, und die Anwendbarkeit des Grundrechts nach Art. 3 Abs. 1 GG verneint,[260] ist eine Prüfung anhand des Gleichheitssatzes beim AsylbLG angemessen. Art. 3 GG dient als Kontrollmaßstab zur Überprüfung der Leistungsgewährung.[261]

---

253 *Rothkegel*, ZFSH/SGB 2010, S. 142.

254 BT-Drucks. 12/4451, und BT-Drucks. 12/5008, S. 14 ff.

255 *Hohm*, ZFSH/SGB 2010, S. 276; vgl. *Brockmann*, SozSich 2010, S. 310 ff; *Janda/Wilksch*, SGb 2010, S. 569.

256 *Kingreen*, NVwZ 2010, S. 560.

257 *Rothkegel*, ZFSH/SGB 2010, S. 142; *Kingreen*, NVwZ 2010, S. 560; *Janda/Wilksch*, SGb 2010, S. 570; *Brockmann*, SozSich 2010, S. 314; Näher zu den verfassungsrechtlichen Aspekten und der Anwendungspraxis des Asylbewerberleistungsgesetzes BT-Drucks. 17/3660 v. 10.11.2010. Antwort der Bundesregierung auf die Große Anfrage der Abgeordneten Ulla Jelpke, Jan Korte, Klaus Ernst, weiterer Abgeordneter und der Fraktion DIE LINKE (BT-Drucks. 17/2404).

258 *Kingreen*, NVwZ 2010, S. 560.

259 BT-Drucks. 12/3686.

260 BVerfGE 125, 175 (145); *Hohm*, ZFSH/SGB 2010, S. 272.

261 Vgl. *Bley/Kreikebohm/Marschner*, Sozialrecht, 2007, S. 28; *Horrer*, Das Asylbewerberleistungsgesetz. Die Verfassung und das Existenzminimum, 2001, S. 153; *Romanski*, Sozialstaatlichkeit und soziale Grundrechte, 2000, S. 19; *Neumann*, NVwZ, 1995, S. 429.

Wenngleich früher die Staatsangehörigkeit als ausreichendes Differenzierungskriterium galt, muss heute eine ergänzende sachliche Rechtfertigung vorliegen.[262] Zunächst wird jedoch geprüft, inwieweit Differenzierungen von Ausländern ohne Aufenthaltsrecht gegenüber anderen Leistungsberechtigten der Grundsicherung, gerechtfertigt sind.[263] Art. 3 Abs. 1 GG hält Ungleichbehandlungen beim Zugang zu Sozialleistungen in der Regel für nicht für legitim. Differenzierungen sind jedoch zulässig, wenn es ein sachliches und angemessenes Kriterium für die Ungleichbehandlung vorliegt.[264]

aa) Unterschiedlicher Wert der Grundleistungen in den Bundesländern

Zwar gibt der Gesetzgeber einen abstrakten Rahmen für die Grundleistungen nach Art. 3 AsylbLG vor;[265] was unter „notwendigen Bedarf" konkret zu verstehen ist, ist jedoch gesetzlich nicht festgelegt.[266]

Die Bundesländer haben den Wert der Grundleistungen in verschiedene Bedarfspositionen unterteilt.[267] Die auf diese Weise entwickelten Bedarfspunkte unterscheiden sich.[268] Während beispielsweise in Schleswig-Holstein,[269] Mecklenburg-Vorpommern[270] und Bremen[271] monatlich knapp 10,00€ für Körper- und Gesundheitspflege für den Haushaltsvorstand veranschlagt sind, sind es in Thüringen[272] 8,69€ und in Nordrhein-Westfalen[273] nur 5,11€.[274] „An-

---

262 *Thym*, Migrationsverwaltungsrecht, 2010, S. 76.

263 Näher dazu *Horrer*, Das Asylbewerberleistungsgesetz. Die Verfassung und das Existenzminimum, 2001, S. 171 ff.

264 *Kokott*, in: *Hailbronner*, Die allgemeinen Regeln des völkerrechtlichen Fremdenrechts, 2000, S. 35; *Doehring*, Die allgemeinen Regeln des völkerrechtlichen Fremdenrechts, 1963, S. 190.

265 Vgl. BVerwGE 92, 169.

266 *Janda/Wilksch*, SGb 2010, S. 567.

267 Abgedruckt bei *Hohm*, in: *ders.*, GK-AsylbLG, Landesrecht IV. Zahlen in Euro sind nur für die folgenden Bundesländer vorhanden: Bremen, Mecklenburg-Vorpommern, Nordrhein-Westfalen, Schleswig-Holstein und Thüringen.

268 *Janda/Wilksch*, SGb 2010, S. 567.

269 Erlass des Innenministeriums des Landes Schleswig-Holstein vom 19.3.2004, zu § 3, bei *Hohm*, in: *ders.*, GK-AsylbLG, Landesrecht Schleswig-Holstein IV - 15.3.3.

270 Gesetz über die Aufnahme von ausländischen Flüchtlingen, Aussiedlern und Spätaussiedlern im Land Mecklenburg-Vorpommern sowie zur Durchführung des Asylbewerberleistungsgesetzes (Landesaufnahmegesetz – LAufnG M-V), vom 28.6.1994 (GVBl. S. 660, ber. S. 780), bei *Hohm*, in: *ders.*, GK-AsylbLG, Landesrecht Mecklenburg-Vorpommern IV - 8.1.

271 Gesetz zur Aufnahme von ausländischen Flüchtlingen und Spätaussiedlern (Aufnahmegesetz-AufnG) v. 14.12.2004 (GBl. S. 591), bei *Hohm*, in: *ders.*, GK-AsylbLG, Landesrecht Bremen IV - 5.1.

272 Thüringer Verordnung zur Durchführung des Asylbewerberleistungsgesetzes (ThürDVOAsylbLG) vom 5.5.2000 (GVBl. S. 102), *Hohm*, in: *ders.*, GK-AsylbLG, Landesrecht Thüringen IV - 16.3.

gesichts des weitgehend einheitlichen Niveaus der Lebenshaltungskosten in der Bundesrepublik ist diese Praxis mit dem Gleichbehandlungsgebot aus Art. 3 Abs. 1 GG nur schwer vereinbar."[275]

Um die Rechtssicherheit und -einheit zu gewährleisten, sollten die Regelsätze durch den Gesetzgeber im Wege eines transparenten Verfahrens festgelegt werden; und nicht wie derzeit in den meisten Fällen über eine Öffnungsklausel der Einzelfallentscheidung durch die Verwaltung.[276]

bb) Integrationsbedarf erst nach 48 Monaten Vorbezugszeit

Sachliche Gründe für eine Ungleichbehandlung stellen die begrenzte Dauer der Bedürfnissituation bzw. die Leistungsanknüpfung an einen vorübergehenden Aufenthalt in Deutschland dar,[277] sowie das Bestreben keinen Anreiz für eine rein wirtschaftlich orientierte Einreise[278] („Pull-Faktor") zu schaffen.[279] Das Argument, dass die Einreise durch Grundleistungen beeinflusst wird, ist eher spekulativ,[280] da die betroffenen Ausländer bereits nach Deutschland eingereist sind.[281] Die Ungleichbehandlung dient also als Medium zur Abschreckung bzw. Prävention anderer Ausländer, die noch nicht eingereist sind.[282]

Dem Gesetzgeber ist nicht verwehrt, Art und Umfang von Sozialleistungen an Ausländer grundsätzlich von der voraussichtlichen Dauer ihres Aufenthalts in Deutschland abhängig zu machen.[283] Dementsprechend kann der Gesetzgeber Regelungen über die Gewährung von Leistungen abweichend vom SGB XII treffen, da es den in § 1 Abs. 1 AsylbLG aufgeführten Personen wegen ihres

---

273 Hinweise zur Durchführung des Asylbewerberleistungsgesetzes (Stand: 21.3.2003), Punkt 3.6 bei *Hohm,* in: *ders.,* GK-AsylbLG, Landesrecht Nordrhein-Westfalen IV 10.4.

274 Gegenwert Beispiele für a) Ernährung; Bremen (115,04€), Mecklenburg-Vorpommern (145€), Nordrhein-Westfalen (130,38€), Schleswig-Holstein (125,27€) und Thüringen (118,11€), b) Energie: Bremen (25,05€), Mecklenburg-Vorpommern (25€), Nordrhein-Westfalen (20,45€), Schleswig-Holstein (23,01€) und Thüringen (25,56€), c) Bekleidung: Bremen (20,45€), Mecklenburg-Vorpommern (30€), Nordrhein-Westfalen (20,45€), Schleswig-Holstein (15,34€) und Thüringen (17,90€). *Hohm,* in: *ders.,* GK-AsylbLG, Landesrecht IV.

275 *Janda/Wilksch,* SGb 2010, S. 567.

276 *Janda/Wilksch,* SGb 2010, S. 574.

277 *Kingreen,* NVwZ, 2010, S. 560-561.

278 BVerfGE 111, 160 (167)=NVwZ 2005, 201; BT-Drucks. 12/5008, S. 13.

279 BSG, NVwZ-RR 2009, 638, (641); vgl. bereits BVerwG, NVwZ 1999, 669 (669).

280 Näher dazu 3. Kapitel B I 3 a cc („Auswirkungen eines „großzügigen" Sozialstaats auf den Pull-Faktor von Ausländern in dieser Region").

281 *Kingreen,* NVwZ 2010, S. 561.

282 Vgl. *Brockmann,* SozSich 2010, S. 315; *Kingreen,* NVwZ 2010, S. 561.

283 BVerfGE 116, 229 (239) = NVwZ 2007, 436; (Schmerzensgeld-Beschluss) BVerfGE 111, 160 (174) = NVwZ 2005, 201; BVerfGE 111, 176 (185.) = NVwZ 2005, 319.

vorübergehenden Aufenthaltes an sozialem Integrationsbedarf fehlt.[284] Nach dem AsylbLG entsteht ein anerkannter Integrationsbedarf erst nach 48 Monaten für Leistungsberechtigte nach § 2 Abs. 1 AsylbLG.[285] Laut Gesetzesentwurf sollte das AsylbLG, anders als das SGB XII, Leistungsberechtigten gerade kein sozial integriertes Leben „auf eigenen Füßen" in der Bundesrepublik ermöglichen.[286]

Nach der ständigen Rechtsprechung[287] des Bundesverfassungsgerichts wurde der Gleichheitssatz dann als verletzt angesehen, „wenn eine Gruppe von Normadressaten im Vergleich zu anderen anders behandelt wird, obgleich zwischen beiden Gruppen keine Unterschiede von solcher Art und solchem Gewicht bestehen, dass sie die ungleiche Behandlung rechtfertigen könnten". Durch das AsylbLG ist der Gleichheitsgrundsatz nicht verletzt, weil zwischen beiden Gruppen Unterschiede bestehen, die eine ungleiche Behandlung rechtfertigen.[288] Es sei zwischen dem Existenzminimum von Personen, die in Deutschland verwurzelt sind, und dem Existenzminimum von Leistungsberechtigten mit vorübergehendem Aufenthalt zu unterscheiden.[289] Der Gesetzgeber darf gruppenbezogene Differenzierungen für den Mindestbedarf und damit für die Hilfeleistung vornehmen.[290] Zudem bestanden im Jahr 1999 nach Ansicht des BVerwG keine Zweifel an der Verfassungsmäßigkeit des AsylbLG.[291]

Jedoch könnte die neue Wartezeit von vier Jahren unverhältnismäßig sein,[292] da die Rechtsprechung sozialrechtliche Differenzierungen nur mit einem sachlichen Grund bzw. einer Anknüpfung an den vorübergehenden Aufenthalt in Deutschland rechtfertigt.[293] Ursprünglich (1997) beschränkte sich der vorübergehende Aufenthalt bzw. die Wartefrist (§ 2 Abs. 1 AsylbLG) auf ein Jahr. In den ersten parlamentarischen Beratungen des AsylbLG wurde auf eine erforderliche zeitliche Begrenzung des Leistungsbezuges und der damit verbundenen eingeschränkten Möglichkeit der Teilhabe am soziokulturellen Leben hinge-

---

284 BT-Drucks. 12/4451, S. 7.
285 *Hohm*, ZFSH/SGB 2010, S. 275. vgl. BT-Drucks. 16/5065, S. 467 ff.
286 Siehe Begründung des Entwurfes des AsylbLG, BT-Drucks. 12/4551, S. 5; so auch die Antwort der Bundesregierung auf die Anfrage der Fraktion der Linken, BT-Drucks. 16/9018, S. 26.
287 Vgl. BVerfGE 55, 72, (88) = NJW 1981, 271; BVerfGE 111, 160 (174) = NVwZ 2005, 201; BVerfGE 111, 176 (185) = NVwZ 2005, 319; BVerfGE 112, 368 (401) = NVwZ 2005, 1302; BVerfGE 116, 229 (238) = NVwZ 2007, 436.
288 *Hohm*, ZFSH/SGB 2010, S. 274.
289 NdsOVG, NVwZ 1997, S. 95-96 (95).
290 BT-Drucks. 16/7574.
291 BVerwG, NVwZ 1999, S. 196-197.
292 *Kingreen*, NVwZ 2010, S. 561.
293 BVerfGE 111, 160, 229 (239) = NVwZ 2007, 436.

wiesen.[294] Nach einer Wartefrist von einem Jahr könnte der Leistungsberechtigte nach dem AsylbLG erhöhte Grundsicherungsleistungen in Anspruch nehmen. Jedoch wurde diese Wartefrist auf 48 Monate verlängert. Mit der vorgenommenen Ausweitung der Dauer der Vorbezugszeit von Grundleistungen auf 48 Monate hat der Gesetzgeber die ursprünglich enge zeitliche Beschränkung von einem Jahr,[295] die im Einklang mit dem Menschenwürdegrundsatz stand, aufgegeben.[296] Dabei sichern diese Grundleistungen nur die physische Existenz, schaffen aber nicht die Grundlage für ein Mindestmaß an Teilhabe am gesellschaftlichen, kulturellen und politischen Leben.[297] Diese sich über vier Jahre erstreckende Nichtgewährung des Teilhabemindestbedarfs ist nicht mit dem Grundrecht auf Gewährleistung eines menschenwürdigen Existenzminimums im Einklang,[298] da in dieser langen Aufenthaltszeit auch für Ausländer mit unrechtmäßigem Aufenthaltsstatus ein gewisser Integrationsbedarf entsteht, der ein Mindestmaß an Teilhaberechten einschließt.[299] In der ursprünglichen zeitlichen Beschränkung von nur einem Jahr Vorbezugszeit bestand hingegen wegen der kurzen Aufenthaltsdauer kein gewachsener Integrationsbedarf, sodass die Gewährung von Grundleistungen als ausreichend angesehen wurden.

Außerdem ist in Zusammenhang mit der Vorbezugszeit von 48 Monaten die Annahme, dass es sich um ausländischen Leistungsberechtigte mit nur vorübergehendem Aufenthalt handelt, widerlegt. Um ein menschenwürdiges Existenzminimum zu gewährleisten, muss der Gesetzgeber gründlich und sorgfältig prüfen, für welchen Zeitraum eine Reduzierung der Grundleistungen im Vergleich zu den Regelleistungen nach dem SGB noch als den Grundrechten entsprechend betrachtet werden kann.[300]

Andererseits wurde kritisiert, dass die Wartezeit nicht notwendigerweise mit der Aufenthaltsdauer korreliert. Mit dem Ersten Änderungsgesetz wurde die Erfüllung der Wartezeit durch einen 12-monatigen Aufenthalt durch die Erfüllung einer bestimmten Dauer des Leistungsbezuges ersetzt.[301] Die Frist, ab der „soziale Integrationsbedürfnisse" anzuerkennen sind, wurde von der Bezugsdauer

---

294 *Hohm*, ZFSH/SGB 2010, S. 274.
295 Vgl. Prot. der 2. und 3. Lesung des deutschen Bundestages über den Entwurf eines Gesetzes zur Neuregelung der Leistungen an Asylbewerber in seiner 160. Sitzung am 26.5.1993.
296 *Hohm*, ZFSH/SGB 2010, S. 274.
297 *Janda/Wilksch*, SGb 2010, S. 570-571.
298 *Hohm*, ZFSH/SGB 2010, S. 275.
299 *Hohm*, ZFSH/SGB 2010, S. 274.
300 *Hohm*, ZFSH/SGB 2010, S. 274.
301 BGBl. I. S. 3022. *Herbst*, in: *Mergler/Zink*, SGB XII, § 2 AsylbLG, Rn. 10.

von Leistungen abhängig gemacht, statt von der tatsächlichen Aufenthalts-dauer.[302]

cc) Einschränkung des Anspruchs nach § 1a AsylbLG und der Zu-sammenhang mit dem Gleichheitssatz

Bei § 1 a AsylbLG handelt es sich nicht um eine Ermessensnorm, d. h. bei Vorliegen der tatbestandlichen Voraussetzungen, tritt zwingend eine Ein-schränkung des Anspruchs ein.[303] Bei der Beschränkung des Existenzminimums auf das, für die Sicherung der „nackten Existenz" Notwendige, ist es unab-dingbar, die Menschenwürde (Art. 1 Abs. 1 GG) i. V. m. dem Sozialstaats-prinzip (Art. 20 Abs. 1 GG) zu respektieren.[304] Insbesondere könnten die Mittel zur Kürzung dieser Leistungen unverhältnismäßig sein.[305] Aber gerade die angeordnete Einzelfallentscheidung ermöglicht es, die Leistungen auf eine verhältnismäßige Weise zu kürzen.[306]

Fraglich ist ebenfalls, ob nach § 1a AsylbLG ein Verstoß gegen den all-gemeinen Gleichheitssatz (Art. 3 Abs. 1 GG) vorliegt. Diese Ausländer sind aber wegen ihres missbräuchlichen Verhaltens nicht mit vergleichbaren Aus-ländergruppen gleichzustellen. Sie dürfen daher leistungsrechtlich schlechter ge-stellt werden, und ein Verstoß gegen den Gleichheitssatz ist nicht gegeben.[307] Demnach begegnet die Regelung keinen durchgreifenden verfassungsrechtlichen Bedenken.[308] Als Ergebnis kann man daher feststellen, dass der Gesetzgeber den Grundrechten und dem Sozialstaatsprinzip ausreichend Rechnung getragen hat.[309]

---

302 BT-Drucks. 16/9018, S. 17.
303 *Hohm*, in: *ders.*, GK-AsylbLG, § 1a AsylbLG, Rn. 146.
304 *Röseler/Schulte*, Rechtsgutachten, 1998, S. 22.
305 *Röseler/Schulte*, Rechtsgutachten, 1998, S. 27.
306 *Horrer*, Das Asylbewerberleistungsgesetz. Die Verfassung und das Existenzminimum S. 204; siehe auch VG Regensburg (B. v. 28.10.1998 - RO 4 S 98.1990) abgedr. unter VII zu § 1a (VG-Nr. 1).
307 *Hohm*, in: *ders.*, GK-AsylbLG, § 1a AufenthG, Rn. 15.
308 *Hohm*, in: *ders.*, GK-AsylbLG, § 1a AsylbLG, Rn. 14; *Deibel*, ZFSH/SGB 1998, S. 707. Näher zu den verfassungsrechtlichen Aspekten und der Anwendungspraxis des Asylbewerberleistungs-gesetzes BT-Drucks. 17/3660 v. 10.11.2010. Antwort der Bundesregierung auf die Große An-frage der Abgeordneten Ulla Jelpke, Jan Korte, Klaus Ernst, weiterer Abgeordneter und der Frak-tion DIE LINKE (BT-Drucks. 17/2404).
309 BT-Drucks. 13/10155, S. 5; *Hohm*, in: *ders.*, GK-AsylbLG, § 1a AufenthG, Rn. 17.

d) Medizinische Versorgung § 4 AsylbLG und Auffangklausel des § 6 AsylbLG

Da § 4 AsylbLG den Zugang zu Leistungen der medizinischen Versorgung lediglich auf eine Notversorgung begrenzt, ist die Gewährung von dem medizinischen Standard entsprechenden Behandlungen zum Schutz des Lebens unmöglich.[310]
Das AsylbLG enthält mit den sonstigen Leistungen nach § 6 AsylbLG eine Auffangvorschrift, die den verfassungsrechtlichen Bedenken die Grundlage entzieht.[311] Der Gesetzgeber wollte den gegen das AsylbLG erhobenen verfassungsrechtlichen Bedenken Rechnung tragen.[312] Als Auffangtatbestand ist ihr Anwendungsbereich jedoch auf wenige Ausnahmefälle begrenzt.[313] Daher kann § 6 AsylbLG gerade nicht auf den Bedarf angewendet werden, der bei der Vielzahl von Leistungsberechtigten besteht.[314] Die Leistungen sind auf konkrete Einzelfälle beschränkt und insbesondere für Todesfälle oder körperliche Beeinträchtigungen gedacht.[315] Leistungen nach § 6 AsylbLG stehen im Ermessen des Leistungsträgers, und sind nur zu gewähren, wenn dies im Einzelfall unerlässlich erforderlich ist. Weitere Ansprüche aus dem SGB XII sind gemäß § 9 AsylbLG jedoch ausgeschlossen. Das Argument, eine Unterschreitung des Existenzminimums sei wegen § 6 AsylbLG nicht möglich, kann nicht überzeugen.[316]

e) Verfassungsmäßigkeitsprüfung auf Antrag des Landessozialgerichts NRW

Obwohl sich das BVerfG bisher nicht zur der, durch die Verfassung gebotenen Mindesthöhe von Grundleistungen nach dem AsylbLG zur Deckung des menschenwürdigen Existenzminimums geäußert hat,[317] muss nun das BVerfG die Verfassungsmäßigkeit des AsylbLG prüfen.

---

310 *Janda/Wilksch*, SGb 2010, S. 571.
311 OVG v. 28.5.2002, Az. 12 A 64/00 (www.juris.de).; BVerwG v. 29.9.1998, Az. 5 B 90.97 (www.juris.de).; BVerwG v. 29.9.1998 Az. 5 B 82.97 v. 29.9.1998 (www.juris.de).
312 *Hohm*, ZFSH/SGB 2010, S. 277.
313 *Deibel*, ZAR 1998, S. 32.
314 *Hohm*, ZFSH/SGB 2010, S. 277.
315 OVG Nds., NVwZ-Beil I 2002, S. 114.
316 *Janda/Wilksch*, SGb 2010, S. 570.
317 *Rothkegel*, ZFSH/SGB 2010, S. 142.

Das Landessozialgericht Nordrhein-Westfalen hatte am 28. Juli 2010 in Zusammenhang mit dem sog. Hartz-VI-Urteil[318] dem BVerfG die Frage vorgelegt,[319] ob die Leistungen nach dem AsylbLG mit dem Grundgesetz vereinbar sind.[320] Auslöser für das Gerichtsurteil des LSG war eine Klage eines geduldeten Leistungsberechtigten nach AsylbLG aus dem Irak, der monatlich 224,97€ erhielt. Aufgrund der Verlängerung der Wartefrist des § 2 AsylbLG von 36 auf 48 Monate hatte das Sozialamt die Leistungen des Klägers, der bereits seit 2006 Leistungen nach § 2 AsylbLG in Höhe der Sozialhilfe nach dem Sozialhilfe erhielt, vom 1. Januar bis zum 31. Dezember 2009 erneut auf das Niveau des § 3 AsylbLG gesenkt, um so die 48 Monate verlängerte Wartefrist zu erfüllen. Die Richter beriefen sich zur Begründung auf das „Regelleistungsurteil", wonach ein Grundrecht auf Gewährleistung eines menschenwürdigen Existenzminimums besteht. Dieses Grundrecht hängt in seiner Geltung nicht davon ab, ob der Betroffene die deutsche Staatsangehörigkeit besitzt oder mit einem gesicherten Aufenthaltsstatus in der Bundesrepublik lebt. Der Kläger ist ohne Weiteres Träger dieses Grundrechts.[321]

Das Landessozialgericht Nordrhein-Westfalen hält die Beträge nach § 3 Abs. 2 AsylbLG sowie den Barbetrag nach § 3 Abs. 1 AsylbLG für verfassungswidrig. Bei einem so offensichtlichen Abweichen von dem Arbeitslosengeld II-Regelsatz für Alleinstehende (351€) könne davon ausgegangen werden, dass die Leistungen nicht ausreichen, um das menschenwürdige Existenzminimum sicherzustellen.[322] Die Beträge nach § 3 AsylbLG, die willkürlich festgelegt wurden, sind nach Auffassung des Gerichts bereits der Höhe nach evident unzureichend, da die Regelsätze nach SGB II und SGB XII um 31% unterschritten wurden.

Zudem seien die Grundleistungen nach § 3 AsylbLG nicht in einem Verfahren bemessen worden, wie das BVerfG in der Entscheidung über sog. Hartz-VI-Regelleistungen[323] verlange, sondern willkürlich geschätzt worden.[324] Der Gesetzgeber hätte die verfassungsrechtliche Verpflichtung eingehen müssen, den Anspruchsumfang in einem transparenten und sachgerechten Verfahren realitätsgerecht sowie nachvollziehbar auf der Grundlage verlässlicher Zahlen und schlüssiger Berechnungsverfahren bemessen müssen. Stattdessen war der Gesetzgeber bei der Bemessung der Regelleistung von 345€ (§ 20 Abs. 2 1.

318 BVerfGE 125, 175.
319 *Brockmann*, SozSich 2010, S. 310.
320 LSG NRW, Beschluss v. 26.7.2010. Az. L 20 AY 13/09.
321 LSG NRW, Beschluss v. 26.7.2010. Az. L 20 AY 13/09, S. 34.
322 LSG NRW, Beschluss v. 26.7.2010. Az. L 20 AY 13/09.
323 BVerfGE 125, 175.
324 *Brockmann*, SozSich 2010, S. 313-314.

Halbsatz SGB II) ohne sachliche Rechtfertigung der Strukturprinzipien von dem Statistikmodell abgewichen.[325]

Die Bundesregierung konnte dem LSG keine Gründe dafür darlegen, weshalb niemals eine Anpassung der Beträge an die Preissteigerung vorgenommen wurde. Das BVerfG wird nun zu prüfen haben, ob die Beträge des AsylbLG verfassungskonform sind.[326] Die Richter des Landessozialgerichts Nordrhein-Westfalen halten die Leistungen aus dem AsylbLG, die seit 1993 nicht angehoben wurden, für verfassungswidrig. Sollte das BVerfG auch die Ansicht des LSG vertreten, müsste der Gesetzgeber die Höhe der Sätze nach dem AsylbLG wie bei denen nach SGB II neu regeln.[327]

4. Kritik an der Umsetzung der EU-Opferschutzrichtlinie i. V. m. AsylbLG

Mit dem Richtlinienumsetzungsgesetz[328] wurde keine vollständige Anpassung der Rechtslage an die Bestimmungen der EU-Opferschutzrichtlinie[329] vorgenommen.[330]

Nach Art. 1 hat die Opferschutzrichtlinie die Feststellung der Voraussetzungen für die Erteilung eines befristeten Aufenthaltstitels an bestimmte Ausländer zum Gegenstand. Für die Menschen, die im Aufnahmeland ein langfristiges Aufenthaltsrecht anstreben, ist der vorläufige Schutz dieser Richtlinie unzureichend, da der Aufenthaltstitel an die Dauer der maßgeblichen innerstaatlichen Verfahren gekoppelt ist.[331]

Nach Art. 7 Abs. 1 S. 1 der Opferschutzrichtlinie müssen die Mitgliedstaaten dafür Sorge tragen, dass den betroffenen Drittstaatsangehörigen die Mittel zur Sicherung ihres Lebensunterhalts gewährt werden. Dies wird zwar in § 3 AsylbLG gewährleistet, allerdings ist fragwürdig, inwieweit Betroffene Zu-

---

325 BVerfGE 125, 175 (173).

326 Näher zur Leistungen nach dem AsylbLG für Kinder: LSG NRW, Beschluss v. 22.11.2010. Az. L 20 AY 1/09.

327 LSG NRW, Beschluss v. 26.7.2010. Az. L 20 AY 13/09.

328 Gesetz zur Umsetzung aufenthalts- und asylrechtlicher Richtlinien der Europäischen Union, BGBl. I S.1970, v. 19.08.2007.

329 Richtlinie 2004/81/EG des Rates v. 29.4.2004 über die Erteilung von Aufenthaltstiteln für Drittstaatsangehörige, die Opfer des Menschenhandels sind oder denen Beihilfe zur illegalen Einwanderung geleistet wurde und die mit den zuständigen Behörden kooperieren; ABl. L 261 v. 6.8.2004, S. 19-23.

330 Stellungnahme zum Entwurf eines Gesetzes zur Umsetzung aufenthalts - und asylrechtlicher Richtlinien der Europäischen Union, BT-Drucks. 16/5065. Stellungnahme des Bevollmächtigten des Rates der Evangelischen Kirche in Deutschland, BT-Drucks. 16/10837, S. 5.

331 Vgl. *Weber*, in: *Becker/Hablitzel/Kressel*, Migration, Beschäftigung und Soziale Sicherheit, 2007, S. 46-47.

gang zu bestehenden Programmen und Maßnahmen zur Rückkehr in ein normales soziales Leben einschließlich Lehrgängen zur Verbesserung der beruflichen Fähigkeiten haben, die in Art. 12 Abs. 1 der Opferschutzrichtlinie vorgesehen sind. Nach § 15 AufenthG werden unrechtmäßig eingereiste Ausländer (§ 14 Abs. 1 AufenthG) in Gemeinschaftsunterkünften verteilt. Sie haben keinen Anspruch darauf, in ein bestimmtes Bundesland oder an einen bestimmten Ort geschickt zu werden.

Viele Ausländer, die Opfer von Menschenhandel geworden sind, sind traumatisiert und leiden dadurch unter körperlichen oder psychischen Beschwerden. Wie oben bereits ausgeführt, müssen die Mitgliedstaaten dafür Sorge tragen, den betroffenen Drittstaatsangehörigen den Zugang zu medizinischer Notversorgung zu gewähren, welches in § 4 AsylbLG geregelt ist. Die Richtlinie fordert zudem die Beachtung spezieller Bedürfnisse besonders schutzbedürftiger Personen, einschließlich psychologischer Hilfe, soweit diese durch innerstaatliches Recht vorgesehen ist. Die in § 4 AsylbLG vorgesehene gesundheitliche Versorgung, beschränkt sich jedoch nur auf akute Erkrankungen und Schmerzzustände. Die notwendige psychotherapeutische Behandlung wird von den Behörden oft nicht gewährt, wenn die Beschwerden der Betroffenen nicht als akuter Notfall eingestuft werden.[332]

Opfern von Menschenhandel sollte die spezielle medizinische Hilfe gewährleistet werden, die sie benötigen. Da die sonstigen Leistungen nach § 6 AsylbLG im Ermessen des Leistungsträgers stehen, ist es fraglich, ob den Opfern von Menschenhandel auch psychologische Beratung und Behandlung zu gewähren ist. Eine psychologische Behandlung würde zu einer stabileren psychischen Verfassung der Drittstaatsangehörigen beitragen, und damit auch ihre Kooperationsbereitschaft bei der Aufklärung der Fälle von Menschenhandel – welches nur im öffentlichen Interesse liegen kann – erhöhen.[333]

II. Vorsorge durch Sozialversicherung und ausländerrechtliche Besonderheiten

Die Sozialversicherung sorgt für den Fall des Eintretens eines sozialen Risikos vor.[334] Aus historischen Gründen hat die Sozialversicherung den Schutz von Arbeitnehmern zum Ziel. Diese verwenden ihr Einkommen nicht nur für

---

332 Vgl. *Janda/Wilksch*, SGb 2010, S. 567.
333 Solidarity with women in distress e.V. (SOLWODI).
    http://www.solwodi.de/474.98.html (Stand: 10.9.2010).
334 Vgl. *Becker*, JuS 1998, S. 91.

ihren Unterhalt, sondern auch zur Vorsorge, indem sie Beiträge an die Sozial-versicherung leisten.

Die Mitgliedschaft in den verschiedenen Versicherungszweigen, knüpft un-abhängig von dem aufenthaltsrechtlichen Status, an bestimmte gesetzliche Tat-bestände, insbesondere an den Arbeitnehmerstatus an.[335] Die Vorschriften über die Versicherungspflicht und die Versicherungsberechtigung gelten (§ 3 SGB IV i. V. m. § 7 SGB I), soweit sie eine selbständige Beschäftigung voraussetzen, für alle Personen, die im Geltungsbereich dieses Gesetzbuchs beschäftigt sind (§ 3 Abs. 1 Nr. 1 SGB IV). Soweit sie eine Beschäftigung oder eine selbständige Tätigkeit nicht voraussetzen, gelten o.g. Vorschriften für alle Personen, die ihren Wohnsitz oder gewöhnlichen Aufenthalt im Geltungsbereich dieses Gesetzbuchs haben (§ 3 Abs. 1 Nr. 2 SGB IV).

Nach § 2 Abs. 2 Satz 1 SBG IV sind alle Arbeitnehmer, die ein Beschäftigungsverhältnis in Deutschland eingehen (§ 7 Abs. 1 S. 2 SGB IV), berechtigt und verpflichtet versichert zu sein.[336] Als charakteristisch für das Beschäftigungsverhältnis gelten die Erbringung von Arbeit in persönlicher Abhängigkeit von einem Dritten, die Dienstbereitschaft des Arbeitgebers sowie die Entgeltlichkeit der Tätigkeit.[337] Der Zugang zu dem Versicherungssystem setzt grundsätzlich den Zugang zum inländischen Arbeitsmarkt voraus. Die Verknüpfung des Zugangs zur Sozialversicherung mit dem Ort des Be-schäftigungsverhältnisses ist für Ausländer genauso gültig wie für Deutsche.[338]

1. Beschäftigung als Voraussetzung des Zugangs zur Sozialversicherung

Grundsätzlich benötigen drittstaatsangehörige Arbeitnehmer, anders als deutsche, eine Arbeitserlaubnis.[339] Nach Art. 3 Abs. 3 GG ist die Staats-angehörigkeit grundsätzlich kein verbotenes Unterscheidungskriterium, sodass Differenzierungen zwischen Staatsangehörigen und Ausländern zum Zugang zu einer Beschäftigung nicht ausgeschlossen sind.[340]

---

335 *Frings*, Sozialrecht für Zuwanderer, 2008, S. 96.

336 Dass mit der Ausübung einer Beschäftigung die Einbeziehung in den Sozialversicherungsschutz der einzelnen Versicherungszweige verbunden ist, ergibt sich aus § 25 Abs. 1 SGB III, § 5 Abs. 1 Nr. 1 SGB V, § 1 S. 1 Nr. 1 SGB VI, § 2 Abs. 1 SGB VII und § 20 Abs. 1 S. 2 Nr. 1 SGB XI.

337 BSGE 54, 266, S. 267.

338 Vgl. *Briel*, Soziale Sicherung für ausländische Arbeitnehmer, 1971, S. 28.

339 Ausnahmen zu diesen Regeln gibt es für EU-Bürger und durch zwischenstaatliche Verein-barungen.

340 *Sopp*, Drittstaatsangehörige und Sozialrecht, 2007, S. 43; *Eichenhofer/Abig*, in: *Boecken/Wilms*, Rechtswissenschaft und Praxis, 2004, S. 14; *Isensee*, in: *ders./Doehring*, Die staatsrechtliche Stellung der Ausländer, 1974, S. 75.

Nach § 4 Abs. 3 S. 1 AufenthG dürfen Ausländer eine Erwerbstätigkeit ausüben, wenn der Aufenthaltstitel es erlaubt. Nach § 18 AufenthG i. V. m. § 39 Abs. 1 AufenthG stehen die öffentlich-rechtlichen Grundlagen der Beschäftigung ausländischer Arbeitnehmer im Einklang mit den Erfordernissen des Arbeitsmarktes („nachrangiger Arbeitsmarktzugang"), um die Arbeitslosigkeit zu bekämpfen. Da man den nationalen Arbeitsmarkt schützen möchte,[341] wird nationalen Arbeitskräften und EU-Bürgern Vorrang gegeben.[342] Seit Inkrafttreten des Zuwanderungsgesetzes[343] ist die Ausländerbehörde, und nicht die Arbeitsagentur, für die Erteilung der Arbeitserlaubnis zuständig. Außerdem wird die Aufenthaltserlaubnis mit der Entscheidung über den Arbeitsmarktzugang zusammengefasst (sog. „one-stop-government").[344] Damit müssen die arbeitsuchenden Ausländer sich nur an eine einzige Anlaufstelle wenden. Nach § 4 Abs. 2 AufenthG kann nach Zustimmung der Bundesagentur für Arbeit oder durch Rechtsverordnung, eine Beschäftigung erlaubt werden.

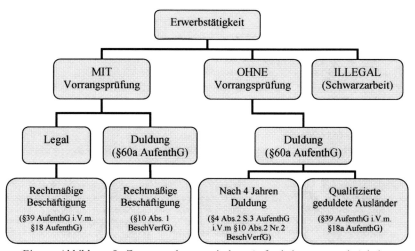

Eigene Abbildung 8: Zusammenhang zwischen Aufenthaltsstatus und Arbeitserlaubnis für Drittstaatsangehörige.

---

341 Auch „Wirtschaftspflege" genannt *Isay*, Völkerrecht, 1924, S. 199.
342 *Maestro Buelga*, RCDP 2010, S. 68.
343 Gesetz zur Steuerung und Begrenzung der Zuwanderung und zur Regelung des Aufenthalts und der Integration von Unionsbürgern und Ausländern, BGBl. I, Nr. 41, v. 5.8.2004.
344 Das „one stop government" Konzept bedeutet Erledigung aller in einer bestimmten Situation anfallenden Verwaltungsangelegenheiten an und mit einer Stelle.

Es gibt grundsätzlich ein Arbeitsverbot für Ausländer, jedoch müssen hier Abweichungen beachtet werden: Es wird zwischen Ausländern mit fehlendem Aufenthaltsrecht mit und ohne Duldung unterschieden. Während bei der letzten Gruppe die Möglichkeit für eine Beschäftigung durch Verordnung besteht, ist das bei der ersten Gruppe ausgeschlossen. Für Ausländer mit unrechtmäßigem Aufenthaltsstatus gilt ein mit der Arbeitsmarktsituation begründetes Arbeitsverbot, das die Hauptursache ihrer Sozialhilfebedürftigkeit darstellt.

a) Arbeitsverbot mit Erlaubnisvorbehalt für geduldete Ausländer

Bei geduldeten Ausländern (§ 60a AufenthG) ist der Aufenthaltsstatus immer noch unrechtmäßig, aber es besteht eine zeitweise Aussetzung der Abschiebung. Das bedeutet, dass diese sich in Deutschland oft eine bestimmte Zeit aufhalten dürfen. Hier stellt sich die Frage, ob dieser besondere Aufenthaltstitel die Erwerbstätigkeit erlaubt.

Grundsätzlich unterliegen die geduldeten Ausländer einem Arbeitsverbot, soweit dies gemäß § 4 Abs. 2 S. 3 AufenthG[345] nicht anders bestimmt ist. Nach § 10 Abs. 1 Beschäftigungsverfahrensverordnung[346] (BeschVerfV) i. V. m. § 42 AufenthG[347] kann die Ausländerbehörde geduldeten Ausländern, die sich mindestens seit einem Jahr im Land aufhalten, eine Arbeitserlaubnis erteilen.[348] Die geduldeten Ausländer[349] haben, wenn sie einer abhängigen Beschäftigung nachgehen, eine Meldepflicht nach § 8a AsylbLG.

Außerdem unterliegen sie einer Vorrangprüfung (§ 39 Abs. 2 AufenthG),[350] um in den Arbeitsmarkt zu gelangen. Die Bundesagentur für Arbeit kann der Er-

---

345 BGBl. I S. 1950 v. 30.7.2004.

346 Verordnung über das Verfahren und die Zulassung von im Inland lebenden Ausländern zur Ausübung einer Beschäftigung (Beschäftigungsverfahrensverordnung, v. 22.11.2004, BGBl. I. S. 2934), geändert durch Art. 7 Abs. 5 des Gesetzes zur Umsetzung aufenthalts- und asylrechtlicher Richtlinien der Europäischen Union, BGBl. I.2007, S. 1970 v. 19.8.2007.

347 § 42 Abs. 1 AufenthG: Das Bundesministerium für Wirtschaft und Arbeit kann durch Rechtsverordnung mit Zustimmung des Bundesrates Folgendes bestimmen: Beschäftigungen, für die eine Zustimmung der Bundesagentur für Arbeit (§ 17 Satz 1, § 18 Abs. 2 Satz 1, § 19 Abs. 1) nicht erforderlich ist.

348 *Marx*, in: *ders.* Aufenthalts-, Asyl- und Flüchtlingsrecht, § 4 AufenthG, Rn. 278; *Marx*, ZAR 2005, S. 53.

349 § 60a Abs. 2 AufenthG: Die Abschiebung eines Ausländers ist auszusetzen, solange die Abschiebung aus tatsächlichen oder rechtlichen Gründen unmöglich ist und keine Aufenthaltserlaubnis erteilt wird.

350 § 39 Abs. 2 AufenhG, Zustimmung zur Ausländerbeschäftigung: Ein Aufenthaltstitel, der einem Ausländer die Ausübung einer Beschäftigung erlaubt, kann nur mit Zustimmung der Bundesagentur für Arbeit erteilt werden, soweit durch Rechtsverordnung nicht etwas anderes bestimmt ist. Die Zustimmung kann erteilt werden, wenn dies in zwischenstaatlichen Vereinbarungen, durch ein Gesetz oder durch Rechtsverordnung bestimmt ist.

teilung einer Aufenthaltserlaubnis zur Ausübung einer Beschäftigung nur dann zustimmen, wenn für die Beschäftigung deutsche Arbeitnehmer sowie Ausländer, die diesen hinsichtlich der Arbeitsaufnahme rechtlich gleichgestellt sind, oder andere Ausländer, die nach dem Recht der Europäischen Union einen Anspruch auf vorrangigen Zugang zum Arbeitsmarkt haben, nicht zur Verfügung stehen (§ 39 Abs. 2 S. 1 lit. b AufenthG). Die Arbeitssuche ist in der Praxis in den meisten Fällen problematisch. Arbeitgeber benötigen einen Arbeitnehmer sofort und können sich die Zeit, um eine Nachrangprüfung durchzuführen, nicht nehmen. Erst wenn sich ein geduldeter Ausländer seit vier Jahren im Land aufgehalten hat (§ 10 Abs. 2 Nr. 2 BeschVerfV), ist eine Arbeitsmarktprüfung nach § 39 Abs. 2 AufenthG nicht mehr erforderlich. Damit wird der Zugang zur Arbeit beschleunigt. Wenn ein geduldeter Ausländer einmal eine Beschäftigungserlaubnis durch Rechtsverordnung bekommt, kann er als Beschäftigter Zugang zu verschiedenen Sozialversicherungszweigen, vor allem zur Krankenversicherung, Unfallversicherung und zur Arbeitslosenversicherung, bekommen.[351] Für die durch das Arbeitsmigrationssteuerungsgesetz[352] qualifizierten Geduldeten gilt eine neue Rechtsgrundlage für einen Erwerbsaufenthalt. Nach § 18 a AufenthG kann einem geduldeten Ausländer eine Aufenthaltserlaubnis zur Ausübung einer der beruflichen Qualifikation entsprechenden Beschäftigung erteilt werden, wenn die Bundesagentur für Arbeit nach § 39 zugestimmt hat, und der Ausländer im Bundesgebiet eine qualifizierte Berufsausbildung in einem staatlich anerkannten oder vergleichbar geregelten Ausbildungsberuf oder ein Hochschulstudium abgeschlossen hat.

b) Absolutes Arbeitsverbot für sonstige Ausländer mit fehlendem Aufenthaltsrecht

Nach § 4 Abs. 3 S. 1 AufenthG dürfen Ausländer eine Erwerbstätigkeit nur ausüben, wenn der Aufenthaltstitel sie dazu berechtigt. Demnach gilt grund-

---

351 Für den Zugang zu den Beitragsleistungen für Arbeitslosigkeit bestimmte müssen Wartezeiten erfüllt werden (§ 123 SGB III). Bezogen auf die Leistungen der Rentenversicherung und Pflegeversicherung muss hinzugefügt werden, dass trotz der theoretischen Möglichkeit eines Zugangs zu diesen Leistungen als Beschäftigte, dies nur dann möglich sein wird, wenn sie die Wartezeiten oder Vorversicherungszeiten erfüllen. In der Praxis häufen sich normalerweise keine Vorversicherungszeiten an. So sind die erforderlichen Beschäftigungszeiten hauptsächlich deshalb nicht erfüllt, weil die Aufenthaltszeit im Gastland normalerweise zu kurz ist, oder weil sie länger mit Kettenduldungen im Gastland gelebt haben. Die Vorversicherungszeiten, die der Zugang zu diesen Leistungen erfordert, bewegen sich üblicherweise zwischen fünf auf fünfzehn Jahren.

352 Gesetz zur arbeitsmarktadäquaten Steuerung der Zuwanderung Hochqualifizierter und zur Änderung weiterer aufenthaltsrechtlicher Regelungen (Arbeitsmigrationssteuerungsgesetz), BGBl. 2008 I Nr. 63, v. 24.12.2008.

sätzlich ein Arbeitsverbot für Ausländer, vor allem für die Ausländer, die überhaupt keinen[353] Aufenthaltsstatus haben.[354]

Wenn Ausländer nicht arbeiten dürfen, haben sie in der Praxis zwei verschiedene Möglichkeiten ihren Unterhalt zu sichern. Entweder nehmen sie Sozialleistungen aus dem AsylbLG[355] in Anspruch, oder müssen sie „schwarz" arbeiten. § 1 Schwarzarbeitsbekämpfungsgesetz[356] (§ 1 Abs. 2 S. 1 SchwarzArbG) beinhaltet keine Definition der Schwarzarbeit, beschreibt aber ihren Tatbestand: „Schwarzarbeit leistet, wer Dienst- oder Werkleistungen erbringt oder ausführen lässt und dabei die Melde-, Beitrags- oder Aufzeichnungspflichten nicht erfüllt". Wenn die Tatbestandsvoraussetzungen der Schwarzarbeit erfüllt sind, stellt dies eine Ordnungswidrigkeit dar.[357] Die unterlassene Entrichtung von Sozialversicherungsbeiträgen ist das Hauptmerkmal der Schwarzarbeit.[358]

Nach § 28 a Abs. 1 S. 1 SGB IV hat der Arbeitgeber der Einzugsstelle für jeden in der Kranken-, Pflege-, Rentenversicherung oder nach dem Recht der Arbeitsförderung kraft Gesetzes versicherten Beschäftigten bei Beginn der versicherungspflichtigen Beschäftigung eine Meldung zu erstatten. Wenn aber der Arbeitgeber seine ihm obliegenden Meldepflichten nicht richtig erfüllt,[359] begeht er eine Ordnungswidrigkeit (§ 111 Abs. 1 Nr. 2 SGB IV). Der Arbeitgeber muss die Sozialversicherungsbeiträge abführen und auch die Melde- und Erklärungspflichten erfüllen. Findet dies aber nicht statt, werden die arbeitsvertraglichen Rechte und Pflichten zwischen Arbeitgeber und Arbeitnehmer nicht berührt.[360] Bis zum Ende der Tätigkeit besteht ein sozialversicherungspflichtiges Beschäftigungsverhältnis. Auch wenn die Ausländer bei der Ausübung einer Beschäftigung keine Arbeitsgenehmigung haben, bleibt die Bei-

---

353 § 58 AufenthG: Der Ausländer ist abzuschieben, wenn die Ausreisepflicht vollziehbar ist und die freiwillige Erfüllung der Ausreisepflicht nicht gesichert ist oder aus Gründen der öffentlichen Sicherheit und Ordnung eine Überwachung der Ausreise erforderlich erscheint. Die Ausreisepflicht ist vollziehbar, wenn der Ausländer: 1) unerlaubt eingereist ist, 2) noch nicht die erstmalige Erteilung des erforderlichen Aufenthaltstitels oder nach Ablauf der Geltungsdauer noch nicht die Verlängerung beantragt hat und der Aufenthalt nicht nach § 81 Abs. 3 als erlaubt oder der Aufenthaltstitel nach § 81 Abs. 4 nicht als fortbestehend gilt.

354 *Marx*, in: *ders.*, Aufenthalts-, Asyl- und Flüchtlingsrecht, § 4 AufenthG, Rn. 273; *Eichenhofer*, in: *Barwig/Röseler/u.a.*, Sozialer Schutz von Ausländern, 1997, S. 66.

355 Näher zu AsylbLG 2. Kapitel III B 3 („Sonder-Sozialhilfe").

356 BGBl. I 2004 S. 1842 v. 23.7.2004.

357 *Marschall*, Bekämpfung illegaler Beschäftigung, 2003, S. 149.

358 *Heller*, Schwarzarbeit: Das Recht der Illegalen unter besonderer Berücksichtigung der Prostitution, 1999, S. 98.

359 Näher dazu siehe Richtlinie 2009/52/EG des Rates vom 18. Juni 2009 über Mindeststandards für Sanktionen und Maßnahmen gegen Arbeitgeber, die Drittstaatsangehörige ohne rechtmäßigen Aufenthalt beschäftigen, ABl. Nr. L 348 v. 30.06.2009.

360 *Marschall*, Bekämpfung illegaler Beschäftigung, 2003, S. 142.

tragspflicht bestehen. Dies ist auch bei ausländischen Arbeitnehmern mit fehlendem Aufenthaltsrecht der Fall.

2. Inhalt und Leistungsumfang

§ 4 Abs. 1 SGB I unterteilt die Sozialversicherung in fünf verschiedene Zweige: die Kranken-, Pflege-, Renten-, Arbeitslosen- und Unfallversicherung. Diese sogenannten fünf Säulen des Sozialversicherungssystems sind in unterschiedlichen Büchern des Sozialgesetzbuches geregelt, finden aber in SGB IV gemeinsame, grundsätzlich für alle geltenden Vorschriften, solange keine spezielle Sonderregelung vorgeht. Zunächst sind die Tatbestände der Versicherungspflicht in diesen fünf verschiedenen Sozialversicherungszweigen einzeln zu untersuchen. Um die Anspruchsgrundlage zu prüfen, ist es erforderlich, die speziellen Regelungen des Leistungsrechts in den einzelnen Versicherungszweigen zu analysieren.[361]

a) Gesetzliche Unfallversicherung

Die gesetzliche Unfallversicherung hat besondere Bedeutung, weil die Arbeitsschutzvorschriften bei illegal beschäftigten Arbeitnehmern häufig nicht eingehalten werden.[362] Da die Ausländer ohne Aufenthaltsrecht in der Regel einem Arbeitsverbot unterliegen, besteht insbesondere bei ihnen ein erhöhtes Unfallrisiko.[363]

Einen Arbeitsunfall erleidet, wer in Ausübung der versicherten abhängigen Beschäftigung einen Unfall hat (§§ 2, 3, 6 SGB VII i. V. m. § 8 Abs. 1 SGB VII). Der Versicherungsschutz setzt mit Beginn der tatsächlichen Beschäftigung ein.[364] Für den Unfallversicherungsschutz ist unerheblich, ob die Beiträge entrichtet wurden oder ob die Meldungen vorgenommen wurden.[365] Wenn das Arbeitsverhältnis auf einer unwirksamen Vertragsgrundlage beruht, handelt es

361 *Gitter/Schmitt*, Sozialrecht, 2001, S. 43.
362 Literature Study on Migrant Workers, 2007, S. 24:
   http://osha.europa.eu/priority_groups/migrant_workers/migrantworkers.pdf (Stand: 11.2.2008).
363 *Grande Gascón/Pérez Pérez*, in: *Molina Navarrete/Peréz Sola/Esteban de la Rosa*, Inmigración e Integración de los Extranjeros en España, 2009, S. 303; *Vial/Walzel*, Illegale Beschäftigung, 1989, S. 17.
364 *Will*, Ausländer ohne Aufenthaltsrecht, 2008, S. 202.
365 *Igl/Welti/Schulin*, Sozialrecht, 2007, S. 205; Vgl. *Eichenhofer*, in: *Barwig/Röseler/u.a.*, Sozialer Schutz von Ausländern, 1997, S. 80; *Wollenschläger*, RdA 1994, S. 205.

sich um ein faktisches Arbeitsverhältnis.[366] Jeder Arbeitnehmer, der eine Beschäftigung ausübt, unabhängig davon, ob die Tätigkeit rechtmäßig oder illegal ausgeübt wird, ist sozialversicherungspflichtig,[367] dabei wird das Beschäftigungsverhältnis nicht automatisch nichtig oder unwirksam.[368]

Unfallversicherungsrechtlich unschädlich sind im Rahmen des § 2 Abs. 1 Nr. 1 SGB VII Verstöße gegen: das Gesetz zur Bekämpfung der Schwarzarbeit, gegen das SGB III wegen Beschäftigung von ausländischen Arbeitnehmern ohne Erlaubnis nach §§ 284 ff. SGB III, oder gegen das AufenthG.[369] Der Aufenthaltsstatus ist für das Entstehen des Versicherungsverhältnisses nicht von Bedeutung,[370] da als Anknüpfungspunkt für diese Versicherung nicht die Staatsangehörigkeit gilt, sondern die inländische Erwerbstätigkeit.[371] Danach ist der Ausländer ohne rechtmäßigen Aufenthaltsstatus,[372] der einem Arbeitsverbot unterliegt, im Versicherungsfall auch versichert.[373] Auch wenn die Leistungsberechtigten nach § 5 Abs. 4 AsylbLG eine gemeinnützige Arbeit in Gemeinschaftsunterkünften leisten müssen,[374] besteht in der Regel ein Versicherungsschutz in der gesetzlichen Unfallversicherung.[375] Das Fehlen eines gewöhnlichen Aufenthalts in Deutschland ist unschädlich.[376] Wenn die Hinterblie-

---

366 *Igl/Welti/Schulin*, Sozialrecht, 2007, S. 52; *Preis*, in: *ders./Müller-Glöge/Schmidt*, ErfK, § 611 BGB, Rn. 145.

367 *Eichenhofer*, in: *Barwig/Röseler/u.a.*, Sozialer Schutz von Ausländern, 1997, S. 66.

368 *Fodor*, Menschen ohne Papiere, 2001, S. 140; Siehe, BAG, AP Nr. 4 zu § 19 AFG S. 680. „Nach Art. 142 Abs. 1 BGB wird ein Rechtsgeschäft von Anfang an („*ex tunc*") nichtig angesehen. Jedoch gibt es bei Arbeitsverträgen eine Ausnahme, wo die Nichtigkeit nur für die Zukunft („*ex nunc*") gilt".

369 LSG Hessen, v. 24.4.2007, Az. L 3 U 242/03 (www.juris.de).

370 Vgl. *Will*, Ausländer ohne Aufenthaltsrecht, 2008, S. 243.

371 *Classen*, Sozialleistungen für MigrantInnen und Flüchtlinge, 2008, S. 217; *Höller*, Soziale Rechte Drittstaatsangehöriger nach europäischem Gemeinschaftsrecht, 2005, S. 35.

372 LSG Hessen v. 13.9.2007, Az. L 3 U 160/07 ER (www.juris.de).

373 *Heinz*, in: *ders./Schuhmann/Busemann*, Ausländische Arbeitnehmer, 2002, S. 221; *Fodor*, Menschen ohne Papiere, 2001, S. 140; *Röseler/Vogel*, Illegale Zuwanderer – ein Problem für die Sozialpolitik?, 1993, S. 25.

374 LSG Niedersachsen-Bremen L 6 B 30/03 u, B.v. 25.09.03. „Der Anspruch auf Verletztengeld (§§ 45 ff. SGB VII) wegen einer Fingerkuppenabtrennung bei einer gemeinnützigen Tätigkeit nach § 5 AsylblG scheitert daran, dass der Kläger bei seinem Unfall kein Arbeitsentgelt (§ 47 Abs. 1 SGB II), sondern nur eine Aufwandsentschädigung im Sinne des § 5 AsylbLG erhielt."

375 *Herbst*, in: *Mergler/Zink*, SGB XII, § 5 AsylbLG, Rn. 35; *Hohm*, in: *ders.*, GK-AsylbLG, § 5 AsylbLG, Rn. 85.

376 Vgl. *Frings*, Sozialrecht für Zuwanderer, 2010, S. 323.

benen[377] oder der Leistungsberechtigte den gewöhnlichen Aufenthalt im Ausland hat, werden dorthin Leistungen gewährt (§ 97 SGB VII).[378]

Nach dem Untersuchungsgrundsatz gem. § 103 Sozialgerichtsgesetz (SGG) im sozialgerichtlichen Verfahren, muss das Gericht den Sachverhalt von Amts wegen erforschen. Bestehen Ungewissheiten, gehen diese zu Lasten des Anspruchstellers, da dieser aus den betroffenen Tatsachen für ihn günstige Rechtsfolgen geltend machen möchte.[379] Bei einem faktischen Arbeitsverhältnis ist die Beweislage in der Regel sehr problematisch,[380] da der Arbeitnehmer keinen Arbeitsvertrag als Beweis des Beschäftigungsverhältnisses vorlegen kann. Dazu müssen die Kausalitäts- und Zurechnungsfragen, die miteinander vermischt sind,[381] beantwortet werden. In der Praxis bestehen häufig Zweifel an der Kausalität und dem Zurechnungszusammenhang.[382] Entscheidend ist, dass der Unfall in Zusammenhang mit einem Beschäftigungsverhältnis steht.[383] Nach dem Schutzzweck der gesetzlichen Unfallversicherung können nicht alle Ursachen im naturwissenschaftlich-philosophischen Sinne versicherungsrechtlich geltend gemacht werden. Es muss einen „rechtlich wesentlichen"[384] Kausalzusammenhang zwischen versicherter Tätigkeit und Unfallgeschehen geben.[385] Die Lehre der rechtlich wesentlichen Bedingung berücksichtigt die konkreten Umstände des Einzelfalls[386] und bezweckt vor allem den Versicherungsschutz nicht durch Nebenursachen auszuschließen.[387] Wegen der schwierigen Beweislage wird hier, um den Anspruch durchsetzen zu können, nur hinreichende Wahrscheinlichkeit gefordert, statt Gewissheit.[388]

---

377 BSG v. 16.5.1984, InfAuslR 1985, S. 20.

378 § 97 SGB VII: Berechtigte, die ihren gewöhnlichen Aufenthalt im Ausland haben, erhalten nach diesem Buch (1) Geldleistungen, (2) für alle sonstigen zu erbringenden Leistungen eine angemessene Erstattung entstandener Kosten einschließlich der Kosten für eine Pflegekraft oder für Heimpflege.

379 BSGE, 60, 278, 280.

380 Rein tatsächlich betrachtet dürfen aber große Vollzugsdefizite bestehen. *Eichenhofer*, in: *Barwig/Röseler/u.a.*, Sozialer Schutz von Ausländern, 1997, S. 66.

381 *Waltermann*, Sozialrecht, 2010, S. 135; siehe dazu BSGE 61, 127, 128.

382 *Muckel*, Sozialrecht, 2009, S. 252.

383 Vgl. *Schulin*, in: *ders.* Handbuch des Sozialversicherungsrechts, 1996, S. 556; vgl. *Gitter/Schmitt*, Sozialrecht, 2001, S. 273; vgl. *Waltermann*, Sozialrecht, 2010, S. 135.

384 Vgl. BSGE 11, 50, (52); 25, 49, (50); BSGE 1, 72, (76); BSGE 6, 164, (169); BSGE 12, 242, (245); BSGE 45, 176, (178 ff); BSGE 63, 277, (280).

385 *Schulin*, in: *ders.* Handbuch des Sozialversicherungsrechts, 1996, S. 558.

386 BSG, U. v. 9.5.2006, B 2 U 1/05 R, SGb 2007, S. 242 ff., S. 245.

387 *Muckel*, Sozialrecht, 2009, S. 240.

388 *Muckel*, Sozialrecht, 2009, S. 252.

Der Gesetzgeber hat sich in Kenntnis dieser Schwierigkeiten dafür entschieden, Lösungen zu suchen, und hat die Figur des Regresses[389] ausgeweitet.
Seit dem Inkrafttreten des Schwarzarbeitsbekämpfungsgesetzes[390] haften Arbeitgeber gegenüber den Sozialversicherungsträgern aufgrund des Unternehmer-
regresses (§ 110 Abs. 1a SGB VII). Unternehmerregress ist eine Erstattung der
Unfallversicherungsleistungen an die Versicherungsträger durch Unternehmer
bei Schwarzarbeit. Der Nachweis der Beschäftigung findet sehr spät statt. Nach
§ 165 SGB VII „haben die Unternehmer zur Berechnung der Umlage innerhalb
von sechs Wochen nach Ablauf eines Kalenderjahres die Arbeitsentgelte der
Versicherten und die geleisteten Arbeitsstunden in der vom Unfallversicherungsträger geforderten Aufteilung zu melden (Lohnnachweis)". Diese lange
Frist verhindert bei Arbeitsunfällen in der Praxis den Nachweis der Schwarzarbeit. Dieser Zeitraum zum Beschäftigungsnachweis nach § 165 SGB VII trägt
zur geringen Erfolgsquote beim Unternehmerregress bei. Der Unternehmer-
regress wurde bisher in der Praxis selten verwendet und weist viele Anwendungsprobleme auf.[391] Außerdem führt die Meldung eines Unfalls bei dem
Unfallversicherungsträger als öffentliche Stelle zu einer Mitteilung an die
Ausländerbehörde (§ 87 Abs. 2 AufenthG).[392]

Das Unionsrecht hat auf diesen Passus mit der EU-Richtlinie 2009/52/EG
über Mindeststandards für Sanktionen und Maßnahmen gegen Arbeitgeber, die
Drittstaatsangehörige ohne rechtmäßigen Aufenthalt beschäftigen, reagiert.[393]
Das Unionsrecht unterliegt der Annahme, dass bei Schwarzarbeit der Arbeitgeber sanktioniert werden muss, da er als Nebenfolge der Schwarzarbeit, von
den ersparten Beiträgen profitieren kann,[394] was wiederum die Schwarzarbeit

---

389 § 110 Abs. 1a SGB VII: „Unternehmer, die Schwarzarbeit nach § 1 des Schwarzarbeitsbekämpfungsgesetzes erbringen und dadurch bewirken, dass Beiträge nach dem Sechsten Kapitel
nicht, nicht in der richtigen Höhe oder nicht rechtzeitig entrichtet werden, erstatten den Unfall-
versicherungsträgern die Aufwendungen, die diesen infolge von Versicherungsfällen bei
Ausführung der Schwarzarbeit entstanden sind. Eine nicht ordnungsgemäße Beitragsentrichtung
wird vermutet, wenn die Unternehmer die Personen, bei denen die Versicherungsfälle eingetreten
sind, nicht nach § 28a des Vierten Buches bei der Einzugsstelle angemeldet hatten."
390 Gesetz zur Intensivierung der Bekämpfung von Schwarzarbeit und damit zusammenhängender
Steuerhinterziehung, BGBl. I, S. 1842, v. 23.7.2004.
391 Zum Beispiel können sobald der Versicherungsfall eingetreten ist und der Arbeitgeber die Beiträge für die Gesamtsozialversicherung bezahlt hat, die Berufsgenossenschaften den Regress gegenüber dem Unternehmer nicht mehr geltend machen. Falls die Beiträge nicht entrichtet würden,
wäre dies möglich, doch geschieht dies in der Praxis kaum. Näher vgl. *Leube*, SGb 2006, S. 404–
410; *Waltermann*, BG, 2006, S. 79-80; *Lehmacher*, BG, 2005, S. 408.
392 *Frings*, Sozialrecht für Zuwanderer, 2010, S. 323.
393 ABl. Nr. L 348 v. 30.06.2009.
394 Vgl. die so genannte Sanktionsrichtinie 2009/52/EG des Rates vom 18. Juni 2009 über Mindeststandards für Sanktionen und Maßnahmen gegen Arbeitgeber, die Drittstaatsangehörige ohne
rechtmäßigen Aufenthalt beschäftigen. ABl. Nr. L 348 v. 30.06.2009.

zusätzlich fördert. Es handelt sich um die gleichen Beiträge, die ausschließlich durch die Arbeitgeber finanziert werden (§ 150 Abs. 1 S. 1 SGB VII) und die zur Risikoabsicherung gegen Arbeitsunfälle und Berufskrankheiten zur Ablösung der Unternehmerhaftung dienen.[395]

Zur Schwarzarbeit liegt es Rechtsprechung für die Deutsche Gesetzliche Unfallversicherung[396] (DGUV) über Unfallversicherungsfälle in der Schattenwirtschaft vor.[397] Es gibt über Schwarzarbeit von Ausländern mit unrechtmäßigem Aufenthaltsstatus jedoch wenig veröffentlichte Rechtsprechung.[398] Das Arbeitsgericht Hannover beispielsweise urteilte zugunsten einer unrechtmäßig beschäftigten polnischen Putzfrau. Infolge eines Arbeitsunfalls musste ihr eine Fingerkuppe amputiert werden. Die Arbeitgeber, eine Familie, stritten ab die Polin beschäftigt zu haben. Vielmehr habe sie als Mitglied einer Wohngemeinschaft Hausarbeiten verrichtet. Das Gericht bezeichnete diese Aussage als nicht glaubwürdig und verklagte die Familie zur Zahlung des Lohns (1403,91€), einer Entgeltfortzahlung im Krankheitsfall sowie Zinsen. Der Richter hatte dem Arbeitgeber in diesem Fall einen Ausweg in Form der Anerkennung des Beschäftigungsverhältnisses, und damit verbunden, der Legalisierung des Arbeitsverhältnisses aufgezeigt. Der Arbeitgeber hatte diese Möglichkeit abgelehnt.[399]

Obwohl die gesetzliche Unfallversicherung ursprünglich nur auf Arbeitsunfälle ausgerichtet war, wurde der Versicherungsschutz auf weitere Personengruppen ausgeweitet (sog. „unechte Unfallversicherung"), wie Kinder, Schüler und Studenten.[400] Für den Unfallversicherungsschutz ist unmaßgeblich, ob das Kind das eine Kindertagesstätte dauerhaft besucht, ein Aufenthaltsrecht in Deutschland hat, bzw. eine Meldung bei der Unfallversicherung vorgenommen

---

395 *Becker*, in: *ders./Nishimura/Walser*, Perspektiven der Unfallversicherung in Japan und Deutschland, 2009; S. 86.
396 HV-Info 2003, S. 2133.
397 BSG 2. Senat, Urteil v. 28.5.1957, Az: 2 RU 150/55; Bayerisches Landessozialgericht 10. Senat, Urteil v. 5.04.1963, Az: L 10/U 356/62; Landessozialgericht Niedersachsen 6. Senat, Urteil v. 16.1.1968, AZ: L 6a U 303/67; BSG 8. Senat, Urteil vom 19. 09.1974, Az: 8 RU 204/73; Bayerisches Landessozialgericht 2. Senat, Urteil v. 27.10.1976, Az: L 2 U 239/75; BSG 2. Senat, Urteil v. 9.12.1976, Az: 2 RU 37/76; BSG 2. Senat, Urteil v. 30.10.1979, Az: 2 RU 53/79; Landessozialgericht Rheinland-Pfalz 3. Senat, Urteil vom 9.12.1981, Az: L 3 U 48/81; BSG 2. Senat, Urteil v. 25. 8.1982, Az: 2 RU 75/81; BSG 2. Senat, Urteil v. 25.8.1982, Az: 2 RU 25/81; BSG 2. Senat, Urteil v. 27.11.1985, Az: 2 RU 27/85; Landessozialgericht Niedersachsen 4. Senat, Urteil v. 26.2.1986, Az: L 4 Kr 25/84; BSG 2. Senat, Urteil v. 27.12.1986, Az: 2 RU 13/86; BSG 2. Senat, Urteil v. 17.3.1992, Az: 2 RU 22/91; Landessozialgericht Rheinland-Pfalz 3. Senat, Urteil v. 27.10.1993, Az: L 3 U 37/93; Bayerisches Landessozialgericht 2. Senat, Urteil v. 20.5.1997, Az: L 2 U 186/96 (www.juris.de).
398 Vgl. LSG Hessen v. 13.9.2007, Az. L 3 U 160/07 ER (www.juris.de), Unfallversicherungsschutz für ohne Arbeitserlaubnis tätige Bauarbeiter mit illegalem Aufenthalt.
399 Arbeitsgericht Hannover, Az: 13Ca 268/02, v. 15.1.2003.
400 *Will*, Ausländer ohne Aufenthaltsrecht, 2008, S. 202.

wurde oder nicht.[401] Schüler ohne Aufenthaltsrecht sind bei dem Besuch von allgemein- und berufsbildenden Schulen nach § 2 Abs. I Nr. 8 lit. b SGB VII unfallversichert.[402] Ebenfalls ist ein fehlendes Aufenthaltsrecht für den Unfallversicherungsschutz bei Studierenden an den Hochschulen (§ 2 Abs. 1 Nr. 8 a-c SGB VII) oder hilfeleistenden Personen bei Unglücksfällen (§ 2 Abs. 1 Nr. 13a SGB VII) irrelevant.[403]

b) Gesetzliche Krankenversicherung

Nach § 186 SGB V beginnt die Mitgliedschaft der Versicherungspflichtigen mit dem Tag des Eintritts in das Beschäftigungsverhältnis. § 5 Abs. 1 Satz 1 SGB V[404] regelt den versicherungspflichtigen Personenkreis. Die Mitgliedschaft besteht unabhängig davon, ob Beiträge gezahlt worden sind oder nicht.[405] Der Versicherte kann die Leistungen des Versicherungszweigs in Anspruch nehmen, sobald nach Beginn der Versicherungspflicht ein Versicherungsfall eintritt[406] (materieller Versicherungsschutz). Das BMI hält die Verwirklichung von Ansprüchen aus der gesetzlichen Krankenversicherung für bedeutungslos,[407] da aufgrund des Fehlens einer Anmeldung seitens der Arbeitgeber die hieraus resultierenden Ansprüche meist nicht realisierbar sind.[408]

Die Frage der Versicherungspflicht wurde ständig neu definiert. Ursprünglich war diese Versicherung eine Arbeitnehmerversicherung,[409] jedoch kamen im Laufe der Zeit durch gesetzliche Weiterentwicklungen neue Personenkreise hinzu. Diese Entwicklung wurde erst mit der Reform am 1. April 2007 beendet, wonach alle, die ihren Wohnsitz oder gewöhnlichen Aufenthalt im Geltungsbereich des Sozialgesetzbuchs haben (§ 3 Abs. 1 Nr. 2 SGB IV), versicherungspflichtig sind.[410] Damit wurde die „Versicherung für Nicht-Versicherte" gem.

401 *Will*, Ausländer ohne Aufenthaltsrecht, 2008, S. 203.
402 *Will*, Ausländer ohne Aufenthaltsrecht, 2008, S. 203.
403 Vgl. *Waltermann*, Sozialrecht, 2010, S. 216; *Muckel*, Sozialrecht, 2009, S. 474.
404 BGBl. I S. 2477, v. 1.1.1989.
405 *Igl/Welti/Schulin*, Sozialrecht, 2007, S. 78; Näher dazu Teil B.II. 2.a. („Faktisches Arbeitsverhältnis").
406 *Igl/Welti/Schulin*, Sozialrecht, 2007, S. 50.
407 BMI-Bericht, Illegal aufhältige Migranten, 2007, S. 22.
     http://www.emhosting.de/kunden/fluechtlingsrat-nrw/de/system/upload/download_1232.pdf (Stand: 28.12.2008).
408 Katholisches Forum „Leben in der Illegalität" Stellungnahme zum BMI-Bericht 2007, S. 6 unter: http://www.forum-illegalitaet.de/StellungnahmeBMI-Bericht-Forum.pdf (Stand: 30.11.2010).
409 Das Reichsgesetz betr. der Krankenversicherung der Arbeiter (RVO), RGBl. S. 73, v. 15.6.1883.
410 Gesetz zur Stärkung des Wettbewerbs in der gesetzlichen Krankenversicherung (GKV- Wettbewerbsstärkungsgesetz- GKV-WSG. BT- Drucks. 16/3100, S. 95.

§ 5 Abs. 1 Nr. 13 SGB V eingeführt:[411] „Versicherungspflichtig sind Personen, die keinen anderweitigen Anspruch auf Absicherung im Krankheitsfall haben und a) zuletzt gesetzlich krankenversichert waren oder b) bisher nicht gesetzlich oder privat krankenversichert waren, es sei denn, dass sie zu den in Absatz 5 oder den in § 6 Abs. 1 oder 2 genannten Personen gehören oder bei Ausübung ihrer beruflichen Tätigkeit im Inland gehört hätten."[412]

Die Leistungsberechtigten nach dem Asylbewerberleistungsgesetz unterliegen nicht der Versicherungspflicht für „Nicht-Versicherte" nach § 5 Abs. 1 Nr. 13 SGB V, da nach § 5 Abs. 11 SGB V für Drittstaatsangehörige eine Aufenthaltserlaubnis vorausgesetzt wird.[413] Sie sind nicht versicherungspflichtig, weil bei dieser Personengruppe eine Absicherung im Krankheitsfall bereits dann vorliegt, wenn ein Anspruch auf Leistungen bei Krankheit, Schwangerschaft, und Geburt nach § 4 des Asylbewerberleistungsgesetzes dem Grunde nach besteht (§ 5 Abs. 11 SGB V). Ebenfalls sind nach § 5 Abs. 8a SGB V die Empfänger laufender Leistungen nach § 2 AsylbLG nicht versicherungspflichtig.[414] Zwischen Leistungen der gesetzlichen Krankenversicherung und des Asylbewerberleistungsgesetzes bestehen Leistungsüberschneidungen. Die Sozialgesetze schließen ihrerseits Leistungsberechtigte nach dem AsylbLG ausdrücklich aus ihrem Anwendungsbereich aus.[415] Als Ergebnis lässt sich feststellen, dass Ausländer ohne Aufenthaltsrecht einen Anspruch auf medizinische Versorgung lediglich aus dem Asylbewerberleistungsgesetz, nicht aber aus der Krankenversicherung nach dem SGB V haben.

Seit dem 1. Januar 2009 sind alle Personen, die in Deutschland wohnen, dazu verpflichtet eine private Krankenversicherung gemäß § 193 Abs. 3 Nr. 3 Versicherungsvertragsgesetz[416] (VVG) abzuschließen, wenn sie nicht Mitglieder einer gesetzlichen Krankenversicherung sind. Nach § 193 Abs. 3 (VVG) ist „jede Person mit Wohnsitz im Inland verpflichtet, bei einem in Deutschland zum Geschäftsbetrieb zugelassenen Versicherungsunternehmen für sich selbst und für die von ihr gesetzlich vertretenen Personen, [...] eine Krankheitskostenversicherung, die mindestens eine Kostenerstattung für ambulante und stationäre Heilbehandlung umfasst [...], abzuschließen und aufrechtzuerhalten".

---

411 *Frings*, in: *Falge/Fischer-Lescano/Sieveking*, Gesundheit in der Illegalität, 2009, S. 146.
412 BT-Drucks. 16/3100, S. 6.
413 *Frings*, Sozialrecht für Zuwanderer, 2010, S. 64.
414 BT-Drucks. 16/3100, S. 6 und BT- Drucks. 16/3100, S. 95.
415 Vgl. *Will*, Ausländer ohne Aufenthaltsrecht, 2008, S. 187.
416 Gesetz über den Versicherungsvertrag-Versicherungsvertragsgesetz vom 23. November 2007 (BGBl. I S. 2631), das zuletzt durch Artikel 10 des Gesetzes vom 29. Juli 2009 (BGBl. I S. 2355) geändert worden ist.

§ 193 VVG verlangt keinen rechtmäßigen Aufenthalt. Jedoch besteht nach § 193 Abs. 3 Nr. 3 VVG diese Pflicht nicht für Leistungsberechtigte nach dem Asylbewerberleistungsgesetz. Es könnten aber Fälle vorkommen, in denen Leistungsberechtigte nach dem AsylbLG auf ihre Leistungen aus dem AsylbLG verzichten, um ihre Anonymität gegenüber den Ausländerbehörden zu bewahren. Ausländer mit fehlendem Aufenthaltsrecht könnten dann theoretisch einen privaten Versicherungsvertrag (§ 315 Abs. 1 SGB V) abschließen und Leistungen erhalten, wenn sie medizinische Behandlung benötigen.[417] Die Bezahlung würde in diesem Fall durch den Patienten selbst erfolgen. In der Praxis ist dieser Weg aber unmöglich[418] da sich die prekär beschäftigten Ausländer den Versicherungsschutz nicht leisten können.[419]

c) Soziale Pflegeversicherung

Es gibt den Grundsatz „die Pflegeversicherung folgt der Krankenversicherung", d. h. die versicherungspflichtigen Mitglieder der sozialen Pflegeversicherung[420] entsprechen jenen der gesetzlichen Krankenversicherung (§ 20 Abs. 1 SGB XI). Ausländer sind gesetzlich pflegeversichert, wenn sie auch gesetzlich krankenversichert sind.[421]

Obwohl jede Person, auch Ausländer, mit Wohnsitz im Inland eine Krankenversicherungspflicht hat (§ 193 Abs. 3 VVG), entfällt diese Pflicht für Leistungsberechtigte nach dem Asylbewerberleistungsgesetz (§ 193 Abs. 3 Nr. 3 VVG). Daraus lässt sich schlussfolgern, dass Ausländer mit fehlendem Aufent-

---

417 *Reinhard*, in: *Sánchez-Rodas Navarro*, Aspectos jurídicos de la inmigración irregular en la Unión Europea, 2009, S. 177; Vgl. BMI-Bericht, Illegal aufhältige Migranten, 2007, S. 22. http://www.emhosting.de/kunden/fluechtlingsrat-nrw.de/system/upload/download_1232.pdf (Stand: 28.12.2008).

418 Mit der neuen Gesetzgebung im Bereich der privaten Krankenversicherung müssen die Versicherungen einen Vertrag medizinischer Vorsorge unter den gleichen Bedingungen anbieten und mit den gleichen Beiträgen wie die öffentlichen Versicherer. Das neue Gesetz kommt den privaten Versicherungen und ihren kommerziellen Interessen somit sehr ungelegen. Deshalb werden sie diese neuen Kunden vermeiden wollen, indem sie Hindernisse errichten; einerseits werden sie überprüfen, dass keinen gesetzlichen Versicherung vorhanden ist oder andererseits werden den Aufenthaltstitel verlangen. Während die erste Bedingung leicht zu erlangen ist, wird die zweite für Ausländer mit fehlendem Aufenthaltsrecht unmöglich zu erfüllen sein. *Reinhard*, in: *Sánchez-Rodas Navarro*, Aspectos jurídicos de la inmigración irregular en la Unión Europea, 2009, S. 177; Vgl. *Frings*, Sozialrecht für Zuwanderer, 2010, S. 103.

419 Vgl. *Frings*, Sozialrecht für Zuwanderer, 2010, S. 101; Katholisches Forum „Leben in der Illegalität" Stellungnahme zum BMI-Bericht 2007, S. 7 unter: http://www.forum-illegalitaet.de/StellungnahmeBMI-Bericht-Forum.pdf (Stand: 30.11.2010).

420 Soziale Pflegeversicherung, BGBl. I S. 1014 v. 28.5.1994.

421 *Frings*, Sozialrecht für Zuwanderer, 2010, S. 107.

haltsrecht weder einer Krankenversicherungs- noch einer Pflegeversicherungspflicht unterliegen. Entsprechend haben Leistungsberechtigte nach dem Asylbewerberleistungsgesetz keine Pflegeversicherungspflicht.

Die Pflegeversicherung[422] wurde in das SGB XI zum Zwecke der Entlastung der Sozialhilfe von den Pflegekosten eingefügt. Nach § 4 SGB XI bestehen die Leistungen der Pflegeversicherung in Dienst-, Sach-, und Geldleistungen für den Bedarf an Grundpflege und hauswirtschaftlicher Versorgung. Art und Umfang der Leistungen richten sich nach der Schwere der Pflegebedürftigkeit und danach, ob häusliche, teilstationäre oder vollstationäre Pflege in Anspruch genommen wird. Der Betroffene ist erst dann materiell versichert, wenn bestimmte Vorversicherungszeiten erfüllt sind.[423] Leistungen der Pflegeversicherung werden erst bezahlt, wenn innerhalb der vorangegangenen zehn Jahre das Versicherungsverhältnis für mindestens fünf Jahre bestand (§ 33 Abs. 2 Nr. 5 SGB XI). Die Pflegeversicherung differenziert wie die Krankenversicherung nicht nach der Staatsangehörigkeit; relevant ist vielmehr die Aufenthaltsdauer.[424] Die Vorversicherungszeiten werfen für Ausländer Probleme auf, wenn längere Zeit Leistungen nach dem AsylbLG bezogen wurden, weil in diesem Fall in der Regel keine Pflegeversicherung besteht.[425] Außerdem können diese von geduldeten ausländischen Arbeitnehmern mit Arbeitserlaubnis nur ausnahmsweise erfüllt werden (§ 33 SGB XI).[426]

d) Arbeitslosenversicherung

Nach § 1 Abs. 1 SGB III verfolgen die Leistungen der Arbeitsförderung[427] den Zweck, ein besseres Beschäftigungsniveau zu schaffen. Die Arbeitsförderung soll dem Entstehen von Erwerbslosigkeit entgegenwirken und die Dauer der Arbeitslosigkeit verkürzen. Der Beginn des Versicherungspflichtverhältnisses ist für Beschäftigte der Tag des Eintritts in das Beschäftigungsverhältnis (§ 24 Abs. 2 SGB III). Ein Ziel ist auch die Förderung der Beschäftigung des Einzelnen. Dieser Versicherungszweig knüpft vor allem an die inlän-

---

422 Pflegebedürftig sind gemäß § 14 Abs. 1 SGB XI Personen, „die wegen einer körperlichen, geistigen oder seelischen Krankheit oder Behinderung für die gewöhnlichen und regelmäßig wiederkehrenden Verrichtungen im Ablauf des täglichen Lebens auf Dauer, voraussichtlich für mindestens sechs Monate, in erheblichem oder höherem Maße der Hilfe bedürfen."

423 *Heinz*, in: *ders./Schuhmann/Busemann*, Ausländische Arbeitnehmer, 2002, S. 248.

424 *Höller*, Soziale Rechte Drittstaatsangehöriger nach europäischem Gemeinschaftsrecht, 2005, S. 33; *Eichenhofer*, in: *Barwig/Röseler/u.a.*, Sozialer Schutz von Ausländern, 1997, S. 68.

425 *Frings*, Sozialrecht für Zuwanderer, 2008, S. 107.

426 *Classen*, Sozialleistungen für MigrantInnen und Flüchtlinge, 2008, S. 148.

427 BGBl. I S. 582 v. 24.3.1997.

dische Erwerbstätigkeit an.[428] Arbeitsförderungsleistungen werden auf Antrag der Arbeitsagentur für Arbeit erbracht (§ 323 SGB III).

Jedoch setzt etwa der Bezug von Arbeitslosengeld (§ 118 SGB III) einen Aufenthaltstitel nach § 4 AufenthG oder eine Zustimmung zur Ausländerbeschäftigung nach § 39 AufenthG i. V. m § 18 AufenthG voraus.[429] Arbeitslos ist ein Arbeitnehmer, der den Vermittlungsbemühungen der Agentur für Arbeit zur Verfügung steht (§ 119 Abs. 1 S. SGB III). Ausländer mit unrechtmäßigem Aufenthalt, die in der Regel einem Arbeitsverbot unterliegen, sind nicht für den Arbeitsmarkt i. S. d. § 119 Abs. 1 S. SGB III verfügbar.[430] Nur geduldete Ausländer können eine Zustimmung zur Ausländerbeschäftigung nach § 39 AufenthG i. V. m. § 18 AufenthG erteilt bekommen. Sonstige Ausländer, denen eine Erlaubnis nicht erteilt werden kann, sind nicht leistungsberechtigt.[431]

Die meisten Leistungen der Arbeitsförderung (z. B. Arbeitsvermittlung nach § 35 SGB III, Eingliederungsmaßnahmen nach § 48 SGB III, berufliche Weiterbildung nach § 57 SGB III) bezwecken die Integration der Erwerbslosen am Arbeitsmarkt.[432] Ziele, die nur für Ausländer mit einer Arbeitserlaubnis und Verfügbarkeit für den Arbeitsmarkt Sinn ergeben. Dabei wird eine Integrationsfähigkeit in den Arbeitsmarkt vorausgesetzt,[433] die für Ausländer mit fehlendem Aufenthaltsrecht meistens schwer zu erfüllen ist. Darüber hinaus werden sie wegen fehlender Arbeitserlaubnis von diesen Förderungsleistungen ausgeschlossen.[434] Jedoch sind Leistungen zur Förderung der Arbeitsaufnahme für geduldete Ausländer im Ausnahmefall möglich.[435]

Außerdem können Ausländer ohne Aufenthaltsrecht die erforderlichen Anwartschaftszeiten nicht erfüllen. Nach § 123 SGB III wird der Zugang zu Arbeitslosengeld erst nach Erfüllung der Anwartschaftszeit von zwölf Monaten gewährt, was bedeutet, dass ein Versicherungspflichtverhältnis von mindestens zwölf Monaten vorausgesetzt wird.

428 *Höller*, Soziale Rechte Drittstaatsangehöriger nach europäischem Gemeinschaftsrecht, 2005, S. 35.

429 *Renner*, in: *Barwig/Röseler/u.a*, Sozialer Schutz von Ausländern, 1997, S. 260.

430 *Frings*, Sozialrecht für Zuwanderer, 2008, S. 207.

431 Vgl. *Will*, Ausländer ohne Aufenthaltsrecht, 2010, S. 2008, S. 99.

432 *Will*, Ausländer ohne Aufenthaltsrecht, 2008, S. 207.

433 *Will*, Ausländer ohne Aufenthaltsrecht, 2008, S. 208.

434 *Will*, Ausländer ohne Aufenthaltsrecht, 2008, S. 209.

435 *Will*, Ausländer ohne Aufenthaltsrecht, 2008, S. 209.

e) Gesetzliche Rentenversicherung

Die gesetzliche Rentenversicherung bietet Schutz gegen die Risiken der Erwerbsminderung und des Alters.[436] Die Rentenversicherungspflicht erfasst primär Personen, die gegen Arbeitsentgelt oder zu ihrer Berufsausbildung beschäftigt sind (§ 1 Abs. 1 S. 1 SGB VI). Das Rentenversicherungsverhältnis entsteht mit Aufnahme des Beschäftigungsverhältnisses.[437]

Ausreisepflichtige Ausländer, die keinen gewöhnlichen Aufenthalt in Deutschland haben, sind in der Regel ungeachtet des Bestehens eines rentenversicherungsrechtlichen Verhältnisses, von Leistungen der freiwilligen Rentenversicherung (§ 7 Abs. 1 SGB VI) ausgeschlossen.[438] Rentenversicherungsleistungen sind beitragsabhängig. Die Betroffenen müssen bei der Rentenversicherung Wartezeiten von fünf Jahren (§ 11 Abs. 2 SGB VI) nachweisen. Die „Vorversicherungszeit" (§ 43 SGB VI) bedeutet, dass der Versicherte in einem bestimmten Zeitraum vor Eintritt des Versicherungsfalles für eine bestimmte Zeit Mitglied der gesetzlichen Versicherung gewesen sein muss. Diese Voraussetzungen haben den Zweck, „die Solidargemeinschaft der Versicherten" nicht zu überfordern.[439]

Die Beiträge werden durch den Arbeitgeber und durch die Versicherten bezahlt.[440] Obwohl die Staatsangehörigkeit keine direkte Benachteiligung für die Inanspruchnahme von Rentenversicherungsleistungen darstellt,[441] können die Wartezeiten eine rechtliche Benachteiligung sein. Somit erfüllen weder geduldete Ausländer[442] (§ 60a AufenthG), noch sonstige ausreisepflichtige Aus-

---

436 Nach § 9 SGB VI erbringt die Rentenversicherung „Leistungen zur medizinischen Rehabilitation, Leistungen zur Teilhabe am Arbeitsleben sowie ergänzende Leistungen, um den Auswirkungen einer Krankheit oder einer körperlichen, geistigen oder seelischen Behinderung auf die Erwerbsfähigkeit der Versicherten entgegenzuwirken oder sie zu überwinden und dadurch Beeinträchtigungen der Erwerbsfähigkeit der Versicherten oder ihr vorzeitiges Ausscheiden aus dem Erwerbsleben zu verhindern oder sie möglichst dauerhaft in das Erwerbsleben wiedereinzugliedern."

437 *Will*, Ausländer ohne Aufenthaltsrecht, 2008, S. 205.

438 *Will*, Ausländer ohne Aufenthaltsrecht, 2008, S. 206.

439 *Sopp*, Drittstaatsangehörige und Sozialrecht, 2007, S. 64.

440 *Igl/Welti/Schulin*, Sozialrecht, 2007, S. 147, „Der Kreis der versicherungspflichtigen Personen in der Rentenversicherung weicht von dem in der Krankenversicherung und in der Unfallversicherung in verschiedener Hinsicht ab, so dass in jedem Einzelfall die Frage der Versicherungspflicht gesondert zu prüfen ist".

441 *Heinz*, in: *ders./Schuhmannt/Busemann*, Ausländische Arbeitnehmer, 2002, S. 265; *Höller*, Soziale Rechte Drittstaatsangehöriger nach europäischem Gemeinschaftsrecht, 2005, S. 34.

442 *Sopp*, Drittstaatsangehörige und Sozialrecht, 2007, S. 67.

länder die erforderlichen Vorversicherungszeiten für die Inanspruchnahme von Leistungen aus der Rentenversicherung, da sie keine Beiträge bezahlt haben.[443]

III. Belastungsausgleich durch soziale Förderung

Im folgenden Abschnitt sollen die Zugangsmöglichkeiten zur sozialen Förderung für Ausländer mit fehlendem Aufenthaltsrecht näher betrachtet werden.

Soziale Förderungsleistungen haben sowohl einen Belastungsausgleich, als auch eine Stärkung der Wohlstandteilhabe und Chancengleichheit jedes Einzelnen hinsichtlich seiner sozialen Entfaltungsmöglichkeiten zum Ziel.[444] Im Einzelfall können Förderungsleistungen auch die Sicherung existenzieller Bedürfnisse anstreben.[445]

Allerdings ist es schwer, eine gemeinsame Zielsetzung der Leistungen zu formulieren, da zwischen den einzelnen Erscheinungsformen sozialer Förderung erhebliche Unterschiede bestehen.[446]

Prinzipiell ist die soziale Förderung auch für Ausländer gedacht, diese müssen jedoch in der Regel ihren gewöhnlichen Aufenthalt in Deutschland haben.[447] Da für Ausländer mit unrechtmäßigem Aufenthaltsstatus nur ein vorübergehender Aufenthalt in der Bundesrepublik vorgesehen ist, stellt sich hier zunächst die Frage, ob dieser Personenkreis im Hinblick auf soziale Förderungsleistungen überhaupt leistungsberechtigt ist.

1. Familienleistungsausgleich

Nach § 1601 BGB schulden Eltern ihren Kindern Unterhalt. Es gibt Sozialleistungen, die Eltern bei der Erfüllung dieser Verpflichtung zur Förderung der Familie unterstützen.[448] Diese Leistungen haben den Zweck familiäre Unterhaltslasten zu mindern.[449] Nach Art. 6 GG stehen Ehe und Familie unter dem

443 *Röseler/Vogel*, Illegale Zuwanderer – ein Problem für die Sozialpolitik?, 1993, S. 25.
444 *Zacher*, in: *Fürst/Herzog/Umbach*, FS f. Zeidler, 1987, S. 588; *Gitter/Schmitt*, Sozialrecht, 2001, S. 284; *Muckel*, Sozialrecht, 2009, S. 425.
445 *Becker*, JuS 1998, S. 93.
446 *Muckel*, Sozialrecht, 2009, S. 425; *Becker*, JuS 1998, S. 93.
447 *Sieveking*, in: *Barwig/Röseler/u.a*, Sozialer Schutz von Ausländern, 1997, S. 28; *Kunkel*, NVwZ 1994, S. 354.
448 BT- Drucks. 14/6160, S. 8.
449 *Eichenhofer*, Sozialrecht, 2010, S. 272.

besonderen Schutz des Staates.[450] Hierbei handelt es sich sowohl um ein Abwehrrecht, das jegliche Einmischung des Staates in die Privatsphäre der Familie verhindern soll, als auch um ein besonderes Schutzgebot, das vom Staat weitere Maßnahmen verlangt.[451] Dazu werden verschiedene Förderungsleistungen zu unterschiedlichen Zwecken gewährt.

Die Familienleistungen, die außerhalb des SGB geregelt sind, dienen der Minderung des Familienaufwands: Kindergeld nach dem Bundeskindergeldgesetz[452] (BKGG), Elterngeld nach dem Bundeselterngeld- und Elternteilzeitgesetz[453] (BEEG), sowie Unterhaltsvorschussleistungen nach dem Unterhaltsvorschussgesetz[454] (UVG).

Alle Familienleistungen setzen einen rechtmäßigen Aufenthalt voraus (§ 1 Abs. 7 BEEG, § 1 Abs. 3 BKGG, § 1 Abs. 2a UVG). Leistungsberechtigt sind in der Regel lediglich Ausländer mit einer Aufenthaltserlaubnis, die zur Ausübung einer Erwerbstätigkeit berechtigt (§ 1 Abs. 7 Nr. 2 BEEG, § 1 Abs. 3 Nr. 2 BKGG, § 1 Abs. 2a Nr. 2 UVG), bzw. Ausländer, die einen humanitären Aufenthaltstitel besitzen.[455] Welche Tätigkeiten unter den Begriff der Erwerbstätigkeit fallen, lässt der Gesetzgeber jedoch offen.

Ausländer mit einem humanitären Aufenthaltstitel müssen sich seit mindestens drei Jahren rechtmäßig, gestattet, oder geduldet im Bundesgebiet aufhalten (§ 1 Abs. 7 Nr. 2 lit. c BEEG, § 1 Abs. 3 Nr. 2 lit. c BKGG, § 1 Abs. 2 a Nr. 2 lit. 2 UV). Es wird zunächst geprüft, ob alle Duldungsinhaber, die weniger als drei Jahre in Deutschland leben, sowie sonstige ausreisepflichtige Ausländer, immer von den Familienleistungen ausgeschlossen sind. Bei Familienleistungen in Form des Eltern- und Kindergeldes besteht nach einem dreijährigen erlaubten Aufenthalt in Deutschland ein erhöhter sozialer Integrationsbedarf.[456] Die Familienleistungen werden unabhängig von der Staatsangehörigkeit des Antragstellers gewährt, Voraussetzung ist allerdings, dass der Anpruchsteller seinen Wohnsitz oder gewöhnlichen Aufenthalt in Deutschland hat (§ 1 Abs. 1 BEEG, § 2 Abs. 1 BKGG).

450 BVerfGE 24, 119 (135); BVerfGE 31, 58 (67); BVerfGE 62, 323 (329).
451 *Ipsen*, Staatsrecht II, 2010, S. 91ff.
452 BGBl. S. 4 v. 4.1.2000.
453 Gesetz zum Elterngeld und zur Elternzeit (Bundeselterngeld- und Elternzeitgesetz-BEEG) v. 5.12.2006, BGBl. I, S. 2748.
454 Gesetz zur Sicherung des Unterhalts von Kindern alleinstehender Mütter und Väter durch Unterhaltsvorschüsse oder -ausfallleistungen. In der Fassung v. 2.1.2002, zuletzt geändert durch Gesetz zur Anspruchsberechtigung von Ausländern wegen Kindergeld, Erziehungsgeld und Unterhaltsvorschuss. BGBl. I 2006, S. 2915, v. 13.12.2006.
455 Näher dazu *Will*, Ausländer ohne Aufenthaltsrecht, 2008, S. 212.
456 *Hohm*, ZFSH/SGB 2010, S. 275.

Zunächst stellt sich die Frage, wie die aktuelle nationale Rechtslage im Hinblick auf den Zugang zu Familienleistungen für Ausländer mit fehlendem Aufenthaltsrecht aussieht. Für Ausländer ohne Aufenthaltsrecht können sich auch aufgrund des Völkerrechts bzw. zwischenstaatlicher Abkommen Ansprüche auf Kinder- und Elterngeldleistungen ergeben.[457] Auf diese Thematik soll an dieser Stelle jedoch nicht weiter eingegangen werden.

a) Kindergeld

Die Leistung von Kindergeld bezweckt den Ausgleich der Belastungen der Eltern für den Unterhalt ihrer Kinder.[458] In der Regel wird Kindergeld vorrangig als Steuervergütung nach dem Einkommensteuergesetz (§§ 61 ff. EStG) und nur in Ausnahmefällen als echte Sozialleistung nach dem Bundeskindergeldgesetz[459] (BKGG) gewährt.[460]

Es wird bis zum 18. bzw. 25. Lebensjahr des Kindes (für Kinder in Berufsausbildung oder Studium) bezahlt und beträgt gegenwärtig monatlich zwischen 164€ und 179€.[461] Das Kindergeld kann von beiden Elternteilen beantragt werden. Es reicht daher aus, wenn nur ein Elternteil die erforderliche Aufenthaltserlaubnis, die zur Ausübung einer Erwerbstätigkeit berechtigt, besitzt. Nach Art. 63 EStG wird vorausgesetzt, dass das Kind seinen Wohnsitz und seinen gewöhnlichen Aufenthalt in Deutschland hat.[462] Leistungsberechtigt sollen nur jene Ausländer sein, die voraussichtlich dauerhaft in der Bundesrepublik bleiben.[463]

Nach § 62 Abs. 2 Nr. 3 EStG kann „ein nicht freizügigkeitsberechtigter Ausländer Kindergeld nur erhalten, wenn er eine Aufenthaltserlaubnis besitzt und sich als Geduldeter [...] seit mindestens drei Jahren im Bundesgebiet aufhält und im Bundesgebiet berechtigt erwerbstätig ist."[464] Demnach hat ein Aus-

457 *Will*, Ausländer ohne Aufenthaltsrecht, 2008, S. 212.
458 *Eichenhofer*, in: *Barwig/Röseler/u.a.*, Sozialer Schutz von Ausländern, 1997, S. 72.
459 BGBl. S. 4 v. 4.1.2000.
460 *Muckel*, Sozialrecht, 2009, S. 435.
461 *Will*, Ausländer ohne Aufenthaltsrecht, 2008, S. 213.
462 § 63 EStG: „Kinder, die weder einen Wohnsitz noch ihren gewöhnlichen Aufenthalt im Inland, [...], haben, werden nicht berücksichtigt."
463 BSG v. 31.10.1995, Az. 10 RKg 23/94 (www.juris.de).
464 § 62 Abs. 2 Satz 1 EStG: Ein nicht freizügigkeitsberechtigter Ausländer erhält Kindergeld nur, wenn er eine Aufenthaltserlaubnis besitzt, die zur Ausübung einer Erwerbstätigkeit berechtigt oder berechtigt hat, es sei denn, die Aufenthaltserlaubnis wurde nach § 23 Absatz 1 des Aufenthaltsgesetzes wegen eines Krieges in seinem Heimatland oder nach den §§ 23a, 24, 25 Absatz 3 bis 5 des Aufenthaltsgesetzes erteilt, und a) sich seit mindestens drei Jahren rechtmäßig, gestattet oder geduldet im Bundesgebiet aufhält und b) im Bundesgebiet berechtigt erwerbstätig ist,

länder nach § 62 Abs. 2 Satz 1 EStG und nach § 1 Abs. 3 Satz 1 BKGG grundsätzlich nur dann einen Anspruch auf Kindergeld, wenn er im Besitz einer Aufenthaltserlaubnis ist, die zur Ausübung einer Erwerbstätigkeit berechtigt. Die Regelung beschränkt damit den Leistungsanspruch auf jene Ausländer, die ihren gewöhnlichen Aufenthalt in der Bundesrepublik haben. Kein Kindergeld erhalten Ausländer mit nur vorübergehendem Inlandsaufenthalt. Leistungen für Kinder von geduldeten erwerbstätigen Ausländern[465] sind nicht zu gewähren.[466] Dies gilt auch dann, wenn sie sich über einen längeren Zeitraum in Deutschland aufhalten und erwerbstätig sind.[467]

b) Elterngeld

Das Elterngeld[468] (BEEG) hat als Familienleistung den Zweck, jenen Eltern einen Einkommensausgleich zu gewähren, die sich unmittelbar der Erziehung von Kindern widmen.[469] Diese Ausgleich basiert auf der Grundlage, dass für die Erziehung der Kinder hauptsächlich die Eltern verantwortlich sind (Art. 6 Abs. 2 GG) welches auch im Allgemeininteresse liegt.[470] Diese Sozialleistung sichert die Aufrechterhaltung des individuellen Lebensstandards für 12 bis 14 Monate nach der Geburt, wenn die Erwerbstätigkeit für die Kinderbetreuung ausgesetzt wird.[471]

Für alle Kinder, die nach dem 1. Januar 2007 geboren wurden, haben die Leistungsberechtigten einen Anspruch auf Elterngeld, welches das Erziehungsgeld[472] (BErzGG) ersetzt. Anders als das Erziehungsgeld, das lediglich bei entsprechender Bedürftigkeit gewährt wurde,[473] wird das Elterngeld ohne eine Prüfung der Bedürftigkeit als Lohnersatzleistung gezahlt.[474]

---

laufende Geldleistungen nach dem Dritten Buch Sozialgesetzbuch bezieht oder Elternzeit in Anspruch nimmt.
465 BT-Drucks. 16/1368, S. 8.
466 *Classen,* Sozialleistungen für MigrantInnen und Flüchtlinge, 2008, S. 201; *Will,* Ausländer ohne Aufenthaltsrecht, 2008, S. 212; *Gutmann,* Rechte für Ausländer, 2009, S. 258.
467 BFH U. v. 15.3. 2007, Az. III R 93/03.
468 Gesetz zum Elterngeld und zur Elternzeit (Bundeselterngeld- und Elternzeitgesetz-BEEG) v. 5.12.2006, BGBl. I, S. 2748.
469 Vgl. *Becker,* in: *Bauer/Kort/Möllers/Sandmann,* FS f. Buchner, 2009, S. 69.
470 BVerfGE 82, 60 (81); BVerfGE 87, 1 (36); BVerfGE 88, 203 (258 f.).
471 *Becker,* in: *Bauer/Kort/Möllers/Sandmann,* FS f. Buchner, 2009, S. 68.
472 Gesetz zum Erziehungsgeld und zur Elternzeit (Bundeserziehungsgeldgesetz - BErzGG), BGBl. I S. 206, v. 9.2.2004.
473 *Scheiwe,* in: *Fuchsloch/ders.,* Leitfaden Elterngeld, 2007, S. 1.
474 *Scheiwe,* in: *Fuchsloch/ders.,* Leitfaden Elterngeld, 2007, S. 2.

Die Höhe der Leistung liegt zwischen 300 und 1800 Euro monatlich (§ 2 BEEG) und ersetzt 67% des infolge der Geburt wegfallenden Einkommens. Nach § 1 Abs. 7 BEEG gelten dieselben Voraussetzungen wie für den Bezug von Kindergeld;[475] ein nicht freizügigkeitsberechtigter Ausländer ist nur anspruchsberechtigt, wenn er eine Niederlassungserlaubnis bzw. Aufenthaltserlaubnis besitzt oder wenn er sich seit mindestens drei Jahren rechtmäßig, gestattet, oder geduldet im Bundesgebiet aufhält und im Bundesgebiet berechtigt erwerbstätig ist.

Nach § 1 Abs. 1 BEGG können Elterngeldberechtigte, die ihren Wohnsitz oder gewöhnlichen Aufenthalt in Deutschland haben, mit einem eigenen Kind in einem Haushalt leben und keine, bzw. nur eine eingeschränkte Erwerbstätigkeit von bis zu 30 Wochenstunden ausüben, Familienleistungen in Anspruch nehmen. Der gewöhnliche Aufenthalt ist gegeben, wenn man den Schwerpunkt seiner Lebensverhältnisse im Inland hat, und sich in Deutschland nicht nur vorübergehend aufhält (§ 30 Abs. 3 S. 2 SGB I). Damit sind Menschen ausgeschlossen, die ihren Lebensmittelpunkt im Ausland haben und deren Aufenthalt unrechtmäßig ist.[476] Ausländer mit fehlendem Aufenthaltsrecht, darunter auch die Geduldeten, bleiben ganz ausgeschlossen.

c)   Unterhaltsvorschussleistungen

Elternteile, die mit einem Kind unter zwölf Jahren dauernd vom anderen Elternteil getrennt leben und von diesem keinen Unterhalt erhalten, können Unterhaltsvorschussleistungen beziehen. Die Leistungen nach dem Unterhaltsvorschussgesetz[477] (UVG) werden grundsätzlich unabhängig von der Staatsangehörigkeit des Kindes gewährt. Jedoch wird für den Anspruch ein bestimmter aufenthaltsrechtlicher Status des Kindes oder seines betreuenden Elternteils vorausgesetzt.[478] Denn nach § 1 Abs. 2a UVG hat ein nicht freizügigkeitsberechtigter Ausländer nur dann einen Anspruch, wenn er oder sein Elternteil eine Niederlassungserlaubnis oder eine Aufenthaltserlaubnis besitzt, die zur Ausübung einer Erwerbstätigkeit berechtigt. Ausreichend ist, wenn einer von beiden den erforderlichen Aufenthaltstitel besitzt.[479] Ausländer ohne Aufenthaltsrecht

---

475 BVerfG 111, (178).
476 BSG SozR 7833 § 1 Nr. 1, S. 1, 2 ff.
477 Gesetz zur Sicherung des Unterhalts von Kindern alleinstehender Mütter und Väter durch Unterhaltsvorschüsse oder –ausfallleistungen. In der Fassung v. 2.1.2002, zuletzt geändert durch Gesetz zur Anspruchsberechtigung von Ausländern wegen Kindergeld, Erziehungsgeld und Unterhaltsvorschuss. BGBl. I 2006, S. 2915, v. 13.12.2006.
478 *Classen*, Sozialleistungen für MigrantInnen und Flüchtlinge, 2008, S. 198.
479 *Classen*, Sozialleistungen für MigrantInnen und Flüchtlinge, 2008, S. 198.

erhalten von der Ausländerbehörde weder eine Aufenthaltserlaubnis noch eine Aufenthaltserlaubnis zum Zwecke der Erwerbstätigkeit. Daraus folgt, dass Ausländer mit fehlendem Aufenthaltsrecht keinen Anspruch auf Leistungen nach dem UVG haben.[480]

d) Vereinbarkeit von Familienleistungen mit dem allgemeinen Gleichheitssatz

aa) Unvereinbarkeit des § 62 Abs. 2 Einkommensteuergesetz mit Art. 3 Abs. 1 GG

Die Vorgängerregelung zu § 62 Abs. 2 EStG[481] und § 1 Abs. 3 des Bundeskindergeldgesetzes[482] (BKGG) in der Fassung des Ersten Gesetzes zur Umsetzung des Spar-, Konsolidierungs- und Wachstumsprogramms[483] (1. SKWPG) vom 21. Dezember 1993 wurde mit Beschluss des Ersten Senats des BVerfG v. 6. Juli 2004 für mit dem allgemeinen Gleichheitssatz unvereinbar erklärt. Nach dem BVerfG dürfen Ausländer mit einem (humanitären) Bleiberecht nicht vom Kinder- und Erziehungsgeld (nun Elterngeld) ausgeschlossen werden,[484] da dies einen verfassungswidrigen Verstoß gegen den Gleichheitsgrundsatz darstellt. Der Gesetzgeber ist nicht frei in seiner Entscheidung bestimmte Ausländer von Sozialleistungen auszuschließen. Stattdessen muss er sich bei Differenzierungen hinsichtlich der Gewährung von Sozialleistungen rechtfertigen. Ungleichbehandlungen zwischen Ausländern und Deutschen bei der Inanspruchnahme von Sozialleistungen sind zwar nicht generell verboten, müssen aber dem allgemeinen Gleichheitssatz entsprechen.[485] Ob eine gesetzliche Regelung mit Art. 3 Abs. 1 GG vereinbar ist, hängt davon ab, ob für die getroffene Differenzierung gewichtige Gründe bestehen, die eine Ungleichbehandlung rechtfertigen.[486]

Die neue Regelung (§ 62 Abs. 2 EStG) knüpft den Kindergeldanspruch für Ausländer an den Besitz einer Aufenthaltsberechtigung oder Aufenthaltserlaubnis. Das Bundesverfassungsgericht[487] erklärte die Vorgängerregelung[488] von

---

480 *Classen*, Sozialleistungen für MigrantInnen und Flüchtlinge, 2008, S. 201; *Eichenhofer*, in: *Barwig/Röseler/u.a.*, Sozialer Schutz von Ausländern, 1997, S. 77.
481 BGBl. I S. 2915.
482 BVerfGE 111, 160 (169 ff.) = NVwZ 2005, 201.
483 BGBl. I S. 2353.
484 *Classen*, Sozialleistungen für MigrantInnen und Flüchtlinge, 2008, S. 198.
485 Vgl. *Kingreen*, NVwZ, 2010, S. 560.
486 BVerfGE, BFH/NV 2005, S.114.
487 BVerfGE 111, 160 (169 ff.) = NVwZ 2005, 201.

§ 62 Abs. 2 Einkommensteuergesetz[489] (EStG) als unvereinbar mit dem Gleichheitssatz (Art. 3 Abs. 1 GG), da sie Inhaber von Aufenthaltsbefugnissen von einem Aufenthaltstitel, der in erster Linie aus humanitären Gründen erteilt wird, ausschloss.[490] Diese Verweigerung wurde damit gerechtfertigt, dass ihr Aufenthalt nur vorübergehend war.[491] Um dem Beschluss des BVerfG v. 6. Juli 2004 Rechnung zu tragen, wurde ein Änderungsgesetz für das Kinder- und Erziehungsgeld, den Unterhaltsvorschuss,[492] sowie das Elterngeld[493] für Ausländer im Bundestag verabschiedet. Zudem haben Ausländer einen Anspruch auf Kindergeld,[494] und Erziehungsgeld[495] bzw. Elterngeld.[496]

bb) Vereinbarkeit des Kindergeldes mit Art. 3 Abs. 1 GG

Obwohl durch die Neuregelung der Kreis der anspruchsberechtigten Ausländer rückwirkend zum 1.1.2006 erweitert wurde, bleiben viele andere Personen, wie Ausländer mit fehlendem Aufenthaltsrecht, weiterhin ausgeschlossen.[497] Geduldete Ausländer, die vor dem Inkrafttreten der Neuregelung der Familienleistungen am 18. Dezember 2006 aus der alten Regelung[498] von 1993 nach einem Jahr einen Anspruch auf Kindergeld hatten, haben keinerlei Anspruch auf Kindergeld.[499] Diejenigen, die vor dem Inkrafttreten der Neuregelung einen Antrag auf Kindergeld gestellt hatten, könnten einen Anspruch auf Nachzahlungen bis zum 18. Dezember 2006 haben, da nach der BVerfGE

---

488 § 1 Abs. 3 des Bundeskindergeldgesetzes (BKGG) in der Fassung des Ersten Gesetzes zur Umsetzung des Spar-, Konsolidierungs- und Wachstumsprogramms (1. SKWPG). BGBl I S. 2353 v. 21.12.1993.

489 BGBl. I S. 4210, ber. BGBl. 2003 I S. 179 v. 19.10.2002. Letzte Änderung BGBl. I S. 914, v. 28. 5. 2007.

490 BGBl I 2006, S. 2915, BStBl I 2007, 62. Die Regelung wurde durch Art. 2 des Gesetzes zur Anspruchsberechtigung von Ausländern wegen Kindergeld, Erziehungsgeld und Unterhaltsvorschuss vom 13. Dezember 2006 (AuslAnsprG) neu gefasst unter Berücksichtigung der Vorgaben des BVerfG.

491 *Gutmann*, Rechte für Ausländer, 2009, S. 258.

492 BT-Drucks. 16/2940.

493 BT-Drucks. 16/2785.

494 BVerfGE 111, 160 (169 ff.) = NVwZ 2005, 201.

495 BVerfGE 111, 176 (183 ff.) = NVwZ 2005, 319.

496 BGBl. Nr. 60 I, S. 2915 ff. v. 18.12.2006.

497 *Will*, Ausländer ohne Aufenthaltsrecht, 2008, S. 212.

498 BGBl I 1993, 2353.

499 *Frings*, Sozialrecht für Zuwanderer, 2008, S. 314.

bis zur neuen Regelung (bis zum 1. Januar 2006) die alten gesetzlichen Regelungen von 1993 anzuwenden seien.[500] Danach hätten die Geduldeten nach einem Jahr einen Anspruch auf Kindergeld. Da aber die neue Regelung mit einem Jahr Verspätung in Kraft trat, sollten die Anträge zwischen Januar und Dezember 2006 nach altem Recht entschieden werden.[501] Als Folge mussten die Familienleistungen anerkannt werden. Stattdessen hat der Gesetzgeber nach der Anwendungsvorschrift § 52 Abs. 61a S.2 EStG geregelt, die Altfälle rückwirkend bis zum 1. Januar 2006 nach der Neuregelung zu entscheiden.[502] Die Neuregelung der Kindergeldberechtigung nicht freizügigkeitsberechtigter Ausländer erfasst (gemäß § 52 Abs. 61a Satz 2 EStG) alle Sachverhalte, bei denen das Kindergeld noch nicht bestandskräftig festgesetzt worden ist.

Das Finanzgericht Köln[503] ist der Auffassung, dass die Neufassung des § 62 EStG – entgegen den Ausführungen des Bundesfinanzhofs,[504] wonach Ausländer, die sich im Rahmen einer ausländerrechtlichen Duldung im Inland aufhalten, keinen Anspruch auf Kindergeld haben – verfassungswidrig ist. Das Finanzgericht hat entschieden, dass eine geduldete Ausländerin auf der Grundlage der „Kindergeld an Ausländer"-Entscheidung des BVerfG,[505] Kindergeld für Aufenthaltszeiten mit einer Duldung, sowie mit einer Aufenthaltsbefugnis, die vor dem 1. Januar 2005 liegen, unabhängig von der Ausübung einer Erwerbstätigkeit zustehe. Da der Gesetzgeber den verfassungsrechtlichen Regelungsauftrag – bis zum 1. Januar 2006 eine Neuregelung des § 62 EStG treffen zu müssen – nicht eingehalten hatte, war in einer Vielzahl von Altfällen das Kindergeld auf Grundlage des alten Gesetzes von 1993 gewährt worden, während im Vertrauen auf die zu erwartende Neuregelung Kindergeld nicht zu gewähren gewesen wäre. Eine solche Ungleichbehandlung gleicher Tatbestände ist verfassungswidrig.

Das Finanzgerichts Köln[506] hat dem BVerfG die Frage vorgelegt, ob es mit dem Grundgesetz vereinbar sei, die Gewährung von Kindergeld im Falle eines geduldeten Aufenthalts von über drei Jahren noch von zusätzlichen Voraus-

---

500 BVerfGE 111, 160 (169 ff.) = NVwZ 2005, 201; BVerfGE 111, 176 (183 ff.) = NVwZ 2005, 319.

501 BVerfGE 111, 160 (169 ff.) = NVwZ 2005, 201; BVerfGE 111, 176 (183 ff.) = NVwZ 2005, 319.

502 BVerfGE 111, 160 (169 ff.) = NVwZ 2005, 201.

503 FG Köln v. 10.5.2007, Az. 10K 4132/05 (www.juris.de).

504 BHF v. 15.3.2007, Az. IIIR 93/03 (www.juris.de).

505 BVerfGE 111, 160 (169 ff.) = NVwZ 2005, 201.

506 FG Köln v. 9.5.2007, Az. 10K 1690/07 (www.juris.de).

setzungen abhängig zu machen.[507] Die Klägerin des Ausgangsverfahrens, eine ivorische Staatsangehörige, zog 1999 nach der Heirat mit einem deutschen Staatsangehörigen nach Deutschland. In der Folge trennte sie sich von ihrem Ehegatten. Ihr wurde eine Duldung erteilt, die zunächst bis September 2003 verlängert wurde. Nach erfolglosem Einspruch erhob die Klägerin Klage auf Kindergeld für ihren Sohn. Das Finanzgericht Köln legte dem BVerfG die Frage vor, ob es mit dem Gleichheitssatz vereinbar ist, dass seit längerer Zeit vollziehbar Ausreisepflichtige bzw. geduldeten Ausländern nach § 62 Abs. 2 EStG von der Kindergeldgewährung ausgeschlossen sind. Für das Finanzgericht sei „ein Ausschluss von Kindergeld für Ausländer, die sich – zumindest faktisch – mehr als drei Jahre legal im Inland aufhielten, eine nicht gerechtfertigte Ungleichbehandlung, weil aufgrund der Wertungen aus Art. 6 Abs. 1 und Art. 20 Abs. 1 GG unabhängig von der Art des Aufenthaltstitels zu berücksichtigen sei, dass diese Ausländer in gleicher Weise wie Deutsche und wie Ausländer mit hinreichendem Aufenthaltstitel durch die persönlichen und finanziellen Aufwendungen bei der Kindererziehung belastet seien."[508] Jedoch hat das Bundesverfassungsgericht die Richtervorlage des Finanzgerichts Köln zur Verfassungsmäßigkeit des § 62 Abs. 2 EStG für unzulässig erklärt. Das Gericht hatte im Vorlagebeschluss die Entscheidungserheblichkeit der Verfassungsmäßigkeit des § 62 Abs. 2 EStG nicht ausreichend dargelegt.[509]

Nach dem Bundesfinanzhof[510] ist verfassungsrechtlich unbedenklich, dass der Kindergeldanspruch nicht freizügigkeitsberechtigter Ausländer, die im Besitz bestimmter Aufenthaltstitel sind, nach § 62 Abs. 2 Nr. 2 Buchst. c EStG n. F. von der Integration in den deutschen Arbeitsmarkt abhängt. Die aus dem ehemaligen Jugoslawien stammende Klägerin reiste im November 2000 im Alter von 18 Jahren in die Bundesrepublik Deutschland ein. Zunächst war sie ausländerrechtlich geduldet. Der Unterhalt der Klägerin und ihrer Kinder war durch Sozialleistungen sichergestellt. Die Ausländerbehörde erteilte der Klägerin im Dezember 2005 eine Aufenthaltserlaubnis nach § 25 Abs. 5 AufenthG. Da sie nicht erwerbstätig war, lehnte der Bundesfinanzhof (BFH) dem Gesetzeswort-

---

507 BVerfG v. 6.11.2009, Az.2 BvL 4/07 (www.juris.de).
508 FG Köln v. 9.5.2007, Az. 10K 1690/07 (www.juris.de).
509 BVerfG v. 6.11.2009, Az.2 BvL 4/07. „Es gibt nicht an, aufgrund welcher Tatsachengrundlage es zu dem Ergebnis gelangt ist, [...] dass der Betreffende faktisch auf unbestimmte Zeit nicht abgeschoben werden könne. Soweit das Finanzgericht seinen Erwägungen die Möglichkeit eines faktisch legalen Aufenthalts von Ausländern zugrunde legt, verwendet es eine Kategorie, die dem Aufenthaltsgesetz fremd ist. Da § 62 Abs. 2 EStG an die Bestimmungen des Aufenthaltsgesetzes anknüpft, lässt sich daher nachvollziehen, ob das Finanzgericht sich in der gebotenen Weise mit den Differenzierungen, die in dieser Vorschrift zum Ausdruck kommen, auseinander gesetzt hat."
510 BFH v. 28.4.2010, III R 1/08 (www.juris.de).

laut entsprechend die Gewährung von Kindergeld für die Kinder der Klägerin ab.

Die am 1. Januar 2006 in Kraft getretene Neuregelung des Kindergeldes für nicht freizügigkeitsberechtigte Ausländer ist verfassungsgemäß. Demnach erhalten geduldete Ausländer weiterhin kein Kindergeld, es sei denn, es bestehen andere zwischenstaatliche Vereinbarungen.[511] Für die Klägerin[512] aus Jugoslawien kann aus dem Abkommen zwischen der Bundesrepublik Deutschland und der Sozialistischen Föderativen Republik Jugoslawien über Soziale Sicherheit[513] vom 12. Oktober 1968 i. d. F. des Änderungsabkommens[514] vom 30. September 1974 kein Anspruch auf Kindergeld hergeleitet werden. Nur beschäftigte Personen im Sinne dieses Abkommens (Art. 28 Abs. 1) sind leistungsberechtigt,[515] nicht aber Personen, die ihren Unterhalt mit Sozialleistungen bestreiten.[516]

cc) Vereinbarkeit des Elterngeldes mit Art. 3 Abs. 1 GG

Da geduldete Ausländer weder die Erwartung auf Dauer in der Bundesrepublik zu bleiben erfüllten noch über eine Arbeitserlaubnis verfügen, gibt es gegen den Ausschluss Geduldeter vom Elterngeld keine verfassungsrechtlichen Bedenken.[517]

Das Bundessozialgericht hielt im Dezember 2009 das Erziehungsgeld bzw. die Elterngeld und Elternzeit für verfassungswidrig und legte deshalb dem BVerfG die Frage vor,[518] ob Art. 3 Abs. 1 GG dadurch verletzt sei, dass Ausländern, denen eine Aufenthaltserlaubnis nach §§ 23 Abs. 1, 23a, 24, 25 Abs. 3 bis 5 AufenthG erteilt wurde, ein Anspruch auf Bundeserziehungsgeld nur dann zusteht, wenn sie in der Bundesrepublik berechtigt erwerbstätig sind. Der 10. Senat hielt § 1 Abs. 6 BErzGG in der am 19. Dezember 2006 geltenden

---

511 „Ein Anspruch auf Kindergeld kann sich unabhängig von einem Aufenthaltstitel jedoch aus Völkerrecht ergeben. Begünstigt sind folgende Staatsangehörige: a) Türkische Staatsangehörige, die mindestens 6 Monate in Deutschland gewohnt haben, besitzen einen Anspruch auf Kinder- und Erziehungsgeld. Der Arbeitnehmerstatus ist nicht erforderlich, b) Mit folgenden Staaten bestehen Sozialabkommen, die den Bezug von Erziehungs- und Kindergeld für Arbeitnehmer regeln: Türkei, Algerien, Tunesien und Marokko. Ausreichend ist, dass der Antragsteller zumindest einem System der deutschen Sozialversicherung angehört (Arbeitslosen-, Kranken-, Renten- oder Unfallversicherung)." *Will,* Ausländer ohne Aufenthaltsrecht, 2008, S. 212; *Gutmann,* Rechte für Ausländer, 2009, S. 259.

512 BFH v. 28.4.2010, III R 1/08.

513 BGBl II 1969, 1438.

514 BGBl II 1975, 390.

515 Senatsurteil in BFHE 217, 443, BStBl II 2009, 905.

516 BFH v. 28.4.2010, III R 1/08 (www.juris.de).

517 LSG NRW L 13 EG 9/08, U.v.12.12.2008.

518 BSG Beschlüsse v. 3.12.2009, Az: B 10 EG 5/08 R, B 10 EG 6/08 R und B 10 EG 7/08 R.

Fassung für verfassungswidrig. Der Gesetzgeber könne die Gewährung von Bundeserziehungsgeld an nicht freizügigkeitsberechtigte Ausländer nicht davon abhängig machen, dass sich diese voraussichtlich auf Dauer in Deutschland aufhalten. Nach Ansicht des Bundessozialgerichts hat der Gesetzgeber „insoweit sachwidrige Kriterien aufgestellt, als er einen aktuellen, eng umschriebenen Arbeitsmarktbezug während des Anspruchszeitraums fordert und zudem nur auf denjenigen abstellt, der Elterngeld beansprucht [...]".[519] Der Leistungsausschluss von Ausländern, die nur eine Duldung im Sinne von § 60a AufenthG besitzen, ist nach Auffassung des 10. Senats im Rahmen des BErzGG verfassungsgemäß und ist daher – nach wie vor – verfassungsrechtlich nicht zu beanstanden. Leistungsberechtigt sind lediglich Ausländer, die die Voraussetzungen des § 1 Abs. 7 BEEG erfüllen.[520]

Verfassungsrechtliche Bedenken ergeben sich vielmehr in Bezug auf die unterschiedlichen Leistungsbeträge.[521] Die Höhe des Elterngeldbetrages bemisst sich nach dem zuvor bezogenen Einkommen. Als Folge werden den erziehenden Eltern die Opportunitätskosten des Erwerbsverzichts zu Gunsten der Kindererziehung in unterschiedlicher Höhe gewährt.[522] Diese Ungleichbehandlung zwischen erziehenden Eltern erfordert eine Rechtfertigung, die im Hinblick auf den allgemeinen Gleichheitssatz nicht immer offensichtlich verfassungskonform ist.[523] In diesem Zusammenhang sind nicht nur die durch die Eltern geleisteten Kinderbetreuungsaufwendungen berücksichtigt, sondern vor allem die unterschiedlichen Kosten des Erwerbsverzichts. Auf dieser Grundlage ist festzustellen, dass kein Verfassungsverstoß bezüglich der Ungleichbehandlung der Leistungshöhe anspruchsberechtigter Eltern vorliegt, soweit bei der Bemessung des Leistungsbetrags eine Obergrenze existiert.[524]

2. Wohngeld

Nach § 1 Abs. 1 Wohngeldgesetz[525] (WoGG) ist das Ziel der Leistung von Wohngeld, ein angemessenes und familiengerechtes Wohnen zu ermöglichen; Anknüpfungspunkt ist dabei die Anmietung eines selbst genutzten Wohnraums (§ 3 WoGG). Die Höhe der Leistung richtet sich nach der Anzahl der zu berück-

---

519 BSG Vorlagebeschluss an das BVerfG v. 30.9.2010, Az: B 10 EG 9/09 R, Rn. 74.
520 Näher dazu 2. Kapitel B III 1 b.
521 *Seiler*, NVwZ 2007, S. 131.
522 *Becker*, in: *Bauer/Kort/Möllers/Sandmann*, FS f. Buchner, 2009, S. 78.
523 *Seiler*, NVwZ 2007, S. 131.
524 Vgl. *Becker*, in: *Bauer/Kort/Möllers/Sandmann*, FS f. Buchner, 2009, S. 78.
525 Wohngeldgesetz v. 24.9. 2008 (BGBl. I S. 1856), das zuletzt durch Art. 7 Abs. 8 des Gesetzes
    v. 7.7.2009 (BGBl. I S. 1707) geändert worden ist.

sichtigenden Haushaltsmitglieder, der zu berücksichtigenden Miete oder Belastung sowie dem Gesamteinkommen (§ 4 WoGG). Diese Leistung ist nur auf Antrag zu gewähren, wobei die jeweilige Wohngeldstelle der Gemeinde, der Stadt, oder des Kreises dafür zuständig ist.[526] Die gesetzlichen Regelungen über die Gewährung von Wohngeld gelten als besondere Teile des Sozialgesetzbuches (§ 68 Nr. 10 SGB I).

Diese Leistungen stellen hinsichtlich des persönlichen Geltungsbereiches nicht auf besondere Voraussetzungen bei Ausländern ab.[527] Nach § 19 Abs. 3 AGG[528] ist Vermietern jedoch eine Ungleichbehandlung ausländischer Wohnungsbewerber gestattet. Außerdem erläutert die Allgemeine Verwaltungsvorschrift zur Durchführung des Wohngeldgesetzes von 2002, dass „der Anspruch lediglich an einen legalen Aufenthalt und die tatsächliche Anmietung einer Wohnung gebunden ist."[529] Fraglich ist hier, ob geduldete Ausländer Zugang zu Wohngeld nach § 4 WoGG haben. Diese Frage kann positiv beantwortet werden, da Ausländer wohngeldberechtigt sind, wenn sie sich tatsächlich im Bundesgebiet aufhalten und einen Aufenthaltstitel oder eine Duldung nach dem Aufenthaltsgesetz haben (§ 3 Abs. 5 Nr. 2 WoGG). Sie werden in der Regel ebenso wie Inländer einen Rechtsanspruch auf Wohngeld haben.[530] Im Gegensatz dazu, erhalten sonstige Leistungsempfänger von Grundleistungen nach dem AsylbLG kein Wohngeld,[531] da sie ausdrücklich vom Wohngeld ausgeschlossen sind (§ 7 Abs. 1 Nr. 8 WoGG). Ein Anspruch auf Wohngeld entfällt insbesondere, wenn für die wirtschaftliche Sicherung des Wohnraums andere steuerfinanzierte Leistungen zur Sicherung des Lebensunterhalts,[532] die mit dem Wohngeld vergleichbar sind, erbracht werden, wie beispielsweise die Ausbildungsförderung (BAföG).[533] Besitzt ein Ausländer eine Grenzübertrittsbescheinigung (§ 50 AufenthG) oder dergleichen, hat er ebenfalls auf Grund seines unrechtmäßigen Aufenthaltsstatus keinen Anspruch auf Wohngeld.[534]

---

526 *Frings*, Sozialrecht für Zuwanderer, 2008, S. 157.

527 *Frings*, Sozialrecht für Zuwanderer, 2008, S. 157; *Classen*, Sozialleistungen für MigrantInnen und Flüchtlinge, 2008, S. 211.

528 Allgemeines Gleichbehandlungsgesetz (AGG). BGBl. 2006, 1897, v. 14.8.2006. „Bei der Vermietung von Wohnraum ist eine unterschiedliche Behandlung im Hinblick auf die Schaffung und Erhaltung sozial stabiler Bewohnerstrukturen und ausgewogener Siedlungsstrukturen sowie ausgeglichener wirtschaftlicher, sozialer und kultureller Verhältnisse zulässig."

529 WoGVwV Nr. 1.03.

530 *Gutmann*, Rechte für Ausländer, 2009, S. 265; Vgl. *Frings*, Sozialrecht für Zuwanderer, 2008, S. 315.

531 *Gutmann*, Rechte für Ausländer, 2009, S. 265; *Classen*, Sozialleistungen für MigrantInnen und Flüchtlinge, 2008, S. 212; *Classen*, Menschenwürde mit Rabatt, 2000, S. 212.

532 *Frings*, Sozialrecht für Zuwanderer, 2008, S. 157.

533 Vgl. *Waltermann*, Sozialrecht, 2010, S. 265; *Mückel*, Sozialrecht, 2009, S. 432.

534 WoGVwV Nr. 1.03.

3. Bundesausbildungsförderung (BAföG)

Das Bundesausbildungsförderungsgesetzes[535] (BAföG) dient zur Deckung des Lebensunterhalts und der Ausbildungskosten des Auszubildenden, wenn ihm die für seinen Lebensunterhalt und seine Ausbildung erforderlichen Mittel anderweitig nicht zur Verfügung stehen (§ 1 BAföG). Dabei geht es nicht um eine Hochbegabtenförderung, sondern um eine Förderung der Grundbildung, um dem Gedanken der Chancengleichheit auf dem Gebiet der Schulausbildung im weiteren Sinne Rechnung zu tragen.[536] Nach § 3 Abs. 1 SGB I i. V. m. § 1 BAföG hat jeder, der an einer Ausbildung teilnimmt und bestimmte Voraussetzungen erfüllt (Altersgrenze, materielle Bedürftigkeit usw.), ein Recht auf individuelle Förderung.[537] Förderungsfähig ist nur, wer bei Beginn der Ausbildung das 30. Lebensjahr noch nicht vollendet hat (§ 10 Abs. 3 BAföG). Allerdings ist ein Überschreiten der Altersgrenze nach § 10 Abs. 3 BAföG möglich.

Der Personenkreis, der neben deutschen Staatsangehörigen eine Ausbildungsförderung[538] nach dem BAföG erhalten kann, ist in § 8 BAföG festgelegt: darunter fallen Unionsbürger, Asylberechtigte und anerkannte Flüchtlinge im Sinne des GFK, heimatlose Ausländer sowie Staatsangehörige eines anderen Vertragsstaates des Abkommens[539] über den Europäischen Wirtschaftsraum.

Anderen Ausländern wird Ausbildungsförderung gewährt, wenn sie ihren ständigen Wohnsitz im Inland haben, und eine Aufenthaltserlaubnis besitzen (§ 8 Abs. 2 BAföG). Diese Regelung schließt Ausländer mit fehlendem Aufenthaltsrecht aus, da sie sich nur vorübergehend im Land aufhalten. Im Prinzip sind diese Leistungen auch für Ausländer mit rechtmäßigem und auf Dauer gesicher-

---

535 Bundesgesetz über individuelle Förderung der Ausbildung (Bundesausbildungsförderungsgesetz - BAföG) Vom 26. August 1971 (BGBl. I S. 1409), in der Fassung der Bekanntmachung vom 6. Juni 1983 (BGBl. I S. 645, ber. 1680), zuletzt geändert durch Art. 2a des Gesetzes vom 20.12.2008 (BGBl.I S. 2846).

536 *Waltermann*, Sozialrecht, 2010, S. 250; BVerwGE 61, 342; BVerwGE 62, 154; BVerwGE 68, 80.

537 Vgl. *Kokemoor*, Sozialrecht, 2010, S. 184.

538 Bundesgesetz über individuelle Förderung der Ausbildung (Bundesausbildungsförderungsgesetz - BAföG) v. 26.8.1971 (BGBl. I S. 1409), in der Fassung der Bekanntmachung v. 6.6.1983 (BGBl. I S. 645, ber. 1680), zuletzt geändert durch Art. 4 Abs. 9 des Gesetzes zur Neuorganisation und Schaffung eines Refinanzierungsregisters v. 22.9.2005 (BGBl. I S. 2809).

539 Z.B. Türkische Kinder, deren Eltern in Deutschland als „Arbeitnehmer" im Sinne des Art. 1 des Assoziationsratsbeschlusses (ARB) 3/80 EWG-Türkei anzusehen sind. Arbeitnehmer ist, „wer mindestens einem System der sozialen Sicherheit für Arbeitnehmer pflichtversichert oder freiwillig (weiter-) versichert angehört, etwa der gesetzlichen Kranken-, Unfall- oder Rentenversicherung." EuGH C-374/03 U.v. 7.7.2005 (*Gürol*), NVwZ-RR 2005, S. 855; InfAuslR 2005, S. 354.

tem Aufenthalt vorgesehen.[540] Obwohl mit der letzten Gesetzesänderung[541] eine Erweiterung des Anspruches für Ausländer vorgenommen wurde, bleiben Ausländer mit vorübergehendem Aufenthalt im Bundesgebiet vom BAföG weiterhin ausgeschlossen.[542] Hingegen wird geduldeten Ausländern eine Ausbildungsförderung gewährt, wenn sie sich seit mindestens vier Jahren ununterbrochen geduldet im Bundesgebiet aufhalten. Dadurch wird ihnen eine gewisse Integration in die Gesellschaft ermöglicht[543] (§ 8 Abs. 2 Nr. 2a BAföG). Diese Voraussetzung einer Mindestaufenthaltsdauer ist mit dem Verbot willkürlicher Ungleichbehandlung aus Art. 3 Abs. 1 GG vereinbar.[544]

Darüber hinaus kann sich ein Förderungsanspruch auch aus der eigenen Erwerbstätigkeit des Kindes oder der Erwerbstätigkeit der Eltern ergeben (§ 8 Abs. 3 BAföG). Als Voraussetzung gilt, dass das Kind selbst vor Beginn der Ausbildung insgesamt fünf Jahre rechtmäßig erwerbstätig war (§ 8 Abs. 3 Nr. 1 BAföG), oder ein Elternteil während der letzten sechs Jahre vor Beginn des förderungsfähigen Teils des Ausbildungsabschnitts insgesamt drei Jahre im Inland rechtmäßig erwerbstätig war (§ 8 Abs. 3 Nr. 2 BAföG). Obwohl die Rechtmäßigkeit des Aufenthaltes in § 8 Abs. 3 BAföG nicht ausdrücklich erwähnt wird, wird diese durch die Bezugnahme auf die Rechtmäßigkeit der Erwerbstätigkeit vorausgesetzt.[545] Diese Koppelung der Ausbildungsförderung an eine vorherige Erwerbstätigkeit stammt aus der Zeit der Gastarbeiteranwerbung (1971), in der Gastarbeiter nur ein befristetes, an den Arbeitsvertrag gekoppeltes Aufenthaltsrecht besaßen.[546] Bei geduldeten Ausländern ist eine rechtmäßige Erwerbstätigkeit möglich, sodass ihre Kinder leistungsberechtigt sind.[547] Dadurch sollen ausländische Auszubildende die Möglichkeit bekommen, durch die Ausübung einer rechtmäßigen Erwerbstätigkeit im Geltungsbereich des Gesetzes selbst die Voraussetzungen für eine individuelle Förderung zu erfüllen.

Die Ausbildungsförderungsgesetze der Länder sehen eine individuelle Ausbildungsförderung für Schüler vor, bei der es sich meist um eine Begabten-

---

540 *Eichenhofer*, ZAR 1996, S. 63-67.

541 Zweiundzwanzigstes Gesetz zur Änderung des Bundesausbildungsförderungsgesetzes (22. BAföGÄndG), Geltung ab 1.1.2008, abweichend siehe Artikel 21 G. v. 23.12.2007 BGBl. I S. 3254.

542 *Will*, Ausländer ohne Aufenthaltsrecht, 2008, S. 224; *Classen*, Sozialleistungen für MigrantInnen und Flüchtlinge, 2008, S. 186.

543 VG Stuttgart, InfAuslR 2006, 409, 412.

544 BVerfG InfAuslR 1993, S. 277.

545 *Ramsauer/Stallbaum/Sternal*, in: *ders./ders./dies.* (Hrsg.), BAföG, § 8 BAföG, Rn. 20.

546 *Classen*, Sozialleistungen für MigrantInnen und Flüchtlinge, 2008, S. 184.

547 BT-Drucks. 6/2352, S. 5; VG Stuttgart, InfAuslR 2006, S. 409-412.

förderung handelt.[548] In Art. 3 des Bayerischen Ausbildungsförderungsgesetzes[549] (BayAföG) ist beispielsweise der persönliche Geltungsbereich des Gesetzes geregelt. Leistungen nach dem BayAföG werden auch Ausländern mit gewöhnlichem Aufenthalt im Gebiet des Bundeslandes gewährt.[550] Sonstige Ausländer mit fehlendem Aufenthaltsrecht bleiben vom Leistungsbezug ausgeschlossen, da sie sich nur vorübergehend im Land aufhalten.

4. Schulische Bildung

Aus Art. 28 der UN-Kinderrechtskonvention[551] kann ein Anspruch auf Bildung hergeleitet werden.[552] Dieses Recht gilt für alle Kinder unabhängig von deren Aufenthaltsstatus. Bis zum Jahr 2010 galt in Deutschland ein Anwendungsvorbehalt, nach dem innerstaatliche bzw. Länder-Regelungen Vorrang vor dem in der Konvention anerkannten Recht auf Schulbesuch hatten. Als Folge war dieses Recht Ausländern nicht als ein Menschenrecht bzw. „Jedermannsrecht" gewährt.[553] Da die Schulbildung Ländersache ist und die Landesschulgesetze verschiedene Entstehungstatbestände für die Schulpflicht regeln, ist die Rechtslage für ausreisepflichtige Schüler unterschiedlich.[554] In Deutschland fällt dieses Recht inzwischen nicht mehr unter den Anwendungsvorbehalt der Bundesregierung.[555]

---

548 *Ramsauer/Stallbaum/Sternal*, in: *ders./ders./dies.* (Hrsg.), BAföG, Anhang zu § 2 Rn. 1 ff.
549 Gesetz zur Ergänzung des Bundesgesetzes über individuelle Förderung der Ausbildung. BayRS IV, S. 243, Zuletzt geändert am 24.4.2001.
550 Art. 3 Abs. 3 BayBAföG: „Ausländern, die ihren gewöhnlichen Aufenthalt im Geltungsbereich dieses Gesetzes haben und als Asylberechtigte nach § 28 des Ausländergesetzes v. 28.4.1965 (BGBl. I S. 353), zuletzt geändert durch Gesetz v. 15.12.1981 (BGBl. I S. 1390), anerkannt oder Flüchtlinge nach § 1 des Gesetzes über Maßnahmen für im Rahmen humanitärer Hilfsaktionen aufgenommene Flüchtlinge v. 22.7.1980 (BGBl. I S. 1057) sind."
551 UN-Convention on the Rights of the Child v. 20.11.1989. Am 5.4.1992 für Deutschland in Kraft getreten (Bekanntmachung v. 10.7.1992, BGBl. II S. 990).
552 Näher dazu 1. Kapitel A III 1 a bb (2).
553 *Will*, Ausländer ohne Aufenthaltsrecht, 2008, S. 224; *Classen*, Sozialleistungen für MigrantInnen und Flüchtlinge, 2008, S. 210; *Röseler/Vogel*, Illegale Zuwanderer-ein Problem für die Sozialpolitik?, 1993, S. 26.
554 *Will*, Ausländer ohne Aufenthaltsrecht, 2008, S. 223.
555 Pressemitteilung des Bundesministeriums der Justiz meldet am 15.7.2010 die Rechtswirksamkeit der Rücknahme der Vorbehalte.
http://www.bmj.de/SharedDocs/Pressemitteilungen/DE/2010/20100715_UN_
Kinderrechtskonvention_Ruecknahme_des_Vorbehalts_rechtswirksam.html (Stand: 10.03.2012).

Nach dem Bayerischen Schulgesetz (Art. 35 Abs. 1 S. 4 BayEUG)[556] ist jeder junge Mensch schulpflichtig.[557] Diese Schulpflicht beginnt für ausländische Kinder drei Monate nachdem sie nach Deutschland gekommen sind. Schulpflichtig sind auch Duldungsinhaber (Art. 35 Abs. 1 S. 2 Nr. 3 BayEUG) und vollziehbar ausreisepflichtige Ausländer (Art. 35 Abs. 1 S. 2 Nr. 4 BayEUG). Dementsprechend kann man feststellen, dass auch Ausländer mit fehlendem Aufenthaltsrecht in Bayern schulpflichtig sind. Ein Anspruch auf einen Kindergartenplatz (§ 24 SGB VIII) besteht ab dem 3. Lebensjahr, wenn sie sich rechtmäßig im Land aufhalten oder eine Duldung (§ 6 Abs. 2 VIII) besitzen.

Bislang besteht aufgrund der Vielfalt der Länderschulgesetze ein sehr uneinheitliches Bild der Schulpflicht bzw. des Rechts auf Bildung in Deutschland. Durch die Rücknahme des Anwendungsvorbehalts der UN-Kinderrechtskonvention haben alle Minderjährigen in der Bundesrepublik, auch Ausländer ohne Aufenthaltsrecht, das Recht auf schulische Bildung.

5. Kinder- und Jugendhilfe

Junge Menschen[558] und Personensorgeberechtigte haben nach § 8 SGB I im Rahmen des Sozialgesetzbuchs das Recht, Leistungen der öffentlichen Jugendhilfe in Anspruch zu nehmen, die der Förderung und Entwicklung ihrer eigenverantwortlichen und gemeinschaftsfähigen Persönlichkeit dienen (§ 1 SGB VIII). So sind die konkreten Leistungen in § 27 SGB I aufgezählt und die Einzelheiten in SGB VIII geregelt.[559]

Hierbei muss hinsichtlich der Förderung der Entwicklung von Kindern zwischen Leistungen (§ 2 Abs. 2 SGB VIII) und anderen Aufgaben (§ 2 Abs. 3 SGB VIII) unterschieden werden. Diese Differenzierung ist für den Anwendungsbereich im Hinblick auf Ausländer von Bedeutung,[560] da das SGB VIII von der Regel § 30 Abs. 1 SGB I abweichende Leistungsanknüpfungen zwischen den beiden Kategorien enthält.[561] Während die Aufgaben – wie beispiels-

---

556 Bayerisches Gesetz über das Erziehungs- und Unterrichtswesen (BayEUG) in der Fassung der Bekanntmachung v. 31.5.2000, GVBl 2000, S. 414. Zuletzt geändert am 26.7.2006, GVBl 2006, S. 397.

557 Da der Fokus der vorliegenden Arbeit auf dem Bundesland Bayern liegt, werden die anderen Bundesländer nicht dargestellt. Im Übrigen wird auf die ausführliche Darstellung von *Will*, Ausländer ohne Aufenthaltsrecht, 2008, S. 223-226 verwiesen.

558 Gemäß §§ 7 Abs. 1Nr. 1 und Nr. 2 SGB VIII gilt als Kind, wer noch nicht 14 Jahre alt ist; Jugendlicher, wer zwar 14, aber noch nicht 18 Jahre alt ist. Junge Menschen sind Personen unter 27 Jahren (§ 7 Abs. 1 Nr. 3 SGB VIII).

559 BGBl. I S. 2586, v. 17.12.2008.

560 *Will*, Ausländer ohne Aufenthaltsrecht, 2008, S. 213.

561 *Will*, Ausländer ohne Aufenthaltsrecht, 2008, S. 213.

weise die Inobhutnahme – immer an den tatsächlichen Aufenthalt anknüpfen, gilt als Anknüpfungspunkt für die Leistungen an Ausländer der gewöhnliche Aufenthalt.

Allerdings kann über die Verweisung ins Völkerrecht gemäß § 6 Abs. 4 SGB VIII der tatsächliche Aufenthalt als Anknüpfungskriterium ausreichen. § 6 Abs. 4 SGB VIII wiederholt wörtlich den § 30 Abs. 2 SGB I, wonach Regelungen des über- und zwischenstaatlichen Rechts unberührt bleiben.

Der Geltungsbereich der Leistungen des Kinder-und Jugendhilfegesetzes[562] (KJHG) ist u.a. auf junge Personen deutscher Staatsangehörigkeit, die ihren tatsächlichen Aufenthalt im Inland haben (§ 6 Abs. 1 SGB VIII), begrenzt. Dabei knüpft die Verpflichtung zum Schutz eines Minderjährigen nicht an einen rechtmäßigen Aufenthalt, sondern an den tatsächlichen Aufenthalt an.

Ausländische Staatsangehörige die leistungsberechtigt sind, unterliegen hingegen besonderen Beschränkungen: § 6 Abs. 2 SGB VIII erfordert einen rechtmäßigen bzw. zumindest geduldeten[563] gewöhnlichen Aufenthalt im Inland. Geduldete Ausländer haben Anspruch auf Leistungen der Jugendhilfe, wenn sie einen gewöhnlichen Aufenthalt in der Bundesrepublik nachweisen können.[564] Dies ist der Fall, wenn eine Beendigung des Aufenthaltes während der Zeit der Gewährung einer Jugendhilfeleistung nicht abzusehen ist.[565]

In bestimmten Fällen kann der Geltungsbereich dieser Leistungen an Ausländer durch vorrangige internationale Abkommen, wie das Haager Minderjährigenschutzabkommen (MSA) oder die UN-Kinderrechtkonvention,[566] verändert werden. Zum einen ermächtigt und verpflichtet Art. 1 MSA die innerstaatlichen Behörden zur Ergreifung von Schutzmaßnahmen zugunsten von Minderjährigen, die sich in einem Vertragsstaat aufhalten. Über § 6 Abs. 4 SGB VIII kommt Art. 1 MSA zur Geltung, wonach der gewöhnliche Aufenthalt (§ 6 Abs. 2 SGB VIII) an den tatsächlichen Aufenthalt geknüpft wird. Damit wird dieses Begriffsverständnis durch die Vorschriften des MSA überlagert.[567] Zum anderen ist Deutschland nach der UN-Kinderrechtskonvention[568] dazu ver-

---

562 BGBl. I S. 3022, v. 27.12.2003.
563 BVerwG v. 24.6.1999, Az. 5 C 24/98 (www.juris.de).
564 *Frings*, Sozialrecht für Zuwanderer, 2008, S. 315.
565 *Kunkel*, ZAR 1996, S. 93 ff.
566 Fachpapier des deutschen Caritasverbandes. Abteilung Soziales und Gesundheit. Handlungsbedarf nach der Rücknahme der ausländerrechtlichen Vorbehaltserklärung zur UN-Kinderrechtskonvention, S. 8.
567 BGBl. II 1971, S. 219. BVerwG 5 C 24.98 v. 24.6.99, NVwZ 2000, S. 325, S. 328; vgl. *Will*, Ausländer ohne Aufenthaltsrecht, 2008, S. 218; *Classen*, Sozialleistungen für MigrantInnen und Flüchtlinge, 2008, S. 190.
568 UN-Convention on the Rights of the Child v. 20.11.1989. (Bekanntmachung v. 10.7.1992, BGBl. II S. 990).

pflichtet, jedem Kind und jedem Jugendlichen Schutz und humanitäre Hilfe bei der Wahrnehmung seiner Rechte zu gewähren (Art. 22). Das Wohl des Kindes steht immer im Vordergrund (Art. 3).

Die Jugendhilfeleistungen fallen als Erziehungsleistungen nicht in den Anwendungsbereich des auf Existenzsicherung zielenden Asylbewerberleistungsgesetzes.[569] Außerdem ist der Anspruch nach dem SGB VIII nicht durch § 9 AsylbLG oder § 23 Abs. 2 SGB XII ausgeschlossen.[570] Die Leistungen des Unterhalts und der Krankenhilfe sind nach dem SGB VIII vorrangig vor den Leistungen nach § 9 Abs. 2 AsylbLG zu gewähren.[571] Da die Jugendhilfeleistungen nicht nach den §§ 1a und 6 AsylbLG beschränkt werden können,[572] erhalten die Leistungsberechtigten eine bessere medizinische Versorgung bei Krankheit und pädagogischen Maßnahmen. Ausreisepflichtige Kinder ohne Duldung sind von dem Geltungsbereich des § 6 SGB VIII ausgeschlossen.[573] Jedoch können diese Leistungen ausreisepflichtigen Kindern zustehen, wenn das Haager Minderjährigenschutzabkommen sie in seinen Anwendungsbereich einbezieht (§ 6 Abs. 4 SGB VIII). Jedoch ist diese Frage umstritten und noch nicht abschließend geklärt.[574]

Eine weitere Maßnahme zur Sicherung des Kindeswohls in akuten Gefährdungssituationen stellt die Inobhutnahme durch das Jugendamt dar.[575] Das Jugendamt ist berechtigt und verpflichtet, ein unbegleitete Kind oder einen Jugendlichen in seine Obhut zu nehmen (§ 42 Abs. 1 Nr. 1SGB VIII) und einen Vormund zu bestellen (§ 42 Abs. 3 SGB VIII), wenn es darum bittet oder eine dringende Gefahr für das Wohl des Kindes oder des Jugendlichen die Inobhutnahme erfordert.[576] Die Inobhutnahme ist keine Leistung nach dem zweiten Kapitel der Kinder und Jugendhilfe (§§ 6 Abs. 1 und 2 SGB VIII), sondern gilt als eine andere Aufgabe bzw. Schutzmaßnahme[577] nach dem dritten Kapitel (§ 42 SGB VIII).[578] Ihr Zweck ist es, möglichst vielen Menschen den Schutz der Kinder- und Jugendhilfe zu gewährleisten. Dabei spielen die Staatsangehörigkeit und der Aufenthaltsstatus keine Rolle (§ 6 Abs. 1 SGB VIII). Entscheidender

---

569 BVerwG, NVwZ 2000, S. 327.
570 VG Saarland 10 F 2706, B. v. 30.1.2006, in „Das Jugendamt" (Fachzeitschrift) 2007, S. 159, bestätigt durch OVG Saarland 3 W 3/06 B.v. 24.4.2006.
571 BVerwG v. 24.6.1999, Az. 5 C 24/98 (www.juris.de).
572 *Gutmann*, Rechte für Ausländer, 2009, S. 266.
573 Vgl. *Frings*, Sozialrecht für Zuwanderer, 2008, S. 324.
574 *Will*, Ausländer ohne Aufenthaltsrecht, 2008, S. 218.
575 *Will*, Ausländer ohne Aufenthaltsrecht, 2008, S. 219.
576 Vgl. *Frings*, Sozialrecht für Zuwanderer, 2008, S. 325.
577 *Frings*, Sozialrecht für Zuwanderer, 2008, S. 325.
578 *Classen*, Sozialleistungen für MigrantInnen und Flüchtlinge, 2008, S. 191. BVerwG 5 C 24.98 v. 24.6.1999, NVwZ 2000, 325.

Anknüpfungspunkt, der von der allgemeinen Regel des gewöhnlichen Aufenthalts abweicht, ist der tatsächliche Aufenthalt (§ 30 Abs. 1 SGB I). Obwohl nach Art. 1 der UN-Kinderrechtskonvention ein Mensch bis zur Vollendung des 18. Lebensjahres die Schutzrechte des Kindes genießt, wird bei unbegleiteten Minderjährigen zwischen 16 und 18 Jahren in Deutschland nicht immer ein Vormund bestellt. Diese werden vielmehr wie Erwachsene behandelt, mit der Begründung, dass das SGB VIII keine Ausnahmeregelungen zum Asyl- und Ausländerrecht darstelle,[579] wonach Ausländer ab dem 16. Geburtstag handlungs- und verfahrensfähig sind (§ 80 AufenthG und § 12 AsylVfG). Bis zu der Rücknahme des Anwendungsvorbehalts[580] der UN-Kinderrechtskonvention wurde ein Ausländer bis zur Vollendung des 18. Lebensjahrs als Kind behandelt und damit wurden ihm die entsprechenden Schutzrechte gewährleistet.[581]

IV. Schadensausgleich durch soziale Entschädigung

Nachdem in den vorhergehenden Abschnitten die Gewährung von Sozialhilfe- und Sozialversicherungsleistungen, sowie sozialen Förderungen untersucht wurde, werden im Folgenden die Entschädigungsleistungen, denen im Vergleich zu anderen Sozialleistungen nur geringe Bedeutung zukommt,[582] erörtert.

1. Allgemeines und Anwendungsbereich

Das Recht der sozialen Entschädigung beinhaltet steuerfinanzierte Kompensationsleistungen von gesundheitlichen Sonderopfern. Diese Leistungen liegen in der Verantwortung der Allgemeinheit[583] und gelten als Beispiel der Ausprägung des sozialstaatlichen Gedankens der „sozialen Solidarität".[584] Der Staat übernimmt die Verantwortung für persönliche Gesundheitsschäden durch die staatliche Gemeinschaft. Der Staat zahlt, wenn das Schadensereignis einem Tatbestand zuzurechnen ist, für den die Allgemeinheit die Verantwortung übernommen hat.[585] Dabei lässt sich allgemein schwer nachvollziehen, für welche

---

579 Fachpapier des deutschen Caritasverbandes. Abteilung Soziales und Gesundheit. Handlungsbedarf nach der Rücknahme der ausländerrechtlichen Vorbehaltserklärung zur UN-Kinderrechtskonvention, S. 12.
580 BT-Drucks. 17/2138.
581 Näher dazu 1. Kapitel A III 1 a bb (2).
582 *Becker*, JuS 1998, S. 93.
583 *Waltermann*, Sozialrecht, 2010, S. 214; *Igl/Welti/Schulin*, Sozialrecht, 2007, S. 326.
584 BVerfGE 38, 187 (198).
585 Vgl. *Becker*, JuS 1998, S. 93.

Tatbestände in diesem Sinn der Staat haften wird; der Haftungstatbestand liegt weitgehend in gesetzgeberischem Ermessen.[586]
Die Versorgungsverwaltung bezog sich ursprünglich nur auf die Entschädigung von deutschen Kriegsopfern. Das Kriegsopferversorgungsgesetz gilt als klassischer Fall der sozialen Entschädigung[587] wegen Gesundheitsschäden aufgrund einer besonderen Opfersituation des Geschädigten. In anderen Entschädigungsgesetzen wird auf Vorschriften des Kriegsopferversorgungsgesetzes verwiesen.[588] Nach Art. 7 Abs. 1 BVG wird das Gesetz auf Deutsche und deutsche Volkszugehörige angewendet, die ihren Wohnsitz oder gewöhnlichen Aufenthalt im Geltungsbereich dieses Gesetzes haben. Zudem haben Ausländer keinen Zugang zu Leistungen nach dem Bundesversorgungsgesetz[589] (BVG), das nur für Kriegsschäden während des militärischen Dienstes aufkommt. Da das soziale Entschädigungsrecht viele Gesetze umfasst, die ausschließlich für deutsche Staatsbürger vorgesehen sind, werden Ausländer in Deutschland häufig von den Entschädigungsleistungen ausgeschlossen. Entsprechend können Ausländer weder Leistungsansprüche nach dem Soldatenversorgungsgesetz[590] (SVG) noch nach dem Zivildienstgesetz[591] geltend machen. Ebenso unbedeutend für Migranten sind darüber hinaus Leistungen nach dem Häftlingshilfegesetz[592] (§ 1 HHG), Unterstützungsabschlussgesetz[593] (§ 1 UntAbschlG), den beiden SED-Unrechtsbereinigungsgesetzen[594] (SED-UnrBerG), und der Unterhaltsbeihilfe für Angehörige deutscher Kriegsgefangener[595] (UBG).
Der Zugang zu Entschädigungsleistungen ist unabhängig von der wirtschaftlichen Leistungsfähigkeit des Einzelnen. Sie sind steuerfinanziert,[596] folgen dem

---

586 *Becker*, JuS 1998, S. 93.
587 *Becker*, JuS 1998, S. 93.
588 *Waltermann*, Sozialrecht, 2010, S. 215.
589 Gesetz über die Versorgung der Opfer des Krieges (BVG), BGBl. I S. 21 v. 22.1.1982.
590 Gesetz über die Versorgung für die ehemaligen Soldaten der Bundeswehr und ihre Hinterbliebenen (SVG), BGBl. I S. 1258, 1909, v. 9.4. 2002.
591 Gesetz über den Zivildienst der Kriegsdienstverweigerer (ZDG), BGBl. I S. 1346, v. 17.5.2005.
592 Gesetz über Hilfsmaßnahmen für Personen, die aus politischen Gründen außerhalb der Bundesrepublik Deutschland in Gewahrsam genommen wurden (HHG), BGBl. I S. 838, v. 2.6.1993.
593 Gesetz über den Abschluss von Unterstützungen der Bürger der ehemaligen DDR bei Gesundheitsschäden infolge medizinischer Maßnahmen (UntAbschlG), BGBl. I, 1950, S. 204, v. 6.5.1994.
594 Erstes und zweites SED-Unrechtsbereinigungsgesetz (SED-UnrBerG), BGBl. 1992, S. 1814 v. 29.10.1992 und BGBl. I 1994, S. 1311 v. 23.6.1994.
595 Gesetz über die Unterhaltsbeihilfe für Angehörige von Kriegsgefangenen (UBG), BGBl. I, 1950, S. 204.
596 *Muckel*, Sozialrecht, 2009, S. 459.

Kausalitätsprinzip, und werden durch die Entstehung und die Ursache des Bedarfs begründet.[597]

2. Gewaltopferentschädigungsgesetz (OEG)

Nach § 1 Abs. 1 Opferentschädigungsgesetz[598] (OEG) gilt als Gewaltopfer, wer in Deutschland „infolge eines vorsätzlichen, rechtswidrigen tätlichen Angriffs gegen seine oder eine andere Person oder durch dessen rechtmäßige Abwehr eine gesundheitliche Schädigung erlitten hat." Aufgrund gesundheitlicher und wirtschaftlicher Folgen können Gewaltopfer auf Antrag Leistungen in entsprechender Anwendung der Vorschriften des Bundesversorgungsgesetzes (BVG) erhalten. Dieses Gesetz regelt staatliche Ausgleichsansprüche für Opfer von ausländerfeindlichen Übergriffen,[599] Kindermisshandlung, häuslicher Gewalt[600] sowie einer Sexualstraftat, wenn die Schadensersatzansprüche gegenüber den Tätern nicht realisierbar sind.[601] Hinterbliebene (Witwen, hinterbliebene Lebenspartner, Waisen usw.) können Versorgung erhalten, wenn eine Gewalttat unmittelbar oder später zum Tod des Opfers führt. Während bislang der Entschädigungsanspruch nach dem OEG auf Gewalttaten in Deutschland (Territorialitätsprinzip) begrenzt war, sieht der seit dem 1. Juli 2009 geltende § 3a OEG nun auch Leistungen bei Gewalttaten im Ausland vor.

Die nach dem OEG gewährten Krankenbehandlungen bzw. die medizinischen Rehabilitationsmaßnahmen und Hilfsmittel sind umfassender als die entsprechenden Ansprüche nach dem AsylbLG oder dem SGB V.[602] Der Leistungsantrag kann nach § 16 Abs. 1 SGB I bei jeder Gemeinde und bei jedem Träger von Sozialleistungen gestellt werden. Der Versorgungsanspruch von Ausländern ist in § 1 Abs. 4-7 i. V. m. § 10 OEG geregelt.

Seit 1993 erstrecken sich die Leistungen des OEG auch auf Ausländer. Drittstaatsangehörige haben einen Anspruch auf Versorgungsleistungen, wenn sie sich seit mindestens drei Jahren ununterbrochen rechtmäßig, und nicht nur vorübergehend (maximal sechs Monate) im Bundesgebiet aufhalten (§ 1 Abs. 5 S.1 Nr. 1 OEG). Allerdings können seit 2005 auch geduldete Aus-

---

597 *Waltermann*, Sozialrecht, 2010, S. 216.
598 Gesetz über die Entschädigung für Opfer von Gewalttaten, in der Fassung der Bekanntmachung v. BGBl. I S. 1, v. 7.1.1985.
599 *Gutmann*, Rechte für Ausländer, 2009, S. 268.
600 Opfer häuslicher Gewalt mit unrechtmäßigem Aufenthalt können unmittelbar der Ausländerbehörde zugeführt werden. Anders als in Spanien wird dann einen Antrag auf Anordnung von Abschiebehaft beim Haftrichter gestellt. Vgl. *Frings*, Sozialrecht für Zuwanderer, 2010, S. 324.
601 *Frings*, Sozialrecht für Zuwanderer, 2008, S. 155.
602 *Classen*, Sozialleistungen für MigrantInnen und Flüchtlinge, 2008, S. 194.

länder[603] Anspruch auf Leistungen nach dem Gewaltopferentschädigungsgesetz geltend machen.[604] Seit 1. Januar 2005 gilt die Duldung als rechtmäßiger Aufenthalt i. S. d. § 1 Abs. 5 S.1 Nr. 1 OEG. Nach § 1 Abs. 5 S. 2 OEG ist ein rechtmäßiger Aufenthalt im Sinne dieses Gesetzes auch gegeben, wenn die Abschiebung aus rechtlichen oder tatsächlichen Gründen oder auf Grund erheblicher öffentlicher Interessen ausgesetzt ist.

Um die Anspruchsvoraussetzung zu erfüllen, muss der Ausländer im Zeitpunkt der Tat keine Duldung besitzen; stattdessen reicht es, wenn ihm zu einem späteren Zeitpunkt eine Duldung erteilt wird.[605] Es kommt nicht auf den Aufenthaltsstatus des Opfers zum Zeitpunkt der Gewalttat an, sondern es genügt ein rechtmäßiger oder geduldeter Status im Zeitraum des Leistungsbezuges. Die vom Gesetzgeber gewollte weite Einstandspflicht löst Ansprüche auch für diejenigen aus, die vor 2005 Opfer einer Straftat wurden, damals aber noch nicht die geforderten aufenthaltsrechtlichen Voraussetzungen erfüllten.[606] Demzufolge können Ausländer mit fehlendem Aufenthaltsrecht in Folge einer gesundheitlichen Schädigung anspruchsberechtigt sein, wenn sie später einen nach diesem Gesetz ausreichenden Aufenthaltsstatus nach § 1 Abs. 5 OEG erlangen.[607]

Ausländer, die sich weniger als sechs Monate in Deutschland aufhalten (z. B. Touristen, Durchreisende) werden von § 1 Abs. 5 OEG nicht erfasst; sie können nur einen Anspruch auf eine einmalige Entschädigung aus „Härtefällen" nach § 10 b OEG geltend machen.[608] Jedoch können Ausländer, die sich bis zu sechs Monaten in Deutschland aufhalten, Ansprüche geltend machen, wenn sie mit einem Deutschen verheiratet oder verwandt sind (§ 1 Abs. 6 Nr. 1 OEG). Sonstige Ausländer mit fehlendem Aufenthaltsrecht sind in der Regel nicht leistungsberechtigt.[609]

---

603 LSG NRW v. 6.9.2005, Az.L 6 VG 49/00 (www.juris.de).
604 *Gutmann*, Rechte für Ausländer, 2009, S. 267; *Classen*, Sozialleistungen für MigrantInnen und Flüchtlinge, 2008, S. 194.
605 *Classen*, Sozialleistungen für MigrantInnen und Flüchtlinge, 2008, S. 194.
606 LSG NRW, U. v. 6.9.2005 – L 6 VG 49/00 (www.juris.de).
607 BSG B 9/9a VG 3/05 R, U. v. 8.11.2007.
608 *Kreuzer/Lejeune*, ZAR 2003, S. 314.
609 *Will*, Ausländer ohne Aufenthaltsrecht, 2008, S. 211.

KAPITEL 3
Sozialleistungen an Ausländer mit fehlendem Aufenthaltsrecht in Spanien

Um zu untersuchen welche Ansprüche auf Sozialleistungen Ausländer mit fehlendem Aufenthaltsrecht in Spanien haben, wird der Länderbericht Spanien genauso wie der Länderbericht Deutschland in zwei Teile unterteilt: Grundrechtliche und einfachgesetzliche Regelungen für Ausländer, sowie die einzelnen Sozialleistungen und ihre ausländerrechtlichen Zugangsvoraussetzungen.

A. Grundrechtliche und einfachgesetzliche Regelungen in Bezug auf Ausländer

Anders als in Deutschland existiert in Spanien kein Sonder-Sozialhilfegesetz wie das Asylbewerberleistungsgesetz[1] für Ausländer mit unrechtmäßigem Aufenthaltsstatus. Statt die Untersuchung auf ein einziges Gesetz wie das AsylbLG zu konzentrieren, müssen die Rechte und Freiheiten der Ausländer in Spanien in drei unterschiedliche Ebenen unterteilt werden: Auf der ersten Ebene sind die Grundlagen der Rechte und Grundfreiheiten der Ausländer in der spanischen Verfassung[2] „*Constitución Española*" (CE) geregelt. An zweiter Stelle sind die einfachgesetzlichen Vorschriften im Ausländergesetz 2/2009 über die Rechte und Grundfreiheiten von Ausländern in Spanien und ihre soziale Integration (LEX)[3] sowie im regionalen Recht niedergeschrieben. Drittens bringt die Rechtsprechung des spanischen Verfassungsgerichts „*Tribunal Constitucional*" (TC) häufig die verschiedenen Standpunkte der Rechtslage in Einklang.

---

1 BGBl. 1993 I, 1074.
2 Spanische Verfassung, BOE Nr. 331 v. 29.12.1978.
3 Organgesetz 4/2000, v. 11.1.2000 über die Rechte und Grundfreiheiten von Ausländern in Spanien und ihre soziale Integration, BOE Nr. 10 v. 12.1.2000. (Organgesetz 4/2000, v. 11.1.2000, über die Rechte und Grundfreiheiten von Ausländern in Spanien und ihre soziale Integration), reformiert durch das Organgesetz 8/2000, v. 22.12.2000 (BOE Nr. 307 v. 23.12.2000), durch Organgesetz 11/2003, v. 29.9.2003 (BOE Nr. 234 v. 30.9.2003), durch Organgesetz 14/2003, v. 20.11.2003 (BOE Nr. 279 v. 21.11.2003, Organgesetz 2/2009, v. 11.12.2009 (BOE Nr. 299 v. 12.12.2009).

I. Grundgesetzliche Regelungen und Ziele des Sozialstaatsprinzips sowie Grundsätze des Sozialleistungssystems

Zunächst werden die verfassungsrechtlichen Grundlagen, Grundsätze und Ziele des Sozialleistungssystems für Inländer sowie Ausländer in Spanien dargestellt.

1. Verfassungsrechtliche Regelungen für Ausländer

Der Ausbau eines Wohlfahrtsstaats begann mit der Implementierung einer demokratischen Verfassung.[4] Die spanische Verfassung[5] (CE) aus dem Jahr 1978 ist sehr stark durch das deutsche Grundgesetz geprägt, welches dreißig Jahre vor der spanischen Verfassung niedergeschrieben wurde.[6] Entsprechend wurde Spanien in Anlehnung an die Formulierung des Art. 20 Abs. 1 GG und des Art. 28 Abs. 1 S. 1 GG ebenfalls als sozialer und demokratischer Rechtsstaat konstituiert[7] (Art. 1 Abs. 1 CE).[8] Aus Art. 1 CE können keine konkreten Ansprüche abgeleitet werden. Außerdem hat das spanische Verfassungsgericht (TC) noch keine Definition der Sozialstaatsklausel des Art. 1 Abs. 1 CE gegeben.[9]

Einerseits ist in der spanischen Verfassung ein weitreichenderer Katalog sozialer Grundrechte[10] als in Deutschland aufgeführt, andererseits handelt es sich

---

4 *Villota Gil-Escoin/Vázquez*, in: *Schubert/Hegelich/Bazant*, Europäische Wohlfahrtssysteme, 2008, S. 170.

5 „Bereits mit der Verfassung von Cádiz (1812) wurde ein System von Sozialleistungen errichtet, demnach sollten Bildungs- und Gesundheitsprogramme durch Kommunale Institutionen ausweitet werden. Aber der eigentliche Ursprung des Sozialleistungssystems liegt, wie in der Bundesrepublik, in den sozialen Konflikten zu Ende des 19. Jahrhunderts." *Villota Gil-Escoin/Vázquez*, in: *Schubert/Hegelich/Bazant*, Europäische Wohlfahrtssysteme, 2008, S. 169.

6 *Rodríguez Coarasa*, in: *Sempere Navarro*, El Modelo Social en la Constitución Española de 1978, 2003, S. 1288; *Balaguer Callejón*, in: *Monereo Pérez/Molina Navarrete/Moreno Vida*, Comentario a la Constitución socio-económica, 2002, S. 91; *Díaz*, in: *López Pina*, Spanisches Verfassungsrecht, 1993, S. 143; *Reinhard*, ZIAS 1988, S. 169.

7 *Balaguer Callejón*, in: *Monereo Pérez/Molina Navarrete/Moreno Vida*, Comentario a la Constitución socio-económica, 2002, S. 94; *Alvarez Conde*, Curso de Derecho Constitucional, 1996, S. 110; *Reinhard*, ZIAS 1988, S. 169.

8 Art. 1 Abs. 1 CE: Spanien konstituiert sich als demokratischer und sozialer Rechtsstaat und bekennt sich zu Freiheit, Gerechtigkeit, Gleichheit und politischem Pluralismus als den obersten Werten seiner Rechtsordnung.

9 *Aparicio Pérez*, Estado Social en la Jurisprudencia, 1993, S. 47.

10 *Reinhard*, ZIAS 1988, S. 182-183.

hierbei zumeist um bloße Staatszielvorstellungen.[11] Bei der konkreten Umsetzung bietet Spanien aber ein sehr uneinheitliches Bild. So regelt die Verfassung im Vortitel (Art. 1-9 CE) und Titel I (Art. 10-55 CE) verfassungsrechtliche Grundlagen, Grundrechte und Grundpflichten. Der Vortitel behandelt auch grundlegende Staatsziele mit sozialrechtlicher Bedeutung wie das Sozialstaatsprinzip des Art. 1 CE und die Grundpflichten des Staates nach Art. 9 CE.[12] Kapitel II (Art. 14-38 CE) führt die Grundrechte und Grundfreiheiten auf, bei denen es sich in der Regel um klassische Freiheitsrechte, wie Gewissens-, Religions-, und Meinungsfreiheit, sowie Existenzrechte, wie Recht auf Leben und körperliche Unversehrtheit, handelt. Die Grundrechte des Kapitels II des Titels I Abschnitt 1 (Art. 14-38 CE) können nur durch ein so genanntes Organgesetz[13] (Art. 81 Abs. 1 CE) geregelt werden. Kapitel II Abschnitt 1 enthält aber auch Leistungsrechte, wofür der Staat personelle und materielle Mittel bereitstellen muss, wie beispielsweise das Recht auf einen Rechtsverteidiger (Art. 24 CE) und ein Recht auf Bildung (Art 27 CE).[14] Diese Rechte (Art. 14-29 CE) stellen die wesentlichen Grundrechte dar[15] und können im Rahmen einer Verfassungsbeschwerde (Art. 53 Abs. 2 CE „*recurso de amparo*") geltend gemacht werden.[16]

Anders als in der Bundesrepublik Deutschland, wo kein Artikel speziell für die Rechte der Ausländer im Grundgesetz eingefügt wurde,[17] muss in Spanien

---

11 Vgl. *Díez-Picazo*, Sistema de Derechos Fundamentales, 2003 S. 64; *Romanski*, Soziale Grundrechte im Grundgesetz, 2000, S. 125.

12 Art. 9 CE: (1) Die Bürger und die öffentliche Gewalt sind an die Verfassung und die übrige Rechtsordnung gebunden. (2) Der öffentlichen Gewalt obliegt es, die Bedingungen dafür zu schaffen, dass Freiheit und Gleichheit des einzelnen und der Gruppen, denen er angehört, real und wirksam sind, die Hindernisse zu beseitigen, die ihre volle Entfaltung verhindern oder erschweren, und die Teilnahme aller Bürger am politischen, wirtschaftlichen, kulturellen und gesellschaftlichen Leben zu fördern. (3) Die Verfassung gewährleistet den Grundsatz der Gesetzlichkeit, die Hierarchie der Normen, die Publizität der Normen, das Verbot der Rückwirkung von Strafbestimmungen, die sich ungünstig oder restriktiv auf die Rechte des einzelnen auswirken, die Rechtssicherheit, die Haftung der öffentlichen Gewalt und das Willkürverbot.

13 Ein Organgesetz ist jene Norm mit Gesetzesrang, die sich auf einer höheren hierarchischen Ebene befindet oder nach der Verfassung zur Regelung bestimmter Gegenstände erforderlich ist. Zur Verabschiedung von Organgesetzen sind bestimmte Voraussetzungen erforderlich, wie z.B. eine absolute oder qualifizierte Mehrheit.

14 *Alonso de Antonio/Alonso de Antonio*, Derecho Constitucional Español, 2002, S. 76; *Tomás y Valiente*, in: *López Pina*, Spanisches Verfassungsrecht, 1993, S. 159.

15 *Kreienbrink*, Einwanderungsland Spanien, 2004, S. 105.

16 *Kreienbrink*, Einwanderungsland Spanien, 2004, S. 105; *Pérez Royo*, Curso de Derecho Constitucional, Madrid, 2002, S. 285; *Romanski*, Soziale Grundrechte im Grundgesetz, 2000, S. 125.

17 Mit der Ausnahme des Art. 16 a GG, wonach politisch verfolgte Asylrecht genießen. Näher dazu *Becker*, in: *v. Mangoldt/Klein/Starck*, GG I, Art. 16a GG, Rn. 1 ff.

im Zusammenhang mit Ausländern auf Art. 13 CE[18] zurückgegriffen werden. Art. 13 Abs. 1 CE beschränkt sich darauf, Ausländern in Spanien öffentliche Freiheiten zu garantieren, die ihnen dieser Titel (Titel I über Grundrechte und Freiheiten, Art. 10-53 CE) im Rahmen der internationalen Verträge[19] und des Gesetzes gewährt. Jedoch blieb der Umfang der den Ausländern zustehenden öffentlichen Freiheiten in der Auslegung der Verfassung umstritten.[20] Das steht in Zusammenhang mit der mehrdeutigen und konfusen Fassung des Titels I über Grundrechte und Grundfreiheiten der Verfassung (Art. 10-54 CE). Die Auflistung und Definition der öffentlichen Freiheiten wurde daher nicht ganz abgeschlossen.[21] Nach einer Auslegung im strengen Wortsinn müssten für Ausländer nur die in Art. 15-29 CE geregelten öffentlichen Freiheiten („*libertades públicas*") gelten.[22] Unumstritten war, dass es sich um die unverletzlichen Rechte der Person, handelte.[23] Damit sind die internationalen Mindestrechte für Ausländer in der Verfassung gewährleistet.

Des Weiteren enthält Kapitel II Abschnitt 2 weitere Rechte und Pflichten, wie das Recht auf Arbeit (Art. 35). Diese Verfassungsnormen des Kapitel II (Art. 14-38 CE) sind direkt wirksam[24] und schaffen eine Bindung der öffentlichen Gewalt (Art. 53 Abs. 1 CE i. V. m. 9 Abs. 1 CE); der Gesetzgeber muss in

---

18 Art. 13 CE: (1) Ausländer genießen in Spanien nach Maßgabe der Verträge und des Gesetzes die öffentlichen Freiheiten, die dieser Titel garantiert.
(2) Nur Spanier sind Inhaber der in Artikel 23 anerkannten Rechte, mit Ausnahme dessen, was unter Berücksichtigung der Gegenseitigkeit für das aktive Wahlrecht bei Gemeindewahlen durch Vertrag oder Gesetz festgelegt wird.
(3) Einer Auslieferung wird nur in Erfüllung eines Vertrages oder des Gesetzes unter Berücksichtigung des Gegenseitigkeitsprinzips stattgegeben. Die Auslieferung erstreckt sich nicht auf politische Vergehen, wobei Terrorakte nicht als solche gelten.
(4) Das Gesetz legt die Bedingungen fest, nach denen Bürger anderer Länder und Staatenlose Asylrecht in Spanien genießen können.

19 Mit den internationalen Verträgen sind neben der Erklärung der Menschenrechte von 1948 u.a. die Internationalen Pakte über zivile und politische Rechte bzw. über wirtschaftliche, soziale und kulturelle Rechte v. 1966 (BOE v. 30.4.1977) und die Europäischen Menschenrechtkonvention v. 1950 (BOE v. 10.10.1979) gemeint. *Kreienbrink*, Einwanderungsland Spanien, 2004, S. 101.

20 *Kreienbrink*, Einwanderungsland Spanien, 2004, S. 104.

21 *Kreienbrink*, Einwanderungsland Spanien, 2004, S. 105.

22 *Kreienbrink*, Einwanderungsland Spanien, 2004, S. 104; Allerdings ist die Aufzählung dieser öffentlichen Freiheiten nicht ganz glücklich, da sie Rechte beinhalte, die sich nur auf Bürger bzw. Spanier beziehen, z.B. Recht auf Freizügigkeit (Art. 19 CE) oder Wahlrecht (Art. 23 CE). *Ferrer Sanchis*, in: *Fernandez Rodriguez*, Lecturas sobre la Constitución Española II, 1978, S. 328.

23 *Kreienbrink*, Einwanderungsland Spanien, 2004, S. 104.

24 Die Normen des Kapitels 2 und 3 haben alle eine direkte Wirkung und binden die öffentliche Gewalt, jede von ihnen könnte immer Verfassungswidrigkeit begründen – ebenso wäre ein Gesetz verfassungswidrig, das die Vorschrift des Kapitels 3 verletzt, obwohl diese noch nicht Gegenstand gesetzlicher Konkretisierung (Gesetzgebung) gewesen sind.

jedem Fall immer ihren Wesensgehalt achten.[25] Dies gilt auch für die Leitprinzipien der Sozial- und Wirtschaftspolitik im dritten Kapitel (Art. 39-52 CE). Dabei handelt es sich um Normen, die keine unmittelbaren subjektiven Rechte vermitteln, weil sie erst einer gesetzgeberischen Konkretisierung bedürfen.[26] Sie sind bloße Staatszielbestimmungen (Art. 39-52 CE i. V. m. Art. 53 Abs. 3 CE). Hier sind weitere, sehr spezielle Sozialrechte in der Verfassung geregelt, wie beispielsweise das Recht auf Schutz der Gesundheit (Art. 43 CE) und das Recht auf Wohnung (Art. 47 CE).

Kapitel IV (Art. 53-54 CE) stellt klar, inwieweit die Grundrechte garantiert werden, indem die Durchsetzbarkeit der zuvor genannten Rechte bestimmt wird. Die Grundfreiheiten und Grundrechte sind in Art. 53 CE[27] garantiert. Art. 53 Abs. 1 CE, der einer Wesensgehaltsgarantie unterliegt,[28] wurde in Anlehnung an Art. 1 Abs. 3 GG geschaffen.[29]

2. Kompetenzen zwischen Zentralregierung und autonomen Gemeinschaften

Nach der Demokratisierung fand mit dem Grundsatz der politischen Pluralität (Art. 1 Abs. 1 CE) eine fortschreitende Dezentralisierung[30] der spanischen Staatsorganisation statt.

---

25 *Pérez Royo*, Curso de Derecho Constitucional, 2002, S. 284; *Romanski*, Soziale Grundrechte im Grundgesetz, 2000, S. 125.

26 *Pérez Royo*, Curso de Derecho Constitucional, Madrid, 2002, S. 287; *Pumar Beltrán*, La igualdad ante la Ley en el ámbito de la Seguridad Social, 2001, S. 39; *Romanski*, Soziale Grundrechte im Grundgesetz, 2000, S. 125.

27 Art. 53 CE: (1) Die in Kapitel 2 dieses Titels anerkannten Rechte und Freiheiten binden die öffentliche Gewalt. Die Rechte und Freiheiten sind gemäß den Bestimmungen von Art. 161 Abs. 1 lit. b CE geschützt. Nur durch ein Gesetz, das in jedem Fall ihren Wesensgehalt achten muss, kann ihre Ausübung geregelt werden.
(2) Jeder Bürger kann durch ein Verfahren vor den ordentlichen Gerichten, das auf den Grundsätzen der Priorität und der Schnelligkeit beruht, sowie gegebenenfalls durch eine Verfassungsbeschwerde vor dem Verfassungsgericht den Schutz der in Art. 14 und in Abs. 1 des Kapitels 2 anerkannten Freiheiten und Rechte erreichen.
(3) Die Anerkennung, die Achtung und der Schutz der in Kapitel 3 anerkannten Grundsätze liegen der positiven Gesetzgebung, der Rechtsprechung und dem Handeln der öffentlichen Gewalt zugrunde. Sie können nur vor der ordentlichen Gerichtsbarkeit in Übereinstimmung mit den dafür maßgeblichen Gesetzen geltend gemacht werden.

28 Urteil STC 11/1981, Rechtsgründe Nr. 7 und 8. Näher dazu *De Otto y Pardo*, in: *López Pina*, Spanisches Verfassungsrecht, 1993, S. 309 ff.

29 *Alonso de Antonio/Alonso de Antonio*, Derecho Constitucional Español, 2002, S. 76; *Tomás y Valiente*, in: *López Pina*, Spanisches Verfassungsrecht, 1993, S. 159.

30 *Villota Gil-Escoin/Vázquez*, in: *Schubert/Hegelich/Bazant*, Europäische Wohlfahrtssysteme, 2008, S. 175; *Stadler*, Das interregionale Recht in Spanien, 2008. S. 17; *Sáenz Rojo*, Estado

Zum einem besitzt der Zentralstaat immer noch sowohl die ausschließliche Zuständigkeit im Bereich der Staatsangehörigkeit, der Ein- und Auswanderung, des Ausländer- und Asylrechts (Art. 149 Abs. 1 Nr. 2 CE), sowie über die grundlegende Gesetzgebung und die wirtschaftliche Ordnung der sozialen Sicherheit, unbeschadet der Ausführung ihrer Leistungen durch die autonomen Gemeinschaften (Art. 149 Abs. 1 Nr. 17 CE).

Zum anderen übernehmen seit Jahren die 17 autonomen Gemeinschaften Zuständigkeiten im Bereich der sozialen Fürsorge (Art. 148 Abs. 1 Nr. 20 CE), Gesundheit und Hygiene (Art. 148 Abs. 1 Nr. 21 CE).[31] Es handelt sich um ausschließliche Kompetenzen, die unmittelbar aus der Verfassung in den Autonomiestatuten (EEAA) erteilt wurden.[32] Das Autonomiestatut ist die grundlegende institutionelle Norm der jeweiligen Autonomen Gemeinschaft; der Staat erkennt sie an und schützt sie als integralen Bestandteil seiner Rechtsordnung (Art. 147 Abs. 1 CE). Die Bindung zwischen dem Sozialstaat und den autonomen Gemeinschaften hat sich kürzlich durch die letzen Reformen bei den Autonomiestatuten verstärkt.[33] Dabei wurden sechs Autonomiestatute reformiert (Art. 147 Abs. 3 CE).[34] Nach Art. 147 Abs. 2 d) CE müssen die Autonomiestatute die im Rahmen der Verfassung übernommenen Zuständigkeiten und die Grundlagen für die Übernahme der ihnen entsprechenden Dienstleistungen enthalten. Demnach enthalten die meisten neuen Statuten soziale Rechte.[35] Das spanische

---

Social y Descentralización Política, 2003, S. 171; *Borgmann*, Das dezentrale Spanien in der EG, 1991, S. 21.

31 Vgl. *Blasco Rasero*, in: *González Ortega*, La protección social de los extranjeros en España, 2010, S. 355; *Balaguer Callejón*, in: Defensor del Pueblo, La actualidad de los derechos sociales, 2008, S. 11 ff.

32 *Blasco Rasero*, in: *González Ortega*, La protección social de los extranjeros en España, 2010, S. 361; *Balaguer Callejón*, in: Defensor del Pueblo, La actualidad de los derechos sociales, 2008, S. 11 ff.

33 *Balaguer Callejón*, in: Defensor del Pueblo, La actualidad de los derechos sociales, 2008, S. 14.

34 Estatuto de Autonomía de la Comunidad Valenciana („Ley Orgánica 1/2006 de Reforma de la Ley Orgánica 5/1982, de Estatuto de Autonomía", BOE v. 11.4.2006), Estatuto de Autonomía de Cataluña („Ley Orgánica 6/2006 de Reforma del Estatuto de Autonomía", BOE v. 20.7.2006), Estatuto de Autonomía de Andalucía („Ley Orgánica 6/2006 de Reforma del Estatuto de Autonomía", BOE v. 20.3.2007), Estatuto de Autonomía de Baleares („Ley Orgánica 1/2007 de Reforma del Estatuto de Autonomía", BOE v. 1.3.2007), Estatuto de Autonomía de Aragón („Ley Orgánica 5/2007 de Reforma del Estatuto de Autonomía", BOE v. 23.4.2007), Estatuto de Autonomía de Castilla y León („Ley Orgánica 14/2007 de Reforma del Estatuto de Autonomía de Castilla y León", BOE v. 1.12.2007).

35 Kompetenz in Fürsorge (Art. 148 Abs. 1 Nr. 20 CE) in den Autonomenstatuten: Vgl. Art. 10 Estatuto de Autonomía del País Vasco, Art. 23 Abs. 2 Estatuto de Autonomía de Andalucía, Art. 21 Estatuto de Autonomía de Aragón, Art. 24 Estatuto de Autonomía de Asturias, Art. 30 Estatuto de Autonomía de Baleares, Art. 30 Estatuto de Autonomía de Canarias, Art. 24 Estatuto de Autonomía de Cantabria, Art. 13 Abs. 9 Estatuto de Autonomía de Castilla y León, Art. 31 Estatuto de Autonomía de Castilla-La Mancha, Art. 24 Abs. 3 Estatuto de Autonomía de Cataluña,

Verfassungsgericht (TC) hatte die Legitimität der statutarischen Rechte bestätigt.[36]

Art. 2ter LEX ist der Integration von Ausländern in Spanien gewidmet. Nach Art. 2ter Abs. 2 LEX machen sich die öffentlichen Verwaltungen das Ziel[37] der Integration von Immigranten in die aufnehmende Gesellschaft zu eigen, und zwar übergreifend in allen politischen Maßnahmen und Bereichen der öffentlichen Verwaltung, wobei sie die wirtschaftliche, soziale, kulturelle und politische Beteiligung der Immigranten im Rahmen der Verfassung, der Autonomiestatute und der sonstigen Gesetze unter Beachtung der Gleichbehandlung fördern.

Die Kompetenzen der autonomen Gemeinschaften werden im Bereich des Sozialhilferechts sowie der sozialen Förderung und Teilhabe am Leben in nächsten Teil (B) des Länderberichts Spanien dargestellt.

3. Ziele des Sozialstaatsprinzips

Für den spanischen Sozialstaat werden die folgenden Mindestaufgaben genannt:[38] Vollbeschäftigung, ein zum Leben notwendiger Mindestlohn, die Unterstützung derer, die arbeitslos oder arbeitsunfähig sind, Verbesserung der allgemeinen Lebensbedingungen und des Wohlstands und der Teilhabe daran.

a) Vollbeschäftigung

Nach Art. 35 CE haben alle Spanier die Pflicht zu arbeiten, aber auch das Recht auf Arbeit, einschließlich der freien Wahl des Berufes oder eines Amtes,

---

Art. 18 Estatuto de Autonomía de la Comunidad Valenciana, Art. 7 Estatuto de Extremadura, Art. 27 Estatuto de Autonomía de Galicia, Art. 10 Estatuto de Autonomía de Murcia, Art. 44 de la Ley de Amejoramiento del Fuero de Navarra, Art. 8 Estatuto de Autonomía de la Rioja.

36 Urteile STC 247/2007, v. 12.12.2007 und STC 249/2007, v. 13.12.2007.

37 Art. 2ter Abs. 2 LEX Integration von Ausländern: „Insbesondere befördern sie durch Bildungsmaßnahmen die Kenntnis und Achtung der Werte der Verfassung und der Autonomiestatute Spaniens, der Werte der Europäischen Union sowie der Menschenrechte, der Grundrechte, der Demokratie, der Toleranz und der Gleichheit von Mann und Frau. Außerdem führen sie spezifische Maßnahmen durch, die die Eingliederung in das Schulsystem unter Gewährleistung der Einschulung im schulpflichtigen Alter, die Unterrichtung in der Gesamtheit der Amtssprachen und den Zugang zum Arbeitsmarkt als wesentliche Bestandteile der Integration unterstützen."

38 *García Pelayo*, Las transformaciones del Estado contemporáneo, 1994, S. 30; *Cascajo Castro*, in: *Cámara Villar/Cano Bueso*, Estudios sobre el estado Social, 1993, S. 41 ff.

des Fortkommens durch ihre Arbeit und auf eine Entlohnung, die zur Befriedigung ihrer Bedürfnisse und der ihrer Familie ausreicht.[39]

b) Ein zum Leben notwendiger Mindestlohn

Im Art. 35 Abs. 1 CE wird das Recht auf eine ausreichende Entlohnung für alle Arbeitnehmer anerkannt. Der 1963 eingeführte interprofessionelle Mindestlohn („*salario mínimo interprofesional*", SMI) gilt als Grundlage zur Errechnung verschiedener Sozialleistungen. Gegenwärtig liegt der SMI bei 633€ pro Monat. Nach dem Wortlaut des Art. 41 CE müssen ausreichende Hilfe und Leistungen in Notlagen gewährleistet werden.[40] Bei der Unterstützung handelt es sich nicht um ein Minimum, sondern diese Hilfe muss „ausreichend" sein („*principio de suficiencia*"). Demnach gewährleistet die Verfassung kein Existenzminimum *(„derecho a un mínimo vital")*.[41] Die Bedürftigkeit wird nach den Mindesteinkommen gerechnet.[42] Allerdings geschieht dies auf der Ebene der autonomen Gemeinschaften mit der spanischen Grundsicherung für Arbeitsuchende, der sogenannten „*renta mínima de inserción"* (RMI).

c) Unterstützung der Arbeitslosen oder Arbeitsunfähigen

Nach Art. 41 CE muss die öffentliche Gewalt ein öffentliches System der sozialen Sicherheit für alle Bürger, vor allem im Fall der Arbeitslosigkeit, garantieren.

d) Teilhabe und Verbesserung der allgemeinen Lebensbedingungen und des Wohlstands

Nach Art. 41 CE muss die öffentliche Gewalt ein öffentliches System der sozialen Sicherheit für alle Bürger für ausreichende Hilfe und soziale Leistungen

---

39 Obwohl das Recht auf Arbeit in der Verfassung nur auf Spanier beschränkt ist, hat das spanische Verfassungsgericht (Urteil STC 107/1984, v. 23.11.1984) auf der Grundlage des Art. 13 Abs. 1 CE i. V. m. Art. 35 CE dieses Recht auch für Ausländer anerkannt. Die Zugangsbedingungen dieser Rechte für Ausländer können aber von denen der Spanier abweichen. Damit ist eine Ungleichbehandlung zulässig. *García Ruiz*, in: *Revenga Sánchez*, Problemas constitucionales de la inmigración, 2005, S. 503.

40 Art. 41 CE: Die öffentliche Gewalt unterhält ein öffentliches System der Sozialen Sicherheit für alle Bürger, das ausreichende Hilfe und Leistungen in Notlagen garantiert, vor allem im Fall der Arbeitslosigkeit.

41 *Martínez Soria*, JZ 2005, S. 647; *Andrés Juste*, REDMEX, 2003, S. 271.

42 *Blasco Lahoz/López Gandía*, Seguridad Social Práctica, 2001, S. 613.

in Notlagen gewährleisten.[43] Die spanische Verfassung reflektiert diese Ziele des Sozialstaats vielfältig durch die Sozialleistungssysteme der Hilfe und Förderung.

Die Herstellung der Chancengleichheit, die gesellschaftstypischen Belastungen zu mildern, sowie die Förderung der Teilhabe am Leben sind Aufgaben der sozialen Förderung.

4. Grundsätze des Sozialleistungssystems

Die soziale Sicherheit wird in Spanien im Bereich der nationalen Gesetzgebungskompetenz – im „Ley General de la Seguridad Social"[44] (LGSS) – geregelt. Der Geltungsbereich des nationalen sozialen Sicherheitssystems ist in Art. 7 LGSS[45] geregelt.[46] Nach Art. 7 Abs. 1 LGSS werden Ausländer ausdrücklich in das beitragsorientierte Leistungssystem einbezogen, sofern ihr Aufenthaltsstatus rechtmäßig ist. Von nicht beitragsbezogenen Leistungen sind Ausländer nach Art. 7 Abs. 3 LGSS[47] ausgeschlossen.

Allerdings wird bereits nach Art. 2 Abs. 1 LGSS zwischen einem beitragsbezogenem und einem nicht-beitragsbezogenen sozialen Schutzsystem unterschieden. Auf nationaler Ebene stützt sich das Sozialleistungssystem Spaniens im Wesentlichen auf das LGSS, dessen Art. 2 Abs. 1 LGSS die folgenden Grundsätze formuliert: Einheitlichkeit, Universalität, Solidarität und Gleichheit. Obwohl diese Grundsätze gesetzlich anerkannt sind, wurden sie tatsächlich noch nicht vollständig umgesetzt.[48]

---

43 *Barcelón Cobedo,* in: *González Ortega,* La protección social de los extranjeros en España, 2010, S. 313.

44 „Ley General de la Seguridad Social", BOE Nr. 154, v. 29.6.1994.

45 Art. 7 Abs. 1 LGSS: Von der Sozialversicherung werden, im Hinblick auf beitragsbezogene Leistungen, unabhängig von ihrem Geschlecht, Familienstand und Beruf alle in Spanien ansässigen Spanier sowie diejenigen Ausländer erfasst, welche in Spanien ansässig sind oder sich dort rechtmäßig aufhalten; in beiden Fällen jedoch unter der Voraussetzung, dass sie ihre Tätigkeit im Inland ausüben.

46 *Lefebvre,* Memento Práctico, Seguridad Social 2009-2010, Rn. 315; *Blasco Lahoz/López Gandía/Momparler Carrasco,* Curso de Seguridad Social, 2006, S. 99; *De la Villa Gil,* in: *ders.,* Ley General de Seguridad Social, 2004, S. 44.

47 Art. 7 Abs. 3 LGSS: In den Anwendungsbereich des Sozialversicherungssystems sind im Hinblick auf nicht beitragsbezogene Leistungen alle im Inland ansässigen Spanier einbezogen.

48 *Lefebvre,* Memento Práctico, Seguridad Social 2009-2010, Rn. 115.

a) Einheitlichkeitsgrundsatz

Der Grundsatz der Einheitlichkeit („*Unidad*") wird gewöhnlich mit der Finanzierung und der Verwaltung des Systems verbunden.[49] Die Kompetenz zum Beitragseinzug wird nach Art. 63 LGSS über die allgemeine Sozialversicherungskasse („*Tesorería General del Estado*", TGSS) nach dem Einheitlichkeitsgrundsatz geregelt.[50] Die nach Wirtschafts- bzw. Berufszweigen organisierten Systeme sind seit 1978 in vier Versicherungsträger („*Entidades gestoras*")[51] zusammengefasst (Art. 57 Abs. 1 a LGSS): a) der staatlichen Anstalt für Soziale Sicherheit INSS („*Instituto Nacional de la Seguridad Social*") als das oberste Ausführungsorgan, b) der staatlichen Anstalt für Gesundheit INGESA und dem „*Instituto Nacional de Gestión Sanitaria*", c) der staatlichen Anstalt für Sozialdienste IMSERSO („*Instituto de Mayores y Servicios Sociales*"), d) der staatlichen Anstalt für Arbeit SPEE („*Servicio Público de Empleo Estatal*").[52]

b) Universalitätsgrundsatz

Der Grundsatz der Universalität in Art. 41 CE muss in einem doppelten Sinn verstanden werden: einerseits bedeutet er Schutz aller Bürger, und andererseits Schutz in allen Lagen von Bedürftigkeit.[53] Diese Ziele wurden bisher nur in der medizinischen Versorgung durch das allgemeine Gesundheitssystem erreicht.[54] Der Universalitätsgrundsatz dient der Gewährleistung sozialen Schutzes vor allem durch nicht beitragsbezogene Leistungen für alle Bürger.[55] Der universelle soziale Schutz des spanischen Sozialleistungssystems besteht aus zwei Schutzebenen: die beitragsgezogene oder professionelle Ebene, sowie die nicht beitragsbezogene Ebene (Art. 2 LGSS). Wenn das System nur aus beitragsbezogenen Leistungen bestehen würde, wäre weder der Universalitätsgrundsatz, noch ein Existenzminimum für nicht erwerbstätige Personen oder Personen, die nicht genügend Beschäftigungszeiten vorweisen können, gewährleistet.[56]

---

49 *Lefebvre*, Memento Práctico, Seguridad Social 2009-2010, Rn. 115.
50 *Schmid*, Wohlfahrtsstaaten im Vergleich, 2002, S. 226.
51 *Blasco Lahoz/López Gandía/Momparler Carrasco*, Curso de Seguridad Social, 2006, S. 83.
52 Vgl. *Lefebvre*, Memento Práctico, Seguridad Social 2009-2010, Rn. 137.
53 *Lefebvre*, Memento Práctico, Seguridad Social 2009-2010, Rn. 115; *Blasco Lahoz/López Gandía/Momparler Carrasco*, Curso de Seguridad Social, 2006, S. 35; *De la Villa Gil*, in: ders., Ley General de Seguridad Social, 2004, S. 42.
54 *Lefebvre*, Memento Práctico, Seguridad Social 2009-2010, Rn. 115.
55 *González Ortega*, in: ders., La protección social de los trabajadores extranjeros, 2006, S. 173.
56 *González Ortega*, in: ders., La protección social de los trabajadores extranjeros, 2006, S. 172.

c) Solidaritätsgrundsatz

Der Grundsatz der Solidarität spiegelt sich bei der Finanzierung als Ausdruck eines Verteilungssystems von Renten und intergenerationalen Leistungen wieder.[57] Dieses überträgt der Finanzierung die Aufgabe, eine Verteilung der Lasten und Vorteile zu erreichen.[58] Der Solidaritätsgrundsatz gilt für diejenigen, die Teil der Solidaritätsgemeinschaft sind, wobei dies über den tatsächlichen Aufenthalt im Land zu beweisen ist. In der Regel findet der Solidaritätsgrundsatz Ausdruck im Anknüpfungspunkt des rechtmäßigen Aufenthalts. Dabei gilt der Solidaritätsgrundsatz sowohl im Hinblick auf steuerfinanzierte Leistungen, wie beispielsweise der Sozialhilfe, als auch hinsichtlich der nicht-beitragsbezogenen Leistungen („*prestaciones no contributivas*"), die den rechtmäßigen Aufenthalt als Voraussetzung für den Zugang zu Leistungen haben.[59] Die Aufenthaltszeiten dienen als Beweis für eine gewisse Verwurzelung mit dem Aufnahmeland bzw. der Solidargemeinschaft.

Aufgrund der Tatsache, dass der Staat im Staatshaushalt über begrenzte finanzielle Mittel verfügt, kann er durch die Voraussetzung des rechtmäßigen Aufenthaltsstatus Ausländern weniger soziale Rechte als Ausländern mit rechtmäßigem Aufenthalt gewähren. Eine Ungleichbehandlung ist hier gerechtfertigt und verfassungskonform, da sonst das Sozialleistungssystem gefährdet und die Solidargemeinschaft nicht mehr haltbar wäre.[60]

Obwohl dieses Prinzip in der Verfassung nicht gesetzlich definiert ist, ist es in verschiedenen Vorschriften geregelt,[61] beispielsweise in Art. 156 Abs. 1 CE,[62] Art. 45 Abs. 2 CE,[63] Art. 138 Abs. 1 CE[64] und Art. 158 Abs. 2 CE.[65]

---

57 *Lefebvre*, Memento Práctico, Seguridad Social 2009-2010, Rn. 115.

58 *De la Villa Gil*, in: *ders.*, Ley General de Seguridad Social, 2004, S. 43.

59 *González Ortega*, in: *ders.*, La protección social de los trabajadores extranjeros, 2006, S. 180.

60 Vgl. *Pérez Royo*, Curso de Derecho Constitucional, 2002, S. 279.

61 *Borgmann*, Das Dezentrale Spanien in der EG, 1991, S. 12.

62 Art. 156 Abs. 1 CE: Die Autonomen Gemeinschaften genießen gemäß den Grundsätzen der Koordinierung mit der staatlichen Finanzverwaltung und der Solidarität aller Spanier finanzielle Autonomie für die Entwicklung und Ausübung ihrer Zuständigkeiten.

63 Art. 45 Abs. 2 CE: Die öffentliche Gewalt wacht über die vernünftige Nutzung aller Naturreichtümer mit dem Ziel, die Lebensqualität zu schützen und zu verbessern und die Umwelt zu erhalten und wiederherzustellen. Dabei stützt sie sich auf die unerlässliche Solidarität der Gemeinschaft.

64 Art. 138 Abs. 1 CE: Der Staat gewährleistet die wirksame Realisierung des in Artikel 2 der Verfassung niedergelegten Grundsatzes der Solidarität, indem er sich für die Herstellung eines angemessenen und gerechten wirtschaftlichen Gleichgewichts zwischen den verschiedenen Teilen des Staatsgebietes einsetzt; er berücksichtigt insbesondere die Situation der Inseln.

65 Art. 158 Abs. 2 CE: Zum Zwecke der Korrektur interterritorialer wirtschaftlicher Ungleichgewichte und der effektiven Verwirklichung des Solidaritätsprinzips wird ein Ausgleichsfonds

d) Gleichheitsgrundsatz

Der Grundsatz der Gleichheit beschäftigt sich mit der Gleichbehandlung bestimmter Situationen und des zustehenden Niveaus des Schutzes.[66] Er ist das verfassungsrechtlich am stärksten verwirklichte Grundrecht, als höherer Wert der Rechtsordnung (Art. 1 Abs. 1 CE)[67] und als Grundrecht (Art. 14 CE).[68] Nach Art. 14 CE sind alle Spanier vor dem Gesetz gleich und niemand darf wegen seiner Abstammung, seiner Rasse, seines Geschlechtes, seiner Religion, seiner Anschauungen oder jedweder anderer persönlicher oder sozialer Umstände benachteiligt oder bevorzugt werden. Art. 14 CE korrespondiert ohne Abstriche mit Art. 3 des deutschen Grundgesetzes.[69] Der Gleichheitssatz bezieht sich nach Art. 14 CE ausschließlich auf Spanier, deshalb könnte eine Ungleichbehandlung von Ausländern grundsätzlich zulässig sein.[70] Die Ungleichbehandlung muss jedoch immer gerechtfertigt und relevant sein.[71]

Während Art. 14 CE die formelle Gleichheit regelt, ist die materielle Gleichheit in Art. 9 Abs. 2 CE zu finden.[72] Nach Art. 9 Abs. 2 CE[73] obliegt es der öffentlichen Gewalt, die Bedingungen dafür zu schaffen, dass Freiheit und Gleichheit des Einzelnen und der Gruppen, denen er angehört real und wirksam sind, die Hindernisse zu beseitigen, die seine volle Entfaltung verhindern oder erschweren, und die Teilnahme aller Bürger am politischen, wirtschaftlichen, kulturellen und gesellschaftlichen Leben zu fördern.

---

für Investitionen geschaffen, dessen Mittel von den Cortes Generales unter den Autonomen Gemeinschaften und ggf. den Provinzen verwaltet werden.

66 *Lefebvre*, Memento Práctico, Seguridad Social 2009-2010, Rn. 115; *De la Villa Gil*, in: *ders.*, Ley General de Seguridad Social, 2004, S. 43.

67 Art. 1 Abs. 1 CE: Spanien konstituiert sich als demokratischer und sozialer Rechtsstaat und bekennt sich zu Freiheit, Gerechtigkeit, Gleichheit und politischem Pluralismus als den obersten Werten seiner Rechtsordnung.

68 *De la Villa Gil*, in: *ders.*, Ley General de Seguridad Social, 2004, S. 44.

69 *Adomeit/Frühbeck Olmedo*, Einführung in das spanische Recht, 2007, S. 15.

70 *Prados de Reyes/Olarte Encabo*, in: *Sempere Navarro*, El Modelo Social en la Constitución Española de 1978, 2003, S. 1403; *Ruiz de Huidobro de Carlos*, Revista ICADE 2006, S. 73.

71 *Ruiz de Huidobro de Carlos*, Revista ICADE 2006, S. 76.

72 *Rodríguez Coarasa*, in: *Sempere Navarro*, El Modelo Social en la Constitución Española de 1978, 2003, S. 1290.

73 Art. 9 CE: (1) Die Bürger und die öffentliche Gewalt sind an die Verfassung und die übrige Rechtsordnung gebunden. (2) Der öffentlichen Gewalt obliegt es, die Bedingungen dafür zu schaffen, dass Freiheit und Gleichheit des einzelnen und der Gruppen, denen er angehört, real und wirksam sind, die Hindernisse zu beseitigen, die ihre volle Entfaltung verhindern oder erschweren, und die Teilnahme aller Bürger am politischen, wirtschaftlichen, kulturellen und gesellschaftlichen Leben zu fördern. (3) Die Verfassung gewährleistet den Grundsatz der Gesetzlichkeit, die Hierarchie der Normen, die Publizität der Normen, das Verbot der Rückwirkung von Strafbestimmungen, die sich ungünstig oder restriktiv auf die Rechte des einzelnen auswirken, die Rechtssicherheit, die Haftung der öffentlichen Gewalt und das Willkürverbot.

Beide Vorschriften, Art. 14 CE sowie Art. 9 Abs. 2 CE, sollen ineinander-greifen und sind beide miteinander auszulegen.[74] Das TC legt den Art. 9 Abs. 2 CE als einen Ausgleich bzw. als ein Korrektiv des Art. 14 CE aus.[75] So können nach Art. 9 Abs. 2 CE bestimmte Situationen ungleich behandelt werden, um dem formellen Gleichheitssatz (Art. 14 CE) gerecht zu werden.[76] In der Regel geschieht eine Verletzung des materiellen Gleichheitssatzes (Art. 9 Abs. 2 CE), wenn der Staat eine positive Handlungspflicht unterlässt.[77]

Eine Handlungspflicht entsteht erst in Art. 9 Abs. 2 CE i. V. m. Art. 10 Abs. 1 CE.[78] Das Auslegungskriterium nach Art. 10 Abs. 1 CE[79] korrespondiert mit Art. 1 GG,[80] und legt die Grundlagen der staatlichen Ordnung bzw. des sozialen Friedens fest, wobei die Bedeutung der Menschenwürde hervorgehoben wird. Da es sich hier um eine Staatszielbestimmung handelt, kann sich ein unmittel-barer Anspruch erst im Zusammenhang mit anderen Grundrechten, wie bei-spielsweise Art. 9 Abs. 2 CE ergeben.[81] Die zweite Grundlage des Art. 10 CE regelt vergleichbar mit Art. 2 GG die freie Entfaltung der Persönlichkeit.[82] Während dies im Grundgesetz aber lediglich ein Abwehrrecht darstellt, stellt es in der spanischen Verfassung eine Grundlage der staatlichen Ordnung und des sozialen Friedens dar, die ebenfalls zu einer Handlungspflicht des Staates führen kann.[83] So wird allen im Land ansässigen Menschen ein Zugang zu den wirtschaftlichen, sozialen und kulturellen Rechten ermöglicht.

Weiterhin sind nach Art. 10 Abs. 2 CE[84] alle Gesetze in Übereinstimmung mit der allgemeinen Erklärung der Menschenrechte und den von Spanien

---

74 Vgl. *Rodríguez Coarasa*, in: *Sempere Navarro*, El Modelo Social en la Constitución Española de 1978, 2003, S. 1290; *Torres del Moral*, Principios del Derecho constitucional español, 1992, S. 278.

75 *Rodríguez Coarasa*, in: *Sempere Navarro*, El Modelo Social en la Constitución Española de 1978, 2003, S. 1291.

76 Urteil STC 114/1983, v. 23.12.1983.

77 *Rodríguez Coarasa*, in: *Sempere Navarro*, El Modelo Social en la Constitución Española de 1978, 2003, S. 1293.

78 *Balaguer Callejón*, in: *Monereo Pérez/Molina Navarrete/Moreno Vida*, Comentario a la Consti-tución socio-económica, 2002, S. 107; *Pérez Royo*, REDC, 1984, S. 157.

79 Art. 10 Abs. 1 CE: Die Würde des Menschen, die unverletzlichen Rechte, die ihr innewohnen, die freie Entfaltung der Persönlichkeit, die Achtung des Gesetzes und der Rechte anderer sind die Grundlagen der politischen Ordnung und des sozialen Friedens.

80 Vgl. *Adomeit/Frühbeck Olmedo*, Einführung in das spanische Recht, 2007, S. 14.

81 *Díez-Picazo*, Sistema de Derechos Fundamentales, 2003 S. 64.

82 *Díez-Picazo*, Sistema de Derechos Fundamentales, 2003 S. 65.

83 *Balaguer Callejón*, in: *Monereo Pérez/Molina Navarrete/Moreno Vida*, Comentario a la Constitución socio-económica, 2002, S. 111.

84 Art. 10 Abs. 2 CE: Die Normen, die sich auf die in der Verfassung anerkannten Grundrechte und Grundfreiheiten beziehen, sind in Übereinstimmung mit der Allgemeinen Erklärung der Men-

ratifizierten internationalen Verträgen und Abkommen auszulegen. Dieser Absatz ist mit Art. 25 GG[85] vergleichbar. Die Anerkennung dieser internationalen Normen für Spanien führte damit zu einer Ausdehnung der Rechte für Ausländer.[86]

II. Einfachgesetzliche Regelungen: Ausländergesetz (LEX)

Die spanische Verfassung ist grundsätzlich an Spanier gerichtet. Aber Grundrechte können auch für Ausländer gelten oder erweitert sein (Art. 13 CE). Das Ausländergesetz (LEX) hat die Rechte für Ausländer konkretisiert. So sind durch eine Verweisung des Art. 13 CE einfachgesetzliche Vorschriften im Einzelnen im Ausländergesetz (LEX) geregelt worden.

1. Geltungsbereich des Ausländergesetzes (LEX)

Der Geltungsbereich des Ausländergesetzes 2/2009 über die Rechte und Grundfreiheiten von Ausländern in Spanien und ihre soziale Integration (LEX)[87] ist in Art. 1 LEX geregelt. Nach Art. 1 Abs. 1 LEX sind Ausländer im Sinne dieses Gesetzes, alle die keine spanische Staatsangehörigkeit besitzen. Für diese gilt immer dieses Gesetz, es sei denn, internationale Verträge regeln etwas anderes (Art. 1 Abs. 2 LEX).[88] Dabei handelt es sich um eine Konkretisierung des oben dargestellten Art. 10 Abs. 2 CE.

---

schenrechte und den von Spanien ratifizierten internationalen Verträgen und Abkommen über diese Materien auszulegen.

85 Art. 25 GG: Die allgemeinen Regeln des Völkerrechtes sind Bestandteil des Bundesrechtes. Sie gehen den Gesetzen vor und erzeugen Rechte und Pflichten unmittelbar für die Bewohner des Bundesgebietes.

86 *Freeman*, IMR 1995, S. 882 f.

87 Organgesetz 4/2000, v. 11.1.2000 über die Rechte und Grundfreiheiten von Ausländern in Spanien und ihre soziale Integration, BOE Nr. 10 v. 12.1.2000. (Organgesetz 4/2000, v. 11.1.2000, über die Rechte und Grundfreiheiten von Ausländern in Spanien und ihre soziale Integration), reformiert durch das Organgesetz 8/2000, v. 22.12.2000 (BOE Nr. 307 v. 23.12.2000), durch Organgesetz 11/2003, v. 29.9.2003 (BOE Nr. 234 v. 30.9.2003), durch Organgesetz 14/2003, v. 20.11.2003 (BOE Nr. 279 v. 21.11.2003, Organgesetz 2/2009, v. 11.12.2009 (BOE Nr. 299 v. 12.12.2009).

88 Das Gesetzt sieht eine Ausnahme für die EU-Bürger und ihre Familienangehörigen vor: für sie gilt dieses Gesetz nur in solchen Angelegenheiten bei denen sie einen Vorteil haben (Art. 1 Abs. 3 LEX).

2. Entwicklung vom Auswanderungsland zum Einwanderungsland

Spanien war ein klassisches Auswanderungsland.[89] Deshalb handelte der Gesetzgeber weniger im Sinne der Rechte der Zuwanderer, sondern fokussierte sich eher auf diejenigen der Auswanderer.[90] Das Land hatte keine historisch überkommene Haltung zu Einwanderung, da Spanien seit der frühesten Kolonialzeit eine lange Auswanderungstradition besaß.[91] Bereits 1924 schloss Spanien mit einigen lateinamerikanischen Ländern ein Abkommen über soziale Rechte von Spaniern in Lateinamerika. 1960 folgte die „Ley de la Ordenación de la Emigración"[92] welche soziale Rechte im Rahmen einer Familienzusammenführung enthielt, und 1971 wurden weitere Rechte für die Ausbildung von Emigranten und ihren Kindern eingeführt. Im Anschluss an die historische Auswanderung nach Lateinamerika[93] und andere Überseegebiete folgte im 20. Jahrhundert die Arbeitsmigration nach Deutschland, Frankreich und andere Staaten. Es ist festzustellen, dass die Verfassung offensichtlich auf Auswanderer ausgerichtet ist, wie beispielsweise der Art. 19 CE zeigt. Demnach haben Spanier „das Recht frei nach Spanien ein- oder von Spanien auszureisen. Dieses Recht darf nicht aus politischen oder weltanschaulichen Gründen beschränkt werden." 1978 wurde in der Verfassung sogar der Schutz der wirtschaftlichen und sozialen Rechte der spanischen Arbeitnehmer im Ausland eingefügt.[94] So wacht nach Art. 42 CE der Staat besonders „über den Schutz der wirtschaftlichen und sozialen Rechte der spanischen Arbeitnehmer im Ausland und richtet seine Politik auf deren Rückkehr aus". Damit richtete man die Politik auf die Rückkehr der Auswanderer aus.[95]

Jedoch hat sich Spanien, dessen transnationale Wanderungstradition über fünfhundert Jahre zurückgeht, verändert und im letzten Jahrzehnt zu einem Einwanderungsland entwickelt.[96] Als Folge kann heute von einer „Verfassung von

---

89 Vgl. *Kreienbrink*, in: *Bernecker*, Spanien heute, 2008, S. 250; *Prados de Reyes/Olarte Encabo*, in: *Sempere Navarro*, El Modelo Social en la Constitución Española de 1978, 2003, S. 1400.

90 *Sánchez-Urán Azaña*, RMTAS, 2006, S. 266; *Prados de Reyes/Olarte Encabo*, in: *Sempere Navarro*, El Modelo Social en la Constitución Española de 1978, 2003, S. 1399; *Monereo Pérez/Molina Navarrete*, in: *ders./ders./Moreno Vida*, Comentario a la Constitución socio-económica, 2002, S. 206.

91 *Kreienbrink*, Einwanderungsland Spanien, 2004, S. 23.

92 BOE-A-1962-10270.

93 Vgl. *Kreienbrink*, Einwanderungsland Spanien, 2004, S. 45.

94 Vgl. *Monereo Pérez/Molina Navarrete*, in: *ders./ders./Moreno Vida*, Comentario a la Constitución socio-económica, 2002, S. 206.

95 Art. 42 CE: Der Staat wacht besonders über den Schutz der wirtschaftlichen und sozialen Rechte der spanischen Arbeitnehmer im Ausland und richtet seine Politik auf deren Rückkehr aus.

96 *Kreienbrink*, Einwanderungsland Spanien, 2004, S. 45.

Auswanderern für Zuwanderer" die Rede sein.[97] Entsprechend ist für die spanische Verfassung das Phänomen der Zuwanderung nicht fremd, und mit dem Wandel hin zu einem Einwanderungsland müsste Spanien diese Entwicklung auch rechtlich begleiten.[98] Im Unterschied zu Deutschland, wo für die Rechte der Ausländer kein spezieller Artikel ins Grundgesetz eingefügt wurde, mit Ausnahme des Asylrechts in Art. 16a GG,[99] gilt in Spanien in Zusammenhang mit den Rechten von Ausländern Art. 13 CE.[100] Wie in der Präambel zu lesen ist, wurde das erste Ausländergesetz 7/1985[101] verabschiedet, um dieses verfassungsrechtliche Mandat des Art. 13 CE Rechnung zu tragen.[102] Dieses Ausländergesetz wurde kurz vor dem Eintritt Spaniens in die europäische Gemeinschaft im Jahr 1986 geschaffen.[103] Obwohl das Gesetz die internationalen Mindeststandards gewährleistete,[104] war es weniger auf Einwanderer und ihre sozialen Rechte ausgerichtet, als vielmehr restriktiv und auf ordnungsrechtliche Vorschriften orientiert.[105] Aufgrund der Entwicklung der Migration nach Spanien und mit der steigenden Zahl der Einwanderer brachten die gesetzlichen Regelungen Anwendungsprobleme. So wurde Ende der neunziger Jahre das alte Ausländergesetz 7/1985 in Frage gestellt.[106] Das Gesetz war nicht mehr zeitgemäß und es waren außerdem wenige Rechte für Ausländer enthalten. Deshalb wurde die Notwendigkeit erkannt, Ausländern mehr Rechte zu gewährleisten.

In diesem Geist entstand das Ausländergesetz 4/2000[107] über die Rechte und Grundfreiheiten von Ausländern in Spanien und ihre soziale Integration (LEX).

---

97 *Prados de Reyes/Olarte Encabo*, in: *Sempere Navarro*, El Modelo Social en la Constitución Española de 1978, 2003, S. 1400.

98 *Kreienbrink*, in: *Bernecker*, Spanien heute, 2008, S. 250.

99 Näher dazu *Becker*, in: v. *Mangoldt/Klein/Starck*, GG I, Art. 16a GG, Rn. 1 ff.

100 Art. 13 CE: (1) Ausländer genießen in Spanien nach Maßgabe der Verträge und des Gesetzes die öffentlichen Freiheiten, die dieser Titel garantiert.

101 Organgesetz 7/1985 über die Rechte und Grundfreiheiten von Ausländern in Spanien, BOE v. 3.7.1985.

102 Das Ausländergesetz LO 7/1985 wurde von der aktuellen LO 4/2000 (BOE Nr. 10, v. 12.1.2000) ersetzt, und danach viermal modifiziert durch die LO 8/2000 (BOE Nr. 47, v. 23. 2. 2001), LO 11/2003 (BOE Nr. 234, v. 30.9.2003), LO 14/2003 (BOE Nr. 279 v. 21.11.2003) und Organgesetz 2/2009, v. 11.12.2009 (BOE Nr. 299 v. 12.12.2009). Es handelt sich um Gesetze, die mit Richtlinien ergänzt wurden (BOE Nr. 6 v. 7. 1.2005). *Marín Marín/Gallego Moya*, Trabajo de los Inmigrantes Irregulares, 2005, S. 10.

103 *Kreienbrink*, in: *Bernecker*, Spanien heute, 2008, S. 250; *Kreienbrink*, Einwanderungsland Spanien, 2004, S. 176.

104 Vgl. *Freeman*, IMR 1995, S. 882 f.

105 *Kreienbrink*, in: *Bernecker*, Spanien heute, 2008, S. 250.

106 *Kreienbrink*, in: *Bernecker*, Spanien heute, 2008, S. 250; *Prados de Reyes/Olarte Encabo*, in: *Sempere Navarro*, El Modelo Social en la Constitución Española de 1978, 2003, S. 1404.

107 Organgesetz 4/2000, v. 11.1.2000 über die Rechte und Grundfreiheiten von Ausländern in Spanien und ihre soziale Integration, BOE Nr. 10 v. 12.1.2000, reformiert durch das Organgesetz

Ausländer sollten nicht nur Rechte in Verbindung mit der Menschenwürde gewährt werden, sondern auch wirtschaftliche, soziale und kulturelle Rechte sowie Zugang zum öffentlichen Leben. Das Gesetz verfolgte das Ziel, die soziale Integration der Migranten zu begünstigen. Das Grundrecht in Art. 13 CE sowie dessen Auslegung in der Gerichtsentscheidung des Verfassungsgerichts[108] wurden in Art. 3 Abs. 1 LEX[109] als einfaches Gesetz weiterentwickelt und konkretisiert.[110] Den entscheidenden Punkt der neuen und erweiterten Konzeption von Grundrechten und Freiheiten von Ausländern regelte die Gleichstellung von Spaniern und Ausländern bezüglich der Ausübung dieser Grundrechte und Freiheiten. Damit sollte eine weitergehende Chancengleichheit, die Grundlage einer Integration, ermöglicht werden.[111]

Das Ausländergesetz 4/2000[112] bedeutete einen wichtigen Fortschritt im Bereich der Anerkennung der Rechte von Ausländern, einschließlich derjenigen, die sich mit unrechtmäßigem Status aufhielten.[113] Im Gegensatz zum Ausländergesetz 7/1985 wurden im Ausländergesetz 4/2000 viele Neuerungen eingefügt, um die soziale Integration von Zuwanderern zu ermöglichen.[114] Dieses Gesetz umfasste sogar auch Ausländer mit fehlendem Aufenthaltsrecht und schuf damit eine gewisse Akzeptanz in der Gesellschaft.[115] Der Gesetzgeber hatte damit alle faktisch existierenden Menschen, die ohne rechtmäßigen Status einen ziemlich

---

8/2000, v. 22.12.2000 (BOE Nr. 307 v. 23.12.2000), durch Organgesetz 11/2003, v. 29.9.2003 (BOE Nr. 234 v. 30.9.2003), durch Organgesetz 14/2003, v. 20.11.2003 (BOE Nr. 279 v. 21.11.2003 Organgesetz 2/2009, v. 11.12.2009 (BOE Nr. 299 v. 12.12.2009).

108 Urteil STC 107/1984 v. 23. 11. 1984 (RTC 1984, 107).

109 Art. 3 Abs. 1 LEX: Ausländer genießen in Spanien die im Ersten Titel (Art. 10-53 CE) der spanischen Verfassung anerkannten Rechte und Freiheiten zu den Bedingungen, die in den internationalen Verträgen, diesem Gesetz und denjenigen Gesetzen, welche deren Ausübung regeln, festgelegt sind. Als allgemeines Auslegungskriterium ist hierbei davon auszugehen, dass die Ausländer die ihnen von diesem Gesetz zugestanden Rechte zu gleichen Bedingungen wie die Spanier ausüben.

Art. 3 Abs. 2 LEX: Die Vorschriften, die sich auf die Grundrechte von Ausländern beziehen, werden im Einklang mit der Allgemeinen Erklärung der Menschenrechte und den in Spanien hierfür geltenden internationalen Verträgen und Abkommen ausgelegt, ohne dass sich jemand auf abweichende religiöse Bekenntnisse oder ideologische oder kulturelle Überzeugungen berufen kann, um die Vornahme von Handlungen oder Verhaltensweisen, die gegen diese Bestimmungen verstoßen, zu rechtfertigen.

110 *Prados de Reyes/Olarte Encabo*, in: *Sempere Navarro*, El Modelo Social en la Constitución Española de 1978, 2003, S. 1405.

111 *Kreienbrink*, Einwanderungsland Spanien, 2004, S. 399.

112 Organgesetz 4/2000, v. 11.1.2000 über die Rechte und Grundfreiheiten von Ausländern in Spanien und ihre soziale Integration, BOE Nr. 10 v. 12.1.2000.

113 *Kreienbrink*, Einwanderungsland Spanien, 2004, S. 397.

114 *Kreienbrink*, Einwanderungsland Spanien, 2004, S. 399.

115 Vgl. *Tarabini-Castellani Aznar*, RMTAS 2006, S. 199; *Kreienbrink*, Einwanderungsland Spanien, 2004, S. 400.

stabilen Aufenthalt im Land hatten, einbezogen.[116] Deshalb wurden mit dem Ausländergesetz 4/2000, anders als im alten Ausländergesetz, welches Illegalität mittels Ausweisung lösen wollte, über das Minimum der Menschenrechte hinaus weitere Rechte anerkannt, um ein menschenwürdiges Leben zu ermöglichen.[117] Ein rechtmäßiger Aufenthalt war nur erforderlich, um Zugang zu vollständigen sozialen Dienstleistungen oder der Sozialversicherung (Art. 14 Abs. 1 LEX) zu haben.[118] Sonst hatten Ausländer ohne Aufenthaltsrecht einen Anspruch auf soziale Grundleistungen (Art. 14 Abs. 3 LEX), medizinische Notfallversorgung (Art. 12 Abs. 2 LEX),[119] Bildung (Art. 9 CE)[120] usw. unter den gleichen Bedingungen wie Spanier.

Des Weiteren machte das Gesetz klar, dass auch wenn in der Verfassung die Einwanderungskompetenz ausschließlich dem Zentralstaat gehört (Art. 149 Abs. 1 Nr. 2 CE), nunmehr ebenso Organe der autonomen Gemeinschaften, die NRO und die Kommunen, zuständig seien.[121]

Andererseits hatte die damalige konservative Regierungspartei das Ausländergesetz 4/2000 als „zu großzügig" befunden.[122] Durch die medizinische Versorgung und die Zulassung aller zum Schulunterricht würden zu hohe Kosten verursacht.[123] Als Ergebnis wurden viele Rechte (wie z. B. Versammlung, Vereinigung) kurz danach mit dem Ausländergesetz 8/2000[124] wieder abgeschafft.[125] Außerdem wurde kritisiert, dass das spanische Ausländergesetz nicht mit dem

---

116 Vgl. *González Ortega*, in: *ders.*, La protección social de los trabajadores extranjeros, 2006, S. 108.

117 *Kreienbrink*, Einwanderungsland Spanien, 2004, S. 400.

118 *Kreienbrink*, Einwanderungsland Spanien, 2004, S. 402.

119 Nach Art. 12 IPwskR hat jeder ein Recht auf das für ihn erreichbare Höchstmaß an körperlicher und geistiger Gesundheit.

120 Art. 13 IPwskR: „Die Vertragsstaaten erkennen das Recht eines jeden auf Bildung an. Sie stimmen überein, daß die Bildung auf die volle Entfaltung der menschlichen Persönlichkeit und des Bewußtseins ihrer Würde gerichtet sein und die Achtung vor den Menschenrechten und Grundfreiheiten stärken muß [...]."

121 *Ruiz Vieytez*, in: *Turton/González*, Immigration in Europe: Issues, Policies and Case Studies, 2003, S. 184; *Aja*, La nueva regulación de la inmigración en España, 2000, S. 49-51.

122 *Prados de Reyes/Olarte Encabo*, in: *Sempere Navarro*, El Modelo Social en la Constitución Española de 1978, 2003, S. 1405.

123 Eine Untersuchung hatte gezeigt, dass die Kosten im Gesundheitswesen um ein Vielfaches durch Steuern, Sozialabgaben und Gebühren der Migranten gedeckt werden könnten. DSC, 6 Leg., Comisiones , Nr. 795 vom 10. 11.1999, S. 23699 f., RA. Fernandez Sanz (PSOE). Vgl. *Kreienbrink*, Einwanderungsland Spanien, 2004, S. 409.

124 Organgesetz 8/2000 über die Rechte und Grundfreiheiten von Ausländern in Spanien und ihre soziale Integration (LEX), v. 22. Dezember, BOE Nr. 307 v. 23.12.2000.

125 *Goig Martínez*, Derechos y Libertades de los Inmigrantes, 2004, S. 122.

Unionsrecht bzw. mit im Tampere[126] vereinbarten Grundsätzen im Einklang stand. Jedoch sind Einzelheiten über Änderungsvorschläge bisher nicht bekannt.[127] Mit diesen Argumenten veränderte die Regierung wieder die Ausrichtung des Ausländergesetzes hin zu einer Intensivierung der Kontrolle.[128] Gegen diese grundrechtlichen Beschränkungen hatten einige Regionalparlamente Verfassungsbeschwerde erhoben.[129] Alle Beschwerden führten die Verfassungswidrigkeit der Vorschriften bzw. der Artikel an, die bestimmte Rechte (wie beispielsweise das Recht auf Versammlung, Vereinigung, Bildung von Gewerkschaften, kostenlosen juristischen Beistands sowie nicht verpflichtende Schulbildung) von Ausländern mit fehlendem Aufenthaltsrecht beschränkten.[130] Das Ausländergesetz war nicht mehr verfassungskonform.

Außerdem mussten die neuen EU-Richtlinien im Bereich der Migration in nationales Recht umgesetzt, sowie das Ausländergesetz an die neue Zuwanderungsrealität Spaniens angepasst werden. Daher wurde das Ausländergesetz[131] 14/2003 noch einmal durch das Ausländergesetz[132] 2/2009 modifiziert.[133] Seitdem ist die spanische Migrationspolitik im Art. 2bis Abs. 1 LEX definiert.[134]

---

126 Schlussfolgerungen der Präsidentschaft des Europäischen Rates von Tampere am 15. und 16. Oktober 1999 (SN 200/99).
http://www.europarl.europa.eu/summits/tam_de.htm (Stand: 10.9.2010).
127 Vgl. *Kreienbrink,* Einwanderungsland Spanien, 2004, S. 423.
128 *Kreienbrink,* in: *Bernecker,* Spanien heute, 2008, S. 251.
129 Vgl. *Kreienbrink,* in: *Bernecker,* Spanien heute, 2008, S. 252.
130 Bisher hat sich das Verfassungsgericht zu zwei Verfassungsbeschwerden von Navarra und Andalusien geäußert: STC 236/2007 v. 7.11.2007 Beschwerde Nr. 1707/2001; STC 259/2007, v. 19.12.2007 Beschwerde Nr. 1640/2001.
131 Organgesetz 4/2000, v. 11.1.2000 über die Rechte und Grundfreiheiten von Ausländern in Spanien und ihre soziale Integration, BOE Nr. 10 v. 12.1.2000. (Organgesetz 4/2000, v. 11.1.2000, über die Rechte und Grundfreiheiten von Ausländern in Spanien und ihre soziale Integration), reformiert durch das Organgesetz 8/2000, v. 22.12.2000 (BOE Nr. 307 v. 23.12.2000), durch Organgesetz 11/2003, v. 29.9.2003 (BOE Nr. 234 v. 30.9.2003), durch Organgesetz 14/2003, v. 20.11.2003 (BOE Nr. 279 v. 21.11.2003, Organgesetz 2/2009, v. 11.12.2009 (BOE Nr. 299 v. 12.12.2009).
132 Organgesetz 2/2009, v. 11.12.2009 (BOE Nr. 299 v. 12.12.2009).
133 Präambel IV des Organgesetzes 2/2009, v. 11.12.2009 (BOE Nr. 299 v. 12.12.2009).
134 Die Migrationspolitik (Art. 2bis Abs. 2 lit. g LEX): Der Regierung obliegt gemäß Art. 149 Abs. 1 Ziff. 2 der spanischen Verfassung die Begriffsbestimmung, Planung, Regelung und Durchführung der Einwanderungspolitik, unbeschadet der Zuständigkeiten, die von den Autonomen Gemeinschaft und durch lokale Behörden wahrgenommen werden können. Die Ausübung der Zuständigkeiten der öffentlichen Verwaltungen im Zusammenhang mit der Einwanderung beruht auf der Beachtung folgender Grundsätze: a) Koordinierung der von der Europäischen Union festgelegten Politik; b) Regelung der Arbeitsmigration gemäß den Erfordernissen des inländischen Arbeitsmarktes; c) Soziale Integration der Zuwanderer durch eine umfassende Politik, die sich an alle Bürger wendet; d) Wirksame Gleichheit zwischen Mann und Frau; e) Wirksamkeit des Gleichheitsgrundsatzes und demzufolge die Anerkennung gleicher Rechte und Pflichten der-

III. Verfassungsrechtliche Rechtsprechung für die sozialen Rechte der Ausländer

Die verfassungsrechtliche Rechtsprechung hat im Hinblick auf anerkannte Freiheiten des ersten Titels der spanischen Verfassung eine entscheidende Rolle gespielt.[135] Das spanische Verfassungsgericht (*„Tribunal Constitucional"*, TC)[136] hat häufig Zweifel rund um das ausländerrechtliche juristische Statut und die sozialen Grundrechte von Ausländern geklärt.[137]

1. Dreigliedrige Klassifikation des Zugangs zu den Grundrechten

Wie oben ausgeführt, sind nach Art. 14 CE[138] alle Spanier gleich. Der Gleichheitssatz bezieht sich nach Art. 14 CE ausschließlich auf Spanier, so dass keine Verpflichtung der Gleichbehandlung von Ausländern besteht. Ausländer sind ausdrücklich ausgenommen und eine Ungleichbehandlung ist grundsätzlich zulässig.[139]

---

jenigen, die rechtmäßig in Spanien leben oder arbeiten; f) Garantie der Ausübung der Rechte, welche die Verfassung, internationale Abkommen und die Gesetze jedermann zustehen; g) Bekämpfung der illegalen Einwanderung und der Verfolgung des Personenschmuggels; h) Verfolgung des Menschenhandels i) Gleichbehandlung hinsichtlich der Arbeitsbedingungen und der Sozialversicherung; j) Förderung des Dialogs und der Zusammenarbeit mit den Herkunfts- und Durchgangsländern der Zuwanderer durch Rahmenverträge zur wirksamen Regelung der Migrationsbewegungen, sowie zur Förderung und Koordinierung der Initiativen zur Unterstützung bei der Entwicklung und Entwicklungszusammenarbeit.

135 Vgl. *García Ruiz*, in: *Revenga Sánchez*, Problemas constitucionales de la inmigración, 2005, S. 501; *Rodríguez Coarasa*, in: *Sempere Navarro*, El Modelo Social en la Constitución Española de 1978, 2003, S. 1298; *Prados de Reyes/Olarte Encabo*, in: *Sempere Navarro*, El Modelo Social en la Constitución Española de 1978, 2003, S. 1405.

136 STC 107/1984, v. 23.11.1984 Beschwerde Nr. 576/1983; STC 113/1989, v. 20.7.1989 Beschwerde Nr. 140/1989; STC 95/2003 v. 22.5.2003. Beschwerde Nr. 1555/1996; STC 239/2002 v. 11.12.2002 Beschwerde Nr. 1207/1999 und 1208/1999; STC 236/2007 v. 7.11.2007 Beschwerde Nr. 1707/2001; STC 259/2007, v. 19.12.2007 Beschwerde Nr. 1640/2001; STC 260/2007 v. 20.12.2007 Beschwerde Nr. 1644/2001; STC 261/2007, v. 20.12.2007 Beschwerde Nr. 1668/2001; STC 262/2007, v. 20.12.2007 Beschwerde Nr. 1669/2001; STC 263/2007, v. 20.12.2007 Beschwerde Nr. 1671/2001; STC 264/2007, v. 20.12.2007 Beschwerde Nr. 1677/2001; STC 265/2007, v. 20.12.2007 Beschwerde Nr. 1679/2001.

137 Vgl. *Monereo Pérez/Molina Navarrete*, in: *ders./ders./Moreno Vida*, Comentario a la Constitución socio-económica, 2002, S. 205.

138 Art. 14 CE: Alle Spanier sind vor dem Gesetz gleich und niemand darf wegen seiner Abstammung, seiner Rasse, seines Geschlechtes, seiner Religion, seiner Anschauungen oder jedweder anderer persönlicher oder sozialer Umstände benachteiligt oder bevorzugt werden.

139 *Prados de Reyes/Olarte Encabo*, in: *Sempere Navarro*, El Modelo Social en la Constitución Española de 1978, 2003, S. 1403.

In Zusammenhang mit Ausländern muss auf Art. 13 CE[140] zurückgegriffen werden,[141] der Ausländern die öffentlichen Freiheiten des Titels I der Verfassung nach Maßgabe der internationalen Verträge und des einfachen Gesetzes garantiert.[142] Da aber lange nicht klar war, was unter den öffentlichen Freiheiten des Titel I der Verfassung zu verstehen war,[143] hat sich das spanische Verfassungsgericht mit einer relevanten Entscheidung[144] STC 107/1984 dazu geäußert. Dieses entwickelte in seiner rechtlichen Begründung eine grundlegende Interpretation der Ausländerrechte.[145] Für die Auslegung des Art. 13 Abs. 1 CE ist die Entscheidung des Verfassungsgerichtes zu beachten, welches sich von dem restriktiven Gleichheitsgrundsatz nur für Spanier gemäß Art. 14 CE entfernt und bestätigt, dass Ausländern auf der Grundlage des Art. 13 CE gewisse verfassungsrechtliche Rechte nicht verweigert werden können.[146] Allerdings ist es notwendig, den Art. 13 CE mit den Auslegungskriterien des Art. 10 Abs. 1 und 2 CE zu kombinieren.

Die Klage eines Immigranten aus Uruguay gegen eine Entlassungsklage wurde abgelehnt, wodurch sein Arbeitsvertrag, um im spanischen Staatsgebiet zu arbeiten, nichtig wurde. Zwar behauptete der Kläger, dass die Entscheidung der Gerichte den Gleichheitssatz des Art. 14 CE sowie des Art. 13 CE und das Recht auf Arbeit Art. 35 CE verletzte. Da aber das Recht auf Arbeit nur Spaniern zusteht, hatte das Verfassungsgericht[147] eine Ungleichbehandlung des Gesetzgebers gegenüber dem ausländischen Arbeitnehmer im Hinblick auf das

---

140 Art. 13 CE: (1) Ausländer genießen in Spanien nach Maßgabe der Verträge und des Gesetzes die öffentlichen Freiheiten, die dieser Titel garantiert.
(2) Nur Spanier sind Inhaber der in Artikel 23 anerkannten Rechte, mit Ausnahme dessen, was unter Berücksichtigung der Gegenseitigkeit für das aktive Wahlrecht bei Gemeindewahlen durch Vertrag oder Gesetz festgelegt wird.
(3) Einer Auslieferung wird nur in Erfüllung eines Vertrages oder des Gesetzes unter Berücksichtigung des Gegenseitigkeitsprinzips stattgegeben. Die Auslieferung erstreckt sich nicht auf politische Vergehen, wobei Terrorakte nicht als solche gelten.
(4) Das Gesetz legt die Bedingungen fest, nach denen Bürger anderer Länder und Staatenlose Asylrecht in Spanien genießen können.
141 In der Bundesrepublik Deutschland wurde kein Artikel speziell für die Rechte der Ausländer im Grundgesetz eingefügt.
142 So wird die Möglichkeit anerkannt, die Gesetze bezüglich der Ausländer über die LEX und die internationalen Verträge zu konkretisieren.
143 *Kreienbrink*, Einwanderungsland Spanien, 2004, S. 104.
144 Urteil STC 107/1984 v. 23.11.1984.
145 *Kreienbrink*, Einwanderungsland Spanien, 2004, S. 107.
146 *Marín Marín/Gallego Moya*, Trabajo de los Inmigrantes Irregulares, 2005, S. 25; *Prados de Reyes/Olarte Encabo*, in: *Sempere Navarro*, El Modelo Social en la Constitución Española de 1978, 2003, S. 1403.
147 Urteil STC 107/1984 v. 23.11.1984.

Recht auf Arbeit (Art. 35 CE) erlaubt. Er hatte die Voraussetzung eines rechtmäßigen Arbeitsvertrages nicht erfüllt.

Aus dieser verfassungsrechtlichen Rechtsprechung[148] ergibt sich eine dreigliedrige Klassifikation (universelle-, ausschließliche- und verallgemeinerbare Rechte)[149] der Grundrechte im Hinblick auf Ausländer.[150] Diese dreigliedrige Klassifikation[151] ähnelt die Unterscheidung der Menschenrechte nach ihrer Funktion im Hinblick auf den Status des Einzelnen gegenüber dem Staat: *status negativus, positivus* und *activus*.[152]

Viele Kriterien und Grundsätze, die durch Völkerrecht aufgestellt worden sind gehören zur Rechtsprechung des spanischen Verfassungsgerichts (TC).[153] Die spanischen Gerichte haben bei der Interpretation der in der Verfassung garantierten Grundrechte insbesondere den Auslegungsauftrag des Art. 10 Abs. 2 CE zu beachten[154] und sich am Wortlaut internationaler Menschenrechtsbestimmungen zu orientieren.[155]

a) Universelle Rechte gelten gleich für Inländer und für Ausländer, weil sie der Menschenwürde bzw. der freien Persönlichkeitsentfaltung innewohnen[156] (Art. 10 Abs. 1 CE). Wenn es sich um Rechte handelt, die das Recht auf Menschenwürde garantieren sollen, ist keine rechtliche Konkretisierung notwendig, weil dieses Recht unmittelbar aus dem Verfassungstext stammt. Bei der ersten

---

148 Urteil STC 107/1984 v. 23.11.1984.

149 *Monereo Pérez/Molina Navarrete*, in: *ders./ders./Moreno Vida*, Comentario a la Constitución socio-económica, 2002, S. 220.

150 *Navas-Parejo Alonso*, in: *González Ortega*, La protección social de los extranjeros en España, 2010, S. 168; *Lefebvre*, Memento Práctico, Seguridad Social 2009-2010, Rn. 6251; *Ceinos, Suárez*, El Trabajo de los Extranjeros en España, 2006, S. 400; *Losada González*, in: *Palomar Olmeda/u.a.*, Tratado de Extranjería, 2006, S. 178-179.

151 Vgl. *Jelitte*, Die Umsetzung völkerrechtlicher Verträge in nationales Recht in Deutschland und Spanien, 2007, S. 215.

152 *Jellinek*, System der subjektiven öffentlichen Rechte, 1919, S. 87. Näher dazu 1. Kapitel Völkerrecht Teil II.

153 *Jellite*, Umsetzung völkerrechtlicher Verträge, 2007, S. 215.

154 Art. 10 Abs. 2 CE: Die Normen, die sich auf die in der Verfassung anerkannten Grundrechte und Grundfreiheiten beziehen, sind in Übereinstimmung mit der Allgemeinen Erklärung der Menschenrechte (AEMR von 12.12.1948) und den von Spanien ratifizierten internationalen Verträgen und Abkommen über diese Materien auszulegen.

155 *Jellite*, Die Umsetzung völkerrechtlicher Verträge in nationales Recht in Deutschland und Spanien, 2007, S. 214.

156 Art. 10 CE: (1) Die Würde des Menschen, die unverletzlichen Rechte, die ihr innewohnen, die freie Entfaltung der Persönlichkeit, die Achtung des Gesetzes und der Rechte anderer sind die Grundlagen der politischen Ordnung und des sozialen Friedens.
(2) Die Normen, die sich auf die in der Verfassung anerkannten Grundrechte und Grundfreiheiten beziehen, sind in Übereinstimmung mit der Allgemeinen Erklärung der Menschenrechte und den von Spanien ratifizierten internationalen Verträgen und Abkommen über diese Materien auszulegen.

Klassifizierung der Menschenrechte handelt es sich nicht um Bürgerrechte, sondern um Rechte für alle, einschließlich Ausländer mit fehlendem Aufenthaltsrecht[157] (z. B. Recht auf Leben und körperliche Unversehrtheit, Recht auf Glaubens- und Gewissensfreiheit, Recht auf Privatsphäre, Recht auf kostenlose Beistand durch Richter und Gerichte,[158] Recht auf Freiheit, Recht auf Nicht-Diskriminierung, Recht auf Versammlung usw.). Diese Liste ist noch nicht endgültig abgeschlossen. Sie kann durch neue Entscheidungen des TC erweitert werden.

Dieses Urteil hat zwischen Menschenrechten als solchen und Bürgerrechten unterschieden.[159] Der TC hat mit diesem Urteil STC 107/1984 das Recht auf Menschenwürde und das Recht auf freie Entfaltung der Persönlichkeit ohne Bezug zur Staatsbürgerschaft verankert.[160] Das Gericht legt den Art. 13 CE so aus, dass Ausländern zuerkannte Grundrechte und Grundfreiheiten Rechte mit Verfassungsschutz sind. Obwohl sie ebenfalls einfachgesetzlich geregelt sind, spielt die Staatsangehörigkeit keine Rolle, da es sich um Rechte des Individuums als solches und nicht um die des Bürgers handelt. Ausländer mit fehlendem Aufenthaltsrecht haben lediglich bei verfassungsrechtlich gewährleisteten Rechten unter den gleichen Bedingungen wie Spanier Zugang,[161] da diese notwendig sind um die Menschenwürde (Art. 10 Abs. 1 CE) zu gewährleisten.[162] Sie dienen als Grundlagen der politischen Ordnung und des sozialen Friedens.[163] In diesem Zusammenhang ist nach dem Gleichheitsgebot (Art. 9 Abs. 2 CE) eine Ungleichbehandlung der Ausländer gegenüber Spaniern ausgeschlossen.[164] Für den TC ist eine einfachgesetzliche Regelung beispielsweise der Menschenwürde oder der Intimsphäre für Ausländer nicht notwendig, da diese unmittelbar aus

---

157 *Lefebvre*, Memento Práctico, Seguridad Social 2009-2010, Rn. 6251.
158 Urteil STC 95/2003 v. 22.5.2003, Beschwerde Nr. 1555/96. Dieses Urteil des spanischen Verfassungsgerichts (TC) besagt, dass das Recht auf kostenfreien rechtlichen Beistand notwendig all jenen zuerkannt werden muss, die mangelnde Mittel für einen Rechtsstreit nachweisen. Der Aufenthaltsstatus ist irrelevant. In anderen Worten, dieses Recht wird ihre Entfaltungschancen fördern. Gleichzeitig kann das Recht auf Beistand eines Übersetzers (STC 5/1984, 74/1987, 71/1988, 30/1989, 188/1991, 181/1994, 95/2003) in Anspruch genommen werden.
159 Diese Unterscheidung wurde kurz danach in dem Urteil STC 115/1987 v. 7.7.1987 wiederholt. *Roig Molés*, in: *Sempere Navarro*, El Modelo Social en la Constitución Española de 1978, 2003, S. 599.
160 *López López*, in: *dies.*, Derechos Laborales y de la Seguridad Social de los inmigrantes, 2006, S. 46.
161 *Goig Martínez*, Derechos y Libertades de los Inmigrantes, 2004, S. 123.
162 *Pérez Royo*, Curso de Derecho Constitucional, 2002, S. 280.
163 *Roig Molés*, in: *Sempere Navarro*, El Modelo Social en la Constitución Española de 1978, 2003, S. 620.
164 *López López*, in: *dies.*, Derechos Laborales y de la Seguridad Social de los inmigrantes, 2006, S. 46; *Kreienbrink*, Einwanderungsland Spanien, 2004, S. 107; *Prados de Reyes/Olarte Encabo*, in: *Sempere Navarro*, El Modelo Social en la Constitución Española de 1978, 2003, S. 1403.

der Verfassung hervorgehen.[165] Der TC schafft mit den sog. universellen Rechten der ersten Klassifizierung ein verfassungsrechtliches Minimum an Rechten für Ausländer in gleichem Umfang wie für Spanier.[166] Dieses Minimum, das mit dem STC 107/1984 geschaffen wurde, ist als „Statut des Ausländers" bekannt.[167] Die Lehre der TC bestimmt, dass es kein Recht auf Gleichheit gibt, es sei denn, es handelt sich um ein universales Recht (erste Klassifizierung).[168]

b) Die politischen oder ausschließlichen Rechte gelten nur für Spanier (Art. 23 CE i. V. m. Art. 13 CE), wie beispielsweise das Wahlrecht.[169]

c) Die verallgemeinerbaren Rechte gelten für Ausländer weil internationale Verträge[170] (Art. 10 Abs. 2 CE)[171] oder einfache Gesetze dies bestimmen,[172] beispielsweise das Recht auf Arbeit (Art. 35 CE), Recht auf Wohnung[173] (Art. 47 CE), Recht auf Soziale Sicherheit.[174] Diese Rechte, die sich auf die in der Verfassung anerkannten Grundrechte und Grundfreiheiten beziehen, sind in Übereinstimmung mit der Allgemeinen Erklärung der Menschenrechte (Art. 10. Abs. 2 CE) und einfachgesetzlichen Regelungen bestimmt und können

---

165 *Lefebvre*, Memento Práctico, Seguridad Social 2009-2010, Rn. 6251; *López López*, in: *dies.*, Derechos Laborales y de la Seguridad Social de los inmigrantes, 2006, S. 46.

166 Vgl. *Tarabini-Castellani Aznar*, RMTAS 2006, S. 226; *González Ortega*, in: *ders.*, La protección social de los trabajadores extranjeros, 2006, S. 108; *Roig Molés*, in: *Sempere Navarro*, El Modelo Social en la Constitución Española de 1978, 2003, S. 589.

167 *Roig Molés*, in: *Sempere Navarro*, El Modelo Social en la Constitución Española de 1978, 2003, S. 592.

168 *Tarabini-Castellani Aznar*, RMTAS 2006, S. 226; *Roig Molés*, in: *Sempere Navarro*, El Modelo Social en la Constitución Española de 1978, 2003, S. 620.

169 *Lefebvre*, Memento Práctico, Seguridad Social 2009-2010, Rn. 6251.

170 Nach dem Wortlaut des Art. 13 CE i. V. m. Art. 10 Abs. 2 CE sind die Ausländer nur indirekt durch die Verfassung geschützt. Hierzu muss dieser Schutz durch Vertrag oder Gesetz bestimmt sein. Mit den Verträgen sind beispielsweise die EU-Verträge gemeint, nachdem die Freizügigkeit der EU Bürger gewährleistet wird; aber auch die Europäische Menschenrechtkonvention (EMRK), der Internationale Pakt über bürgerliche und politische Rechte (IPbpR), der Internationaler Pakt über wirtschaftliche, soziale und kulturelle Rechte (IPwskR), und die Genfer Flüchtlingskonvention (GFK) sind hier zu nennen. Daneben werden einige Grundfreiheiten auch in einfachen Gesetzen, wie dem Spanischen Ausländergesetz (LEX) gewährt. Problematisch ist aber inwieweit Grundrechte, die keine Freiheitsrechte sind, wie der Gleichheitssatz oder die Sozialrechte, auch für Ausländer gelten.

171 Nach Art. 10 Abs. 2 CE sind die Normen, die sich auf die in der Verfassung anerkannten Grundrechte und Grundfreiheiten beziehen, in Übereinstimmung mit der Allgemeinen Erklärung der Menschenrechte und den von Spanien ratifizierten internationalen Verträgen und Abkommen über diese Materien auszulegen. An dieser Stelle muss man erwähnen, dass im völkerrechtlichen Kapitel 1 dieser Untersuchung, keine soziale Rechte für die Ausländer mit fehlendem Aufenthaltsrecht vorgesehen sind.

172 *Prados de Reyes/Olarte Encabo*, in: *Sempere Navarro*, El Modelo Social en la Constitución Española de 1978, 2003, S. 1403; *Pérez Royo*, Curso de Derecho Constitucional, 2002, S. 280.

173 Urteil STC 107/1984 v. 23.11.1984, Rechtsgrundlage Nr. 3.

174 *Lefebvre*, Memento Práctico, Seguridad Social 2009-2010, Rn. 6251; *Rivera Sanchez*, La protección derivada de contingencias profesionales, 2001, S. 10 ff.

von den Regelungen für Spanier abweichen.[175] Das Auslegungskriterium des Art. 10 Abs. 2 CE wurde in Art. 3 Abs. 2 LEX konkretisiert.[176] Die meisten sozialen Rechte gehören dieser dritten Klassifizierung, den sog. verallgemeinerbaren Rechten, an.[177]

Andererseits ist es erwähnenswert, dass viele anerkannte Rechte und Freiheiten des ersten Titels der spanischen Verfassung im LEX wiederzufinden sind. Dies bestätigt die Parallelität bzw. die Ähnlichkeiten zwischen dem Ausländergesetz 2/2009 und dem ersten Titel der spanischen Verfassung (Art. 10-53 CE).[178] Nichtsdestotrotz gibt es bestimmte Rechte, wie beispielsweise das Recht auf Arbeit[179] (Art. 35 CE), die weiterhin ausschließlich für Spanier bestimmt sind. Allerdings könnte behauptet werden, dass das Ausländergesetz (LEX) das Mandat des Art. 13 CE übertrifft, wobei es zusätzliche ordnungsrechtliche Regelungen zur Migrationskontrolle beinhaltet.[180]

Jedoch lässt diese Entscheidung mit dieser Klassifizierung einige Frage offen; so hat der TC beispielsweise den Rechtekatalog pro Kategorisierung nicht vollständig definiert. Diese Unbestimmtheit erfordert weitere Entscheidungen des TC zu jedem betroffenen Recht.[181] Dieses Urteil STC 107/1984 war lediglich das erste einer Reihe von Urteilen, die später die Definition und Ausweitung der Rechte an Ausländer bestimmt haben.[182]

2. Rechtsprechung bezüglich bestimmter Vorschriften des Ausländergesetzes (LEX)

Wie oben erörtert, wurden gegen die grundrechtlichen Beschränkungen von Ausländern mit fehlendem Aufenthaltsrecht durch das Ausländergesetz

175 *García Ruiz*, in: *Revenga Sánchez*, Problemas constitucionales de la inmigración, 2005, S. 503.

176 *Sánchez-Urán Azaña*, RMTAS 2006, S. 252.

177 *Prados de Reyes/Olarte Encabo*, in: *Sempere Navarro*, El Modelo Social en la Constitución Española de 1978, 2003, S. 1403; *Rivera Sanchez*, La protección derivada de contingencias profesionales, 2001, S. 10 ff.

178 *Prados de Reyes/Olarte Encabo*, in: *Sempere Navarro*, El Modelo Social en la Constitución Española de 1978, 2003, S. 1405.

179 Näher dazu Urteil STC 107/1984 v. 23. 11. 1984 (RTC 1984, 107).

180 *Prados de Reyes/Olarte Encabo*, in: *Sempere Navarro*, El Modelo Social en la Constitución Española de 1978, 2003, S. 1405; *Monereo Pérez/Molina Navarrete*, in: *ders./ders./Moreno Vida*, Comentario a la Constitución socio-económica, 2002, S. 205.

181 *Roig Molés*, in: *Sempere Navarro*, El Modelo Social en la Constitución Española de 1978, 2003, S. 589.

182 *Kreienbrink*, Einwanderungsland Spanien, 2004, S. 107.

LO 8/2000 acht Verfassungsbeschwerden[183] erhoben.[184] Bereits einige Regionalparlamente hatten mittels der Verfassungsbeschwerde mehrere Artikel[185] des spanischen Ausländerrechts (LEX) angefochten. Das betrifft insbesondere das Recht auf Versammlung (Art. 21 CE) und Vereinigung (Art. 22 CE), das Recht auf Bildung von Gewerkschaften[186] (Art. 28 CE), das Recht auf kostenlosen juristischen Beistand, aber auch das in der vorliegenden Arbeit relevantere Recht auf Bildung (Art. 27 CE), bzw. das Recht auf Nicht-Pflichtbildung (Art. 9 Abs. 3 LEX), wonach es keine Unterscheidung zwischen Ausländern mit unrechtmäßigem und rechtmäßigem Aufenthaltsstatus geben darf.

Daraufhin erklärte das Gericht, dass Art. 13 Abs. 1 CE[187] dem Gesetzgeber zwar eine große Freiheit einräumt, um die Rechte von Ausländern in Spanien anders als die für Spanier selbst zu regeln. Dabei müssen aber die Menschenwürde, die freie Entfaltung der Persönlichkeit (Art. 10 Abs. 1 CE), die internationalen Abkommen (Art. 10 Abs. 2 CE) soweit sie auch für Ausländer gelten, berücksichtigt werden. Das heißt, obwohl nach Art. 13 CE Ausländer nach Maßgabe des Gesetzes die öffentlichen Freiheiten genießen, begrenzen die Urteile die Freiheit des Gesetzgebers, wenn es darum geht, die Rechte und Freiheiten von Ausländern mit fehlendem Aufenthaltsrecht zu gestalten. Wenn aber der Gesetzgeber in seinem Gestaltungsspielraum solche Bedingungen stellt (wie z. B. der rechtmäßige Aufenthalt), wonach die Menschenwürde von Ausländern beeinträchtigt, und sie von bestimmten grundsätzlichen Rechten ausgeschlossen werden, wie es hier der Fall ist, ist die Vorschrift des LEX verfassungswidrig. Entsprechend erklärte das Verfassungsgericht zum einen den Ausschluss der

---

183 Urteile STC 236/2007 v. 7.11.2007 „Parlamento de Navarra" Beschwerde Nr. 1707/2001; STC 259/2007, v. 19.12.2007 „Junta de Andalucia" Beschwerde Nr. 1640/2001; STC 260/2007 v. 20.12.2007 „Parlamento Vasco" Beschwerde Nr. 1644/2001; STC 261/2007, v. 20.12.2007 „64 sozialistische (PSOE Abgeordnete)" Beschwerde Nr. 1668/2001; STC 262/2007, v. 20.12.2007 „Castilla la Mancha" Beschwerde Nr. 1669/2001; STC 263/2007, v. 20.12.2007 „Aragón" Beschwerde Nr. 1671/2001; STC 264/2007, v. 20.12.2007 „Junta de Extremadura" Beschwerde Nr. 1677/2001; STC 265/2007, v. 20.12.2007 „Principado de Asturias" Beschwerde Nr. 1679/2001.

184 Vgl. *Kreienbrink*, in: *Bernecker*, Spanien heute, 2008, S. 252.

185 Artikel 7 Abs. 1, 8, 9 Abs. 3, 11 Abs. 1, 16, 17, 18, 20 Abs. 2, 22 Abs. 2, 27 Abs. 5, 57 Abs. 2, 60 Abs. 1, und 63 Abs. 2 LEX. Organgesetz 4/2000, v. 11.1.2000 über die Rechte und Grundfreiheiten von Ausländern in Spanien und ihre soziale Integration (BOE Nr. 10 v. 12.1.2000), reformiert durch das Gesetz 8/2000, v. 22 Dezember (BOE Nr. 307 v. 23.12.2000), durch Organgesetz 11/2003, v. 29.9.2003 (BOE Nr. 234 v. 30.9.2003), durch Organgesetz 14/2003, v. 20.11.2003 (BOE Nr. 279 v. 21.11.2003).

186 Seit Dezember 2007 gibt es eine offizielle und rechtmäßige Gewerkschaft („*Sindicato Obrero Inmigrante*" SOI) für Arbeitsimmigranten mit unrechtmäßigem Aufenthaltsstatus.

187 Art. 13 Abs. 1 CE: Ausländer genießen in Spanien nach Maßgabe der Verträge und des Gesetzes die öffentlichen Freiheiten, die dieser Titel (Art. 10-53 CE) garantiert.

Rechte auf Versammlung[188] (Art. 21 CE i. V. m. Art. 7 Abs. 1 LEX), auf Vereinigung (Art. 22 CE i. V. m. Art. 8 LEX) und auf Bildung von Gewerkschaften (Art. 28 CE i. V. m. Art. 11 LEX) für Ausländer ohne Aufenthaltstitel für verfassungswidrig. Ebenso wurde der Ausschluss des Rechts auf nicht-verpflichtende Schulbildung (Art. 27 CE i. V. m. Art. 9 Abs. 3 LEX) sowie auf kostenlose Rechtsberatung[189] (Art. 22 Abs. 2 CE) gestrichen.[190]

Auf den Ausschluss der Ausländer ohne Aufenthaltstitel von kollektiven Rechten, wie dem Recht auf Versammlung, Vereinigung und Bildung von Gewerkschaften, soll hier jedoch nicht weiter eingegangen werden, da diese Rechte nicht unmittelbarer Gegenstand dieser Untersuchung sind. Vor allem ist das Recht auf nicht-verpflichtende Schulbildung für diese Arbeit relevant. Das Urteil STC 236/2007[191] hatte das Recht auf Bildung zum Gegenstand. Die Vorschrift, wonach das Recht auf nicht-verpflichtende Schulbildung (Art. 9 Abs. 3 LEX) beschränkt wurde, wurde als verfassungswidrig bzw. nichtig erklärt. Da dieses Recht als universelles Recht der ersten Klassifizierung zugeordnet wurde, ist es unter den gleichen Bedingungen wie für Spanier verfassungsrechtlich gewährleistet. Entsprechend gilt das Recht auf nicht verpflichtende Schulbildung (Art. 9 Abs. 3 LEX) gleich für Inländer und Ausländer, weil es der Menschenwürde innewohnt (Art. 10 Abs. 1 CE).

---

188 Diese Norm wurde schon im Urteil STC 115/1987 v. 7.7. 1987 als verfassungswidrig erklärt.

189 Urteil STC 95/2003 v. 22.5.2003 hatte ebenfalls die Verfassungswidrigkeit des Art. 22 Abs. 2 LEX erklärt.

190 *Kreienbrink*, in: *Bernecker*, Spanien heute, 2008, S. 252.

191 Näher dazu Urteil STC 236/2007, v. 7.11.2007: In dem Urteil wurde entschieden, dass Art. 13 Abs. 1 CE dem Gesetzgeber zwar eine große Freiheit eingeräumt wird, um die Rechte von Ausländern in Spanien anders als die für die Spanier selbst zu regeln. Dabei müssen aber die Menschenwürde, die freie Entfaltung der Persönlichkeit (Art. 10 Abs. 1 CE), der internationalen Abkommen (Art. 10 Abs. 2 CE) und der übrige Inhalt der Verfassung, soweit sie auch für Ausländer gilt, berücksichtigen werden.

B. Systematisierung und Zugangsvoraussetzungen zu einzelnen Sozialleistungen, sowie Kompetenzen des regionalen Rechts

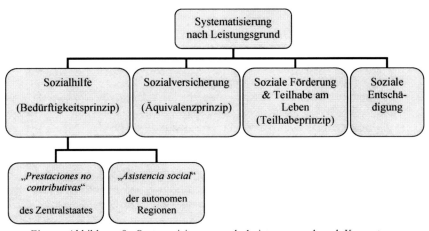

Eigene Abbildung 9: Systematisierung nach Leistungsgrund und Kompetenzverteilung

Hier soll die sozialrechtliche Stellung von Ausländern mit fehlendem Aufenthaltsrecht im spanischen Sozialleistungssystem untersucht werden. Dafür werden die Sozialleistungen nach Leistungsgrund in vier unterschiedlichen Zweigen systematisiert, wobei alle unterschiedlichen Anknüpfungspunkten folgen: a) Sozialhilfe nach dem Bedürftigkeitsprinzip, b) Sozialversicherung nach dem Äquivalenzprinzip, c) Soziale Förderung und Teilhabe am Leben nach dem Teilhabeprinzip, sowie d) soziale Entschädigung.

I. Nachrangige Grundsicherung durch Sozialhilfe

1. Entwicklung und Kompetenzverteilung im Sozialhilfebereich

a) Entwicklung der Sozialhilfe

Spanien hatte gleich zu Beginn der Übergangsphase zur Demokratie mit der Ölwirtschaftskrise zu kämpfen, die das Ende der Vollbeschäftigung mit sich

233

brachte.[192] Die Wirtschaft stagnierte und trotz hoher Inflation (47%) stieg die Arbeitslosigkeit, wie auch in anderen EU-Mitgliedstaaten. Während 1975 die Arbeitslosenquote noch bei 4,4% lag, waren es im Jahr 1986 schon ca. 23%.[193] Um der schwierigen Lage gerecht zu werden und den Demokratisierungsprozess abzuschließen, schloss die Regierung eine parteiübergreifende Übereinkunft den „Pakt von Moncloa."[194] Dieser Pakt bestand aus einer Reihe von umfassenden Maßnahmen und Reformen im Bereich der Wirtschafts- und Sozialpolitik.[195]

Ursprünglich regelte das Sozialgesetzbuch *„Ley General de la Seguridad Social"* (LGSS) keine nicht-beitragsbezogenen Leistungen, sondern nur beitragsbezogene Leistungen.[196] Als Folge der Krise und der hohen Arbeitslosigkeit hatte die Regierung eine Handlungspflicht erkannt und steuerfinanzierte Hilfeleistungen auch für nicht erwerbstätige bedürftige Menschen gewährt.[197] Damit sollte der Sozialstaat einen ausreichenden sozialen Schutz nach dem Anknüpfungspunkt der Bedürftigkeit für alle Bürger gewährleisten.

Außerdem wurde am Anfang die Sozialhilfe nicht als subjektives Recht betrachtet, sondern es hing vom Ermessen der Beamten, der öffentlichen Behörden und von den für diese Leistung festgesetzten Mitteln im Staatshaushalt ab, ob Sozialhilfen geleistet wurde.[198] Soziale Rechte sind nun, insbesondere in neueren Autonomiestatuten der autonomen Gemeinschaften geregelt,[199] die den Betroffenen einen subjektiven Anspruch geben. In der Verfassung sind keine konkreten Kriterien festgeschrieben, um ein Existenzminimum einzugrenzen.[200] Die Rechtsprechung des Verfassungsgerichts selbst gibt Anhaltspunkte zum Existenzminimum, aber nur im Zusammenhang mit der Unpfändbarkeit von Renten. So begründen solche Entscheidungen,[201] dass die Pfändbarkeit der Ren-

---

192 *Villota Gil-Escoín/Vázquez*, in: *Schubert/Hegelich/Bazant*, Europäische Wohlfahrtssysteme, 2008, S. 170; *Fuentes Quintana*, ICE, 2005, S. 1; *Adolph*, Regionale sozialstaatliche Entwicklung am Beispiel der autonomen Gemeinschaft des Baskenlandes, 1997, S. 41.

193 *Villota Gil-Escoín/Vázquez*, in: *Schubert/Hegelich/Bazant*, Europäische Wohlfahrtssysteme, 2008, S. 178. http://epp.eurostat.ec.europa.eu/tgm/table.do?tab=table&language=de&pcode=teilm020& tableSelection=1&plugin=1 (Stand: 10.9.2010).

194 B.O. de las Cortes Nr. 32, v. 17.11.1977.

195 *Fuentes Quintana*, ICE 2005, S. 1.

196 *Villota Gil-Escoín/Vázquez*, in: *Schubert/Hegelich/Bazant*, Europäische Wohlfahrtssysteme, 2008, S. 169-170.

197 *Villota Gil-Escoín/Vázquez*, in: *Schubert/Hegelich/Bazant*, Europäische Wohlfahrtssysteme, 2008, S. 177.

198 *Andrés Juste*, REDMEX 2003, S. 272.

199 *Balaguer Callejón*, in: Defensor del Pueblo La actualidad de los derechos sociales, 2008, S. 11 ff.; *Carmona Cuenca*, AMMAP 2006, S. 186.

200 *Martínez Soria*, JZ 2005, S. 647; *Andrés Juste*, REDMEX 2003, S. 271.

201 Urteil STC 113/1989 v. 22.6.1989; Urteil STC 134/1989 v. 20.7.1989; Urteil STC 140/1989.

ten der Verpflichtung zur Achtung der Menschenwürde (Art. 10 Abs. 1 CE) unterliegt, wonach das Existenzminimum des Betroffenen gewährleistet werden muss. Dieses Gebot soll verhindern, dass die Rechtswirkung von Eigentumsrechten soweit auf die Spitze getrieben wird, dass ihr das Existenzminimum des Schuldners geopfert wird, indem man diesem die für die Verwirklichung seiner persönlichen Ziele unabdingbaren Mittel entzieht. Der Gläubiger muss bei der Vollstreckung der Pfändung auf die Menschenwürde achten, demnach soll der Schuldner ein würdiges Existenzminimum zum Überleben behalten. Renten- oder Gehaltspfändungen sind nur bis auf das von Gericht angegebene Existenzminimum zulässig.

b) Systematisierung nach Kompetenzverteilung im Bereich der Sozialhilfe

Während das deutsche Sozialleistungssystem deutlich nach Leistungsgründen systematisiert ist (Sozialhilfe, Sozialversicherung, soziale Förderung und Entschädigung), folgt Spanien eher einer Systematisierung nach Kompetenzverteilung zwischen dem Zentralstaat und den autonomen Gemeinschaften.

In Spanien ist das Sozialhilfeleistungssystem nicht so einheitlich – wie in Deutschland mit den Sozialgesetzbüchern – geregelt. Das gilt insbesondere für Regelungen zwischen dem nationalen Sozialleistungssystem nach dem nationalen Sozialgesetzbuch[202] (LGSS) und den unterschiedlichen Fürsorgesystemen der autonomen Gemeinschaften. Die Sozialhilfeleistungen in Spanien lassen sich grob in das LGSS als „*prestaciones no contributivas"* und die autonomen Gesetze als „*asistencia social"* unterteilen. Während es sich bei den „*prestaciones no contributivas"* um subjektive Rechte handelt,[203] sind die Leistungen aus der „*asistencia social"* häufig noch vom Haushalt der autonomen Gemeinschaft abhängig. Erst bei neueren Autonomiestatuten werden auch subjektive Rechte anerkannt.[204] So stehen in der Folge einige völlig eigenständige Sozialprogramme der autonomen Gemeinschaften neben dem nationalen LGSS. Insoweit handelt es sich um eine Art konkurrierende Gesetzgebung,[205] nach der die nationale Zuständigkeit gilt, solange die autonomen Gemeinschaften nicht eine

---

202 „Ley General de la Seguridad Social", BOE Nr. 154, v. 29.6.1994.
203 Vgl. *González Ortega*, in: *ders.*, La protección social de los trabajadores extranjeros, 2006, S. 172 ff.
204 *Balaguer Callejón*, in: Defensor del Pueblo, La actualidad de los derechos sociales, 2008, S. 13 ff.; *Carmona Cuenca*, AMMAP 2006, S. 186.
205 Vgl. *Balaguer Callejón*, in: Defensor del Pueblo, La actualidad de los derechos sociales, 2008, S. 32; *González Ortega*, in: *ders.*, La protección social de los trabajadores extranjeros, 2006, S. 188.

eigene Zuständigkeit begründen. Die nationalen LGSS und die autonomen Gemeinschaften ergänzen, erweitern und verbessern sich gegenseitig.

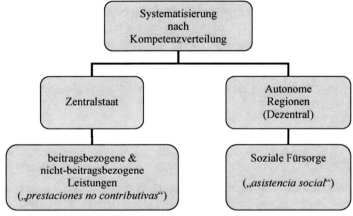

Eigene Abbildung 10: Systematisierung nach Kompetenzverteilung

2. Die einzelnen Bereiche der Sozialhilfe im Überblick

a) Nicht-beitragsbezogene Leistungen („*prestaciones no contributivas*")

Wie oben erörtert, wurde ab 1978 das spanische Sozialleistungssystem entscheidend fortentwickelt. 1990 wurde mit dem Gesetz über die sogenannten nicht-beitragsbezogenen Leistungen[206] soziale Leistungen und Dienste für Personen eingeführt, die keinen Anspruch auf bestimmte beitragsbezogenen Leistungen hatten.[207] Gleichzeitig wurde der königliche Erlass 1088/1989[208] verabschiedet, womit die Gewährung einer medizinischen Versorgung bzw. Gesundheitsfürsorge auch für finanziell bedürftige Personen erweitert wurde. Als bedürftig galt, wer ein durchschnittliches Einkommen unterhalb des Mindestlohns

---

206 Gesetz 26/1990, über nicht-beitragsbezogene Leistungen der Sozialversicherung BOE Nr. 206 v. 22.10.1990 („Ley 26/1990, por la que se establecen en la Seguridad Social prestaciones no contributivas").

207 *Sánchez-Rodas Navarro/Rodríguez Benot*, in: *Pennings*, Between Soft and Hard Law, 2006, S. 75; *Hernández Bejarano*, La Ordenación Sanitaria en España, 2004, S. 83.

208 Kgl. Verordnung 1088/1989, v. 8.9.1989 durch die die Deckung der gesundheitlichen Leistungen der Sozialversicherung auf die Personen ohne ausreichende wirtschaftliche Mittel ausdehnt wird.

(„*Salario Mínimo Interprofesional*") nachweisen konnte.[209] Davor bestand die nationale soziale Sicherheit (LGSS) nur aus beitragsbezogenen Leistungen. Diese Gesetze sollen unversicherten bedürftigen Personen Unterstützung gewähren, wenn ihr Existenzminimum aus eigener Verantwortung nicht mehr gesichert ist.[210]

Die nicht-beitragsbezogenen Leistungen bezwecken, das Fehlen eines Einkommens auszugleichen. Unter die nicht beitragsbezogene Leistungen fallen die Grundsicherung im Alter (Art. 167 Abs. 1 LGSS), die Grundsicherung bei Erwerbsminderung (Art. 144 Abs. 1 lit. b LGSS), sowie die Geldleistung für unter Betreuung genommene minderjährige Kinder (Art. 181 ff. LGSS). Die Anspruchsvoraussetzungen sind hauptsächlich zwei: zum einen eine nachweisbare Bedürftigkeit des Betroffenen oder der Bedarfsgemeinschaft, und zum anderen muss, mit Rücksicht auf den Solidaritätsgrundsatz, der Leistungsberechtigte sich tatsächlich im Land aufhalten.[211] So setzen die Grundsicherung im Alter (Art. 167 Abs. 1 LGSS) und die Grundsicherung bei Erwerbsminderung (Art. 144 Abs. 1 lit. b LGSS) eine Aufenthaltszeit entsprechend von zehn und fünf Jahren im Land voraus. Diese Aufenthaltszeiten, die dem Solidaritätsprinzip Rechnung tragen, gelten als Beweis einer gewissen Verwurzelung im Aufnahmeland[212] bzw. mit der Solidargemeinschaft.

Nach dem Universalitätsgrundsatz[213] (Art. 41 CE) sollten alle bedürftigen Bürger Zugang zu nicht-beitragsbezogenen Leistungen haben. Ursprünglich berücksichtigte das Sozialversicherungsgesetz nach Art. 7 Abs. 3 LGSS nur die im Land ansässigen Spanier. Die Ausländer, die keinen historischen Bezug zu Spanien hatten oder aus Staaten ohne bilaterale Abkommen stammten, waren ausgeschlossen.[214] Diese Regelung wurde durch Art. 14 Abs. 1 LEX überholt.[215] Nach Art. 14 Abs. 1 LEX haben Ausländer, die sich rechtmäßig im Inland auf-

---

209 *Grande Gascón/Pérez Pérez*, in: *Molina Navarrete/Peréz Sola/Esteban de la Rosa*, Inmigración e Integración de los Extranjeros en España, 2009, S. 326.

210 *González Ortega*, in: *ders.*, La protección social de los trabajadores extranjeros, 2006, S. 172.

211 *Lefebvre*, Memento Práctico, Seguridad Social 2009-2010, Rn. 135; *Barcelón Cobedo*, in: *González Ortega*, La protección social de los extranjeros en España, 2010, S. 335; *González Ortega*, in: *ders.*, La protección social de los trabajadores extranjeros, 2006, S. 174.

212 *Barcelón Cobedo*, in: *González Ortega*, La protección social de los extranjeros en España, 2010, S. 335.

213 Näher dazu Kapitel III A I 4 b.

214 Art. 7 Abs. 5 LGSS sieht eine Geichbehandlung mit Spaniern für Lateinamerikaner, Portugiesen und Filipinos vor. Sonstige Ausländer sind nur anspruchsberechtigt, wenn ihr Heimatland ein Abkommen mit Spanien unterzeichnet hat.

215 *García Muñoz*, in: *González Ortega*, La protección social de los extranjeros en España, 2010, S. 139; *González Ortega*, in: *ders.*, La protección social de los trabajadores extranjeros, 2006, S. 177.

halten,[216] Anspruch auf Sozialleistungen und Dienste der nationalen Sozialversicherung (LGSS) zu den gleichen Bedingungen wie Spanier. Doch mit Sozialleistungen und Diensten der nationalen Sozialversicherung (LGSS) sind hier die nicht-beitragsbezogenen Leistungen gemeint.[217]

b) Sozialhilfe der autonomen Gemeinschaften („*asistencia social*")

Das Urteil[218] STC 146/1986 beschreibt die Sozialhilfe als die Gesamtheit von Schutzmaßnahmen und Handlungen, die außerhalb des nationalen Systems der sozialen Sicherheit (LGSS) bleiben. Entsprechend liegt diese Kompetenz bei den autonomen Gemeinschaften.[219] Gemäß Art. 1 Abs. 1 CE bekennt sich Spanien zum politischen Pluralismus. Daher ist Spanien in verschiedene autonome Gemeinschaften, Provinzen und Gemeinden gegliedert (Art. 137-158 CE). Sie alle genießen Autonomie bei der Verfolgung ihrer jeweiligen Interessen. Um dies zu verwirklichen, können die autonomen Gemeinschaften im Bereich der Sozialfürsorge gemäß Art. 148 Abs. 1 Nr. 20 CE die Zuständigkeit übernehmen.[220] Die Integrationspolitiken in Spanien, die nach dem dezentralen Kontext[221] des spanischen Staatsorganisationsrechts von den verschiedenen autonomen Regionen angewendet werden, sind sehr heterogen und führen dazu, dass die Sozialhilfe in Spanien ein uneinheitliches Bild abgibt.[222]

---

216 *Barcelón Cobedo*, in: *González Ortega*, La protección social de los extranjeros en España, 2010, S. 333.

217 *Roig Molés*, in: *Sempere Navarro*, El Modelo Social en la Constitución Española de 1978, 2003, S. 613.

218 Urteil STC 146/1986, v. 25.11.1986, Rechtsgrundlage Nr. 2, beschreibt „*asistencia social*" als soziale Schutzmaßnahmen außerhalb der Sozialversicherung (wie die europäische Sozialcharta ESC).

219 *Carrizosa Prieto*, in: *González Ortega*, La protección social de los extranjeros en España, 2010, S. 399.

220 *Blasco Rasero*, in: *González Ortega*, La protección social de los extranjeros en España, 2010, S. 355; *Maldonado Molina*, in: *Monereo Pérez*, Comentario práctico a la legislación reguladora de la Sanidad en España, 2007, S. 103 ff. Kompetenz Übertragung im Bereich medizinische Versorgung zur autonome Gemeinschaft des Baskenlandes: RD 2209/1979, 7.9.1979 (BOE 21.9.1979), RD 2768/1980, 26.9.1980, (BOE 27.12.1980), RD 274/1987, 13.2.1987 (BOE 27.2.1987), RD 1536/1987, 6.11.1987 (BOE 15.12.1987), RD 1946/1996, 23.5.1996 (BOE 31.8.1996). Ley 8/1997, v. 26.6.1997, de Ordenación Sanitaria de Euskadi (LOSPV).

221 *Villota Gil-Escoin/Vázquez*, in: *Schubert/Hegelich/Bazant*, Europäische Wohlfahrtssysteme, 2008, S. 175; *Sáenz Royo*, Estado Social y descentralización política, 2003, S. 171; *Borgmann*, Das Dezentrale Spanien in der EG, 1991, S. 21.

222 *Blasco Rasero*, in: *González Ortega*, La protección social de los extranjeros en España, 2010, S. 364; *Montilla Martos*, in: Defensor del Pueblo, La actualidad de los derechos sociales, 2008, S. 34.

Des Weiteren gibt es weder eine klare Definition des Begriffes Sozialhilfe bzw. soziale Leistungen und Dienste noch ein einheitliches nationales Gesetz über diese. Vielmehr gibt es konfuse und unterschiedliche Begriffe der Sozialhilfe in den verschiedenen Autonomiestatuten, wie beispielsweise *„asistencia y bienestar social"*, *„asistencia social y servicios sociales"*, *„asistencia social"* sowie *„acción social"*.[223] Die Uneinheitlichkeit der Begriffe sowie die unterschiedlichen Inhalte schaffen keine Klarheit in der Gesetzeslage im Sozialhilfebereich.[224] Dies ermöglicht den autonomen Gemeinschaften einen breiten Interpretationsspielraum.[225] Außerdem hat der nationale Gesetzgeber bisher kein einheitliches Gesetz für die Sozialhilfeleistungen geschaffen.[226] Die vorliegende Untersuchung entscheidet sich für den Begriff *„asistencia social"*,[227] da die Verfassung ebenfalls diese Bezeichnung verwendet (Art. 148 Abs. 1 Nr. 20 CE).

Die geltenden Gesetze über soziale Dienste in den jeweiligen autonomen Gemeinschaften bestehen aus einem breiten Maßnahmenspektrum, das im Allgemeinen in folgender Weise unterteilt werden kann: zum einen Geldleistungen für bedürftige Menschen, die finanziell mittellos sind oder über keine Ressourcen verfügen, um die Mittel zu besorgen. Zum anderen gibt es die sozialen Dienste, die für die Vorsorge, Diagnose, Auskunft, Beratung, Orientierung sowie der Förderung von bedürftigen Personen dienen.[228]

Die Anspruchsvoraussetzungen dieser Leistungen und Dienste in den verschiedenen Autonomiestatuten sind vielseitig, deshalb können in der vorliegenden Arbeit nicht alle Konstellationen der siebzehn Regionen beschrieben werden. Im Allgemeinen kann aber erwähnt werden, dass alle autonomen Gemeinschaften als Anspruchsvoraussetzung die spanische Staatsangehörigkeit und den gewöhnlichen Aufenthalt (*„vecindad administrativa"*) der Betroffenen in der Region bzw. Kommune voraussetzen. Allerdings gehen manche Autonomiestatuten weiter und setzen die Unionsbürgerschaft der Betroffenen voraus.[229] Hier spielen das Personalitätsprinzip, genauso wie das Territorialitätsprinzip gleichermaßen eine große Rolle (Art. 7 LGSS). Besonders interessant für diese Unter-

---

223 *González Ortega*, in: *ders.*, La protección social de los trabajadores extranjeros, 2006, S. 190; *Adolph*, Regionale sozialstaatliche Entwicklung am Beispiel der autonomen Gemeinschaft des Baskenlandes, 1997, S. 58.

224 *Blasco Rasero*, in: *González Ortega*, La protección social de los extranjeros en España, 2010, S. 365.

225 *Adolph*, Regionale sozialstaatliche Entwicklung am Beispiel der autonomen Gemeinschaft des Baskenlandes, 1997, S. 58.

226 *Alarcón Caracuel*, CARL 2003, S. 254 ff.

227 Vgl. STC 146/1986, v. 25.11.1986.

228 *González Ortega*, in: *ders.*, La protección social de los trabajadores extranjeros, 2006, S. 192.

229 *González Ortega*, in: *ders.*, La protección social de los trabajadores extranjeros, 2006, S. 196.

suchung ist das Autonomiestatut des Baskenlandes,[230] da anders als in den sonstigen Statuten in Spanien hier nur das Territorialitätsprinzip zählt. Es wird keine bestimmte Staatsbürger- oder Unionsbürgerschaft vorausgesetzt, sondern nur der tatsächliche Aufenthalt in der Region reicht um anspruchsberechtigt zu sein.

Die unterschiedlichen politischen Ansichten und die unterschiedlichen Leistungsfähigkeiten der Regionen wirken sich auf das Sozialleistungsniveau aus.[231] Es gibt Regionen in Spanien, die reicher sind (z. B. autonome Regionen des Baskenlandes, Navarra, Katalonien, die Balearen und Madrid), weshalb sie größeren sozialen Schutz bieten können als andere (beispielsweise Murcia). Beispielsweise hat die autonome Gemeinschaft des Baskenlandes in Spanien Pionierarbeit in der Sozialpolitik geleistet.[232] Diese soziale Entwicklung dient anderen autonomen Gemeinschaften als Vorbild. Das Baskenland hat aufgrund der historischen Strukturen der Region eine gewisse Sonderstellung in Spanien, insbesondere das eigene Steuersystem der Region macht die Universalisierung der Sozialleistungen möglich.[233] Da mehr Haushaltsgeld zur Verfügung steht, können auch mehr Sozialleistungen als in anderen Regionen gewährt werden.[234] Allerdings hängen die Unterschiede auch von der Sozialpolitik jeder Region ab, da es Gebiete gibt, in denen sehr populistische Sozialpolitiken durchgeführt werden, um Stimmen für bestimmte Parteien und nationalistische Politiken zu erlangen. Häufig nutzen die autonomen Gemeinschaften ihre Kompetenzen in der Sozialpolitik aus politischen Gründen dazu, um sich von nationalen Standards abzusetzen, was auch nach dem Verfassungsgericht nicht gegen den Grundsatz der nationalen Einheit verstößt,[235] da hier der Grundsatz der politischen Pluralität (Art. 1 Abs. 1 CE) als höherrangig eingestuft wird. In der Folge gibt es sehr wichtige regionale Unterschiede, sowohl in der Menge und in der Qualität der Dienste und Leistungen als auch in den Führungsformen, die zu Spannungen geführt haben. Diese Ungleichheiten werden jedoch akzeptiert. Nach Art. 2

---

230 Organgesetz 3/1979, Autonomiestatut des Baskenlandes, v. 18.12.2007, BOE, Nr. 306, v. 22.12.1979.

231 *Blasco Rasero*, in: *González Ortega*, La protección social de los extranjeros en España, 2010, S. 375.

232 *Pisarello*, in: Defensor del Pueblo, La actualidad de los derechos sociales, 2008, S. 66; *Larroque*, in: *Aja Fernández*, Las Comunidades Autónomas y la Inmigración, 2006, S. 445 ff.; *Ibarra Robles/López de la Riva Carrasco/Garrido Bengoechea*, Ciudadanía y Derechos fundamentales: Extranjería, 2004, S. 99; *Aparicio/Tornos*, in: *Heckmann/Schnapper*, The Integration of Immigrants in European Societies, 2003, S. 250.

233 Vgl. *Adolph*, Regionale sozialstaatliche Entwicklung am Beispiel der autonomen Gemeinschaft des Baskenlandes, 1997, S. 63.

234 *Larroque*, in: *Aja Fernández*, Las Comunidades Autónomas y la Inmigración, 2006, S. 446.

235 Urteil STC 239/2002 v. 11.12.2002.

Abs. 1 CE sind alle autonomen Gemeinschaften[236] an die Verfassung und an die übrige Rechtsordnung gebunden, d. h. sie müssen die Ziele des Sozialstaatsprinzips verfolgen und erfüllen.[237]

Gemeinsam ist aber allen, dass es darum geht, vor individuellen wirtschaftlichen Notsituationen zu schützen.[238] Dazu dient vor allem die Grundsicherung für Arbeitsuchende (*„rentas mínimas de inserción"*, RMI). Es gibt aber weitere Hilfen, die die Eingliederung der Betroffenen bezwecken, wie die Hilfe zur Überwindung besonderer sozialer Schwierigkeiten (*„ayudas de emergencia social"*, AES) sowie die Eingliederungshilfe (*„ayudas de inserción"*). Im Fall des Baskenlandes stehen diese Hilfen in Zusammenhang mit dem Gesamtplan zur Bekämpfung der Armut im Baskenland.[239] Das Gesetz 12/1998 gegen die soziale Ausgliederung,[240] kennzeichnet die Bedürftigkeit nicht nur durch die klassische finanzielle Not, sondern auch durch die Unmöglichkeit oder Unfähigkeit der Wahrnehmung der sozialer Rechte. Dazu wollte die baskische Regierung die tatsächliche Inanspruchnahme von sozialen Rechten i.w.S. im Baskenland (wie beispielsweise das Recht auf Arbeit, Bildung, sozialer Schutz, Wohnung), ermöglichen. Das Gesetz betonte die Rolle der Beschäftigung (nach den europäischen Vorschlägen und Vorbildern) als das Haupteingliederungselement, da die Ausgliederung dann geschieht, wenn die bedürftige Person weder im dem Produktionsprozess, noch am Arbeitsmarkt teilnimmt. Die fehlende oder nur geringe Teilnahme am Arbeitsmarkt führt zu einem Ausgliederungsprozess mit unmittelbaren Folgen für die Wahrnehmung der sozialen Rechte.[241] Die Arbeit ermöglicht den Zugang zu Rechten und Pflichten in der Gesellschaft. Das Recht auf Arbeit ist die unabdingbare Bedingung der vollen Bürgerschaft. Die Entwicklung der Gesellschaft im Baskenland zeigt nun ein neues Armutsprofil, das durch drei neue Personengruppen gekennzeichnet ist: die Zuwanderung, allein erziehende Eltern, und die Emanzipation von jungen Menschen in prekären und kurzfristigen Beschäftigungsverhältnissen.

---

236 Art. 2 CE: Die Verfassung gründet sich auf die unauflösliche Einheit der spanischen Nation, gemeinsames und unteilbares Vaterland aller Spanier; sie anerkennt und gewährleistet das Recht auf Autonomie der Nationalitäten und Regionen, aus denen sie sich zusammensetzt, und auf die Solidarität zwischen ihnen.

237 *Sáenz Rojo*, Estado Social y Descentralización Política, 2003, S. 179.

238 *Sánchez-Urán Azaña*, RMTAS 2006, S. 266.

239 „Plan Integral de Lucha contra la Pobreza" (1989) und „II Plan Interinstitucional de Inclusión Social" (2007-2009).

240 BOPV Nr. 105, v. 8.6.1998.

241 „Exposición de motivos de la Ley 12/1998 contra la Exclusion Social", BOPV Nr. 105, v. 8.6.1998.

Der Gesetzgeber hat 2008 eine Gesetzesreform eingeführt, um den neuen Herausforderungen Rechnung zu tragen.[242] Dabei entstand das Gesetz 18/2008 für die Gewährleistung eines Einkommens sowie die soziale Eingliederung (LGIIS).[243] Die allgemeinen Vorschriften sind in Art. 1-10 LGISS geregelt. Bei der Hilfe handelt es sich um eine zeitlich begrenzte Geldleistung (zwischen 6 und 24 Monaten), sowie aktive Arbeitsförderungsleistungen (Art. 5 LGIIS).[244] Art. 3 regelt die Prinzipien der Leistung, wonach die Leistungen universell (Art. 3 lit. c LGIIS) und auf der Grundlage des Solidaritätsprinzips gewährt werden müssen (Art. 3 lit. e LGIIS).

3. Sozialhilfe für Ausländer nach dem Ausländergesetz (LEX)

Das Ausländergesetz 2/2009 regelt in Art. 14 LEX[245] das Recht auf soziale Sicherheit und soziale Dienste. Nach Art. 14 Abs. 1 LEX haben Ausländer, die sich rechtmäßig in Spanien aufhalten, Anspruch auf Sozialleistungen und Dienste der sozialen Sicherheit (LGSS) zu den gleichen Bedingungen wie Spanier. Wie bereits erörtert, sind mit Sozialleistungen und Diensten der nationalen sozialen Sicherheit (LGSS) alle nicht-beitragsbezogenen Leistungen gemeint;[246] einerseits die nicht beitragsbezogenen Leistungen i.e.S. namentlich die Grund-

---

242 Gesetz 12/1998 gegen die soziale Ausgliederung, v. 22.5.1998 sowie Gesetz 10/2000 über die Charta der sozialen Rechte v. 27.12.2000. Ersetzt durch das Gesetz 4/2007 zur Änderung des Gesetzes 12/1998 gegen die soziale Ausgliederung, und das Gesetz 10/2000 über die Charta der sozialen Rechte. Letzte Änderung des Gesetzes 8/2008 zur Änderung des Gesetzes 12/1998 gegen die soziale Ausgliederung sowie Gesetz 10/2000 über die Charta der sozialen Rechte, BOPV Nr. 250, v. 31.12.2008. Sonstige Gesetze: a) Gesetz 18/2008 für die Gewährleistung eines Einkommens sowie die soziale Eingliederung, BOPV Nr. 250, v. 31.12.2008 („Ley 18/2008 para la garantía de Ingresos y para la Inclusión Social"), b) Gesetz 7/85 de Bases de Regimen Local, c) Gesetz 5/1996 über Sozialdienste, d) Autonomiestatut 3/1979, 18.12.1979, BOE, Nr. 306, v. 22.12.1979.
243 Gesetz 18/2008 für die Gewährleistung eines Einkommens sowie die soziale Eingliederung, BOPV Nr. 250, v. 31.12.2008 („Ley 18/2008 para la garantía de Ingresos y para la Inclusión Social").
244 Sog. „Instrumentos para la inclusión social laboral".
245 Art 14 LEX: Recht auf soziale Sicherheit und soziale Dienste.
„(1) Ausländer, die sich rechtmäßig im Inland aufhalten, haben Anspruch auf die Leistungen und Dienste der Sozialversicherung zu den gleichen Bedingungen wie Spanier.
(2) Ausländer mit gewöhnlichem Aufenthalt im Inland haben zu gleichen Bedingungen wie Spanier Anspruch auf die sozialen Dienste und Leistungen, sowohl auf die allgemeinen Leistungen und Grundleistungen als auch auf die besonderen Leistungen. [...].
(3) Ausländer haben unabhängig von ihrer aufenthaltsrechtlichen Situation Anspruch auf die sozialen Grundleistungen."
246 *Grande Gascón/Pérez Pérez*, in: *Molina Navarrete/Peréz Sola/Esteban de la Rosa*, Inmigración e Integración de los Extranjeros en España, 2009, S. 326; *Roig Molés*, in: *Sempere Navarro*, El Modelo Social en la Constitución Española de 1978, 2003, S. 613.

sicherung im Alter, die Grundsicherung bei Erwerbsminderung, sowie die Leistungen für behinderte Kinder, sowie andererseits die medizinische Versorgung der Sozialversicherung für bedürftige Personen.[247] Obwohl ab dem Ausländergesetz 9/2009 alle Ausländer für diese Leistungen („*prestaciones no contributivas*") unter den gleichen Bedingungen wie Spanier anspruchsberechtigt sind, bleiben Ausländer mit fehlendem Aufenthaltsrecht noch ausgeschlossen, da ein rechtmäßiger Aufenthalt vorausgesetzt wird.[248]

Nach Art. 14 Abs. 2 LEX haben Ausländer mit gewöhnlichem Aufenthalt im Inland zu gleichen Bedingungen wie Spanier Anspruch sowohl auf die allgemeinen Leistungen sowie auf die Grundleistungen („*prestaciones generales y básicas*") als auch auf die besonderen sozialen Dienste und Leistungen.[249] Weder das LGSS noch das Ausländergesetz bestimmen die Grundleistungen.[250] Ebenfalls bleiben diese Ausländer von allgemeinen Leistungen ausgeschlossen, da diese Vorschrift einen rechtmäßigen Aufenthaltsstatus voraussetzt.

Günstiger ist die Rechtslage für Ausländer mit fehlendem Aufenthaltsrecht nach Art. 14 Abs. 3 LEX, da dieser allen Ausländer unabhängig von ihrem Aufenthaltsstatus ein Recht auf Grundleistungen („*prestaciones básicas*") gewährt.[251] Jedoch existiert keine klare Definition, um welche Grundleistungen es sich hier handelt.[252] Es handelt sich um Sozialleistungen, die in der Zuständigkeit der autonomen Gemeinschaften liegen.[253] Insbesondere hängt dies von der Auslegung des Begriffes Grundleistungen oder „grundlegende soziale

---

247 Kgl. Verordnung 1088/1989, v. 8.9.1989 durch die sich die Deckung der gesundheitlichen Leistungen der Sozialversicherung auf die Personen ohne ausreichende wirtschaftliche Mittel ausdehnt.

248 *Grande Gascón/Pérez Pérez*, in: *Molina Navarrete/Peréz Sola/Esteban de la Rosa*, Inmigración e Integración de los Extranjeros en España, 2009, S. 326; *González Ortega*, in: *ders.*, La protección social de los trabajadores extranjeros, 2006, S. 173.

249 Neu geregelt im Ausländergesetz 2/2009, Art. 14 Abs. 2 S. 2 LEX: „[...] Die noch nicht volljährigen Ausländer mit Behinderungen, die ihren tatsächlichen Aufenthalt in Spanien haben, haben das Recht auf Behandlung, Leistungen und besondere Pflege, die ihr körperlicher und geistiger Zustand erfordert."

250 *Blasco Rasero*, in: *González Ortega*, La protección social de los extranjeros en España, 2010, S. 372; *González Ortega*, in: *ders.*, La protección social de los trabajadores extranjeros, 2006, S. 196.

251 *Carrizosa Prieto*, in: *González Ortega*, La protección social de los extranjeros en España, 2010, S. 410; *Blasco Rasero*, in: *González Ortega*, La protección social de los extranjeros en España, 2010, S. 385; *Fargas Fernandez*, Sistema español de Pensiones no Contributivas, 2002, S. 70.

252 *Blasco Rasero*, in: *González Ortega*, La protección social de los extranjeros en España, 2010, S. 372; *González Ortega*, in: *ders.*, La protección social de los trabajadores extranjeros, 2006, S. 196; *Andrés Juste*, REDMEX 2003, S. 270; *Fargas Fernández*, Análisis Crítico del Sistema Español, 2002, S. 67.

253 *Carrizosa Prieto*, in: *González Ortega*, La protección social de los extranjeros en España, 2010, S. 411; *García de Cortazar y Nebreda*, FSS 2000, S. 67.

Leistungen" („*prestaciones sociales básicas*") ab. Jede Region versteht unter dem Wort „grundlegend" („*básicas*") nach Art. 14 Abs. 3 LEX etwas anderes.[254] Die Dezentralisierung im spanischen Staat führt zu einer Heterogenität,[255] die in den verschiedenen autonomen Gemeinschaften eine unterschiedlich angewandte Integrationspolitiken bewirkt. Dabei haben die autonomen Gemeinschaften meist eigene offizielle Migrationspläne. Während manche Regionen bisher nie einen eigenen Migrationsplan (Galizien und Asturien) entwickelt haben, befinden sich andere autonome Gemeinschaften bereits im zweiten Migrationsplan (Andalusien, Balearen und Baskenland).[256]

Autonome Gemeinschaft	Migrationsplan
ANDALUSIEN	II Plan Integral para la Inmigración 2006-2009
ARAGONIEN	Plan Integral para la Inmigración 2004-2007
ASTURIEN	Hat keinen
BALEARISCHE INSELN	II Plan Integral de Atención a las Personas Inmigradas 2005-2007
BASKENLAND	II Plan Vasco de Inmigración 2006-2009
EXTREMADURA	Plan de Inclusión Social 2005-2007
GALICIEN	Hat keinen
KANARISCHE INSELN	Plan Canario de Inmigración 2002-2004
KANTABRIEN	Plan de Interculturalidad
KASTILIEN-LA MANCHA	Plan Regional para la Integración Laboral de Inmigrantes 2006-2007
KASTILIEN-LEÓN	Plan Integral de Inmigración 2005-2009
KATALONIEN	Plan de Ciudadanía e Inmigración 2005-2008
LA RIOJA	I Plan Integral de Inmigración 2004-2007
MADRID	Plan de Integración 2006-2008
MURCIA	Plan para la Integración Social de los Inmigrantes 2002-2004
NAVARRA	Plan para la Integración Social de la Población Inmigrante 2002-2006
VALENCIA	Plan Valenciano de la Inmigración 2004-2007

Eigene Abbildung 11: Migrationspläne der autonomen Gemeinschaften („*Planes integrales de inmigración de las comunidades autónomas*").

---

254 *Rueda Valdivia*, in: *Esplugues Mota*, Comentarios a la LEX, 2006, S. 392.
255 Vgl. *Balaguer Callejón*, in: Defensor del Pueblo, La actualidad de los derechos sociales, 2008, S. 34.
256 *Grande Gascón/Pérez Pérez*, in: *Molina Navarrete/Peréz Sola/Esteban de la Rosa*, Inmigración e Integración de los Extranjeros en España, 2009, S. 345; vgl. *Ruiz Vieytez*, in: *Turton/González*, Immigration in Europe: Issues, Policies and Case Studies, 2003, S. 180.

Dies verursacht deutliche Unterschiede in der Rechtslage der Ausländer.[257] Aus diesen Ungleichheiten[258] ergeben sich jedoch keine verfassungsrechtlichen Bedenken.[259] Die Rechte auf Leistungen der Sozialhilfe, die in Art. 14 Abs. 3 LEX enthalten sind, sind aber nach der Rechtsprechung zumindest all jene, die in der verfassungsrechtlichen Lehre zur Person als Solcher, aufgrund ihres Daseins und der Unerlässlichkeit für die Garantie der Menschenwürde gehören.[260] Besonders sind Ausländer mit fehlendem Aufenthaltsrecht von einem Armutsrisiko bedroht. Sie unterliegen einem Arbeitsverbot. Demnach können sie keinen Beruf ausüben, was ihre finanzielle Bedürftigkeit verursacht. Da hier aber ebenfalls das Prinzip der Menschenwürde, genauso wie das der freien Persönlichkeitsentfaltung (Art. 10 Abs. 1 CE) zu gewährleisten sind, kann der Gesetzgeber diese Ausländer nicht von der Sozialhilfe ausschließen. Sie haben jedoch nur Zugang zu Grundleistungen nach Art. 14 Abs. 3 LEX.[261]

Die folgenden Hilfeleistungen gelten als Grundleistungen („*prestaciones básicas*") und werden in unterschiedlichem Maß und unter verschiedenen Voraussetzungen in den siebzehn autonomen Gemeinschaften gewährleistet.

a)   Grundsicherung für Arbeitsuchende („*renta mínima de inserción*")

aa)   Grundsicherung für Arbeitsuchende im Allgemeinen (RMI)

Nachdem in Spanien eine hohe Arbeitslosigkeit herrschte, hatten die autonomen Gemeinschaften eigene Sozialprogramme zur Grundsicherung von Arbeitssuchenden geschaffen.[262] Diese regionalen Programme, welche eine monatliche

---

257 *Blasco Rasero*, in: *González Ortega*, La protección social de los extranjeros en España, 2010, S. 381.

258 Bzgl. dessen, was man unter Diensten und sozialen Leistungen „*servicios y prestaciones sociales*" verstehen kann, kann es nützlich sein, auf Art. 14 der europäischen Sozialcharta zurückzugreifen: als soziale Dienste werden all jene betrachtet, die zum Wohlstand und der Entwicklung von Individuen und Gruppen in einer Gemeinschaft beitragen, ebenso wie zu ihrer Eingliederung in ihre Umgebung, als Zusatz zu den spezifischen Leistungen der Sozialversicherung. *Losada González*, in: *Palomar Olmeda/u.a*, Tratado de Extranjería, 2006, S. 175.

259 Urteil STC 239/2002 v. 11.12.2002.

260 Urteil STC 99/85; Urteil STC 130/95.

261 *Carrizosa Prieto*, in: *González Ortega*, La protección social de los extranjeros en España, 2010, S. 410; *Zarauz*, Padrón municipal y las personas extranjeras, 2007, S. 215.

262 Vgl. *Larroque*, in: *Aja Fernández*, Las Comunidades Autónomas y la Inmigración, Valencia, 2006, S. 449 ff.

Hilfe gewähren, heißen „*renta mínima de inserción*" (RMI) und sind nach den französischen Leistungen „*revenue minimum d'insertion*"[263] benannt.[264]

Jedoch sind die spanischen autonomen Regelungen keineswegs homogen,[265] sondern weisen große Unterschiede untereinander auf.[266] Insbesondere in der Reglementierung der Leistung sind große Unterschiede zwischen den autonomen Vorschriften zu beobachten und zwar hinsichtlich der Zugangsvoraussetzungen des Begünstigten, dem Betrag, der Dauer des Bezuges, der Pflichten und der zuständigen Behörden.[267] Außerdem setzen einige Programme den Schwerpunkt auf die „Eingliederung", während es sich bei anderen ausschließlich um finanzielle Zuwendungen handelt.[268] Die Leistungen sollen das Existenzminimum abdecken und können nur bei nachgewiesener Bedürftigkeit gewährt werden.[269] Diese Leistung wird nicht individuell vergeben, sondern die Mehrheit der autonomen Gemeinschaften nennen als zentralen Kern der Bedarfsgemeinschaft sowohl die Einheit der Familie wie auch das Individuum.[270]

263 Gesetz 88/1088 Revenue Minimum d'Insertion v. 1.12.1988, später geändert durch das Gesetz 92/722 v. 22.7.1992 und das Gesetz 2003/1200 v. 18.12.2003.

264 *Carrizosa Prieto*, in: *González Ortega*, La protección social de los extranjeros en España, 2010, S. 401; *Balaguer Callejón*, in: Defensor del Pueblo, La actualidad de los derechos sociales, 2008, S. 34; *González Ortega*, in: *ders.*, La protección social de los trabajadores extranjeros, 2006, S. 206.

265 *Carrizosa Prieto*, in: *González Ortega*, La protección social de los extranjeros en España, 2010, S. 402; *García Romero*, Rentas Mínimas Garantizadas en la UE, 1999, S. 184.

266 *Carrizosa Prieto*, in: *González Ortega*, La protección social de los extranjeros en España, 2010, S. 404; *González Ortega*, in: *ders.*, La protección social de los trabajadores extranjeros, 2006, S. 208 ff.; *García Romero*, Rentas Mínimas Garantizadas en la UE, 1999, S. 247.

267 Näher dazu Statistiken des „Secretaría General de Política Social y Consumo. Dirección general de política social, de las Familias y de la Infancia. Subdirección general de programas sociales. Ministerio de Sanidad y Política Social".

268 *García Romero*, Rentas Minimas Garantizadas en la UE, 1999, S. 184.

269 *García Romero*, Rentas Minimas Garantizadas en la UE, 1999, S. 178. Obwohl die Zentralregierung in Madrid dagegen war, wurde die RMI zuerst in der Autonomen Gemeinschaft des Baskenlandes eingeführt, durch die Verordnung 39/1989, v. 28 Februar, über Grundsicherung für Familen („*sobre Ingreso Mínimo Familiar*"), geändert durch das Gesetz 2/1990 v. 3. Mai, über Grundsicherung für Arbeitsuchende („*Ingreso Mínimo de Inserción*"). Diese Leistung wurde sehr schnell in anderen autonomen Gemeinschaften eingeführt.

270 Vgl. *Hernáez Manrique*, in: *Landa Zapirain/Goñi Sein*, Derecho Social Vasco, 1999, S. 740; *García Romero*, Rentas Minimas Garantizadas en la UE, 1999, S. 181.

bb) Grundsicherung für Arbeitsuchende am Beispiel der autonomen Gemeinschaft des Baskenlandes (RGI)

Die Grundsicherung für Arbeitsuchende (RMI) hat nicht immer den Charakter eines subjektiven Rechtes.[271] Aber im Fall der autonomen Gemeinschaft des Baskenlandes besteht ein subjektives Recht (Art. 12 LGIIS). Die Hilfe ist im Gesetz 18/2008 für die Gewährleistung eines Einkommens sowie die soziale Eingliederung (Art. 11-28 LGIIS)[272] geregelt. Die Grundsicherung für Arbeitsuchende (RMI) im Baskenland heißt „*renta de garantía de ingresos*" (RGI) und unterscheidet zwischen zwei Hilfeleistungen: zum einen gibt es die Leistung „*renta básica*", die allen nicht erwerbstätigen bedürftigen Menschen ein regelmäßiges Einkommen gewährt. Zum andern gibt es die „*renta complementaria de ingresos de trabajo*" für erwerbstätige, aber noch bedürftige Menschen. Beide Leistungen sind miteinander nicht kompatibel (Art. 58 Abs. 1 LGSII). Das RGI schließt andere Hilfeleistungen zur Überwindung besonderer sozialer Schwierigkeiten (AES) aus, ist jedoch zusammen mit Wohngeld zu gewähren (Art. 58 Abs. 2 LGIIS).

Die Leistungsberechtigten haben nicht nur Rechte, sondern auch Pflichten (Art. 19 LGIIS) aus dem Eingliederungsvetrag („*convenio de inclusión*"). Der Anspruchsberechtigte muss Gegenleistungen erbringen, beispielsweise die Kinder der Bedarfsgemeinschaft zur Schule schicken und er unterliegt einem Bettelverbot (Art. 19 lit. d und lit. e LGIIS). Der Leistungsbetrag deckt 102,67% des offiziellen Mindestlohns (SMI), nämlich 640,65€ im Monat. Eine Familie bekommt 910€ im Monat. Diese Geldbeträge sind mit Abstand die höchsten in ganz Spanien. Am wenigsten wird in Murcia bezahlt: 300€ pro Person (deckt nur 48,08% SMI) oder 638€ pro Familie.

Die Leistungsberechtigten sind in Art. 16 des Gesetzes 18/2008 für die Gewährleistung eines Einkommens sowie die soziale Eingliederung (LGIIS) aufgeführt. Art. 16 LGIIS fordert für die Grundsicherung lediglich, dass der Antragsteller älter als 23 Jahre ist und seine Einkünfte unterhalb der Grundsicherung liegen. Voraussetzung ist also insbesondere die Bedürftigkeit. Nach Art. 16 lit. b LGIIS können bedürftige Bewohner des Baskenlandes, die in einer

271 *Andrés Juste*, REDMEX 2003, S. 286; Dazu zählen: Andalusien, Aragonien, Asturien, Kanarische Inseln, Kantabrien, Kastilien-La Mancha, Katalonien, Galicien, Madrid, Navarra, Baskenland, La Rioja und Valencia. „Informe rentas Mínimas de Inserción 2009, Dirección General de Política Social, de las Familias y de la Infancia, donde se recogen los datos aportados por todas las CC. AA. Ministerio de Sanidad y Política Social", S. 108.

272 Gesetz 18/2008 für die Gewährleistung eines Einkommens sowie die soziale Eingliederung, BOPV Nr. 250, v. 31.12.2008 („Ley 18/2008 para la garantía de Ingresos y para la Inclusión Social").

Gemeinde angemeldet[273] sind („*padrón municipal*") leistungsberechtigt für die Grundsicherung für Arbeitsuchende (RGI) sein.[274]

	Minimaler Leistungsbetrag		Maximaler Leistungsbetrag	
Autonome Gemeinschaft	**1 Person**	**% SMI (1)**	**Familie**	**% SMI (1)**
ANDALUSIEN	383,33	61,43%	624,00	100,00%
ARAGONIEN	424,00	67,95%	527,24	84,49%
ASTURIEN	432,09	69,25%	712,95	114,25%
BALEARISCHE INSELN	392,38	62,88%	768,89	123,22%
BASKENLAND	**640,64**	**102,67%**	**910,00**	**145,83%**
CEUTA	270,00	43,27%	300,00	48,08%
EXTREMADURA	395,43	63,37%	527,24	84,49%
GALICIEN	395,43	63,37%	595,78	95,48%
KANARISCHE INSELN	467,49	74,92%	629,96	100,96%
KANTABRIEN	421,79	67,59%	659,05	105,62%
KASTILIEN-LA MANCHA	369,07	59,15%	531,46	85,17%
KASTILIEN-LEÓN	395,43	63,37%	527,24	84,49%
KATALONIEN	410,02	65,71%	779,04	124,85%
LA RIOJA	361,83	57,99%	361,83	57,99%
MADRID	370,00	59,29%	527,24	84,49%
MELILLA	312,00	50,00%	624,00	100,00%
MURCIA	300,00	48,08%	638,00	102,24%
NAVARRA	561,60	90,00%	936,00	150,00%
VALENCIA	381,37	61,12%	615,11	98,58%
GESAMT	404,42	64,81%	620,79	99,49%

Eigene Abbildung 12: Minimaler und maximaler Leistungsbetrag.[275]

Es gibt eine Meldepflicht für alle Bewohner der Stadt (Art. 15 LRBRL),[276] einschließlich der Ausländer mit fehlendem Aufenthaltsrecht. Wie bereits erörtert, setzt das Autonomiestatut des Baskenlandes – anders als andere Statute in Spanien – keine bestimmte Staatsbürgerschaft voraus, sondern nur den tatsächli-

---

273 Nach den Meldedaten in Einwohnermeldeamt liegt die Zahl der im Baskenland gemeldeten Ausländer bei 132.189 in 2009 (nur 6% der Bevölkerung). Die autonome Gemeinschaft hat eine Gesamtbevölkerung von 2.171.243 Einwohnern. Daten von Ikuspegi „Observatorio Vasco de Inmigración", www.ikuspegi.org. (Stand: 2009).

274 *Ibarra Robles/López de la Riva Carrasco/Garrido Bengoechea*, Ciudadanía y Derechos fundamentales: Extranjería, 2004, S. 101.

275 „Informes de RMI, elaborados por la Dirección General de Política Social, de las Familias y de la Infancia, donde se recogen los datos aportados por todas las CC.AA. Ministerio de Sanidad y Política Social."

276 Gesetz 7/1985, Gemeindeverfassungsgesetz (LRBRL), BOE Nr. 80 v. 3.4.1985.

chen Aufenthalt in der autonomen Gemeinschaft des Baskenlandes. Die Grundsicherung für Arbeitsuchende ist ein soziales Grundrecht für alle Bürger des Baskenlandes (Art. 7 Autonomiestatut,[277] EEAA), die in einer Gemeinde der autonomen Gemeinschaft des Baskenlandes mindestens ein Jahr im Einwohnermeldeamt gemeldet sind (Art. 16 lit. b LGIIS).[278] Die Voraussetzung einer Wartezeit oder Aufenthaltsdauer von 12 Monaten ist zulässig (Art. 16 lit. b LGIIS).[279] Sobald der Bewohner bei der Gemeinde angemeldet und registriert ist, kann er bestimmte Sozialleistungen nach Art. 23 Abs. 1 LGIIS zwei Jahre lang in Anspruch nehmen.[280]

cc) *Auswirkungen eines „großzügigen" Sozialstaats auf den Pull-Faktor von Ausländern in dieser Region*

Die baskische Gesetzeslage ist besonders interessant, da hier zu beobachten ist, in welchem Maße Sozialleistungen tatsächlich Umzugsentscheidungen in einen reichen Sozialstaat beeinflussen (sog. *„Welfare Magnet Thesis"*). Erstens wegen des Ausnahmecharakters der Tatsache, dass es ausreicht, Bewohner irgendeiner baskischen Gemeinde zu sein[281] und nicht etwa die spanische oder eine sonstige bestimmte Staatsangehörigkeit, wie z. B. der EU, zu besitzen.[282] Dies ist das sogenannte Prinzip der *„Ciudadanía Inclusiva"*[283] (inklusive

---

277 Organgesetz 3/1979, Autonomiestatut des Baskenlandes, v. 18.12.2007, BOE, Nr. 306, v. 22.12.1979.

278 *Blasco Rasero*, in: *González Ortega*, La protección social de los extranjeros en España, 2010, S. 385; *Rueda Valdivia*, in: *Esplugues Mota*, Comentarios a la LEX, 2006, S. 396; *Larroque*, in: *Aja Fernández*, Las Comunidades Autónomas y la Inmigración, 2006, S. 460; *Andrés Juste*, REDMEX 2003, S. 283; *Mercader Uguina*, La protección Social de los Trabajadores Extranjeros, 2001, S. 52.

279 Näher dazu *Carrizosa Prieto*, in: *González Ortega*, La protección social de los extranjeros en España, 2010, S. 406.

280 *Martín Martín*, in: *ders./Trinidad García*, Ordenar la inmigración en España, 2005, S. 210.

281 Art. 7 Abs. 1 des Organgesetzes 3/1979, Baskisches Autonomiestatut.

282 *Andrés Juste*, REDMEX 2003, S. 283.

283 Es muss noch einmal daran erinnert werden, dass es sich beim Baskenland (sowie Andalusien, Asturien und Extremadura) um einen außergewöhnlichen Fall handelt, da der Rest der autonomen Gemeinschaften den rechtmäßigen Aufenthaltsstatus voraussetzt, d. h. die Regel ist, dass Ausländer mit fehlendem Aufenthaltsrecht keinen Zugang zu diesen Geldleistungen haben. *Carrizosa Prieto*, in: *González Ortega*, La protección social de los extranjeros en España, 2010, S. 430.

Bürgerschaft).[284] Es ermöglicht die Zuerkennung von Sozialleistungen auch bei unrechtmäßigem Aufenthaltsstatus.[285]

Autonome Gemeinschaft	Anzahl der Leistungsempfänger (1)	Anzahl der Leistungsempfänger (Gesamt)	Einwohnerzahl („padrón") 2008
ANDALUSIEN	18.392	71.780	8.202.220
ARAGONIEN	911	2.131	1.326.918
ASTURIEN	6.575	14.051	1.080.138
BALEARISCHE INSELN	1.181	3.527	1.072.844
BASKENLAND	**39.715**	**123.093**	**2.157.112**
CEUTA (*)			
EXTREMADURA	1.105	3.820	1.097.744
GALICIEN	5.793	12.011	2.784.169
KANARISCHE INSELN	1.840	3.983	2.075.968
KANTABRIEN	1.130	2.425	582.138
KASTILIEN-LA MANCHA	430	1.123	2.043.100
KASTILIEN-LEÓN	2.235	5.552	2.557.330
KATALONIEN	13.703	31.691	7.364.078
LA RIOJA (**)	368	368	317.501
MADRID	10.445	29.228	6.271.638
MELILLA (***)	312	1.660	71.448
MURCIA	369	1.236	1.426.109
NAVARRA	3.144	10.218	620.337
VALENCIA	6.609	33.660	5.029.601
GESAMT	114.257	351.557	46.080.433

Eigene Abbildung 13: RMI Leistungsberechtigte und Einwohnermeldeamt 2008.[286]

---

284 Dies könnte auch „postnationale Staatsbürgerschaft" genannt werden. *Stobbe*, Undokumentierte Migration in Deutschland und den Vereinigten Staaten, 2004, S. 28.

285 *Carrizosa Prieto*, in: *González Ortega*, La protección social de los extranjeros en España, 2010, S. 410; *Blasco Rasero*, in: *González Ortega*, La protección social de los extranjeros en España, 2010, S. 385; *Andrés Juste*, REDMEX 2003, S. 283.

286 „Dirección General de Política Social, de las Familias y de la Infancia, donde se recogen los datos aportados por todas las CC.AA". Ministerium für Gesundheit und Sozialpolitik. (*) Hat die RMI nicht im Einsatz, (**) Die Gemeinschaft La Rioja gewährt zwei Leistungen: die *„Ingreso Mínimo de Inserción"* (IMI) und *„Ayudas de Inclusión Social"* (AIS), (***) Die Stadt Melilla gewährt zwei Leistungen: die *„Ingreso Melillense de Integración"* und die *„Prestación Básica Familiar"*.

Autonome Gemeinschaft	Anzahl der Leistungsempfänger (1)	Anzahl der Leistungsempfänger (Gesamt)	GESAMT AUSGABEN 2009
ANDALUSIEN	15.316	60.804	40.270.000,00
ARAGONIEN	867	2.928	1.602.278,33
ASTURIEN	6.873	14.846	14.335.376,52
BALEARISCHE INSELN	1.347	2.750	2.307.705,59
BASKENLAND	44.465	93.377	**122.100.000,00**
CEUTA	47	140	40.400,42
EXTREMADURA	838	2.808	1.260.000,00
GALICIEN	4.527	9.066	10.288.887,59
KANARISCHE INSELN	1.908	3.769	11.815.480,31
KANTABRIEN	1.470	3.049	2.900.000,00
KASTILIEN-LA MANCHA	470	1.236	930.000,00
KASTILIEN-LEÓN	2.789	6.795	6.550.000,00
KATALONIEN	18.126	61.803	48.235.431,76
LA RIOJA (*)	533	533	681.474,03
MADRID	10.127	28.639	22.979.649,52
MELILLA (**)	210	725	282.640,69
MURCIA	378	1.270	502.233,00
NAVARRA	4.116	13.620	13.177.024,92
VALENCIA	1.396	3.892	3.355.514,00
GESAMT	115.803	312.050	**303.614.096,68**

Eigene Abbildung 14: Leistungen der Grundsicherung für Arbeitsuchende (RMI) 2009, erstes Semester. („Dirección General de Política Social, de las Familias y de la Infancia, donde se recogen los datos aportados por todas las CCAA." Ministerium für Gesundheit und Sozialpolitik).

Das Baskenland ist diejenige Region, in der ein drastischer Ausfall an Angebot von Arbeitskräften in den nächsten Jahren am wahrscheinlichsten ist. Laut einem Bericht des statistischen Büros der EU (Eurostat) wird die Verfügbarkeit von Arbeitern in der Autonomen Gemeinschaft des Baskenlandes zwischen 2010 und 2025 ungefähr 21,4% weniger betragen.[287] Im Zusammenhang mit dieser Demographie-Statistik hat sich die Regierung das Ziel einer „Normalisierung" der Zuwanderung gesteckt. Der Gesetzgeber hat jedoch keine beson-

287 *Malgesini*, in: *Clavijo/Aguirre*, Políticas Sociales y Estado de Bienestar en España, 2002, S. 267. http://epp.eurostat.ec.europa.eu/cache/ITY_OFFPUB/KS-AP-01-041/EN/KS-AP-01-041-EN.PDF (The Evaluation of Regional Population Projections for the European Union (3/2001/E/n°9) (Stand: 10.02.2009).

deren Gesetze und Regelungen im Hinblick auf die sozialen Rechte der Ausländer (wie beispielsweise das Asylbewerberleistungsgesetz in Deutschland) neu erlassen, sondern sie in die vorhandene Gesetzgebung integriert.[288]

Wie in der Statistik des Ministeriums für Gesundheit und Sozialpolitik zu sehen ist, sind die Sozialleistungen der autonomen Gemeinschaft des Baskenlandes im Hinblick auf den Leistungsbetrag, Leistungsbezugsdauer sowie Umfang der Leistungsempfänger mit Abstand am höchsten in ganz Spanien. Dies führt aber nicht dazu, dass das Baskenland die Ausländer mit fehlendem Aufenthaltsrecht anzieht.

Die statistischen Zahlen zeigen, dass trotz der (im Vergleich) hohen Leistungsbeträge, der Zahl der Leistungsempfänger, und sowohl der Zugang seitens Ausländer ohne rechtmäßigem Aufenthaltsstatus zulässig ist, der Ausländeranteil an der Bevölkerung nur bei 6,1% liegt. Diese Prozentzahl ist zwar in den letzten Jahrzehnt von 0,7% (1998) auf 6,1% (2009) gestiegen, dennoch ist diese Zahl eine der niedrigsten in Spanien.

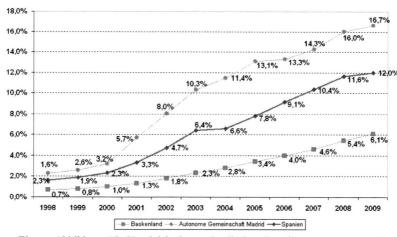

Eigene Abbildung 15: Vergleich des ausländischen Bevölkerungszuwachses in den autonomen Gemeinschaften von Madrid und des Baskenlandes mit der spanischen Durchschnittszahl. Quelle: INE Encuesta nacional de Inmigración 2007. Monografia und Eurostat (DS-071769 Bevölkerung).

Obwohl das Baskenland, mit einer Bevölkerungszahl von nur 2.157.112 (4,7% der Gesamtbevölkerung), ein Drittel (122.100.000€) aller Ausgaben der

---

288 *Larroque*, in: *Aja Fernández*, Las Comunidades Autónomas y la Inmigración, 2006, S. 446.

Grundsicherungsleistungen (RMI) Spaniens (303.614.096€) trägt,[289] fördert dies nicht die Anziehung von Ausländern in die Region.

Diese statistischen Zahlen beweisen, dass die „*Welfare Magnet Thesis*"[290] bedenklich ist.[291] Dieser These zufolge ist die Existenz eines reichen Sozialsystems ein Anreiz, der als Pull-Faktor für Migranten gilt, ins Aufnahmeland zu kommen. Doch diese These ist eher spekulativ[292] und umstritten.[293] Dies zeigt, dass die Zuwanderer für ihre Migrationsziele (Staat oder Region) andere Motive („Pull-Faktoren") als die Inanspruchnahme bzw. den „Missbrauch" von Leistungen haben.[294] Migranten orientieren sich nicht an den sozialrechtlichen Aufnahmebedingungen des Aufnahmelandes, stattdessen sind andere Faktoren wichtiger.[295] Die Faktoren können Familienbeziehungen, ethnische Netzwerke,[296] Bleibeperspektive,[297] oder bestimmte Arbeitssektoren wie Landwirtschaft oder Tourismus sein. Diese Faktoren gibt es im Baskenland zum Beispiel nicht, wo es in der Region weder etablierte Migrantennetzwerke bzw. Familien gibt, noch die Wirtschaft vom Tourismus abhängt. Diese besteht hauptsächlich aus Dienstleistungen sowie Industrie.

Hier ist in der Ursachenforschung an die Theorie der Push- und Pull-Faktoren zu erinnern,[298] nach der die Migrationsgründe in „Anziehungsfaktoren" im Aufnahmeland bestehen. Ein Pull-Effekt bzw. eine Anziehung auf Grund eines reichen und universellen sozialen Schutzes für alle, einschließlich der Ausländer mit fehlendem Aufenthaltsrecht, ist in dem vorliegenden Länderbericht nicht festzustellen.

---

289 Siehe Abbildung Nr. 14.
290 *Graser*, Dezentrale Wohlfahrtsstaatlichkeit im föderalen Binnenmarkt?, 2001, S. 27-28; *Borjas*, JLE, 1999, S. 607 ff.; *Peterson/Rom*, Welfare Magnets, 1990, S. 26.
291 Vgl. Nachweise auf die US-amerikanische Diskussion bei *Graser*, Dezentrale Wohlfahrtsstaatlichkeit im föderalen Binnenmarkt?, 2001, S. 29 ff.
292 Vgl. *Kingreen*, NVwZ 2010, S. 561.
293 *Kingreen*, Soziale Rechte und Migration, 2010, S. 55.
294 Der Begriff „Missbrauch" fand bereits im Jahr 1980 Verwendung. BT-Drucks. 9/875, S. 12; vgl. *v. Pollern*, ZAR 2009, S. 93 f.
295 Vgl. *v. Pollern*, ZAR 2009, S. 93 f.
296 86,2% der Ausländer, die nach 2005 eingereist waren, hatten vor der Einreise Kontakte bzw. Netzwerke in Spanien. Boletín Informativo del Instituto Nacional de Estadística 1/2009. Encuesta Nacional de Inmigrantes 2007, S. 2.
    http://www.ine.es/revistas/cifraine/0109.pdf (Stand: 10.9.2010).
297 24,8% der Befragten möchte die Familienangehörigen nach Spanien bringen. 80,6% der Ausländer hat die Absicht die nächsten fünf Jahre in Spanien zu bleiben. Boletín Informativo del Instituto Nacional de Estadística 1/2009. Encuesta Nacional de Inmigrantes 2007, S. 7.
    http://www.ine.es/revistas/cifraine/0109.pdf (Stand: 10.9.2010).
298 *Ravenstein*, JSS 1885, S. 167 ff.

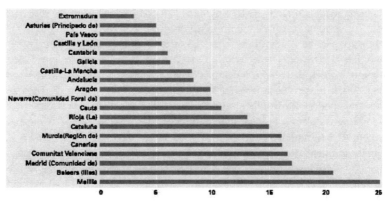

Abbildung 16: Ausländer Prozentzahl in den autonomen Gemeinschaften. INE Encuesta nacional de Inmigración 2007.

b) Wohngeld („*prestación complementaria de vivienda*")

In Art. 29 Abs. 1 LGIIS ist das Wohngeld („*prestación complementaria de vivienda*") geregelt. Es handelt sich um ein subjektives Recht (Art. 30 LGIIS), das aus einem regelmäßigen Geldbetrag besteht. Das Wohngeld ist komplementär zur Grundsicherung für Arbeitsuchende (RGI). Demnach müssen Wohngeld-Leistungsberechtigte ebenfalls RGI Leistungsempfänger sein (Art. 32 Abs. 1 lit. a LGSIIS). Ihre Pflichten sind in Art. 34 LGSSI geregelt. Das Wohngeld wird so lange gewährt wie die ursprünglichen Anspruchsgrundlagen noch bestehen (Art. 38 LGIIS).

Das Wohngeld schließt andere Hilfeleistungen zur Überwindung besonderer sozialer Schwierigkeiten (AES), die mit Wohnungskosten zu tun haben, aus (Art. 58 Abs. 3 LGIIS).

c) Hilfe zur Überwindung besonderer sozialer Schwierigkeiten (AES)

Diese Leistungen, die dem Finalprinzip folgen (Art. 45 LGIIS), sind nur bei Notfällen vorgesehen („*ayudas de emergencia social*", AES).[299] Anders als RMI oder Wohngeld, handelt es sich hier um keine monatlichen Transferleistungen, sondern sie sind vielmehr nur punktuell zu gewähren (Art. 44 LGIIS). Es han-

---

299 „Decreto 199/1999, por el que se regulan las prestaciones de inserción social y las ayudas de emergencia Social", BOPV Nr. 94, v. 20.5.1999. Geändert durch Gesetz 18/2008 für die Gewährleistung eines Einkommens sowie die soziale Eingliederung, BOPV Nr. 250, v. 31.12.2008.

delt sich um eine jährliche Hilfe für Ausnahmefälle, um besondere und bestimmte Grundkosten (Wohnung, Miete, Energieverbrauch, Kleidung, Gesundheitsversorgung, Schulden usw.) zu decken (Art. 44 LGIIS), mit dem Zweck, Situationen der sozialen Ausgliederung zu verhindern.[300]

Autonome Gemeinschaft	Anzahl der Leistungsempfänger Erstes Semester 2009	GESAMTAUSGABEN Erstes Semester 2009
ANDALUSIEN		
ARAGONIEN	2.985	1.963.669,51
ASTURIEN		
BALEARISCHE INSELN		
BASKENLAND	**24.620**	**17.250.000,00**
CEUTA		
EXTREMADURA	2.808	1.260.000,00
GALICIEN	1.259	1.392.134,69
KANARISCHE INSELN		
KANTABRIEN	182	104.000,00
KASTILIEN-LA MANCHA	1.832	3.020.000,00
KASTILIEN-LEÓN		
KATALONIEN	18.138	48.235.431,76
LA RIOJA		
MADRID	4.433	3.352.434,81
MELILLA	388	247.250,30
MURCIA		
NAVARRA	4.777	'13.177.024,92
VALENCIA		
GESAMT	61.422	90.001.945,99

Eigene Abbildung 17: Hilfe zur Überwindung besonderer sozialer Schwierigkeiten (AES) 2008-2009.[301]

---

300 *Carrizosa Prieto*, in: *González Ortega*, La protección social de los extranjeros en España, 2010, S. 412; *González Ortega*, in: *ders.*, La protección social de los trabajadores extranjeros, 2006, S. 213.

301 Daten aus dem „Informe RMI elaborado por la Dirección General de Política Social, de las Familias y de la Infancia, donde se recogen los datos aportados por todas las CCAA" vom Ministerium für Gesundheit und Sozialpolitik. Die autonomen Gemeinschaften von Andalusien, Asturien, Balearische Inseln, Kanarische Inseln, Kastilien-León und Murcia haben Daten zu den

Notwendige Voraussetzungen[302] sind eine 6-monatige Meldung in einem Einwohnermeldeamt des Baskenlandes (Art. 46 lit. a LGIIS), und die Volljährigkeit des Betroffenen (Art. 46 lit. d LGIIS). Die Pflichten der Leistungsempfänger sind in Art. 48 LGIIS geregelt. Es handelt sich um eine Ermessensleistung,[303] die von der baskischen Regierung vergeben wird, aber kein subjektives Recht ist, sondern dessen Vergabe vom verfügbaren Haushalt abhängt.[304] Diese Hilfe versucht Lagen sozialer Bedürftigkeit, die aus der wachsenden Armut entstehen, entgegenzutreten. Der Antrag muss bei der kommunalen Einrichtung des Wohnortes des Leistungsberechtigten gestellt werden. Wer nicht oder noch nicht die Voraussetzungen für ein RMI erfüllt, kann ein AES beantragen. Auch bedürftige Ausländer mit fehlendem Aufenthaltsrecht sind leistungsberechtigt wenn sie volljährig sind und mit einer Bescheinigung des Einwohnermeldeamtes nachweisen können, dass sie mindestens seit sechs Monaten im Baskenland wohnen.[305]

d) Eingliederungshilfen

Außerdem gibt es die sog. Eingliederungshilfen[306] („*ayudas a la inserción*"). Diese werden nicht von der baskischen Regierung, sondern durch die Provinzialräte *(„diputaciones")* vergeben.[307] Diese Hilfen können individuell für den speziellen Bedarf oder für Grundbedürfnisse aufgrund familiärer Umstände geleistet werden.[308] Der Leistungsberechtigte muss hierfür nur sechs Monate im Einwohnermeldeamt in einer Gemeinde des Baskenlandes gemeldet sein und sich bei einem Sozialarbeiter melden.[309]

Nach dem Konzept der „inklusiven Bürgerschaft" hat eine Person unabhängig von der Staatsangehörigkeit oder der Rechtmäßigkeit des Aufenthaltsstatus nach

---

„*Ayudas Económicas de Emergencia*" angegeben, aber diese sind unzureichend um Vergleiche anzustellen.

302 Näher dazu *Hernáez Manrique*, in: *Landa Zapirain/Goñi Sein*, Derecho Social Vasco, 1999, S. 747.

303 *Carrizosa Prieto*, in: *González Ortega*, La protección social de los extranjeros en España, 2010, S. 414.

304 *Carrizosa Prieto*, in: *González Ortega*, La protección social de los extranjeros en España, 2010, S. 414; *García Romero*, Rentas Minimas Garantizadas en la UE, 1999, S. 188; *Larroque*, in: *Aja Fernández*, Las Comunidades Autónomas y la Inmigración, 2006, S. 460.

305 *Carrizosa Prieto*, in: *González Ortega*, La protección social de los extranjeros en España, 2010, S. 413.

306 *Hernáez Manrique*, in: *Landa Zapirain/Goñi Sein*, Derecho Social Vasco, 1999, S. 748.

307 *Hernáez Manrique*, in: *Landa Zapirain/Goñi Sein*, Derecho Social Vasco, 1999, S. 732.

308 *Carrizosa Prieto*, in: *González Ortega*, La protección social de los extranjeros en España, 2010, S. 415.

309 Vgl. *Larroque*, in: *Aja Fernández*, Las Comunidades Autónomas y la Inmigración, 2006, S. 446.

sechs Monaten Aufenthaltszeit, nachgewiesen durch Meldung im Einwohner-meldeamt, das Recht auf eine Eingliederungshilfe.

II. Vorsorge durch die beitragsbezogene Sozialversicherung („prestaciones contributivas")

Das spanische Sozialwesen beruhte lange Zeit hauptsächlich auf privaten oder kirchlichen Wohltätigkeitsorganisationen oder einzelnen politischen Maßnahmen.[310] Zwar wurden ab 1900 die ersten Sozialversicherungen[311] nach dem Vorbild Bismarcks eingeführt,[312] jedoch blieben diese auf freiwilliger Basis.[313] Erst 1963 wurde unter Franco (1939-1975) das Gesetz „Ley sobre Bases de la Seguridad Social"[314] eingeführt, mit welchem die allgemeine Sozialversicherungspflicht eingeführt wurde. Jedoch war das Leistungsniveau äußerst gering.[315] Daneben wurden Sozialleistungen für Alter und bei Invalidität sowie bei besonderen familiären Belastungen, etwa behinderte Kinder oder Tod des Ernährers, eingeführt. Seit 1994 gilt das Sozialgesetzbuch „Ley General de la Seguridad Social" (LGSS).[316]

1. Zugang zur Sozialversicherung und Beschäftigung für Ausländer

a) Zugang zur Sozialversicherung für Ausländer mit rechtmäßigem Aufenthaltsstatus

Die Sozialversicherung in Spanien hat primär den Schutz des Arbeitnehmers zum Ziel, so dass wie in Deutschland nach dem Beschäftigungsprinzip eine

---

310 *Villota Gil-Escoin/Vázquez*, in: *Schubert/Hegelich/Bazant*, Europäische Wohlfahrtssysteme, 2008, S. 169.

311 „Ley de Accidentes de Trabajo Española, Ley Dato" Gaceta, v. 30.1.1900. (Spanisches Arbeits-unfallsversicherungsgesetz.)

312 *Sánchez-Rodas Navarro/Rodríguez Benot*, in: *Pennings*, Between Soft and Hard Law, 2006, S. 75.

313 *García-Perrote Escartín*, in: *De la Villa Gil*, Derecho de la Seguridad Social, 1999, S. 49.

314 „Ley 193/1963 sobre Bases de la Seguridad Social" v. 28.12.1963 (Gesetz 193/1963 über die Grundlagen der Sozialversicherung).
http://www.cepc.es/rap/Publicaciones/Revistas/10/RPS_061_481.pdf (Stand: 28.12.2008).

315 *Blasco Lahoz/López Gandía/Momparler Carrasco*, Curso de Seguridad Social, 2005, S. 41.

316 „Ley General de la Seguridad Social," BOE Nr. 154, v. 29.6.1994.

Beschäftigung bzw. Erwerbstätigkeit[317] im Inland Voraussetzung für ein Versicherungsverhältnis gem. Art. 7 Abs. 1 LGSS ist. Nach Art. 7 Abs. 1 LGSS werden von der Sozialversicherung im Hinblick auf beitragsbezogene Leistungen, unabhängig von ihrem Geschlecht, Familienstand und Beruf alle in Spanien ansässigen Spanier sowie diejenigen Ausländer erfasst, welche in Spanien ansässig sind („*residan*") oder sich dort rechtmäßig aufhalten, in beiden Fällen jedoch unter der Voraussetzung, dass sie ihre Tätigkeit im Inland ausüben. Die Staatsangehörigkeit spielt im Sozialleistungssystem keine Rolle, sondern das Versicherungsverhältnis ist entscheidend (Art. 7 Abs. 1 LGSS).[318]

Art. 10 Abs. 1 LEX regelt das Recht auf Arbeit und Sozialversicherung für Ausländer. Wer die in LEX und seinen Durchführungsbestimmungen vorgesehenen Voraussetzungen erfüllt, hat das Recht, eine entgeltliche Tätigkeit für eigene oder fremde Rechnung auszuüben, sowie Anspruch auf Zugang zum System der Sozialversicherung in Übereinstimmung mit dem geltenden Recht. Ausländische Arbeitnehmer können, solange sie einen rechtmäßigen Aufenthaltsstatus haben, unter den gleichen Bedingungen wie Spanier sozialversichert sein (Art. 10 Abs. 1 LEX). Weitere Entwicklungen im Ausländergesetz (Art. 36 LEX) und in der Rechtsprechung[319] haben auch den Ausländern mit fehlendem Aufenthaltsrecht den Zugang zu bestimmten Sozialversicherungsleistungen eröffnet.[320]

b) Zugang zur Beschäftigung ausländischer Arbeitnehmer

Zwar gilt das Recht auf Arbeit in der Verfassung nur für Spanier (Art. 35 CE), doch hat das spanische Verfassungsgericht (TC)[321] auf der Grundlage des Art. 13 Abs. 1 CE i. V. m. Art. 35 CE dieses Recht auch für Ausländer anerkannt. Die Zugangsbedingungen für diese Rechte können aber bei Ausländern

---

317 Anders als in deutschen Sozialrecht sind mit RD 1273/2003 die selbständigen Arbeitnehmer („*Autónomos*") in bestimmten Zweigen der Sozialversicherung (z.B. Unfallversicherung) versichert.

318 *Del Valle/Rabanal*, Derecho de Seguridad Social, 2004, S. 28; *Lefebvre*, Memento Práctico, Seguridad Social 2009-2010, Rn. 6255.

319 Urteil STS v 9.6.2000 (Ar. 3936): der Bereich der Anwendung der Sozialversicherung erstreckt sich auf Arbeitsunfälle für Ausländer, die sich illegal im spanischen Staatsgebiet aufhalten und Urteil STS v. 7.10.2003 (Ar. 6497): es werden Leistungen gezahlt aufgrund einer Vollinvalidität infolge eines Arbeitsunfalls eines Ausländers aus Lateinamerika ohne Aufenthalts- oder Arbeitsgenehmigung.

320 *González Ortega*, in: *ders.*, La protección social de los extranjeros en España, 2010, S. 243.

321 Urteil STC 107/1984, v. 23.11.1984 (RTC 1984, 107).

von denen der Spanier abweichen.[322] Damit ist eine Ungleichbehandlung zulässig. Entsprechend benötigt ein ausländischer Arbeitnehmer nach Art. 36 Abs. 1 LEX eine Genehmigung (*„autorización administrativa para residir y trabajar"*), die vom Arbeitgeber beantragt werden muss (Art. 36 Abs. 4 LEX); dabei werden nach Art. 50 RLEX[323] insbesondere zwei Bedingungen geprüft: a) die Aufnahmefähigkeit des nationalen und regionalen Arbeitsmarktes[324] (Art. 50 Abs. 3 lit. a RLEX) sowie b) dass der Ausländer sich nicht illegal in Spanien aufhält (Art. 50 Abs. 2 lit.a RLEX). Liegt eine dieser Bedingungen nicht vor, ist die Genehmigung durch die Behörde zu verweigern.

aa) Keine Nichtigkeit des Arbeitsvertrages nach Art. 36 Abs. 5 LEX

Nach der alten Gesetzeslage[325] konnten aus solchen Arbeitsverträgen keine Rechte für die Arbeitnehmer abgeleitet werden.[326] Im Jahr 2000 trat aber Art. 36

---

322 *García Ruiz*, in: *Revenga Sánchez*, Problemas constitucionales de la inmigración, 2005, S. 503.
323 Kgl. Verordnung 2393/2004 mit der die Durchführungsverordnung zum Organgesetz 4/2000 v. 11.1.2000, über die Rechte und Grundfreiheiten von Ausländern in Spanien und ihre soziale Integration (RLEX), verabschiedet wird, BOE Nr. 6, v. 7.1.2005, wurde reformiert durch die Kgl. Verordnung 2393/2004 wurde durch die Kgl. Verordnung 1019/2006, v. 8.9.2006 (BOE Nr. 228 v. 23.9.2006), durch die Kgl. Verordnung 240/2007, v. 16.2.2007 (BOE Nr. 51 v. 28.2.2007), durch die Kgl. Verordnung 1162/2009, v. 10.7.2009 (BOE Nr. 177 v. 23.7.2009) und durch die Kgl. Verordnung 942/2010 v. 23.7.2010 (BOE Nr. 189 v. 5.8.2010).
324 *Montoya Melgar*, El Empleo Ilegal de Inmigrantes, 2007, S. 52. Das Arbeitsamt (*„Servicio Público de Empleo Estatal"*) soll dreimal im Jahr einen Katalog für die verschiedenen Regionen von schwierig zu besetzenden Beschäftigungen ausarbeiten. An dieser Genehmigung nimmt auch die öffentliche Arbeitsordnung der Beschäftigungspolitik teil. Das damit verfolgte Ziel ist das öffentliche Interesse an der nationalen Beschäftigung und die Regelung der Migration.
325 Urteil STC von 12.11.1986 (RTCT, Nr. 11409); 20.1.1987 (RTCT 1987, Nr. 919); SSTS v. 13.12.1984 (RJ 1984, Nr. 6379); 20.10.1986 (RJ 1986, Nr. 5859); 12.02.1990 (RJ 1990, Nr. 3976); 31.12.1991 (RJ 1991, Nr. 9243). STSJ v. Madrid v. 28.11.1989 (TSJ und AP und andere Gerichte, 1989, Sozial, Nr. 2521); TSJ v. Andalusien/Granada, v. 7.1.1998 (TSJ und AP und andere Gerichte, 1998, Sozial, Nr. 378); TSJ v. Katalonien v. 11.1.1999 (TSJ und AP und andere Gerichte, 1999, Sozial, Nr. 3206, S. 2200-2202); TSJ v. Murcia v. 4.10.1999 (TSJ und AP und andere Gerichte, Sozial, Nr. 3206. *Moya Escudero/Rueda Valdivia*, in: *Esplugues Mota*, Comentarios a la LEX, 2006, S. 904.
326 Die Nichtigkeit des Vertrages hatte die Ablehnung der Ansprüche, außer der Vergütung, zur Folge. „Die Gültigkeit des Vertrages wurde nur aufgrund des Art. 9 Abs. 2 Arbeitnehmerstatut (ET) angenommen, durch welchen die Rechte des Arbeitnehmers geschützt und die ungerechtfertigte Bereicherung und Straffreiheit des zuwiderhandelnden Arbeitgebers vermieden wurde. Das Fehlen der Arbeitserlaubnis macht jedoch das Entstehen einer sozialversicherungsrechtlichen Rechtsbeziehung unmöglich (Urteil des Obersten Gerichtshofes von Aragón 14.9.1995, Beschwerde 737/95 und von Andalusien 15.1.98, Beschwerde 97/98). Die Rechtsprechung zum Ausländergesetz von 1985 verweigerte jedoch Ausländern mit fehlendem Aufenthaltsrecht die Anwendung des Art. 9 Abs 2 ET, da sie davon ausgeht, dass er sich nur auf spanische Arbeitnehmer be-

Abs. 3 LEX in Kraft (nach der Gesetzesänderung LO 2/2009 Art. 36 Abs. 5 LEX), wodurch sich die Rechtslage änderte. Nach Art. 36 Abs. 5 LEX ist, wenn ein Ausländer ohne Arbeitsgenehmigung[327] beschäftigt wird (Schwarzarbeit), dieser Arbeitsvertrag gemäß Art. 36 Abs. 5 LEX[328] nicht ganz unwirksam.[329] Dem ausländischen Arbeitnehmer stehen sämtliche Leistungen zu. Hier gilt der Grundsatz des Verbots der unerlaubten Bereicherung (*„Principio de prohibición del enriquecimiento injusto"*).[330] Damit wollte man die Möglichkeiten, den Arbeitgeber als Hauptverursacher der illegalen Beschäftigung von Migranten mit fehlendem Aufenthaltsrecht zu sanktionieren, verbessern.

Der Gesetzgeber hat diese Konsequenzen auch mit dem Ziel, für diese Arbeitnehmer ein Mindestmaß an Schutz vor Missbrauch und Ausbeutung zu bieten, in der Sozialversicherung festgelegt.

bb) Zugang zu Sozialversicherungsleistungen nach Art. 36 Abs. 5 LEX

Streitig war ebenfalls, ob Art. 36 Abs. 5 LEX auch die Leistungen aus der Sozialversicherung an Ausländer ohne Aufenthaltsrecht gewährt, da nach Art. 10 LEX ein rechtmäßiger Aufenthaltsstatus vorausgesetzt wird, damit Ansprüche gegen die Sozialversicherung geltend gemachet werden können. Vor allem die Rechtsprechung[331] hat verdeutlicht, dass nach Art. 36 Abs. 5 LEX den

---

zieht (Urteil des Oberen Gerichtshofes Madrid 2.2.2000). Damit diente das Arbeitnehmerstatut (ET) dazu, die Vergütung für die bereits geleistete Arbeit zu fordern."
Urteil STS Senat für Arbeitsrecht 21.3.1997 Nr. 2068/96. Es wird dem argentinischen Arbeitnehmer ohne Arbeitserlaubnis jegliches Recht verweigert, das von der Beendigung seines Arbeitsverhältnisses ausgeht.

327 Näher dazu *Charro Baena*, Las Autorizaciones para trabajo de Extranjeros, 2000.
328 Art 36 Abs. 4 LEX: Genehmigung zur Ausübung entgeltlicher Tätigkeiten. Für die Einstellung eines Ausländers hat der Unternehmer die behördliche Genehmigung zu beantragen.
Art. 36 Abs. 5 LEX: Unbeschadet der entsprechenden Haftungen des Unternehmers, einschließlich derjenigen im Bereich der Sozialversicherung, macht das Fehlen der Aufenthalts- und Arbeitsgenehmigung den Arbeitsvertrag hinsichtlich der Rechte des ausländischen Arbeitnehmers nicht unwirksam noch hindert es den Erhalt von Leistungen, die sich aus den in internationalen Abkommen zum Schutz der Arbeitnehmer behandelten Sachverhalten ergeben, sowie sonstiger Leistungen, die ihm zustehen können, soweit sie mit seinem Statuts vereinbar sind. Der Arbeitnehmer, der nicht im Besitz einer Aufenthalts- oder Arbeitsgenehmigung ist, kann jedoch keinesfalls Leistungen wegen Arbeitslosigkeit erhalten. Außer in den gesetzlich vorgesehenen Fällen ändert die Anerkenntnis einer Leistung nicht den verwaltungsrechlichen Status des Ausländers.
329 Urteil STS v. 9.6.2003 (RJ 2003/3936), v. 29.9.2003 (RJ 2003/7446); Urteil STS 7.10.2003; Urteil STSJ Katalonien v. 14.5.2002; u.a. Urteil STS v. 9.6.2000 (Ar 3936) und STS v. 7.10.2003 (Ar. 6497).
330 *Lefebvre*, Memento Práctico, Seguridad Social 2009-2010, Rn. 6280; *González Ortega*, in: *ders.*, La protección social de los trabajadores extranjeros, 2006, S. 140.
331 Urteil STS, v. 9.6.2003 (RJ 2003/3936); STS v.29.9.2003 (RJ2003/7446).

Ausländern mit fehlendem Aufenthaltsrecht bestimmte Sozialversicherungsleistungen gewährt werden können. Durch den Art. 36 Abs. 5 LEX wird die (fiktive) Anmeldung (*„alta de pleno derecho o presunta"*) des Art. 125 Abs. 3 LGSS auch auf Ausländer erweitert.[332]

Der Grundsatz der automatischen Anmeldung (*„principio de automaticidad"*) ist in Art. 125 Abs. 3 LGSS geregelt. Danach werden Arbeitnehmer für die professionellen Risiken Arbeitsunfälle, Berufskrankheiten und Arbeitslosigkeit (sog. *„contingencias profesionales"*) als gemeldet angesehen, auch wenn der Arbeitgeber seine Verpflichtungen nicht erfüllt hat. Die Fiktion des Art. 125 Abs. 3 LGSS tritt ein, wenn die Zugangsvoraussetzung der Anmeldung (*„alta"*) fehlt.[333] Zwar hängen die Ansprüche gegen die Sozialversicherung in der Regel von vier formalen Zugangsvoraussetzungen (*„actos de encuadramiento"*) ab: dem Beitritt auf Lebenszeit des Arbeitnehmers gem. Art. 12 LGSS (*„afiliación"*), der Einschreibung des Arbeitgebers gemäß Art. 99 Abs. 1 LGSS (*„inscripción"*) in die Versicherung, der Anmeldung des konkreten Beschäftigungsverhältnisses gemäß Art. 13 LGSS (*„alta"*), sowie der nicht erfolgten Abmeldung desselben (*„baja"*). Jedoch sind diese formalen Bedingungen nicht zwingende Voraussetzungen für ein Versicherungsverhältnis.[334] Für einige soziale berufsbedingte Risiken tritt die (fiktive) Anmeldung (*„alta de pleno derecho o presunta"*) ein und somit entsteht ein materieller Versicherungsschutz, ähnlich wie in Deutschland mit dem faktischen Arbeitsverhältnis[335] (Art. 125 Abs. 3 S. 1 LGSS i. V. m. Art. 29 RGA[336]).

Allerdings zählt nach Art. 125 Abs. 3 S. 2 LGSS der Arbeitnehmer nicht nur bei den berufsbedingten Risiken, sondern im Sinne von allgemeinen Risiken (sog. *„contingencias comunes"*) bzw. der medizinischen Versorgung wegen gewöhnlicher Krankheiten, Mutterschaft und anderen nicht berufsbedingten Arbeitsunfällen ebenfalls als (fiktiv) in der Sozialversicherung gemeldet. Deshalb stellt sich zunächst die Frage, ob diese fiktive Anmeldung für die allgemeinen Risiken (Art. 125 Abs. 3 S. 2 LGSS) auch nach Art. 36 Abs. 5 LEX übertragbar ist.

---

332 *Navas-Parejo Alonso*, in: *González Ortega*, La protección social de los extranjeros en España, 2010, S. 187; *González Ortega*, in: *ders.*, La protección social de los extranjeros en España, 2010, S. 2419; *Rueda Valdivia*, in: *Esplugues Mota*, Comentarios a la LEX, 2006, S. 293-294.

333 *González Ortega*, in: *ders.*, La protección social de los trabajadores extranjeros, 2006, S. 111; *Lefebvre*, Memento Práctico, Seguridad Social 2009-2010, Rn. 6288.

334 *Del Valle/Rabanal*, Derecho de Seguridad Social, 2004, S. 49.

335 *González Ortega*, in: *ders.*, La protección social de los trabajadores extranjeros, 2006, S. 111.

336 Verordnung über die Eintragung von Unternehmen, Mitgliedschaft oder Aufnahme, Anmeldung, Abmeldung und Änderung von Sozialversicherungsdaten der Arbeitnehmer (*„Reglamento General sobre inscripción de empresas, afiliación, altas, bajas o variaciones de datos de trabajadores de la Seguridad Social"*) BOE, v. 27.2.1996.

Art. 36 Abs. 5 LEX regelt faktische Arbeitsverhältnisse lediglich im Bereich des Ausländergesetzes und schützt Ausländer mit rechtmäßigem Aufenthaltsstatus nur vor berufsbedingten Risiken[337] („*contingencias profesionales*"), aber nicht vor sonstigen allgemeinen Risiken.[338] Dies wird durch Art. 42 Abs. 2 RGA bestätigt.

Nach Art. 42 Abs. 2 S. 1 RGA ist die Mitgliedschaft und Meldung von ausländischen Arbeitnehmern aus Staaten, die das IAO Übereinkommen 19 vom 5. Juni 1925 ratifiziert haben, welche ihre Arbeitsleistung unrechtmäßig erbringen, in das spanische Sozialversicherungssystem für Berufsrisiken als angemeldet anzunehmen.

Der Arbeitgeber ist nur deshalb Mitglied des Systems, um Leistungen für berufsbedingte Risiken in Anspruch zu nehmen; er ist aber kein eigentliches Mitglied der Sozialversicherung.[339] Es handelt es sich nur um eine Fiktion. Dabei werden Ausländer mit fehlendem Aufenthaltsrecht im Hinblick auf berufsbedingte Risiken mit Spaniern gleichgestellt.[340]

Andererseits sind Ausländer, die für die Erwerbstätigkeit keine Arbeitserlaubnis haben und trotzdem eine Tätigkeit in Spanien ausüben, für allgemeine Risiken nicht in das Sozialversicherungssystem aufgenommen (Art. 42 Abs. 2 S. 2 RGA).

2. Inhalt und Leistungsumfang

a) Berufsbedingte Risiken

Bei berufsbedingten Risiken erfolgt nach dem „*Principio de Automaticidad*" ein faktisches Arbeitsverhältnis bzw. eine Anmeldung (Art. 125 Abs. 3 LGSS i. V. m. Art. 36 Abs. 5 LEX). Bei der Unfall- und Arbeitslosenversicherung erfolgt die (fiktive) Anmeldung in der Sozialversicherung auch bei Ausländern mit unrechtmäßigen Beschäftigungsverhältnissen.[341]

---

337 *Moreno Pueyo*, RMTAS 2004, S. 143.
338 *Lefebvre*, Memento Práctico, Seguridad Social 2009-2010, Rn. 6287.
339 *González Ortega*, in: *ders.*, La protección social de los trabajadores extranjeros, 2006, S. 148.
340 *González Ortega*, in: *ders.*, La protección social de los trabajadores extranjeros, 2006, S. 147.
341 *Lefebvre*, Memento Práctico, Seguridad Social 2009-2010, Rn. 6288.

*aa)   Gesetzliche Unfallversicherung (,,*contingencias profesionales*")*

Die Unfallversicherung, die in Spanien seit 1900 eine lange Tradition hat,[342] verfolgt den Zweck, die beruflichen Risiken (,,*contingencias profesionales*") abzudecken.[343] Ziel ist es, die abhängigen Arbeitnehmer vor den Risiken zu schützen,[344] welche ihm typischerweise bei der Ausübung seiner Tätigkeit drohen, wie Arbeitsunfälle und Berufskrankheiten. Diese können zu Tod, Invalidität und Arbeitslosigkeit führen. Aber auch kurzfristig drohen Verdienstausfall und krankheitsbedingte Sonderausgaben.

Beim Bezug von Unfallversicherungsleistungen werden dem ausländischen Arbeitnehmer keine Hindernisse in den Weg gelegt.[345] Der Versicherungsschutz gilt daher für spanische Schwarzarbeiter, sowie für Ausländer mit fehlendem Aufenthaltsrecht.[346] Dies wird damit begründet, dass das Fehlverhalten dem Arbeitgeber angelastet wird und die abhängigen Arbeitnehmer als schutzwürdig angesehen werden. Außerdem sollen gemäß Art. 3 Abs. 1 LEX die Vorschriften des LEX im Sinne der Gleichheit von Ausländern und Spaniern ausgelegt werden. Nach Art. 23 Abs. 1 lit. e LEX[347] stellt jede Behandlung, die die Arbeitnehmer aufgrund ihrer Ausländereigenschaft benachteiligt, eine Ungleichbehandlung dar.[348] Demnach sollen für die ausländischen Arbeitnehmer die gleichen Bedingungen gelten wie für Arbeitnehmer mit spanischer Staatsangehörigkeit.

Die Anerkennung des faktischen Arbeitsverhältnisses und deren (fiktiver) Anmeldung (Art. 125 Abs. 3 LGSS i. V. m. Art. 36 Abs. 5 LEX) bei Berufsunfällen von ausländischen Arbeitnehmern mit fehlendem Aufenthaltsrecht ergibt sich aus einer sehr umfangreichen Rechtsprechung, die eine Doktrin der unternehmerischen Verantwortung unterstützt.[349] Die Schutzwürdigkeit ergibt sich be-

---

342 ,,Ley de Accidentes de Trabajo Española, Ley Dato" Gaceta, v. 30.1.1900. (Spanisches Arbeitsunfallsversicherungsgesetz.)

343 *Moya Escudero/Rueda Valdivia*, in: *Esplugues Mota*, Comentarios a la LEX, 2006, S. 912.

344 *Rueda Valdivia*, in: *Esplugues Mota*, Comentarios a la LEX, 2006, S. 293; *Gorelli Hernandez/Vílchez Porras*, in: *Sánchez-Rodas Navarro*, Extranjeros en España - Régimen Jurídico, 2001, S. 131.

345 *Sánchez-Rodas Navarro*, Aspectos puntuales del nuevo Reglamento de extranjería, 2005.

346 Das IAO Übereinkommen Nr. 19 (in Art. 1 Abs. 2) sieht ebenfalls eine Gleichstellung von Ausländern und Staatsbürgern im Bereich der Unfallversicherung vor.

347 Nach Art. 23 LEX stellt jede Behandlung, die die Arbeitnehmer aufgrund ihrer Ausländereigenschaft benachteiligt, eine indirekte Diskriminierung dar. Aufgrund der Antidiskriminierungsrichtlinie 2000/43/EG wird der Gleichbehandlungsgrundsatz ohne Unterschied der Rasse oder der ethnischen Herkunft angewendet.

348 *Ceinos, Suárez*, El Trabajo de los Extranjeros en España, 2006, S. 396.

349 STSJ Andalucía/Granada v. 7.1.1998 (AS 1998, 378); STSJ Aragón v. 28.6.2001, 9.9.2002 und 1.4.2004 (AS 2001, 2537; AS 2002, 2951; AS 2004, 3076); STSJ Castilla y León/Valladolid

reits aus dem privatrechtlichen Arbeitsvertrag, dem dieser Schutz inhärent ist.[350] Daher hat der Arbeitgeber auch die volle Beitragspflicht der Versicherung zu tragen.[351] Im Versicherungsfall können Berufsgenossenschaften („*Entidad Gestora*" oder „*Mutuas*" nach Art. 68 LGSS[352]) zum Vorschuss verpflichtet werden (Art. 126 LGSS). Allerdings können alle Leistungen auf Grund von Arbeitsunfällen und Berufskrankheiten auch statt durch eine Mutua durch das INSS abgesichert werden (Art. 70 und 99 Abs. 1 LGSS). Das INSS ist das oberste spanische Ausführungsorgan im System der sozialen Sicherheit u.a. für den Zweig der gesetzlichen Versicherung gegen Arbeitsunfälle und Berufskrankheiten.[353]

bb) Arbeitslosenversicherung

Die Arbeitslosenversicherung in Spanien ist in den Art. 203 ff. LGSS geregelt und sichert die Arbeitnehmer finanziell für einen gewissen Zeitraum ab, falls sie ihren Arbeitsplatz verlieren sollten. Der Leistungszeitraum bemisst sich (Art. 210 LGSS) nach der Beitragsdauer. Für je sechs Beitragsmonate werden

---

v. 4.12.2000 und Burgos v. 30.10.2001 und 30.7.2004 (AS 2001, 308; AS 2001, 4296; AS2004, 2194); STSJ Castilla-La Mancha v. 19.5.2004 (AS 2004, 1652); STSJ Cataluña v. 26.4.1995, 25.4.1997, 20.11.1997, 12.7.2001, 5.9.2001 und 20.5.2003 (AS 1995, 1612; AS 1997, 2430 und 3938; AS 2001, 2622 und 3265; AS 2003, 2597); STSJ Madrid v. 10.5.1995, 16.4.1998, 5.9.2002 (AS AS 1995, 2202; AS 1998, 1392; AS 2002, 3359); STSJ Baskenland v. 10.10.2000 (AS 2000, 4466), STS v. 27.12.1994, 18.5.1995, 11.12.1995, 24.5.1996, 9.6.2003 und 7.10.2003 (RJ 1994, 10509; RJ 1995, 7578, 9087; RJ 1996, 4616; RJ 2003, 3936 und 6497); STSJ Aragón 29.6.2003 (AS 2003, 2349). *Rueda Valdivia*, in: *Esplugues Mota*, Comentarios a la LEX, 2006, S. 294.

350 *Marín Marín/Gallego Moya*, Trabajo de los Inmigrantes Irregulares, 2005, S. 66.
351 Urteil STS v. 9.6.2003, RJ 3936; STS 7.10.2003, Ar. 6497: In diesem Urteil wurde der Fall eines Kolumbianers behandelt, der unrechtmäßig in Spanien ohne Anmeldung arbeitete und am 23.10.1999 einen Arbeitsunfall mit der Folge seiner vollständigen Arbeitsunfähigkeit erlitt. Dieses Kriterium wurde im Jahr 2000 Ausländergesetz (LEX) zusammengefasst.
Urteil des Obersten Gerichtshofes (STS) v. 9.6.2003, Ar 3936: In dem Fall eines am 5 Mai 2000 durch einen ecuadorianischen Arbeitnehmer erlittenen Unfalls, wobei der Arbeitnehmer keine Aufenthaltsgenehmigung oder Arbeitserlaubnis hatte und auch nicht angemeldet war, hat der Oberste Gerichtshof in seinem Urteil v. 9.6.2003 (Ar. 3936) das Recht auf medizinische Versorgung und Geldleistungen zu Lasten des Arbeitgebers sowie Vorleistung durch dessen Berufsgenossenschaft anerkannt.
352 *Pabst*, ZESAR 2003, S. 355-359. „Die *Mutuas* sind vom Ministerium für Arbeit und Soziale Angelegenheiten (MTAS) autorisierte privatrechtliche Vereinigungen von Unternehmern ohne Gewinnerzielungsabsicht, die die Unternehmerhaftung gemeinschaftlich tragen (Versicherungsvereine auf Gegenseitigkeit gegen Arbeitsunfälle und Berufskrankheiten). Ihr Hauptzweck ist, bei der Durchführung der sozialen Sicherheit im Bereich der Arbeitsrisiken („*contingencias profesionales*") mitzuwirken (Art. 67 bis 76 LGSS; RD 1993/1955; Art. 14 Abs. 2 RD 84/1996). Einer der zentralen Unterschiede zum berufsgenossenschaftlichen System ist, dass die *Mutuas* durch die Arbeitgeber selbstverwaltete Unfallversicherungsträger des Zivilrechts sind, also keine Körperschaften des öffentlichen Rechts."
353 *Pabst*, ZESAR 2003, S. 358.

zwei Leistungsmonate gewährt.[354] Leistungen können bis zu 720 Tage gewährt werden.

Gemäß Art. 125 Abs. 3 S. 1 LGSS wird auch bei Arbeitslosigkeit eine Anmeldung („*alta*") zur Sozialversicherung notfalls fingiert. Somit haben auch Schwarzarbeiter Zugang zur Arbeitslosenversicherung. Deshalb wurden Ausländern mit fehlendem Aufenthaltsrecht zum Teil auch Arbeitslosenversicherungsleistungen zuerkannt.[355] Das hat jedoch die Rechtsprechung aber im Hinblick auf die Arbeitslosenversicherung abgelehnt.[356] Die Entscheidung[357] STS 800/2007 hat bei den Anspruchsberechtigten von Leistungen der Arbeitslosenversicherung einen rechtmäßigen Aufenthaltsstatus verlangt.

Zum anderen bedarf es für den Begriff des Arbeitslosen gemäß Art. 203 Abs. 1 LGSS zumindest theoretisch der Möglichkeit, eine Arbeit aufnehmen zu können, was dem Ausländer ohne rechtmäßigen Aufenthaltsstatus verwehrt ist. Art. 50 Abs. 2 a RLEX enthält ein Beschäftigungsverbot für Ausländer, die sich nicht rechtmäßig in Spanien aufhalten bzw. es wird keine Arbeitserlaubnis für unselbständige Beschäftigungen erteilt,[358] solange der Betroffene sich unrechtmäßig aufhält (Art. 36. Abs. 5 LEX).[359]

b) Allgemeine Risiken („*contingencias comunes*")

Anders als bei berufsbedingten Risiken gilt – wie bereits erörtert – bei den allgemeinen Risiken keine (fiktive) Anmeldung in der Sozialversicherung nach Art. 125 Abs. 3 LGSS. Andererseits werden die Berufsgenossenschaften niemals als Verantwortungsträger im Bereich der Sozialversicherung tätig werden.[360] Der Arbeitgeber zahlt nur eine Sanktion, nicht aber die fehlenden Beiträge.[361]

---

354 *Villota Gil-Escoín/Vázquez*, in: *Schubert/Hegelich/Bazant*, Europäische Wohlfahrtssysteme, 2008, S. 178.

355 Urteil STSJ Cantabria 26.10.04, JUR 291543; STSJ Valladolid 17.11.05, AS 3384; STSJ Valladolid 21.11.05, AS 3387; STSJ Valladolid 30.11.05, JUR 14801; STSJ Valladolid 30.11.05, AS 3324; STSJ Burgos 1.3.2006, JUR 108566.

356 *Lefebvre*, Memento Práctico, Seguridad Social 2009-2010, Rn. 6295.

357 Urteil STS 800/2007 v. 18.3.2008.

358 Näher dazu *González Ortega*, in: *ders.*, La protección social de los extranjeros en España, 2010, S. 264 ff.

359 Art. 36 Abs. 5 LEX: „[...] Der Arbeitnehmer, der nicht im Besitz einer Aufenthalts- oder Arbeitsgenehmigung ist, kann jedoch keinesfalls Leistungen wegen Arbeitslosigkeit erhalten."

360 *Moreno Pueyo*, RMTAS 2004, S. 143.

361 Art. 48 Gesetz 62/2003 v. 30.12.2003 über Maßnahmen im Bereich des Steuerrechts, Verwaltung und soziale Ordnung. *González Ortega*, in: *ders.*, La protección social de los trabajadores extranjeros, 2006, S. 149.

aa) Gesundheitsversorgung

Ursprünglich war die Krankenversicherung in Spanien ähnlich wie in Deutschland rein nach dem Versicherungsprinzip,[362] aber ohne unmittelbaren Versicherungszwang für Arbeitnehmer und deren Familienangehörige organisiert. Die sonstigen nicht versicherten Personen mussten entweder selbst für die eigenen Gesundheitskosten aufkommen oder waren auf die spärlichen Sozialleistung des damaligen LGSS von 1963[363] oder die freiwillige Wohlfahrt angewiesen.[364]

Die Hauptfunktion des öffentlichen Gesundheitswesens *(„sanidad pública")* lag im administrativen Schutz der öffentlichen Gesundheit als kollektives Gut.[365] So sollten beispielsweise kollektive Ansteckungen mit Krankheiten vermieden werden, etwa durch individuelle Isolation mittels polizeilicher Maßnahmen. Das Recht des Einzelnen war weniger entscheidend.

Ab 1986 wurde dann das Gesundheitssystem in mehreren Schritten[366] an die, aus dem Beveridge Report[367] stammenden Prinzipien angepasst bzw. universalisiert,[368] was für die meisten südlichen[369] Länder in Europa charakteristisch

---

362 *Hernández Bejarano,* La Ordenación Sanitaria en España, 2004, S. 57.

363 Gesetz 193/1963 über die Grundlagen der Sozialversicherung (*„Ley 193/1963 sobre Bases de la Seguridad Social",* v. 28.12.1963).
http://www.cepc.es/rap/Publicaciones/Revistas/10/RPS_061_481.pdf (Stand: 28.12.2008).

364 *Alvarez Gónzalez,* Régimen Jurídico de la Asistencia Pública, 2007, S. 34; *Villota Gil-Escoin/ Vázquez,* in: *Schubert/Hegelich/Bazant,* Europäische Wohlfahrtssysteme, 2008, S. 169.

365 *Alvarez Gónzalez,* Régimen Jurídico de la Asistencia Pública, 2007, S. 30.

366 1986 wurde das allgemeine Gesundheitsgesetz 14/1986, BOE Nr. 102, v. 29.4.1986 („Ley General de Sanidad") erlassen, mit dem das Gesundheitssystem universalisiert wurde. Mit der Verordnung RD 1088/1989 (BOE Nr. 216 v. 9.9.1989) wurde die Gesundheitsversorgung auf bedürftige Menschen und Ausländer erweitert. Das Recht auf Gesundheit für Ausländer wurde noch einmal im Art. 3 Abs. 1 a des Gesetzes 16/2003 über den Zusammenhalt und Qualität des nationalen Gesundheitssystems, BOE. Nr. 128 v. 29.5.2003 („Ley de cohesión y calidad del Sistema Nacional de Salud") geregelt. Es wird so das Prinzip der Universalisierung der LGSA entwickelt.

367 *Beveridge,* Social Insurance and Allied Services, 1942.
http://news.bbc.co.uk/1/shared/bsp/hi/pdfs/19_07_05_beveridge.pdf.

368 *Villota Gil-Escoin/Vázquez,* in: *Schubert/Hegelich/Bazant,* Europäische Wohlfahrtssysteme, 2008, S. 174; *Monereo Pérez/Molina Navarrete,* in: *Monereo Pérez,* Comentario práctico la legislación reguladora de la Sanidad en España, 2007, S. 25; *Blasco Lahoz/López Gandía/ Momparler Carrasco,* Curso de Seguridad Social, 2005, S. 415; *Hernández Bejarano,* La Ordenación Sanitaria en España, 2004, S. 83; *Pumar Beltrán,* La igualdad ante la Ley en el ámbito de la Seguridad Social, 2001, S. 69; *Romanski,* Soziale Grundrechte im Grundgesetz, 2000, S. 175-176; *Recio/Nuñez-Cortés,* in: *van Vugt/Peet,* Social Security and Solidarity in the EU, 2000, S. 163; *Reinhard,* ZIAS 1988, S. 172.

369 *Guillén,* in: MIRE, Comparing Social Welfare Systems in Southern Europe, 1997, S. 83; *Rico,* in: MIRE, Comparing Social Welfare Systems in Southern Europe, 1997, S. 221.

ist.[370] Der Gesetzgeber hatte im Rahmen seines Gestaltungsspielraumes dieses Recht (nach Art. 43 CE i. V. m. Art. 149 Abs. 1 Nr. 16 CE) in Art. 1 des Gesetzes 14/1986[371] (LGSA) konkretisiert. Dabei besitzt der Staat zum einen die ausschließliche Zuständigkeit für die Grundlagen und allgemeine Koordinierung des Gesundheitswesens (Art. 149 Abs. 1 Nr. 16 CE). Zum anderen wird das Recht auf Schutz der Gesundheit anerkannt (Art. 43 Abs. 1 CE).[372] Nach Art. 1 Abs. 2 LGSA sind alle Spanier und Ausländer, die sich im Land aufhalten, anspruchsberechtigt in Bezug auf das Recht auf Gesundheitsschutz, sowie medizinischer Versorgung. Die medizinische Versorgung wird, um dem Gleichheitssatz Rechnung zu tragen, auch für Nichtversicherte (Art. 3 Abs. 2 LGSA)[373] gewährt. Dabei sollte eine universelle Gesundheitsversorgung geschaffen werden, aber wegen der Wirtschaftskrise der damaligen Zeit wurde bewusst auf dieses Ziel verzichtet. Die Universalisierung des Gesundheitssystems sollte langsamer und in Phasen geschehen.[374]

Es ist fraglich, ob dieses Gesundheitssystem überhaupt noch systematisch als ein Zweig der Sozialversicherung eingeordnet werden kann,[375] oder vielmehr der sozialen Förderung mit dem Ziel der Teilhabe am Leben angehört. Zumindest für Arbeitnehmer gibt es noch Voraussetzungen, welche für die Sozialversicherung typisch sind (Art. 97 und 100 LGSS). Um hier versichert zu sein, müssen die Formalien („*actos de encuadramiento*") zwingend erfüllt sein. Die Gesundheitsversorgung finanziert sich nach wie vor aus Krankenversicherungsbeiträgen wie auch aus staatlichen Zuschüssen aus Steuermitteln. Da es sich bei der Gesundheitsversorgung um ein allgemeines Risiko handelt, findet hier die (fiktive) Anmeldung nach Art. 125 Abs. 3 LGSS i. V. m. Art. 36 Abs. 5 LEX nicht statt und die Ausländer mit fehlendem Aufenthaltsrecht sind von diesem Schutz ausgeschlossen.

---

370 *Hernández Bejarano*, La Ordenación Sanitaria en España, 2004, S. 91; *Blasco Lahoz/López Gandía*, Seguridad Social Práctica, 2001, S. 606.

371 Ley 14/1986 General de Sanidad, BOE Nr. 102, v. 29.4.1986 (Allgemeines Gesetz 14/1986 des Gesundheitswesens).

372 Art. 43 CE: (1) Das Recht auf Schutz der Gesundheit wird anerkannt. (2) Der öffentlichen Gewalt obliegt die Organisation und der Schutz der öffentlichen Gesundheit durch vorbeugende Maßnahmen und die notwendigen Leistungen und Dienste. Das Gesetz legt die entsprechenden Rechte und Pflichten aller fest. (3) Die öffentliche Gewalt fördert die Gesundheitserziehung, die Leibeserziehung und den Sport sowie eine geeignete Nutzung der Freizeit.

373 *Álvarez Gónzalez*, Régimen Jurídico de la Asistencia Pública 2007, S. 101; *Hernández Bejarano*, La Ordenación Sanitaria en España, 2004, S. 107-108.

374 *Grande Gascón/Pérez Pérez*, in: *Molina Navarrete/Peréz Sola/Esteban de la Rosa*, Inmigración e Integración de los Extranjeros en España, 2009, S. 324.

375 Wie bereits ausgeführt, gehörte die Gesundheitsversorgung – als die medizinische Versorgung mit der Rechtverordnung 1088/1989 für bedürftige Personen eingeführt wurde – als nicht-beitragsbezogene und bedürftigkeitabhängige Leistung systematisch zur Sozialhilfe.

bb) Gesetzliche Rentenversicherung

Die Rentenversicherung in Spanien ist ähnlich aufgebaut wie die deutsche. Geregelt ist sie im Wesentlichen in Art. 160 bis 166 LGSS. Das Risiko des Alters gilt als allgemeines Risiko („*contingencia común*") nach Art. 115 - 116 LGSS. Danach sind alle Arbeitnehmer in Spanien mit Beginn eines abhängigen Beschäftigungsverhältnisses versichert. Nach dem Toledo-Pakt (1995) wurden schrittweise Verbesserungen eingeführt, um ein gerechtes System zu schaffen, und den Bedürfnissen der Rentner besser gerecht werden zu können.[376] Dabei sollten die Rentenbeiträge von Arbeitgebern und Arbeitnehmern bezahlt werden. Ansprüche können sie aber erst geltend machen, nachdem sie gemäß Art. 161 LGSS mindestens 15 Jahre Vorversicherungszeit nachweisen können. Zudem müssen mindestens zwei Jahre innerhalb der letzten 15 Jahre vor Verrentung liegen. Wenn das jährliche Einkommen von alleinstehenden älteren Personen geringer als 4.221€ ist, kann der Anspruchsberechtigte ab dem 65. Lebensjahr Sozialrente (als „*prestación no contributiva*" nach Art. 167 Abs. 1 LGSS) in Anspruch nehmen.[377]

Für Ausländer mit unrechtmäßigem Aufenthaltsstatus ist der Zugang somit sehr unwahrscheinlich, da u.a. diese Wartezeiten sogar häufig für Inländer schwer erfüllbar sind. Eine tatsächliche Vorversicherungszeit einschließlich der erforderlichen Formalien („*actos de encuadramiento*") und tatsächlich gezahlte Beiträge sind dabei zwingend.

III. Belastungsausgleich durch soziale Förderung und Teilhabe am Leben

1. Allgemeines und Anwendungsbereich

Bei der sozialen Förderung gilt weder das Äquivalenzprinzip (wie in der Sozialversicherung), noch das Bedürftigkeitsprinzip (wie in der Sozialhilfe). Das Ziel dieser Leistungen ist vielmehr, dem Einzelnen die Angleichung seiner sozialen Entfaltungsmöglichkeiten an gesellschaftliche Standards und die Teilnahme am sozialen Leben zu ermöglichen. Genauso wie die Sozialhilfe wird die

---

376 *Villota Gil-Escoin/Vázquez*, in: *Schubert/Hegelich/Bazant*, Europäische Wohlfahrtssysteme, 2008, S. 179.

377 Näher dazu *Barcelón Cobedo*, in: *González Ortega*, La protección social de los extranjeros en España, 2010, S. 333.

soziale Förderung durch Steuern finanziert, es muss hingegen keine besondere Bedürftigkeit bestehen.[378]

Fraglich ist, ob Ausländer mit fehlendem Aufenthaltsrecht Zugang zu Förderungsleistungen haben. Wie bereits erörtert, sind die Grundbedürfnisse dieser Gruppe durch die in Art. 14 Abs. 3 LEX[379] und Art. 12 LEX vorgesehenen Leistungen gedeckt. Die autonomen Regionen sind für die Verwaltung und Verteilung dieser Förderungsleistungen zuständig.

2. Inhalt und Leistungsumfang

Der Inhalt und Leistungsumfang der sozialen Förderungsleistungen in Spanien wird in zwei Abschnitte unterteilt: einerseits der soziale Ausgleich durch soziale Förderung (Familienleistungen und Wohnungswesen), andererseits die Teilhabe am Leben durch universelle Förderungsleistungen (Krankenversorgung, Pflegeversorgung und Bildung).[380]

a) Sozialer Ausgleich durch soziale Förderung

aa) Unterhaltsausgleich durch Familienleistungen

Nach Art. 39 CE[381] (dem ersten Artikel des dritten Kapitels über die Leitprinzipien der Sozial- und Wirtschaftspolitik) muss die öffentliche Gewalt den sozialen, wirtschaftlichen und rechtlichen Schutz der Familie gewährleisten.

Es ist allerdings erwähnenswert, dass Spanien die niedrigsten Familienleistungen in Europa gewährt.[382] Offensichtlich ist hier das Leitprinzip noch nicht

---

378 Vgl. *Muckel*, Sozialrecht, 2009, S. 425.

379 Art. 14 Abs. 3 LEX: Recht auf soziale Sicherheit und soziale Dienste. Ausländer haben unabhängig von ihrer aufenthaltsrechtlichen Situation Anspruch auf die sozialen Grundleistungen.

380 Vgl. *Villota Gil-Escoin/Vázquez*, in: *Schubert/Hegelich/Bazant*, Europäische Wohlfahrtssysteme, 2008, S. 170.

381 Art. 39 Abs. 1 CE: Die öffentliche Gewalt sichert den sozialen, wirtschaftlichen und rechtlichen Schutz der Familie.
(2) Die öffentliche Gewalt sichert ebenso den vollen Schutz der Kinder, die ungeachtet ihrer Abstammung vor dem Gesetz gleich sind, und den der Mütter ohne Ansehen ihres Familienstandes. Ein Gesetz ermöglicht die Nachprüfung der Vaterschaft.
(3) Die Eltern müssen sowohl ihren ehelichen wie nichtehelichen Kindern bis zu ihrer Volljährigkeit und in allen weiteren gesetzlich vorgesehenen Fällen jede Art von Beistand gewähren.
(4) Die Kinder genießen den in den internationalen Abkommen, die die Wahrung ihrer Rechte zum Ziel haben, vorgesehenen Schutz.

382 *Villota Gil-Escoin/Vázquez*, in: *Schubert/Hegelich/Bazant*, Europäische Wohlfahrtssysteme, 2008, S. 181-182.

vollständig erfüllt worden. Wie in anderen südeuropäischen Ländern ist das spanische Sozialleistungssystem durch ein traditionelles Familienbild geprägt,[383] und das ist immer noch das beste soziale Netz. Für den sozialen Schutz in Spanien ist oft die eigene Familie verantwortlich. Die Unterstützung der Familie bei der Kindererziehung und Pflege wird noch als selbstverständliche Pflicht betrachtet und hat bisher den Großteil der sozialen Dienstleistungen ausgemacht.[384]

Die finanziellen Unterstützungen sind eher als Aktion zur Armutsbekämpfung für arme Familien, denn als universelle Leistungen zum Ausgleich von Betreuungs- und Kinderunterhaltskosten gedacht.[385] Familienleistungen haben den Zweck der Minderung familiärer Unterhaltskosten.[386] Entsprechend ist die materielle Bedürftigkeit keine Voraussetzung. Jedoch müssen die Anspruchsberechtigten sich in Spanien rechtmäßig aufhalten.[387] Die Ausländer mit fehlendem Aufenthaltsrecht bleiben von den Familienleistungen ausgeschlossen.[388]

Die Familienleistungen sind (Art. 181-190 LGSS): Geldleistung für unter Betreuung genommene behinderte minderjährige Kinder,[389] Leistungen wegen Geburt oder Adoption von Kindern aus kinderreichen Familien, von alleinerziehenden Eltern oder behinderten Müttern,[390] Die Geldleistung für Mehrlingsgeburt oder mehrfache Adoptionen,[391] sowie Geldleistung für Geburt oder Adoption eines Kindes.[392] Geldleistung für Geburt oder Adoption eines Kindes gibt es nur für Kinder, die seit dem 3. Juli 2007 geboren wurden.[393] Die Hilfe

---

382 *Sánchez-Rodas Navarro/Rodríguez Benot*, in: *Pennings*, Between Soft and Hard Law, 2006, S. 73. Näher dazu EUROSTAT-Bevölkerungsstatistik, 2006, S. 127; Siehe zum europäischen Vergleich am Beispiel von Kindergeld.
http://de.wikipedia.org/wiki/Kindergeld (Stand: 22.10.2010).

383 *Saraceno*, in: *Sarasa Urdiola/Moreno Fernandez*, El Estado de Bienestar en la Europa del Sur, 1995, S. 261 ff.

384 *Villota Gil-Escoin/Vázquez*, in: *Schubert/Hegelich/Bazant*, Europäische Wohlfahrtssysteme, 2008, S. 180; *Abrahanson, Sarasa Urdiola/Moreno Fernandez*, El Estado del Bienestar en la Europa del Sur, 1995, S. 113 ff.

385 *Villota Gil-Escoin/Vázquez*, in: *Schubert/Hegelich/Bazant*, Europäische Wohlfahrtssysteme, 2008, S. 181.

386 *Villota Gil-Escoin/Vázquez*, in: *Schubert/Hegelich/Bazant*, Europäische Wohlfahrtssysteme, 2008, S. 182.

387 *Barcelón Cobedo*, in: *González Ortega*, La protección social de los extranjeros en España, 2010, S. 337.

388 *Lefebvre*, Memento Práctico, Seguridad Social, 2009-2010, Rn. 3492.

389 „Asignación económica por hijo menor acogido a cargo."

390 „Prestación económica por nacimiento o adopción de hijo en supuestos de familias numerosas, monoparentales y en los casos de madres discapacitadas."

391 „Prestación económica por parto o adopción múltiples."

392 „Prestación económica por nacimiento o adopción de hijo."

393 Näher dazu siehe *Torrollo González*, RMTAS 2008, S. 129 ff.

besteht aus einer einmaligen Zahlung von 2.500€ pro Geburt (sog. „*cheque-bebé*").[394] Bei Ausländern ist hierfür die zusätzliche Voraussetzung einer Aufenthaltsdauer von zwei Jahren zu beachten. Entsprechend muss die ausländische Mutter ihren rechtmäßigen Aufenthalt von zwei Jahren in Spanien nachweisen.[395]

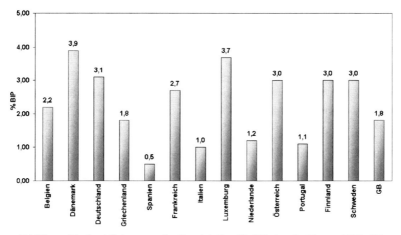

Abbildung 18: Sozialleistungen im Bereich Familie/Kinder (in % vom BIP). Eigene Darstellung nach Eurostat (2005): Social Protection Expenditure and Receipts, 1994-2002, Brüssel, S. 79.

Obwohl die Leistungen ähnlich wie die staatlichen Hilfen sind, ist der Zugang zu Familienleistungen in der autonomen Gemeinschaft des Baskenlandes für Ausländer mit fehlendem Aufenthaltsrecht möglich. Seit 2006 läuft der zweite interinstitutionelle Plan zur Unterstützung von Familien.[396] Der Antragsteller muss seit einem Jahr vor der Antragstellung im Einwohnermeldeamt einer bas-

---

394 Gesetz 35/2007 durch das der Steuerabzug für Personen und die einmalige Geldleistung der sozialen Sicherheit wegen Geburt oder Adoption festgelegt wird. („Ley 35/2007 por la que se establece la deducción por nacimiento o adopción en el Impuesto sobre la Renta de las Personas Físicas y la prestación económica de pago único de la Seguridad Social por nacimiento o adopción. BOE Nr. 275 v. 16.11.2007").

395 Die „*cheque-bebé*" wurde in Rahmen der Sparmaßnahmen der spanischen Regierung Ende 2010 abgeschafft.

396 „II Plan Interinstitucional de Apoyo a las Familias" (2006-2010). Erlass 255/2006 v.19.12.2006 für die Regulierung der Geldleistungen mit Söhne und Töchter („Decreto 255/2006, por el que se regulan las ayudas económicas con hijos e hijas"), BOPV, v. 27.12.2006.

kischen Gemeinde angemeldet sein.[397] Der zweite Plan fördert die internationale einfache wie mehrfache Adoption. Diese Förderungsleistungen haben ihre rechtliche Grundlage in Art. 10 Abs. 12 (Fürsorge) und Abs. 39 (Gesellschaftliche Entwicklung, Frau sein, Kindheits-, Jugendlichen- und Seniorenpolitik) des Autonomiestatutes (EE.AA).[398]

bb) Wohnungswesen

Nach Art. 47 CE haben alle Spanier ein Recht auf eine würdige und angemessene Wohnung. Damit soll aber nicht ein echtes subjektives Recht auf Erhalt einer Wohnung gewährt werden, sondern es wird nur eine Staatszielbestimmung formuliert. Das wird aus dem zweiten Satz deutlich, nach dem die öffentliche Gewalt die notwendigen Voraussetzungen zu fördern hat.[399] Um dieser Staatzielbestimmung gerecht zu werden, gibt es zwei Arten von Maßnahmen: a) finanzielle Unterstützungsmaßnahmen, wie unmittelbare finanzielle Hilfe, Immobilienkredit, Fördermittel, usw.), b) nicht-finanzielle Unterstützungsmaßnahmen, wie den sozialen Wohnungsbau zur Förderung des Angebots von Eigenwohnungen[400] („*viviendas de protección oficial*", VPO)[401] oder günstige Mietwohnungen, für die die Regierung häufig die subsidiäre Verantwortlichkeit bei Nichtbezahlen der Monatsmiete übernimmt.[402] Die letzte Maßnahme strebt die Förderung des Mietmarkts in Spanien an. Da die Spanier, anstatt zu mieten, eher dazu tendieren, Eigentumswohnungen zu kaufen, stehen viele Wohnungen leer. Daher gibt es im Mietmarkt mehr Nachfrage als Angebot.

Dem Wortlaut des Art. 47 CE der spanischen Verfassung nach[403] beschränkt sich das Recht auf eine würdige Unterbringung ausschließlich auf Spanier und gilt nicht für Ausländer. Es ist aber offensichtlich, dass das Recht auf eine würdige Wohnung auch für Ausländer eine Notwendigkeit ist, um eine minimale

---

397 Art. 4 Abs. 3 Verordnung 255/2006 v.19.12.2006, „por el que se regulan las ayudas económicas con hijos e hijas".
398 Organgesetz 3/1979, v. 18.12.1979, Autonomiestatut des Baskenlandes. BOPV Nr. 306 v. 22.12.1979.
399 *Losada González*, in: *Palomar Olmeda/u.a.*, Tratado de Extranjería, 2006, S. 179.
400 *García Garnica*, in: *Esplugues Mota*, Comentarios a la LEX, 2006, S. 375.
401 Königlicher Erlass 31/1978 über Sozialwohnungspolitik, BOE Nr. 267 v. 31.10.1978. („Real Decreto-Ley 31/1978, sobre política de viviendas de protección oficial").
402 Näher dazu Königlicher Erlass 2066/2008 v. 12.12.2008 „Plan Estatal de Vivienda y rehabilitación 2009-2012", BOE Nr. 309 v. 24.12.2008.
403 Art. 47 CE: alle Spanier haben das Recht auf eine würdige und angemessene Wohnung. Die öffentliche Gewalt fördert die notwendigen Voraussetzungen und setzt die entsprechenden Vorschriften zur wirksamen Anwendung dieses Rechts fest. Sie regelt die Nutzung des Bodens im Interesse der Allgemeinheit und zur Verhinderung der Spekulation.

Lebensqualität zu sichern und gleichzeitig die Menschenwürde zu garantieren. Deshalb gewährt das Ausländergesetz in Art. 13 LEX den legal in Spanien wohnenden Ausländern das gleiche Recht wie Spaniern, an den öffentlichen Angeboten teilzunehmen, die bei Hilfen und Subventionen in Wohnungsangelegenheiten angeboten werden.[404] Auch Art. 13 LEX erkennt kein subjektives Recht auf eine würdige und angemessene Wohnung an, sondern schafft hierfür nur gleiche Voraussetzungen wie für Staatsbürger.[405]

Das Verfassungsgericht (TC) definierte das Recht auf Wohnung als ein verallgemeinerbares Recht[406] (dritte Klassifizierung des Urteils STC 107/1984), das durch einfache Gesetze konkretisiert werden muss,[407] welche für Spanier abweichen können. Demnach setzt Art. 13 LEX einen rechtmäßigen Aufenthaltsstatus voraus.[408] Nichtsdestotrotz vertreten einige autonome Gemeinschaften die Auffassung, dass die Grundleistungen („*básicos*") nach Art. 14 Abs. 3 LEX die Bereitstellung einer angemessenen Wohnung umfassen, da dies eine Leistung ist, die die Menschenwürde bewahrt.[409] Zuständig für diese Unterstützungsmaßnahmen und ihre Voraussetzungen sind weitgehend die autonomen Gemeinschaften.[410] Wie bereits erörtert haben Ausländer nach Art. 14 Abs. 3 LEX unabhängig von ihrem Aufenthaltsstatus Zugang zu den Grundleistungen („*servicios y prestaciones básicas*"). Jede autonome Gemeinschaft bietet, je nach Auslegung des Begriffes „*básicas*", verschiedene Leistungen an.

Eine UNO-Studie über das Recht auf eine würdige Wohnung beschreibt Spanien als das Land in Europa, in dem am meisten gebaut wird, aber die größte Anzahl an Wohnungen leer steht und die wenigsten Personen sich einen Kauf leisten können.[411] Die Realität für viele Ausländer ohne rechtmäßigem Aufenthaltsstatus, die bei der Einreise festgenommen werden, sieht folgendermaßen aus: sie werden gemäß Art. 62 LEX zunächst in geschlossene Aufnahmeeinrichtungen, die sogenannten „*centros de internamiento para extranjeros*" (CIE)

---

404 *Losada González*, in: *Palomar Olmeda/u.a.*, Tratado de Extranjería, 2006, S. 179.

405 *García Garnica*, in: *Esplugues Mota*, Comentarios a la LEX, 2006, S. 364.

406 Urteil STC 107/1984 v. 23.11.1984, Rechtsgrundlage Nr. 3.

407 *Prados de Reyes/Olarte Encabo*, in: *Sempere Navarro*, El Modelo Social en la Constitución Española de 1978, 2003, S. 1403; *Pérez Royo*, Curso de Derecho Constitucional, 2002, S. 280.

408 *Pisarello*, in: Defensor del Pueblo, La actualidad de los derechos sociales, 2008, S. 57.

409 *García Garnica*, in: *Esplugues Mota*, Comentarios a la LEX, 2006, S. 367; *Pisarello*, in: Defensor del Pueblo, La actualidad de los derechos sociales, 2008, S. 57.

410 *Pisarello*, in: Defensor del Pueblo, La actualidad de los derechos sociales, 2008, S. 60.

411 Vgl. UNO-Bericht über das Recht auf eine würdige Wohnung v. *Miloon Kothari*, A/HRC/7/16/Add.2, v.7.2.2008.

interniert, bis die Abschiebung stattfindet.[412] Aber nach dem Gesetz (Art. 62 Abs. 2 LEX) dürfen sie sich in der Aufnahmeeinrichtung nur 60 Tage aufhalten. Allerdings ist die Internierungszeit in Spanien im Vergleich mit EU-Vorschriften bzw. der EU-Rückführungsrichtlinie[413] noch sehr kurz (3-18 Monate). Wenn aber Abschiebungshindernisse bestehen, wonach die Abschiebung nicht durchgeführt werden kann bzw. die Identität und das Herkunftsland nicht ermittelt werden können, werden die Ausländer freigelassen (Art. 141 RLEX).[414] Demzufolge können sie sich trotz ihres unrechtmäßigen Aufenthaltsstatus faktisch frei in Spanien aufhalten. Nach den vorgeschriebenen 60 Tagen Aufenthaltsdauer in staatlichen Lagern sind sie völlig auf sich selbst gestellt und haben keinerlei Zugang zu Versorgung, Arbeit und Unterkunft. Diese prekäre Lage führt häufig zu dem sogenannten Schneeballeffekt, weil sie sich dadurch erst keine Unterkunft bzw. Wohnung beschaffen können und dies wiederum die Anmeldung im Einwohnermeldeamt verhindert. Im Fall der autonomen Gemeinschaft des Baskenlandes beispielsweise kann nach Art. 15 des Erlasses[415] 315/2002 erst eine Sozialwohnung beantragt werden, wenn der Antragsteller mindestens ein Jahr im Einwohnermeldeamt gemeldet ist.[416] Ohne Anmeldung aber sind sie bei den Sozialämtern nicht bekannt bzw. registriert und haben somit praktisch keinen Zugang zu den meisten Sozialleistungen. Sie befinden sich dann in einer Situation der extremen rechtlichen Verletzlichkeit und Anfälligkeit, denn sie existieren nicht für die Sozialbehörden.

---

412 Diese Lage ist in Spanien sehr umstritten. So hat im Mai 2008 der erste Streik von Migranten mit fehlendem Aufenthaltsrecht in Spanien stattgefunden. „Der kleinen spanischen Gewerkschaft für Arbeitsmigranten (SOI) geht es nicht nur um Arbeitsbedingungen. Sie ruft auch zum Protest gegen die Lager auf, in denen Einwanderer interniert werden. Dort haben Einwanderer in den vorhergehenden Monaten, wie in Lagern in Belgien, Österreich oder Frankreich, mit Hungerstreiks gegen ihre Behandlung protestiert. Die SOI fordert die Abschaffung solcher Lager, in denen die Rechte der Menschen systematisch verletzt würden."
http://www.heise.de/tp/r4/artikel/27/27798/1.html (Stand: 28.12.2008).
413 Richtlinie 2008/115/EG des europäischen Parlaments und des rates über gemeinsame Normen und Verfahren in den Mitgliedstaaten zur Rückführung illegal aufhältiger Drittstaatsangehöriger. ABl. L 348/98 v. 24.12.2008.
414 Kgl. Verordnung 2393/2004 mit die Durchführungsverordnung zum Organgesetz 4/2000 v. 11.1.2000, über die Rechte und Grundfreiheiten von Ausländern in Spanien und ihre soziale Integration (RLEX), verabschiedet wird, BOE Nr. 6, v. 7.1.2005, wurde reformiert durch die Kgl. Verordnung 2393/2004 wurde durch die Kgl. Verordnung 1019/2006, v. 8.9.2006 (BOE Nr. 228 v. 23.9.2006), durch die Kgl. Verordnung 240/2007, v. 16.2.2007 (BOE Nr. 51 v. 28.2.2007), durch die Kgl. Verordnung 1162/2009, v. 10.7.2009 (BOE Nr. 177 v. 23.7.2009) und durch die Kgl. Verordnung 942/2010 v. 23.7.2010 (BOE Nr. 189 v. 5.8.2010).
415 Erlass 315/2002 über Sozialwohnungen und finanzielle Maßnahmen in Bezug auf Immobilien und Grundstücke, BOPV Nr. 249 v. 30.12.2002. („Decreto 315/2002, sobre régimen de viviendas de protección oficial y medidas financieras en materia de vivienda y suelo").
416 *Zarauz*, Padrón municipal y las personas extranjeras, 2007, S. 223.

b) Förderung durch universelle Leistungen

Gesundheitsfürsorge (Art. 12 LEX), Bildung (Art. 9 LEX) und seit neuestem die Pflegeversorgung, gelten als Bestandteil der drei Säulen[417] des spanischen Wohlfahrtstaates.[418] Diese grundlegenden Bereiche des Wohlfahrtstaates werden universell gewährt.[419]

Wie bereits erörtert, gehören die meisten sozialen Rechte in die dritte Klassifizierung des verfassungsrechtlichen Urteils[420] STC 107/1984, die sog. verallgemeinerbaren Rechte.[421] Demnach werden diese Rechte für Ausländer nach einfachem Gesetz bestimmt[422] und können damit von denen der Spanier abweichen.[423]

Es gibt aber bestimmte soziale Rechte, wie beispielsweise das Recht auf Bildung (Art. 9 LEX i. V. m. Art. 27 CE), die nach dem Urteil[424] STC 236/2007 in Spanien universell zu gewährleisten sind, deshalb gehören sie nicht in die dritte Klassifizierung, sondern in die erste.[425] Demnach müssen diese Rechte immer im gleichen Umfang wie für Spanier gewährt werden, da es sich um Verfassungsrecht handelt, das die Menschenwürde[426] (Art. 10 Abs. 1 CE) zu achten hat, die als Grundlage der politischen Ordnung und des sozialen Friedens dient.[427] Bisher gibt es keine Gerichtsentscheidungen im Hinblick auf Gesund-

---

417 Öffentliche soziale Dienstleistungen (Art. 14 Abs. 3 LEX) gelten als vierte Säule, aber in der vorliegende Untersuchung werden sie in Sozialhilfe eingeteilt.

418 *Montilla Martos*, in: Defensor del Pueblo, La actualidad de los derechos sociales, 2008, S. 29; *Villota Gil-Escoín/Vázquez*, in: *Schubert/Hegelich/Bazant*, Europäische Wohlfahrtssysteme, 2008, S. 172-173.

419 *Grande Gascón/Pérez Pérez*, in: *Molina Navarrete/Peréz Sola/Esteban de la Rosa*, Inmigración e Integración de los Extranjeros en España, 2009, S. 331.

420 Urteil STC 107/1984 v. 23. 11. 1984 (RTC 1984, 107).

421 *Prados de Reyes/Olarte Encabo*, in: *Sempere Navarro*, El Modelo Social en la Constitución Española de 1978, 2003, S. 1403; *Rivera Sanchez*, La protección derivada de contingencias profesionales, 2001, S. 10 ff.

422 *Pérez Royo*, Curso de Derecho Constitucional, 2002, S. 280; *Prados de Reyes/Olarte Encabo*, in: *Sempere Navarro*, El Modelo Social en la Constitución Española de 1978, 2003, S. 1403.

423 *García Ruiz*, in: *Revenga Sánchez*, Problemas constitucionales de la inmigración, 2005, S. 503.

424 Urteil STC 236/2007, v. 7.11.2007.

425 Vgl. *Pérez Royo*, Curso de Derecho Constitucional, 2002, S. 280.

426 Art. 10 CE: (1) Die Würde des Menschen, die unverletzlichen Rechte, die ihr innewohnen, die freie Entfaltung der Persönlichkeit, die Achtung des Gesetzes und der Rechte anderer sind die Grundlagen der politischen Ordnung und des sozialen Friedens.
(2) Die Normen, die sich auf die in der Verfassung anerkannten Grundrechte und Grundfreiheiten beziehen, sind in Übereinstimmung mit der Allgemeinen Erklärung der Menschenrechte und den von Spanien ratifizierten internationalen Verträgen und Abkommen über diese Materien auszulegen.

427 *Roig Molés*, in: *Sempere Navarro*, El Modelo Social en la Constitución Española de 1978, 2003, S. 620.

heits- oder Pflegeleistungen. Die medizinische Versorgung könnte im Zusammenhang mit dem Recht auf Leben und körperliche Unversehrtheit (Art. 15 CE) verstanden werden,[428] das TC hat sich aber noch nicht dazu geäußert. Da diese beiden Rechte, genauso wie die Bildung, universell und (fast) ohne Bedingungen[429] allen gewährt werden, werden sie auch Ausländern mit fehlendem Aufenthaltsrecht gewährt.

Es lässt sich hier feststellen, dass die Voraussetzung der Anmeldung im Einwohnermeldeamt für den Zugang zu universellen sozialen Rechten für Ausländer als eine Einschränkung wirken kann, da sie ohne Anmeldung das Leistungsrecht nicht unter den gleichen Bedingungen wie Spanier wahrnehmen können. Ohne Anmeldung werden diese Leistungen nicht „universell" gewährt.[430] Hier ist aber der Sozialstaat nicht für diese Rechtlosigkeit verantwortlich, da die Anmeldungspflicht für alle, Inländer sowie Ausländer, Pflicht ist. Hier findet keine Ungleichbehandlung statt. Entsprechend handelt es sich hier um kein rechtliches Problem, sondern um eine „faktische Rechtlosigkeit". Der spanische Sozialstaat gewährt diesen Menschen ein Recht auf Gesundheitsschutz, Pflege und Bildung, aber dafür müssen sie, genauso wie Inländer, die Anmeldungspflicht erfüllen.

aa) Gesundheitsfürsorge

Neben der Universalisierung fand auch eine Dezentralisierung[431] des spanischen Gesundheitssystems statt, welche im Jahr 2001[432] vorerst vollendet wurde.[433]

Dieses Gesundheitssystem unterhält hierzu neben den Krankenhäusern ein Netz von angestellten Ärzten, welche für bestimmte Stadtviertel, Gemeinden und Landkreise zuständig sind. Eine freie Arztwahl gibt es grundsätzlich nicht.

---

428 *Rivero,* Protección de la salud y estado Social de Derecho, 2000, S. 46.

429 Mit der Ausnahme der Anmeldung am Einwohnermeldeamt.

430 *Grande Gascón/Pérez Pérez,* in: *Molina Navarrete/Peréz Sola/Esteban de la Rosa,* Inmigración e Integración de los Extranjeros en España, 2009, S. 331.

431 *Villota Gil-Escoín/Vázquez,* in: *Schubert/Hegelich/Bazant,* Europäische Wohlfahrtssysteme, 2008, S. 171; *Hernández Bejarano,* La Ordenación Sanitaria en España, 2004, S. 16; *Sáenz Rojo,* Estado Social y Descentralización Política, 2003, S. 171; *Borgmann,* Das dezentrale Spanien in der EG, 1991, S. 21.

432 „Ley 21/2001, v. 27.12.2001, por la que se regulan las medidas fiscales y administrativas del nuevo sistema de financiación de las Comunidades Autónomas de régimen común y Ciudades con Estatuto de Autonomía", BOE Nr. 313, v. 31.12.2001 (Gesetz 21/2001, v. 27.12.2001, zur gemeinsamen Regelung der Steuer- und Verwaltungsmaßnahmen des neuen Finanzierungssystems der Autonomen Gemeinschaften und der Städte mit Autonomiestatut).

433 *Maldonado Molina,* in: *Monereo Pérez,* Comentario práctico a la legislación reguladora de la Sanidad en España, 2007, S. 104; *Alvarez Gónzalez,* Régimen Jurídico de la Asistencia Pública 2007, S. 334; *Hernández Bejarano,* La Ordenación Sanitaria en España, 2004, S. 107.

Auch sonstige nichtversicherte und nichtbedürftige Personen dürfen behandelt werden. Deren Abrechnung erfolgt dann über die staatliche „INSS", welche auf nationaler Ebene die Finanzierung für das ganze System regelt.[434] Mit der Gesetzesreform[435] 24/1997 erfolgt insgesamt die Finanzierung hauptsächlich durch Steuergelder.[436] Trotzdem werden von den Arbeitnehmern nach wie vor Beiträge für die Krankenversicherung eingezogen.[437]

Für das Gesundheitswesen haben inzwischen alle siebzehn autonomen Gemeinschaften mit Ausnahme der beiden afrikanischen Exklaven Ceuta und Melilla eigene Regelungen und Institutionen eingeführt.[438] Diese haben für die Bereitstellung öffentlicher Gesundheitsleistungen kontinuierlich an Bedeutung gewannen. Im „Rat für Steuer- und Finanzpolitik" im Jahr 2005 wurde eine Vereinbarung getroffen, um eine homogenere Qualität der Gesundheitsleistungen, unabhängig vom Einkommen der autonomen Gemeinschaft, in ganz Spanien zu schaffen.[439]

Es ist angebracht, dass man das nationale Gesundheitssystem Spaniens, da es sich um ein universelles Leistungsrecht handelt, jetzt als ein System der sozialen Förderung einordnet. Für die Anspruchsberechtigung muss keine besondere Bedürftigkeit bestehen oder nachgewiesen werden,[440] sondern dieses Recht auf medizinische Versorgung wird allen Bürgern gewährt. Bei diesen medizinischen Leistungen, anders als den Sozialhilfeleistungen, gilt das Bedürftigkeitsprinzip nicht als Hauptanknüpfungspunkt. Es werden die Gesundheitsleistungen in den autonomen Gemeinschaften unabhängig von Versicherungsbeiträgen oder sozialhilfetypischen Vermögensverhältnissen gewährt, weshalb die Gesundheitsversorgung nun dogmatisch einer Förderungsleistung näher steht, weil sie dem Ausgleich der besonderen Belastung durch Krankheiten dient und vor allem die Teilnahme am Leben ermöglicht.

---

434 *Palomar Olmeda/Hervás Bautista*, Guía de Extranjería, 2006, S. S. 140; *Hernández Bejarano*, La Ordenación Sanitaria en España, 2004, S. 106; *Blasco Lahoz/López Gandía*, Seguridad Social Práctica, 2001, S. 613.

435 Gesetz 24/1997 zur Konsolidierung und Rationalisierung der Sozialversicherung („Ley 24/1997 de Consolidación y Racionalización del Sistema de Seguridad Social"), BOE Nr. 169, v. 16.7.1997.

436 *Villota Gil-Escoín/Vázquez*, in: *Schubert/Hegelich/Bazant*, Europäische Wohlfahrtssysteme, 2008, S. 174.

437 *Hernández Bejarano*, La Ordenación Sanitaria en España, 2004, S. 99.

438 *Alvarez Gónzalez*, Régimen Jurídico de la Asistencia Pública 2007, S. 40. In Ceuta und Melilla ist nach wie vor das „*Instituto Nacional de Gestión Sanitaria*" vertreten.

439 *Villota Gil-Escoín/Vázquez*, in: *Schubert/Hegelich/Bazant*, Europäische Wohlfahrtssysteme, 2008, S. 175.

440 Vgl. *Muckel*, Sozialrecht, 2009, S. 425.

Die Gesundheitsversorgung („*asistencia sanitaria*") für Drittstaatsangehörige wird dabei in den verschiedenen Abschnitten des Art. 12 LEX geregelt. Art. 12 LEX hat (auch) einen subsidiären Charakter, d. h. anspruchsberechtigt sind Personen, die in der Krankenversicherung nicht versichert sind.[441] Da es sich um ein universelles Recht handelt, beziehen sich die in Art. 12 LEX[442] betrachteten verschiedenen Konstellationen damit auch auf Ausländer, die sich unrechtmäßig in Spanien aufhalten.[443]

Nach Art. 12 Abs. 2 LEX haben Ausländer, die sich in Spanien befinden, Anspruch auf öffentliche medizinische Notversorgung beim Auftreten schwerer Krankheiten oder bei Unfällen,[444] unabhängig von deren Ursache. Minderjährige (Art. 12 Abs. 3 LEX) oder schwangere Ausländerinnen[445] (Art. 12 Abs. 4 LEX), die sich in Spanien befinden, haben zu den gleichen Bedingungen wie Spanier gemäß ein Recht auf gesundheitliche Versorgung.[446] Bei dieser medizinischen Versorgung handelt es sich um ein „Jedermannsrecht".[447]

Ausländer mit unrechtmäßigen Aufenthaltsstatus, die im Einwohnermeldeamt nach dem Gemeindeverfassungsgesetz[448] (LRBRL) einer Gemeinde angemeldet sind, haben einen Anspruch auf die gleichen Leistungen bei Krankheit zu gleichen Bedingungen wie Inländer (Art. 12 Abs. 1 LEX). Es genügt, dass der Ausländer sich im Inland aufhält und die Meldung im städtischen Einwohnermeldeamt vorweist.[449] Nach der Anmeldung gilt der Gleichheitsgrundsatz mit Spa-

---

441 *Rueda Valdivia*, in: *Esplugues Mota*, Comentarios a la LEX, 2006, S. 330.

442 Organgesetz 4/2000, v. 11.1.2000 über die Rechte und Grundfreiheiten von Ausländern in Spanien und ihre soziale Integration (BOE Nr. 10 v. 12.1.2000), reformiert durch das Organgesetz 8/2000, v. 22 Dezember (BOE Nr. 307 v. 23.12.2000), durch Organgesetz 11/2003, v. 29.9.2003 (BOE Nr. 234 v. 30.9.2003), durch Organgesetz 14/2003, v. 20.11.2003 (BOE Nr. 279 v. 21.11.2003), durch Organgesetz 2/2009, v. 11.12.2009 (BOE Nr. 299 v. 12.12.2009).

443 *Blasco Lahoz, López Gandía, Momparler Carrasco*, Curso de Seguridad Social, 2005, S. 137.

444 Art. 12 Abs. 2 LEX nimmt Bezug auf Art. 28 der UN-Konvention über den Schutz der Rechte der Wanderarbeiter v. Juli 2003 und das IAO Übereinkommen 19 v. 1925, ratifiziert durch das Königliche Gesetz v. 24.3.1928. *Quintero Lima*, in: *González Ortega*, La protección social de los extranjeros en España, 2010, S. 229.

445 Bezugnahme auf das UN-Übereinkommen über die Rechte des Kindes v. 20.11.1989 und die IAO Übereinkommen Nr. 3, Nr. 103 und Nr. 102. *Quintero Lima*, in: *González Ortega*, La protección social de los extranjeros en España, 2010, S. 229.

446 *Lantarón Barquín*, in: *González Ortega*, La protección social de los extranjeros en España, 2010, S. 443; *Rueda Valdivia*, in: *Esplugues Mota*, Comentarios a la LEX, 2006, S. 335.

447 *De Miguel Pajuelo*, in: *Palomar Olmeda/u.a.*, Tratado de Extranjería, 2006, S. 607; *Rivero*, Protección de la salud y estado Social de Derecho, 2000, S. 46.

448 Das Gesetz 7/1985, Gemeindeverfassungsgesetz (LRBRL), BOE Nr. 80 v. 3.4.1985. Personalien bei der Anmeldung (Art. 16 Abs. 2 LRBRL): Name, Vorname, Geschlecht, gewöhnlicher Aufenthalt, Staatsangehörigkeit, Geburtstag und Geburtsort, Passnummer, Ausbildung.

449 *Lantarón Barquín*, in: *González Ortega*, La protección social de los extranjeros en España, 2010, S. 441-446; *Gorelli Hernandez/Vílchez Porras*, in: *Sánchez-Rodas Navarro*, Extranjeros en España- Régimen Jurídico, 2001, S. 123.

niern. Die Einschreibung im Einwohnermeldeamt entspricht keinem legalen Aufenthalt (Art. 18 Abs. 2 Gesetz 57/2003),[450] vielmehr handelt es sich um einen faktischen Aufschub der Abschiebung, weil dies obwohl der Ausländer bei den Behörden registriert ist, keine aufenthaltsrechtlichen Konsequenzen nach sich zieht.[451] Vielmehr wird er in der Praxis geduldet.

bb) Pflegeversorgung

Die spanische Pflegeversorgung („*Ley de dependencia*"[452]), die aus Steuermitteln finanziert wird, wurde im Januar 2007 neu eingeführt.

Das neue System für Autonomie und Pflegeversorgung („*Sistema para la Autonomía y Atención a la Dependencia*", SAAD) gewährleistet die Mindestbedingungen und die gemeinsamen Inhalte der Pflegeversorgung in Spanien (Art. 1 Abs. 1). Bis zur Verabschiedung dieses Gesetzes war die Versorgung sowie die Rechtslage in den verschiedenen autonomen Gemeinschaften bei der Pflegebedürftigkeit sehr uneinheitlich und heterogen.[453] Das SAAD dient dazu, die Zusammenarbeit der verschiedenen öffentlichen Stellen, zur Optimierung der öffentlichen wie privaten Mitteln und der Förderung der Lebensqualität der Bürger (Art. 6 Abs. 1 Pflegeversorgungsgesetz) zu regeln.

Die Pflegeversorgung trägt dem Art. 149 Abs. 1 Nr. 1 CE i. V. m. Art. 50 CE Rechnung, nach dem die öffentliche Gewalt eine Politik der Vorsorge, Behandlung, Rehabilitation und Eingliederung der körperlich und geistig Behinderten betreibt, er dient als Einheitlichkeitsklausel[454] („*principio de uniformidad*") der Grundbedingungen eines sozialen Mindestmaßes.[455] Demnach muss der Staat die Grundbedingungen, die die Gleichheit aller Spanier bei der Ausübung der verfassungsmäßigen Rechte und die Erfüllung der verfassungsmäßigen Pflichten

450 Art. 18 Abs. 2 Gesetz 57/2003; zu Maßnahmen für die Modernisierung der lokalen Regierung, BOE Nr. 279 v. 21.11.2003. Vgl. *Grande Gascón/Pérez Pérez*, in: *Molina Navarrete/Peréz Sola/ Esteban de la Rosa*, Inmigración e Integración de los Extranjeros en España, 2009, S. 327; *Gorelli Hernandez/Vílchez Porras*, in: *Sánchez-Rodas Navarro*, Extranjeros en España - Régimen Jurídico, 2001, S. 123.

451 *Grande Gascón/Pérez Pérez*, in: *Molina Navarrete/Peréz Sola/Esteban de la Rosa*, Inmigración e Integración de los Extranjeros en España, 2009, S. 327.

452 Gesetz 39/2006 zur Förderung der persönlichen Selbständigkeit und der Fürsorge für pflegebedürftige Personen („Ley 39/2006 de Promoción de la Autonomía Personal y Atención a las personas en situación de dependencia"), BOE Nr. 229, v. 15.12.2006.

453 *Blasco Rasero*, in: *González Ortega*, La protección social de los extranjeros en España, 2010, S. 393; *Lafuente Cubillo/Encinar del Pozo*, Guía práctica sobre la atención de Personas en Situación de Dependencia, 2008, S. 16; *Montilla Martos*, in: Defensor del Pueblo, La actualidad de los derechos sociales, 2008, S. 34.

454 *Montilla Martos*, in: Defensor del Pueblo, La actualidad de los derechos sociales, 2008, S. 37.

455 Urteil STC 13/1992, v. 6.2.1992, Rechtsgrundlage Nr. 14.

gewährleisten, festlegen. Art. 149 Abs. 1 Nr. 1 CE gewährleistet ein staatliches Mindestmaß (*„contenido mínimo común"*) für alle pflegebedürftigen Personen innerhalb des spanischen Territoriums bzw. in allen autonomen Gemeinschaften. Andererseits gewährleistet und fördert die öffentliche Gewalt den Bürger im Ruhestand und ihr gesamtes Wohlergehen durch ein System sozialer Leistungen, das ihre spezifischen Gesundheitsprobleme berücksichtigt (Art. 50 CE).

Art. 7 Pflegeversorgungsgesetz regelt drei verschiedene Arten der Finanzierung der Pflege: 1) nationale Grundversorgung (*„Administración General del Estado"*, AGE); 2) Zusammenarbeit der Grundversorgung (AGE) mit den Diensten der autonomen Gemeinschaften; 3) zusätzlicher Schutz, der von den jeweiligen autonomen Gemeinschaft frei bestimmt werden kann. Zusammengefasst bezweckt das Gesetz die Gewährleistung einer Mindestversorgung (*„condiciones básicas"*) des subjektiven Rechts auf Pflege (sog. Grundpflegeversorgung) für alle Spanier, um die Teilnahme am alltäglichen Leben zu fördern.[456] Das System für Autonomie und Pflegeversorgung (SAAD) gewährleistet eine staatliche Mindestpflegeversorgung, die in den autonomen Gemeinschaften ergänzt (zweite Stufe) und erweitert (dritte Stufe) werden kann.

Art. 2 Abs. 3 definiert die Aktivitäten des alltäglichen Lebens (*„actividades básicas de la vida diaria"*) als Grundtätigkeiten eines Menschen, die ein Mindestmaß an Autonomie und Unabhängigkeit beinhaltet wie beispielsweise: Körperpflege und Hygiene, grundlegende Aufgaben im Haushalts, Mobilität, Personen und Objekte zu erkennen, sich zu orientieren, Befehle oder einfache Aufgaben zu verstehen und umzusetzen. Der Gesetzgeber wollte die Interessen der schwachen pflegebedürftigen Menschen der Gesellschaft auf der Grundlage des Solidaritätsprinzips schützen.[457] Nach Schätzungen gibt es 1.173.764 pflegebedürftige Menschen in Spanien, das entspricht 2,60% der Gesamtbevölkerung.[458] Nach Art. 3 Abs. 1 lit.b gilt in der Pflegeversorgung der Universalitätsgrundsatz für alle Spanier. Nach Art. 5 Abs. 1 lit.c Pflegeversorgungsgesetzes sind anspruchsberechtigt nur Spanier, die einen Aufenthalt von fünf Jahren in Spanien nachweisen können, wobei die letzten zwei Jahre mittelbar vor dem Antrag auf Pflegeversorgung liegen müssen. Im Hinblick auf die Ausländer verweist das Pflegeversorgungsgesetz 39/2006 auf das Ausländergesetz (LEX) und die internationalen und zwischenstaatlichen Verträge (Art. 5 Abs. 2 Pflegeversorgungsgesetz).

Andererseits haben alle Ausländer unabhängig von ihrem Aufenthaltsstatus, wie bereits erörtert, ein Recht auf Grundleistungen (*„prestaciones básicas"*)

---

456 *Montilla Martos*, in: Defensor del Pueblo, La actualidad de los derechos sociales, 2008, S. 29.
457 *Montilla Martos*, in: Defensor del Pueblo, La actualidad de los derechos sociales, 2008, S. 30.
458 Resolution des Instituts für Senioren und soziale Dienste v. 23.5.2007, BOE v. 2.6.2007.

nach Art. 14 Abs. 3 LEX. Der regionale Rat des SAAD entscheidet, was unter Grundleistungen zu verstehen ist.[459] Darunter fällt in der Regel die erste staatliche Pflegestufe des SAAD (Art. 7 Abs. 1 Pflegeversorgungsgesetz).[460] Ausländer, die im Baskenland wohnen, haben prinzipiell ein Recht auf Grundleistungen (*„prestaciones básicas"*), die auch gewisse Pflegeleistung umfassen. Da aber die Bewertung und Diagnose der Pflegebedürftigkeit keine Grundleistungen sind, sondern vielmehr zu der Kategorie der allgemeinen Leistungen (*„prestaciones generales"*) gehören, kann der Ausländer mit unrechtmäßigem Aufenthaltsstatus nicht als pflegebedürftig eingestuft werden. Als Konsequenz hat er keinen Zugang zu den Grundleistungen die ihm zustehen.[461]

Nur die minderjährigen Ausländer haben unabhängig von ihrem Aufenthaltsstatus[462] ein Recht auf Pflegeversorgung wenn sie sich tatsächlich in Spanien aufhalten (Art. 14 Abs. 2 S. 2 LEX).[463]

Der Grundsatz „die Pflegeversicherung folgt der Krankenversicherung" könnte in Spanien dann – wie in Deutschland – Geltung haben, wenn Ausländer Anspruch auf öffentliche medizinische Notversorgung beim Auftreten schwerer Krankheiten oder bei Unfällen (Art. 12 Abs. 2 LEX) haben. Eine gemeinsame Auslegung beider Vorschriften (Art. 14 Abs. 3 LEX i. V. m. Art. 12 Abs. 2 LEX) könnte ein Mindestmaß der staatlichen Versorgung bzw. Grundversorgung (AEG) bei pflegebedürftigen Ausländer gewährleisten.[464]

---

459 *Blasco Rasero,* in: *González Ortega,* La protección social de los extranjeros en España, 2010, S. 389.

460 *Montilla Martos,* in: Defensor del Pueblo, La actualidad de los derechos sociales, 2008, S. 44; *González Ortega,* in: *ders.,* La protección social de los trabajadores extranjeros, 2006, S. 229.

461 *Blasco Rasero,* in: *González Ortega,* La protección social de los extranjeros en España, 2010, S. 396.

462 Art. 14 Abs. 2 S. 2 LEX Die noch nicht volljährigen Ausländer mit Behinderungen, die ihren tatsächlichen Aufenthalt in Spanien haben, werden das Recht haben auf Behandlung, Leistungen und besondere Pflege, die ihr körperlicher und geistiger Zustand erfordert.

463 *Blasco Rasero,* in: *González Ortega,* La protección social de los extranjeros en España, 2010, S. 389.

464 *Blasco Rasero,* in: *González Ortega,* La protección social de los extranjeros en España, 2010, S. 398; *González Ortega,* in: *ders.,* La protección social de los trabajadores extranjeros, 2006, S. 230. Gegner dieser These sind der Auffassung, dass ein rechtmäßiger Aufenthalt eine unentbehrliche Voraussetzung sein sollte. *Montoya Melgar,* El Empleo Ilegal de Inmigrantes, 2007, S. 143; *Cavas Martínez/Sempere Navarro,* Ley de Dependencia, 2007, S. 102.

cc) Bildung

Nach Art. 27 CE haben alle Menschen ein Recht auf Bildung („*derecho a la educación*").[465] Es handelt sich um ein subjektives Recht, das durch die Verfassung besonders geschützt ist.[466] Nach Art. 27 CE ist das Ziel der Bildung Teil der Entfaltung der menschlichen Persönlichkeit nach Art. 10 Abs. 1 CE. Während in den 1980er Jahren die Einrichtung eines universellen und kostenlosen Bildungssystems für Jugendliche bis zu ihren 16. Geburtstag begann, wurde in den 1990er Jahren der Prozess der Kompetenzverteilung an die autonomen Gemeinschaften im Bildungsbereich vollendet.[467] Inhaltlich unterscheidet man bezüglich des Rechts auf Bildung zwischen grundlegender Pflichtbildung (Art. 9 Abs. 1 S. 1 LEX) und Recht auf nicht-verpflichtende Bildung (Art. 9 Abs. 1 S. 2 LEX).[468] Die Diskussion in Spanien geht darum, inwiefern Ausländern der Zugang zu kostenloser Pflicht- und freiwilliger Bildung zusteht.

Erstere ist verpflichtend („*educación obligatoria*") und kostenfrei und beinhaltet zehn Jahre Schulbesuch.[469] Art. 9 Abs. 1 S. 1 LEX erkennt das Recht auf Grundbildung für alle ausländischen Minderjährigen unter den gleichen Bedingungen wie für Spanier an.

Denn ungeachtet ihres Aufenthaltsstatus haben die Minderjährigen, die unrechtmäßig in Spanien leben nach Art. 9 LEX bis zum Alter von 16 Jahren ein Recht auf kostenlose verpflichtende Schuldindung. Die Gleichstellung mit den Staatsbürgern bezieht sich gemäß Art. 9 Abs. 1 S. 1 LEX auch auf das Recht auf Zugang zu den öffentlichen Förderungssystemen der Stipendien und anderen Hilfen. Diese spielen als ein integratives Element in der Gesellschaft eine wichtige Rolle.[470] Art. 42 Abs. 2 des Organgesetzes 10/2002, über die Qualität der

---

465 Art. 27 CE: (1) Alle haben das Recht auf Bildung. Die Freiheit des Unterrichts wird anerkannt. (2) Ziel der Erziehung ist die volle Entfaltung der menschlichen Persönlichkeit unter Achtung der demokratischen Grundsätze des Zusammenlebens sowie der Grundrechte und Grundfreiheiten. (3) Der Grundschulunterricht ist obligatorisch und kostenlos.

466 Näher dazu Urteil STC 236/2007, v. 7.11.2007.

467 *Villota Gil-Escoín/Vázquez*, in: *Schubert/Hegelich/Bazant*, Europäische Wohlfahrtssysteme, 2008, S. 176.

468 Der Art. 9 des Organgesetzes 10/2002 zur Qualität der Erziehung, BOE Nr. 307, v. 24.12.2002 („Ley Orgánica 10/2002 de Calidad de la Educación") legt fest, was unter Grunderziehung zu verstehen ist. Sie beginnt im Alter von 6 Jahren und dauert bis zum 16. Lebensjahr. Darüberhinaus haben die Schüler das Recht, bis zum Alter von 18 Jahren weiter die Schule zu besuchen, unter den Bedingungen, die von diesem Gesetz festgelegt wurden.

469 Sechs Jahre „educación primaria" und vier Jahre „educación secundaria".

470 *Esteban de la Rosa*, in: *Esplugues Mota*, Comentarios a la LEX, 2006, S. 211. So weist der Art. 9 Abs. 4 LEX (Art. 29 Abs. 1 lit. c Übereinkommen der Rechte der Kinder, 20.10.1989) darauf hin, dass die öffentlichen Gewalten dafür Sorge tragen, dass Ausländer mit

Erziehung, widmet diesem Problem Aufmerksamkeit im Abschnitt für ausländische Schüler.[471] Die Verwaltung soll danach die Integration von Ausländern im Bildungssystem fördern: beispielsweise durch spezielle Klassenverbände in normalen Schulen und Programme zur beruflichen Ausbildung.[472] Schließlich sollen die Stipendien und Hilfeleistungen dazu dienen, die Teilnahme aller Bürger am wirtschaftlichen, kulturellen und gesellschaftlichen Leben zu fördern. Damit sollen die Menschenwürde und die freie Entfaltung der Persönlichkeit nach Art. 10 Abs. 1 CE[473] gewährleistet werden.

Andererseits regelt Art. 9 Abs. 1 S. 2 LEX das Recht auf nicht-verpflichtende Schulbildung bzw. zusätzliche Bildungsjahre für die Abiturjahrgänge, Studium und andere Weiterbildungsmöglichkeiten, welche vom spanischen Staat entweder kostenlos oder zumindest vergünstigt zur Verfügung gestellt werden. Dieses Recht war im Ausländergesetz 14/2003 nur für Ausländer mit rechtmäßigem Aufenthaltsstatus vorgesehen. Während Art. 9 Abs. 3 LEX für die nicht-verpflichtende Schulbildung einen rechtmäßigen Aufenthaltsstatus verlangte, erlaubte das Ausbildungsgesetz[474] eine Ausbildung für alle Minderjährigen unabhängig vom Aufenthaltsstatus. Die Anordnung Nr. 14 der Verordnung RLEX setzte aber dafür die Anmeldung im Einwohnermeldeamt voraus.[475] Entsprechend haben Jugendliche auch ohne einen rechtmäßigen Aufenthaltsstatus bis zum 18. Geburtstag ein Recht auf nicht-verpflichtende Bildung (z. B. eine Ausbildung oder Besuch des Gymnasiums). Genau diese Einschränkung des Rechts auf nicht-verpflichtende Bildung wurde vom Verfassungsgericht (TC) als verfassungswidrig erklärt.[476]

Das Recht auf Bildung wird in Spanien als ein dem Menschen innewohnendes Recht betrachtet, welches nicht nur der freien Entfaltung der Persönlichkeit dient, sondern darüber hinaus die Menschenwürde garantiert (Art. 10 Abs. 1 CE). Damit verbietet sich eine Ungleichbehandlung zwischen Ausländern und Inländern, weil das Recht auf Bildung in der vom TC ausgearbeiteten dreigliedrigen Klassifikation der Grundrechte[477] in die erste Kategorie eingeordnet wird, für welche die Garantie der Menschenwürde die Grundlage bildet. Entsprechend

---

rechtmäßigem Aufenthalt im Bedarfsfall zur besseren Integration eine Erziehung erhalten können, mit Anerkennung und Respektierung ihrer kulturellen Identität.
471 Organgesetz 10/2002 zur Qualität der Erziehung, BOE Nr. 307, v. 24.12.2002.
472 *Esteban de la Rosa*, in: *Esplugues Mota*, Comentarios a la LEX, 2006, S. 218.
473 Urteil STC 212/2005, v. 21.7.2001, Rechtsgründe Nr. 4.
474 Organgesetz 2/2006 für Bildung („Ley Orgánica 2/2006 de Educación", BOE v. 4.5.2006).
475 *Zarauz*, Padrón municipal y las personas extranjeras, 2007, S. 178.
476 Urteil STC 236/2007 v. 7.11.2007.
477 Urteil STC 107/1984, v. 23.11.1984.

dürfen seit dem Urteil STC 236/2007[478] die minderjährigen Ausländer nicht von der freiwilligen Bildung ausgeschlossen sein, auch wenn sie sich nicht im Besitz eines Aufenthaltstitels befinden.

VI. Schadensausgleich durch soziale Entschädigung

Obwohl dem spanischen Sozialleistungssystem die Systematisierung nach dem Leistungsgrund der sozialen Entschädigung als solche fremd ist, bedeutet dies nicht, dass es keine Entschädigungsleistungen gibt. Daher wird zunächst ein Versuch unternommen, vergleichbare Leistungen zu erkennen.

1. Allgemeines und Anwendungsbereich

Auch in Spanien gibt es Leistungen, die eine gewisse Kompensation von gesundheitlichen Sonderopfern in Verantwortung der Allgemeinheit darstellen. Sie werden durch Steuern finanziert[479] und den Betroffenen ohne wirtschaftliche Prüfung gewährt. Eine Entschädigungsleistung in Spanien folgt, wie in Deutschland, dem Kausalitätsprinzip und ist durch die Entstehung und die Ursache des Bedarfs begründet.

Da soziale Entschädigungen steuerfinanziert sind, könnte grundsätzlich jeder anspruchsberechtigt sein. Auch Ausländer mit fehlendem Aufenthaltsrecht haben aus Gründen der Gleichbehandlung Zugang zu diesen Leistungen, da die einzige erforderliche Bedingung darin besteht, dass der Entschädigungsfall eintritt. Jedoch findet häufig die Verantwortung der Allgemeinheit nur gegenüber Spaniern Ausdruck. Demnach wird die spanische Staatsangehörigkeit als Bedingung zum Zugang zu Entschädigungsleistungen vorausgesetzt. Als Folge bleiben Ausländer häufig in Spanien von Entschädigungsleistungen ausgeschlossen. Nur Spanier haben beispielsweise Zugang zu „Kriegskinderleistungen"[480] oder es werden im Ausland ansässige Spanier bei der Gewährung

---

478 Urteil STC 236/2007, Rechtsgründe Nr. 8, v. 7.11.2007.

479 *Estevéz González*, Las Rentas Mínimas Autonómicas, 1999, S. 44.

480 Gesetz 3/2005, durch das eine Geldleistung gegenüber Bürgern spanischen Ursprungs anerkannt wird, die – während sie noch minderjährig waren – infolge des Spanischen Bürgerkrieges ins Ausland gebracht wurden und die einen Großteil ihres Lebens außerhalb des nationalen Territoriums Spaniens verbracht haben, BOE, v. 21.3.2005 („Ley 3/2005, de 18.3.2005, por la que se reconoce una prestación económica a los ciudadanos de origen español desplazados al extranjero, durante su minoría de edad, como consecuencia de la Guerra Civil, y que desarrollaron la mayor parte de su vida fuera del territorio nacional").

der Sozialversicherungsleistungen[481] privilegiert.[482] Die Kriegskinderleistungen haben zum Ziel, die Bedürfnisse jener Spanier zu decken, die in ihrer Kindheit oder Jugend als Folge des Spanischen Bürgerkrieges ins Ausland gebracht wurden. Heute gibt es im Ausland 2.181 Begünstigte, die in über 30 Ländern verteilt sind. Für den spanischen Staat sollten Spanier ihr Leben im Heimatland verbringen können; da aber dieses Ziel aus historischen Gründen nicht ganz gelungen ist, übernimmt er nun eine soziale Verantwortung gegenüber den Spaniern im Ausland. Es wird versucht, die unfreiwillige Auswanderung wegen Krieg oder Not nun durch Anerkennung und gewisse Sozialleistungen zu entschädigen.

2. Inhalt und Leistungsumfang

Hier werden die folgenden Leistungen, die auch einen Anspruch auf Entschädigungsleistungen für Ausländer mit fehlendem Aufenthaltsrecht enthalten könnten, dargestellt.

a) Hilfen für Terrorismusopfer und ihre Familienangehörigen

Nach dem Gesetz[483] über die Solidarität mit Terroropfern wird ein spezieller Entschädigungsanspruch für Opfer eines Terroranschlags geregelt. Der Anspruchsinhalt richtet sich je nach dem Grad des Schadens nach zwei Tabellen im Anhang des Gesetzes.[484] Ursprünglich wurde das Gesetz für Opfer mit spanischer Staatsangehörigkeit gedacht. Jedoch zeigte der terroristische Zuganschlag von 2004 in Madrid, dass Ausländer mit fehlendem Aufenthaltsrecht und ihre Familienangehörigen, die Opfer des Bombenanschlags wurden, vom Staat ebenfalls entschädigt wurden. Die Entschädigung bestand aus Geldleistungen sowie in bestimmten Fällen in der Erteilung einer Aufenthaltserlaubnis.

---

481 Art. 18 Gesetz 40/2006, Statut der spanischen Staatsbürger im Ausland. Gewährung der Sozialversicherungsleistungen von im Ausland ansässigen Spaniern, BOE Nr. 299, v. 15.12.2006 („Ley 40/2006, 14.12.2006. Estatuto de ciudadanía española en el exterior. Conservación de sus derechos en materia de Seguridad Social").

482 *González Ortega*, in: *ders.*, La protección social de los trabajadores extranjeros, 2006, S. 183.

483 Gesetz 32/1999 zur Solidarität mit Terrorismusopfern, BOE. Nr. 242, v. 9.10.1999 („Ley 32/1999, v. 8.10.1999, de Solidaridad con las víctimas del terrorismo").

484 „Indemnizaciones por fallecimiento e incapacidades" und „indemnizaciones por lesiones permanentes no invalidantes."

b) Sozialleistungen für Opfer häuslicher Gewalt

Erst mit dem Gesetz 11/2003 über konkrete Maßnahmen auf dem Gebiet der allgemeinen Sicherheit, häuslicher Gewalt und der gesellschaftlichen Eingliederung von Ausländern[485] können Frauen und Kinder unabhängig von ihrem Aufenthaltsstatus Schutz und Sozialleistungen erhalten, wenn sie Opfer häuslicher Gewalt durch ihren Ehemann oder Vater, werden.

Die spanische Gesellschaft ist gegenüber Opfern der häuslichen Gewalt besonders empfindlich und verantwortungsbewusst. In den letzten Jahrzehnten ist die Zahl der Opfer häuslicher Gewalt gestiegen, insbesondere bei Menschen mit lateinamerikanischem Migrationshintergrund. Der Gesetzgeber und die Gesellschaft übernehmen Verantwortung gegenüber diesen Frauen und bieten eine Entschädigung durch staatliche Hilfeleistungen sowie Unterkunft in Frauenhäusern an. Wenn die Ausländerinnen mit unrechtmäßigem Aufenthaltsstatus weniger als 75% des SMI verdienen und ins Berufsleben nicht eingliederbar sind, haben sie einen Anspruch auf Hilfeleistung für sechs Monate. Wenn sie unter einer Behinderung leiden verlängert sich die Anspruchsdauer auf zwölf Monate. Ferner wird ein humanitäres Aufenthaltsrecht (Art. 31bis LEX und Art. 45 Abs. 4 lit. a RLEX) eingeräumt.[486]

c) Sozialleistungen für Opfer diskriminierender und rassistischer Straftaten

Ausländer, die Opfer eines Angriffes rassistischer, antisemitischer oder anderer diskriminierender Motive gewesen sind,[487] gelten als Leistungsberechtigte nach Art. 45 Abs. 4 lit. a RLEX. Dabei erkennt der spanische Staat seine Verantwortung für Angriffe gegenüber Opfern diskriminierender Straftaten an. Die Betroffenen werden mit Hilfeleistungen und bei außergewöhnlichen Umständen mit der Erteilung eines humanitären Aufenthaltsrechts entschädigt.[488]

---

485 „Ley 11/2003 de medidas concretas en materia de seguridad ciudadana, violencia doméstica e integración social de los extranjeros", BOE Nr. 234, v. 30.9.2003.

486 Art. 27 „Ley Orgánica 1/2004 de 28 de diciembre de Medidas de Protección Integral contra la Violencia de Género,„ BOE. Nr. 313, v. 29.12.2004.

487 Art. 311-314 sowie Art. 24 Abs. 4 Strafgesetzbuch, („*Código Penal*").

488 Kgl. Verordnung 2393/2004 mit der die Durchführungsverordnung zum Organgesetz 4/2000 v. 11.1.2000, über die Rechte und Grundfreiheiten von Ausländern in Spanien und ihre soziale Integration (RLEX), verabschiedet wird, BOE Nr. 6, v. 7.1.2005, wurde reformiert durch die Kgl. Verordnung 2393/2004 wurde durch die Kgl. Verordnung 1019/2006, v. 8.9.2006 (BOE Nr. 228 v. 23.9.2006), durch die Kgl. Verordnung 240/2007, v. 16.2.2007 (BOE Nr. 51 v. 28.2.2007), durch die Kgl. Verordnung 1162/2009, v. 10.7.2009 (BOE Nr. 177 v. 23.7.2009) und durch die Kgl. Verordnung 942/2010 v. 23.7.2010 (BOE Nr. 189 v. 5.8.2010).

KAPITEL 4
Aufenthalts- und sozialrechtliche Wechselwirkungen in den Vergleichsländern

Wie bereits erörtert verbindet die Gewährung von Sozialleistungen an Ausländer zwei Rechtsgebiete miteinander: das Sozial- und das Aufenthaltsrecht, die durch unterschiedliche Ausgangspunkte und unterschiedliche Zielsetzungen gekennzeichnet sind.[1]

In der Regel knüpft das Sozialrecht an das Aufenthaltsrecht an (sog. „Recht im Aufenthalt").[2] Umfang und Art der Leistung hängen dabei vom Aufenthaltsstatus des Ausländers ab.[3]

Die aufenthalts- und sozialrechtliche Wechselwirkung kommt aber auch insbesondere dann zum Ausdruck, wenn die Inanspruchnahme von sozialen Leistungen den Aufenthaltsstatus (negativ oder positiv) beeinflusst (sog. „Recht auf Aufenthalt").[4] Dabei knüpft das Aufenthaltsrecht an das Sozialrecht an. Es lässt sich feststellen, dass eine wechselseitige Beeinflussung der beiden Rechtsgebiete stattfindet. In diesem Zusammenhang ist es fraglich, ob die Anknüpfungskriterien in den Vergleichsländern gleich sind, und wie sich deren Folgen für Ausländer gestalten.

Im Hinblick auf Ausländer mit unrechtmäßigem Aufenthaltsstatus haben die verschiedenen Rechtsordnungen diese Fragestellung unterschiedlich beantwortet. Dieser Zusammenhang soll daher zunächst geprüft werden.

A. Aufenthalts- und sozialrechtliche Wechselwirkungen in Deutschland

Dieser Abschnitt stellt das Zusammenspiel zwischen aufenthalts- und sozialrechtlichen Vorschriften dar, sowohl ihren gegenseitigen Einfluss, als auch die

---

1 Deutscher Verein für öffentliche und private Fürsorge, NDV 1982, S. 246.

2 *Renner*, in: *Barwig/Röseler/u.a*, Sozialer Schutz von Ausländern, 1997, S. 258. Näher dazu 1. Kapitel A II.

3 Vgl. *Renner*, in: *Barwig/Röseler/u.a*, Sozialer Schutz von Ausländern, 1997, S. 270.

4 Vgl. *Kingreen*. Soziale Rechte und Migration, 2010, S. 35. In Deutschand muss zur Erteilung (§ 5 Abs. 1 S. 1 AufenthG) und Verlängerung (§ 8 AufenthG) eines Aufenthaltstitels für Einreise und Aufenthalt im Bundesgebiet der Lebensunterhalt gesichert sein. In Spanien ist dies in Art. 25 Abs. 1 LEX geregelt.

unternommenen pragmatischen Lösungen zur Ermöglichung der Inanspruchnahme von Leistungen.

I. Das Sozialrecht knüpft an das Aufenthaltsrecht an

Zu beachten ist, dass in Deutschland die Inanspruchnahme von Sozialleistungen Übermittlungspflichten zwischen Sozial- und Ausländerbehörden auslösen kann, die für die betroffenen Ausländer aufenthaltsrechtliche Konsequenzen mit sich bringen können. Gemäß den Übermittlungspflichten müssen öffentliche Stellen die Ausländerbehörde unterrichten, wenn sie von dem unrechtmäßigen Aufenthaltsstatus des Leistungsberechtigten erfahren. Damit bleiben Leistungsrecht und Ordnungsrecht unmittelbar miteinander verbunden[5] bzw. das Sozialrecht knüpft an das Aufenthaltsrecht an.

1. Datenübermittlungspflichten als Anknüpfungspunkt zwischen Leistungs- und Ordnungsrecht

Die nach §§ 1 Abs. 1 Nr. 4 und 5 AsylbLG Leistungsberechtigten können Leistungsansprüche auf Grundlage des Asylbewerberleistungsgesetzes nur dann geltend machen, wenn sie bereit sind, ihren Anspruch zu offenbaren.[6] § 71 Abs. 2a SGB X erlaubt die Datenübermittlung sozial- und personenbezogener Daten eines Leistungsberechtigten nach § 1 AsylbLG an die für die Ausführung des Asylbewerberleistungsgesetzes zuständigen Behörden.[7] Während diese Offenbarung für geduldete Ausländer (§ 1 Abs. 1 Nr. 4 AsylbLG), welche den Behörden bereits bekannt sind, problemlos ist, müssen „sonstige ausreisepflichtige Ausländer" (§ 1 Abs. 1 Nr. 5 AsylbLG), die sich ohne Kenntnis der Behörden im Aufnahmeland aufhalten, die Ausweisung befürchten.[8] Solange Ausländer nicht als Individuen erkennbar und registriert sind, entstehen zudem keine staatlichen Schutzverpflichtungen.[9] Um Kenntnis von der Existenz einer Person erlangen zu können, muss es einen Anknüpfungspunkt zwischen Sozial-

---

5 *Frings*, in: *Falge/Fischer-Lescano/Sieveking*, Gesundheit in der Illegalität, 2009, S. 153.

6 BMI-Bericht, Illegal aufhältige Migranten, 2007, S. 47.
   http://www.emhosting.de/kunden/fluechtlingsrat-nrw.de/system/upload/download_1232.pdf
   (Stand: 28.12.2008).

7 Da jugendhilferechtliche Leistungen nicht Gegenstand des Asylbewerberleistungsgesetzes sind, müssen Daten in Zusammenhang mit dem AsylbLG nicht mitgeteilt werden. *Will*, Ausländer ohne Aufenthaltsrecht, 2008, S. 236.

8 *Frings*, in: *Falge/Fischer-Lescano/Sieveking*, Gesundheit in der Illegalität, 2009, S. 148.

9 *Frings*, in: *Falge/Fischer-Lescano/Sieveking*, Gesundheit in der Illegalität, 2009, S. 148.

recht und Aufenthaltsrecht geben. Diese Anknüpfung wird in der Regel in Form eines zu stellenden Antrags bzw. eine Anmeldung bei öffentlichen Stellen erreicht. Damit bleiben Leistungsrecht und Ordnungsrecht unmittelbar miteinander verbunden.[10] Die „Brücke" zwischen den Sozialämtern und Ausländerbehörden wird durch die in § 87 AufenthG und § 71 Abs. 2 SGB X geregelte Datenübermittlungspflicht bzw. durch den Datenaustausch zwischen den verschiedenen Behörden geschaffen.

Im Hinblick auf die Übermittlungspflicht ist zwischen der Übermittlungspflicht nach Ersuchen (§ 87 Abs. 1 AufenthG), und der Spontanübermittlungspflicht (§ 87 Abs. 2 AufenthG) zu unterscheiden: Während der Übermittlungspflicht nach Ersuchen auf Grund der höheren Anforderungen im Bereich der Sozialleistungen geringere Bedeutung zukommt, haben die öffentlichen Stellen bei der Spontanübermittlungspflicht unverzüglich die zuständige Ausländerbehörde zu unterrichten, sobald sie im Zusammenhang mit der Erfüllung ihrer Aufgaben Kenntnis über den illegalen Aufenthalt eines Ausländers erlangen.

2. Entwicklung der Datenübermittlungspflicht

Die Datenübermittlungspflicht war in der Sozialhilfe bis 1990 systemfremd.[11] So sahen weder das Ausländergesetz vom 28. April 1965, noch das Ausländergesetz bis 1991 eine gesetzlich geregelte Mitteilungspflicht der Sozialämter vor. Mit der Zeit war der Gesetzgeber jedoch der Meinung, dass bei fehlender Kenntnis der Ausländerbehörde von der Inanspruchnahme der Sozialhilfe, die Ermächtigungen zu aufenthaltsbeendenden Maßnahmen wirkungslos wären.[12] Aus diesem Grunde beschloss der Gesetzgeber[13] eine Datenübermittlungspflicht in das Ausländergesetz aufzunehmen.[14] Im Rahmen der Ausländerrechtsreform[15] vom 1. Januar 1991 wurden im Gesetz zur Neuregelung des Ausländerrechts[16] (AuslRNG) erstmals die Voraussetzungen für die Verarbeitung personenbezogener Daten durch die Behörden in Art. 1 AuslRNG gesetzlich geregelt.

---

10 *Frings*, in: *Falge/Fischer-Lescano/Sieveking*, Gesundheit in der Illegalität, 2009, S. 153.

11 *Schraml*, Das Sozialhilferecht der Ausländerinnen und Ausländer, 1992, S. 270.

12 *Schraml*, Das Sozialhilferecht der Ausländerinnen und Ausländer, 1992, S. 263.

13 BVerfG 65, 1 ff. v. 15.12.1983. „Der Gesetzgeber versucht, mit dem §§ 86 bis 91b AufenthG der verfassungsrechtlichen Forderung nach einer bereichsspezifischen gesetzlichen Ermächtigungsgrundlage für die zwangsweise Erhebung personenbezogener Daten und deren Verarbeitung nachzukommen."

14 *Schraml*, Das Sozialhilferecht der Ausländerinnen und Ausländer, 1992, S. 264.

15 BGBl. 1990 I S. 1354, v. 1.1.1991.

16 BGBl. 1990 I S. 1354, v. 1.1.1991.

Der Gesetzgeber begründete die Regelung damit, dass die Ausländerbehörden ihre Aufgabe nicht anders erfüllen könnten.[17]

Die Entscheidung des Gesetzgebers, eine Übermittlungspflicht[18] (§ 87 AufenthG) an die Ausländerbehörden im Aufenthaltsgesetz einzuführen, war das Ergebnis der historischen Entwicklung, die die Notwendigkeit erkennen ließ, diese beiden Bereiche des Rechtes zu verbinden.

3. Datenübermittlung durch die öffentlichen Stellen

Bestimmte Daten, die im § 2 Melderechtsrahmengesetz[19] (MRRG) geregelt sind, werden durch die öffentlichen Stellen an die Ausländerbehörden übermittelt.[20] An dieser Stelle ist zu klären, was unter öffentlichen Stellen i.S.v. § 87 AufenthG zu verstehen ist. Zunächst müssen öffentlichen Stellen[21] von nicht-öffentlichen Stellen abgegrenzt werden. Öffentliche Stellen sind die Polizei des Bundes und der Länder, sowie Ordnungsbehörden, Strafverfolgungs- vollstreckungs- und Vollzugsbehörden, Gerichte, Auslandsvertretungen, die Meldebehörden, das Bundesverwaltungsamt, Standesämter, Finanzämter, die Jugendämter, sowie öffentliche Stellen in den Bereichen Erziehung, Bildung und Wissenschaft, demnach auch Schulen und Hochschulen, die Bundesagentur für Arbeit, die Träger der Sozialhilfe, die Träger der Grundsicherung für Arbeit- suchende, sowie Berufsgenossenschaften.[22] Private Einrichtungen wie beispiels- weise Kirchen, freie Wohlfahrtsverbände, Gewerkschaften, oder Unternehmer- verbände sind grundsätzlich nicht übermittlungspflichtig.[23] Wenn aber die priva- ten Einrichtungen die Kosten den Sozialämtern in Rechnung stellen, wird der

---

17 BT-Drucks. 11/90, S. 83.

18 § 87 AufenthG (früher § 76 AuslG): 1) Öffentliche Stellen haben ihnen bekannt gewordene Um- stände den in § 86 Satz 1 genannten Stellen auf Ersuchen mitzuteilen, soweit dies für die dort ge- nannten Zwecke erforderlich ist. (2) Öffentliche Stellen haben unverzüglich die zuständige Aus- länderbehörde zu unterrichten, wenn sie Kenntnis erlangen von: 1) dem Aufenthalt eines Auslän- ders, der keinen erforderlichen Aufenthaltstitel besitzt und dessen Abschiebung nicht ausgesetzt ist, 2) dem Verstoß gegen eine räumliche Beschränkung oder 3) einem sonstigen Ausweisungs- grund.

19 BGBl. I S. 1342, v. 19.4.2002. Folgende Daten: u.a. Familienname, Tag und Ort der Geburt, Staatsangehörigkeit, Anschriften, Ausstellungsbehörde, Gültigkeitsdauer und Nummer des Passes. Vor allem aus den Angaben im Pass lässt sich in der Regel der aufenthaltsrechtliche Status feststellen. *Will*, Ausländer ohne Aufenthaltsrecht, 2008, S. 239.

20 BMI-Bericht, Illegal aufhältige Migranten, 2007, S. 38-42. http://www.emhosting.de/kunden/fluechtlingsrat-nrw.de/system/upload/download_1232.pdf (Stand: 28.12.2008).

21 Näher dazu § 2 Bundesdatenschutzgesetz (BDSG), BGBl. I, S. 2954 v. 20.12.1990.

22 Vgl. *Will*, Ausländer ohne Aufenthaltsrecht, 2008, S. 230.

23 *Will*, Ausländer ohne Aufenthaltsrecht, 2008, S. 231.

unrechtmäßige Aufenthalt bekannt und an das Ausländeramt weitergeleitet.[24] Nach § 87 Abs. 4 AufenthG sind Gerichte, Staatsanwaltschaften und Bußgeldbehörden von Amts wegen zur Unterrichtung verpflichtet. Sozialämter sind insbesondere gemäß § 71 Abs. 2 SGB X zur Mitteilung auch ohne Ersuchen verpflichtet, wenn sie über die Gewährung von Leistungen, die Erteilung von Genehmigungen, oder die Aufnahme in soziale und medizinische Einrichtungen entscheiden.

Des Weiteren sind außerhalb des Aufenthaltsgesetzes gemäß § 3 SchwArbG i. V. m. § 67 lit.e SGB X die Behörden zur Zusammenarbeit und zum Informationsaustausch verpflichtet. Hierzu hat der Gesetzgeber Regelungen geschaffen, die eine gegenseitige Unterrichtung von Behörden vorschreiben, welche zur Bekämpfung von Schwarzarbeit zuständig sind, wie beispielsweise Sozialhilfe-, Kranken-, Renten, und Unfallversicherungsträger, Zollverwaltung sowie Finanzbehörden.[25]

4. Gewährleistung der Widerspruchsfreiheit der Rechtsordnung

Zur Frage, inwieweit die derzeitige Ausgestaltung der Übermittlungspflichten verfassungsrechtlich zwingend ist,[26] verweist das Bundesministerium des Inneren darauf, dass der Staat den verfassungsrechtlichen Grundsatz der Widerspruchsfreiheit der Rechtsordnung gewährleisten muss:[27] „Es ist aus rechtsstaatlichen Gründen nicht hinnehmbar, wenn auf der einen Seite das Ausländerrecht den Aufenthalt an die Erfüllung bestimmter Bedingungen knüpft, und andererseits das Sozialrecht einen unerlaubten Aufenthalt über Umwege materiell absichert und perpetuiert. Ein solcher Zustand wäre mit der Aufgabe des Staates, die Widerspruchsfreiheit der Rechtsordnung zu gewährleisten, wie auch mit der angestrebten Steuerung der Zuwanderung ganz und gar unvereinbar."[28] Unter Berufung auf das BVerfG wurde eine Aufweichung der Übermittlungspflichten

---

24 *Frings*, Sozialrecht für Zuwanderer, 2010, S. 323.

25 *Riegel*, Schwarzarbeit aus öffentlich-rechtlicher Sicht, 2003, S. 110. z.B. § 405 Abs. 1 und 4 SGB III: Die Bundesagentur für Arbeit ist zuständig „für die Verfolgung und Ahndung der Ordnungswidrigkeiten, arbeitet mit den Krankenkassen sowie den Trägern der Renten- und Unfallversicherung zusammen." Oder auch: § 3 Abs. 2 SchwArbG, § 308 Abs. 1, 3, 4 SGB III, § 28 p Abs. 3 SGB IV, § 113 S. 2 SGB IV, § 306 S. 2 SGB V, § 321 S. 2 SGB VI, § 211 S. 2 SGB VII, § 71 Abs. 1 Nr. 6 SGB X, § 139 Abs. 7 GewO, § 90 AufenthG, § 31 a AO, § 116 AO und § 118 a HwO.

26 BMI-Bericht, Illegal aufhältige Migranten, 2007, S. 38-39. http://www.emhosting.de/kunden/fluechtlingsrat-nrw.de/system/upload/download_1232.pdf (Stand: 28.12.2008).

27 *Allenberg/Löhr*, in: *Falge/Fischer-Lescano/Sieveking*, Gesundheit in der Illegalität, 2009, S. 130.

28 *Alt*, in: *Barwig/Davy*, Auf dem Weg zur Rechtsgleichheit?, 2004, S. 218.

ebenfalls als unvertretbar bewertet: „Eine Rechtsordnung, die sich ernst nimmt, darf nicht Prämien auf die Missachtung ihrer selbst setzen. Sie schafft sonst Anreize zur Rechtsverletzung, diskriminiert rechtstreues Verhalten, und untergräbt die Voraussetzungen ihrer eigenen Wirksamkeit."[29]

Soziale Rechte soll es nur geben, soweit der Betroffene auch berechtigt ist, zur Solidargemeinschaft zu gehören. Aus rechtlicher Sicht ist es legitim die Leistungsfähigkeit des Sozialleistungssystems der Bundesrepublik vor Missbrauch zu schützen.[30] Wie bereits erörtert kann der Staat in der Regel entscheiden, wer in seine Solidargemeinschaft aufgenommen werden soll. Von staatlicher Seite wird dabei die Übermittlungspflicht als unverzichtbares Instrument der Migrationskontrolle angesehen, sowohl um diese Solidargemeinschaft nach außen abzugrenzen, als auch um dem Aufenthaltsrecht Geltung zu verschaffen.[31]

Bei der Einführung der behördlichen Meldepflicht hatte der Gesetzgeber nicht primär die Widerspruchsfreiheit der Rechtsordnung zum Ziel;[32] er bezweckte in erster Linie einen Beitrag zur Aufdeckung illegaler Aufenthalte.[33] So sollten Menschen ohne rechtmäßigen Aufenthaltsstatus im Krankheitsfall oder bei Bezug anderer Leistungsansprüche den Behörden ihre Identität und ihren Aufenthaltsstatus offenbaren, um anschließend nach der Genesung die Bundesrepublik zu verlassen.[34] Es lässt sich jedoch feststellen, dass die Datenübermittlungspflicht nach geltender Rechtslage nicht die erwünschte Wirkung in Bezug auf die Migrationskontrolle nach sich zieht, um dem Aufenthaltsrecht in der Praxis Geltung zu verschaffen.[35] Vielmehr ist die Folge, dass die Menschen in der aufenthaltsrechtlichen Illegalität aus Angst lieber auf die Leistungen verzichten.[36] Laut einer Umfrage unter den Bundesländern wird der Übermittlungspflicht nur

---

29 BVerfG v. 24.5.2006, Az: 2 BvR 669/04, Rn. 63 ff. (www.juris.de); vgl. BVerfGE 84, 239 (268 ff.); vgl. BVerfGE 110, 94 (112 ff.).

30 *Schraml*, Das Sozialhilferecht der Ausländerinnen und Ausländer, 1992, S. 271.

31 BMI-Bericht, Illegal aufhältige Migranten, 2007, S. 35-39. „Der im Bericht enthaltene Rechtsvergleich zeigt aber, dass Deutschland im Hinblick auf die Meldepflichten eine Sonderstellung einnimmt; andere europäische Rechtsstaaten kennen Übermittlungspflichten in dieser Form nicht." http://www.emhosting.de/kunden/fluechtlingsrat-nrw.de/system/upload/download_1232.pdf (Stand: 28.12.2008).

32 *Bielefeldt/Aichele*, Rechts auf Gesundheit, 2007, S. 5.

33 *Allenberg/Löhr*, in: *Falge/Fischer-Lescano/Sieveking*, Gesundheit in der Illegalität, 2009, S. 130.

34 BRat-Drucks. 11/90, S. 83.

35 BMI-Bericht, Illegal aufhältige Migranten, 2007, S. 38. http://www.emhosting.de/kunden/fluechtlingsrat-nrw.de/system/upload/download_1232.pdf (Stand: 28.12.2008).

36 Katholisches Forum „Leben in der Illegalität" Stellungnahme zum BMI-Bericht 2007, S. 4 unter: http://www.forum-illegalitaet.de/StellungnahmeBMI-Bericht-Forum.pdf (Stand: 28.12.2008).

vereinzelt und uneinheitlich Rechnung getragen.[37] Obwohl sie also in der Praxis in geringerem Umfang zur Anwendung kommen, als es beispielsweise in den Medien dargestellt wird, tragen sie trotzdem zur Abschreckung bei.[38] Deshalb wird jeder Versuch einer Einschränkung der Meldepflichten abgelehnt, mit der Folge, dass durch die Datenübermittlungspflicht eine „faktische Rechtlosigkeit" entsteht, die ihr ursprüngliches Ziel zumindest in Bezug auf die Migrationskontrolle verfehlt.[39]

5. Faktische Rechtlosigkeit im Aufenthalt als Folge der Übermittlungspflicht

Während das Ausländerrecht eher sicherheits- und ordnungspolitische Zwecke, wie die Regelung des Aufenthalts von Migranten verfolgt, zielt das Sozialrecht demgegenüber auf die Ermöglichung eines menschenwürdigen Lebens bei sozialer Bedürftigkeit.[40] Entsprechend häufig kann zwischen Gesetzen, die den Aufenthalt regeln, und Gesetzen, welche die Sozialleistungen für Migranten gewähren, ein Spannungsverhältnis entstehen. Als Folge zeigt sich in der Praxis, dass die Möglichkeit der Inanspruchnahme von Sozialleistungen für Ausländer mit unrechtmäßigem Aufenthalt durch die Übermittlungspflicht nach § 87 AufenthG eingeschränkt wird.[41]

Sofern kein Aufenthaltsrecht vorliegt und der Ausländer als untergetaucht gilt, kann das Aufenthaltsrecht nicht mehr als Anknüpfungspunkt für sozialrechtliche Belange herangezogen werden. Da aber das Sozialrecht auch einen territorialen Anknüpfungspunkt aufweist, könnten allein aus dem tatsächlichen Aufenthalt positive Leistungspflichten entstehen. Bei der Inanspruchnahme von Sozialleistungen knüpft das Territorialitätsprinzip an die offizielle Meldung der Betroffenen bei den staatlichen Stellen an.[42] Staatliche Schutzverpflichtungen entstehen gegenüber Ausländern in Verbindung mit dem Territorialitätsprinzip

---

37 BMI-Bericht, Illegal aufhältige Migranten, 2007, S. 14;
   http://www.emhosting.de/kunden/fluechtlingsrat-nrw.de/system/upload/download_1232.pdf
   (Stand: 28.12.2008). Vgl. Näher dazu *Allenberg/Löhr*, in: *Falge/Fischer-Lescano/Sieveking*, Gesundheit in der Illegalität, 2009, S. 126-129.

38 *Allenberg/Löhr*, in: *Falge/Fischer-Lescano/Sieveking*, Gesundheit in der Illegalität, 2009, S. 130.

39 *Bielefeldt/Aichele*, Recht auf Gesundheit, 2007, S. 5; Katholisches Forum „Leben in der Illegalität" Stellungnahme zum BMI-Bericht 2007, S. 4 unter:
   http://www.forum-illegalitaet.de/StellungnahmeBMI-Bericht-Forum.pdf (Stand: 11.11.2010).

40 Vgl. *Zacher*, in: *v. Maydell/Eichenhofer*, Abhandlungen zum Sozialrecht, 1993, S. 361.

41 *Heinhold/Classen*, Das Zuwanderungsgesetz, Hinweise für die Flüchtlingssozialarbeit, 2003, S. 101.

42 Vgl. *Tohidipur*, in: *Falge/Fischer-Lescano/Sieveking*, Gesundheit in der Illegalität, 2009, S. 191; *Pelzer*, in: *Falge/Fischer-Lescano/Sieveking*, Gesundheit in der Illegalität, 2009, S. 199.

erst, wenn sie als Individuen erkennbar, und registriert sind.[43] Da sie aber mit der Meldung ihrer Daten durch das Sozialamt an die Ausländerbehörde oder an das Innenministerium rechnen müssen, ist jede Inanspruchnahme von Leistungen mit einem Entdeckungsrisiko verbunden.[44] Mit Blick auf das grundlegende Interesse der Menschen ohne rechtmäßigen Aufenthaltsstatus, unentdeckt zu bleiben, stellt sich die Inanspruchnahme von Sozialleistungen aufgrund der Datenübermittlungspflichten zwischen öffentlichen Stellen als problematisch dar.[45]

Dieses Zusammenspiel verursacht eine Situation der faktischen Rechtlosigkeit.[46] Das heißt, obwohl ein subjektives Recht auf bestimmte Sozialleistungen besteht, kann vor allem der sogenannte „untergetauchte Ausländer", der sich ohne Kenntnis der Behörden (§ 1 Abs. 1 Nr. 5 AsylbLG) in der Bundesrepublik Deutschland aufhält, diese Leistungen faktisch nicht in Anspruch nehmen.[47] Bei den „untergetauchten Ausländern", fehlt der unentbehrliche Anknüpfungspunkt der Anwesenheit bzw. Aufenthalt (Territorialitätsprinzip) an das Sozialrecht. Im Gegensatz dazu spielt die Datenübermittlungsplicht für geduldete Ausländer (§ 1 Abs. 1 Nr. 4 AsylbLG) keine Rolle, da sie den Behörden bereits bekannt sind. Es wird kritisiert, dass ein Widerspruch gerade darin liegt, dass den Betroffenen zwar soziale Rechte „de jure" gewährt werden, dass sie aber gleichzeitig von der Inanspruchnahme abgeschreckt werden.[48]

Dieses Entdeckungsrisiko bringt aber nicht nur ausländerrechtliche, sondern auch sozialrechtliche Konsequenzen mit sich, weil die Inanspruchnahme von Sozialleistungen erschwert wird.[49] Dadurch wird verhindert, dass Menschen in der aufenthaltsrechtlichen Illegalität, die ihnen rechtlich zustehenden, grundlegenden sozialen Rechte (auf Gesundheitsversorgung, Lohn für geleistete Arbeit und Schulbildung für Kinder) auch tatsächlich angstfrei in Anspruch nehmen

---

43 *Frings*, in: *Falge/Fischer-Lescano/Sieveking*, Gesundheit in der Illegalität, 2009, S. 148.

44 *Will*, Ausländer ohne Aufenthaltsrecht, 2008, S. 228.

45 *Will*, Ausländer ohne Aufenthaltsrecht, 2008, S. 228.

46 *Bielefeld*, in: *Alt/Bommes*, Illegalität. Grenzen und Möglichkeiten der Migrationspolitik, 2006, S. 89.

47 a) *Fodor*, Menschen ohne Papiere, 2001, S. 125 ff. Weiteres zu Übermittlungspflichten und Strafbewertung in Krankenhäusern, Schulen, vor Gericht, vergleiche: „Rechtsgutachten zum Problemkomplex des Aufenthalts von ausländischen Staatsangehörigen ohne Aufenthaltsrecht und ohne Duldung in Deutschland."
b) Gutachten von *Anderson*, „Dass Sie uns nicht vergessen" - Menschen in der Illegalität in München, 2003.
http://www.muenchen.de/cms/prod2/mde/_de/rubriken/Rathaus/85_soz/04_wohnenmigration/31_interkulti/downloads/nicht_vergessen.pdf (Stand: 10.9.2010).

48 Weihbischof Dr. Josef Voß im Katholischen Forum „Leben in der Illegalität".
http://www.jesuiten-fluechtlingsdienst.de/ (Stand: 10.11.2010).

49 Vgl. *Classen*, Sozialleistungen für MigrantInnen und Flüchtlinge, 2008, S. 82.

können.[50] Am Beispiel der medizinischen Versorgung führt dies dazu, dass untergetauchte Migranten, mit rechtlichem Anspruch auf ärztliche Versorgung nach § 4 AsylbLG und § 6 AsylbLG, diese aus Angst vor Entdeckung und Abschiebung nicht wahrnehmen können.[51] Einige Krankenhäuser und behandelnde niedergelassene Ärzte verzichten aus diesem Grund auf den Ausgleich der durch die Behandlung entstandenen Kosten, um so die Anonymität der Betroffenen zu wahren. Die medizinische Versorgung von Menschen ohne gesicherten Aufenthaltsstatus hat daher häufig einen karitativen Charakter und ist vom Engagement gemeinnütziger Organisationen oder einzelner Personen abhängig.[52] Das Recht auf medizinische Versorgung gehört jedoch nicht zur reinen Wohltätigkeit, wie man es noch im 16. Jahrhundert annahm, sondern ist notwendig, um die Menschenwürde und die Chancengleichheit in der Gesellschaft zu gewährleisten. Der für die Überwachung des UN- Sozialpakts zuständige UN-Ausschuss für soziale, wirtschaftliche, und kulturelle Rechte hat dies wie folgt ausgelegt: „Medizinische Einrichtungen und ärztliche Betreuung müssen für alle, insbesondere für die besonders schutzbedürftigen und an den Rand gedrängten Gruppen der Bevölkerung rechtlich wie faktisch ohne Verletzung des Diskriminierungsverbots zugänglich sein."[53] Da Deutschland durch Ratifikation des IPwskR in Art. 12 das Recht auf medizinische Versorgung anerkannt hat, könnte demnach die faktische Rechtlosigkeit im Gesundheitswesen gegen Art. 12 IPwskR verstoßen.[54] Auf dieser Grundlage ist die faktische Ausschlusswirkung, die aus § 87 AufenthG folgt, mit dem Recht auf Gesundheit nicht vereinbar. Entsprechend besteht an dieser Stelle Handlungsbedarf.[55]

Andererseits würde die Einschaltung der Krankenversicherung im Leistungsfall nicht weiterhelfen, da dies ebenfalls zur Aufdeckung des Status führen wür-

50 *Allenberg/Löhr*, in: *Falge/Fischer-Lescano/Sieveking*, Gesundheit in der Illegalität, 2009, S. 125. Vgl. Katholisches Forum „Leben in der Illegalität" Stellungnahme zum BMI-Bericht 2007, S. 6 unter: http://www.forum-illegalitaet.de/StellungnahmeBMI-Bericht-Forum.pdf (Stand: 28.12.2008).

51 *Allenberg/Löhr*, in: *Falge/Fischer-Lescano/Sieveking*, Gesundheit in der Illegalität, 2009, S. 127. Eine Zusammenstellung von Fällen zur Veranschaulichung finden sich bei Dr. Ute Koch Katholisches Forum „Leben in der Illegalität" zur öffentlichen Anhörung von Sachverständigen zum Gesetzesentwurf von BÜNDNIS 90/DIE GRÜNEN (BT-Drucks. 16/445) und dem Antrag der LINKEN (BT-Drucks. 16/1202) am 26.6.2006.

52 Bericht der Arbeitsgruppe zu „Armut und Gesundheit" des Bundesministerium für Gesundheit vom 11. September 2001, in: *Nickels*, in: *Alt/Bommes*, Illegalität, Grenzen und Möglichkeiten der Migrationspolitik, 2006, S. 133.

53 CECSR, General Comments N° 14, UN Doc. E/C.12/2000/4, 11.8.2000, § 12. Vgl. Deutsches Institut für Menschenrechte, Die „General Comments" zu den UN-Menschenrechtsverträgen, 2005, S. 285 ff.

54 Näher dazu 1. Kapitel Völkerrecht.

55 Katholisches Forum „Leben in der Illegalität" Stellungnahme zum BMI-Bericht 2007, S. 9 unter: http://www.forum-illegalitaet.de/StellungnahmeBMI-Bericht-Forum.pdf (Stand: 28.12.2008).

de (§ 284 SGB V).[56] Wie bereits erörtert, besitzen Arbeitnehmer mit fehlendem Aufenthaltsrecht, auch wenn sie illegal arbeiten, das Recht auf einige Sozialleistungen der Sozialversicherung. Es bestehen jedoch einige Hindernisse bei der Durchsetzung ihrer sozialen Rechte.[57] Tatsächlich werden sie in der Praxis nicht auf deren Inanspruchnahme bestehen, da sie damit selbst ihren unrechtmäßigen Status offenbaren würden. Außerdem bestehen, wie oben ausgeführt, im Bereich der unrechtmäßigen Ausländerbeschäftigung viele Kooperations- und Datenübermittlungspflichten zwischen den Sozialversicherungsträgern und den zur Bekämpfung der Schwarzarbeit zuständigen Behörden einerseits und den Ausländerbehörden andererseits.[58] Die Datenerhebung, Datenverarbeitung, und Datennutzung beim Rentenversicherungsträger ist beispielsweise in § 148 SGB VI geregelt.

Ein weiteres Problem besteht darin, dass auch Kinder in diesen illegalen Verhältnissen aufwachsen.[59] Ihre Schulpflicht knüpft an den gewöhnlichen Aufenthalt an. Da bei der Anmeldung eine Meldebescheinigung des Einwohnermeldeamtes vorgelegt werden muss, trauen sich die Eltern nicht, ihre Kinder in der Schule anzumelden. Damit bleiben sie von sämtlichen Bildungseinrichtungen ausgeschlossen.[60] Ob die Jugendämter meldepflichtig sind, ist bislang noch offen. Falls die Jugendhilfeleistungen als Schutzmaßnahmen im Sinne des Haager Minderjährigenschutzabkommens zu qualifizieren sind, wäre der aufenthaltsrechtliche Status unerheblich.[61]

6. Pragmatische Lösungen: Anonymer Zugang zu sozialen Leistungen am Beispiel der Gesundheitsversorgung

Wie bereits erwähnt, existieren im Fall eines zwar leistungsberechtigten jedoch untergetauchten Ausländers Schwierigkeiten bzgl. des Rechts auf eine Leistung und deren praktischer Inanspruchnahme. Das führt dazu, dass die Bet-

---

56 Vgl. *Will*, Ausländer ohne Aufenthaltsrecht, 2008, S. 243.
57 *Cyrus*, in: *LeVoy/Verbruggen/Wets*, Undocumented Migrant Workers, 2004, S. 109. „Industrial tribunals would be obliged to inform the Foreigners Office about undocumented workers (Übermittlungspflicht), but they are not obliged to investigate the residence and work permit status (Ermittlungspflicht- duty to examine the residential status). This distinction between the obligation to transmit but not to examine the status opens an opportunity for undocumented workers to present a case in industrial tribunals."
58 *Will*, Ausländer ohne Aufenthaltsrecht, 2008, S. 235.
59 *Fodor/Peter*, Aufenthaltsrechtliche Illegalität und soziale Mindeststandards, 2005, S. 44 ff. Weiteres zu Übermittlungspflichten und Strafbewertung in Hessischen Schulen.
60 Vgl. *Will*, Ausländer ohne Aufenthaltsrecht, 2008, S. 240; *Röseler/Vogel*, Illegale Zuwanderer- ein Problem für die Sozialpolitik?, 1993, S. 26.
61 *Will*, Ausländer ohne Aufenthaltsrecht, 2008, S. 244.

roffenen im Fall der Bedürftigkeit zwar einen Anspruch auf soziale Leistungen haben, diese aber in Wirklichkeit aus Furcht vor Entdeckung durch die Behörden eher selten beanspruchen.[62] Fraglich ist, wer für die entstehenden Versorgungsdefizite dieser Personen Sorge zu tragen hat, und was im Notfall an medizinischer Versorgung, zu gewähren ist. Da soziale Rechte wie die gesundheitliche Versorgung grundlegend sind, bedarf das Problem der faktischen Rechtlosigkeit pragmatischer Lösungen.

a) Freie Wohlfahrtsorganisationen als Ersatzlösung für bedürftige Ausländer

Die freie, nichtstaatliche Wohlfahrtspflege,[63] ist für die untersuchte Ausländergruppe mit fehlendem Aufenthaltsrecht besonders relevant.

Betroffene Ausländer können, wenn sie sich nicht den offiziellen Behörden zu erkennen geben wollen, auf die verschiedenen Institutionen der freien Wohlfahrtspflege zurückgreifen. Nach § 5 Abs. 2-4 SGB XII sollen die Träger der Sozialhilfe bei der Durchführung dieses Buches mit den Kirchen und Religionsgesellschaften des öffentlichen Rechts, sowie den Verbänden der freien Wohlfahrtspflege zusammenarbeiten. Heute werden materiell bedürftige Menschen, neben den kommunalen Stellen, auch von Kirchen[64] und Verbänden der freien Wohlfahrtspflege (Diakonisches Werk, Caritasverband, Zentrale Wohlfahrtsstelle der Juden in Deutschland, Deutscher Paritätischer Wohlfahrtsverband, Rotes Kreuz, Arbeiterwohlfahrt) unterstützt.[65] Ihre Arbeit ist für alle Dimensionen der Integration relevant und umfasst eine breite Palette von Diensten für Migranten, wie eine allgemeine Beratung, Sprachtraining, Integration in den Arbeitsmarkt, und sogar medizinische Versorgung. Insgesamt gaben im Jahr 2000 allein sechs soziale Organisationen mehr als 150 Millionen Euro für die Integration von Migranten aus.[66] Obwohl die Wohlfahrtsorganisationen in der Regel privat organisiert sind, sind sie häufig auch aus staatlichen Mitteln finanziert.[67] Allerdings werden die Hilfen für Ausländer mit fehlendem Aufenthaltsrecht angeblich durch rein private Spenden finanziert.[68] Eine Unterstützung dieser Men-

62 *Birsl*, Migrationspolitik, 2005, S. 65.
63 BVerfGE 22, 180 (200).
64 Vgl. *Stolleis*, Geschichte des Sozialrechts, 2003, S. 1.
65 *Waltermann*, Sozialrecht, 2010, S. 235; *Heckmann/Schnapper*, in: *dies.*, Integration of Immigrants in European Societies, 2003, S. 69.
66 *Heckmann/Schnapper*, in: *dies.*, Integration of Immigrants in European Societies, 2003, S. 69.
67 *Heckmann/Schnapper*, in: *dies.*, Integration of Immigrants in European Societies, 2003, S. 69.
68 http://www.malteser.de/73.Malteser_Migranten_Medizin/73.04.Links_Materialien/JB-MMM-08_final.pdf (Stand: 10.9.2010).

schen durch staatliche Mittel ist nicht erwünscht. Dies würde einerseits die öffentlichen Haushalte zu stark belasten.[69] Zum anderen würde diese öffentliche Finanzierung vom aufenthaltsrechtlich wichtigen Grundsatz (§§ 5 Abs. 1 Nr. 1 i. V. m. 2 Abs. 3 AufenthG) abweichen, wonach Ausländer für ihren Lebensunterhalt selbst sorgen müssen.[70] Damit würde ein zusätzlicher Anreiz zum illegalen Aufenthalt geschaffen.[71] Durch die Zusammenarbeit mit den staatlichen Sozialträgern könnte es zu einer indirekten sozialen Unterstützung dieser Ausländer durch den Staat kommen. Wie bereits erörtert, wäre es mit der angestrebten Steuerung der Zuwanderung unvereinbar, wenn das Sozialrecht einen unerlaubten Aufenthalt über Umwege materiell absichern und perpetuieren würde.[72]

Ein gutes Beispiel für die in der freien Wohlfahrtspflege geleistete Arbeit, ist die durch die Malteser Migranten Medizin (MMM)[73] in vielen Großstädten der BRD geleistete medizinische Versorgung. Die Idee hierzu wurde 2001 in Berlin geboren und inzwischen auch in München, Darmstadt, Frankfurt, Hamburg, Hannover, Münster, Augsburg, und Köln eingeführt. Dieses Projekt bietet Menschen, die keine Krankenversicherung haben, im Krankheitsfall oder bei Schwangerschaft, eine medizinische Grundversorgung. Zu den geleisteten Tätigkeiten gehören u.a. folgende Aufgaben: Untersuchung und Beratung in medizinischen Fragen, Notfallbehandlung bei Krankheit, Vermittlung an andere Fachärzte bei Notwendigkeit, Hilfe bei Schwangerschaft und Geburt (22%), Impfungen (7%), Vermittlung an Fach- und Beratungsstellen, Vermittlung und Finanzierung lebensnotwendiger Operationen und Krankenhausaufenthalte (26%), Verschreibung und Finanzierung von Medikamenten, sowie Veranlassung und Finanzierung von Laboruntersuchungen.[74] Die Gesundheitsversorgung erfolgt anonym, d. h. es gibt keine Übermittlung der Patientendaten an die Ausländerbe-

---

69 *Allenberg/Löhr*, in: *Falge/Fischer-Lescano/Sieveking*, Gesundheit in der Illegalität, 2009, S. 133.
70 *Allenberg/Löhr*, in: *Falge/Fischer-Lescano/Sieveking*, Gesundheit in der Illegalität, 2009, S. 133.
71 BMI-Bericht, Illegal aufhältige Migranten, 2007, S. 48.
    http://www.emhosting.de/kunden/fluechtlingsrat-nrw.de/system/upload/download_1232.pdf
    (Stand: 28.12.2008).
72 *Alt*, in: *Barwig/Davy*, Auf dem Weg zur Rechtsgleichheit?, 2004, S. 218.
73 Näher zu Zahlen und Fakten über MMM, *Franz*, in: *Alt/Bommer*, Illegalität, 2006, S. 181 ff.
74 Da keine sonstigen statistischen Gesamtzahlen des MMM Projektes für die gesamte Bundesrepublik sind vorhanden sind, können die statistischen Zahlen nur auf einzelne Stellen bzw. Städte bezogen dargestellt werden.
    http://www.malteser-migranten-medizin.de/uploads/media/JB-MMM-Berlin-08_final_01.pdf;
    http://www.malteser-migranten-medizin.de/uploads/media/JB-MMM-Muenchen-06.pdf;
    http://www.malteser-migranten-medizin.de/uploads/media/JB-MMM-Darmstadt-08_01.pdf;
    http://www.malteser-migranten-medizin.de/uploads/media/JB-MMM-Frankfurt-08_01.pdf;
    http://www.malteser-migranten-medizin.de/uploads/media/JB-MMM-Koeln-08.pdf;
    http://www.malteser-migranten-medizin.de/uploads/media/JB-MMM-Hannover-08.pdf.
    (Stand: 10.9.2010).

hörden nach § 87 AufenthG. Die Kosten für die Behandlung (rund 200.000 Euro jährlich) und die Räumlichkeiten erhält die MMM lediglich von privaten Spendern.[75] Die Malteser helfen seit über 900 Jahren Bedürftigen ohne Ansehen der Person. Obwohl dieses Projekt eher für Migranten ohne Aufenthaltsstatus gegründet wurde, können daneben auch andere Personengruppen wie Kleingewerbetreibende, Freiberufler, Selbständige, Studenten, Touristen und nichtberufstätige geschiedene Frauen, behandelt werden.[76] Die Malteser Migranten Medizin konnte deutschlandweit bis 2010 ca. 20.000 Menschen helfen.

b) Lokale Initiativen für die Gesundheitsversorgung

Nach Art. 28 Abs. 2 GG regeln Kommunen „Angelegenheiten der örtlichen Gemeinschaft im Rahmen der Gesetze in eigener Verantwortung". Kommunen sind heute aufgrund ihrer unmittelbaren Nähe zum lokalen Integrationsgeschehen als wichtige Integrationsakteure angesehen.[77] Seit Ende der 1990er Jahre sehen sie die Förderung der Kooperation von Integrationsakteuren als eine dauerhafte Aufgabe an.[78] Nach der Erfahrung in verschiedenen deutschen Großstädten liegt eine äußerst defizitäre gesundheitliche Versorgungssituation bezüglich dieser Ausländergruppe vor.[79] Auf diesen Umstand haben die Kommunen mit lokalen Initiativen für die Gesundheitsversorgung für Ausländer mit unrechtmäßigem Aufenthaltsstatus reagiert.

---

75 a) Jahresbericht MMM Berlin, S. 6. (Stand: 23.12.2009).
   http://www.malteser.de/73.Malteser_Migranten_Medizin/73.04.Links_Materialien/JB-MMM-
   08_final.pdf.
   b) Jahresbericht 2008 MMM Köln, S. 10.
   http://www.malteser.de/73.Malteser_Migranten_Medizin/73.04.Links_Materialien/
   Erfahrungsbericht2007_final.pdf (Stand: 23.12.2009).
   c) Erfahrungsbericht. München, 2006, S. 12.
   http://www.malteser.de/73.Malteser_Migranten_Medizin/73.04.Links_Materialien/JB-MMM-07-
   K.pdf (Stand: 23.12.2009).
76 Näher zu Zahlen und Fakten über MMM siehe, *Franz*, in: *Alt/Bommer*, Illegalität, 2006, S. 181.
77 *Baraulina/Friedrich*, ZAR, 2008, S. 299.
78 *Baraulina/Friedrich*, ZAR, 2008, S. 303.
79 *Lotze*, in: *Falge/Fischer-Lescano/Sieveking*, Gesundheit in der Illegalität, 2009, S. 91.

aa) Infektionsschutzgesetz am Beispiel des Kölner Gesundheitsamts

Nach § 19 Infektionsschutzgesetz[80] (IfSG) bietet das Gesundheitsamt bezüglich sexuell übertragbarer Krankheiten und Tuberkulose eine kostenlose und anonyme Beratung, sowie einschlägige Untersuchungen für Personen an, deren Lebensumstände eine erhöhte Ansteckungsgefahr für sich oder andere mit sich bringen. Zweck des IfSG ist es, übertragbaren Krankheiten beim Menschen vorzubeugen, Infektionen frühzeitig zu erkennen, und ihre Weiterverbreitung zu verhindern.

Das IfSG eröffnet in Deutschland vor allem die Möglichkeit einer eng begrenzten anonymen medizinischen Leistung,[81] die prinzipiell auf alle Patienten, also auch auf Ausländer in der aufenthaltsrechtlichen Illegalität als Teil der Wohnbevölkerung,[82] ausgedehnt werden kann. Somit können Menschen ohne Aufenthaltsrecht in einer geschützten Anlaufstelle Gesundheitsprobleme offenbaren.[83] Ein Beispiel bietet die seit vielen Jahren bestehende Praxis des Kölner Gesundheitsamtes,[84] welches – wenn auch lediglich auf der engen Grundlage des Infektionsschutzgesetzes – eine begrenzte medizinische Versorgung anbietet. Hingegen kann das Infektionsschutzgesetz keine Maximallösung gewährleisten.[85] Diese Lösung kann erst im Zusammenwirken mit privaten zivilgesellschaftlichen Akteuren zu einer wichtigen Anlaufstelle für Ausländer mit fehlendem Aufenthaltsrecht werden.

bb) Die Humanitäre Sprechstunde des „Bremer Modells"

Das Referat „Migration und Gesundheit" des Gesundheitsamtes Bremens bietet Sprechstunden an, um die durch das Asylbewerberleistungsgesetz verursachten Versorgungsdefizite zu mindern.[86] Das Gesundheitsamt hat sich die Schaffung einer migrationsgerechteren Gesundheitsversorgung zum Ziel gesetzt. Ein Senatsbeschluss hat u.a. die Sicherung der Gesundheitsversorgung Papierloser, sowie offene Gesundheitsberatung für Migranten als offizielles Integrationsziel

---

80 Gesetz zur Verhütung und Bekämpfung von Infektionskrankheiten beim Menschen (Infektionsschutzgesetz - IfSG), BGBl. I S. 1045, v. 20.7.2000.

81 *Allenberg/Löhr*, in: *Falge/Fischer-Lescano/Sieveking*, Gesundheit in der Illegalität, 2009, S. 135; *Frings*, in: *Falge/Fischer-Lescano/Sieveking*, Gesundheit in der Illegalität, 2009, S. 158.

82 *Allenberg/Löhr*, in: *Falge/Fischer-Lescano/Sieveking*, Gesundheit in der Illegalität, 2009, S. 135.

83 *Frings*, in: *Falge/Fischer-Lescano/Sieveking*, Gesundheit in der Illegalität, 2009, S. 158.

84 *Bommes/Wilms*, Menschen ohne Papiere in Köln, 2007, S. 69 ff.

85 *Frings*, in: *Falge/Fischer-Lescano/Sieveking*, Gesundheit in der Illegalität, 2009, S. 158.

86 *Lotze*, in: *Falge/Fischer-Lescano/Sieveking*, Gesundheit in der Illegalität, 2009, S. 89.

verabschiedet:[87] In den Sprechstunden des sog. „Bremer Modells" wird eine primäre Diagnostik und Beratung, sowie eine medikamentöse Grundbehandlung, auch bei Pflegebedürftigkeit, gesetzesgemäß geleistet.[88] Das Projekt finanziert sich allein aus Spenden.[89] Darüber hinaus hat das Projekt einen Vertrag zur Zusammenarbeit mit MediNetz für drei Jahre bis 2011 abgeschlossen. In MediNetz vermitteln ehrenamtliche Mitarbeiter medizinische Versorgung an sog. Papierlose in vielen deutschen Großstädten.

Bei kostenintensiven oder komplizierten Gesundheitsproblemen bzw. Eingriffen, kann die Anonymität nicht mehr gewährleistet werden.[90] Diese humanitäre Sprechstunde kann also nur teilweise Abhilfe gewähren.

cc) Lokale Initiative der Stadt München

Wie der Fall der Stadt München zeigt, können lokale Initiativen teilweise zu einer Lösung des Problems beitragen.[91] Aufgrund der Ergebnisse der Studie zur Situation von Ausländern in der aufenthaltsrechtlichen Illegalität in München,[92] wurde die Entscheidung getroffen, ab März 2009 einen jährlichen Fond der Stadt in Höhe von 100.000 € einzurichten. Außerdem wurde die bislang von den Ausländerbehörden nur inoffiziell (und hinter den Kulissen) praktizierte Duldung (§ 60a AufenthG) von schwangeren Frauen vor und nach der Geburt rechtmäßig gemacht.[93] Demnach können diese Frauen die Schwangerschaftsvorsorge nun auch nach dem AsylbLG wahrnehmen.

---

87 Als weitere ofiziellen Integrationsziele zählen: „Fortbildungsangebote im Gesundheits-/Sozialwesen, zielgruppenspezifisches muttersprachliches Infomaterial, Integration älterer Migranten in Bremer Altenhilfe/Gesundheitssystem, Weiterentwicklung des Dolmetscherdiensts Bremen (DDB), sowie Erweiterung des Gesundheitswegweisers für Migranten." *Lotze, in: Falge/Fischer-Lescano/ Sieveking*, Gesundheit in der Illegalität, 2009, S. 90.

88 *Lotze, in: Falge/Fischer-Lescano/Sieveking*, Gesundheit in der Illegalität, 2009, S. 89; *Lotze,* Pflegegutachten bei Migrantinnen und Migranten, 2007.

89 *Lotze, in: Falge/Fischer-Lescano/Sieveking*, Gesundheit in der Illegalität, 2009, S. 93.

90 *Lotze, in: Falge/Fischer-Lescano/Sieveking*, Gesundheit in der Illegalität, 2009, S. 92.

91 *Allenberg/Löhr, in: Falge/Fischer-Lescano/Sieveking*, Gesundheit in der Illegalität, 2009, S. 135.

92 Gutachten von *Anderson,* „Dass Sie uns nicht vergessen" - Menschen in der Illegalität in München, 2003.
http://www.muenchen.de/cms/prod1/mde/_de/rubriken/Rathaus/85_soz/04_wohnenmigration/31_interkulti/downloads/illegalitaet.pdf (Stand: 10.9.2010).

93 *Allenberg/Löhr, in: Falge/Fischer-Lescano/Sieveking*, Gesundheit in der Illegalität, 2009, S. 135.

c) Grenzen der Übermittlungspflicht

aa) Strafbarkeit humanitär motivierter Hilfe

Die humanitäre Hilfe für Ausländer mit fehlendem Aufenthaltsrecht ist in Anbetracht der Bestimmungen in § 96 AufenthG[94] („Schlepperparagraph"), nicht ganz unproblematisch. Nach § 96 AufenthG ist die Unterstützung und Hilfe für Ausländer ohne Aufenthaltsrecht unter Umständen sogar strafbar. Dieser Regelung liegt die EU-Richtlinie 2002/90/EG[95] zugrunde, welche mittlerweile in nationales Recht umgesetzt wurde.

In Art. 1 Abs. 2 dieser Richtlinie ist jedoch eine Vorschrift zur Straflosstellung humanitärer Helfer enthalten: „Jeder Mitgliedstaat kann beschließen, wegen der in Absatz 1 Buchstabe a) beschriebenen Handlungen in Anwendung seiner innerstaatlichen Rechtsvorschriften und Rechtspraktiken keine Sanktionen zu verhängen, wenn das Ziel der Handlungen die humanitäre Unterstützung der betroffenen Person ist". Wie diese Richtlinie zeigt, ist es nicht Wille der EU, humanitäre Hilfe für Ausländer mit unrechtmäßigem Aufenthaltsstatus an sich zu bestrafen, sondern sie überlässt diese Entscheidung den Mitgliedstaaten. Nach dieser Richtlinie ist bei unrechtmäßigem Aufenthalt nur die auf Gewinn abzielende Hilfe strafbar.

Die Bundesregierung hat diese Richtlinie insofern umgesetzt, als dass die Strafe nur bei eigenen Vermögensvorteilen,[96] oder bei Hilfeleistung an mehrere Ausländer erfolgt. Das könnte für humanitäre Organisationen problematisch werden, da diese natürlich mehrfach bzw. zugunsten mehrerer Ausländer tätig werden und auch spendenfinanzierte Aufwandsentschädigungen nicht unüblich sind.

Obwohl die humanitäre Unterstützung von Ärzten bestraft werden könnte,[97] ist dies jedoch in der Praxis bislang nicht geschehen, da in Fällen medizinischer Versorgung die Strafbarkeit einer Beihilfehandlung verneint wird.[98] Fraglich

---

94 § 96 Abs. 1 AufenthG: „Mit Freiheitsstrafe bis zu fünf Jahren oder mit Geldstrafe wird bestraft, wer einen anderen zu einer der in § 95 Abs. 1 Nr. 1, 2 oder 3 oder Abs. 2 bezeichneten Handlungen anstiftet (unrechtmäßig im Bundesgebiet aufhält ohne erforderlichen Aufenthaltstitel einreist, vollziehbar ausreisepflichtig ist usw.) oder ihm dazu Hilfe leistet und dafür einen Vermögensvorteil erhält oder sich versprechen lässt oder wiederholt oder zu Gunsten von mehreren Ausländern handelt."

95 Richtlinie des Rates 2002/90/EG zur Definition der Beihilfe zur unerlaubten Ein- und Durchreise und zum unerlaubten Aufenthalt. ABl. EG Nr. L 328 S. 17, v. 28.11.2002.

96 BT-Drucks. 16/5065.

97 *Leutheusser-Schnarrenberger*, in: *Alt/Bommes* Illegalität, Grenzen und Möglichkeiten der Migrationspolitik, 2006, S. 125.

98 BMI-Bericht, Illegal aufhältige Migranten, 2007, S. 2-3.

bleibt die Rechtslage für andere Personen, wie beispielsweise Lehrer, Seelsorger, oder Sozialarbeiter, die im Rahmen ihrer Aufgaben Menschen in Notsituationen helfen.[99]

bb) Strafrechtliche Schweigepflicht nun auch als Schranke der Übermittlungspflicht für Leistungsberechtigte nach dem Asylbewerberleistungsgesetz

Bislang konnte die Inanspruchnahme von Gesundheitsleistungen eine Abschiebung zur Folge haben, da die Sozialämter verpflichtet waren, jeden Fall von illegalem Aufenthalt den Ausländerbehörden zu melden. Allerdings gibt es besonders geschützte Sozialdaten, die nicht an die Ausländerbehörde übermittelt werden dürfen, da anderenfalls ein Verstoß gegen den Geheimnisschutz bzw. Schweigepflicht (§ 203 StGB) vorläge.[100]

Nach § 88 Abs. 2 AufenthG unterbleibt eine Übermittlung personenbezogener Daten und sonstiger Angaben, soweit besondere gesetzliche Verwendungsregelungen entgegenstehen. Außerdem verlängert § 76 SGB X den strafrechtlichen Geheimnisschutz des § 203 StGB in die Behörden hinein und unterwirft alle Stellen, die von einem zur Geheimhaltung Verpflichteten strafrechtlich geschützte Auskünfte erhalten haben, den gleichen Regeln wie diesen selbst.[101] Beim Leistungsträger des AsylbLG hingegen, unterliegt die Übermittlungspflicht keiner Einschränkung.[102] Bisher sind die Leistungsträger des Asylbewerberleistungsgesetzes uneingeschränkt immer datenübermittlungspflichtig.[103] Seit mehreren Jahren fordern Akteure der Zivilgesellschaft, NRO, Ärzteorganisationen, Kirchen, ehrenamtlich Tätige, und Wohlfahrtsverbände die Meldepflicht von Gesundheitseinrichtungen und Kostenträgern abzuschaffen,[104] damit Menschen mit fehlendem Aufenthaltsrecht bestimmte Grundrechte ohne Angst wahrnehmen können.

Mit der Änderung der allgemeinen Verwaltungsvorschrift zum Aufenthaltsgesetz[105] (VwV) hat der Gesetzgeber der Übermittlungspflicht in besonders sen-

---

http://www.emhosting.de/kunden/fluechtlingsrat-nrw.de/system/upload/download_1232.pdf (Stand: 28.12.2008).

99 Näher dazu *Will*, Ausländer ohne Aufenthaltsrecht, 2008, S. 249-261.

100 Im Jugendhilferecht (§ 65 SGB VIII) gelten Sozialdaten ebenfalls als besonders geschützt.

101 *Kunkel*, DVBl 1991, S. 573.

102 *Will*, Ausländer ohne Aufenthaltsrecht, 2008, S. 241.

103 *Will*, Ausländer ohne Aufenthaltsrecht, 2008, S. 241.

104 *Allenberg/Löhr*, in: *Falge/Fischer-Lescano/Sieveking*, Gesundheit in der Illegalität, 2009, S. 136.

105 BR-Drucks. 669/09, S.2.

siblen Bereichen Grenzen gesetzt.[106] Das VwV dient hauptsächlich dem Zweck, die Verwaltungspraxis zur Anwendung des Aufenthaltsgesetzes im gesamten Bundesgebiet und bei den Ausländervertretungen zu vereinheitlichen.[107] Nun erweitert das VwV die Übermittlungssperre von Informationen, die dem strafrechtlichen Geheimnisschutz (§ 203 Abs. 1 Nr. 1 StGB) unterliegen. Der sogenannte „verlängerte Geheimnisschutz" (§ 88 Abs. 2 AufenthG) soll nun nicht nur für medizinisches Personal gelten, sondern auch für die Angestellten öffentlicher Krankenhäuser und Sozialämter.[108] So droht den Leistungsberechtigten nach dem AsylbLG beim Krankenhausbesuch in medizinischen Notfällen keine Abschiebung mehr. Dieser verlängerte Geheimnisschutz kann in zwei Fällen durchbrochen werden: Zum einen, wenn der Ausländer die öffentliche Gesundheit gefährdet (§ 88 Abs. 2 Nr. 1 AufenthG), und zum anderen im Zusammenhang mit dem Konsum von Heroin, Cocain oder vergleichbar gefährlichen Betäubungsmitteln (§ 88 Abs. 2 Nr. 2 AufenthG).

Auch wenn mit dieser pragmatischen Lösung den Ausländern die medizinische Behandlung in Notfällen erleichtert wurde, ist die Problematik der faktischen Rechtlosigkeit nur teilweise gemildert worden. Bei Menschen ohne Aufenthaltsstatus ist der Zugang zur Gesundheitsversorgung außerhalb von Notfällen wie beispielsweise chronischen Krankheiten oder der Besuch eines Kassen-Arztes, immer noch mit Unsicherheit und Angst verbunden. Außerdem besteht in bestimmten Konstellationen bei privaten Stellen zur ärztlichen Behandlung, Geburt oder Privatschulen immer noch die Gefahr einer mittelbaren Weiterleitung durch freie Träger an öffentliche Stellen, womit eine Meldepflicht an die Ausländerbehörde ausgelöst wird.[109]

II. Das Aufenthaltsrecht knüpft an das Sozialrecht an

Aufgrund des Willens des Gesetzgebers sollen das Ausländerrecht und die Sozialhilfe für Ausländer nicht ohne Bezug nebeneinander stehen, sondern ineinander greifen.[110] Entsprechend erfolgt nach § 11 Abs. 3 AsylbLG ein gegenseitiger automatisierter Datenabgleich zwischen Sozial- und Ausländerbe-

---

106 *Cyrus*, ZAR 2010, S. 318.
107 BR-Drucks. 669/09, S. 2.
108 BR-Drucks. 669/09, S. 494-499; Vgl. *Allenberg/Löhr*, in: *Falge/Fischer-Lescano/Sieveking*, Gesundheit in der Illegalität, 2009, S. 128-129.
109 Vgl. *Will*, Ausländer ohne Aufenthaltsrecht, 2008, S. 248.
110 *Hohm*, in: *ders.*, GK-AsylbLG, Entstehungsgeschichte, Rn. 16, „Es erfordert die gebotene Einheit des Rechts und des in ihn liegenden demokratisch-politischen Willens, dass Ausländerrecht und Sozialhilfe an Ausländer nicht ohne Bezug nebeneinander stehen, sondern ineinander greifen"; vgl. *Frings*, in: *Falge/Fischer-Lescano/Sieveking*, Gesundheit in der Illegalität, 2009, S. 153.

hörden.[111] Als Folge kann die Inanspruchnahme von Leistungen gem. dem Asylbewerberleistungsgesetz als Ausweisungstatbestand gelten. Demnach kann ein Ausländer ausgewiesen werden, wenn sein Aufenthalt die öffentliche Sicherheit und Ordnung, oder sonstige erhebliche Interessen der Bundesrepublik Deutschland beeinträchtigt. Die Interessen der Bundesrepublik Deutschland werden u.a. dann beeinträchtigt, wenn ein Ausländer für sich, seine Familienangehörigen, oder für sonstige Haushaltsangehörige Sozialhilfe in Anspruch nimmt (§ 55 Abs. 2 Nr. 6 AufenthG). Deshalb muss zur Erteilung (§ 5 Abs. 1 S. 1 AufenthG) und Verlängerung (§ 8 AufenthG) eines Aufenthaltstitels für Einreise und Aufenthalt im Bundesgebiet der Lebensunterhalt gesichert sein. Der Bezug von Sozialhilfe ist indessen ein Hinweis dafür, dass der Lebensunterhalt nicht aus eigener Kraft gesichert werden kann. Folglich führt dies in der Regel dazu, dass die Erteilung oder Verlängerung der Aufenthaltserlaubnis abgelehnt wird. Voraussetzung ist jedoch, dass die Sozialhilfe auch tatsächlich in Anspruch genommen wird. Die bloße Sozialhilfebedürftigkeit genügt hingegen nicht.[112] Es handelt sich grundsätzlich um eine Ermessensentscheidung,[113] welche die Erteilung oder Verlängerung der Aufenthaltserlaubnis beeinträchtigen kann, wobei jedoch die Ablehnung der Aufenthaltsgenehmigung nur durch einen längerfristigen Sozialhilfebezug gerechtfertigt werden kann.[114]

---

111 § 11 Abs. 3 AsylbLG: „Die zuständige Behörde überprüft die Personen, die Leistungen nach diesem Gesetz beziehen, auf Übereinstimmung der ihr vorliegenden Daten mit den der Ausländerbehörde über diese Personen vorliegenden Daten. [...] Die Überprüfungen können auch regelmäßig im Wege des automatisierten Datenabgleichs durchgeführt werden."

112 *Marx*, in: *ders.*, Aufenthalts-, Asyl- und Flüchtlingsrecht, § 55 AufenthG, Rn. 167.

113 BVerfwGE 94, 35 (43).

114 BVerwGE 102, 249 (252).

B. Aufenthalts- und sozialrechtliche Wechselwirkungen in Spanien

Das spanische Ausländergesetz (LEX) ist – anders als das deutsche AsylbLG – kein Sozialgesetz, sondern ein reines Ausländergesetz, das zur Materie des Ordnungsrechts gehört. Zwar sind im LEX einige Zugangsvoraussetzungen zu sozialen Rechten geregelt;[115] die spezifischen Leistungen sind jedoch vorwiegend in den autonomen Gesetzen, dem sog. (inter)regionalen Recht[116] und mittlerweile auch in den neuen Autonomiestatuten geregelt.[117]

In Spanien kann die Inanspruchnahme von Sozialleistungen für Ausländer mit unrechtmäßigem Aufenthaltsstatus aufenthaltsrechtliche Konsequenzen – teilweise wie in Deutschland – haben. Die Tatsache der Inanspruchnahme kann sowohl einen Ausweisungstatbestand, als auch ein Ausweisungshindernis darstellen. Im Folgenden werden die Aspekte dargestellt, bei denen es um die Wechselbeziehungen zwischen dem Aufenthaltsstatus von Ausländern mit unrechtmäßigem Aufenthaltsstatus und ihrem Zugang zum Sozialleistungssystem geht.

I. Das Sozialrecht knüpft (nicht) an das Aufenthaltsrecht an

1. Einwohnermeldeamt als Integrationsinstrument

Wie bereits dargelegt, haben Ausländer mit fehlendem Aufenthaltsrecht in Spanien Zugang zu Sozialleistungen, die in Spanien auf der Grundlage der Achtung der Menschenwürde, sowie der freien Entfaltung der Persönlichkeit (Art. 10 Abs. 1 CE) und des Gleichheitssatzes (Art. 9 Abs. 2 CE) allen Personen universell gewährt werden.[118] Als Folge haben Ausländer ohne Aufenthaltsrecht Zugang zu bestimmten Leistungen,[119] wie gewisse Grundleistungen (Art. 14

---

115 *Sánchez-Urán Azaña*, RMTAS 2006, S. 278.
116 *Stadler*, Das interregionale Recht in Spanien, 2008. S. 17. In der vorliegenden Arbeit wird der Begriff regionales Recht bevorzugt, weil es vornehmlich um das materielle Recht einer autonomen Gemeinschaft geht und nicht um die Koordination oder Zusammenarbeit zwischen den autonomen Gemeinschaften.
117 *Balaguer Callejón*, in: Defensor del Pueblo, La actualidad de los derechos sociales, 2008, S. 15.
118 Urteil STC 104/1984, v. 23.11.1984.
119 *Solanes Corella/ Cardona Rubert*, Protección de datos personales, 2005, S. 90; *Solanes Corella*, in: ders./De Lucas/Pena, Trabajadores Migrantes, 2001, S. 66.

Abs. 3 LEX), Bildung[120] (Art. 9 LEX) und medizinische Versorgung (Art. 12 LEX).[121]

Um diese Leistungen in Anspruch nehmen zu können, müssen die Ausländer mit fehlendem Aufenthaltsrecht in der Regel eine unabdingbare Voraussetzung erfüllen: sie müssen der Meldepflicht beim Einwohnermeldeamt („*padrón municipal*") nachkommen.[122] Diese Anmeldung ist für den Zugang zu Sozialleistungen auch für Ausländer ohne Aufenthaltsrecht unerlässlich, [123] da Art. 15 LRBRL (Gemeindeverfassungsgesetz[124]) für die Anmeldung keinen legalen Aufenthalt voraussetzt.[125] Die Anmeldung („*Empadronamiento*") beim Einwohnermeldeamt der Gemeinde dient der Verwaltung der Bevölkerungszahlen der Stadt, und dazu, für die Leistungen, welche vor Ort zu erbringen sind,[126] die Haushaltsmittel entsprechend zu verteilen. Die Anmeldung gilt als Anwesenheitsbeweis in der Stadt (Art. 16 Abs. 1 LRBRL). Das verleiht dem Ausländer zwar kein Aufenthaltsrecht[127] (Art. 18 Abs. 2 Gesetz 57/2003), löst aber in jedem Fall bestimmte soziale Ansprüche in der Gesundheitsfürsorge (Art. 12 Abs. 1 LEX) und im Bildungswesen (Art. 9 LEX) aus.[128] Für die medizinische Versorgung wird kurz nach der Anmeldung eine Gesundheitskarte ausgestellt. Je nach autonomer Region ergeben sich weitere soziale Ansprüche wie Wohngeld und Grundleistungen (RMI), sowie spezielle Integrationsleistungen (AES) (Art. 14 Abs. 3 LEX).[129] Diese Anmeldung wird häufig „Schlüssel des Unterschieds"[130] genannt und ist als Integrationsinstrument von Ausländern mit unrechtmäßigem Aufenthaltsstatus bekannt,[131] da diese bereits ausreicht, um so-

---

120 Urteil STC 236/2007, v. 7.11.2007.

121 *Pérez Royo*, Curso de Derecho Constitucional, 2002, S. 280.

122 Art. 15 Gemeindeverfassungsgesetz 7/1985, BOE Nr. 80 v. 3.4.1985; Teilweise geändert durch das Gesetz 57/2003; zu Maßnahmen für die Modernisierung der lokalen Regierung, BOE Nr. 279 v. 21.11.2003.

123 *González Ortega*, in: *ders.*, La protección social de los extranjeros en España, 2010, S. 241; *Solanes Corella*, in: *ders./De Lucas/Pena*, Trabajadores Migrantes, 2001, S. 66.

124 Gemeindeverfassungsgesetz 7/1985, BOE Nr. 80 v. 3.4.1985; Teilweise geändert durch das Gesetz 57/2003 zu Maßnahmen für die Modernisierung der lokalen Regierung, BOE Nr. 279, v. 21.11.2003.

125 *Solanes Corella/Cardona Rubert*, Protección de Datos Personales, 2005, S. 86.

126 *Solanes Corella/Cardona Rubert*, Protección de Datos Personales, 2005, S. 90.

127 Gesetz 57/2003 Maßnahmen zur Modernisierung der lokalen Regierung, BOE Nr. 279 v. 21.11.2003.

128 *González Ortega*, in: *ders.*, La protección social de los extranjeros en España, 2010, S. 241.

129 Einige Autonome Gemeinschaften haben Migrationspläne erlassen, z.B. der „*Plan Vasco de Inmigración*". Der Plan erlaubt den Zugang zu Spezialleistungen durch die Anmeldung im Einwohnermeldeamt. Plan Vasco de Inmigración 2003-2005. Gobierno Vasco. Departamento de Vivienda y Asuntos Sociales. Viceconsejería de Asuntos Sociales. Dirección de Inmigración.

130 *Naïr*, Lettre a Charles Pasqua de la part de ceux qui ne sont pas bien nés, 1994, S. 30-35.

131 *Zarauz*, Padrón municipal y las personas extranjeras, 2007, S. 155.

ziale Ansprüche des Berechtigten geltend zu machen. Außerdem dient die Meldung als Beweis der Verwurzelung, um die gültige Aufenthaltserlaubnis zu erlangen.

Es ist aber ein neuer Trend zu beobachten, wonach die Anmeldung mit zusätzlichen Voraussetzungen (wie beispielsweise eine bestimmte Wohnungsgröße) erschwert wird. Die Einschränkungen bezwecken zwei Hauptziele: zum einen gelten sie als Sparmaßnahmen im Bereich der Fürsorge, zum anderen dienen sie als politisches Argument um Wahlstimmen in spanischen Städten zu gewinnen, in denen die Ausländerzahl in den letzten Jahren drastisch gestiegen ist. Beispielsweise waren in der Stadt Torrejón de Ardóz (Madrid) im Jahr 2000 knapp 3.273 Ausländer gemeldet, während 2008 die Zahl bei 26.037 lag. So haben die Gemeindeverwaltungen in Torrejón de Ardóz, sowie in der Stadt Vic (Katalonien) versucht, die Anmeldung von Ausländern mit fehlendem Aufenthaltsrecht im Einwohnermeldeamt einzuschränken bzw. zu verhindern. Dafür wurden bei der Anmeldung neue Voraussetzungen verlangt, beispielsweise ein Visum und der Nachweis, dass die Wohnung mindestens 20 m² Grundfläche hat.[132] Diese Voraussetzungen können die meisten Ausländer mit fehlendem Aufenthaltsrecht keineswegs erfüllen.

Die Landesanwaltschaft (*„Abogacía del Estado"*) hat im Hinblick auf das Anmeldungsverbot im Einwohnermeldeamt für Ausländer ohne ein Aufenthaltsrecht in dem Bericht *„Informe de la Abogacía del Estado"* Stellung genommen. Damit hat die spanische Regierung dem Antrag der katalanischen Regierungsvertretung der Gemeindeverwaltung Vic Rechnung getragen.

Die Landesanwaltschaft kommt zu dem Schluss, dass ein Anmeldungsverbot im Einwohnermeldeamt für Ausländer ohne Papiere nicht möglich ist. Diese Anmeldung ist gesetzesgemäß, unabhängig davon ob sie sich in Spanien rechtmäßig aufhalten oder nicht. Als Folge kann ein Anmeldeverbot wegen eines unrechtmäßigen Aufenthaltes in Spanien nicht stattfinden. Außerdem unterliegt die Überprüfung des rechtmäßigen Aufenthaltes eines Ausländers auf spanischem Territorium in Rahmen der Anmeldung nicht den Zuständigkeiten der kommunalen Behörden.

Als Rechtsgrundlage für diese Schlussfolgerungen hatte die Landesanwaltschaft nicht das Ausländerrecht berücksichtigt, sondern die *„Legislación de Bases de Régimen Local"* (LRBRL). Nach dem LRBRL ist die Anmeldung von Ausländern mit gewöhnlichem Aufenthalt in Spanien, auch wenn es sich um Drittstaatsangehörige ohne einen rechtmäßigen Aufenthaltsstatus handelt, zu-

---

132 Kgl. Verordnung 314/2006 zur Verabschiedung eines Gesetzbuches über technische Bauvorschriften 2006 („Real Decreto 314/2006 por el que se aprueba el Código Técnico de la Edificación"), BOE Nr. 74, V. 28.3.

lässig. Dies gilt folglich auch, wenn es um Ausländer geht, die gegen die Vorschriften des Ausländergesetzes (LEX) verstoßen. Die Anmeldung gilt als reiner Anwesenheitsbeweis bzw. gewöhnlicher Aufenthalt und Wohnsitz in einer bestimmten Stadt. Das LRBRL unterscheidet bei der Anmeldung im Einwohnermeldeamt weder zwischen Inländern und Ausländern, noch zwischen der Rechtmäßigkeit des Aufenthaltes.

Zusammengefasst hat der Bericht *„Informe de la Abogacía del Estado"* lediglich die gültige Gesetzeslage bestätigt. Die beiden Städte haben mittlerweile die Einschränkungen bei der Anmeldung beseitigt.

2. *Keine Datenübermittlungspflicht zwischen den öffentlichen Behörden*

Ganz ohne Risiko war die Anmeldung beim Einwohnermeldeamt nur bis 2003. In 2003, wurde eine Gesetzesänderung im Ausländergesetz (LEX) durchgeführt, die eine sehr begrenzte Möglichkeit geschaffen hat, Informationen zwischen den Behörden auszutauschen, um die Zusammenarbeit im Bereich der Ausländergesetze zu stärken, indem die Daten der Betroffenen bereit gestellt werden.[133] Nach Art. 16 Abs. 3 LRBRL werden die Daten des Einwohnermeldeamts an andere Stellen der Staatsverwaltung, welche diese Daten verlangen, ohne Genehmigung des Betroffenen weitergegeben; jedoch nur wenn die Daten zur Durchführung ihrer Kompetenzen benötigt werden, und ausschließlich dann, wenn der Aufenthalt oder der Wohnsitz relevante Daten darstellen. Unter Beachtung des Statistikgeheimnisses dürfen diese Daten auch zur Aufstellung von offiziellen Statistiken verwendet werden, soweit dies den Vorgaben des Gesetzes 12/1989 v. 9. März über die Öffentliche Statistik[134] bzw. weiterer Gesetze über Statistiken der autonomen Gemeinschaften, welche diese Materie betreffen, entspricht.

Beachtlich ist, dass die Daten nur auf eine konkrete Anfrage zu bestimmten Personen bereitgestellt werden dürfen.[135] Als Folge sind allgemeine Überprüfungen ganzer Gruppen durch die Polizei nicht möglich und es finden keine spontanen Übermittlungen von Amts wegen statt. Es handelt sich nicht um eine Übermittlungspflicht wie in Deutschland, sondern nur um eine Datenübermittlung auf Ersuchen. Aufgrund dieser, aus der fehlenden Datenübermittlungspflicht resultierenden „Unsichtbarkeit" der Ausländer ohne Aufenthaltsrecht, entsteht zwischen Sozial- und Aufenthaltsrecht kein Anknüpfungspunkt. Als

---

133 Änderungen im Organgesetz 15/1999 Datenschutz, BOE Nr. 298, v. 14.12.1999 und Art. 16 Abs. 3 LRBRL durch LEX 14/2003, BOE Nr. 279, v. 21.11.2003.

134 „Ley 12/1989 de la Función Estadística Pública", BOE. Nr. 112, v. 11.5.1989.

135 *Palomar Olmeda/Hervás Bautista*, Guía de Extranjería, 2006, S. 146.

Folge gibt es keine rechtlichen Wechselwirkungen zwischen Sozial- und Aufenthaltsrecht. Außerdem fehlte für eine umfangreiche Datenabfrage bislang der politische Wille.[136] Demnach greift die Ausländerbehörde normalerweise nicht ein.[137] Der Staat kann häufig unrechtmäßig eingewanderte Ausländer nicht ausweisen, da in der Regel aus tatsächlichen oder finanziellen Gründen, sowie wegen fehlenden Beförderungskapazitäten die Abschiebung nicht durchsetzbar ist.[138]

3. Mögliche faktische Rechtlosigkeit als Folge des Datenübermittlungsrisikos

Teilweise wird angenommen, dass das Datenübermittlungsrisiko zu einer Abnahme der Meldungen beim Einwohnermeldeamt führen könnte, weil die Ausländer befürchten, dass die Polizeibehörden mit diesen Daten ihren Aufenthaltsstatus kontrollieren könnten.[139] Daher wird diskutiert, ob die Ausländer dadurch in ihren sozialen Rechten eingeschränkt werden.[140] Hierzu wurde bereits eine Verfassungsbeschwerde eingelegt, über die aber noch nicht entschieden wurde.[141]

Die Voraussetzung der Anmeldung im Einwohnermeldeamt, um Zugang zu universellen sozialen Leistungen zu erlangen, kann in der Praxis als eine Einschränkung wirken, da die betroffenen Ausländer ohne Anmeldung ihr Leistungsrecht nicht unter den gleichen Bedingungen wie Spanier wahrnehmen können. Ohne Anmeldung werden diese Leistungen nicht „universell" gewährt.[142] Hier ist aber der Sozialstaat bzw. die autonomen Gemeinschaften für diese Rechtlosigkeit nicht verantwortlich, da die Anmeldungspflicht für alle, Inländer sowie Ausländer, gilt. Entsprechend handelt es sich hier um kein rechtliches Problem, sondern eine sog. „faktische Rechtlosigkeit".

---

136 *Zarauz*, Padrón municipal y las personas extranjeras, 2007, S. 155.
137 *Vilalta*, in: *Larios/Nadal*, L´estat de la immigració a Catalunya, 2006, S. 115-141.
138 *Ramos Quintana*, RMTAS, 2006, S. 21; *Girón Reguera*, in: *Revenga Sánchez*, Problemas constitucionales de la inmigración, 2005, S. 511; *Kreienbrink*, Einwanderungsland Spanien, 2004, S. 220; *Roig Molés*, in: *Sempere Navarro*, El Modelo Social en la Constitución Española de 1978, 2003, S. 616.
139 *Solanes Corella/Cardona Rubert*, Protección de Datos Personales, 2005, S. 119.
140 Tagebuch der Sitzungen des Abgeordnetenkongresses, Jahr 2003, VII Legislaturperiode, Nr. 284. S. 14905 ff.
141 Verfassungsbeschwerde gegen das Organgesetz 14/2003 LEX, eingereicht vom baskischen Parlament, 20.2.2004.
142 *Grande Gascón/Pérez Pérez*, in: *Molina Navarrete/Peréz Sola/Esteban de la Rosa*, Inmigración e Integración de los Extranjeros en España, 2009, S. 331.

Folgende universellen Rechte (nach der ersten Klassifizierung der Gerichts-entscheidung STC 107/1984) werden gewährleistet: ein Recht auf medizinische Versorgung, Recht auf Pflege, Recht auf Grundleistungen, sowie Recht auf kostenlose Bildung. Damit wahrt der Sozialstaat die Achtung der Menschenwürde, sowie die freie Entfaltung der Persönlichkeit in gleichem Maße wie bei Spaniern. Eine Ungleichbehandlung ist nicht festzustellen. Dafür müssen diese Ausländer ihre Meldepflicht beim Einwohnermeldeamt, genauso wie Inländer, erfüllen. Sie befinden sich dabei in einem Dilemma. Von ihrer Entscheidung hängt der Zugang zu den Sozialleistungen ab. Deshalb kann man an dieser Stelle feststellen, dass es sich hier nicht um eine Ungleichbehandlung oder Grundrechtsverletzung handelt, sondern ein faktisches Problem besteht.

4. Freie Wohlfahrtsorganisationen als Ersatzlösung für bedürftige Ausländer

Wenn der Betroffene sich gegen die Anmeldung entscheidet, oder die Anmeldung im Einwohnermeldeamt nicht möglich ist (beispielsweise weil der Betroffene keine Unterkunft oder keinen Mietvertrag hat), kann er sich immer noch an freie Wohlfahrtsorganisationen wenden.

Die meisten wohltätigen Organisationen werden in Spanien mit öffentlichen Geldern finanziert.[143] Der Gesetzgeber sieht die Zusammenarbeit mit privatrechtlichen Körperschaften und Institutionen vor (Art. 41 CE, Art. 4-6, 57 und 59 LGSS), die dabei unmittelbar unter der Aufsicht und Leitung des Ministeriums für Arbeit und Einwanderung („*Ministerio de Trabajo e Inmigración*", MTIN) stehen. Die beauftragten Organisationen im Schutzsystem arbeiten daher unmittelbar mit dem Arbeits- und Zuwanderungsministerium (MTIN) zusammen. Alle Nichtregierungsorganisationen (NRO), die sich um Ausländer in Spanien kümmern, übernehmen Aufgaben der Sozialhilfe (Hilfen für Lebensmittelkosten, kostenlose Rechtsberatung, Weiterbildungskurse, Kinderkrippen etc.). Es gibt ein Urteil,[144] in dem die öffentliche Finanzierung privater Institutionen anerkannt wird, die sich Sozialprogrammen widmen. Es handelt sich um

---

143 Näher dazu *Reinhard*, ZIAS, 1992, S. 276-295; *Cuadros*, in: *ders./Abdelaziz/Gaitán*, La intervención social con colectivos inmigrantes, 2005, S. 39.
144 Urteil STC 146/1986 v. 25.11.1986.

in Spanien offiziell anerkannte Vereine (NRO),[145] die soziale Projekte ohne Gewinnstreben durchführen.[146]

Außerdem sieht das Sozialleistungssystem die freiwillige Zusammenarbeit bei der Führung der Sozialleistungssysteme mit sonstigen privaten Institutionen, beispielsweise bei der Versicherung von Arbeitsunfällen und Berufskrankheiten (Berufsgenossenschaften) (Art. 67 LGSS), oder durch die Unternehmer selbst (Art. 77 LGSS) vor. Die Zusammenarbeit der Versicherungen findet üblicherweise im Bereich des Schutzes vor beruflichen Risiken (*„contingencias profesionales"*) statt. Art. 67 Abs. 2 LGSS regelt die Zusammenarbeit mit Vereinigungen, Stiftungen und öffentlichen und privaten Institutionen.

II. Das Aufenthaltsrecht knüpft an das Sozialrecht an

Wenn als Folge der Inanspruchnahme von bestimmten Sozialleistungen ein Abschiebeschutz gewährt wird, welcher zu einer Verlängerung des Aufenthalts oder zum Entstehen eines Aufenthaltsrechts führt, knüpft das Aufenthaltsrecht an das Sozialrecht an.

1. Sicherung des Lebensunterhalts als Eintritts- oder Aufenthaltsvoraussetzung

Wenn Ausländer auf Sozialhilfe angewiesen sind bzw. Sozialleistungen in Anspruch nehmen, gilt dies in Deutschland,[147] Spanien (Art. 25 Abs. 1 LEX), sowie im Unionsrecht[148] – wie bereits erörtert – als Zeichen der staatlichen Ab-

---

145 *Montserrat Codorniu,* RMTAS 2004, S. 130. „Die kleinen und mittleren Nichtregierungsorganisationen (NRO) sind finanziell besonders abhängig von der öffentlichen Verwaltung. Die Einkünfte der NRO hängen zu über 50% vom öffentlichen Sektor ab, obwohl dieses Verhältnis zwischen den Vereinen (60%) und den Stiftungen (40%) variiert."

146 Aus den Rechtsgründen des Urteils STC 146/1986 v. 25.11.1986: Die Sozialhilfe setzt sich aus der wirtschaftlichen Hilfe von öffentlichen wie privaten Institutionen zusammen, welche vom Staat bei Förderungsmaßnahmen für marginalisierte soziale Gruppen unterstützt werden (Art. 2 Resolutionen v. 14.9.1983 (RCL 1983/2041) und 2.1.1985 Gelder für Sozialprojekte).

147 § 5 Abs. 1 S. 1 AufenthG und § 8 AufenthG.

148 Beispielsweise können nach Art. 7 Abs. 1 der Richtlinie zur Familienzusammenführung (RL 2003/84/EG) die Mitgliedstaaten bei Einreichung des Antrags auf Familienzusammenführung vom Zusammenführenden den Nachweis bestimmter materieller Voraussetzungen, zur Sicherung des Lebensunterhaltes der Familie verlangen. Diese Voraussetzung soll eine Belastung des Sozialleistungssystems des Aufnahmelandes vermeiden. Dieselbe Voraussetzung ist in Art. 5 Abs. 1 der Daueraufenthaltsrichtlinie zu finden 2003/103/EG. Sogar die Richtlinie 2004/38/EG verlangt vom Unionsbürger für das Recht auf Aufenthalt von über drei Monaten Dauer, über ausreichende Existenzmittel zu verfügen, so dass sie während ihres Aufenthalts keine Sozialhilfeleistungen des Aufnahmemitgliedstaats in Anspruch nehmen müssen und er und seine

hängigkeit bzw. als Indiz dafür, dass der Ausländer nicht über ausreichend über eigene Mittel verfügt, um seinen Lebensunterhalt zu bestreiten. Diese Abhängigkeit kann ausländerrechtliche Folgen mit sich bringen. Zum einen dient der Beweis ausreichender materieller Mittel für den Unterhalt als Einreisevoraussetzung in das Aufnahmeland. Zum anderen ist der bedürftige Ausländer, der die Leistungen tatsächlich in Anspruch nimmt, häufig von einer Abschiebung bedroht.

Nach Art. 25 Abs. 1 LEX müssen Ausländer, um in das spanischen Staatsgebiet einzureisen, ausreichende Mittel für den Lebensunterhalt während der Zeit des geplanten Aufenthalts in Spanien nachweisen. Ein gesicherter Lebensunterhalt bildet somit auch eine Voraussetzung für die Einreise.

2. „Verwurzelung" und Inanspruchnahme von Sozialleistungen als Ausweisungshindernis

a) Ausländerrechtliche Regelungen

Die spanische Rechtsordnung hat wenigen negativen ausländerrechtlichen Folgen für die Inanspruchnahme von staatlichen Leistungen während des Aufenthaltes vorgesehen. Ganz im Gegenteil, kann der Bezug von bestimmten Sozialleistungen eine gewisse Verwurzelung verursachen, die als Ausweisungshindernis gelten kann.[149]

Seit 2005 gibt es im spanischen Ausländerrecht das Rechtsinstitut der „Verwurzelung" („arraigo"), nach welchem ein Ausländer mit unrechtmäßigem Aufenthaltsstatus eine vorläufige Aufenthaltserlaubnis erhalten kann, die anschließend auch unbefristet erteilt werden kann.[150] Danach kann die Verwaltung im Rahmen einer Ermessensentscheidung Ausländern, die sich zwei oder drei Jahre im Land aufhalten, eine vorläufige Aufenthaltsgenehmigung aufgrund beruflicher („arraigo laboral") gemäß Art. 45 Abs. 2 lit. a RLEX oder sozialer Verwurzelung („arraigo social") gemäß Art. 45 Abs. 2 lit. b RLEX und Art. 31 Abs. 3 LEX bewilligen. Die Verwurzelung führt neben der Tatsache, dass in Spanien oft Legalisierungen stattfinden dazu, dass je länger die Ausländer sich mit unrechtmäßigem Aufenthaltsstatus im Land aufhalten, sie mehr Möglichkeiten bekommen, eine Aufenthaltserlaubnis zu erhalten. Häufig ist ihr

---

Familienangehörigen über einen umfassenden Krankenversicherungsschutz im Aufnahmemitgliedstaat verfügen.

149 Vgl. *Lefebvre*, Memento Práctico, Seguridad Social 2009-2010, Rn. 6271.

150 *Zarauz*, Padrón municipal y las personas extranjeras, 2007, S. 176-178; *Moya Escudero/Rueda Valdivia*, in: *Esplugues Mota*, Comentarios a la LEX, 2006, S. 902.

Ziel, sich weiter im Staatsgebiet Spaniens aufzuhalten und auf eine Legalisierung zu warten.[151] In diesem Kontext ist zunächst das Urteil STJ vom 21. November 2003 anzuführen. Am 11. April 2002 erhob das Baskenland verwaltungsgerichtliche Klage gegen die Abschiebung eines Staatsbürgers aus Ruanda in Verbindung mit einem Einreiseverbot nach Spanien für zehn Jahre. Es wurde festgestellt, dass aufgrund der sozialen Verwurzelung (*„arraigo social"*) des Ausländers Grund besteht, seine Abschiebung zu verbieten (Art. 45 Abs. 2 lit. b RLEX). Der Ausländer nahm an einem ernsthaften Integrationsprojekt für Migranten teil und war seit 2001 gemeldet. Währenddessen bewilligten ihm sowohl die *Administración Foral*, als auch die Stadtverwaltung in Bilbao öffentliche Leistungen wirtschaftlicher Art. Zusätzlich verletzt das Einreiseverbot für zehn Jahre das Prinzip der Verhältnismäßigkeit. Im Ergebnis kam es daher nicht zur Abschiebung, sondern zu einer Geldstrafe in Höhe von 903€.

b) Ausweisungshindernisse aufgrund beruflicher Risiken

Andererseits gibt es im spanischen Ausländergesetz, insbesondere in dem Abschnitt über Straftaten im Bereich des Ausländerrechts und deren Strafmaßnahmen in Art. 57 LEX, einige Vorschriften, die mit der Sicherung des Lebensunterhalts (Art. 25 Abs. 1 LEX) nicht ganz in Einklang stehen. Zwar regelt Art. 57 LEX die Ausweisungstatbestände, insbesondere für den unrechtmäßigen Aufenthaltsstatus in Spanien. Im Grundsatz gilt der unrechtmäßige Aufenthalt als schwerer Verstoß gegen das Gesetz (Art. 53 Abs. 1 LEX) und kann deshalb statt mit einem Bußgeld mit der Abschiebung bestraft werden.

Jedoch sieht Art. 57 Abs. 5 LEX eine Ausnahme von der Ausweisung vor. Nach Art. 57 Abs. 5 lit. d LEX wird die Sanktion der Ausweisung nicht durchgesetzt,[152] wenn die Betroffenen eine Leistung aufgrund beruflicher Risiken (*„contingencias profesionales"*), wie Vollinvalidität als Folge eines in Spanien erfolgten Arbeitsunfalls oder einer Berufskrankheit, sowie aufgrund von Leistungen für Arbeitslosigkeit oder sonstige Eingliederungsleistungen beziehen. Die zuletzt genannten Leistungen bestehen aus öffentlichen Geldleistungen für soziale oder berufliche Eingliederung in die Gesellschaft wie beispielsweise die

---

151 *Zarauz*, Padrón municipal y las personas extranjeras, 2007, S. 157.
152 Art. 57 Abs. 5 lit. d LEX: „Die Maßnahme der Ausweisung kann nicht gegen Ausländer durchgesetzt werden, die Empfänger einer Leistung wegen dauernder Arbeitsunfähigkeit aufgrund eines in Spanien eingetretenen Arbeitsunfalls oder einer dort aufgetretenen Berufskrankheit sind, sowie nicht gegen diejenigen, die eine beitragsbezogene Leistung wegen Arbeitslosigkeit erhalten oder Empfänger der Grundsicherung für Arbeitssuchende sind, die dazu bestimmt ist, die soziale Eingliederung oder Wiedereingliederung oder diejenige in den Arbeitsmarkt zu erreichen [...]."

Grundsicherung für die Arbeitsuchenden (RMI). Die Tatsache, dass der Ausländer irgendeine der genannten Leistungen in Anspruch nimmt, gilt als Ausweisungshindernis.[153] Dadurch wird sein Aufenthalt in Spanien verlängert,[154] bis das Leistungsrecht endet. Allerdings bleibt der Ausländer in einer ungeregelten Aufenthaltssituation,[155] die Abschiebung wird nur ausgesetzt. Wie diese Ausweisungshindernisse begründet und ausgestaltet sind, soll nun im Einzelnen erläutert werden.

Wie bereits ausgeführt, gilt bei berufsbedingten Risiken (sog. *„contingencias profesionales"*) der Grundsatz der automatischen Anmeldung (*„principio de automaticidad"*) nach Art. 125 Abs. 3 LGSS. Danach werden Arbeitnehmer als gemeldet im Sinne von professionellen Risiken bzw. Arbeitsunfällen, Berufskrankheiten, und Arbeitslosigkeit angesehen, auch wenn der Arbeitgeber seine Meldeverpflichtungen nicht erfüllt hat.[156] Ein faktisches Arbeitsverhältnis bringt aber nicht nur versicherungsrechtliche Folgen mit sich, sondern es kann außerdem als ein vorläufiges Ausweisungshindernis gelten (Art. 57 Abs. 5 lit. d Alt. 1 LEX).

aa) Vollinvalidität als Folge von in Spanien eingetretener Arbeitsunfälle oder Berufskrankheiten

Gemäß Art. 57 Abs. 5 lit. d Alt. 1 LEX können diejenigen Ausländer nicht ausgewiesen werden, die Leistungen wegen Vollinvalidität erhalten, die Folge eines Arbeitsunfalls oder einer Berufskrankheit in Spanien sind.

Begründet werden kann dieser besondere Ausweisungsschutz mit der Verantwortung des Sozialleistungssystems für Arbeitnehmer. Da der Arbeitnehmer in Folge seiner abhängigen Beschäftigung geschädigt wurde, hat er nun einen Anspruch gegen das spanische Sozialleistungssystem,[157] welches im Bereich der Unfallversicherung die Verantwortung des Arbeitgebers übernimmt, auch wenn der Betroffene schwarz gearbeitet hat (Art. 125 Abs. 3 LGSS i. V. m. Art. 36 Abs. 5 LEX).[158] Dieser Abschiebeschutz gilt aber nur bei Vollinvalidität.

---

153 *Lefebvre*, Memento Práctico, Seguridad Social 2009-2010, Rn. 6271.
154 *Quintero Lima*, in: *González Ortega*, La protección social de los extranjeros en España, 2010, S. 238.
155 *Moya Escudero/Rueda Valdivia*, in: *Esplugues Mota*, Comentarios a la LEX, 2006, S. 912. In diesem Zusammenhang hat das neue Ausländergesetz 2/2009 mit dem neuen Art. 36 Abs. 5 LEX dazu gefügt, dass außer in den gesetzlich vorgesehenen Fällen ändert die Anerkenntnis einer Leistung nicht den verwaltungsrechlichen Status des Ausländers.
156 *Lefebvre*, Memento Práctico, Seguridad Social 2009-2010, Rn. 6288.
157 *Rueda Valdivia*, in: *Esplugues Mota*, Comentarios a la LEX, 2006, S. 299-300.
158 Siehe 3. Kapitel B II.

Während des verwaltungsrechtlichen Anerkennungsverfahrens durch die Berufsgenossenschaften („*Mutua de Accidentes*"), welches lange dauern kann, und häufig gerichtlich durchgesetzt werden muss, ist der Antragsteller ebenfalls schon (vorläufig) vor Abschiebung geschützt.[159]

bb) Keine beitragsbezogene Leistung von Arbeitslosengeld

Nach Art. 57 Abs. 5 Satz lit. d Alt. 2 LEX kann auch nicht abgeschoben werden, wer eine beitragsbezogene Leistung aus der Arbeitslosenversicherung in Anspruch nimmt.[160] Hier kommt es vor allem auf die Beitragsbezogenheit der Leistungen an, da diese einen individuellen Anspruch des Betroffenen auslöst. Dass wirklich auch Beiträge gezahlt worden sind, ist nicht erforderlich, da selbst Arbeitnehmer in unrechtmäßigen Arbeitsverhältnissen (Schwarzarbeit) nach Art. 125 Abs. 3 LGSS in der Sozialversicherung als (schein)versichert gelten.[161]

Obgleich die erste Rechtsprechung dem Ausländer mit fehlendem Aufenthaltsrecht auch Leistungen der Arbeitslosenversicherung[162] zuerkannt hatte, hat sich dies mit der Entscheidung[163] STS 800/2007 geändert. Diese Entscheidung, die für die Vereinheitlichung der Rechtsprechung als entscheidend gilt, setzt für den Anspruchsberechtigten einen rechtmäßigen Aufenthaltsstatus voraus.[164]

Da die aktuelle Rechtsprechung sowie das Ausländergesetz[165] (Art. 36. Abs. 5 LEX) für Ausländer ohne Aufenthaltsrecht keine Arbeitslosenleistungen vorsieht,[166] sind die Möglichkeiten aus diesen Leistungen ein Ausweisungshindernis abzuleiten eher begrenzt.

---

159 *Palomar Olmeda/Hervás Bautista*, Guía de Extranjería, 2006, S. 140; *Rueda Valdivia*, in: *Esplugues Mota*, Comentarios a la LEX, 2006, S. 300.
160 *Rueda Valdivia*, in: *Esplugues Mota*, Comentarios a la LEX, 2006, S. 399.
161 Siehe 3. Kapitel B II.
162 Urteil STSJ Cantabria 26.10.04, JUR 291543; STSJ Valladolid 17.11.05, AS 3384; STSJ Valladolid 21.11.05, AS 3387; STSJ Valladolid 30.11.05, JUR 14801; STSJ Valladolid 30.11.05, AS 3324 und STSJ Burgos 1.3.06, JUR 108566.
163 Urteil STS 800/2007 v. 18.3.2008.
164 Im Übrigen wird auch die Arbeitserlaubnis für die Dauer des Bezuges der Arbeitslosenhilfe gemäß Art. 38 Abs. 3 b LEX vorausgesetzt. *Moya Escudero/Rueda Valdivia*, in: *Esplugues Mota*, Comentarios a la LEX, 2006, S. 913; *Rueda Valdivia*, in: *Esplugues Mota*, Comentarios a la LEX, 2006, S. 389.
165 Art 36 Abs. 5 LEX: „[…] Der Arbeitnehmer, der nicht im Besitz einer Aufenthalts- oder Arbeitsgenehmigung ist, kann jedoch keinesfalls Leistungen wegen Arbeitslosigkeit erhalten. Außer in den gesetzlich vorgesehenen Fällen ändert die Anerkenntnis einer Leistung nicht den verwaltungsrechtlichen Status des Ausländers."
166 *Lefebvre*, Memento Práctico, Seguridad Social 2009-2010, Rn. 6295.

c) Eingliederungshilfe als (vorläufiges) Ausweisungshindernis

Nach Art. 57 Abs. 5 Satz lit. d Alt. 3 LEX ist ein Abschiebungshindernis vorhanden, wenn der Ausländer (als Leistungsberechtigter) staatliche Geldleistungen zur Förderung der sozialen und beruflichen Eingliederung bezieht. Diese Leistung der Grundsicherung für Arbeitsuchende verbindet beide Ziele. In der Regel ist sie darauf ausgerichtet, die soziale und berufliche Eingliederung zu ermöglichen. In diesen Fällen wird anstelle der Ausweisung eine Sanktion in Form einer Geldstrafe verhängt.

Bei dieser Ausnahmeregelung, zum Schutz vor oder Aufschub von der Abschiebung, ist ein Widerspruch zu beobachten. Einerseits sollen Ausländer mit unrechtmäßigem Aufenthaltsstatus nach Art. 57 Abs. 1 LEX abgeschoben werden, insbesondere dann, wenn ihr Lebensunterhalt während der Aufenthaltsdauer nicht gesichert ist. Im Gegensatz dazu werden sie genau dann vor Abschiebung geschützt, wenn sie öffentliche Eingliederungsleistungen in Anspruch nehmen. Als Folge können den Ausländern mit fehlendem Aufenthaltsrecht, die in der autonomen Region des Baskenlandes Eingliederungsleistungen, wie beispielsweise die Grundsicherung für Arbeitsuchende (RGI), Hilfen zu Überwindung besonderer sozialer Schwierigkeiten, sowie sonstige Eingliederungshilfen (*„ayudas de emergencia social"*, AES) in Anspruch nehmen, für die Leistungsdauer ein Aufschub der Abschiebung erteilt werden. Während die letzten beiden Eingliederungsleistungen die Unterstützung auf sechs Monate beschränken, hat die Grundsicherung für Arbeitsuchende (RGI) eine Leistungsdauer von 24 Monaten. Der Aufschub der Abschiebung könnte mithin zwei Jahre bestehen.

Die autonomen Gemeinschaften können selbst entscheiden, wem sie diese Eingliederungshilfen bzw. Grundleistungen (Art. 14 Abs. 3 LEX) gewähren. Für die Sozialpolitik der autonomen Gemeinschaften wäre eine plötzliche Abschiebung des Betroffenen kontraproduktiv und würde dadurch den Verhältnismäßigkeitsgrundsatz verletzen.[167] Mit der Abschiebung wären die Würde des Menschen, sowie die Entfaltungsmöglichkeit der Person (Art. 10 Abs. 1 CE) nicht mehr gewährleistet. Wie bereits ausgeführt, müssen die universellen Grundleistungen nach Art. 14 Abs. 3 LEX (erste Klassifizierung des Urteils

---

167 Es gibt viele Urteile, die die Sanktion der Abschiebung durch Geldstrafen ersetzen, wenn festgestellt wird, dass der Verhältnismäßigkeitsgrundsatz verletzt wird. Die Abschiebung erfordert eine spezifische Motivation, während ein illegaler Aufenthalt allein lediglich mit einer Geldstrafe belegt wird. Für die Steigerung der Sanktionen wird das kompetente Organ sich an die Kriterien der Verhältnismäßigkeit des Art. 55 Abs. 2 LEX anpassen: Urteil Nr. 241 v. 7.7.2006; Urteil v. 29.04.2005 Sevilla; Urteil v. 26.05.2006 Sevilla; STSJ Verwaltungsgericht der Balearen, v. 27.10.2004.

STC 107/1984) immer und in gleichem Umfang sowie unter den gleichen Bedingungen wie für Spanier (Art. 9 Abs. 2 CE) gewährleistet werden. In der Praxis wird die Abschiebung auch nicht durchgeführt, wenn der Ausländer eine medizinische Leistung nach Art. 12 LEX bezieht.[168] Mit der Abschiebung wäre die nötige medizinische Versorgung nicht gegeben, dies würde ebenfalls gegen die Menschenwürde und daher gegen Art. 10 Abs. 1 CE verstoßen. Zunächst werden zwei Beispiele dargestellt:

Ziel der Beschwerde Nr. 211/05 vom 30. Juni 2005 Vitoria-Gasteiz war die Abschiebung aus dem spanischen Staatsgebiet aufgrund eines unrechtmäßigen Aufenthalts im spanischen Staatsgebiet durch eine Geldstrafe zu ersetzen. Zusätzlich zu dieser Sanktion existierte ein dreijähriges Einreiseverbot nach Spanien und in die Schengenzone. In der Rechtsgrundlage wurde auf die Nichtdurchsetzbarkeit der Abschiebung aufgrund der Inanspruchnahme von Eingliederungsleistungen des Empfängers nach Art. 57 Abs. 5 lit. d LEX hingewiesen. Es handelte sich um verschiedene Hilfen für Wohnung, für die Grundsicherung für Arbeitssuchende (RGI). Deshalb wurde beantragt, dass die Sanktion der Abschiebung, wegen der Inanspruchnahme von Sozialleistungen durch den Kläger, durch eine Geldstrafe ersetzt wurde. Im Ergebnis wurde in diesem Fall die Abschiebung durch eine Geldstrafe von 301€ ersetzt.

Mittels der Beschwerde Nr. 44/05 vom 21. Februar 2005 in Vitoria-Gasteiz sollte ein Antrag gegen die Abschiebung aus nationalem Staatsgebiet gestellt werden. Der Grund dafür ergab sich daraus, dass ein Argentinier mit fehlendem Aufenthaltsrecht Sozialhilfe von der Verwaltung erhielt, und deshalb auf der Grundlage des Art. 57 Abs. 5 lit. d LEX ein Abschiebungsverbot existierte. Dieser argentinische Staatsbürger war seit dem 3. Oktober 2002 in der Stadt Vitoria-Gasteiz gemeldet, er lebte dort mit seiner Gattin, die sich rechtmäßig aufhält, sowie mit seinen Kindern. Er erhält Wohngeld (AES) und die Grundsicherung für Arbeitssuchende (RGI). In Anbetracht dieses Falles war die der Schwere der Straftat entsprechende Sanktion, eine Geldstrafe von 300€, und nicht die Abschiebung. Die Sanktion der Abschiebung durchzusetzen, stünde im Widerspruch zum Prinzip der Verhältnismäßigkeit.[169]

---

168 *Rueda Valdivia*, in: *Esplugues Mota*, Comentarios a la LEX, 2006, S. 334.
169 Vgl. *Da Lomba*, in: *Bogusz/Cholewinski/Cygan/Szyszczak* Irregular Migration, 2004, S. 365.

KAPITEL 5
Schlussbetrachtung und Ausblick

A. *Zusammenfassung der Ergebnisse der Länderberichte*

I. *Sozialleistungen an Ausländer mit fehlendem Aufenthaltsrecht in der Bundesrepublik Deutschland*

1. *Menschenwürdiges Existenzminimum bei Abschiebungshindernissen*

Im Ergebnis kann man feststellen, dass im System der deutschen sozialen Sicherheit Ausländer mit fehlendem Aufenthaltsrecht deutlich schwächer gestellt sind als die übrigen Sozialleistungsempfänger.[1] Das gilt sowohl für geduldete Ausländer (§ 1 Abs. 1 Nr. 4 AsylbLG) als auch für die Gruppe der sonstigen ausreisepflichtigen Ausländer (§ 1 Abs. 1 Nr. 5 AsylbLG).

Die Leistungsberechtigten nach dem AsylbLG sind aus dem Regelsystem der Sozialhilfe ausgeschlossen. Dieser Ausschluss von anderen Sozialgesetzen ist vor allem durch ausländerpolitische bzw. ordnungspolitische Entscheidungen – die umstritten sind – geprägt. Da sich diese Menschen aber nur vorübergehend im Land aufhalten, ist eine Ungleichbehandlung zulässig.

Wenn sich aber Ausländer mit unrechtmäßigem Aufenthaltsstatus tatsächlich im Land aufhalten und nicht abgeschoben werden können, dürfen sie nicht gänzlich vom Sozialleistungssystem ausgeschlossen werden. Obwohl dabei die Sozialleistungen auf ein Minimum reduziert werden, bleibt der Aufnahmestaat verpflichtet, die Menschenwürde zu wahren und das Grundrecht auf ein Existenzminimum zu gewähren.

Die Diskussion um die Verfassungswidrigkeit des AsylbLG hat durch das „Regelleistungsurteil" des BVerfG vom 9. Februar 2010 im Zusammenhang mit den Regelsätzen der Grundsicherung für Arbeitsuchende im Jahr 2010 stark an Dynamik gewonnen.[2] Die vom BVerfG entwickelten Grundsätze sind im Wesentlichen auf das Asylbewerberleistungsgesetz übertragbar. Inzwischen ist dem BVerfG die Prüfung der Verfassungsmäßigkeit zur Entscheidung vorgelegt wor-

---

1 *Janda/Wilksch*, SGb 2010, S. 570.
2 *Kingreen*, NVwZ 2010, S. 558; *Haedrich*, ZAR 2010, S. 231; *Hohm*, ZFSH/SGB 2010, S. 269; *Rothkegel*, ZFSH/SGB 2010, S. 135; *Janda/Wilksch*, SGb 2010, S. 565; *Brosckmann*, SozSich 2010, S. 317.

den.[3] Das AsylbLG wird im Jahr 2011 für verfassungswidrig erklärt werden, da seine Unvereinbarkeit mit der Verfassung in einigen Teilen bereits feststeht. Während in Bezug auf die Methode der Bedarfssetzung an der Verfassungswidrigkeit keine Zweifel bestehen, ist umstritten, ob das Bundesverfassungsgericht auch die Leistungshöhe für evident unzureichend erklären wird.

2. Zugangsvoraussetzungen für einzelne Sozialleistungen in Deutschland

a) Gewöhnlicher Aufenthalt als Voraussetzung für den Zugang zu Integrationsförderungsleistungen

Im Abschnitt B des Länderberichts Deutschland sind die Zugangsvoraussetzungen für die einzelnen Sozialleistungen sowie deren Systematisierung dargestellt. Dabei werden die verschiedenen Sozialleistungen und Sozialversicherungszweige in Zusammenhang mit dem Territorialitätsprinzip und seiner Variante, dem Beschäftigungsortsprinzip, in der Sozialversicherung aufgezeigt. Diese beiden Prinzipien schaffen unterschiedliche Zugangsmöglichkeiten zu Sozialleistungen.

In den auf das reine Territorialitätsprinzip gegründeten Systemen, beispielsweise den Sozialhilfe-, Förderungs- und Entschädigungsleistungen (steuerfinanzierte Leistungen), haben alle Personen mit Wohnsitz oder gewöhnlichem Aufenthalt in Deutschland Zugang zu Sozialleistungen.[4] Ausländer mit fehlendem Aufenthaltsrecht haben hingegen keinen Wohnsitz oder gewöhnlichen Aufenthalt im Bundesgebiet und bleiben deshalb von den Sozialhilfe-, Förderungs- und Entschädigungsleistungen ausgeschlossen. Vor allem sind sie insbesondere von den Integrationsförderungsleistungen ausgeschlossen, da sie sich nur vorübergehend in Deutschland aufhalten, in der Regel keinen festen gewöhnlichen Aufenthalt im Bundesgebiet nachweisen können und zudem nicht berechtigt sind einer Erwerbstätigkeit nachzugehen. Wie bereits dargestellt sind hiervon die Geduldeten ausgenommen, sofern sie die Voraussetzung einer bestimmten Aufenthalts- oder Leistungsbezugsdauer erfüllen.

Ausländischen Arbeitnehmern, die sich im Inland aufhalten, stehen dieselben Rechte auf Sozialversicherungsleistungen (beitragsbezogene Leistungen) zu wie Inländern.[5] Es gibt aber andere Voraussetzungen, wie beispielsweise die Anknüpfung an das Beschäftigungsprinzip (§ 7 SGB IV) bzw. den Beschäftigungs-

3 LSG NRW, Beschluss v. 26.7.2010. Az. L 20 AY 13/09.
4 Vgl. *Becker*, in: *Benvenisti/Nolte*, The Welfare State, 2004, S. 10.
5 *Eichenhofer*, in: *Barwig/Röseler/u.a.*, Sozialer Schutz von Ausländern, 1997, S. 78.

ort (§ 3 Abs. 1 SGB IV), die den Zugang zu Versicherungsleistungen für Arbeitnehmer, die über keine Arbeitserlaubnis verfügen, einschränken. Die hier untersuchte Gruppe von Ausländern (mit Ausnahme der qualifizierten oder sich über vier Jahre im Land aufhaltenden Geduldeten) unterliegt einem Arbeitsverbot. Als Folge können Ausländer mit fehlendem Aufenthaltsrecht weder die Beschäftigungsvoraussetzung noch die gesetzlich vorgesehenen Warte- und Vorversicherungszeiten erfüllen. Als Ausnahme gilt hierbei die Unfallversicherung, wonach das faktische Arbeitsverhältnis (bei Schwarzarbeit) kraft Gesetzes den Zugang zu Leistungen aus der Unfallversicherung ermöglicht,[6] auch wenn keine Beiträge während der Beschäftigung bezahlt wurden.[7]

Zusammengefasst lässt sich feststellen, dass Ausländer mit fehlendem Aufenthaltsrecht hauptsächlich Zugang zu Leistungen aus dem Asylbewerberleistungsgesetz haben. Darüber hinaus stehen ihnen ebenso Unfallversicherungsleistungen, in bestimmten Fällen Entschädigungsleistungen sowie möglicherweise Förderungsleistungen aus den Kinder- und Jugendhilfegesetzen zu.

b) Sozialleistungen mit Bedarfsdeckungsfunktion beim vorläufigen Aufenthalt

Die Inanspruchnahme von Sozialleistungen durch Ausländer bringt nicht nur Rechte, sondern auch Pflichten mit sich. Außerdem zieht die Inanspruchnahme von Leistungen verschiedene rechtliche und faktische Folgen nach sich. Dabei ist zwischen den Geduldeten, welche den Behörden bekannt sind (§ 1 Abs. 1 Nr. 4 AsylbLG), und denjenigen, die den öffentlichen Stellen gänzlich unbekannt sind (§ 1 Abs. 1 Nr. 5 AsylbLG) zu unterscheiden.

Leistungsberechtigte, welche den Behörden bekannt sind, wie die Geduldeten (§ 60a AufenthG), müssen ihr Leben zumeist unter einschränkenden staatlichen Vorschriften, die dem Zwangsversorgungsprinzip folgen, gestalten (Sachleistungen, Gemeinschaftsunterkünfte, Arbeitsverbot und Residenzpflicht). Diese Regelungen erschweren in der Praxis nicht nur die freie Gestaltung des eigenen Lebens nach Art. 2 Abs. 1 GG,[8] sondern gelten ohnehin nur zur Gewährleistung eines physischen Existenzminimums, welches sich häufig als unzureichend erweist. Das wird am Beispiel der Gesundheitsversorgung deutlich, weil ein Patient bloß bei akuten Erkrankungen behandelt wird. Bei einer chronischen Erkrankung kann das Sozialamt eine Behandlung wegen der voraussichtlich kur-

---

6 Vgl. *Becker*, in: *Benvenisti/Nolte*, The Welfare State, 2004, S. 10; *Bade*, Integration und Illegalität in Deutschland, 2001, S. 83.

7 Vgl. *Eichenhofer*, in: *Barwig/Röseler/u.a.*, Sozialer Schutz von Ausländern, 1997, S. 80.

8 Vgl. zweites Kapitel B 1 2 b bb (2), S. 145.

zen Aufenthaltsdauer mit der Begründung verweigern, eine langfristige Therapie könnte bei ausreisepflichtigen Ausländern (theoretisch) nicht zu Ende geführt werden.[9]

Aufgrund der theoretisch kurzen Aufenthaltsdauer – die laut Schätzungen in der Praxis durchschnittlich drei Jahre beträgt[10] – ist für diese Menschen kein Integrationsbedarf vorgesehen. In der Bundesrepublik sollen die Sozialleistungen für Ausländer mit fehlendem Aufenthaltsrecht eher eine Bedarfsdeckungsfunktion und weniger eine Integrationsfunktion erfüllen.[11] Erst wenn eine Aufenthaltsdauer von ca. vier Jahren im Aufnahmeland nachgewiesen werden kann, was in der Regel nur dem zuvor schon geduldeten Ausländer möglich ist, entsteht ein Anspruch auf Integrationsleistungen.

c) Das Sozialrecht knüpft an das Aufenthaltsrecht an

Auch Menschen ohne jedes Aufenthaltsrecht, wie ausreisepflichtige Personen mit tatsächlichem Aufenthalt in der Bundesrepublik (§ 1 Abs. 1 Nr. 5 AsylbLG), stehen unter dem Schutz des Grundgesetzes und erhalten einen Rechtsanspruch auf notwendige Leistungen zur Sicherung des Existenzminimums.

Allerdings ist mit der Gewährung dieser sozialen Ansprüche eine Datenübermittlung an die Ausländerbehörden verbunden, welche in der Konsequenz zu einem Ausweisungstatbestand führen kann. Jede staatliche Leistung nach dem AsylbLG ist mit der Übermittlungspflicht des § 87 Abs. 2 Nr. 1 AufenthG gegenüber der Ausländerbehörde verbunden. Außerdem erfolgt nach § 11 Abs. 3 AsylbLG ein gegenseitiger, automatisierter Datenabgleich zwischen Sozial- und Ausländerbehörden. Entsprechend sollen das Ausländerrecht und die Sozialhilfe für Ausländer nicht ohne Bezug nebeneinander stehen, sondern ineinander greifen.[12] Dabei knüpft das Sozialrecht an das Aufenthaltsrecht an, und das Sozialrecht gilt als Korrektiv für ausländerrechtliche Fehlentwicklungen.[13] Solange der Ausländer noch unbekannt und nicht registriert ist, entstehen auch keine staatlichen Schutzverpflichtungen. Demnach müssen sich Ausländer, welche den öffentlichen Stellen noch unbekannt sind, beim Leistungsfall entweder dafür entscheiden, untergetaucht zu bleiben und folglich auf die ihnen zustehenden Leistungen zu verzichten, oder sie entscheiden sich für die Leistungen, was zugleich die Gefahr der Abschiebung birgt. Entsprechend stehen die Leistungs-

---

9 Vgl. *Classen*, Menschenwürde mit Rabatt, 2000, S. 95 ff.
10 Vgl. zweites Kapitel Abbildung 7 „Verweildauer in Gemeinschaftsunterkünften."
11 Vgl. zweites Kapitel B I 3 b, S. 157.
12 Vgl. viertes Kapitel A II, S. 304.
13 Vgl. *Janda/Wilksch*, SGb, 2010, S. 573.

berechtigten vor dem Dilemma trotz bestehender Leistungsberechtigung eine Leistung aus Angst vor Entdeckung und Abschiebung nicht in Anspruch nehmen zu können. Sie unterliegen einer sog. faktischen Rechtlosigkeit.

Da die sozialen Rechte, wie die Gesundheitsversorgung, Unterkunft, oder Schulbildung für die Gewährleistung des Art. 1 Abs. 1 GG für Menschen in der aufenthaltsrechtlichen Illegalität grundlegend sind, hat der Gesetzgeber in jüngerer Zeit Anstrengungen unternommen, um das Problem der faktischen Rechtlosigkeit zu lösen. Beispielsweise wurde die Rechtslage durch die Verwaltungsvorschriften zum AufenthG (VwV) gelockert, wonach die Übermittlungspflichten in bestimmten Fällen eingeschränkt sind.

Trotz aller pragmatischer und gesetzlicher Verbesserungsversuche wird, solange es in der Bundesrepublik noch eine Mitteilungspflicht (mit mehr oder weniger Einschränkungen) gibt, die Inanspruchnahme von Sozialleistungen in der Praxis von der persönlichen Entscheidung der Betroffen abhängen und die Situation der faktischen Rechtlosigkeit der Betroffen weiter bestehen bleiben. Hier könnte der Gesetzgeber mit der vollständigen Abschaffung der Übermittlungspflichten die bestehende Rechtsunsicherheit beseitigen.

Im Gegensatz dazu knüpft in Deutschland das Aufenthaltsrecht an das Sozialrecht insbesondere dann an, wenn die Inanspruchnahme von Sozialleistungen nach dem Asylbewerberleistungsgesetz die Erteilung oder Verlängerung der Aufenthaltserlaubnis beeinträchtigt[14] (§ 55 Abs. 2 Nr. 6 AufenthG). Für die Erteilung (§ 5 Abs. 1 S. 1 AufenthG) sowie Verlängerung (§ 8 AufenthG) eines Aufenthaltstitels für die Einreise und den Aufenthalt im Bundesgebiet, ist ein gesicherter Lebensunterhalt Voraussetzung. Für die Untersuchung der Wechselwirkungen zwischen den beiden Rechtsgebieten ist für Ausländer mit fehlendem Aufenthaltsrecht diese Konstellation von geringerer Bedeutung, da sie ohne ein Recht auf Aufenthalt keine Erteilung oder Verlängerung der Aufenthaltserlaubnis benötigen.

---

14 BVerwGE 102, 249 (252).

II. Sozialleistungen an Ausländer mit fehlendem Aufenthaltsrecht in Spanien

1. Kein Grundrecht auf Gewährleistung eines menschenwürdigen Existenzminimums

Obwohl nach dem Wortlaut des Art. 41 CE ausreichende Hilfe und Leistungen in Notlagen gewährleistet werden muss, handelt es sich nicht um ein Grundrecht auf ein Existenzminimum. Aus der spanischen Verfassung kann kein „Grundrecht auf Gewährleistung eines menschenwürdigen Existenzminimums" (*„derecho a un mínimo vital"*) abgeleitet werden.[15] Vielmehr gilt der interprofessionelle Mindestlohn (*„salario mínimo interprofesional"*, SMI) als Grundlage zur Errechnung verschiedener Sozialleistungen. Dabei übernehmen die siebzehn autonomen Gemeinschaften Zuständigkeiten im Bereich der sozialen Fürsorge sowie Gesundheit und Hygiene.

Zudem ist der neue Art. 2ter LEX der Integration von Ausländern in Spanien gewidmet.[16] Anders als in Deutschland, wonach das Asylbewerberleistungsgesetz (AsylbLG) ein eigenständiges Leistungsrecht außerhalb des SGB XII als „Sonder-Sozialhilfe" darstellt, sind die Sozialleistungen an Ausländer ohne rechtmäßigen Aufenthaltsstatus in Spanien im allgemeinen Ausländergesetz 2/2009 über die Rechte und Grundfreiheiten von Ausländern in Spanien und ihrer sozialen Integration[17] (LEX) geregelt.

Für alle, die keine spanische Staatsangehörigkeit besitzen (Art. 1 Abs. 1 LEX), gilt immer dieses Gesetz, es sei denn, internationale Verträge regeln etwas anderes (Art. 1 Abs. 2 LEX).[18]

---

15 Vgl. drittes Kapitel A I 3 b, S. 213.

16 Art. 2ter Abs. 2 LEX Integration von Ausländern: Die öffentlichen Verwaltungen machen sich das Ziel der Integration von Immigranten in die aufnehmende Gesellschaft zu eigen und zwar übergreifend in allen politischen Maßnahmen und Bereichen der öffentlichen Verwaltung, wobei sie die wirtschaftliche, soziale, kulturelle und politische Beteiligung der Immigranten im Rahmen der Verfassung, der Autonomiestatute und der sonstigen Gesetze unter Beachtung der Gleichbehandlung fördern [...].

17 Organgesetz 4/2000, v. 11.1.2000 über die Rechte und Grundfreiheiten von Ausländern in Spanien und ihre soziale Integration, BOE Nr. 10 v. 12.1.2000. (Organgesetz 4/2000, v. 11.1.2000, über die Rechte und Grundfreiheiten von Ausländern in Spanien und ihre soziale Integration), reformiert durch das Organgesetz 8/2000, v. 22.12.2000 (BOE Nr. 307 v. 23.12.2000), durch Organgesetz 11/2003, v. 29.9.2003 (BOE Nr. 234 v. 30.9.2003), durch Organgesetz 14/2003, v. 20.11.2003 (BOE Nr. 279 v. 21.11.2003, Organgesetz 2/2009, v. 11.12.2009 (BOE Nr. 299 v. 12.12.2009).

18 Bei Art. 1 Abs. 2 LEX handelt es sich um eine einfachgesetzlichen Konkretisierung des Art. 10 Abs. 2 CE: Die Normen, die sich auf die in der Verfassung anerkannten Grundrechte und Grundfreiheiten beziehen, sind in Übereinstimmung mit der Allgemeinen Erklärung der Menschen-

2. Anmeldung im Einwohnermeldeamt als Hauptvoraussetzung für den Zugang zu Sozialleistungen in Spanien

Es ist festzustellen, dass im spanischen Sozialleistungssystem Ausländer mit fehlendem Aufenthaltsrecht relativ gut gestellt sind. Sie sind gegen Arbeitsunfälle versichert, und auch der Zugang zu Grundleistungen, Bildung und medizinischer Versorgung wird nach der Anmeldung im Einwohnermeldeamt im gleichen Umfang gewährleistet wie für Spanier. Die Tatsache, dass der soziale Schutz für Ausländer ohne Aufenthaltsrecht in Spanien sehr weit geht, ergibt sich aus der Motivation der heutigen spanischen Politik. Der spanische Gesetzgeber hat die Tatsache akzeptiert, dass es auch bei einer restriktiven Ausländerpolitik immer Ausländer mit unrechtmäßigem Aufenthaltsstatus in Spanien gibt und geben wird.[19] Wenn der Staat nicht dafür Sorge trägt, Ausländer mit fehlendem Aufenthaltsrecht aus seinem Territorium auszuweisen – wie es in Spanien häufig der Fall ist –, muss der Aufnahmestaat bzw. die autonome Region einen Mindestzugang zu Sozialleistungen ermöglichen.

a) Unterschiedliche Regelsätze für die Grundleistungen im regionalen Recht

Die Sozialhilfe besteht in Spanien hauptsächlich aus der Grundsicherung für Arbeitsuchende, welche ebenfalls in den Kompetenzbereich der autonomen Gemeinschaften fällt. Ob und inwieweit Ausländer (insbesondere jene ohne rechtmäßigen Aufenthaltsstatus) Zugang zu diesen Leistungen erhalten, ist in den autonomen Gemeinschaften sehr unterschiedlich ausgestaltet.

Nach Art. 14 Abs. 3 LEX haben Ausländer zwar unabhängig von ihrem Aufenthaltsstatus Zugang zu den Grundleistungen (*„servicios y prestaciones básicas"*) des Sozialrechts, was Grundleistungen aber sind, wird in allen siebzehn autonomen Gemeinschaften unterschiedlich definiert. Sie können Sozialleistungen aus der spanischen Sozialhilfe *„asistencia social"* in Anspruch nehmen, welche aber je nach autonomer Gemeinschaft sehr unterschiedlich sind. Als Konsequenz kann es zwischen dem nationalen Ausländerrecht, das u.a. die Bekämpfung der illegalen Migration zum Ziel hat, und dem regionalen Fürsorgerecht, dass die Eingliederung der Menschen in der Gesellschaft anstrebt, zu Spannungsverhältnissen kommen. Da hier sehr ungleiche Ansichten und Leis-

---

rechte und den von Spanien ratifizierten internationalen Verträgen und Abkommen über diese Materien auszulegen.

19 *Grande Gascón/Pérez Pérez*, in: *Molina Navarrete/Peréz Sola/Esteban de la Rosa*, Inmigración e Integración de los Extranjeros en España, 2009, S. 342.

tungsfähigkeiten bestehen, kann das Gleichgewicht des Sozialsystems gefährdet werden.

Die Grundleistungen, die Rechte mit universaler Geltung sind und mit dem sozialen Integrationsprozess der Zuwanderer verbunden sind, fallen in den Kompetenzbereich der autonomen Gemeinschaften,[20] welche auch die genauen Zugangsvoraussetzungen für Ausländer bestimmen. Den Leistungsempfängern werden die folgenden universellen Rechte (nach der ersten Klassifizierung der Gerichtsentscheidung STC 107/1984) gewährleistet: das Recht auf medizinische Versorgung, das Recht auf Beistand, das Recht auf Grundleistungen sowie das Recht auf kostenlose Bildung.

Soziale Förderungsleistungen wie Familienleistungen und Wohnungswesen werden in Spanien nicht unbedingt als Grundleistungen (*„prestaciones básicas"*) angesehen. Demnach haben Ausländer in den verschiedenen autonomen Gemeinschaften, wenn überhaupt, hierzu einen sehr begrenzten Zugang.

b) Bildung und medizinische Versorgung

Die Bildung sowie die medizinische Versorgung sind in Spanien universelle Rechte. Demzufolge haben auch Ausländer inzwischen umfassenden kostenlosen Zugang zu den Bildungsinstitutionen und Stipendien, nachdem das Verfassungsgericht STC 236/2007 dies ausdrücklich auch Ausländern mit fehlendem Aufenthaltsrecht bis zum 18. Lebensjahr universell zugestanden hat.

Selbst wenn sie untergetaucht bleiben, haben sie nach Art. 12 Abs. 2 LEX Zugang zu medizinischer Versorgung in Notfällen. Das Gesundheitswesen ist in Spanien universell organisiert und wird durch Steuern finanziert. Den Anspruchsberechtigten wird das verfassungsrechtlich gebotene Recht auf Schutz der Gesundheit (Art. 43 CE) gewährleistet. Grundsätzlich müssen sich die Ausländer beim Einwohnermeldeamt gemäß Art. 12 Abs. 1 LEX melden um ihre Ansprüche geltend machen zu können. Die Stadt, in der der Betroffene sich anmeldet, gilt als der gewöhnliche Aufenthalt des Ausländers. Demnach sind auch die Ausländer, die sich illegal im Land aufhalten in den Schutzbereich des Gesundheitssystems einbezogen.[21] Durch die Anmeldung werden Sozialleistungen „universell" gewährt.[22]

---

20 *Zarauz*, Padrón municipal y las personas extranjeras, 2007, S. 189; *Montilla Martos*, in: *ders./Aja*, Las Comunidades Autonomas y la Inmigración, 2006, S. 23.

21 *González Ortega*, in: *ders.*, La protección social de los extranjeros en España, 2010, S. 241.

22 *Grande Gascón/Pérez Pérez*, in: *Molina Navarrete/Peréz Sola/Esteban de la Rosa*, Inmigración e Integración de los Extranjeros en España, 2009, S. 331.

c) Sozialleistungen auf der Grundlage einer faktischen Arbeitserlaubnis

Im spanischen Staatsgebiet halten sich viele Ausländer auf, die ohne Arbeitserlaubnis arbeiten; in der Mehrzahl der Fälle geschieht dies in unrechtmäßiger Form und in Arbeitsverhältnissen unter prekären Bedingungen.[23]

Obwohl die Ausländer mit fehlendem Aufenthaltsrecht grundsätzlich einem Beschäftigungsverbot unterliegen, haben sie, wenn sie „schwarz" arbeiten, weil es sich um ein faktisches Arbeitsverhältnis handelt (Art. 36 Abs. 5 LEX), Zugang zu den Leistungen bei Arbeitsunfällen und Berufskrankheiten („*contingencias profesionales*").

d) Das Aufenthaltsrecht knüpft an das Sozialrecht an

Um die Sozialleistungen in Anspruch nehmen zu können, müssen Ausländer genauso wie Inländer die Meldepflicht (Art. 15 LRBRL) erfüllen. Obwohl in Spanien die öffentlichen Behörden seit 2003 eine Auskunftspflicht in Ausländer betreffenden Angelegenheiten eingeführt haben, hat ein solcher Datenaustausch in der Praxis noch kaum stattgefunden. In Spanien existiert aufgrund der fehlenden Datenübermittlungspflicht und der daraus resultierenden Unsichtbarkeit von Menschen ohne Aufenthaltsrecht keine ordnungsrechtliche Verknüpfung zwischen Sozial- und Aufenthaltsrecht. Das Sozialrecht wird nicht als Korrektiv für ausländerrechtliche Fehlfolgen betrachtet. Es ist nicht festzustellen, dass im Zusammenhang mit Ausländern ohne Aufenthaltsstatus in Spanien das Sozialrecht an das Aufenthaltsrecht anknüpft.

Nur wenn sich als Folge der Inanspruchnahme von bestimmten sozialen Rechten die Aufenthaltszeit in Spanien verlängert, knüpft das Aufenthaltsrecht an das Sozialrecht an. Nach Art. 57 Abs. 5 lit. d LEX[24] kann die Inanspruchnahme von bestimmten Sozialleistungen als Ausweisungshindernis dienen. Danach wird die Sanktion der Ausweisung nicht durchgesetzt, wenn die Betroffenen eine Leistung aufgrund beruflicher Risiken, wie Vollinvalidität als Folge eines in Spanien erfolgten Arbeitsunfalls oder einer Berufskrankheit, sowie aufgrund von Leistungen für Arbeitslosigkeit oder sonstige Eingliederungs-

---

23 *Moya Escudero/Rueda Valdivia*, in: *Esplugues Mota*, Comentarios a la LEX, 2006, S. 902.

24 Art. 57 Abs. 5 lit. d LEX: „Die Maßnahme der Ausweisung kann nicht gegen Ausländer durchgesetzt werden, die Empfänger einer Leistung wegen dauernder Arbeitsunfähigkeit aufgrund eines in Spanien eingetretenen Arbeitsunfalls oder einer dort aufgetretenen Berufskrankheit sind, sowie nicht gegen diejenigen, die eine beitragsbezogene Leistung wegen Arbeitslosigkeit erhalten oder Empfänger der Grundsicherung für Arbeitsuchende sind, die dazu bestimmt ist, die soziale Eingliederung oder Wiedereingliederung oder diejenige in den Arbeitsmarkt zu erreichen [...]."

leistungen (Art. 57 Abs. 5 S. lit. d Alt. 3 LEX) beziehen. Dadurch wird der Aufenthalt in Spanien verlängert,[25] bis das Leistungsrecht endet. Allerdings bleibt der Ausländer in einer ungeregelten Aufenthaltssituation; die Abschiebung wird nur ausgesetzt. Beispielsweise könnte Ausländern mit fehlendem Aufenthaltsrecht, die in der autonomen Region des Baskenlandes Eingliederungsleistungen in Anspruch nehmen, für die Leistungsdauer ein Aufschub der Abschiebung gewährt werden. Die autonomen Gemeinschaften können selbst entscheiden, wem sie diese Eingliederungshilfen bzw. Grundleistungen (Art. 14 Abs. 3 LEX) gewähren.

Das führt neben der Tatsache, dass in Spanien oft Massenlegalisierungen stattfinden, dazu, dass bei Ausländern mit unrechtmäßigem Aufenthaltsstatus mit zunehmender Aufenthaltsdauer die Wahrscheinlichkeit, eine Aufenthaltserlaubnis zu erhalten, steigt. Hierzu kommt ein weiteres Rechtsinstitut; die Verwurzelung (*„arraigo social y laboral"*). Es ist davon auszugehen, dass diese positive Bleibeperspektive Einwanderungsanreize („Pull-Faktoren") nach Spanien wecken kann. Wie in der Einleitung erwähnt wurde, ist Spanien nicht nur ein vorübergehendes Ziel, da sieben von zehn Immigranten sich dauerhaft dort niederlassen.[26]

---

25 *Quintero Lima*, in: *González Ortega*, La protección social de los extranjeros en España, 2010, S. 238.

26 Dazu Einleitung B I, S. 42.

B. Vergleich und Bewertung der rechtsvergleichenden Ergebnisse

Zusammenfassend lässt sich feststellen, dass vor allem drei Faktoren die sozialrechtliche Stellung von Ausländern in den Vergleichsländern entscheidend prägen: a) die Migrationspolitik in Zusammenhang mit aufenthalts- und sozialrechtlichen Wechselwirkungen, b) Verfassungsurteile über Sozialleistungen in Zusammenhang mit der Menschenwürde, c) Art des Sozialleistungssystems, sowie Föderales System, in der sich der Ausländer aufhält.

I. Migrationspolitik in Zusammenhang mit aufenthalts- und sozialrechtlichen Wechselwirkungen

Die Aufnahmestaaten sind häufig nicht in der Lage, unberechtigt Einreisende schnell zurück in ihr Heimatland abzuschieben. Wenn diese tatsächlich im Land sind, hat der Aufnahmestaat eine territoriale Verantwortung gegenüber diesen Menschen, die das Territorium nicht gleich verlassen, weil u.a. der Pass fehlt, oder nicht ausreichend Polizeikräfte für den Einsatz zur Verfügung stehen. Die Übernahme dieser Verantwortung bringt unterschiedliche Wechselwirkungen zwischen dem Sozial- und Ausländerrecht mit sich. Beide Vergleichsländer haben die Bekämpfung der unrechtmäßigen Migration als gemeinsames Ziel, jedoch knüpft Deutschland das Sozialrecht an das Ausländerrecht durch die Übermittlungspflicht. Hingegen ist diese Wechselwirkung mit der Folge der „faktischen Rechtlosigkeit" in Spanien noch kaum zu beobachten.

1. Das Problem der faktischen Rechtlosigkeit

Nicht bei den Ausländern, bei denen ein Aufschub der Abschiebung (wie die Duldung) stattgefunden hat, sondern bei den sonstigen ausreisepflichtigen Ausländern, die bei den Behörden nicht registriert sind, ist die Praxis der Datenübermittlung zwischen den Sozial- und den Ausländerbehörden in Deutschland von ganz entscheidender Bedeutung. Hingegen ist der Zugang zu Sozialleistungen für Ausländer mit fehlendem Aufenthaltsrecht in Spanien aufgrund der fehlenden Übermittlungspflicht leichter als in Deutschland, was in der Praxis das Recht auf freie Entfaltung der Persönlichkeit fördern kann.

Menschen ohne jedes Aufenthaltsrecht, wie vollziehbar ausreisepflichtige Personen mit tatsächlichem Aufenthalt im Inland, stehen unter dem Verfassungsschutz und erhalten einen Rechtsanspruch auf notwendige Leistungen zur Sicherung des Existenzminimums. Allerdings ist mit der Gewährung dieser sozialen Ansprüche eine Datenübermittlung an die Ausländerbehörden verbunden, welche als Folge dem Ausweisungstatbestand dienen kann. Solange der Ausländer nicht erkennbar und registriert ist, entstehen auch keine staatlichen Schutzverpflichtungen. Der betroffene Ausländer kann sich dann bei Bedürftigkeit nur an Wohlfahrtsverbände, Akteure der Zivilgesellschaft, Kirchen und Nichtregierungsorganisationen wenden, um beispielsweise die Gesundheitsversorgung in Anspruch zu nehmen.

Entsprechend stehen die Leistungsberechtigten vor dem Dilemma trotz bestehender Leistungsberechtigung eine Leistung aus Angst vor Entdeckung und Abschiebung nicht in Anspruch nehmen zu können. Diese Verknüpfung von Leistungsrecht und Ordnungsrecht führt dazu, dass diese Menschen bestimmte Rechte nicht wahrnehmen können oder wollen, wodurch eine „faktische Rechtlosigkeit" entsteht. Nicht nur im innerstaatlichen Recht, sondern ebenfalls im Unionsrecht, knüpft die Rückführungsrichtlinie, beispielsweise die medizinische Versorgung, häufig an die offizielle Meldung der Betroffenen bei den öffentlichen Stellen an. Damit wird für die Leistungsberechtigten die tatsächliche Inanspruchnahme der Sozialleistungen nach der Rückführungsrichtlinie erschwert.

In Spanien existiert zwar auch die Möglichkeit, dass die Daten übermittelt werden, allerdings kann dies in der Praxis nicht flächendeckend und umfassend geschehen, sondern nur einzelfallbezogen und auf Anfrage. Bisher handelt es sich lediglich um eine theoretische Diskussion, da dies im Alltag bei den Betroffenen noch keine Rolle spielt. Anders als das Asylbewerberleistungsgesetz in Deutschland erfüllen die Fürsorgegesetze der autonomen Gemeinschaften keine ordnungsrechtliche Funktion, sondern sie bezwecken rein leistungsrechtliche Ziele. Als Folge ist dabei der Anknüpfungspunkt zwischen Sozial- und Aufenthaltsrecht – wie in der Bundesrepublik – nicht gegeben.

Trotz aller pragmatischer und gesetzlicher Verbesserungsversuche wird, solange es in Deutschland sowie in Spanien einen Datenaustausch zwischen den öffentlichen Behörden gibt (mit mehr oder weniger Einschränkungen), die Inanspruchnahme von Sozialleistungen in der Praxis weiterhin von der persönlichen Entscheidung der Betroffen abhängen und die Situation der faktischen Rechtlosigkeit der Betroffenen bestehen bleiben. Hier könnte der Gesetzgeber nur mit der totalen Abschaffung der Übermittlungspflichten Einfluss nehmen. Es ist eine Tatsache, dass die Abschaffung der Übermittlungspflichten den betroffenen Ausländern beim Bezug von Sozialleistungen die bestehende Rechtsunsicherheit beseitigen würde. Hingegen besteht ein mögliches öffentliches Interesse an der staatlicher Kontrolle und somit an Datenübermittlung. Eine umfangreiche Datenübermittlung führt zwar zu einer besseren Steuerbarkeit der Migration, schneidet aber gleichzeitig einige Sozialleistungen ab, die möglicherweise auch für die Gewährleistung eines menschenwürdigen Mindestunterhalts notwendig sind (Schulbildung, medizinische Versorgung).

2. Die umstrittene sog. „Welfare Magnet Thesis"

In Spanien gibt es verschiedene Migrationspläne im Allgemeinen, aber kein „Sonder-Sozialhilfegesetz" wie das Asylbewerberleistungsgesetz in Deutschland. Bei dem AsylbLG handelt es sich – anders als bei der spanischen Sozialhilfe – im Kern um eine Regelung des Aufenthalts- bzw. Ordnungsrechts. Das AsylbLG verfolgt vor allem zwei Ziele: a) die Bekämpfung der missbräuchlichen Inanspruchnahme des Grundrechts auf Asyl und b) keine leistungsrechtlichen Anreize für ein weiteres Bleiben in der Bundesrepublik zu schaffen.

In Deutschland ist – anders als in Spanien – das vorherrschende Argumentationsmuster für die Begründung sozialrechtlicher Ungleichbehandlungen zwischen Deutschen und Drittstaatsangehörigen die sog. „Welfare Magnet Thesis". Danach ziehen Staaten mit hohen Sozialleistungen Bedürftige aus anderen Staaten an (Pull-Faktor). Daher werden in der Bundesrepublik die Anreize, nach Deutschland einzureisen, und um die Bleibe unattraktiver zu machen, bzw. um gegen den Leistungsmissbrauch zu arbeiten, die Sozialleistungen nach dem AsybLG bewusst auf ein Minimum reduziert.

Dieses Rechtfertigungsmuster zur Reduzierung von Leistungen, das in Deutschland umstritten ist, ist in der spanischen Literatur oder Gesetzgebung bisher kaum zu finden. Die Ausländer mit fehlendem Aufenthaltsrecht haben, je nach autonomer Gemeinschaft, keinen Zugang zu allen Leistungen, aber das Argumentationsmuster für die Differenzierung ist eine andere. Die Ungleichbehandlung hat keine ausländerpolitischen Züge, wie in Deutschland die Aufenthaltsdauer oder der niedrige Bedarf der Leistungsempfänger, sondern es gibt vielmehr sog. universelle Rechte, die gleichermaßen für Inländer wie für Ausländer gelten, weil sie der Menschenwürde innewohnen. Dieses Argumentationsmuster hat sich in Spanien durch das Urteil STC 107/1984 des Verfassungsgerichts durchgesetzt. Das „Tribunal Constitucional" schaffte 1984 ein verfassungsrechtliches Minimum an Rechten für Ausländer in gleichem Umfang wie für Spanier.

Eine ähnliche Entwicklung ist seit dem Urteil des Bundesverfassungsgerichts vom 9. Februar 2010 in Deutschland zu beobachten. Die Höhe der zur Sicherung einer menschenwürdigen Existenz erforderlichen Leistung kann nur von dem tatsächlichen Bedarf abhängig gemacht werden, nicht aber von ordnungspolitischen Erwägungen. „Entscheidend ist von Verfassung wegen allein, dass für jede hilfebedürftige Person das Existenzminimum nach Art. 1 i. V. m. Art. 20 GG ausreichend erfasst wird."[27] Diese neue Entwicklung ist sinnvoll, da die bereits reduzierten Sozialleistungen auf der Grundlage des umstrittenen Rechtfertigungsmusters der „*Welfare Magnet Thesis*", wie sie bisher in Deutschland praktiziert wurden, realitätsfern und anachronistisch sind.

Realitätsfern erscheint auch die Begründung der Leistungsreduzierung mit einem (theoretisch) kurzen Aufenthalt. Schätzungen zufolge handelt es sich in der Praxis dabei durchschnittlich um drei Jahre.[28]

Das Recht des 21. Jahrhunderts benötigt im Zusammenhang mit der Migration, die als Teil der Globalisierung zu verstehen ist, andere Argumentationsmuster mit Bezug zu Menschenrechten und der Menschenwürde, wie es das spanische Verfassungsgericht nach Art. 10 Abs. 2 CE bereits seit 1984 praktiziert. Nach Art. 10 Abs. 2 CE sind die Normen in Übereinstimmung mit der Allgemeinen Erklärung der Menschenrechte und den von Spanien ratifizierten internationalen Verträgen und Abkommen über diese Materien auszulegen.

Die statistischen Zahlen des Ministeriums für Gesundheit und Sozialpolitik haben in dieser Untersuchung hinsichtlich der autonomen Region des Baskenlandes in Spanien gezeigt, dass die hohen Leistungsbeträge, die Leistungsbezugsdauer sowie die Leistungsempfängerzahl, einschließlich der Ausländer mit fehlendem Aufenthaltsrecht, die Zuwanderung in diese Region nicht fördarte. In diesem Zusammenhang ist die „*Welfare Magnet Thesis*" bedenklich.[29] Ein Pull-Effekt bzw. eine Anziehung auf Grund eines reichen und universellen sozialen Schutzes für alle ist in dem Länderbericht Spanien nicht festzustellen.

Nach statistischen Zahlen des spanischen Ministeriums für Gesundheit und Sozialpolitik sowie des Statistikamtes („*Instituto Nacional de Estadística*") hatten 86,2% der Ausländer vor der Einreise Kontakte in Spanien. Migranten wandern nicht mit dem Ziel aus, einem Staat zur Last zu fallen oder von staatlichen Hilfeleistungen zu leben. Die meisten Migranten suchen bessere Lebensperspektiven und nehmen dafür in Kauf, dass sie hart dafür arbeiten müssen.

Als eine notwendige Voraussetzung für eine ausgewogene Sozialpolitik gegenüber Ausländern könnte deshalb die Erkenntnis gelten, dass die wichtigsten Pullfaktoren für die Zuwanderung von Migranten in ein Land nicht unbedingt die sozialrechtlichen Aufnahmebedingungen des Aufnahmelandes sind, sondern deren ethnische Netzwerke, Beschäftigungsmöglichkeiten sowie die positiven Bleibeperspektiven.

---

27 BVerfGE 125, 175 (145).
28 Vgl. zweites Kapitel Abbildung 7 „Verweildauer in Gemeinschaftsunterkünften."
29 Vgl. drittes Kapitel B I 3 a cc, S. 253.

II. Verfassungsurteile über Sozialleistungen für Ausländer jenseits aufenthaltsrechtlicher Statusfragen

Das Verfassungsgericht[30] in Spanien hat häufig Rechtsfragen rund um soziale Rechte von Ausländern mit fehlendem Aufenthaltsrecht geklärt. Bereits seit 1984 ist für die Auslegung des Art. 13 Abs. 1 CE über die Rechte der Ausländer die Entscheidung des Verfassungsgerichtes STC 107/1984 zu beachten, nach der Ausländern auf der Grundlage des Art. 13 CE i. V. m. Art. 10 Abs. 1 und 2 CE gewisse verfassungsrechtliche Rechte nicht verweigert werden können. Daraufhin erklärte das Gericht, dass der Art. 13 Abs. 1 CE dem Gesetzgeber zwar eine große Freiheit einräumt, um die Rechte von Ausländern in Spanien selbst zu regeln; dabei müssen aber die Menschenwürde (Art. 10 Abs. 1 CE) und die internationalen Abkommen (Art. 10 Abs. 2 CE) berücksichtigt werden. Zusammengefasst ergeben sich aus der Achtung der unveräußerlichen Menschenrechte jeder Person („Jedermannsrechte"), die sich auf dem Staatsgebiet aufhält, gewisse soziale Schutzpflichten.

Die Entscheidung definiert bei der ersten Klassifizierung die sog. universellen Freiheitsrechte, die nach Art. 10 Abs. 1 CE gleichermaßen für Inländer wie für Ausländer gelten, weil sie der Menschenwürde innewohnen. Der TC schafft mit den sog. universellen Rechten der ersten Klassifizierung ein verfassungsrechtliches Minimum an Rechten für Ausländer in gleichem Umfang wie für Spanier. In diesem Zusammenhang ist eine Ungleichbehandlung der Ausländer gegenüber Spaniern ausgeschlossen.

Beispielsweise erklärte das Urteil STC 236/2007 die Einschränkung des Rechts auf nicht-verpflichtende Schulbildung (Art. 9 Abs. 3 LEX) gegenüber Ausländern als verfassungswidrig. Entsprechend wurde dieses Recht nun der ersten Klassifizierung zugeordnet, und ist damit unter den gleichen Bedingungen wie für Spanier verfassungsrechtlich gewährleistet, weil dieses Recht der Menschenwürde innewohnt. Weiterhin sind nach Art. 10 Abs. 2 CE[31] alle Gesetze in

---

30 STC 107/1984, v. 23.11.1984 Beschwerde Nr. 576/1983; STC 113/1989, v. 20.7.1989 Beschwerde Nr. 140/1989; STC 95/2003 v. 22.5.2003. Beschwerde Nr. 1555/1996; STC 239/2002 v. 11.12.2002 Beschwerde Nr. 1207/1999 und 1208/1999; STC 236/2007 v. 7.11.2007 Beschwerde Nr. 1707/2001; STC 259/2007, v. 19.12.2007 Beschwerde Nr. 1640/2001; STC 260/2007 v. 20.12.2007 Beschwerde Nr. 1644/2001; STC 261/2007, v. 20.12.2007 Beschwerde Nr. 1668/2001; STC 262/2007, v. 20.12.2007 Beschwerde Nr. 1669/2001; STC 263/2007, v. 20.12.2007 Beschwerde Nr. 1671/2001; STC 264/2007, v. 20.12.2007 Beschwerde Nr. 1677/2001; STC 265/2007, v. 20.12.2007 Beschwerde Nr. 1679/2001.

31 Art. 10 Abs. 2 CE: Die Normen, die sich auf die in der Verfassung anerkannten Grundrechte und Grundfreiheiten beziehen, sind in Übereinstimmung mit der Allgemeinen Erklärung der Menschenrechte und den von Spanien ratifizierten internationalen Verträgen und Abkommen über diese Materien auszulegen.

Übereinstimmung mit der allgemeinen Erklärung der Menschenrechte und den von Spanien ratifizierten internationalen Verträgen und Abkommen auszulegen. Die Reichweite der Regelung in Art. 10 Abs. 2 CE ist umfassender als der Rechtsprechung des Bundesverfassungsgerichts.[32]

In dem „Regelsätzeurteil"[33] des Bundesverfassungsgerichts wurde ausdrücklich ein Grundrecht auf Gewährleistung eines menschenwürdigen Mindestunterhalts aus Art. 1 GG i. V. m. Art. 20 Abs. 1 GG abgeleitet. Wie im Länderbericht Deutschland erörtert wurde, sind die in dem „Regelsätzeurteil" des BVerfG v. 9. Februar 2010 aufgestellten Grundsätze auf die Leistungen des AsylbLG anwendbar.[34] Damit stellt sich erstens die Frage, ob die Bedarfsbestimmung in einem nachvollziehbaren Verfahren erfolgt war. Zweitens ist zu untersuchen, ob der Gesetzgeber seine Beobachtungs- und Anpassungspflicht erfüllt hat. Schließlich stellt sich die Frage, ob der Leistungsumfang nach § 3 AsylbLG und § 1a AsylbLG „evident unzureichend" ist, da die Regelsätze erheblich unter dem SGB II und SGB XII liegen. Während die erste und zweite Frage offensichtlich zu verneinen sind und infolgedessen das AsylbLG als verfassungswidrig zu erklären ist,[35] bleibt die letzte Frage, ob das BVerfG auch die Leistungshöhe für evident unzureichend hält umstritten. Die geringere Leistungshöhe im AsylbLG ist mit der Vermeidung von Zuwanderungsanreizen bzw. mit dem Leistungsmissbrauch begründet worden.[36] Ein solcher Rechtfertigungsgrund im Zusammenhang mit der Bedarfsermittlung ist allerdings unerheblich, da der Umfang einer Leistung zur Sicherung eines menschenwürdigen Mindestmaßes nur von dem tatsächlichen Bedarf abhängig gemacht werden kann.[37] Die Höhe dieser Leistung darf nicht von ordnungspolitischen Zielen abhängig machen.[38]

Als das Landessozialgericht Nordrhein-Westfalen am 28. Juli 2010 die Frage nach der Verfassungsmäßigkeit von Leistungen nach dem AsylbLG dem Bundesverfassungsgericht vorgelegt hatte, waren die Beträge der Grundleistungen (§ 3 AsylbLG) nach Auffassung des Gerichts bereits der Höhe nach evident unzureichend.[39]

---

32 Vgl. erstes Kapitel A III 3 a, S. 94.
33 BVerfGE 125, 175.
34 Vgl. zweites Kapitel B I 3 b, S. 157.
35 Vgl. zweites Kapitel B I 3 b, S. 157.
36 Gesetzesentwurf bei Einführung des AsylbLG. BT-Drucks 12/4451, S. 5.
37 BVerfGE 125, 175 (145).
38 *Brockmann*, SozSich 2010, S. 315.
39 LSG NRW, Beschluss v. 26.7.2010. Az. L 20 AY 13/09, S. 35.

III. Zugang zu Sozialleistungen und regionale Differenzerungen

Im Ergebnis kann man feststellen, dass im spanischen und auch im deutschen Sozialleistungssystem Ausländern mit fehlendem Aufenthaltsrecht ein Minimum an sozialem Schutz gewährt wird. Jedoch ist dies in beiden Vergleichsländern unterschiedlich geregelt. In der Bundesrepublik werden die Ausländer mit unrechtmäßigem Aufenthaltsstatus aus dem Regelsystem der Sozialhilfe ausgeschlossen, während in Spanien die Sozialleistungen (*„servicios y prestaciones básicas"*) hauptsächlich in dem regionalen Recht der autonomen Gemeinschaften geregelt sind. Als Zugangsvoraussetzung ist in Spanien in jedem Fall eine Anmeldung beim jeweiligen spanischen Einwohnermeldeamt erforderlich. Hieraus können sich zum Teil die gleichen Rechte wie für Spanier ergeben.

Ebenfalls gilt in beiden Vergleichsländern grundsätzlich das Beschäftigungsprinzip. Während aber Ausländer auch bei unrechtmäßigem Aufenthalts- und Beschäftigungsverhältnis gegen Unfälle und Berufskrankheiten zumindest theoretisch geschützt sind, sind sie in beiden Ländern von dem Zugang zur Arbeitslosen- und Rentenversicherung ausgeschlossen.

An dieser Stelle lässt sich feststellen, dass das deutsche System der Sozialansprüche für Ausländer mit fehlendem Aufenthaltsrecht nur auf Bedarfsdeckung ausgerichtet ist, während das spanische System einige integrative Maßnahmen enthält. Das ist darauf zurückzuführen, dass in Spanien nach dem Universalitätsgrundsatz des Art. 41 CE bestimmte Sozialleistungen universell (Grundleistungen, Bildung, medizinische Versorgung) allen Menschen gewährt werden. Es besteht damit ein Zusammenhang zwischen der Art des sozialen Sicherungssystems des Aufnahmestaats, und dessen Reaktion zum Zugang zu Sozialleistungen der Zuwanderer.[40]

1. Bildung und medizinische Versorgung

a) Bildung

Aus Art. 28 der UN-Kinderrechtskonvention[41] kann ein Anspruch auf Bildung für alle minderjährigen Kinder hergeleitet werden.[42] Nachdem Deutschland am 3. Mai 2003 den Vorbehalt gegen die Konvention zurückgenommen

---

40 Vgl. *Becker*, in: *Benvenisti/Nolte*, The Welfare State, 2004, S. 5.

41 UN-Convention on the Rights of the Child v. 20.11.1989. Am 5.4.1992 für Deutschland in Kraft getreten (Bekanntmachung v. 10.7.1992, BGBl. II S. 990).

42 Vgl. erstes Kapitel A III 1 a bb (2), S. 78.

hat,[43] wird die ausländerrechtliche Handlungsfähigkeit Minderjähriger künftig nicht mehr ab 16 Jahren gelten. Danach haben alle minderjährigen Kinder unabhängig von deren Aufenthaltsstatus in Deutschland genauso wie in Spanien (Art. 9 Abs. 1 LEX) ein Recht auf kostenlose Bildung.

Da aber die Schulbildung Ländersache ist und die Landesschulgesetze verschiedene Entstehungstatbestände für die Schulpflicht regeln, ist die Rechtslage für ausreisepflichtige Schüler noch sehr unterschiedlich.

b)   Medizinische Versorgung

Nach § 4 AsylbLG haben Ausländer mit fehlendem Aufenthaltsrecht Ansprüche auf Leistungen bei Krankheit, Schwangerschaft, und Geburt. Damit schränkt sich die medizinische Versorgung auf die Behandlung von akuten Erkrankungen und Schmerzzuständen ein. Für eine kurze Aufenthaltszeit in der Bundesrepublik ist dieser eingeschränkte Leistungsanspruch ausreichend. Art. 12 Abs. 2 LEX ist vergleichbar mit § 4 AsylbLG, wonach Ausländer die sich tatsächlich in Spanien befinden, Anspruch auf öffentliche medizinische Notversorgung beim Auftreten schwerer Krankheiten oder bei Unfällen unabhängig von deren Ursache haben.[44]

Durch § 4 AsylbLG und Art. 12 Abs. 2 LEX decken beide Vergleichsländer die medizinische Versorgung bei Notfällen ab. Da die Gesundheitsversorgung (*„asistencia sanitaria"*) in Spanien für alle gewährleistet wird, beziehen sich die in Art. 12 LEX betrachteten verschiedenen Konstellationen damit auch auf Ausländer, die sich unrechtmäßig in Spanien aufhalten, wenn sie eine Meldung im städtischen Einwohnermeldeamt vorweisen können (Art. 12 Abs. 1 LEX). Damit geht die Gewährung von Gesundheitsleistungen – die auf den Universalitätsgrundsatz zurückzuführen ist – weiter als in Deutschland.

Außerdem sind als Folge der völkerrechtlichen Vorgaben[45] nach Art. 10 Abs. 2 CE sonstige Konstellationen ohne eine Anmeldung im städtischen Einwohnermeldeamt zugelassen worden. Danach können Minderjährige (Art. 12 Abs. 3 LEX) oder schwangere Ausländerinnen (Art. 12 Abs. 4 LEX), die sich in Spanien befinden, zu den gleichen Bedingungen wie Spanier ein Recht auf gesundheitliche Versorgung haben.

---

43 Übereinkommen über die Rechte des Kindes vom. 20 November 1989, BGBl. II S. 990.
44 Art. 12 Abs. 2 LEX nimmt Bezug auf Art. 28 der UN-Konvention über den Schutz der Rechte der Wanderarbeiter v. Juli 2003 und das IAO Übereinkommen 19 v. 1925, ratifiziert durch das Königliche Gesetz v. 24.3.1928.
45 Bezugnahme auf das UN-Übereinkommen über die Rechte des Kindes v. 20.11.1989 und die IAO Übereinkommen Nr. 3, Nr. 103 und Nr. 102.

Im Jahr 2005 wurde über die unterschiedliche Qualität der medizinischen Versorgung in den 17 autonomen Gemeinschaften im „Rat für Steuer- und Finanzpolitik" eine Vereinbarung getroffen, um eine homogenere Qualität der Gesundheitsleistungen unabhängig vom Einkommen in ganz Spanien zu schaffen.

2. Grundleistungen sowie deren unterschiedliche Durchführung pro Bundesland bzw. autonome Gemeinschaft

Die Grundleistungen sind in Deutschland in § 3 AsylbLG geregelt und in Spanien in Art. 14 Abs. 3 LEX („*servicios y prestaciones básicas*"). Was „notwendiger Bedarf" genau ist, besagt weder § 3 AsylbLG, noch Art. 14 Abs. 3 LEX.

Obwohl der Gesetzgeber einen abstrakten Rahmen für die Grundleistungen festlegt, was unter notwendigem Bedarf genau erfasst ist, wird eine genaue Definition dem regionalen Recht überlassen. In Spanien versteht jede Region unter dem Wort „grundlegend" („*básicas*") nach Art. 14 Abs. 3 LEX etwas anderes.[46] Die Grundleistungen, die in Art. 14 Abs. 3 LEX enthalten sind, sind aber nach der Rechtsprechung zumindest all jene, die in der verfassungsrechtlichen Lehre zur Person als solcher, aufgrund ihres Daseins, und der Unerlässlichkeit für die Garantie der Menschenwürde gehören.[47]

Die Dezentralisierung im spanischen Staat führt zu einer Heterogenität, die in den verschiedenen autonomen Gemeinschaften eine unterschiedlich angewandte Integrationspolitik bewirkt. Dies verursacht deutliche Unterschiede in der Rechtslage der Ausländer.[48] Aus diesen Ungleichheiten ergeben sich jedoch keine verfassungsrechtlichen Bedenken.[49] Obwohl die Durchführung dieser Grundleistungen durch die verschiedenen deutschen Bundesländer nicht unproblematisch erscheint, sind diese Unterschiede geringer als in Spanien.

---

46 Vgl. drittes Kapitel B I 3, S. 244.
47 Urteil STC 99/85; Urteil STC 130/95.
48 Vgl. drittes Kapitel B I 3, S. 245.
49 Urteil STC 239/2002 v. 11.12.2002.

C. Ausblick

Ausgangspunkt der hier vorliegenden Arbeit war die Frage, ob Ausländer ohne rechtmäßigen Aufenthaltsstatus Zugang zu Sozialleistungen haben, und wie der Umfang ihres sozialen Schutzanspruchs in Deutschland und Spanien aussieht bzw. welche Differenzen zwischen beiden Staaten bestehen. Die erste Frage wurde positiv beantwortet, und die zweite Frage sorgfältig erörtert. Unumstritten und gemeinsam ist für Deutschland und Spanien, dass beide Rechtsordnungen den sich im Inland illegal aufhaltenden Ausländern einen Mindestunterhalt gewähren müssen, um die Menschenwürde zu gewährleisten. Schließlich haben Ausländer mit fehlendem Aufenthaltsrecht lediglich Zugang zu Leistungen, die nicht nur Staatsbürgern zustehen, sondern wegen des Menschenwürdegrundsatzes jedermann (sog. Jedermannsrechte) zu gewähren sind. Im Allgemeinen genießen Ausländer in Deutschland und Spanien Mindestrechte, die sich auf den Menschen an sich beziehen bzw. ihm innewohnen.

In Zusammenhang mit diesen Mindestrechten, die vor allem aus dem Völkerrecht abzuleiten sind, zeigt die vorliegende Untersuchung, dass obwohl auf internationaler Ebene sehr viele Verträge sozialen Schutz bieten, Ausländer mit fehlendem Aufenthaltsrecht dabei wenig berücksichtigt wurden. Deutschland und Spanien beispielsweise haben mit der Nichtratifizierung der „Internationalen Konvention über den Schutz der Rechte aller Wanderarbeiter und ihrer Familien" klar gezeigt, dass deren soziale Rechtsstellung noch auf innerstaatlicher Ebene geregelt bleiben soll. Diese völkerrechtlichen Verträge können jedoch als Auslegungs- und Interpretationskriterium im innerstaatlichen Recht großen Einfluss nehmen.[50] Die Verweisung zum Völkerrecht ist in den Entscheidungen des spanischen Verfassungsgerichts („*Tribunal Constitucional*") besonders wichtig, da die Gerichte sich in ihren Entscheidungsgründen viermal häufiger auf internationale Verträge als die deutschen Gerichte beziehen. Während Spanien sich in seinem Rechtssystem sehr stark am Völkerrecht orientiert, welches sich sowohl in der Verfassung (Art. 10 Abs. 2 CE), wie auch in der Rechtsprechung zeigt, beruft sich Deutschland bisher vor allem auf seine eigenen Gesetze und das Unionsrecht.

Auf unionsrechtlicher Ebene ist festzustellen, dass die Gruppe der Ausländer mit fehlendem Aufenthaltsrecht von den EU-Richtlinien in diesem Harmonisierungsprozess nur zu einem geringeren Maß erfasst wurden. Inwieweit diese Richtlinien lediglich die Gewährung von einem Mindestmaß an sozialen Rechten beinhalten oder ihre Integration im Aufnahmestaat fördern, bestimmt sich

---

50 Vgl. erstes Kapitel A III 3, S. 97.

nach der Dauer und dem Zweck des Aufenthaltes. Die Aufenthaltsdauer für diese Menschen ohne Aufenthaltsrecht wird in der Regel sehr kurz sein. Allerdings
kann es bei der Durchführung der Abschiebung zu Verzögerungen kommen,
sodass für einen rein faktischen Aufenthalt vor allem eine medizinische Versorgung gewährleistet wurde.

Was als sicher gelten kann, ist, dass Deutschland sowie Spanien nun ein gemeinsames Ziel haben: die Bekämpfung der unrechtmäßigen Migration. Spaniens Stellung zu diesem Thema war, insbesondere als die Wirtschaft im Auf-
schwung war und billige Arbeitskräfte benötigt wurden, nicht immer klar, bis
schließlich die Migrationsziele Spaniens in der letzten Ausländergesetzes-
änderung Anfang 2010 in Art. 2bis Abs. 2 lit. g LEX niedergeschrieben wurden.
Die Einigung um die Bekämpfung der Migration ist lediglich ein erstes Zeichen,
dass der Harmonisierungsprozess im Gange ist und beide Mitgliedstaaten einer
Richtung folgen. Dabei sollte der Gesetzgeber regionale Rechte auf der Ebene
der Bundesländer oder der autonomen Gemeinschaften nicht ganz außer Acht
lassen.

Auf nationaler Ebene liegt zwischen Deutschland und Spanien traditions-
bedingt immer noch grundsätzlich eine andere Vorstellung von der Aufenthaltsdauer der Zuwanderer im Land vor. In Deutschland besteht weiterhin die Annahme, dass sich zum einen die Ausländer mit unrechtmäßigem Aufenthaltsstatus nur vorübergehend im Land aufhalten; zum anderen herrscht bislang in
der Gesellschaft der Glaube vor, es gebe keine Ausländer mit unrechtmäßigem
Aufenthaltsstatus im Land. Hingegen hat Spanien im Hinblick auf das Phänomen der Illegalität ein relativeres und dynamischeres Verständnis. Dieser Status
kann sich in Spanien durch soziale Verwurzelung oder Massenlegalisierungen
schneller als in Deutschland in einen rechtmäßigen Aufenthalt umwandeln, was
als Einwanderungsanreiz für andere Einreisewillige gelten kann. Da aber die Bekämpfung der unrechtmäßigen Migration einerseits im neuen spanischen
Ausländergesetz LO 2/2009 kürzlich klar geregelt wurde, und andererseits aufgrund der Folgen der Wirtschaftskrise die Legalisierung des unrechtmäßigen
Aufenthaltes eventuell schwieriger wird, wird Spanien gegenüber der Aufnahme
von ausländischen Arbeitskräften im Land zurückhaltender werden.

Hingegen zeigen in Deutschland die Reformen und Maßnahmen des Jahres
2010 wie beispielsweise die Abschaffung des Vorbehaltes der UN-Kinderrechtskonvention, Verfassungsmäßigkeitsprüfung des AsylbLG auf Antrag des Landessozialgerichts NRW,[51] Lockerung der Übermittlungspflichten durch die Verwaltungsvorschriften, Straflosstellung humanitärer Helfer, sowie das Ende der

---

51 LSG NRW, Beschluss v. 26.7.2010. Az. L 20 AY 13/09.

Gemeinschaftsunterkunftspflichtigkeit für Familien mit Kindern, dass nun mehr Wert auf die Achtung auf der Menschenwürde gelegt wird. Der deutsche Gesetzgeber muss seine gesetzgeberische Tätigkeit im Hinblick auf die sozialen Rechte von sich illegal aufhaltenden Migranten unabhängig von Abschreckungsmaßnahmen zur Vermeidung von Leistungsmissbrauch oder umstrittenen Theorien entfalten. Das Argumentationsmuster muss rein juristischer Natur sein und auf die Achtung der Menschenwürde – wie durch die Bundesregierung und neuere Rechtsprechung praktiziert – gerichtet sein. Alle anderen ordnungspolitischen Argumentationsmuster eröffnen das umstrittene Tor zu einer Ausgrenzung von Bevölkerungsgruppen, wonach die Sicherung einer menschenwürdigen Existenz an Bedeutung verliert.

Die Entwicklungen in jüngerer Zeit im Bereich der sozialen Rechte von Ausländern in den Vergleichsländern deuten darauf hin, dass sich die Migrationsziele der Vergleichsstaaten annähern, was für die Schaffung einer Harmonisierung des Migrationsrechts in der Union als ein notwendiger Schritt in die richtige Richtung zu betrachten ist.

Literaturverzeichnis

Abrahanson, Peter, Regímenes europeos del bienestar y políticas sociales europeas: ¿Convergencia de solidaridades?, in: *Sarasa Urdiola, Sebastián/ Moreno Fernandez, Luís* (Hrsg.), El Estado del Bienestar en la Europa del Sur, Madrid 1995, S. 113 ff.

Achermann, Alberto, Migration und Völkerrecht, in: *ders./Epiney, Astrid/Kälin, Walter/Son Nguyen, Minh* (Hrsg.), Jahrbuch für Migrationsrecht 2004/2005, Bern 2005, S. 89 ff.

Adolph, Holger, Entwicklung zum modernen Sozialstaat in Spanien: Regionale sozialstaatliche Entwicklung am Beispiel der autonomen Gemeinschaft des Baskenlandes, Münster 1997.

Adomeit, Klaus/Frühbeck Olmedo, Guillermo (Hrsg.), Einführung in das spanische Recht. Das Verfassungs-, Zivil-, Wirtschafts- und Arbeitsrecht Spaniens, 3. Auflage, München 2007.

Aguilera Izquierdo, Raquel, El acceso de los inmigrantes irregulares al mercado de trabajo: Los procesos de regularización extraordinaria y el arraigo social y laboral, RMTAS, Madrid 2006, S. 175 ff.

Aichele, Valentin, Ein Meilenstein für die Unteilbarkeit: Das neue Fakultativprotokoll zum UN-Sozialpakt, ZVN 2009, S. 72 ff.

Aja Fernandez, Eliseo, La nueva regulación de la inmigración en España, Valencia 2000.

Akin, Semiha, Rechte aus dem Arbeitsverhältnis. Arbeitnehmer und Arbeitnehmerrinnen ohne Aufenthalts- und/oder Arbeitserlaubnis, in: *DGB Bildungswerk e.V.* (Hrsg.), Düsseldorf 2002.

Alarcón Caracuel, Manuel Ramón, La actuación de la Comunidad Autónoma en materia de protección social, in: *Consejo Andaluz de Relaciones Laborales* (CARL) (Hrsg.), Veinte años de relaciones laborales en Andalucía 1983-2003, Sevilla 2003, S. 254 ff.

Alarcón Caracuel, Manuel Ramón, Protección Social de los extranjeros extracomunitarios en España: „regulares versus irregulares", in: *González Ortega, Santiago* (Hrsg.), La protección social de los extranjeros en España, Valencia 2010, S. 123 ff.

Alexy, Robert, Theorie der Grundrechte, Baden-Baden 1985.

Alexy, Robert, Zur Struktur der Grundrechte auf Schutz, in: *Sieckmann, Jan-R.* (Hrsg.), Die Prinzipientheorie der Grundrechte, Baden-Baden 2007, S. 105 ff.

Allenberg, Nele/Löhr, Tillmann, Der Prüfbericht Illegalität und alternative Lösungsansätze, in: *Falge, Christiane/Fischer-Lescano, Andreas/Sieveking, Klaus* (Hrsg.), Gesundheit in der Illegalität, Baden-Baden 2009, S. 125 ff.

Alleweldt, Ralf, Schutz vor Abschiebung bei drohender Folter oder unmenschlicher oder erniedrigender Behandlung oder Strafe, Heidelberg 1996.

Alonso de Antonio, Angel Luis/Alonso de Antonio, José Antonio, Derecho Constitucional Español, 3. Auflage, Madrid 2002.

Alonso Olea, Manuel/Tortuero Plaza, José Luis, Instituciones de Seguridad Social, 18. Auflage, Madrid 2002.

Alt, Jörg, Leben in der Schattenwelt. Problemkomplex „illegale" Migration. Neue Erkenntnisse zur Lebenssituation „illegaler" Migranten in München und anderen Orten Deutschlands, Karlsruhe 2003.

Alt, Jörg, Umgang mit illegaler Zuwanderung und illegalem Aufenthalt, in: *Barwig, Klaus/Davy, Ulrike* (Hrsg.), Auf dem Weg zur Rechtsgleichheit?, Baden-Baden 2004, S. 215 ff.

Alt, Jörg/Bommes, Michael (Hrsg.), Illegalität, Grenzen und Möglichkeiten der Migrationspolitik, Wiesbaden 2006.

Alvarez Conde, Enrique, Curso de Derecho Constitucional, Band I, 2. Auflage, Madrid 1996.

Alvarez Cortés, Juan Carlos, La Seguridad Social de los trabajadores migrantes en el ámbito extracomunitario, Madrid 2001.

Álvarez Gónzalez, Elsa María, Régimen Jurídico de la Asistencia Pública: Sistema de Prestaciones y Coordinación Sanitaria, Granada 2007.

Anderson, Philip, „Dass Sie uns nicht vergessen..." - Menschen in der Illegalität in München. Eine empirische Studie im Auftrag der Landeshauptstadt München, München 2003.

Andrés Juste, Pilar, Inmigración y Derechos sociales. Una introducción al marco legal de los servicios sociales para los inmigrantes, REDMEX, Valladolid 2003, S. 267 ff.

Añón Roig, María José, Límites de la universalidad: los derechos sociales de los inmigrantes, in: *ders./Abramovic, Victor/u.a.* (Hrsg.), La universalidad de los derechos sociales: el reto de la inmigración, Valencia 2004, S. 9 ff.

Aparicio Pérez, Miguel Ángel, El Estado Social en la jurisprudencia del Tribunal Constitucional, Madrid 1993.

Aparicio Tovar, Joaquín, La Seguridad Social en la Constitución, in: *Sempere Navarro, Antonio* (Hrsg.), El Modelo Social en la Constitución Española de 1978, MTAS, Madrid 2003, S. 788 ff.

Aparicio, Rosa/Tornos, Andrés, Towards an Analysis of Spanish Integration policy, in: *Heckmann, Friedrich/Schnapper, Dominique* (Hrsg.), The Integration of Immigrants in European Societies, National Differences and Trends of Convergence, Stuttgart 2003, S. 213 ff.

Ayala Cañón, Luis, Las Rentas Mínimas en la Reestructuración de los Estados de Bienestar, un analisis económico desde una perspectiva comparada, Madrid 2000.

Bade, Klaus J., Integration und Illegalität in Deutschland, Osnabrück 2001.

Balaguer Callejón, Francisco, El Estado Social y democrático de derecho. Significado, alcance y vinculación de la clausula del Estado social, in: *Monereo Pérez, José Luis/Molina Navarrete, Cristóbal/Moreno Vida, María Nieves* (Hrsg.) Comentario a la Constitución socio-económica de España, Granada 2002, S. 90 ff.

Balaguer Callejón, Francisco, Los derechos sociales en los nuevos estatutos de autonomía, in: Defensor del pueblo (Hrsg.), La actualidad de los derechos Sociales. Colección Derechos Humanos „Francisco de Vitoria", Bilbao 2008, S. 11 ff.

Baraulina, Tatjana/Friedrich, Lena, Integrationspolitik im Wandel: Bedeutungsgewinn der Kommunen, ZAR 2008, S. 299 ff.

Barcelón Cobedo, Susana, Extranjeros extracomunitarios irregulares y dimensión no contributiva del sistema de seguridad Social, in: *González Ortega, Santiago* (Hrsg.), La protección social de los extranjeros en España, Valencia, 2010, S. 313 ff.

Bartos, Severin, Pflege- und bildungsheim Kloster Ebernach im Dienste der Behinderten, NDV 1981, S. 246 ff.

Becker, Ulrich, Das bayerische Asylrecht, Berlin 1989.

Becker, Ulrich, Staat und autonome Träger im Sozialleistungsrecht. Rechtsvergleichende Untersuchung der Risikoabsicherungssysteme in Deutschland, Frankreich, Italien und Großbritannien, Baden-Baden 1996.

Becker, Ulrich, Wahlfach Sozialrecht, JuS 1998, S. 90 ff.

Becker, Ulrich, Unionsbürgerschaft und Soziale Rechte, ZESAR 2002, S. 8 ff.

Becker, Ulrich, The importance of the European Social model in the debate on Globalization, in: Council of Europe (Hrsg.), The State and the new social

responsibilities in a global world, Trend in Social cohesion, Nr. 6, Strasbourg 2003, S. 87 ff.

Becker, Ulrich, Die soziale Dimension des Binnenmarktes, in: *Schwarze, Jürgen*
(Hrsg.) Der Verfassungsentwurf des Europäischen Konvents, Baden-Baden
2004, S. 201 ff.

Becker, Ulrich, The Challenge of Migration to the Welfare State, in: *Benvenisti,
Eyal/Nolte, Georg* (Hrsg.), The Welfare State, Globalization and International Law, Berlin 2004, S. 1 ff.

Becker, Ulrich, Das Unionsrecht, die deutschen Sozialleistungssysteme und die
Debatten um deren Reform, in: *ders./Boecken, Winfried/Nußberger,
Angelika/Steinmeyer, Heinz-Dietrich* (Hrsg.), Reformen des deutschen
Sozial- und Arbeitsrechts im Lichte supra- und internationaler Vorgaben,
Baden-Baden 2005, S. 15 ff.

Becker, Ulrich, Migration und soziale Sicherheit - die Unionsbürgerschaft im
Kontext, in: *Hatje, Armin/Huber, Peter M.* (Hrsg.), Unionsbürgerschaft und
soziale Rechte, EuR 2007, S. 95 ff.

Becker, Ulrich, Migration und soziale Sicherheit, in: *ders./Hablitzel,
Hans/Kressel, Eckhard* (Hrsg.), Migration, Beschäftigung und Soziale
Sicherheit. Kolloquium zu Ehren von Michael Wollenschläger aus Anlass
seines 60. Geburtstages, Berlin 2007, S. 53 ff.

Becker, Ulrich, Das neue Elterngeld, in: *Bauer, Jobst-Hubertus/Kort, Michael/
Möllers, Thomas/Sandmann, Bernd* (Hrsg.), Festschrift für Herbert
Buchner zum 70. Geburtstag, München 2009, S. 67 ff.

Becker, Ulrich, Die Finanzierung der gesetzlichen Unfallversicherung: Chancen
und Risiken bei Einführung von Kapitaldeckungselemente, in: *ders./
Kenichiro, Nishimura/Christina, Walser* (Hrsg.), Perspektiven der Unfallversicherung in Japan und Deutschland, Baden-Baden 2009, S. 79 ff.

Becker, Ulrich, Rechtsdogmatik und Rechtsvergleich im Sozialrecht, in: *ders.*
(Hrsg.), Rechtsdogmatik und Rechtsvergleich im Sozialrecht I, Studien aus
dem Max-Planck-Institut für ausländisches und internationales Sozialrecht,
Band 49, Baden-Baden 2010, S. 11 ff.

Becker, Ulrich, European Social Charter, in: *Wolfrum, Rüdiger* (Hrsg.), The
Max Planck Encyclopedia of Public International Law, Band III, Oxford,
2012, S. 969 ff.

Becker, Ulrich/Landauer, Martin, Beschäftigungs- und bildungspolitische Ge-
halte der EU-Einwanderungspolitik, RdJB 2004, S. 92 ff.

Beckstein, Günther, Migration und Innere Sicherheit; eine europäische Herausforderung, ZAR 1999, S. 151 ff.

Bendel, Petra, Europäische Migrationspolitik: Ein stimmiges Bild?, APuZ 2008, S. 14 ff.

Benedikt XVI, Migration: ein Zeichen der Zeit, in: Ansprache von Benedikt XVI. zum Welttag der Migranten und Flüchtlinge, Vatikan 2006.

Bethäuser, Franz, Zur Gewährung von Sozialhilfe in Form von Sachleistungen an Asylbewerber, InfAuslR 1982, S.74 ff.

Beveridge, William, Social Insurance and Allied Services, report presented to Parliament by Command of his Majesty, November 1942, Nachdruck, London 1984.

Bielefeldt, Heiner, Menschenrechte „irregulärer" Migrantinnen und Migranten, in: *Alt, Jörg/Bommes Michael* (Hrsg.), Illegalität, Grenzen und Möglichkeiten der Migrationspolitik, Wiesbaden 2006, S. 89 ff.

Bielefeldt, Heiner/Aichele, Valentin, Deutsches Institut für Menschenrechte, Stellungnahme „Die faktische Gewährleistung des Rechts auf Gesundheit für irreguläre Migrantinnen und Migranten" anlässlich der Anhörung im Ausschuss für Menschenrechte und humanitäre Hilfe des Deutschen Bundestages am 7.3.2007.

Biermann, Frank/Boas, Ingrid, Für ein Protokoll zum Schutz von Klimaflüchtlingen. Global Governance zur Anpassung an eine wärmere Welt, ZVN 2008, S. 10 ff.

Birk, Ulrich-Arthur/Armborst, Christian/Brühl, Albrecht/Münder, Johannes/ Conradis, Wolfgang (Hrsg.), Bundessozialhilfegesetz. Lehr- und Praxiskommentar; mit einer Kommentierung zum Asylbewerberleistungsgesetz (LPK-BSHG), 6. Auflage, Baden-Baden 2003.

Birsl, Ursula, Migration und Migrationspolitik im Prozess der europäischen Integration?, Opladen 2005.

Blanco Fernandez de Balderrama, Cristina, Las migraciones contemporaneas, Madrid 2000.

Blasco Lahoz, José Francisco/López Gandía, Juan (Hrsg.), Seguridad Social Práctica, 2. Auflage, Valencia 2001.

Blasco Lahoz, José Francisco/López Gandía, Juan/Momparler Carrasco, Maria Angeles (Hrsg.), Curso de Seguridad Social, 11. Auflage, Valencia 2005.

Blasco Rasero, Cristina, La protección de los extranjeros por los sistemas autonómicos de Servicios Sociales, in: *González Ortega, Santiago* (Hrsg.), La protección social de los extranjeros en España, Valencia 2010, S. 356 ff.

Bley, Helmar/Kreikebohm, Ralf/Marschner, Andreas, Sozialrecht, 9. Auflage, Neuwied 2007.

Böhmert, Sabine, Das Recht der ILO und sein Einfluss auf das deutsche Arbeitsrecht im Zeichen der europäischen Integration, Baden-Baden 2001.

Bommes, Michael/Wilms, Maren, Menschen ohne Papiere in Köln, Osnabrück 2007.

Bommes, Michael, Migration und die Veränderung der Gesellschaft, APuZ 2008, S. 20 ff.

Borgmann, Matthias, Das Dezentrale Spanien in der EG. Unter besonderer Berücksichtigung der Comunidades Autónomas des Baskenlands, Kataloniens, Galiciens, Asturiens und Aragóns, Berlin 1991.

Borjas, George J, Immigration and Welfare Magnets, Journal of Labour Economics (JLE), 1999, Band 17, Nr. 4, S. 607 ff.

Borowski, Martin, Abwehrrechte als grundrechtliche Prinzipien, in: *Sieckmann, Jan-R.* (Hrsg.), Die Prinzipientheorie der Grundrechte, Baden-Baden 2007, S. 84 ff.

Bosniak, Linda S., Human Rights, State Sovereignty and the Protection of Undocumented Migrants under the International Migrant Workers Convention, in: *Bogusz, Barbara/Cholewinski, Ryszard/Cygan, Adam/Szyszczak, Erika* (Hrsg.), Irregular Migration and Human Rights: Theoretical, European and International Perspectives, Leiden 2004, S. 311 ff.

Bouman, Elke/Ünal, Arif, Die geteilte Menschenwürde. Flüchtlingsalltag und soziale Arbeit nach der Änderung des Grundrechts auf Asyl, Frankfurt am Main 1997.

Boutruche, Samuel, Immigration and Asylum in the harmonisation policies of the EU: the need for balance, in: *Turton, David/González, Julia* (Hrsg.), Immigration in Europe. Issues, Policies and Case Studies, Bilbao 2003, S. 75 ff.

Boven, Theodor C. van, Distinguishing Criteria of Human Rights, in: *Vasak, Karel* (Hrsg.), The International Dimensions of Human Rights, Westport 1982, S. 43 ff.

Brand, Oliver, Grundfragen der Rechtsvergleichung - Ein Leitfaden für die Wahlfachprüfung, JuS 2003, S. 1082 ff.

Brettel, Caroline/Hollifield, James F. (Hrsg.), Migration Theory. Talking across Disciplines, 2. Auflage, Routledge 2007.

Briel, Michael, Soziale Sicherung für ausländische Arbeitnehmer unter besonderer Berücksichtigung des Deutschen Sozialversicherungsrechts, Würzburg 1971.

Brockmann, Judith, Verfassungswidriges Existenzminimum zweiter Klasse? Das Asylbewerberleistungsgesetz und das Grundrecht auf Gewährung eines menschenwürdiges Existenzminimums, SozSich 2010, S. 310 ff.

Bührle, Cornelia, Rechtlos in Deutschland, Migration, Berlin 1997.

Bundesministerium des Innern, Bericht - Illegal aufhältige Migranten in Deutschland. Datenlage, Rechtslage, Handlungsoptionen. Bericht des Bundesministeriums des Innern zum Prüfauftrag „Illegalität" aus der Koalitionsvereinbarung v. 11. November 2005, Kapitel VIII 1. 2, 2007.

Cachón Rodríguez, Lorenzo, Discriminación y lucha contra la discriminación de los trabajadores inmigrantes, in: *Checa, Francisco/Checa, Juan Carlos/ Arjona, Angeles* (Hrsg.), Inmigración y Derechos Humanos: la integración como participación social, Barcelona 2004, S. 109 ff.

Carmona Cuenca, Encarna, Los Derechos Sociales de Prestación y el derecho a un mínimo vital, Nuevas Políticas Públicas, AMMAP, Sevilla 2006, S. 172 ff.

Carrero Domíguez, Carmen, Seguridad Social internacional: alcance, principios e incidencia en los trabajadores extranjeros extracomunitarios, in: *González Ortega, Santiago* (Hrsg.), La protección social de los extranjeros en España, Valencia 2010, S. 31 ff.

Carrizosa Prieto, Esther, El derecho de los extranjeros a las prestaciones económicas de carácter asistencial, in: *González Ortega, Santiago* (Hrsg.), La protección social de los extranjeros en España, Valencia 2010, S. 399 ff.

Cascajo Castro, José Luis, La Configuración del estado Social en la Constitución española, in: *Cámara Villar, Gregorio/Cano Bueso, Juan* (Hrsg.), Estudios sobre el Estado Social (El Estado Social y la Comunidad Autónoma de Andalucía), Madrid 1993, S. 41 ff.

Castles, Stephen/Davidson, Alastair (Hrsg.), Citizenship and Migration, New York 2000.

Castles, Stephen/Miller, Markt J. (Hrsg.), The Age of Migration. International Population Movements in the Modern World, 4 Auflage, London 2009.

Cavas Martínez, Faustino/Sempere Navarro, Antonio (Hrsg.), Ley de Dependencia, estudio de la Ley 39/2006 sobre promoción de la autonomía personal y atención a las personas en situación de dependencia, Cizur Menor 2007.

Ceinos, Suárez, Angeles, El Trabajo de los Extranjeros en España, Madrid 2006.

Charro Baena, Pilar, Las Autorizaciones para Trabajo de Extranjeros, Elcano 2000.

Cholewinski, Ryszard, Irregular migrants: access to minimum social rights, Strasbourg 2005.

Chueca Sancho, Angel, La expulsión de extranjeros en la Convención Europea de Derechos Humanos, Zaragoza 1998.

Classen, Georg, Menschenwürde mit Rabatt. Das Asylbewerberleistungsgesetz und was wir dagegen tun können, 2. Auflage, Frankfurt am Main 2000.

Classen, Georg, Sozialleistungen für MigrantInnen und Flüchtlinge, Handbuch für die Praxis, Karlsruhe 2008.

Claude-Valentin, Marie, Preventing Illegal Immigration: Juggling Economic Imperatives, Political Risks and Individual Rights, Strasbourg 2004.

Cremer, Hans-Joachim, Der Schutz vor den Auslandsfolgen aufenthaltsbeendender Maßnahmen, Zugleich ein Beitrag zur Bestimmung der Reichweite grundrechtlicher Verantwortung für die Folgewirkungen deutscher Hoheitsakte, Baden-Baden 1994.

Cremer, Wolfram, Freiheitsgrundrechte. Funktionen und Strukturen, Tübingen 2003.

Cuadros, Alfonso, Red de recursos sociales en el ámbito de la inmigración, in: *Cuadros, Alfonso/Abdelaziz, Malika/Gaitán, Lourdes* (Hrsg.), La intervencion social con colectivos inmigrantes. Modalidades, agentes y destinatarios, Madrid 2005, S. 39 ff.

Cyrus, Norbert, Representing Undocumented Migrant Workers in Industrial Tribunals: Stimulating NGO Experiences from Germany, in: *LeVoy, Michele/Verbruggen, Nele/Wets, Johan* (Hrsg.), Undocumented Migrant Workers in Europe, Picum, Brüssel 2004, S. 107 ff.

Cyrus, Norbert, Irreguläre Migration - Zum Stand der Diskussion Menschenrechtlicher Ansätze in der Bundesrepublik Deutschland, ZAR 2010, S. 317 ff.

D'Amato, Gianni, Vom Ausländer zum Bürger. Der Streit um die politische Integration von Einwanderern in Deutschland, Frankreich und der Schweiz, Münster 2001.

Da Lomba, Sylvie, Fundamental Social Rights for Irregular Migrants: The Right to Health Care in France and England, in: *Bogusz, Barbara/Cholewinski, Ryszard/Cygan, Adam, Szyszczak, Erika* (Hrsg.), Irregular Migration and

Human Rights: Theoretical, European and International Perspectives, Leiden 2004, S. 363 ff.

Davy, Ulrike, Das neue Zuwanderungsrecht: Vom Ausländergesetz zum Aufenthaltsgesetz, ZAR 2002, S. 171 ff.

De Asís, Rafael, La apertura constitucional: la dignidad de la persona y el libre desarrollo de la personalidad como fundamantos de orden político y de paz social, in: *Monereo Pérez, José Luis/ Molina Navarrete, Cristóbal/Moreno Vida, María Nieves* (Hrsg.), Comentario a la Constitución socio-económica de España, Granada 2002, S. 153 ff.

De Bruycker, Philippe, Regularisations of Illegal Immigrants in the European Union, Brüssel, 2000.

De Haas, Hein, Migration and development. A theoretical perspective, in: International Migration Institute (IMI) (Hrsg.), Working Paper, Oxford 2008.

De la Villa Gil, Luis Enrique (Hrsg.), Ley General de Seguridad Social. Comentarios, Jurisprudencia, Concordancias, Doctrina, 2. Auflage, Madrid 2004.

De Lorenzo Segrelles, José Manuel, Situación de Estancia, in: *Esplugues Mota, Carlos* (Hrsg.), Comentarios a la Ley de Extranjería, Valencia 2006, S. 765 ff.

De Miguel Pajuelo, Francisco, Protección Social de los extranjeros en España, in: *ders./Palomar Olmeda, Alberto/Cardenal Carro, Miguel/Descalzo González, Antonio/Duro Ventura, Cesar* (Hrsg.), Tratado de Extranjería, Aspectos civiles, penales, administrativos y sociales, Elcano 2006, S. 579 ff.

De Otto y Pardo, Ignacio, Die Regelung der Ausübung der Grundrechte. Die Garantie ihres Wesensgehalts in Art. 53 Abs. 1 der Verfassung, in: *López Pina, Antonio* (Hrsg.), Spanisches Verfassungsrecht, Heidelberg 1993, S. 309 ff.

De Wet, Erika, The Constitutional Enforceability of Economic and Social Rights: The Meaning of the German Constitutional Model for South Africa, Durban 1996.

Deibel, Klaus, Das neue Asylbewerberleistungsgesetz, ZAR 1998, S. 28 ff.

Deibel, Klaus, Leistungsausschluß und Leistungseinschränkung im Asylbewerberleistungsrecht, ZFSH/SGB 1998, S. 707 ff.

Del Valle, José Manuel/Rabanal, Pedro, Derecho de Seguridad Social, 4. Auflage, Murcia 2004.

Deutscher Verein für öffentliche und private Fürsorge, Thesen des Deutschen Vereins zur Frage der Sicherstellung des Lebensunterhalts für asylsuchende Ausländer, NDV 1982, S. 246 ff.

Díaz, Elias, Der soziale und demokratische Rechtsstaat, in: *López Pina, Antonio* (Hrsg.), Spanisches Verfassungsrecht, Heidelberg 1993, S. 119 ff.

Dicke, Klaus, Erscheinungsnormen und Wirkungen von Globalisierung in Struktur und Recht des Internationalen Systems auf universaler und regionaler Ebene sowie gegenläufige Renationalisierungstendenzen, in: *ders./ Hummer, Waldermar/Girsberger, Daniel/Engel, Christoph/u.a.* (Hrsg.), Völkerrecht und Internationales Privatrecht in einem sich globalisierenden internationalen System - Auswirkungen der Entstaatlichung transnationaler Rechtsbeziehungen, Heidelberg 2000, S. 15 ff.

Diez de Velasco Vallejo, Manuel, Instituciones de Derecho Internacional Público, 14. Auflage, Madrid 2004.

Díez-Picazo, Luis María, Sistema de Derechos Fundamentales, 2. Auflage, Madrid 2003.

Doehring, Karl, Die allgemeinen Regeln des völkerrechtlichen Fremdenrechts und das deutsche Verfassungsrecht, Berlin 1963.

Doehring, Karl, Völkerrecht. Ein Lehrbuch, 2. Auflage, Heidelberg 2004.

Dolzer, Rudolf/Kahl, Wolfgang/Waldhoff, Christian/Graßhof, Karin (Hrsg.), Bonner Kommentar zum Grundgesetz (BK), Band I, Heidelberg, Loseblattausgabe Stand: Dezember 2010.

Dreier, Horst (Hrsg.), Grundgesetz - Kommentar, Band I, 2. Auflage, Tubingen 2004.

Dröge, Cordula, Positive Verpflichtungen der Staaten in der Europäischen Menschenrechtskonvention, in: Beiträge zum ausländischen öffentlichen Recht und Völkerrecht. Veröffentlichungen des Max-Planck-Instituts für ausländisches öffentliches Recht und Völkerrecht, Band 159, Berlin 2003.

Duchrow, Julia, Flüchtlingsrecht und Zuwanderungsgesetz unter Berücksichtigung der sog. Qualifikationsrichtlinie, ZAR 2004, S. 339 ff.

Duden, Das Fremdwörterbuch, Mannheim 1990.

Duden, Das große Wörterbuch der deutschen Sprache, Band VI, Mannheim 1999.

Dupeyroux, Jean- Jacques, Droit de la Sécurité Sociale, 11. Auflage, Paris 2005.

Düvell, Franck, Illegal Immigration in Europe, Beyond Control?, New York 2006.

Eck, Carina van, De-Facto-Flüchtlinge, Frankfurt am Main 1999.

Eichenhofer, Eberhard, Die sozialrechtliche Stellung von Ausländern aus Nicht-EWR- und Nicht- Abkommenstaaten, ZAR 1996, S. 62 ff.

Eichenhofer, Eberhard, Die sozialrechtliche Stellung von Ausländern aus Nicht-EWR- sowie Nicht- Abkommensstaaten, in: *Barwig, Klaus/Sieveking, Klaus/Brinkmann, Gispert/Löcher, Klaus/Röseler, Sibylle* (Hrsg.), Sozialer Schutz von Ausländern in Deutschland, Baden-Baden 1997, S. 63 ff.

Eichenhofer, Eberhard, in: *ders.* (Hrsg.), Migration und Illegalität, Osnabrück 1999, S. 9 ff.

Eichenhofer, Eberhard/Abig, Constanze, Zugang zu steuerfinanzierten Sozialleistungen nach dem Staatsangehörigkeitsprinzip?, in: *Boecken, Winfried/Wilms, Heinrich* (Hrsg.), Rechtswissenschaft und Praxis, Münster 2004, S. 14 ff.

Eichenhofer, Eberhard, Sozialrecht, 7. Auflage, Tübingen 2010.

Ekardt, Felix, Würde und Existenzminimum- nur eingeschränkt für Asylbewerber?, ZAR 2004, S. 142 ff.

Enders, Christoph, Die Menschenwürde in der Verfassungsordnung, Tübingen 1997.

Epiney, Astrid, Rechtsgrundlagen der Migration in Europa, in: *Bauer, Hartmut/ Cruz Villalón, Pedro/ Iliopoulos-Strangas, Julia* (Hrsg.), Die neuen Europäer - Migration und Integration in Europa. The new Europeans - Migration and integration in Europe. Les nouveaux européens - Migration et intégration en Europe, Athen 2009, S. 87 ff.

Escrivá, Angeles/Ribas, Natalia (Hrsg.), La investigación sobre migración, desarrollo y transnacionalismo. Contribuciones para un debate desde España, in: Migración y Desarrollo (Hrsg.), Cordoba 2004.

Esping-Andersen, Gosta, The Three Worlds of Welfare Capitalism, Cambridge 1990.

Esteban de la Rosa, Fernando, Derecho a la Educación, in: *Esplugues Mota, Carlos* (Hrsg.), Comentarios a la Ley de Extranjería, Valencia 2006, S. 209 ff.

Estévez González, Carmen, Las Rentas Minimas Autonómicas, Estudio de las normas reguladoras y análisis jurídico de las prestaciones, Madrid 1998.

European Agency for Safety and Health at Work, Literature study on migrant workers, European Risk Observatory, Bilbao 2007.

Farahat, Anuscheh/Fisch, Andreas/Löhr, Tillmann/Truchseß, Nina, Wege aus dem prekären Aufenthalt- wie weit reicht die staatliche Integrationsbereitschaft, ZAR 2008, S. 59 ff.

Fargas Fernandez, Josep, Análisis Crítico del Sistema Español de Pensiones no Contributivas, Elcano 2002.

Fernandez Tomás, Antonio/Sánchez Legido, Ángel/Ortega Terol, Juan Migue, Manual de Derecho Internacional Público, Valencia 2004.

Ferrer Sanchis, Antonio, Cuestiones de derecho internacional privado en la Constitución Española de 1978, in: *Fernandez Rodriguez, Tomás* (Hrsg.), Lecturas sobre la Constitución Española II, Madrid 1978, S. 323 ff.

Fisch, Andreas, Menschen in aufenthaltsrechtlicher Illegalität. Reformvorschläge und Folgeabwägungen aus sozialethischer Perspektive, Berlin 2007.

Fodor, Ralf, Rechtlos? Menschen ohne Papiere, Karlsruhe 2001.

Fodor, Ralf/Peter, Erich, Aufenthaltsrechtliche Illegalität und soziale Mindeststandards. Das Recht des statuslosen Kindes auf Bildung. Das Rechtsgutachten im Auftrag der Max-Träger-Stiftung der Gewerkschaft Erziehung und Wissenschaft (GEW), Berlin 2005.

Frank, Thomas/Jenichen, Anne/Rosemann, Nils (Hrsg.), Soziale Menschenrechte - die vergessenen Rechte? Zur Unteilbarkeit der Menschenrechte - ein interdisziplinärer Überblick, Berlin 2001.

Franz Adelheid, Lebenssituation, soziale Bedingungen, Gesundheit: Menschen ohne Krankenversicherung, in: *Alt, Jörg/Bommes, Michael* (Hrsg.), Illegalität, Grenzen und Möglichkeiten der Migrationspolitik, Wiesbaden 2006, S. 180 ff.

Freeman, Gary P., Modes of Immigration Politics in Liberal Democratic States, IMR, Austin 1995, S. 881 f.

Fichtner, Otto/Wenzel, Gerd (Hrsg.), Kommentar zum SGB XII - Sozialhilfe. Asylbewerberleistungsgesetz (SGB XII mit AsylbLG), 4. Auflage, München 2009.

Frings, Dorothee, Sozialrecht für Zuwanderer, Baden-Baden 2008.

Frings, Dorothee, Der Anspruch nach dem Asylbewerberleistungsgesetz auf eine medizinische Grundversorgung für Menschen ohne Papiere, in: *Falge, Christiane/Fischer-Lescano, Andreas/Sieveking, Klaus* (Hrsg.), Gesundheit in der Illegalität, Baden-Baden 2009, S. 143 ff.

Frisch, Max, Vorwort, in: *Seiler, Alexander Jean* (Hrsg.), Siamo Italiani - Gespräche mit italienischen Arbeitern in der Schweiz, Zurich 1965, S. 7.

Fritschi, Tobias/Stutz, Heidi/Schmugge, Susanne (Hrsg.), Gesellschaftliche Kosten der Nichtintegration von Zuwanderinnen und Zuwanderern in Kommunen. Welsches Kosten-Nutzen-Verhältnis weisen Integrationsmaßnahmen auf bei der Verhinderung von gesellschaftlichen Kosten sowie bei der Erschließung von Potenzialen? - Teil 1 Konzept, im Auftrag der Bertelsmann Stiftung, Gütersloh 2007.

Fritschi, Tobias/Jann, Ben, Gesellschaftliche Kosten unzureichender Integration von Zuwanderinnen und Zuwanderern in Deutschland. Welche gesellschaftlichen Kosten entstehen, wenn Integration nicht gelingt?, BASS im Auftrag der Bertelsmann Stiftung, Gütersloh 2008.

Fritz, Roland/Vormeier, Jürgen (Hrsg.), Gemeinschaftskommentar zum Aufenthaltsgesetz (GK-AufenthG), Band III, Neuwied, Loseblattausgabe Stand: Dezember 2010.

Fuentes Quintana, Enrique, De los Pactos de la Moncloa a la entrada en la Comunidad Económica Europea (1977-1986), ICE 2005, S. 1 ff.

García de Cortazar y Nebreda, Carlos, La situación de los extranjeros ante el sistema de protección social español, FSS 2000, S. 60 ff.

García Garnica, Carmen, Derecho a ayudas en materia de vivienda, in: *Esplugues Mota, Carlos* (Hrsg.), Comentarios a la Ley de Extranjería, Valencia 2006, S. 361 ff.

García Muñoz, Manuel, La protección social de los extranjeros extracomunitarios en situación regular, in: *González Ortega, Santiago* (Hrsg.), La protección social de los extranjeros en España, Valencia, 2010, S. 137 ff.

García Pelayo, Manuel, Las transformaciones del Estado contemporaneo, Madrid 1994.

García Romero, Maria Belén, Rentas Mínimas Garantizadas en la Union Europea, Madrid 1999.

García Ruiz, Jose Luis, La condición de extranjero y el derecho Constitucional español, in: *Revenga Sánchez, Miguel* (Hrsg.), Problemas constitucionales de la inmigración: una visión desde Italia y España, Valencia 2005, S. 489 ff.

García San José, Daniel, La controvertida propuesta de Directiva de retorno forzoso de 18 de junio de 2008: una lectura crítica, in: *Sánchez-Rodas Navarro, Cristina* (Hrsg.), Derechos de los inmigrantes en situación irregular en la Unión Europea, Sevilla 2008, S. 263 ff.

García-Perrote Escartín, Ignacio, Antecedentes normativos y aparición del sistema de Seguridad Social en España. La Constitución Española, in: *De la Villa Gil, Luis Enrique* (Hrsg.), Derecho de la Seguridad Social, Valencia 1999.

Geiger, Rudolf, Grundgesetz und Völkerrecht mit Europarecht, 5. Auflage, München 2010.

Gerber, Bettina, Die Asylrechtsharmonisierung in der Europäischen Union, Frankfurt am Main 2004.

Girón Reguera, Emilia, El trabajo de los inmigrantes irregulares: los intentos de control en España e Italia, in: *Revenga Sánchez, Miguel* (Hrsg.), Problemas constitucionales de la inmigración, Valencia 2005, S. 505 ff.

Gitter, Wolfgang/Schmitt, Jochem, Sozialrecht, 5. Auflage, München 2001.

Göbel-Zimmermann, Ralph, Die Erteilung eines Aufenthaltstitels aus humanitären Gründen nach § 25 Abs. 4 und 5 AufenthG, ZAR 2005, S. 275 ff.

Goig Martínez, Juan Manuel, Derechos y libertades de los inmigrantes en España. Una visión constitucional, jurisprudencial y legislativa, Madrid 2004.

Gómez Abelleira, Francisco Javier, Las autorizaciones de trabajo por cuenta ajena de los extranjeros no comunitarios: Los efectos de su carencia, RMTAS 2006, S. 63 ff.

González Ortega, Santiago, La protección social de los trabajadores extranjeros, Madrid 2006.

González Ortega, Santiago, El derecho de los extranjeros extracomunitarios en situación irregular a prestaciones de Seguridad Social derivadas de contingencias comunes, in: *ders.* (Hrsg.), La protección social de los extranjeros en España, Valencia 2010, S. 241 ff.

González Rabanal, María de la Concepción, El control de migraciones y la globalización de las economias, ¿Fenómenos compatibles?, RMTAS 2004, S. 101 ff.

Gooding, Robert E., The political theories of choice and dignity, APQ 1981, S. 91 ff.

Gorelli Hernandez, Juan/Vílchez Porras, Maximiliano, La protección de la Seguridad Social de los Alógenos, in: *Sánchez-Rodas Navarro, Cristina* (Hrsg.), Extranjeros en España-Régimen Jurídico, Sevilla 2001, S. 123 ff.

Gornig, Gilbert-Hanno, Das Refoulement-Verbot im Völkerrecht, Wien 1987.

Grabenwarter, Christoph, Europäische Menschenrechtskonvention, 4. Auflage, Wien 2009.

Grabenwarter, Christoph, Sozialstandards in der Europäischen Menschenrechts-konvention, in: *Becker, Ulrich/v. Maydell, Bernd/Nußberger, Angelika* (Hrsg.), Die Implementierung internationaler Sozialstandards. Zur Durch-setzung und Herausbildung von Standards auf völkerrechtlicher Ebene, Baden-Baden 2006, S. 83 ff.

Grabenwarter, Christoph/Marauhn, Thilo, Grundrechtseingriff und -schranken, in: *Grote, Rainer/ Marauhn, Thilo* (Hrsg.), EMRK/GG Konkordanz-kommentar zum europäischen und deutschen Grundrechtsschutz (EMRK/GG), Tübingen 2006, S. 332 ff.

Grande Garcón, María Luisa/Pérez Pérez, María Luisa, Inmigración e Inter-vención pública en materia de Salud, in: *Molina Navarrete, Cristóbal/Peréz Sola, Nicolás/Esteban de la Rosa, Gloria* (Hrsg.), Inmigración e Integra-ción de los Extranjeros en España, Madrid 2009, S. 295 ff.

Graser, Alexander, Dezentrale Wohlfahrtsstaatlichkeit im föderalen Binnen-markt?, Berlin 2001.

Guillén, Ana María, Welfare State development in Spain, a historical and explanatory approach, in: MIRE (Hrsg.), Comparing Social Welfare Systems in Southern Europe, Brüssel 1997, S. 67 ff.

Guinand, Cédric, Die Internationale Arbeitsorganisation (ILO) und die soziale Sicherheit in Europa (1942-1969), Bern 2003.

Gutierrez Espada, Cesáreo, Derecho internacional público, Madrid 1995.

Gutmann, Rolf, Rechte für Ausländer. Aufenthaltsrecht, Arbeitsrecht, Sozial-recht, Frankfurt am Main 2009.

Haedrich, Martina, Das Asylbewerberleistungsgesetz, das Existenzminimum und Standards der EU-Aufnahmerichtlinie, ZAR 2010, S. 227 ff.

Hägel, Peter/Deubner, Christian, Migrationspolitik der Gemeinschaft, ZAR 2001, S. 154 ff.

Hailbronner, Kay, Asylrecht und Völkerrecht, in: *Beitz, Wolfgang G./ Wollenschläger, Michael* (Hrsg.), Handbuch des Asylrechts. Unter Ein-schluss des Rechts der Kontingentflüchtlinge, Band I, Baden-Baden 1980, S. 69 ff.

Hailbronner, Kay, Der Flüchtlingsbegriff der Genfer Flüchtlingskonvention und die Rechtsstellung von De-facto-Flüchtlingen, ZAR 1993, S. 3 ff.

Hailbronner, Kay, Die Rechtsstellung der De-facto-Flüchtlinge in den EG-Staaten. Rechtsvergleichung und europäische Harmonisierung, Baden-Baden 1993.

Hailbronner, Kay, Art. 3 EMRK - ein neues europäisches Konzept der Schutz-gewährung?, DÖV 1999, S. 617 ff.

Hailbronner, Kay, Die Relevanz des Völkerrechts für das deutsche Ausländer-recht, in: *ders.* (Hrsg.), Die allgemeinen Regeln des völkerrechtlichen Fremdenrechts. Bilanz und Ausblick an der Jahrtausendwende, Heidelberg 2000, S. 1 ff.

Hailbronner, Kay (Hrsg.), Ausländerrecht, Kommentar (AuslR), Band I, Heidel-berg, Loseblattausgabe Stand: Oktober 2010.

Hartl, Thomas, Das völkerrechtliche Refoulementverbot abseits der Genfer Flüchtlingskonvention, Frankfurt am Main 2005.

Hartman, Bettina, Denkanstöße zum Spannungsverhältnis zwischen Illegalität und Menschenrechten, in: *Erzbischöflichen Ordinariat Berlin* (Hrsg.), Illegal in Berlin, Berlin 1999.

Hatzinger, Katrin, Die Europäische Rückführungsrichtlinie - „Schande für Euro-pa" oder Meilenstein auf dem Weg zu einer gemeinsamen Migrations-politik?, in: *Mülle-Heidelberg, Till/Pelzer, Marei/u.a.* (Hrsg.), Grund-rechte-Report 2009, Frankfurt am Main 2009, S. 206 ff.

Hauck, Karl/Noftz, Wolfgang (Hrsg.), Sozialgesetzbuch, Gesamtkommentar (SGB I), Berlin, Loseblattausgabe Stand: Dezember 2010.

Heckmann, Friedrich/Schnapper, Dominique, Introduction, in: *dies.* (Hrsg.), The Integration of Immigrants in European Societies, National Differences and Trends of Convergence, Stuttgart 2003, S. 7 ff.

Heinhold, Hubert/Classen, Georg (Hrsg.), Das Zuwanderungsgesetz - Hinweise für die Flüchtlingssozialarbeit: Einführung in die Neuregelungen des Auf-enthaltsgesetzes, des Asylverfahrensgesetzes und des Sozialrechtes („Hartz IV"), Oldenburg 2003.

Heinz, Andreas, Sozialversicherungsaspekte der Ausländerbeschäftigung, in: *ders./Schuhmann, Helmut/Busemann, Andreas* (Hrsg.), Ausländische Arbeitnehmer. Aufenthalts-, Arbeitsgenehmigungs-, Arbeits-, Steuer-, und Sozialversicherungsrecht, 2. Auflage, Berlin 2002, S. 218 ff.

Heller, Heinz, Schwarzarbeit: Das Recht der Illegalen unter besonderer Berück-sichtigung der Prostitution, Zürich 1999.

Henke, Wilhelm, Das subjektive öffentliche Recht, Tübingen 1968.

Herdegen, Matthias, Der „Fremde" im Völkerrecht - Wandlungen eines Be-griffs, in: *Hailbronner, Kay/Doehring, Karl* (Hrsg.), Die allgemeinen Re-geln des völkerrechtlichen Fremdenrechts: Bilanz und Ausblick an der Jahrtausendwende; Beiträge anläßlich des Kolloquiums zu Ehren von Karl

Doehring aus Anlaß seines 80. Geburtstages am 17. März 1999 in Konstanz, Heidelberg 2000, S. 14 ff.

Herdegen, Matthias, Völkerrecht, 9. Auflage, München 2010.

Hernáez Manrique, Francisco Javier, Servicios Sociales y Asistencia Social, in: *Landa Zapirain, Juan Pablo/Goñi Sein, José Luis* (Hrsg.), Derecho Social Vasco, Herri Arduralaritzaren Euskal Erakundea (HAEE), Oñati 1999, S. 723 ff.

Hernández Bejarano, Macarena, La Ordenación Sanitaria en España, Pamplona 2004.

Hildebrant, Andreas, Sozialer Schutz für Migranten in irregulären Situationen unter Berücksichtigung internationaler Rechtsinstrumente, in: epd-Dokumentation 8, 1998, S. 31 ff.

Hohm, Karl-Heinz, Zweites Gesetz zur Änderung des AsylbLG, NVwZ 1998, S. 1045 ff.

Hohm, Karl-Heinz (Hrsg.), Gemeinschaftskommentar zum Asylbewerberleistungsgesetz (GK-AsylbLG), Band I, Neuwied, Loseblattausgabe Stand: Juli 2010.

Hohm, Karl-Heinz, Menschenwürdiges Existenzminimum für Leistungsberechtigte nach dem Asylbewerberleistungsgesetz, ZFSH/SGB 2010, S. 269 ff.

Höller, Edlyn, Soziale Rechte Drittstaatsangehöriger nach europäischem Gemeinschaftsrecht, Baden-Baden 2005.

Holoubek, Michael, Grundrechtliche Gewährleistungspflichten. Ein Beitrag zu einer allgemeinen Grundrechtsdogmatik, Wien 1997.

Horrer, Stefan, Das Asylbewerberleistungsgesetz. Die Verfassung und das Existenzminimum, Berlin 2001.

Huber, Berthold, Asylbewerber im Sozialhilferecht. Ausgewählte Probleme der sozialhilferechtlichen Stellung von Asylbewerbern, NDV 1988, S. 251 ff.

Ibarra Robles, Juan Luis/López de la Riva Carrasco, Federico/Garrido Bengoechea, Luis (Hrsg.), Ciudadanía y Derechos fundamentales: Extranjería, Centro de Documentación Judicial, Madrid 2004.

Igl, Gerhard/Welti, Felix/Schulin, Bertran, Sozialrecht, 8. Auflage, Neuwied 2007.

Ipsen, Jörn, Staatsrecht II, Grundrechte, 13. Auflage, Köln 2010.

Ipsen, Knut, Völkerrecht, 5. Auflage, München 2004.

Isay, Ernst, Völkerrecht, Breslau 1924.

Isensee, Josef/Dohering, Karl (Hrsg.), Die staatsrechtliche Stellung der Ausländer in der Bundesrepublik Deutschland, Berlin 1974.

Janda, Consztanze/Wilksch, Florian, Das Asylbewerberleistungsgesetz nach dem „Regelsatz-Urteil" des BVerfG, SGb 2010, S. 565 ff.

Jelitte, Thomas, Die Umsetzung völkerrechtlicher Verträge in nationales Recht in Deutschland und Spanien: Unter besonderer Berücksichtigung der Europäischen Menschenrechtskonvention, Frankfurt am Main 2007.

Jellinek, Georg, System der subjektiven öffentlichen Rechte, 2. Auflage, Tübingen 1919.

Jennings, Robert/Watts, Arthur, Oppenheim's International Law, Band I, 9. Auflage, London 1992.

Jimena Quesada, Luis, La Europa social y democrática de Derecho, Madrid 1997.

Kälin, Walter, Das Prinzip des Non-Refoulement. Das Verbot der Zurückweisung, Bern 1982.

Kingreen, Thorsten, Soziale Rechte und Migration, Baden-Baden 2010.

Kingreen, Thorsten, Schätzungen „ins Blaue hinein": Zu den Auswirkungen des Hartz IV-Urteils des Bundesverfassungsgerichts auf das Asylbewerberleistungsgesetz, NVwZ 2010, S. 558 ff.

Kokemoor, Axel, Sozialrecht, 4. Auflage, München 2010.

Kokott, Juliane, Die Staatsangehörigkeit als Unterscheidungsmerkmal für soziale Rechte von Ausländern, in: *Hailbronner, Kay* (Hrsg.), Die allgemeinen Regeln des völkerrechtlichen Fremdenrechts. Bilanz und Ausblick an der Jahrtausendwende, Heidelberg 2000, S. 27 ff.

Kreienbrink, Axel, Einwanderungsland Spanien. Migrationspolitik zwischen Europäisierung und nationalen Interessen, Frankfurt am Main 2004.

Kreienbrink, Axel, Spanien als Einwanderungsland - Eine Zwischenbilanz nach zwei Jahrzehnten, in: *Bernecker, Walther L.* (Hrsg.), Spanien heute. Politik-Wirtschaft-Kultur, Frankfurt am Main 2008.

Kreuzer, Christine/Lejeune, Stefanie, Opferschutz. Überblick über die gegenwärtigen rechtlichen Möglichkeiten zum Schutz von Opfern des organisierten Menschenhandels, ZAR 2003, S. 314 ff.

Krieger, Heike, Funktionen von Grund- und Menschenrechten, in: *Grote, Rainer/Marauhn, Thilo* (Hrsg.), EMRK/GG Konkordanzkommentar zum europäischen und deutschen Grundrechtsschutz, (EMRK/GG), Tübingen 2006, S. 266 ff.

Kunkel, Peter-Christian, Die Mitteilungspflichten des Jugend- und Sozialmtes nach dem neuen Ausländergesetz, DVBl 1991, S. 567 ff.

Kunkel, Peter-Christian, Das Asylbewerberleistungsgesetz in Konkurrenz mit Sozialleistungsgesetzen, NVwZ 1994, S. 352 ff.

Kunkel, Peter-Christian, Jugendhilfe für Ausländer, ZAR 1996, S. 92 ff.

Lafuente Cubillo, Isabel/Encinar del Pozo, Miguel Angel (Hrsg.), Guía práctica sobre la atención de Personas en Situación de Dependencia, Barcelona 2008.

Langenfeld, Christine, Social Rights for Immigrants, in: *v. Hoffmann, Bernd* (Hrsg.), Towards a Common European Immigration Policy, Frankfurt am Main 2003.

Lantarón Barquín, David, La protección de los extranjeros en el Sistema Nacional de Salud, in: *González Ortega, Santiago* (Hrsg.), La protección social de los extranjeros en España, Valencia 2010, S. 433 ff.

Larenz, Karl, Methodenlehre der Rechtswissenschaft, 6. Auflage, Berlin 1991.

Larroque, Jimena, La actuación gubernamental: PVI 2003-2005, instrumento básico de la política de inmigración, in: *Aja Fernández, Eliseo* (Hrsg.), Las Comunidades Autónomas y la Inmigración, Valencia 2006, S. 445 ff.

Lederer, Harald, Indikatoren der Migration. Zur Messung des Umfangs und Migration in Deutschland unter besonderer Berücksichtigung des Ehegatten und Familiennachzugs sowie der illegalen Migration, Bamberg 2004.

Lefebvre, Francis (Hrsg.), Memento Práctico, Seguridad Social 2009-2010, Madrid 2010.

Lehmacher, Angelika, Das Gesetz zur Bekämpfung der Schwarzarbeit und illegalen Beschäftigung und die Neufassung des § 110 SGB VII, BG 2005, S. 408 ff.

Leibfried, Stephan, Sozialstaat Europa?, Integrationsperspektiven europäischer Armutsregimes, in: Nachrichtendienst des Deutschen Vereins für öffentliche und private Fürsorge, Frankfurt am Main 1990, S. 295 ff.

Lessenich, Stephan, Wohlfahrtsstaat, Arbeitsmarkt und Sozialpolitik in Spanien. Eine exemplarische Analyse postautoritären Wandels, Opladen 1995.

Lessenich, Stephan, „Three Worlds of Welfare Capitalism" - oder vier? - Strukturwandel arbeits- und sozialpolitischer Regulierungsmuster in Spanien, PVS 2004, S. 224 ff.

Leube, Konrad, Unternehmer-Regress bei Schwarzarbeit in der gesetzlichen Unfallversicherung (§ 110 Abs. 1 SGB VII), SGb 2006, S. 404 ff.

Leutheusser-Schnarrenberger, Sabine, Irreguläre Migration nach Deutschland und Europa: Humanitäre und politische Ansprüche im Widerstreit?, in: *Alt, Jörg/Bommes Michael* (Hrsg.), Illegalität, Grenzen und Möglichkeiten der Migrationspolitik, Wiesbaden 2006.

López López, Julia, Una mirada a los derechos sociales de los inmigrantes desde su dignidad, in: *dies.* (Hrsg.), Derechos Laborales y de la Seguridad Social de los inmigrantes, Madrid 2006, S. 25 ff.

Lorenzmeier, Stefan, Entscheidungsanmerkung zu BVerwG, Urt. V. 29.4.2009 - 6 C 16/08, ZJS 2009, S. 438 ff.

Losada González, Herminio, Apuntes sobre el desarollo legal postconstitucional de la regulación de extranjeros en España, in: *Palomar Olmeda, Alberto/ Cardenal Carro, Miguel/Descalzo González, Antonio/Duro Ventura, Cesar/De Miguel Pajuelo, Francisco* (Hrsg.), Tratado de Extranjería, Aspectos civiles, penales, administrativos y sociales, Elcano 2006, S. 179 ff.

Lotze, Eckhard, Pflegegutachten bei Migrantinnen und Migranten - Ein Bericht zu Daten des Gesundheitsamtes Bremen. Gesundheitsamt Bremen 2007.

Lotze, Eckhard, Die Humanitäre Sprechstunde des Gesundheitsamts Bremen - Kommunale Verantwortung für die Gesundheit aller Menschen, in: *Falge, Christiane/Fischer-Lescano, Andreas/Sieveking, Klaus* (Hrsg.), Gesundheit in der Illegalität, Baden-Baden 2009, S. 89 ff.

Maaßen, Hans-Georg, Abschiebungsschutz aus Art. 3 EMRK auch bei nicht von Staat ausgehenden Menschenrechtsverletzungen und allgemeinen dem Ausländer im Herkunftsstaat drohenden Gefahren für Leib, Leben und Gesundheit?, ZAR 1998, S. 107 ff.

Maestro Buelga, Gonzalo, Globalización, Inmigración y Ciudadanía Social, REDMEX 2003, S. 9 ff.

Maestro Buelga, Gonzalo, Los derechos sociales de los emigrantes, in: *Barceló y Serramalera, Mercé* (Hrsg.), RCDP 2010, S. 53 ff.

Maldonado Molina, Juan Antonio, Los niveles del derecho a la protección de la Salud: competencias autonómicas en asistencia Sanitaria, in: *Monereo Pérez, José Luis* (Hrsg.), Comentario práctico la legislación reguladora de la Sanidad en España, Granada 2007, S. 99 ff.

Malgesini, Graciela, Migraciones, sanidad y salud, in: *Clavijo, Claudia/Aguirre, Mariano* (Hrsg.), Políticas Sociales y Estado de Bienestar en España: Las migraciones, Madrid 2002, S. 265 ff.

Mangoldt, Hermann v./Klein, Friedrich/Starck, Christian (Hrsg.), Kommentar zum Grundgesetz (GG I), Band I, 6. Auflage, München 2010.

Marauhn, Thilo, Social Rights Beyond the Traditional Welfare State: International Instruments and the Concept of Individual Entitlements, in: *Benvenisti, Eyal/Nolte, Georg* (Hrsg.), The Welfare State, Globalization and International Law, Berlin 2004, S. 275 ff.

Marhaun, André, Menschenwürde und Völkerrecht. Mensch, Gerechtigkeit, Frieden, Tübingen 2001.

Marín Marín, José/Gallego Moya, Fermín (Hrsg.), El Trabajo de los Inmigrantes Irregulares. Un estudio jurisprudencial, Albacete 2005.

Marko, Sonja, Menschen ohne Papiere. Zur Lebenssituation von Menschen ohne gültige Aufenthaltspapiere in Hamburg: Bildung - Gesundheit - Arbeit, Marburg 2009.

Marschal, Dieter, Bekämpfung illegaler Beschäftigung, Schwarzarbeit, Illegale Ausländerbeschäftigung, Illegale Arbeitnehmerüberlassung, 3. Auflage, München 2003.

Martín, Martín, Jaime/Trinidad García, María Luisa (Hrsg.), Una forma nueva de ordenar la inmigración en España, Valladolid 2005.

Martin, Philip, Immigration und Wirtschaftswachstum, ZAR 2007, S. 392 ff.

Martínez Soria, José, Das Recht auf Sicherung des Existenzminimums, JZ 2005, S. 644 ff.

Marx, Reinhard, Rechtsschutz gegen die aufenthaltsrechtliche Versagung der Erlaubnis zur Erwerbstätigkeit, ZAR 2005, S. 48 ff.

Marx, Reinhard, Aufenthalts-, Asyl- und Flüchtlingsrecht in der anwaltlichen Praxis, 3. Auflage, Bonn 2007.

Mehrländer, Ursula, Europäische Einwanderungs- und Flüchtlingspolitik, Friedrich Ebert Stiftung, Bonn 2001

Mergler, Otto/Zink, Günther (Hrsg.), Handbuch der Grundsicherung und Sozialhilfe. Sozialgesetzbuch XII - Sozialhilfe und Asylbewerberleistungsgesetz (SGB XII), Band II, Stuttgart, Loseblattausgabe Stand: März 2010.

Menzel, Eberhard, Die auswärtige Gewalt der Bundesrepublik, VVDStRL, Heft 12, Berlin 1954, S. 179 ff.

Mercader Uguina, Jesús Rafael, La protección Social de los Trabajadores Extranjeros, Santander 2001.

Monereo Pérez, José Luis/Molina Navarrete, Cristobal, Ciudadanía y extranjería: El derecho a la inserción de los inmigrantes, in: *Monereo Pérez, José Luis/Molina Navarrete, Cristóbal/Moreno Vida, María Nieves* (Hrsg.), Comentario a la Constitución socio-económica de España, Granada 2002, S. 203 ff.

Monereo Pérez, José Luis/Molina Navarrete, Cristóbal, La asistencia sanitaria como derecho fundamental y el sistema nacional de salud como garantía institucional: balance y desafíos para el siglo XXI de su modelo regulador, in: *Monereo Pérez, José Luis* (Hrsg.), Comentario práctico la legislación reguladora de la Sanidad en España, Granada 2007, S. 4 ff.

Montilla Martos, José Antonio, Las funciones y las competencias de las Comunidades Autónomas en inmigración, in: *ders./Aja, Eliseo*, Las Comunidades Autonomas y la Inmigración, Valencia 2006, S. 23 ff.

Montilla Martos, José Antonio, Los derechos establecidos en la ley de dependencia, in: Defensor del pueblo (Hrsg.), La actualidad de los derechos Sociales. Colección Derechos Humanos „Francisco de Vitoria", Bilbao 2008, S. 27 ff.

Montoya Melgar, Alfredo, El Empleo ilegal de Inmigrantes, Madrid 2007.

Montserrat Codorniu, Julia, Las fuentes de financiación de las organizaciones no lucrativas de acción social, RMTAS 2004, S. 121 ff.

Moreno Pueyo, Manuel José, Extranjeros Inmigrantes y Seguridad Social Española, RMTAS, 2004, S. 143 ff.

Moya Escudero, Mercedes, Delimitación del ámbito, in: *Esplugues Mota, Carlos* (Hrsg.), Comentarios a la Ley de Extranjería, Valencia 2006, S. 53 ff.

Moya Escudero, Mercedes/Rueda Valdivia, Ricardo, Autorización para la realización de actividades lucrativas, in: *Esplugues Mota, Carlos* (Hrsg.), Comentarios a la Ley de Extranjería, Valencia 2006, S. 877 ff.

Muckel, Stefan, Sozialrecht, 3. Auflage, München 2009.

Müller, Doreen, Recht auf Gesundheit? Medizinische Versorgung illegalisierter Migrantinnen zwischen exklusiven Staatsbürgerrechten und universellen Menschenrechten, Hildesheim 2004.

Myers, Norman, Environmental Refugees: a growing Phenomenon of the 21st Century, Philosophical Transactions: Biological Sciences, Band 357, Nr. 1420, 2001, S. 609 ff.

Naïr, Sami, Lettre a Charles Pasqua de la part de ceux qui ne sont pas bien nés, Seuil, Paris 1994.

Naïr, Sami, Le Déplacement du Monde. Migrations et thématiques identitaires, Paris 1998.

Naïr, Sami, Y vendrán...Las migraciones en tiempos hostiles, Barcelona 2006.

Navas-Parejo Alonso, Marta, Actos de encuadramiento y cotización de los extranjéros extracomunitarios irregulares en el régimen general, in: *González Ortega, Santiago* (Hrsg.), La protección social de los extranjeros en España, Valencia 2010, S. 167 ff

Neumann, Volker, Menschenwürde und Existenzminimum, Antrittsvorlesung Humboldt-Universität zu Berlin 1994.

Neumann, Volker, Menschenwürde und Existenzminimum, NVwZ 1995, S. 426 ff.

Nickels, Christa, Rechtliche Klarstellungen sind überfällig, in: *Alt, Jörg/ Bommes, Michael* (Hrsg.), Illegalität, Grenzen und Möglichkeiten der Migrationspolitik, Wiesbaden 2006.

Nußberger, Angelika, Die Frage nach dem tertium comparationis. Zu den Schwierigkeiten einer rechtsvergleichenden Analyse des russischen Rechts, ROW, Zeitschrift für Ostrecht und Rechtsvergleichung 1998, S. 81 ff.

Nußberger, Angelika, Neue Entwicklungen in der Rechtsprechung des Europäischen Gerichtshofs für Menschenrechte zur sozialen Verpflichtetheit des Staates, ZIAS 2003, S. 367 ff.

Nußberger, Angelika, Comment to The Challenge of Migration to the Welfare State, in: *Benvenisti, Eyal/Nolte, Georg* (Hrsg.), The welfare state, globalization and international law, Berlin 2004, S. 33 ff.

Nußberger, Angelika, Sozialstandards im Völkerrecht. Eine Studie zu Entwicklung und Bedeutung der Normsetzung der Vereinten Nationen, der Internationalen Arbeitsorganisation und des Europarats zu Fragen des Sozialschutzes, Berlin 2005.

Nuscheler, Franz, Globalisierung und ihre Folgen: Gerät die Welt in Bewegung?, in: *Butterwegge, Christoph/Hentges, Gudrun* (Hrsg.), Zuwanderung im Zeichen der Globalisierung. Migrations-, Integrations- und Minderheitenpolitik, 4. Auflage, Wiesbaden, 2009, S. 23 ff.

Olk, Tobias, Rahmenbedingungen und Gestaltungsmöglichkeiten einer Migrationspolitik in der Europäischen Union, Mainz 2002.

Oswald, Ingrid, Migrationssoziologie, Konstanz 2007.

Pabst, Bernhard, Unfallversicherung in Spanien - die Mutuas zwischen privatem und öffentlichem Recht, ZESAR 2003, S. 355 ff.

Palomar Olmeda, Alberto/Hervás Bautista, Marina (Hrsg.), Guía de Extranjería, Elcano 2006.

Pelzer, Marei, Europäische Regelungen über den Zugang zur Gesundheitsversorgung: Welche Rechte haben Migranten ohne Aufenthaltsstatus?, in: *Falge, Christiane/Fischer-Lescano, Andreas/ Sieveking, Klaus* (Hrsg.), Gesundheit in der Illegalität, Baden-Baden 2009, S. 195 ff.

Pennings, Frans/Schulte, Bernd, International Social Security Standards: An Overview, in: *Pennings, Frans J.L.* (Hrsg.), Between Soft and Hard Law. The Impact of International Social Security Standards on National Social Security Law, Hague 2006, S. 1 ff.

Pérez Royo, Javier, La Doctrina del Tribunal Constitucional sobre el Estado Social, REDC 1984, S. 157 ff.

Pérez Royo, Javier, Curso de Derecho Constitucional, 8. Auflage, Madrid 2002.

Peterson, Paul E./Rom, Mark C., Welfare Magnets: A new case for a national standard, Washington D.C 1990.

Peuster, Wirtold, Código Civil Español. Das spanische Zivilgesetzbuch, Spanisch-deutsche Textaufgabe, Frankfurt am Main 2002.

Pieroth, Bodo/Schlink, Bernhard (Hrsg.), Grundrechte, Staatsrecht II, 26. Auflage, Heidelberg 2010.

Pieters, Danny, Reflections on the Methodology of Social Security Law Comparison, in: *v. Maydell, Bernd/Ruland, Franz/Papier, Hans-Jürgen* (Hrsg.), Verfassung, Theorie und Praxis des Sozialstaats, Festschrift für Hans F. Zacher zum 70. Geburtstag, Heidelberg 1998, S. 715 ff.

Pisarello, Gerardo, La efectividad del Derecho Social a la vivienda digna y adecuada, in: Defensor del pueblo (Hrsg.), La actualidad de los derechos Sociales. Colección Derechos Humanos „Francisco de Vitoria", Bilbao 2008, S. 51 ff.

Pollern, Hans-Ingo v., Die Entwicklung der Asylbewerberzahlen in den Jahren 2007-2008, ZAR 2009, S. 93 ff.

Prados de Reyes, Francisco Javier/Olarte Encabo, Sofía, Constitución y Políticas Migratorias: ¿Una constitución de Emigrantes para Inmigrantes?, in: *Sempere Navarro, Antonio* (Hrsg.), El Modelo Social en la Constitución Española de 1978, MTAS 2003, S. 1397 ff.

Preis, Ulrich/Müller-Glöge, Rudi/Schmidt, Ingrid (Hrsg.), Erfurter Kommentar zum Arbeitsrecht (ErfK), 11. Auflage, Band 51, München 2011.

Pumar Beltrán, Nuria, La igualdad ante la Ley en el ámbito de la Seguridad Social, Elcano 2001.

Quintero Lima, María Gema, El Derecho de los extranjeros extracomunitarios en situación irregular a las prestaciones de Seguridad Social derivadas de contingencias profesionales, in: *González Ortega, Santiago* (Hrsg.), La protección social de los extranjeros en España, Valencia, 2010, S. 201 ff.

Ramos Quintana, Margarita Isabel, Inmigración y globalización económica, ¿Un lugar para el Derecho al Trabajo?, RMTAS 2006, S. 13 ff.

Ramsauer, Ulrich/Stallbaum, Michael/Sternal, Sonja (Hrsg.), Bundesausbildungsförderungsgesetz (BÄföG); mit Härteverordnung, Darlehensverordnung und Teilerlassverordnung, 4. Auflage, München 2005.

Ravenstein, Ernest George, The Laws of Migration, Journal of the Statistical Society (JSS), Band 48, Nr. 2, 1885, S. 167 ff.

Recio, Eugenio M./Nuñez-Cortés, Pilar, Spain, in: *Vugt, Joos P.A. van/Peet, Jan M.* (Hrsg.), Social Security and Solidarity in the EU. Facts, Evaluations and Perspectives, New York 2000, S. 163 ff.

Reinhard, Hans-Joachim, Sozialstaatsprinzip und soziale Grundrechte in Spanien - Ein Vergleich mit der Bundesrepublik Deutschland, ZIAS 1988, S. 169 ff.

Reinhard, Hans-Joachim, Soziale Einrichtungen und Organisationen der Freien Wohlfahrtspflege in Spanien, ZIAS 1992, S. 276 ff.

Reinhard, Hans-Joachim, Asistencia Sanitaria para inmigrantes ilegales en Alemania, in: *Sánchez-Rodas Navarro, Cristina* (Hrsg.), Aspectos jurídicos de la inmigración irregular en la Unión Europea, Murcia 2009, S. 175 ff.

Renner, Günter, Sozialrecht und Aufenthalt, in: *Barwig, Klaus/Sieveking, Klaus/ Brinkmann, Gisbert/ Lörcher, Klaus/Röseler, Sibylle* (Hrsg.), Sozialer Schutz von Ausländern in Deutschland, Baden-Baden 1997, S. 257 ff.

Renner, Günter, Grenzen legaler Zuwanderung: das deutsche Recht, in: *Eichenhofer, Eberhard* (Hrsg.), Migration und Illegalität, Osnabrück 1999, S. 41 ff.

Renner, Günter, Vom Ausländerrecht zum Zuwanderungsrecht, ZAR 2004, S. 266 ff.

Renner, Günter (Hrsg.), Ausländerrecht (AuslR), Kommentar, 9. Auflage, München 2011.

Rico, Ana, Regional decentralization and health care reform in Spain (1976-1996), in: *MIRE* (Hrsg.), Comparing Social Welfare Systems in Southern Europe, Brüssel 1997, S. 221 ff.

Riecken, Philipp-Asmus, Die Duldung als Verfassungsproblem: Unrechtmäßiger, nicht sanktionierter Aufenthalt von Ausländern in der Bundesrepublik Deutschland, Berlin 2006.

Riedel, Eibe, Menschenrechte der dritten Dimension, EuGRZ 1989, S. 9 ff.

Riegel, Maike, Schwarzarbeit aus öffentlich-rechtlicher Sicht, Hamburg 2003.

Rittstieg, Helmut/Rowe, Gerard C., Einwanderung als gesellschaftliche Herausforderung, Baden-Baden 1992.

Rivera Sanchez, Juan Ramón, La protección derivada de contingencias profesionales a los extranjeros en situación irregular, Aranzadi Social, Cizur Menor 2001.

Rivero, Juan, Protección de la salud y estado Social de Derecho, Real Academia de Medicina de Zaragoza, Zaragoza 2000.

Rodríguez Coarasa, Cristina, El Estado Social: Alcance, Significado y manifestaciones, in: *Sempere Navarro, Antonio* (Hrsg.), El Modelo Social en la Constitución Española de 1978, MTAS 2003, S. 1281 ff.

Rodríguez Manzano, Irene, Migraciones internacionales, pobreza y desarrollo: ¿Qué dicen los datos?, in: *Soroeta Liceras, Juan* (Hrsg.), Problemas actuales de la inmigración, Cursos de Derechos Humanos de Donostia San Sebastian, Universidad del Pais Vasco, Band VII, Bilbao 2006, S. 183 ff.

Roeser, Thomas, Die Rechtsprechung des Bundesverfassungsgerichts zum Grundrecht auf Asyl und zum Ausländerrecht in den Jahren 2005 und 2006, EuGRZ 2007, S. 397 ff.

Roig Molés, Eduardo, Los Derechos de los Extranjeros: titularidad y limitación, in: *Sempere Navarro, Antonio* (Hrsg.), El Modelo Social en la Constitución Española de 1978, MTAS 2003, S. 587 ff.

Romanski, Eva, Sozialstaatlichkeit und soziale Grundrechte im Grundgesetz der Bundesrepublik Deutschland und in der spanischen Verfassung, Frankfurt am Main 2000.

Röseler, Sibylle/Vogel, Dita, Illegale Zuwanderer - ein Problem für die Sozialpolitik?, ZeS-Arbeitspapier 1/93 (Zentrum für Sozialpolitik der Universität Bremen), Bremen 1993.

Röseler, Sybille/Schulte, Bernd, Gutachten zum Entwurf eines Zweiten Gesetzes zur Änderung des Asylbewerberleistungsgesetzes. Regelungsgehalt, praktische Auswirkungen und verfassungsrechtliche Grenzen, Deutscher

Bundestag, Ausschuss für Gesundheit, Ausschussdrucksache 1088/13 v. 22.4.1999, in: Bundesarbeitsgemeinschaft der Freien Wohlfahrtspflege e.V. (Hrsg.), Bonn 1998.

Rothkegel, Ralf, Ein Danaergeschenk für den Gesetzgeber, ZFSH/SGB 2010, S. 135 ff.

Rubel, Jörgen, Entscheidungsfreiräume in der Rechtsprechung des Europäischen Gerichtshofes für Menschenrechte und des Europäischen Gerichtshofes, Hamburg 2005.

Ruder, Karl-Heinz, Polizei- und ordnungsrechtliche Unterbringung von Obdachlosen, Baden-Baden 1999.

Rueda Valdivia, Ricardo, Derecho al trabajo y a la Seguridad Social, in: *Esplugues Mota, Carlos* (Hrsg.), Comentarios a la Ley de Extranjería, Valencia 2006, S. 239 ff.

Rueda Valdivia, Ricardo, Derecho a la asistencia sanitaria, in: *Esplugues Mota, Carlos* (Hrsg.), Comentarios a la Ley de Extranjería, Valencia 2006, S. 329 ff.

Rueda Valdivia, Ricardo, Derecho a Seguridad Social y a los servicios sociales, in: *Esplugues Mota, Carlos* (Hrsg.), Comentarios a la Ley de Extranjería, Valencia 2006, S. 377 ff.

Rüfner, Wolfgang, Einführung in das Sozialrecht, 2. Auflage, München 1991.

Ruiz de Huidoro de Carlos, Jose María, El principio de equiparación entre nacionales y extranjéros en el derecho Español, Revista ICADE 2006, S. 69 ff.

Ruiz Vieytez, Eduardo Javier/Ruiz López, Blanca (Hrsg.), Las políticas de inmigración: la legitimación de la exclusión. Instituto de Derechos Humanos, Bilbao 2001.

Ruiz Vieytez, Eduardo Javier, Spanish immigration policies: a critical approach from a human rights perspective, in: *Turton, David/González, Julia* (Hrsg.), Immigration in Europe: Issues, Policies and Case Studies, Bilbao 2003, S. 173 ff.

Sacco, Rodolfo, Einführung in die Rechtsvergleichung, Baden-Baden 2001.

Sachs, Michael, Ausländergrundrechte im Schutzbereich von Deutschengrundrechten, BayVBl 1990, S. 385 ff.

Sáenz Rojo, Eva, Estado Social y Descentralización Política. Una perspectiva constitucional comparada de Estados Unidos, Alemania y España, Madrid 2003.

Sagarra i Trías, Eduard, Un nuevo „status" de extranjero en España (El inmigrante, irregular, empadronado, residente trabajando y con orden de expulsión), REDMEX 2002, S. 89 ff.

Sánchez Rivas, Javier/Franco Pantoja, Francisco (Hrsg.), Guía para orientación legal en inmigración, Valladolid 2005.

Sánchez-Rodas Navarro, Cristina, Aspectos puntuales del nuevo Reglamento de extranjería, Murcia 2005.

Sánchez-Rodas Navarro, Cristina/Rodríguez Benot, Andrés, The Impact of Social Security Conventions: Spain, in: *Pennings, Frans J.L.* (Hrsg.), Between Soft and Hard Law. The Impact of International Social Security Standards on National Social Security Law, Hague 2006, S. 69 ff.

Sánchez-Urán Azaña, Yolanda, Seguridad Social y Constitución, Madrid 1995.

Sánchez-Urán Azaña, Yolanda, Derecho a la protección social como factor de integración del inmigrante: La dialéctica universalidad ciudadanía, RMTAS 2006, S. 250 ff.

Sander, Dirk, Der Schutz des Aufenthalts durch Artikel 8 der Europäischen Menschenrechtskonvention, Berlin 2008.

Saraceno, Chiara, Familismo ambivalente y clientelismo categórico en el estado del Bienestar Italiano, in: *Sarasa Urdiola, Sebastián/Moreno Fernandez, Luís* (Hrsg.), El Estado de Bienestar en la Europa del Sur, CSIC, Madrid 1995, S. 261 ff.

Sassen, Saskia, Guests and Aliens, New York 1999.

Satzger, Helmut, Internationales und Europäisches Strafrecht, 4. Auflage, München 2010.

Schäuble, Wolfgang, Europäische Migrationspolitik - Versuch einer Standortbestimmung, ZAR 2006, S. 221 ff.

Schaumann, Wilfried, Die Gleichheit der Staaten, Wien 1957.

Scheiwe, Kirsten/Fuchsloch, Christine (Hrsg.), Leitfaden Elterngeld, München 2007.

Schilling, Theodor, Internationaler Menschenrechtsschutz: Universelles und europäisches Recht, Tübingen 2004.

Schily, Otto, Die Europäisierung der Innenpolitik, NVwZ 2000, S. 883 ff.

Schmid, Joseph, Wohlfahrtsstaaten im Vergleich. Soziale Sicherungssysteme in Europa: Organisation, Finanzierung, Leistungen und Probleme, 2. Auflage, Opladen 2002.

Schmidt, Angelika, Europäische Menschenrechtskonvention und Sozialrecht. Die Bedeutung der Straßburger Rechtsprechung für das europäische und deutsche Sozialrecht, Baden-Baden 2003.

Schönberger, Christoph, Die Unionsbürgerschaft als Sozialbürgerschaft, ZAR 2006, S. 226 ff.

Schoukens, Paul/Pieters, Danny, Illegal Labour Migrants and Access to Social Protection, EJSS, Band VI, Mortsel 2004, S. 219 ff.

Schraml, Alexander, Das Sozialhilferecht der Ausländerinnen und Ausländer, Sozialstaat versus Nationalstaat?, München 1992.

Schulin, Bertram (Hrsg.), Handbuch des Sozialversicherungsrechts. Unfallversicherungsrecht, Band II, München 1996.

Schulte, Bernd, Implications of Labor Migration for Social Security Systems in European Countries. Activities of the Council of Europe, EJML 2002, S. 477 ff.

Schulte, Bernd, The open method of coordination as a political strategy in the field of immigrant integration policy, in: *Süssmuth, Rita* (Hrsg.), Managing Integration: The European Union's responsibilities towards immigrants, Gütersloh 2004.

Schulte, Bernd, The Impact of Social Security Conventions: Germany, in: *Pennings, Frans J.L.* (Hrsg.), Between Soft and Hard Law. The Impact of International Social Security Standards on National Social Security Law, Hague 2006, S. 115 ff.

Schweitzer, Michael, Staatsrecht III: Staatsrecht, Völkerrecht, Europarecht, 10. Auflage, Heidelberg 2010.

Szczekalla, Peter, Die sogenannten grundrechtlichen Schutzpflichten im deutschen und europäischen Recht, Berlin 2002.

Seiler, Christian, Das Elterngeld im Lichte des Grundgesetzes, NVwZ 2007, S. 129 ff.

Siebert, Horst, Alemania: un país de Inmigración, RAE 2004, S. 37 ff.

Sieveking, Klaus, Die Leistungen der Arbeitslosenversicherung für Ausländer, in: *Barwig, Klaus/Lörcher, Klaus/Schumacher, Christoph* (Hrsg.), Soziale Sicherung und Aufenthaltsrecht, Baden-Baden 1986, S. 27 ff.

Sieveking, Klaus, Soziale Sicherheit und sozialer Schutz von Ausländerinnen und Ausländern in Deutschland - Einführung, in: *ders./Barwig, Klaus/ Brinkmann, Gisbert/Lörcher, Klaus/Röseler, Sibylle* (Hrsg.), Sozialer Schutz von Ausländern in Deutschland 1997, S. 23 ff.

Sieveking, Klaus, Zur Bedeutung des Arbeitslosengeldes II für Ausländer, ZAR 2004, S. 283 ff.

Sinn, Hans-Werner, Migration and Social Replacement Incomes: How to Protect Low-Income Workers in the Industrialized Countries against the Forces of Globalization and Market Integration, ITPF 2005, S. 375 ff.

Solanes Corella, Angeles, Sujetos al margen del ordenamiento jurídico: inmigrantes sin papeles, in: *ders./De Lucas, Javier/Pena, Salome* (Hrsg.), Trabajadores Migrantes, Alzira 2001, S. 57 ff.

Solanes Corella, Angeles/Cardona Rubert, María Belén, Protección de datos personales y derechos de los extranjeros inmigrantes, Valencia 2005.

Sopp, Alexander, Drittstaatsangehörige und Sozialrecht, Frankfurt am Main 2007.

Stadler, Peter, Das interregionale Recht in Spanien, Frankfurt am Main 2008.

Stalker, Peter, Workers without Frontiers: the impact of globalization on international migration, Boulder 2000.

Stein, Torsten, Aufenthalt und aufenthaltsbeendende Maßnahmen gegenüber Fremden, in: *Hailbronner, Kay* (Hrsg.), Die allgemeinen Regeln des völkerrechtlichen Fremdenrechts, Heidelberg 2000, S. 56 ff.

Stein, Torsten/v. Buttlar, Christian, Völkerrecht, 11. Auflage, München 2005.

Steinmann, Gunter, Wanderungsentscheidungen und ihre ökonomischen Folgen für Einwanderungsländer, ZAR 2007, S. 222 ff.

Steinmeyer, Heinz-Dietrich, Das nationale Recht grenzüberschreitender Sachverhalte, in: v. *Maydell, Bernd/ Ruland, Franz* (Hrsg.), Sozialrechtshandbuch (SRH), 3. Auflage, Baden-Baden 2003.

Stobbe, Holk, Undokumentierte Migration in Deutschland und den Vereinigten Staaten. Interne Migrationskontrollen und die Handlungsspielräume von Sans Papiers, Göttingen 2004.

Stolleis, Michael, Ein Rechtsgutachten: „Ist die generelle Kürzung der Sozialhilfe (§ 120 BSHG) für eine gesamte Personengruppe mit dem Grundgesetz und dem System des BSHG vereinbar"?, ZDWF- Schriftenreihe, Frankfurt 1985.

Stolleis, Michael, Historische Grundlagen. Sozialpolitik in Deutschland bis 1945, in: *BMAS und Bundesarchiv* (Hrsg.), Geschichte der Sozialpolitik in Deutschland seit 1945. Grundlagen der Sozialpolitik, Band I, Baden-Baden 2001, S. 199 ff.

Stolleis, Michael, Geschichte des Sozialrechts in Deutschland. Ein Grundriß, Stuttgart 2003.

Streit, Christian/Hübschmann, Frank, Das zweite Gesetz zur Änderung des Asylbewerberleistungsgesetzes, ZAR, 1998, S. 266 ff.

Tarabini-Castellani Aznar, Margarita, Los derechos de los trabajadores extranjeros: Puntos críticos, RMTAS 2006, S. 197 ff.

Taran, Patrick A., Globalisation/Migration: Imperatives for civil society and international organisations, in: *Bogusz, Barbara/Cholewinski, Ryszard/Cygan, Adam/Szyszczak, Erika* (Hrsg.), Irregular Migration and Human Rights: Theoretical, European and International Perspectives, Leiden 2004, S. 259 ff.

Ter Steeg, Marcus, Das Einwanderungskonzept der EU. Zwischen politischem Anspruch, faktischen Regelungsbedürfnissen und den primärrechtlichen Grenzen in Titel IV des EG-Vertrages, Baden- Baden 2006.

Thym, Daniel, Migrationsverwaltungsrecht, Tübingen 2010.

Tohidipur, Timo, Sans Papiers und Gesundheitsversorgung: Möglichkeiten europäischer Harmonisierung, in: *Falge, Christiane/Fischer-Lescano, Andreas/Sieveking, Klaus* (Hrsg.), Gesundheit in der Illegalität, Baden-Baden 2009, S. 183 ff.

Tomás y Valiente, Francisco, Unser Verfassungsstaat, in: *López Pina, Antonio* (Hrsg.), Spanisches Verfassungsrecht, Heidelberg 1993, S. 149 ff.

Torres del Moral, Antonio, Principios del Derecho constitucional español, 3. Auflage, Madrid, 1992.

Torrollo González, Francisco Javier, La nueva prestación asistencial de la Seguridad Social por nacimiento o adopción de hijo, RMTAS 2008, S. 129 ff.

Trujillo Herrera, Raul, El derecho de asilo de origen comunitario, in: *Revenga Sánchez, Miguel* (Hrsg.), Problemas constitucionales de la inmigración: una visión desde Italia y España, Valencia 2005.

Vasak, Karel, The Council of Europe, in: *ders.* (Hrsg.), The International Dimensions of Human Rights, Westport 1982, S. 458 ff.

Verdross, Alfred/Simma, Bruno, Universelles Völkerrecht, 3. Auflage, Berlin 1984.

Vial, Michael/Walzel, Werner (Hrsg.), Illegale Beschäftigung, Unerlaubte Arbeitnehmerüberlassung, Unerlaubte Ausländerbeschäftigung, Leistungsmissbrauch, Stuttgart 1989.

Vilalta, Marc, El padró municipal i els immigrants: un commentari sobre la futura Llei Bàsica del Govern i lÁdministració local, in: *Larios, Maria*

Jesús/Nadal, Mónica (Hrsg.), L'estat de la immigració a Catalunya, anuari 2005, Band I, Barcelona 2006, S. 115 ff.

Villegas Delgado, César, Algunas consideraciones a propósito de las nuevas medidas adoptadas por la Unión Europea frente a la inmigración irregular a la luz del principio del Estado de Derecho, in: *Sánchez-Rodas Navarro, Cristina* (Hrsg.), Derechos de los inmigrantes en situación irregular en la Unión Europea, Murcia 2008, S. 283 ff.

Villota Gil-Escoin, Paloma/Vázquez, Susana, Work in Progress: Das spanische Wohlfahrtssystem, in: *Schubert, Klaus/Hegelich, Simon/Bazant, Ursula* (Hrsg.), Europäische Wohlfahrtssysteme, Wiesbaden 2008, S. 169 ff.

Vögel, Dita, Illegale Zuwanderung nach Deutschland und soziales Sicherungssystem, in: *Eichenhofer, Eberhard* (Hrsg.), Migration und Illegalität, Osnabrück 1999.

Voglrieder, Sabine, Die Sanktionsrichtlinie: ein weiterer Schritt auf dem Weg zu einer umfassenden Migrationspolitik der EU, ZAR 2009, S. 168 ff.

Walter, Anna, Familienzusammenführung in Europa. Völkerrecht, Unionsrecht, Nationales Recht, Baden- Baden 2007.

Waltermann, Raimund, Regress der Unfallversicherungsträger gegen Unternehmer, BG 2006, S. 79 ff.

Waltermann, Raimund, Sozialrecht, 8. Auflage, Heidelberg 2009.

Weber, Albrecht, Europarechtliche Aspekte illegaler Migration, in: *Becker, Ulrich/Hablitzel, Hans/ Kressel, Eckhard* (Hrsg.), Migration, Beschäftigung und Soziale Sicherheit, Kolloquium zu Ehren von Michael Wollenschläger aus Anlass seines 60. Geburtstages, Berlin 2007, S. 41 ff.

Weber, Albrecht, Migration im Vertrag von Lissabon, ZAR 2008, S. 55 ff.

Welte, Hans-Peter, Der Vorrang des Europäischen Unionsrechts im nationalen Migrationsbereich, ZAR 2003, S. 273 ff.

Welte, Hans-Peter, Von der Ausweisung zur Rechtsverlustfeststellung bei Unionsbürgern, ZAR 2009, S. 336 ff.

Wickenhagen, Ernst, Zwischenstaatliches Sozialversicherungsrecht, Bad Godesberg 1957.

Will, Annegret, Ausländer ohne Aufenthaltsrecht. Aufenthaltsrechtliche Rahmenbedingungen. Arbeitsrecht. Soziale Rechte, Baden-Baden 2008.

Witterstätter, Kurt, Soziale Sicherung: Eine Darstellung mit Schwerpunkt Grundsicherung, 7. Auflage, Wiesbaden 2006.

Wöhlcke, Manfred/Höhn, Charlotte/Schmid, Susanne (Hrsg.), Demographische Entwicklung in und um Europa, Baden-Baden 2004.

Wolken, Simone, Das Grundrecht auf Asyl als Problem der Rechtspolitik, ZAR 1986, S. 57 ff.

Wolfrum, Rüdiger, International Law on Migration Reconsidered under the Challenge of New Population Movements, GYIL, 1995, S. 199 ff.

Wollenschläger, Michael, Die Gast- und Wanderarbeiter im deutschen Arbeitsrecht, RdA 1994, S. 193 ff.

Zacher, Hans F., Grundtypen des Sozialrechts, in: *Fürst, Walther/Herzog, Roman/Umbach, Dieter C.* (Hrsg.), Festschrift für Wolfgang Zeidler, Band I, Berlin 1987, S. 571 ff.

Zacher, Hans F., Das soziale Staatsziel, in: *v. Maydell, Bernd/Eichenhofer, Eberhard* (Hrsg.), Abhandlungen zum Sozialrecht, Heidelberg 1993, S. 3 ff.

Zacher, Hans F., Vorfragen zu den Methoden der Sozialrechtvergleichung, in: *v. Maydell, Bernd/ Eichenhofer, Eberhard* (Hrsg.), Abhandlungen zum Sozialrecht, Heidelberg 1993, S. 329 ff.

Zacher, Hans F., Horizontaler und vertikaler Sozialrechtsvergleich, in: *v. Maydell, Bernd/Eichenhofer, Eberhard* (Hrsg.), Abhandlungen zum Sozialrecht, Heidelberg 1993, S. 376 ff.

Zacher, Hans F., Grundfragen des internationalen Sozialrechts, in: *v. Maydell, Bernd/Eichenhofer, Eberhard.* (Hrsg.), Abhandlungen zum Sozialrecht, Heidelberg 1993, S. 431 ff.

Zacher, Hans F., Sozialstaat und Prosperität, in: *Bauer, Hartmut/Czybulka, Detlef/Kahl, Wolfgang/ Vosskuhle, Andreas* (Hrsg.), Wirtschaft im offenen Verfassungsstaat, Festschrift für Reiner Schmidt zum 70. Geburtstag, München 2006, S. 305 ff.

Zapata-Barrero, Ricard, El turno de los inmigrantes, esferas de la justicia y Políticas de Acomodación, Madrid 2002.

Zarauz, José, Incidencia del padrón municipal en el ejercicio de los derechos de las personas extranjeras en situación irregular, Vitoria-Gasteiz 2007.

Zimmermann, Andreas, Ausweisungsschutz, in: *Grote, Rainer/Marauhn, Thilo* (Hrsg.), EMRK/GG Konkordanzkommentar zum europäischen und deutschen Grundrechtsschutz (EMRK/GG), Tübingen 2006, S. 1487 ff.

Zuleeg, Manfred, Stand und Entwicklung des Ausländerrechts in der Bundesrepublik Deutschland, ZAR 1982, S. 120 ff.

Zuleeg, Manfred, Die deutsche Nation im Spiegel des Rechts, DVBl 1983, S. 86 ff.

Zuleeg, Manfred, Entwicklung und Stand des Ausländerrechts in der Bundesrepublik Deutschland, ZAR 1984, S. 80 ff.

Zuleeg, Manfred, Die Auswirkung von sozialrechtlichen Tatbeständen auf ausländerrechtliche Entscheidungen, in: *Barwig, Klaus/Lörcher, Klaus/Schumacher, Christoph* (Hrsg.), Soziale Sicherung und Aufenthaltsrecht, Baden-Baden 1986, S. 92 ff.

Zweigert, Konrad/Puttfarken, Hans-Jürgen, Zur Vergleichbarkeit analoger Rechtsinstitute in verschiedenen Gesellschaftsordnungen, in: *dies.* (Hrsg.), Rechtsvergleichung, Darmstadt 1978, S. 395 ff.

Zweigert, Konrad/Kötz, Hein, Einführung in die Rechtsvergleichung auf dem Gebiete des Privatrechts, 3. Auflage, Tübingen 1996.

Neue Juristische Beiträge

herausgegeben von
Prof. Dr. Klaus-Dieter Drüen (Heinrich-Heine-Universität Düsseldorf)
Prof. Dr. Thomas Küffner (Fachhochschule Landshut)
Prof. Dr. Georg Steinberg (Universität zu Köln)
Prof. Dr. Fabian Wittreck (Westfälische Wilhelms-Universität Münster)

Erhältlich im Buchhandel oder direkt beim Verlag:
Herbert Utz Verlag GmbH, München
089-277791-00 · info@utzverlag.de

Gesamtverzeichnis mit mehr als 3000 lieferbaren Titeln: www.utzverlag.de